Michael Wehrheim, Rainer Heurung (Hrsg.)

Steuerbelastung – Steuerwirkung – Steuergestaltung

GABLER EDITION WISSENSCHAFT

Michael Wehrheim,
Rainer Heurung (Hrsg.)

Steuerbelastung – Steuerwirkung – Steuergestaltung

Festschrift zum 65. Geburtstag
von Winfried Mellwig

Deutscher Universitäts-Verlag

Bibliografische Information Der Deutschen Nationalbibliothek
Die Deutsche Nationalbibliothek verzeichnet diese Publikation in der Deutschen Nationalbibliografie; detaillierte bibliografische Daten sind im Internet über <http://dnb.d-nb.de> abrufbar.

1. Auflage September 2007

Lektorat: Frauke Schindler / Sabine Schöller

Der Deutsche Universitäts-Verlag ist ein Unternehmen von Springer Science+Business Media.
www.duv.de

Umschlaggestaltung: Regine Zimmer, Dipl.-Designerin, Frankfurt/Main
Gedruckt auf säurefreiem und chlorfrei gebleichtem Papier

ISBN 978-3-8350-0742-0 ISBN 978-3-8350-5408-0 (eBook)
DOI 10.1007/978-3-8350-5408-0

Vorwort

Am 31. Juli 2007 vollendet Prof. Dr. Winfried Mellwig sein 65. Lebensjahr. Intellektuelle Wachheit, Tatendrang und Begeisterungsfähigkeit sind ihm gemeinsam mit guter körperlicher Verfassung bislang erhalten geblieben. Schüler und Kollegen freuen sich hierüber umso mehr, indem sie dem Jubilar in Würdigung seiner Verdienste um die Entwicklung der Betriebswirtschaftslehre, insbesondere der Betriebswirtschaftlichen Steuerlehre diese Festschrift widmen.

Das wissenschaftliche Anliegen Winfried Mellwigs war einerseits eine praxisverbundene, aber immer auf einem wissenschaftlichen Fundament ausgerichtete Betriebswirtschaftslehre. Andererseits ist dem Jubilar zu attestieren, dass er in Forschung und Lehre eine fachlich äußerst anspruchsvolle Betriebswirtschaftslehre mit mathematisch-quantitativer Ausrichtung vertreten hat. Viele neuartige Forschungsimpulse zeichnen sein wissenschaftliches Wirken aus, welches stets geprägt ist von der Offenheit gegenüber neuen Entwicklungslinien der Betriebswirtschaftslehre. Winfried Mellwig wurde am 31. Juli 1942 in Essen geboren. Nach dem Abitur 1962 in Wuppertal begann er sein Studium an der Westfälischen Wilhelms-Universität Münster. Neben Physik und Mathematik studierte er Betriebswirtschaftslehre und legte dort das Examen als Diplom-Kaufmann im Jahre 1967 ab.

Seine intellektuellen und analytischen Begabungen blieben seinem akademischen Lehrer, Herrn Prof. Dr. Dr. h.c. Helmut Koch, nicht verborgen, der ihm an seinem Institut für Industrielle Unternehmensplanung eine Stelle als wissenschaftlicher Mitarbeiter anbot. Im Jahr 1971 erfolgte die Promotion (summa cum laude) zum Dr. rer. pol. mit der Arbeit „Anpassungsfähigkeit und Ungewissheitstheorie – Zur Berücksichtigung der Elastizität des Handelns in der Unternehmenstheorie“.

Dem breiten Feld der quantitativen Unternehmenstheorie blieb der Jubilar auch im Zuge seines Habilitationsverfahrens stark verwurzelt. Die von der Deutschen Forschungsgemeinschaft geförderte Habilitationsschrift wurde nach nur vier Jahren an der Westfälischen Wilhelms-Universität Münster im Jahre 1975 mit dem Titel „Betriebswirtschaftliche Wachstumstheorie – Grundlagen und Modellansätze einer Betriebswirtschaftlichen Theorie einzelwirtschaftlichen Wachstums“ mit der Venia Legendi für das Fach „Betriebswirtschaftslehre“ abgeschlossen.

Die Veröffentlichungen des noch sehr jungen Forschers stießen in der deutschen Hochschullandschaft auf breite Anerkennung. Dies belegt die Tatsache, dass er im Jahr 1975 an den Universitäten Frankfurt am Main (Lehrstuhlausschreibung für das Fachgebiet Betriebswirtschaftliche Steuerlehre), Hamburg (Lehrstuhlausschreibung für das Fachgebiet Genossenschaftswesen) und Siegen (Lehrstuhlausschreibung für das Fachgebiet Finanzierung) jeweils auf dem 2. Platz der Berufungslisten stand.

Als Privatdozent nahm er ab April 1975 eine Lehrstuhlvertretung für das Fachgebiet der Betriebswirtschaftlichen Steuerlehre an der Johann Wolfgang Goethe-Universität in Frankfurt am Main wahr. An der gleichen Universität wurde er genau ein Jahr später zum Ordinarius der Betriebswirtschaftslehre, insbesondere für Betriebswirtschaftliche Steuerlehre (H4, später C4) ernannt.

Der Johann Wolfgang Goethe-Universität blieb Winfried Mellwig trotz ehren- und auch reizvoller Rufe treu verbunden, obwohl ihm die Universitäten Mainz und Köln in den Jahren 1990 und 1993 die Rufe auf renommierte Steuerlehrstühle erteilt hatten.

Der Jubilar hat sich zu Beginn seiner wissenschaftlichen Laufbahn durchgehend mit Grundsatzfragen der Betriebswirtschaftslehre unter Verwendung von komplexen Entscheidungsmodellen beschäftigt. Insbesondere seine quantitativ-mathematische Ausrichtung im Rahmen seiner Dissertation und Habilitation hat ihm die Möglichkeit eröffnet, ein breites Forschungsspektrum zu bearbeiten. Winfried Mellwig beschäftigte sich intensiv mit dem damals noch nicht durchdrungenen Forschungsfeld der Steuerwirkungsanalyse bei Investitions- und Finanzierungsentscheidungen unter Verwendung anspruchsvoller und zugleich realitätsnaher Entscheidungsmodelle. Dabei entwickelte der Jubilar für unterschiedliche Problemstellungen zahlreiche Entscheidungsmodelle unter Einbeziehung des konkreten Ertrag- und Substanzsteuersystems. Untersuchungsgegenstand waren etwa die Beurteilung von Investitionen bei gegebenen Steuersätzen sowie der Einfluss von Steuersatzänderungen und Steuersatzdifferenzierungen auf die Vorteilhaftigkeit von Investitions- und Finanzierungsgestaltungen.

Ab Mitte der achtziger Jahre steht allerdings der anwendungsorientierte Charakter in den wissenschaftlichen Ausführungen von Winfried Mellwig im Vordergrund. So herrschte in der betriebswirtschaftlichen Literatur lange Zeit die Meinung vor, dass bei Kauf/Leasing-Entscheidungen steuerliche Effekte von untergeordneter Bedeutung seien. Gerade durch die detaillierte Analyse der Besteuerungswirkungen von Leasing-Entscheidungen als Alternative zum fremdfinanzierten Kauf ist es dem Jubilar in zahlreichen Publikationen gelungen, die (steuer-)effektive Belastung von Leasingverträgen darzulegen. Insbesondere die von Winfried Mellwig entwickelten ausgefeilten Belastungsvergleiche bei steuerbefreiten Leasingnehmern haben die ursprünglich in der Literatur formulierten Hypothesen falsifiziert. Neben den spezifischen Belastungsrechnungen und -wirkungen von Leasingverträgen hat sich der Jubilar auch kritisch mit den handelsrechtlichen Zurechnungs- und Bilanzierungskriterien bei Leasing sowie den Grundsätzen der internationalen Leasingbilanzierung beschäftigt. Hierbei hat Winfried Mellwig in jüngerer Zeit weitreichende Vorschläge zur Neukonzeption des IAS 17 vorgelegt und damit einen wertvollen Forschungsbeitrag zum Prinzipiengefüge dieser Rechnungslegungsnorm geleistet.

Die interdisziplinäre Forschungsleistung des Jubilars wird insbesondere in den zahlreichen Veröffentlichungen zu dem komplexen Theoriefeld der Besteuerung von Personengesellschaften augenscheinlich. Dabei hat sich der Jubilar weniger mit steuerjuristischen Einzelfragen, als vielmehr mit der Entwicklung von steuersystematischen Grundsätzen auseinandergesetzt. Winfried Mellwig hat maßgeblich dazu beigetragen, essentielle Forschungsfragen zu beantworten, die beispielsweise darauf abzielen, Besteuerungsprinzipien von Mitunternehmerschaften aufzuzeigen. Von innovativem Charakter zeugen zudem die fundierten wissenschaftlichen Beiträge zur Abbildung von Anteilen an Personengesellschaften in der handels- und steuerrechtlichen Gewinnermittlung.

Das Verhältnis zwischen juristischer und betriebswirtschaftlicher Bilanzlehre ist von kontroversen Auseinandersetzungen geprägt. Winfried Mellwig hat mit seinen bilanztheoretischen Veröffentlichungen stets versucht, eine Brücke zwischen diesen beiden Disziplinen zu schlagen und damit einen wesentlichen Beitrag zur Bilanzrechtsdiskussion geleistet. Dem Jubilar ist es gelungen, eine Vielzahl von unterschiedlichen Forschungsfeldern im theoretischen Bilanzrechtsgebäude wissenschaftlich zu durchdringen. Stellvertretend hierfür wird auf seine konzeptionellen Beiträge zur „Betriebswirtschaftlichen Gewinnermittlung“ sowie zu Ansatzfragen von immateriellen Vermögensgegenständen/Wirtschaftsgütern oder Rechnungsabgrenzungsposten verwiesen. In dem Beitrag „Bilanzrechtsprechung und Betriebswirtschaftslehre“ erörtert Winfried Mellwig die Rechtsprechung des Bundesfinanzhofes zum Bilanzrecht unter Zugrundelegung betriebswirtschaftlicher Kriterien; diese ist durch handelsrechtliche Grundsätze ordnungsmäßiger Bilanzierung bestimmt, die aus der gesetzlichen Zwecksetzung der Handelsbilanz abgeleitet werden. Nach Meinung von Winfried Mellwig darf die teleologische Methode der Bilanzrechtsfindung nicht in Frage gestellt werden, auch wenn von betriebswirtschaftlicher Seite Mängel nachgewiesen werden.

Neben dem schriftlichen Wirken Winfried Mellwigs müssen ebenfalls noch seine herausragenden Lehrleistungen Erwähnung finden. So versteht es der Jubilar, seinen Lehrstoff stets systematisch und didaktisch aufzubereiten, sodass es ihm gelingt, selbst komplizierte Zusammenhänge ohne Verlust an wissenschaftlicher Exaktheit einfach und verständlich darzustellen. Sein begeisternder und anschaulicher Vorlesungsstil trägt dazu bei, dass die Zuhörer den stets anspruchsvollen Inhalten seiner Vorlesungen und Seminare gleichwohl folgen können. Winfried Mellwig gehört zu den wenigen Hochschullehrern, die einen druckreifen Vorlesungsstil beherrschen. Darüber hinaus bestich Winfried Mellwig auf wissenschaftlichen Tagungen und Diskussionsforen gegenüber seinen Gesprächspartnern durch seine intellektuelle Präsenz und seine scharfsinnige Auffassungsgabe.

Nicht unerwähnt soll die Tatsache bleiben, dass sich der Jubilar seit 1989 im Rahmen der Wirtschaftsprüferausbildung engagiert. Durch die Vermittlung des qualitativ anspruchsvollen Stoffgebietes der gesamten Breite der Betriebswirtschaftslehre werden die Kandidaten für das Wirtschaftsprüferexamen in hervorragender Weise vorbereitet, sodass mit Recht behauptet werden kann, dass Winfried Mellwig einen Großteil der deutschen Wirtschaftsprüfer maßgeblich ausgebildet und geprägt hat.

Es ist uns ein Anliegen und eine besondere Freude, unserem geschätzten akademischen Lehrer mit dieser Festschrift unsere Hochachtung und Dankbarkeit insbesondere für eine lehrreiche Zeit an seinem Lehrstuhl zu bekunden.

Die Herausgeber und Autoren möchten Winfried Mellwig stellvertretend im Namen aller mit dem Jubilar eng verbundenen fachlichen Weggefährten die allerbesten Wünsche für den weiteren Lebensweg zukommen lassen.

Ein besonderer Dank geht an die KPMG Deutsche Treuhandgesellschaft Aktiengesellschaft Wirtschaftsprüfungsgesellschaft, die mit ihrer großzügigen Unterstützung den gesamten Beitrag zur Finanzierung dieser Festschrift geleistet hat. Dies unterstreicht auch die große Wertschätzung, welche Winfried Mellwig in der freien Wirtschaft genießt. Ferner gilt unser Dank natürlich allen Autoren für die gute Zusammenarbeit. Wir danken auch Herrn Andreas Franke, der für eine einheitliche Formatierung der Beiträge gesorgt hat und den Mitarbeitern des Lehrstuhls für Betriebswirtschaftliche Steuerlehre der Philipps-Universität Marburg, Frau Katrin Nickel und Frau Gerda Ochs, sowie den Mitarbeitern des Lehrstuhls für Prüfungswesen und Betriebswirtschaftliche Steuerlehre der Universität Siegen, Frau Sabrina Funk und Herrn Marco Klübenspies, für ihren Einsatz bei der Durchsicht der eingereichten Manuskripte.

Jeder, der den Jubilar näher kennt, weiß, wie sehr er die Forschungs- und Lehrtätigkeit liebt und da wir seinen unermüdlichen Arbeitseifer und seine bewundernswerte Arbeitsdisziplin schätzen gelernt haben, gehen wir nicht davon aus, dass Winfried Mellwig sich mit Vollendung seines 65. Lebensjahres zur Ruhe setzen wird.

Deshalb seien die herzlichsten Glückwünsche zu seinem Geburtstag mit dem Wunsch verbunden, dass dem Jubilar seine Schaffenskraft noch viele Jahre bei guter Gesundheit erhalten bleiben möge.

Michael Wehrheim
Philipps-Universität Marburg

Rainer Heurung
Universität Siegen

Inhalt

Nutzungsrechte, Rechnungsabgrenzungsposten, schwebende Geschäfte – ein „magisches Dreieck" der Bilanzierung

von Dr. Mathias Babel

Kronberg im Taunus

Inhalt

1. Einleitung

Winfried Mellwig hat sich in einigen seiner jüngsten Fachbeiträge dem Spannungsfeld von Nutzungsrechten, Rechnungsabgrenzungsposten und schwebenden Geschäften gewidmet.[1] Idealerweise deckt sich dies mit einem schwerpunktmäßigen Betätigungsfeld des Verfassers während seiner Zeit als wissenschaftlicher Mitarbeiter des Jubilars. Es liegt nahe – mit diesen Veröffentlichungen von Winfried Mellwig als Anlass – den Versuch eines Brückenschlags zu eigenen Arbeiten zu unternehmen.

Die kritiklose Rezeption des Grundsatzes der Nichtbilanzierung schwebender Geschäfte durch weite Teile von Schrifttum und Rechtsprechung induziert eine Nichtaktivierung von Nutzungsrechten, das Negieren der Vermögensgegenstandseigenschaft von Rechnungsabgrenzungsposten und insoweit vermeidbare Inkonsistenzen der Bilanzierung. Der vorliegende Beitrag bemüht sich, eine bilanzrechtliche Synthese zwischen den Themenkreisen Nutzungsrechte, Rechnungsabgrenzungsposten und schwebende Geschäfte herzustellen, wofür die neueren Arbeiten Winfried Mellwigs gleichermaßen Ausgangspunkt, Weg und Ziel sind. Die nachfolgenden Ausführungen erörtern die bilanzrechtliche Behandlung von Nutzungsrechten, hinterfragen die Nichtbilanzierung schwebender Dauerrechtsverhältnisse und untersuchen vor diesem Hintergrund die gebotene bilanzrechtliche Einordnung von Rechnungsabgrenzungsposten. Die Untersuchung befasst sich dabei nur mit Ansatzfragen, eine Erörterung von Bewertungsfragen muss aus Platzgründen unterbleiben.[2]

2. Zur Bedeutung von Nutzungsrechten

Die Bilanzierung von Nutzungsrechten betrifft einen Themenkreis, „dessen theoretische und praktische Bedeutung hoch zu veranschlagen ist"[3], denn „wirtschaftliches Handeln in marktwirtschaftlichen Ordnungen vollzieht sich zu einem nicht unerheblichen Teil in Dauerrechtsverhältnissen"[4]. Die wirtschaftliche Motivation für das Eingehen von Nutzungsverhältnissen ist unmittelbar einsichtig: „Da man ‚sich nicht gleich eine Kuh zu kaufen braucht, wenn man ein Glas Milch trinken will', begnügen sich viele Gesellschaften damit, für das Unternehmen benötigte Grundstücke, bewegliche Anlagegüter oder gewerbliche Schutzrechte (..) auf der Grundlage eines schuldrechtlichen Vertrages zeitlich beschränkt zu nutzen"[5]. Für die Nutzung kommt es „vielfach nicht auf das Eigentum an den Wirtschaftsgütern, sondern nur (..) auf die

---

1 Vgl. Mellwig (2006); Mellwig (2005); Mellwig / Sabel (2005).
2 Vgl. hierzu vor allem Mellwig (2005), S. 226 ff. mit weiteren Nachweisen.
3 Döllerer (1976), S. 146.
4 Herzig (1988), S. 212. Vgl. auch Bieg (1977), S. 69.
5 Meilicke (1991), S. 579. Klarstellend sei angemerkt, dass auch *dinglichen* Nutzungsrechten ein schuldrechtlicher Vertrag zugrunde liegt; vgl. hierzu und zum Begriff *Nutzungsrecht* unten Kap. 3.

Gebrauchsüberlassung“ überhaupt an;[6] es ist die „Nutzungsmöglichkeit des Objektes“ als solche, die den „Erfolg des wirtschaftlichen Handelns“ bestimmt, wozu aber „der rechtliche Erwerb (..) von untergeordneter Bedeutung ist“[7].

„Da es wirtschaftlich unerheblich erscheint, ob ein Vermögensgegenstand käuflich erworben oder seine Nutzung durch einen längerfristigen Überlassungsvertrag gesichert ist, könnte man bei Betonung einer wirtschaftlichen Betrachtungsweise im Bilanzrecht die Bilanzierung von Nutzungsrechten (..) erwägen.“[8] Doch trotz „zunehmenden Gewicht[s]“ von Nutzungsverhältnissen in der Praxis der Unternehmen[9] werden Nutzungsrechte nicht bilanziert, weil sie infolge ihrer Einstufung als (schwebende) Dauerschuldverhältnisse dem Grundsatz der Nichtbilanzierung schwebender Geschäfte unterliegen. Fraglich ist, ob diese bilanzielle Behandlung der wirtschaftlichen Realität gerecht wird. Letztlich sollte es für den bilanziellen Vermögensausweis keinen Unterschied machen, ob ein Investitionsgut gekauft und damit als Eigentum aktiviert oder ob lediglich ein Recht zur Nutzung erworben wird; das „wirtschaftliche Ziel der Zurverfügungstellung eines Nutzungsabgabepotentials“ ist in beiden Fällen erreicht.[10]

Die Einschlägigkeit des Grundsatzes der Nichtbilanzierung schwebender Geschäfte für die vorliegende Thematik setzt voraus, dass es sich bei Nutzungsverhältnissen tatsächlich um schwebende Geschäfte *im Sinne des Bilanzrechts* handelt. Daher muss geklärt werden, anhand welcher Kriterien *eindeutig* ermittelbar ist, ob Nutzungsrechte auf einem Dauerschuldverhältnis oder einem Rechtskauf (Erwerb einer Nutzungsmöglichkeit zu Eigentum) basieren. Behandelt man Nutzungsrechte mit der herrschenden Meinung als (schwebende) Dauerrechtsverhältnisse, ist der Grundsatz der Nichtbilanzierung schwebender Geschäfte auf bilanzrechtliche Begründbarkeit zu überprüfen.[11]

---

6 Flume (1972), S. 3.

7 Hastedt (1992), S. 53 (alle Zitate); vgl. auch Mellwig (1985), S. 211; Vellguth (1938), S. 115.

8 Mellwig (2005), S. 220.

9 Vgl. Herzig (1988), S. 212.

10 Vgl. Fahrholz (1979), S. 148. A. A. Clausen (1976a), S. 376; Trzaskalik (1983), S. 130 f., sowie BFH vom 27.2.1976 III R 64/74, BStBl. II 1976, S. 529 (531).

11 Gegenstand der Analyse ist ausschließlich die *Bilanzierung* von Nutzungsrechten; ersatzweise *Angaben im Anhang* bleiben im Weiteren schon allein deshalb unberücksichtigt, weil nach hier vertretener Auffassung ein Rückzug auf Anhangsangaben die grundsätzlich bestehende Problematik der Behandlung schwebender Geschäfte schlicht umginge. Vorausgesetzt wird ferner eine Bestellung der Nutzungsrechte gegen *Entgelt*.

3. Zivilrechtliche Qualifikation ausgewählter Nutzungsrechte und bilanzrechtliche Folgerungen in Literatur und Rechtsprechung

3.1. Eingrenzung und Konkretisierung des Begriffs ‚Nutzungsrecht'

Nutzungsrechte stellen Ansprüche aus vertraglich fixierten Nutzungsverhältnissen dar. Sie begründen (in Abgrenzung zu *bloßen Nutzungsvorteilen*) die *gesicherte Rechtsposition*, aus einer Sache, die nicht in das Eigentum des Nutzungsberechtigten übergeht (oder auch aus einem Recht, dessen Inhaber er nicht wird), eigentümerähnlich *die wirtschaftlichen Nutzungsmöglichkeiten* zu ziehen; von der Nutzung ausgeschlossen sind lediglich Verfügungen über die *Substanz* des Nutzobjekts (Verkauf, Verpfändung etc.). „Wenn und soweit der Nutzungs*verpflichtete* nach seinem Belieben (..) [die Nutzung jederzeit] beenden kann, fehlt es an einem Nutzungs*recht*."[12]

Typische Nutzungsverhältnisse sind vor allem *Miete*, *Pacht*, *Nießbrauch* und das *Erbbaurecht*. Die weitere Untersuchung bleibt exemplarisch auf diese Nutzungsrechte beschränkt. Auch wird der Kreis der in Frage kommenden Nutzobjekte auf *Sachen* im Sinne des BGB eingegrenzt, weshalb die Behandlung der einfachen (obligatorischen) wie der ausschließlichen (dinglichen) *Lizenz*[13] unterbleibt. Ein nennenswerter Informationsverlust ist mit dieser Vorgehensweise freilich nicht verbunden, weil die (einfache) Lizenz „ihrer Rechtsnatur nach vielfach rechtspachtähnlich ist"[14] und somit – infolge Anlehnung der Pacht an die Vorschriften zur Miete (§ 581 Abs. 2 BGB) – den Mietverträgen über Sachen solche Verträge gleichstehen, die die Überlassung von Rechten zum Gegenstand haben; diese Charakterisierung „gilt auch dann, wenn die erteilte Lizenz eine ausschließliche ist, so daß beim Lizenznehmer ein gegenständliches (dingliches) Nutzungsrecht entsteht"[15].

3.2. Zivilrechtliche Grundlagen ausgewählter Nutzungsrechte

3.2.1. Obligatorische Nutzungsrechte: Miete, Pacht[16]

Bei der *Miete* handelt es sich nach dem Leitbild des Gesetzes um einen vollkommen zweiseitigen (gegenseitigen) Vertrag. Die beiderseitigen Verpflichtungen von Mieter und Vermieter stehen in einem Abhängigkeitsverhältnis zueinander. Jeder Vertragspartner verspricht seine Leistung um der Gegenleistung willen. Diese wechselseitige

---

[12] Meilicke (1991), S. 584 (Hervorhebung im Original).

[13] Der Lizenzvertrag ist ein Vertrag, durch den ein gewerbliches Schutzrecht (insbesondere Patent, Gebrauchsmuster) einem anderen (auch beschränkt) zur Benutzung überlassen wird. Vgl. Fabri (1986), S. 11-13; Fahrholz (1979), S. 135; Lamers (1981), S. 276 f.

[14] Fahrholz (1979), S. 151.

[15] BFH vom 27.2.1976 III R 64/74, BStBl. II 1976, S. 529 (529, 2. Leitsatz).

[16] Vgl. zu Details (mit weiteren Nachweisen) Babel (1997), S. 16-22.

Verknüpfung der beiderseitigen Leistungspflichten wird im Schrifttum auch als *Synallagma* bezeichnet. Das vertragliche Synallagma erstreckt sich bei der Miete auf die Verpflichtung des Vermieters zur Überlassung der Mietsache in einem zum vertragsmäßigen Gebrauch geeigneten Zustand während der gesamten Vertragsdauer sowie auf die Verpflichtung des Mieters zur Zahlung des Mietzinses.

Unter *Pacht* (§§ 581-584b BGB) ist ein die Nutzung von Grundstücken, Betrieben, beweglichen Sachen und Rechten normierender schuldrechtlicher Vertragstyp zu verstehen. Ebenso wie die Miete ist Pacht ein schuldrechtlicher gegenseitiger Vertrag. Für Pachtverträge (mit Ausnahme der Landpacht, vgl. §§ 585-597 BGB) gilt daher im Wesentlichen das zur Miete Gesagte analog: Es sind, „soweit sich nicht aus den §§ 582 bis 584b etwas anderes ergibt, die Vorschriften über den Mietvertrag entsprechend anzuwenden" (§ 581 Abs. 2 BGB).

Die Unterscheidung von Miete und Pacht kann im Einzelfall durchaus problematisch sein; „Grundlage einer Bestimmung der Rechtsnatur bildet die Analyse der vereinbarten Rechte und Pflichten."[17] Für die weitere Untersuchung sind die zivilrechtlichen Unterschiede beider Vertragstypen indes ohne Belang.

3.2.2. Dingliche Nutzungsrechte: Erbbaurecht, Nießbrauch[18]

Erbbaurecht und Nießbrauch sind sog. *dingliche* Rechte: Sie verkörpern das Recht einer Person zur unmittelbaren Herrschaft über eine Sache, wobei sie *gegen jedermann* wirksam sind (sog. ‚absolute' Rechte)[19]; demgegenüber wirken die im Schuldrecht geregelten *obligatorischen* Rechte nur zwischen den jeweiligen Vertragspartnern (sog. ‚relative' Rechte).

Bei einem *Erbbaurecht* handelt es sich um „das veräußerliche und vererbliche Recht (..), auf oder unter der Oberfläche des Grundstücks ein Bauwerk zu haben" (§ 1 Abs. 1 ErbbRVO). Das Erbbaurecht stellt die stärkste Belastung des Eigentums dar, denn dadurch verliert der Eigentümer den Besitz des belasteten Grundstücks und alle Nutzungen. „Der wesentliche Inhalt des Grundstückseigentums, nämlich das Recht zur Bebauung, wird von diesem getrennt und (..) verselbständigt"[20], dem Eigentümer verbleibt nur „die Grundstückshülle (das Eigentum ohne Erbbaurecht)"[21]. Zivilrechtlich wird das Erbbaurecht daher „in vielfacher Hinsicht wie ein Grundstück behandelt"[22].

---

17 Hastedt (1992), S. 50. Vgl. zur vertragstypologischen Einordnung Larenz (1991), S. 469; Leenen (1971), S. 162-171.

18 Vgl. zu Details (mit weiteren Nachweisen) Babel (1997), S. 23-31.

19 Vgl. Mathiak (1988), S. 398.

20 BVerfG vom 17.7.1995 1 BvR 892/89, DStR 1995, S. 1629 (1630).

21 Niedersächsisches FG vom 1.4.1992 III 225/88, rkr., EFG 1993, S. 245 (246): „Die alleinige Herrschaft über die Grundstücksfläche wird nunmehr in zwei gleichwerte Rechte – das Eigentum und

Der *Nießbrauch* ist das umfassendste dingliche Nutzungsrecht an Sachen und Rechten, er gestattet dem Nießbraucher regelmäßig, alle Nutzungen aus dem belasteten Gegenstand zu ziehen. Gegenstand des Nießbrauchs kann ein Grundstück, eine bewegliche Sache oder ein Recht sein. Im Unterschied zum Erbbaurecht ist der Nießbrauch als *subjektiv-persönliches Recht*[23] ausgestaltet und damit nicht vererblich (§ 1061 BGB) sowie grundsätzlich als solcher nicht übertragbar, lediglich die *Ausübung* des Nießbrauchs kann einem Dritten *überlassen* werden (§ 1059 BGB; zu Ausnahmen hinsichtlich Übertragbarkeit bei juristischen Personen vgl. § 1059a BGB).

Von Bedeutung für die weitere Untersuchung ist schließlich, dass dinglichen Rechten stets ein gesetzliches Schuldverhältnis (obligatorisches Verpflichtungsgeschäft) und damit ein *gegenseitiger Vertrag* zugrunde liegt, der die durch die Vertragsparteien zu erbringenden Leistungen (den Inhalt des dinglichen Rechts) bestimmt.[24] Demgegenüber hat der *dingliche Vertrag* (das Erfüllungsgeschäft) unmittelbar die Veränderung der dinglichen Rechtslage, also die Begründung und Übertragung des dinglichen Rechts zum Gegenstand.

3.3. Bilanzielle Behandlung entgeltlich eingeräumter Nutzungsrechte

3.3.1. Obligatorische Nutzungsrechte: Miete, Pacht

Die bilanzielle Behandlung von Miet- und Pachtverhältnissen erfolgt nach in Rechtsprechung und Schrifttum weitgehend unbestrittener Übung entsprechend den für schwebende Geschäfte geltenden Grundsätzen. Der Miet- ebenso wie der Pachtvertrag stellt so gesehen ein nach Leistung und Gegenleistung ausgeglichenes Vertragsverhältnis dar, „das eine Bilanzierung der aus ihm resultierenden Rechte und Pflichten grundsätzlich nicht erlaubt, solange der Vertrag von beiden Seiten erfüllt wird. Weder der Anspruch auf den Mietzins noch die Pflicht zur Überlassung der Mietsache (..) sind einer Bilanzierung zugänglich“[25].

Zwar wird die *Vermögensgegenstandseigenschaft* von Nutzungsrechten durch die Rechtsprechung allgemein bejaht: „Zu den immateriellen Wirtschaftsgütern des

---

die Erbbauberechtigung – aufgespalten“. In diesem Sinne spricht schon RFH vom 15.12.1932 III A 210/31, RFHE 32, S. 239 (244), vom Erbbaurecht als dem „wesentlichen Ausschnitt aus dem Eigentumsrecht. Dem Eigentümer verbleibt lediglich das nackte Eigentum am Grund und Boden“.

22 BFH vom 20.11.1980 IV R 126/78, BStBl. II 1981, S. 398 (399). Vgl. insbesondere § 11 Abs. 1 ErbbRVO sowie Mathiak (1988), S. 401 f.; Schubert (1995), S. 362.

23 Diese Rechte stehen im Unterschied zu den *subjektiv-dinglichen* Rechten nicht dem jeweiligen Eigentümer eines Grundstücks zu (vgl. Grunddienstbarkeit), sondern einer bestimmten natürlichen oder juristischen Person.

24 Vgl. Thiel (1991), S. 165.

25 BFH vom 17.2.1971 I R 121/69, BStBl. II 1971, S. 391 (392).

Anlagevermögens (..) können auch dingliche oder obligatorische Nutzungsrechte, insbesondere das Recht auf Nutzung eines Gebäudes während einer bestimmten Zeit, gehören"[26]; allerdings scheitert die konkrete Aktivierungsfähigkeit am Grundsatz der Nichtbilanzierung schwebender Geschäfte. „Als Anschaffungskosten für den Erwerb eines Nutzungsrechts kommen nur einmalige Aufwendungen in Betracht, die im Zusammenhang mit dem Vertragsschluss anfallen oder die als Entgelt für das Zustandekommen des Vertrags geleistet werden"[27] (z.B. Maklergebühren für die Vermittlung des Mietverhältnisses, Beratungskosten, Einstandsgeld für den Abschluss eines Miet-/ Pachtvertrags, Fracht- und Zulassungskosten beim Fahrzeug-Leasing). Für derlei Aufwendungen wird betont, dass sie außerhalb des gegenseitigen Vertrags (des Synallagmas) und somit verselbständigt neben dem eigentlichen Austauschverhältnis stünden, weshalb der Grundsatz der Nichtbilanzierung schwebender Geschäfte insoweit nicht zum Tragen komme.[28] Vorauszahlungen des Nutzungsentgelts oder Einmalzahlungen werden als Rechnungsabgrenzungsposten, nicht als Vermögensgegenstand erfasst.[29]

3.3.2. Dingliche Nutzungsrechte: Erbbaurecht, Nießbrauch

Nach Auffassung der Rechtsprechung[30] und der wohl überwiegenden Ansicht in der Literatur[31] wird durch die Bestellung von Erbbaurecht und Nießbrauch ein schwebendes Geschäft in Form eines Dauerrechtsverhältnisses begründet. Maßgebend für diese bilanzrechtliche Einschätzung ist die zivilrechtliche Wertung, wonach ein vollkommen

---

26 BFH vom 12.8.1982 IV R 184/79, BStBl. II 1982, S. 696 (699). Vgl. auch BFH vom 1.2.1989 VIII R 361/83, BFH/NV 1989, S. 778 (779); BFH vom 20.1.1983 IV R 158/80, BStBl. II 1983, S. 413 (415); BFH vom 17.3.1977 IV R 218/72, BStBl. II 1977, S. 595 (597 f.).

27 BFH vom 11.10.1983 VIII R 61/81, BStBl. II 1984, S. 267 (269).

28 Vgl. Mathiak (1986), S. 173; Woerner (1985), S. 187 f.; ferner FG Baden-Württemberg vom 3.9.1993 9 K 165/88, EFG 1994, S. 242 (243). Zur Kritik an der Aktivierung solcher (typischerweise als Anschaffungs*neben*kosten auszuweisenden) Aufwendungen unter gleichzeitiger Vernachlässigung jedweder sonst denkbarer Anschaffungskosten vgl. z.B. Kußmaul (1988), S. 47; Rautenberg (1978), S. 431 f.; zweifelnd auch BFH vom 17.4.1985 I R 132/81, BStBl. II 1985, S. 617 (618).

29 Vgl. Mellwig (2006), S. 95; ders. (2005), S. 223 f. und BFH vom 11.10.1983 VIII R 61/81, BStBl. II 1984, S. 267 (269); BFH vom 25.10.1994 VIII R 65/91, BStBl. II 1995, S. 312 (313).

30 Vgl. *zum Erbbaurecht* BFH vom 23.9.2003 IX R 65/02, BStBl. II 2005, S. 159; BFH vom 27.7.1994 X R 141/93, BStBl. II 1995, S. 111 (112); BFH vom 8.6.1994 X R 51/91, BStBl. II 1994, S. 779 (780); BFH vom 4.6.1991 X R 136/87, BStBl. II 1992, S. 70 (72); BFH vom 8.12.1988 IV R 33/87, BStBl. II 1989, S. 407 (408); BFH vom 20.1.1983 IV R 158/80, BStBl. II 1983, S. 413 (415); BFH vom 20.11.1980 IV R 126/78, BStBl. II 1981, S. 398 (398 f.); *zum Nießbrauch* BFH vom 27.6.1978 VIII R 54/74, BStBl. II 1979, S. 332 (333).

31 Vgl. z.B. Boorberg (1980), S. 1685; Crezelius (1988), S. 83; Fröhlich (1974), S. 751 f.; Groh (1982), S. 139; ders. (1989), S. 193; Hütz (1983), S. 5; Mathiak (1992), S. 452; Wehlmann (1992), S. 36. A. A. Briese (1978), S. 171; de Haan-Gast (1976), S. 1348 f.; Martin (1974), S. 10; ders. (1982b), S. 1077 ff.; BMF vom 15.3.1972 F/IV B 4 – S 2253 – 31/72, BStBl. I 1972, S. 172 unter Verweis auf BFH vom 31.1.1964 VI 252/62 U, BStBl. III 1964, S. 187.

zweiseitiger (gegenseitiger) Vertrag im Vordergrund stehe, mit dem jeder Vertragspartner seine Leistung um der Gegenleistung willen verspreche; vom wirtschaftlichen Leistungsinhalt her sei eine enge Verwandtschaft mit den rein schuldrechtlichen Nutzungsverhältnissen *Miete* und *Pacht* gegeben[32].

Auch Erbbaurecht und Nießbrauch werden als Vermögensgegenstände angesehen,[33] wiederum verhindern jedoch die Bilanzierungsgrundsätze für schwebende Geschäfte die Aktivierung. Vorauszahlungen des Nutzungsentgelts respektive Einmalzahlungen führen ‚nur' zum Ansatz eines Rechnungsabgrenzungspostens. Als Anschaffungskosten kommen nur solche einmaligen Aufwendungen „außerhalb des Dauernutzungsverhältnisses"[34] in Betracht, „die im Zusammenhang mit dem Vertragsabschluß anfallen oder die als Entgelt für das Zustandekommen des Vertrags geleistet werden"[35] (z.B. Grunderwerbsteuer, Maklerprovision, Notar- und Gerichtsgebühren[36]).

4. Der Grundsatz der Nichtbilanzierung schwebender Geschäfte

4.1. Qualifikation des schwebenden Geschäfts

Zivilrecht wie auch Handels- und Steuerbilanzrecht kennen keine Legaldefinition für schwebende Geschäfte,[37] jedoch haben Literatur und Rechtsprechung überwiegend gleichlautende Definitionen entwickelt: „Unter einem schwebenden Geschäft ist ein zweiseitig verpflichtender Vertrag zu verstehen, der auf einen Leistungsaustausch gerichtet ist und bei dem der zur Sach- oder Dienstleistung Verpflichtete noch nicht erfüllt hat."[38] Dabei wird der Begriff ‚Geschäft' mit ‚Vertrag' übersetzt, was nicht zuletzt als Typisierung zu verstehen ist.[39]

---

32 Vgl. BFH vom 7.4.1994 IV R 11/92, BStBl. II 1994, S. 796 (797); BFH vom 8.6.1994 X R 51/91, BStBl. II 1994, S. 779 (780) und Döllerer (1984), S. 2038.

33 Vgl. z.B. Clausen (1976a), S. 375; Döllerer (1971), S. 538; Kußmaul (1987a), S. 201; Uelner (1977), S. 113 und BFH vom 27.7.1994 X R 126/93, BStBl. II 1995, S. 109 (110); BFH vom 4.6.1991 X R 136/87, BStBl. II 1992, S. 70 (72); BFH vom 2.8.1983 VIII R 170/78, BStBl. II 1983, S. 735 (736); BFH vom 27.6.1978 VIII R 12/72, BStBl. II 1979, S. 38 (39); FG Baden-Württemberg vom 30.9.1992 14 K 81/91, rkr., EFG 1993, S. 233 (233) sowie BMF vom 15.11.1984 IV B 1 – S 2253 – 139/84, BStBl. I 1984, S. 563 (Tz. 28).

34 BFH vom 4.6.1991 X R 136/87, BStBl. II 1992, S. 70 (72); ebenso Mathiak (1986), S. 173.

35 BFH vom 11.10.1983 VIII R 61/81, BStBl. II 1984, S. 267 (269).

36 Vgl. BFH vom 4.6.1991 X R 136/87, BStBl. II 1992, S. 70 (70, Leitsatz).

37 Vgl. Fabri (1986), S. 111; Friederich (1975), S. 13; Kessler (1992), S. 123; Woerner (1984), S. 490.

38 BFH vom 11.12.1985 I B 49/85, BFH/NV 1986, S. 595 (595); BFH vom 23.6.1997 GrS 2/93, BStBl. II 1997, S. 735 (737). Vgl. auch Babel (1998b), S. 828 f.; Crezelius (1988), S. 81; Naumann (1989), S. 97; Nieskens (1989), S. 537; Wiedmann (1994), S. 461; Woerner (1984), S. 491.

39 Vgl. z.B. Friederich (1975), S. 18; Lüders (1987), S. 71; Moxter (1999), S. 130, 140; ders. (1991), S. 168; Naumann (1989), S. 95; Woerner (1985), S. 178 f. Zu einer mehr betriebswirtschaftlichen Definition des Begriffs ‚Geschäft' vgl. Leffson (1987), S. 395; er unterscheidet „eingeleitete Ge-

Als *Beginn* des schwebenden Geschäfts gilt regelmäßig der Vertragsabschluss, in Anwendung der bilanzrechtlich gebotenen wirtschaftlichen Betrachtungsweise z.T. aber auch bereits das Vorliegen eines *bindenden* Angebots (dem sich der Bilanzierende aus eigener Kraft nicht mehr entziehen kann).[40]

Das *Ende* des Schwebezustands eingeleiteter Geschäfte ist grundsätzlich mit der Erfüllung durch den zur Lieferung oder Leistung Verpflichteten und folglich mit dem *Zeitpunkt der Gewinnrealisierung* beim Sach- oder Dienstleistungsverpflichteten erreicht. Der (zivilrechtliche) Terminus der *Erfüllung* wird bilanzrechtlich durch das Realisationsprinzip konkretisiert; dieses „bindet die Gewinnentstehung grundsätzlich (..) an die erfüllte Lieferung oder sonstige Leistung im Rechtssinne“[41].

Allerdings hat der BFH in jüngerer Zeit entschieden, dass (bei bilanzieller Erfassung von Optionsgeschäften) der Schwebezustand auch bereits beendet ist, wenn der Leistungs*empfänger* seiner Zahlungsverpflichtung nachgekommen ist.[42] Diese „Neuinterpretation“ des schwebenden Geschäfts „verdient gebührende Beachtung“ und erscheint als „ein doch überraschender Schulterschluss von IAS-Regelwerk und steuerlicher Bilanzierung“.[43] Der bislang fest zementierte Zusammenhang zwischen dem Ende des Schwebezustands und dem Realisationsprinzip könnte dann nicht mehr uneingeschränkt Gültigkeit beanspruchen. Ob sich indes „die Ausführungen des BFH (..) verallgemeinern lassen, darf (..) bezweifelt werden“, fehlt ihnen doch „noch eine klare dogmatische Linie“.[44]

4.2. Argumente in Literatur und Rechtsprechung für die Nichtbilanzierung schwebender Geschäfte

Der Grundsatz der Nichtbilanzierung schwebender Geschäfte ist gesetzlich nicht explizit kodifiziert. Erklärungsansätze reichen vom Status reinen Gewohnheitsrechts[45] oder der Stellung als eigenständiger GoB[46] bis hin zur (letztlich deklaratorischen)

---

schäfte“ in „1. Geschäfte, die mit der Beschaffung von Beständen eingeleitet worden sind“ sowie „2. Geschäfte, die mit Abschluß von Verträgen eingeleitet worden sind“.

40 Vgl. Babel (1998b), S. 828 ff.; Friederich (1975), S. 19, 27; Mellwig / Sabel (2005), S. 357; Moxter (1999), S. 140; Naumann (1989), S. 97, 99; Woerner (1985), S. 179.

41 Moxter (1986), S. 38 f.; vgl. auch Babel (1997), S. 69; Mellwig / Sabel (2005), S. 363; Mellwig (1990), S. 1164; Mellwig / Hastedt (1992), S. 1590; Hastedt (1992), S. 28.

42 Vgl. BFH vom 18.12.2002 I R 17/02, BStBl. II 2004, S. 126 (128); anknüpfend BFH vom 15.9.2004 I R 5/04, BFH/NV 2005, S. 421.

43 Hoffmann (2003), S. 682; vgl. auch Hoffmann (2004), S. 626; Mellwig / Sabel (2005), S. 358.

44 Hahne / Sievert (2003), S. 1995 f.

45 Diese Möglichkeit erwähnt z.B. Woerner (1993), S. 198. Kammann (1980), S. 404, spricht von „freilich nicht unumstrittener bilanzrechtlicher Konvention“.

46 So z.B. BFH vom 20.1.1983 IV R 158/80, BStBl. II 1983, S. 413 (415); BFH vom 12.8.1982 IV R 184/79, BStBl. II 1982, S. 696 (700); Clausen (1976a), S. 373 mit weiteren Nachweisen. Vgl. kritisch Martin (1982a), S. 246.

Konkretisierung bestehender GoB. In Literatur (und Rechtsprechung) finden sich hauptsächlich drei Erklärungsansätze:

- Das *'Aufblähungs'-Argument* bemüht Vereinfachungserwägungen: Während des Schwebezustands stünden sich Ansprüche und Verpflichtungen in gleicher Höhe gegenüber, mithin mache die gegenseitige Neutralisierung den Ausweis beider Positionen in der Bilanz entbehrlich.[47] „Praktische Erwägungen können es [indes] kaum rechtfertigen, Forderungen und Schulden (..) nicht zu bilanzieren"[48]. Die Gleichwertigkeit von Anspruch und Verpflichtung mag sich im Ansatz einander entsprechender Aktiv- und Passivposten widerspiegeln, aber kein Aktivierungs- und Passivierungsverbot rechtfertigen.
- Ein zweiter Erklärungsansatz stützt die Nichtbilanzierung schwebender Geschäfte auf eine grundlegende *Ausgeglichenheitsvermutung*, mithin auf eine *Fiktion*: „Der Kaufmann darf, solange sich nicht aufgrund objektiver Anhaltspunkte ein Verpflichtungsüberschuß aufdrängt, die Ausgeglichenheit von Leistungsanspruch und Leistungsverpflichtung unterstellen".[49] Diese Ausgeglichenheits*vermutung* negiert nicht die in aller Regel bestehende Höherwertigkeit des Anspruchs gegenüber der Verpflichtung; im Gegenteil geht sie sogar von der Annahme aus, dass der Anspruch zumindest Ertragserwartungen in Höhe der Verpflichtung verkörpert.[50] Nach dieser Sichtweise wird also eine (zivil-)rechtlich bestehende Leistungsverpflichtung durch einen *diese erst bedingenden Anspruch ausgeglichen.*
- Schließlich wird die Nichtbilanzierung mit dem *Realisationsprinzip* begründet: Der Leistungsanspruch sei *vor Erfüllung der eigenen Leistungsverpflichtung* mit zu hohen zivilrechtlichen Risiken[51] behaftet, weshalb eine Forderungsbilanzierung selbst dann abzulehnen ist, wenn möglichen Auswirkungen auf das Bilanzergebnis durch den Ansatz einer gleichhohen Leistungsverpflichtung begegnet wird. Somit verhindert die *Unsicherheit des Anspruchs* dessen Aktivierung und damit auch die Passivierung der korrespondierenden (neutralisierenden) Leistungsverpflichtung.[52]

---

47 Vgl. Adler / Düring / Schmaltz (1968), § 149 AktG, Tz. 34; Bauer (1981), S. 71a; Crezelius (1988), S. 85; Grubert (1978), S. 202; Kropff (1973), § 149, Anm. 50; Leffson (1987), S. 262 und schon Passow (1921), S. 280; Vellguth (1938), S. 73.

48 Woerner (1989), S. 40; a. A. Tiedchen (1991), S. 75.

49 Moxter (1993), S. 198; ders. (1999), S. 141; Euler (1990), S. 1046.

50 Vgl. Hommel (1992), S. 36; Moxter (1993), S. 199; Woerner (1985), S. 180.

51 Vgl. insbesondere die Einrede des nicht erfüllten Vertrags (§ 320 BGB) sowie die Unmöglichkeit der eigenen Leistung (§ 326 BGB).

52 Vgl. z.B. Babel (1997), S. 72; Döllerer (1974), S. 1543; Hastedt (1992), S. 28; Hommel (1992), S. 32; Lüders (1987), S. 25 f.; Mellwig / Sabel (2005), S. 363 f.; Woerner (1984), S. 492.

4.3. Zur Klassifizierung von Nutzungsrechten als schwebende Geschäfte

An der Einstufung von Nutzungsrechten als *schwebende* (d.h. nur pro rata temporis erfüllbare) Dauerschuldverhältnisse wird bemängelt, dass dies regelmäßig ohne nähere Begründung erfolgt, weshalb letztlich ein *Vorurteil* über die Bilanzierung befinde.[53] Das primäre Unterscheidungsmerkmal zum Kauf als ‚einfachem' Schuldverhältnis sieht die Literatur in der zeitlichen Dimension und dem Kriterium der ‚permanenten Pflichtanspannung'.[54] Wirtschaftlich betrachtet ist dieses Unterscheidungskriterium jedoch wenig ergiebig, da bei exakt spezifizierter Vertragsdauer etwa eines Mietverhältnisses die Gesamtleistung ebenso wie beim Kaufgeschäft bereits feststeht. So wie man aber bei der Miete die *einmalige* Leistung genauso gut in der Einräumung der Nutzungsmöglichkeit (d.h. der Bestellung des Nutzungsrechts für die Vertragslaufzeit) sehen könnte, so erschließt sich andererseits auch das Nutzenpotential der *in einem Zeitpunkt* gelieferten Maschine erst mit der eigentlichen Nutzung über die Zeit. Die in Literatur und Rechtsprechung überwiegend herangezogene Argumentation einer Leistungsbewirkung *im Zeitablauf* ist somit häufig nicht das Ergebnis einer Analyse der vertraglichen Leistungsversprechen, vielmehr resultiert sie in dieser Form zumeist aus einer präjudizierenden Vorgehensweise, die ein Dauerschuldverhältnis von vornherein unterstellt.[55]

Ebenso wenig befriedigt die vergleichbar präjudizierende Überlegung, „warum (..) die Überlassung einer Sache zu Gebrauch und Nutzung nicht Verkauf der Nutzung" sei,[56] die man nach den *für Kaufgeschäfte geltenden Grundsätzen* zu bilanzieren habe, denn „mit vergleichbarer Argumentation lassen sich aus ökonomischer Sicht alle ‚klassischen' Dauerschuldverhältnisse als Veräußerungsgeschäfte interpretieren"[57]. Ohnehin wäre eine derartige Sichtweise nur für die dinglichen Nutzungsrechte von Relevanz,[58] und selbst deren *bilanzrechtliche* Einordnung (Rechtskauf oder Dauerschuldverhältnis) gelänge nur bei eindeutiger Beantwortung der Frage, welche der zivilrechtlichen Leistungshandlungen – einmalige Rechtseinräumung oder dauernde Duldungsleistung – in den Vordergrund tritt.[59] Ein bilanzrechtlich fundierbarer Beurteilungsmaß-

---

[53] Vgl. Hommel (1992), S. 49 f.; Mellwig (2006), S. 94: „Die Qualifikation des Nutzungsüberlassungsvertrages als Dauerschuldverhältnis ist eine *Konvention.*" (Hervorhebung durch Verf.).

[54] Vgl. Bauer (1981), S. 166; Clausen (1976b), S. 130; Crezelius (1988), S. 84.

[55] Vgl. Hommel (1992), S. 50 sowie speziell zum Leasing Hastedt (1992), S. 113.

[56] Jahr (1966), S. 761.

[57] Hommel (1992), S. 57.

[58] Vgl. z.B. Clausen (1976a), S. 375; de Haan-Gast (1976), S. 1348 f.; Martin (1982b), S. 1079.

[59] Die Vertreter der *Abspaltungstheorie* sind der Ansicht, dass der Nutzungsberechtigte anlässlich der Einräumung des dinglichen Rechts aus dem Vollrecht des Eigentümers einen *verselbständigten Eigentumsausschnitt* erwirbt, mithin der Nutzungsberechtigte bezüglich dieses ‚Eigentumssplitters' auf eine *Duldungsleistung* des Nutzungsverpflichteten nicht mehr angewiesen sein kann. Demgegenüber sehen die Befürworter der *Duldungstheorie* in der dinglichen Rechtsposition nur eine Belastung, die im Umfang der daraus resultierenden Ansprüche mit dem Vollrecht kollidiert und

stab, der den Ausschlag für die eine oder andere Betrachtungsweise geben könnte, ist freilich nicht ersichtlich, vielmehr erscheint es „bereits vom Ansatz her nicht vertretbar, sich bei der Lösung eines Bilanzierungsproblems auf eine zivilrechtliche Theorie zu berufen, die im Schrifttum kontrovers diskutiert wird“[60].

Auch der vereinzelt unternommene Versuch, im Falle der Entrichtung des Nutzungsentgelts *in einem Betrag* auf das Vorliegen eines *Rechtskaufs* zu schließen,[61] weil die Einmalzahlung im Verständnis der Vertragsparteien die *Rechtsbestellung als Hauptleistung* des Nutzungsverpflichteten ausweise, vermag in keiner Weise zu überzeugen; insbesondere bleibt offen, worin der Unterschied zwischen einer „*Voraus*zahlung des vereinbarten (wiederkehrenden) Erbbauzinses“ und „einer vereinbarten *Einmal*zahlung“ für das Erbbaurecht bestehen soll.[62] Überdies setzt der Ansatz eines Nutzungsrechts überhaupt erst die Existenz eines Vermögensgegenstands voraus; jedwedem Versuch aber, eine Korrelation zwischen Vermögensgegenstandseigenschaft und (wie auch immer gearteter) Zahlungsmodalität herstellen zu wollen, muss energisch entgegengetreten werden,[63] da „Zahlungsmodalitäten grundsätzlich nicht die zu erbringende Leistung“ beeinflussen.[64]

Es zeigt sich, dass eine Typenabgrenzung des Dauerschuldverhältnisses vom Rechtskauf als Lösungsansatz für die Bilanzierung von Nutzungsrechten weder wirtschaftlich überzeugend noch im Interesse unverzichtbarer Rechtssicherheit objektivierbar ist.[65] Insgesamt kann bei obligatorischen wie dinglichen Nutzungsrechten die *Übergewichtigkeit des Dauerschuldcharakters* nicht geleugnet werden. In der Summe betrachtet, liegt somit selbst bei dinglichen Nutzungsrechten ein Dauerrechtsverhältnis vor, das auch durch das – der Rechtsbestellung zugrunde liegende – schuldrechtliche Grundgeschäft (entweder Rechtskauf oder kaufähnlicher Vertrag) nicht beeinflusst wird.[66] „Sieht man (..) das Kausalgeschäft und die fortbestehende dingliche Verpflichtung gemeinsam an, handelt es sich der Sache nach ebenso um ein Dauerleistungsverhältnis

---

dieses insoweit beschränkt, woraus aber dem Eigentümer des Nutzobjekts eine Duldungspflicht erwächst. Vgl. zu Details Babel (1997), S. 73-77.

[60] Fabri (1986), S. 134; vgl. auch Groh (1982), S. 138; Hommel (1992), S. 53.

[61] Vgl. Boorberg (1980), S. 1684 f.; Briese (1978), S. 171; Clausen (1976a), S. 375; de Haan-Gast (1976), S. 1348 f.; Fröhlich (1974), S. 751; Martin (1982b), S. 1077; o.V. (1984), S. 378; Rautenberg (1978), S. 430; Stapperfend (1993), S. 532; Theilen (1972), S. 156.

[62] Diese Unterscheidung wird hervorgehoben von Rautenberg (1978), S. 432. Zur Kritik hieran vgl. Clausen (1976b), S. 132; Fabri (1986), S. 161; Hommel (1992), S. 64; Tiedchen (1991), S. 112.

[63] Vgl. Böcking (1988), S. 216; Clausen (1976a), S. 375; ders. (1976b), S. 134; Fabri (1986), S. 122, 130; Hütz (1983), S. 6; Kußmaul (1987a), S. 244; Tiedchen (1991), S. 111 f.; Thiel (1991), S. 172; Wehlmann (1992), S. 43. Als Ausnahme wären Fälle mangelnder Wertobjektivierung – z.B. bei mengen- oder zeitabhängigen Lizenzen – denkbar; vgl. hierzu Kußmaul (1987b), S. 2056.

[64] Hommel (1992), S. 56; vgl. Mellwig (2006), S. 94 f.

[65] Vgl. Clausen (1976a), S. 371 f.; ders. (1976b), S. 132; Kußmaul (1987a), S. 200.

[66] Vgl. Kußmaul (1987a), S. 272, 393; ders. (1988), S. 57; Fabri (1986), S. 123 f.

wie bei einer nur schuldrechtlichen Regelung."[67] *Im Sinne des Bilanzrechts* sind Nutzungsrechte daher zwingend als schwebende Geschäfte zu qualifizieren; freilich bleibt zu prüfen, ob einer Aktivierung von Nutzungsrechten der Grundsatz der Nichtbilanzierung schwebender Geschäfte entgegenzustehen vermag.

5. Bedeutung des Grundsatzes der Nichtbilanzierung schwebender Geschäfte für die Aktivierungsfähigkeit von Nutzungsrechten

5.1. Besonderheiten bei der Betrachtung von schwebenden Geschäften aus Sicht des Nutzungsberechtigten

Literatur und Rechtsprechung begründen die Nichtbilanzierung schwebender Geschäfte ausschließlich aus Sicht des Sachleistungsverpflichteten und somit vor dem Hintergrund der Gewinnrealisierungsproblematik. Schon hier erweist sich der Grundsatz der Nichtbilanzierung schwebender Geschäfte als überflüssig, denn beim Sachleistungsverpflichteten scheitert der (ordnungswidrige) Ausweis unrealisierter Gewinne *ursächlich* an der mangelnden Vermögensgegenstandseigenschaft seines (*lediglich zivilrechtlich entstandenen*) Forderungsrechts.

Der Ansatz eines *Nutzungsrechts* tangiert nicht einmal das bilanzrechtliche Gewinnrealisierungsverbot, da die Bestellung für den Nutzungsberechtigten einen *erfolgsneutralen* Anschaffungsvorgang bedeutet (wobei Anschaffung hier im bilanzrechtlichen, nicht als Kauf im zivilrechtlichen Sinne zu verstehen ist). Wiederum hängt die Frage der Aktivierungsfähigkeit jedoch ausschließlich von der *Vermögensgegenstandseigenschaft* des vertraglichen Anspruchs ab. Die Nichtbilanzierung des schwebenden Nutzungsverhältnisses beim Berechtigten kann mithin nur dann sinnvoll begründet werden, wenn der Nutzungsanspruch aus dem schwebenden Dauerrechtsverhältnis *keinen Vermögensgegenstand* verkörpert.

5.2. Das Nutzungsrecht als Vermögensgegenstand im Rahmen des schwebenden Geschäfts

5.2.1. Zum wirtschaftlichen Leistungsinhalt obligatorischer und dinglicher Nutzungsrechte

Zunächst sei geklärt, welchen Einfluss der obligatorische oder dingliche Rechtscharakter (nebst der darin verankerten Möglichkeit zur Vertragsgestaltung) auf die wirtschaftlichen Nutzungsmöglichkeiten (den *wirtschaftlichen Leistungsinhalt*) und damit auf die Frage der Bilanzierungsfähigkeit von Nutzungsrechten besitzt.

[67] Groh (1982), S. 138.

Zivilrechtlich ist das *Erbbaurecht* in einer dem Eigentum vergleichbaren Weise geschützt. Der Erbbauberechtigte ist ähnlich einem Grundstückseigentümer (und anders als der Pächter) in die Lage versetzt, seine Ansprüche und Nutzungsmöglichkeiten aus dem Erbbaurecht ohne Einschalten des Rechtseinräumenden gegen jede Beeinträchtigung durch Dritte *aus eigenem Recht*[68] durchzusetzen (vgl. § 11 Abs. 1 Satz 1 ErbbRVO i.V.m. §§ 985 ff., 1004 BGB). Vergleichbares gilt für den *Nießbrauch*: „Wird das Recht des Nießbrauchers beeinträchtigt, so finden auf die Ansprüche des Nießbrauchers die für die Ansprüche aus dem Eigentum geltenden Vorschriften entsprechende Anwendung" (§ 1065 BGB i.V.m. §§ 985 ff., 1004 BGB).

Der *Mieter* kann demgegenüber bei Störung des vertragsgemäßen Gebrauchs durch Dritte lediglich vom Vermieter verlangen, dass dieser gegen den Dritten vorgeht. Gleichwohl ergibt sich aber auch für obligatorisch Berechtigte letztlich eine eigentümerähnlich geschützte Rechtsstellung und damit eine *‚Teilverdinglichung'* der Miete bzw. Pacht, denn der Mieter (oder Pächter) kann sein Recht zum Besitz im Falle von Störungen seitens Dritter selbständig geltend machen (§§ 858-862, 823 BGB); darin ähnelt seine Position der eines dinglich Berechtigten (§§ 985 ff. BGB).[69] Auch kann er bei Veräußerung des Eigentums an der Mietsache durch den Vermieter sein Nutzungsrecht wie ein Eigentümer jederzeit durchsetzen (§§ 566 Abs. 1, 986 Abs. 2 BGB).[70] „Die ‚Verdinglichung der Miete' geht so weit, daß (..) [der Nutzungsberechtigte], wenn er den Besitz der Sache erlangt hat (..), auch als Mieter wie der Inhaber eines dinglichen Rechts geschützt ist."[71]

Sogar im Fall eines Konkurses des Nutzungsüberlassers respektive der Zwangsvollstreckung in dessen Vermögen bleiben Nutzungsrechte an beweglichen Sachen bestehen, lediglich bei Grundstücken ergeben sich für obligatorische Nutzungsrechte einige Ausnahmen,[72] doch sind diese – ohnehin wenigen – Einschränkungen der Nutzungsmöglichkeit für die bilanzielle Behandlung von untergeordneter Bedeutung: Die üblicherweise vorzunehmende Orientierung am typischen Geschehensablauf führt dazu, in erster Linie auf „die gesicherte Möglichkeit zur Nutzung bei ordnungsgemäßer Vertragsabwicklung für einen bestimmten oder bestimmbaren Zeitraum" abzustellen,[73] und „in vielen Fällen wird die Zwangsversteigerung nicht mehr als eine theoretische Möglichkeit sein"[74], deren Wahrscheinlichkeit „nicht größer ist als die Gefahr, daß in ein zur Nutzung überlassenes Gebäude der Blitz einschlägt und es zerstört"[75]. Der

---

[68] Vgl. de Haan-Gast (1976), S. 1348; Hommel (1992), S. 51; Martin (1982b), S. 1077.
[69] Vgl. Groh (1982), S. 138; Kußmaul (1987a), S. 373.
[70] Vgl. Thiel (1991), S. 165.
[71] Jahr (1966), S. 763. Vgl. auch Thiel (1991), S. 165.
[72] Vgl. hierzu z.B. Bork (1990), S. 205-236; Döllerer (1988), S. 35-51.
[73] Kußmaul (1987a), S. 379; vgl. auch ders. (1987b), S. 2058; Fahrholz (1979), S. 168 f.
[74] Bork (1990), S. 222.
[75] Döllerer (1988), S. 44.

Fortbestand der Nutzungsmöglichkeit muss mithin erst dann einer Überprüfung unterzogen werden, wenn konkrete Anhaltspunkte dafür vorliegen, dass sich der Vertragspartner tatsächlich in wirtschaftlichen Schwierigkeiten befindet, die geeignet scheinen, den eigenen Anspruch zum Teil oder bis zur völligen Wertlosigkeit zu gefährden.[76]

Auch hinsichtlich der Gefahrentragung bei Untergang oder Verschlechterung des Nutzobjekts hängen Unterschiede weniger „von der Struktur des gewählten Rechts“ als vielmehr „von den Vereinbarungen der Vertragspartner“ im Einzelfall ab:[77] Die Gefahr des zufälligen Untergangs oder einer zufälligen Verschlechterung der Mietsache ist *nach dem Leitbild des Gesetzes* nicht auf den Mieter übertragbar. Die Regelungen zur Gefahrtragung sind jedoch grundsätzlich abdingbar, wie überhaupt das gesamte Schuldrecht (im Unterschied zum Sachenrecht) überwiegend durch die *Dispositivität* seiner Normen gekennzeichnet ist. Bei dinglichen Rechten geht im Unterschied zu obligatorischen Rechten mit der Übergabe der genutzten Sache die Gefahr zufälligen Untergangs und zufälliger Verschlechterung auf den Nutzungsberechtigten über.[78] Diese Regelung gehört indes zu den Pflichten im Rahmen des gesetzlichen Schuldverhältnisses, für welche die Vorschriften des allgemeinen Schuldrechts gelten, so dass Abdingbarkeit besteht.

Es ist somit problematisch, subjektive Sachenrechte als gegenüber schuldrechtlichen Ansprüchen ‚stärker‘ zu beschreiben. Das dingliche Recht ist lediglich eine „Sicherung der obligatorischen Berechtigung“[79], „nur eine zusätzliche rechtliche Sicherung (..), die aber den wirtschaftlichen Inhalt des Vertrags nicht“ ändert.[80] Der aus der Zivilrechtsstruktur resultierende *wirtschaftliche Leistungsinhalt* dinglicher und obligatorischer Nutzungsrechte weist mithin keine derart bedeutsamen Unterschiede auf, dass eine unterschiedliche bilanzielle Behandlung in Abhängigkeit vom Rechtscharakter des Nutzungsrechts gerechtfertigt erschiene.

5.2.2. Die Vermögensgegenstandseigenschaft von (Nutzungs-)Ansprüchen aus schwebenden Dauerschuldverhältnissen

Ein Nutzungsrecht stellt unbeschadet seines Charakters als rechtlicher Anspruch aus einem *schwebenden* Dauerschuldverhältnis einen *Vermögensgegenstand* dar. Dieser Einschätzung stehen weder die bilanzrechtlichen Vermögensgegenstandskriterien

---

[76] Ebenso Kußmaul (1987a), S. 433.
[77] Kußmaul (1987a), S. 337 (beide Zitate).
[78] Vgl. Jahr (1966), S. 764.
[79] Bise (1978), S. 192.
[80] BFH vom 11.10.1963 VI 251/62 U, BStBl. III 1963, S. 564 (564).

(wirtschaftlicher Vermögensvorteil, Greifbarkeit, selbständige Bewertbarkeit)[81] noch die wirtschaftlich bedeutsamen Risiken aus synallagmatischen Ansprüchen (Einrede des nicht erfüllten Vertrags, Unmöglichkeit der eigenen Leistung) oder die Zivilrechtsnatur von Dauerschuldverhältnissen entgegen.

Dauerschuldverhältnisse gelten bereits zivilrechtlich als untrennbare Einheit aufgrund nur eines Vertragsschlusses (weshalb der *Gesamt*leistungsanspruch bereits zum Kontrahierungszeitpunkt erwächst und nicht erst durch Zeitablauf jeweils neue *Teil*leistungen entstehen),[82] doch ist nicht einmal diese Feststellung für die bilanzrechtliche Wertung erforderlich: Immer induzieren rechtliche Ansprüche künftige Nettoeinnahmen, deren Antizipation gegenüber der Bilanzierung des Einnahmenpotentials eines als Eigentum erworbenen Gutes zu Anschaffungskosten keinerlei Besonderheiten aufweist.[83] Auch betrachtet die Rechtsprechung beispielsweise das Belieferungsrecht als bilanzierungsfähiges Aktivum;[84] hierbei handelt es sich um einen Sukzessivlieferungsvertrag und damit zweifelsohne um ein Dauerschuldverhältnis mit regelmäßig wiederkehrenden Lieferungen von einem bestimmten oder jeweils näher zu bestimmenden Umfang.[85] Offenbar kann also im *Leistungsanspruch aus einem schwebenden Geschäft* ohne weiteres ein Vermögensgegenstand gesehen werden.[86]

Wirtschaftlich ausnutzbar und damit wertvoll wird das Nutzungsrecht jedoch erst, wenn zum *abstrakten* Nutzungsanspruch aus dem Vertrag die *konkrete Möglichkeit* der Nutzung des Vertragsobjekts hinzutritt: Aus dem rechtmäßigen Besitz erwächst dem Nutzer die Unentziehbarkeit des Objekts für die Dauer der unkündbaren ‚Grundnutzungszeit',[87] verbunden mit einer eigentümerähnlich gesicherten Rechtsstellung, die ihn zur Abwehr von Leistungsstörungen seitens Dritter berechtigt. Vom Zeitpunkt der Besitzerlangung an erscheint somit das Risiko gering, die durch den Nutzungsverpflichteten vertraglich zugesicherte Leistung der Inanspruchnahme des überlassenen Nutzenpotentials nicht zu erhalten. Unverzichtbar ist für diese Einschätzung eine vertraglich fixierte *Zeitdauer* des Nutzungsrechts, damit während des Nutzungszeit-

---

[81] Vgl. z.B. Moxter (1999), S. 11-14 sowie BFH vom 8.4.1992 XI R 34/88, BStBl. II 1992, S. 893 (894); BFH vom 9.7.1986 I R 218/82, BStBl. II 1987, S. 14 (14); BFH vom 28.5.1979 I R 1/76, BStBl. II 1979, S. 734 (737).

[82] Vgl. Bauer (1981), S. 17; Christiansen (1990), S. 151; Crezelius (1988), S. 84 f.; Fahrholz (1979), S. 126; Gelhausen (1985), S. 376; Kessler (1992), S. 202; Kußmaul (1988), S. 59; Lüders (1987), S. 23; Tiedchen (1991), S. 124; Wiese (1965), S. 838, 850 sowie BFH vom 27.2.1976 III R 64/74, BStBl. II 1976, S. 529 (530). A. A. z.B. Clausen (1976a), S. 376; Glaubig (1993), S. 27.

[83] Vgl. z.B. Euler (1991), S. 208; Leffson (1987), S. 394 f.; Mellwig (2006), S. 95; Mellwig (2005), S. 223; Moxter (1995), S. 321; Naumann (1991), S. 536.

[84] Vgl. BFH vom 26.2.1975 I R 72/73, BStBl. II 1976, S. 13 (14).

[85] Vgl. auch Bauer (1981), S. 15; Fahrholz (1979), S. 131; Friederich (1975), S. 38 f.; Kessler (1992), S. 197.

[86] Vgl. auch BFH vom 27.2.1976 III R 64/74, BStBl. II 1976, S. 529 (530): „Auch eine Forderung aus einem schwebenden Geschäft ist ein Wirtschaftsgut".

[87] Vgl. auch Bieg (1977), S. 350; Kußmaul (1987a), S. 375.

raums der Rechtsanspruch gegen den Willen des Nutzungsberechtigten nicht entzogen werden kann.[88] Als entscheidend erweist sich also die Rechtsposition des Nutzers und *nicht* die *einmalige* Leistung des Nutzungsverpflichteten durch Bereitstellung des Nutzobjekts.

Entgegen der herrschenden Meinung in Literatur und Rechtsprechung sind Nutzungsrechte mithin aufgrund der erwiesenen Vermögensgegenstandseigenschaft zu aktivieren: Der Grundsatz der Nichtbilanzierung schwebender Geschäfte wird durch das Vollständigkeitsprinzip (§ 246 Abs. 1 HGB) verdrängt. Da auch der Ausweis unrealisierter Gewinne aus schwebenden Geschäften beim zur Sach- oder Dienstleistung Verpflichteten bereits vom Realisationsprinzip respektive der fehlenden Vermögensgegenstandseigenschaft des Zahlungsanspruchs verhindert wird, erweist sich der Grundsatz der Nichtbilanzierung schwebender Geschäfte letztlich als überflüssig.

6. Zum „Mysterium" um (aktive) Rechnungsabgrenzungsposten

6.1. Entwicklung der (aktiven) Rechnungsabgrenzung im Bilanzrecht

Nach geltendem Recht kommen als Rechnungsabgrenzungsposten nur Transitorien in Betracht, also „auf der Aktivseite Ausgaben vor dem Abschlußstichtag, soweit sie Aufwand für eine bestimmte Zeit nach diesem Tag darstellen" (§ 250 Abs. 1 Satz 1 HGB). Dies war nicht immer so. *Gesetzliche* Erwähnung fanden die Rechnungsabgrenzungsposten – der Buchführungspraxis unter wechselnden Bezeichnungen[89], aber in annähernd gleichbleibender Funktion schon seit der Mitte des 19. Jahrhunderts bekannt[90] – überhaupt erst im Zuge der Aktiennovelle 1931 durch § 261a HGB[91], das AktG 1937 übernahm diese Regelung in den § 131 Abs. 1, wobei stets nur von „Posten, die der Rechnungsabgrenzung dienen" die Rede war. Schon damals monierte die Literatur, dass der „Begriff meist nicht scharf genug begrenzt wird, was leicht zur mißbräuchlichen Benutzung führen kann"[92]. Fast zwangsläufig induzierte das Fehlen einer Legaldefinition zusammen mit der Rezeption beziehungsweise Sanktionierung dynamischen Gedankenguts durch die höchstrichterliche Rechtsprechung „im handelsrechtlichen Schrifttum Anzeichen einer verstärkten Neigung" zur „Aktivierung von Aufwendungen, die irgendeinen Nutzen für die

---

[88] Vgl. z.B. BFH vom 16.11.1977 I R 83/75, BStBl. II 1978, S. 386 (386); BFH vom 31.10.1978 VIII R 196/77, BStBl. II 1979, S. 401 (403); BFH vom 2.8.1983 VIII R 57/80, BStBl. II 1983, S. 739 (740). Ebenso Meilicke (1991), S. 584.

[89] Vgl. z.B. Döllerer (1968), S. 638: „Antizipationskonten, transitorische Konten, Erfolgsregulierungskonten, Erfolgsberichtigungskonten, unechte Debitoren und Kreditoren".

[90] Vgl. z.B. Fuchs (1987), S. 158 f.; Stapf (1968), S. 23.

[91] Vgl. Verordnung des Reichspräsidenten über Aktienrecht, Bankenaufsicht und über eine Steueramnestie vom 19.9.1931, RGBl. I 1931, S. 493 (496 f.).

[92] Trumpler (1937), S. 117.

Zukunft versprachen"[93]; „die Bilanzgeschichte belegt, daß Vorstände von Aktiengesellschaften das Blaue vom Himmel herunter als ‚künftigen Nutzen stiftend' aktiviert haben"[94]. Der Wortlaut „Posten, die der Rechnungsabgrenzung dienen" wurde nur zu bereitwillig als „Zugeständnis des Gesetzgebers" und „eine Art Eingangstür für die Grundsätze dynamischer Bilanzlehre" empfunden.[95] Und gerade auch die vom BFH teilweise betonte *Eigenständigkeit* des Rechnungsabgrenzungspostens gegenüber dem (immateriellen) Wirtschaftsgut[96] hat den Ansatz von Nonvaleurs in der ansonsten Vermögenspositionen verlangenden Handelsbilanz noch zusätzlich erleichtert. Die Rechnungsabgrenzungsposten mussten damit aber „zu einem Sammelbecken aller Posten" verkommen, „die an anderer Stelle nicht mehr unterzubringen waren"; neben die transitorischen Rechnungsabgrenzungsposten im engeren Sinne und die Antizipativa traten „die transitorischen Aktiva im weiteren Sinne, die der Verteilung einmaliger größerer Aufwendungen auf mehrere Rechnungsperioden dienten (zum Beispiel Werbeaufwand)"[97], also „solche Aufwendungen, die, ohne daß hierdurch ein Vermögenswert geschaffen wird, mehrere Jahre betreffen"[98]. Auf diese Weise konnten

---

[93] Döllerer (1969), S. 502 (beide Zitate).

[94] Schneider (1978), S. 120. A. A. Kropff (1965), S. 237 (Begründung des Regierungsentwurfs zu § 152 Abs. 9 AktG 1965): „Die transitorischen Posten im weiteren Sinne, z.B. die Reklameaufwendungen und Entwicklungskosten, führen nach kaufmännischer Auffassung nicht zu einem aktivierungsfähigen Wirtschaftsgut und dürfen daher auch nicht auf dem Umweg über die Rechnungsabgrenzung aktiviert werden", S. 244 (Begründung des Regierungsentwurfs zu § 153 Abs. 3 AktG 1965): Die Erstkodifizierung des entgeltlichen Erwerbs in § 153 Abs. 3 AktG 1965 entsprach bereits „bewährter kaufmännischer Übung"; Kruse (1978b), S. 211: „Die Kaufleute haben sich stets geweigert, selbstgeschaffene immaterielle Wirtschaftsgüter zu aktivieren. (..) Die Kaufleute haben sich immer gewehrt, mehr als die ‚klassischen' Rechnungsabgrenzungsposten zu bilden".

[95] Anderson (1965), S. 52 (beide Zitate). Vgl. auch Beisse (1995), S. 73 f.; Groh (1980), S. 130: „Einfallspforte"; Kruse (1978a), S. 184.

[96] Vgl. z.B. BFH vom 28.1.1954 IV 255/53 U, BStBl. III 1954, S. 109 (111): „Man wendet die Rechnungsabgrenzung in der Regel für den Aufwand an, der in der Inventur nicht zum Ausdruck kommt"; BFH vom 22.5.1958 IV 222/56 U, BStBl. III 1958, S. 333 (335), wonach „die Frage der aktiven Rechnungsabgrenzung nicht von der Schaffung eines selbständig bewertbaren Wirtschaftsgutes, sondern von der richtigen periodengemäßen Aufwandsverteilung abhängt".
Vgl. demgegenüber zur Gleichsetzung von Rechnungsabgrenzung und Wirtschaftsgut BFH vom 15.4.1958 I 27/57 U, BStBl. III 1958, S. 260 (261): „Die Rechnungsabgrenzung kann sich nur auf Wirtschaftsgüter positiver oder negativer Art (Vermögenswerte oder Schulden) (..) beziehen"; BFH vom 13.8.1957 I 46/57 U, BStBl. III 1957, S. 350 (351): „Macht der Kaufmann einmalige, eindeutig und klar abgrenzbare Aufwendungen (..), so schafft er damit in der Regel ein steuerlich selbständig bewertbares Wirtschaftsgut, das in einem aktiven Rechnungsabgrenzungsposten in Erscheinung treten muß".

[97] Adler / Düring / Schmaltz (1968), § 152 AktG, Tz. 174 (alle Zitate). Vgl. auch Eibelshäuser (1983), S. 180: „Gefahr einer unkontrollierten Ausweitung des Aktivierungsumfangs"; ders. (1981), S. 62: „Aufblähung der Rechnungsabgrenzungsposten"; Kropff (1965), S. 237 (Begründung des Regierungsentwurfs zu § 152 Abs. 9 AktG 1965).

[98] Adler / Düring / Schmaltz (1957), § 131 AktG, Tz. 105; als Werbeaufwand explizit genannt wird die „Beschriftung von Giebelwänden" und die „Aufstellung von Reklameschildern". Nicht unter diese Kategorie fällt freilich die Beauftragung einer Werbegesellschaft gegen Vorauszahlung;

„Ausgaben auch dann in aktivisch-transitorische Posten eingestellt werden (..), wenn lediglich eine nicht objektivierbare, jedoch betriebswirtschaftlich plausible Vermutung bestand, daß die Ausgaben auch noch späteren Perioden ‚zugute kamen‘ “[99].

Gesetzlich *definiert* wurden die Rechnungsabgrenzungsposten erstmalig in den §§ 27, 34 DMBilG vom 21.8.1949[100]. Gemäß § 27 DMBilG umfassten aktive Rechnungsabgrenzungsposten sowohl antizipative (Einnahmen nach dem Stichtag, soweit sie Ertrag für die Zeit vor diesem Tag darstellen) als auch transitorische Aktiva. Unverändert war der „Begriff der transitorischen“ wie „der antizipativen Aktiva der Eröffnungsbilanz (..) grundsätzlich derselbe, wie er auch für Jahresabschlüsse gilt“.[101] Allerdings begegnete der Ausweis transitorischer Aktiva *im weiteren Sinne* als Rechnungsabgrenzungsposten zunehmender Kritik in der Literatur: So konnte für Döllerer schon 1957 „ein Betrag, dessen Aktivierung [als immaterieller Vermögensgegenstand] verboten ist, auch nicht auf dem Umweg über die Rechnungsabgrenzung in die Bilanz gelangen“[102]. Adler / Düring / Schmaltz meinten ab der 3. Auflage (1957) immerhin: „Transitorische Posten *im weiteren Sinne* (..) können (..) *nicht* in die Posten der Rechnungsabgrenzung einbezogen werden“; entgegen Döllerer heißt es freilich weiter, dass sie „entsprechend der kaufmännischen Gepflogenheit aktiviert und auf die Dauer der Nutzung verteilt werden [dürfen.] (..) In der Regel kommt ein Ausweis als *Sonderposten des Anlagevermögens* in Betracht“.[103]

Die Ablehnung von Transitorien im weiteren Sinne als Rechnungsabgrenzungsposten wurde schließlich durch § 152 Abs. 9 AktG 1965 zementiert. „Die aktiven RAP (..) hatte die Steuerrechtsprechung unter dem Einfluß der dynamischen Bilanzauffassung derart ausgebaut, daß der Gesetzgeber sich veranlaßt sah, für das Handelsrecht eine Schranke zu errichten, um ein Übergreifen der Aktivierungswelle auf die Handelsbilanzen zu verhindern“[104], weshalb sich fortan die Rechnungsabgrenzung auf Transitorien im engeren Sinne beschränkte.[105] Inhaltlich ist dies die auch heute noch geltende Rechtslage; der Ansatz von Ausgaben rein nach Mutmaßung über die künftige Nutzenstiftung trägt die Gefahr einer Bilanzierung von Nichtvermögenswerten in sich und

---

dieser Rechtsanspruch auf Durchführung der Werbemaßnahme bildet zweifellos den Gegenstand eines transitorischen Rechnungsabgrenzungspostens im engeren Sinne.

[99] Fuchs (1987), S. 311 (1. Zitat) und 314: „Ausgaben mit allgemeinem“ oder „speziellem betriebswirtschaftlichem Zukunftsertragsbezug“.

[100] Gesetz über die Eröffnungsbilanz in Deutscher Mark und die Kapitalneufestsetzung (D-Markbilanzgesetz) vom 21.8.1949, GBl. der Verwaltung des Vereinigten Wirtschaftsgebietes 1949, S. 279.

[101] Schmölder / Geßler / Merkle (1950), § 27, Rz. 7 (1. Zitat) und 9.

[102] Döllerer (1957), S. 986: „Andernfalls wäre das Verbot der Aktivierung selbstgeschaffener unkörperlicher Werte, das aus den Vorschriften des Aktiengesetzes abzuleiten ist, ein Schlag ins Wasser“.

[103] Adler / Düring / Schmaltz (1957), § 131 AktG, Tz. 105 (Hervorhebungen im Original).

[104] Beisse (1995), S. 73 f.

[105] Vgl. z.B. Kropff (1965), S. 237 (Begründung des Regierungsentwurfs zu § 152 Abs. 9 AktG 1965).

ist im Hinblick auf die erforderliche Objektivierung des Jahresabschlusses und wegen des Vorsichtsprinzips nicht tolerierbar.

6.2. Rechnungsabgrenzungsposten als Anzahlungen auf Dauerrechtsverhältnisse

Betrachtet man die Rechtsnatur der (aktiven) Rechnungsabgrenzungsposten, so sind die Parallelen zu den immateriellen Vermögensgegenständen unübersehbar. Immer schon war „eine präzise Abgrenzung der (aktiven) Rechnungsabgrenzungsposten von anderen Bilanzpositionen (..) nur unter handelsrechtlichen, nicht [aber] unter steuerrechtlichen Bilanzierungskriterien möglich“, denn steuerlich handelt es sich zweifellos „um immaterielle Wirtschaftsgüter, die lediglich in Anpassung an das Handelsrecht unter einer anderen Bilanzposition ausgewiesen werden“.[106] Spätestens seit dem Verzicht auf die *selbständige Veräußerbarkeit*[107] als (handelsrechtliches) Vermögensgegenstandskriterium ist „die überkommene Trennung“ auch in der Handelsbilanz „fragwürdig geworden“[108]. „In der derzeitigen Auslegung der Rechnungsabgrenzungsposten spricht tatsächlich viel dafür, sie in Übereinstimmung mit dem steuerlichen Wirtschaftsgutsbegriff und (..) mit dem handelsrechtlichen Vermögensgegenstandsbegriff zu sehen.“[109] Regelmäßig verbirgt sich nämlich „hinter dem Rechnungsabgrenzungsposten ein Anspruch, der auch als sonstiger Vermögensgegenstand mit seinen Anschaffungskosten erfaßt werden könnte“[110], weil er „Rückforderungsansprüche“[111] aus gegenseitigen oder öffentlich-rechtlichen Verträgen[112] verkörpert. Nach derzeitigem Bilanzrechtsverständnis „erfüllen alle transitorischen Rechnungsabgrenzungsposten die Eigenschaften eines Wirtschaftsgutes“[113].

Wenn aber ein Sachverhalt die Vermögensgegenstandskriterien erfüllt, so darf nicht übersehen werden, dass die gesetzliche Normierung der Rechnungsabgrenzungsposten

---

[106] Mellwig (1981), S. 1811, Fußnote 12 (alle Zitate).

[107] Freericks (1976), S. 212 f., betrachtet dieses Kriterium als Unterscheidungsmerkmal zwischen Vermögensgegenstand und (aktivem) Rechnungsabgrenzungsposten.

[108] So explizit noch Moxter (1985), S. 44; diese deutliche Aussage erscheint relativiert, wenn er im Weiteren „Rechnungsabgrenzungsposten als Vermögensgegenstände besonderer Art“ bezeichnet, bei deren Bilanzierung es in Abgrenzung zum Vermögensgegenstandskriterium der Greifbarkeit „strittig“ sei, „wie greifbar, wie konkretisiert das [durch Ausgaben] Erlangte zu sein hat“; Moxter (1999), S. 70 f. Vgl. jüngst auch Moxter (2003), S. 89.

[109] Kußmaul (1987a), S. 112.

[110] Groh (1988), S. 516 f.; vgl. auch Beisse (1994), S. 28.

[111] Moxter (1999), S. 71.

[112] Vgl. z.B. Döllerer (1965), S. 1408; Federmann (1984), S. 247; Freericks (1976), S. 210, 213; Hartung (1994), S. 1893; Moxter (1999), S. 71 sowie BFH vom 22.1.1992 X R 23/89, BStBl. II 1992, S. 488 (490); BFH vom 5.4.1984 IV R 96/82, BStBl. II 1984, S. 552 (553); BFH vom 22.7.1982 IV R 111/79, BStBl. II 1982, S. 655 (656).

[113] Schneider (1978), S. 124.

im Verhältnis zu den bilanzrechtlichen Vermögensgegenstandskriterien keineswegs die Stellung einer lex specialis innehat, vielmehr kommt umgekehrt ein Rechnungsabgrenzungsposten nur dann in Betracht, wenn der (vorrangige) Ausweis unter einer anderen Bilanzposition ausscheidet.[114] Im Zweifel gebührt dem Ausweis als Vermögensgegenstand Vorrang, es gilt der „Grundsatz der Prädominanz des Wirtschaftsguts“[115], und offensichtlich weist auch der BFH in dieselbe Richtung, wenn er ausführt, „Ausgaben, die Anschaffungskosten für ein Wirtschaftsgut sind, können nicht gleichzeitig den Gegenstand eines Rechnungsabgrenzungspostens bilden“[116].

(Aktive) „Rechnungsabgrenzungsposten sind heute spezielle wirtschaftliche Vorteile (..), und es ist nicht gerechtfertigt, sie in der überlieferten Weise scharf von Vermögensgegenständen (..) abzugrenzen“[117]. Sie besitzen „zweifelsfrei Wirtschaftsgutcharakter“[118], bilden nichts anderes ab als *Anzahlungen* (im Rahmen schwebender Dauerrechtsverhältnisse) mit dem einzigen Unterschied, „dass bei den Anzahlungen die spätere Gegenleistung zeit*punkt*bezogen, bei den Rechnungsabgrenzungsposten die spätere Gegenleistung zeit*raum*bezogen erfolgt. (..) Ein Recht zur Nutzung, bei Mietvorauszahlungen ein Recht zur Nutzung der Mietsache, kann es [demgegenüber] nicht sein, denn das Recht zur Nutzung entsteht nicht mit der Vorauszahlung, sondern bereits mit dem Abschluss des Vertrages bzw. mit der Überlassung des Mietgegenstandes.“[119] Anzahlungen wie Rechnungsabgrenzungsposten „stellen keine Ansprüche oder Verpflichtungen bezüglich der Sach- oder Dienstleistung“, sondern einen Kassenbetrag und Merkposten dar.[120] Freilich ändert dies nichts an ihrem unbestreitbaren Wirtschaftsgutcharakter, weshalb gegenwärtig noch als Rechnungsabgrenzungsposten ausgewiesene Sachverhalte generell „unter die Forderungen und die Verbindlichkeiten eingereiht werden sollten, wie dies in einigen Ländern schon zugelassen ist“[121].

Der Gesetzgeber hatte sich mit dem „Aktiengesetz von 1965 den Weg zum Ausweis von Vorauszahlungen bei schwebenden Dauerschuldverhältnissen (..) verbaut (..). Entsprechendes geschah durch das Bilanzrichtliniengesetz von 1985“.[122] Im Zuge einer Neuausrichtung durch Bilanzierung von Nutzungsrechten aus (schwebenden) Dauer-

---

[114] Vgl. Eibelshäuser (1983), S. 178, 259; Federmann (1984), S. 248 f.; Großfeld (1990), S. 140; Kropff (1973), § 152, Anm. 93. A. A. offenbar Fahrholz (1979), S. 138: Die „Rechnungsabgrenzung stellt (..), was teilweise nicht deutlich genug unterschieden wird, gegenüber dem Vermögensgegenstand ein aliud, nicht etwa im Sinne eines Stufenverhältnisses ein (wesensgleiches) Minus dar“; Paus (1987), S. 165; ders. (1977), S. 574.

[115] Eibelshäuser (1983), S. 178, auch S. 259.

[116] BFH vom 23.4.1975 I R 236/72, BStBl. II 1975, S. 875 (877).

[117] Mellwig (2005), S. 218.

[118] Mellwig (2006), S. 96.

[119] Mellwig (2005), S. 223 f.; vgl. auch ebenda, S. 225 und ders. (2006), S. 96.

[120] Mellwig / Sabel (2005), S. 358; vgl. auch Mellwig (2005), S. 228.

[121] Beisse (1994), S. 28; vgl. auch Biener (1993), S. 713; Groh (1988), S. 516 f.

[122] Mellwig (2005), S. 225; vgl. auch ebenda, Fußnote 22 und ders. (2006), S. 96.

rechtsverhältnissen könnten indes Vorauszahlungen künftig statt als (aktive) Rechnungsabgrenzungsposten explizit als *Anzahlungen auf Dauerrechtsverhältnisse* gezeigt werden. „Konsequenterweise sollte [dann] die Funktion des Rechnungsabgrenzungspostens in derzeitigen Bilanzen in der Erfolgsperiodisierung von Sachverhalten liegen, die eben gerade keinen Vermögensgegenstand (..) beziehungsweise kein Wirtschaftsgut darstellen“[123], sondern anderenfalls lediglich Aufwand der Periode wären.[124] Mit Anerkennung einer Aktivierungspflicht für Nutzungsrechte und der Bilanzierung schwebender Dauerrechtsverhältnisse würde sich insoweit auch das „Mysterium“ um die (aktiven) Rechnungsabgrenzungsposten erhellen. Sie würden „nicht [länger] (..) bloß (..) als marginale Größen verstanden“[125] oder als „Stornoposten zur periodengerechten Gewinnermittlung“[126] verkannt, sondern ihrer Rechtsnatur gemäß (schlicht) als *Anzahlungen auf schwebende Dauerrechtsverhältnisse* im Anlagevermögen[127] ausgewiesen. Mit Beginn der Nutzung wäre diese Bilanzposition wie auch bei zeitpunktbezogener Gegenleistung durch das Nutzungsrecht (und die verbliebene korrespondierende Zahlungsverpflichtung) zu substituieren. Mit Aktivierung eines Nutzungsrechts käme (aktiven) Rechnungsabgrenzungsposten nicht länger die Funktion zu, sowohl vor als auch nach Beginn der Nutzung die ‚Verlegenheit‘ fehlender, aussagekräftiger Bilanzpositionen (zunächst eine Anzahlung, mit Lieferung bzw. Nutzungsbeginn Umbuchung auf ein entsprechendes Wirtschaftsgut) zu überbrücken.

7. Zusammenfassung

1. *Nutzungsrechte* stellen Ansprüche aus vertraglich fixierten Nutzungsverhältnissen dar; sie begründen (in Abgrenzung zu *bloßen Nutzungsvorteilen*) die gesicherte Rechtsposition, aus einer Sache, die nicht in das Eigentum des Nutzungsberechtigten übergeht (oder auch aus einem Recht, dessen Inhaber er nicht wird), – von Verfügungen über die *Substanz* (Verkauf, Verpfändung etc.) abgesehen – eigentümerähnlich die wirtschaftlichen Nutzungsmöglichkeiten zu ziehen.
2. Der aus der Zivilrechtsstruktur resultierende *wirtschaftliche Leistungsinhalt* dinglicher und obligatorischer Nutzungsrechte weist keine derart bedeutsamen Unter-

[123] Kußmaul (1987a), S. 113.

[124] Ein Beispiel wäre die Kreditvermittlungsprovision an außerhalb des Kreditvertrags stehende Dritte (z.B. Finanzmakler); vgl. BFH vom 4.3.1976 IV R 78/72, BStBl. II 1970, S. 380 (381).

[125] Beisse (1995), S. 78.

[126] Vgl. die Nachweise bei Mellwig (2006), S. 93, 95; ders. (2005), S. 223.

[127] Vgl. Mellwig (2006), S. 98 f.: „Ein Wirtschaftsgut zählt danach zum Anlagevermögen, wenn der Unternehmer nicht aus dessen Veräußerung oder Verbrauch seinen Ertrag zu erzielen beabsichtigt, sondern aus dessen dauerndem Gebrauch.“

schiede auf, dass in Abhängigkeit vom Rechtscharakter des Nutzungsrechts eine unterschiedliche bilanzielle Behandlung gerechtfertigt erschiene.

3. Nutzungsrechte sind als Dauerschuldverhältnisse und damit als schwebende Geschäfte im Sinne des Bilanzrechts einzustufen.
4. Ein Nutzungsrecht stellt unbeschadet seines Charakters als rechtlicher Anspruch aus einem *schwebenden* Dauerschuldverhältnis einen *Vermögensgegenstand* dar. Aus dem *rechtmäßigen Besitz* erwächst dem Nutzer die Unentziehbarkeit des Objekts für die Dauer der unkündbaren ‚Grundnutzungszeit', verbunden mit einer eigentümerähnlich gesicherten Rechtsstellung. Nutzungsrechte (und korrespondierende Zahlungsverpflichtungen) sind somit – entgeltlichen Erwerb der Rechtsposition vorausgesetzt – stets als Vermögensgegenstand zu bilanzieren.
5. Mit Anerkennung der Aktivierungspflicht für Nutzungsrechte und der Bilanzierung schwebender Dauerrechtsverhältnisse könnten (aktive) Rechnungsabgrenzungsposten ihrer Rechtsnatur gemäß (schlicht) als *Anzahlungen auf schwebende Dauerrechtsverhältnisse* im Anlagevermögen ausgewiesen werden. Mit Beginn der Nutzung wäre diese Bilanzposition (wie bei zeit*punkt*bezogener Leistung) durch das Nutzungsrecht (und die verbliebene korrespondierende Zahlungsverpflichtung) zu substituieren. Mit Aktivierung eines Nutzungsrechts käme (aktiven) Rechnungsabgrenzungsposten nicht länger die Funktion zu, sowohl vor als auch nach Beginn der Nutzung die ‚Verlegenheit' fehlender, aussagekräftiger Bilanzpositionen zu überbrücken.

Literaturverzeichnis

Adler, Hans / Düring, Walther / Schmaltz, Kurt (1957):
Rechnungslegung und Prüfung der Aktiengesellschaft, Handkommentar, 3. Auflage.

Adler, Hans / Düring, Walther / Schmaltz, Kurt (1968):
Rechnungslegung und Prüfung der Aktiengesellschaft, Handkommentar, Bd. 1, Rechnungslegung, 4. Auflage.

Anderson, Viktor (1965):
Grundsätze ordnungsgemäßer Bilanzierung in der Rechtsprechung der Finanzgerichte.

Babel, Mathias (1997):
Ansatz und Bewertung von Nutzungsrechten.

Babel, Mathias (1998a):
Zur Bewertbarkeit von aktiven Rechnungsabgrenzungsposten, in: ZfbF, 50. Jg., S. 778-808.

Babel, Mathias (1998b):
Zum Saldierungsbereich bei Rückstellungen für drohende Verluste aus schwebenden Geschäften, in: ZfB, 68. Jg., S. 825-849.

Bauer, Heinrich (1981):
Schwebende Geschäfte im Steuerrecht.

Beisse, Heinrich (1994):
Zum neuen Bild des Bilanzrechtssystems, in: Ballwieser, Wolfgang et al. (Hrsg.), Bilanzrecht und Kapitalmarkt, Festschrift für Adolf Moxter, S. 3-31.

Beisse, Heinrich (1995):
Wandlungen der Rechnungsabgrenzung, in: Förschle, Gerhart / Kaiser, Klaus / Moxter, Adolf (Hrsg.), Rechenschaftslegung im Wandel, Festschrift für Wolfgang Dieter Budde, S. 67-85.

Bieg, Hartmut (1977):
Schwebende Geschäfte in Handels- und Steuerbilanz. Die derzeitige und mögliche bilanzielle Behandlung beiderseits noch nicht erfüllter synallagmatischer Verträge unter besonderer Berücksichtigung der Interessen der Bilanzadressaten.

Biener, Herbert (1993):
Die Transformation der Mittelstands- und der GmbH & Co.-Richtlinie, in: WPg, 46. Jg., S. 707-715.

Bise, Wilhelm (1978):
Folgerungen aus der Rechtsprechung des Bundesfinanzhofs zum Nießbrauch, in: StbJb 1977/78, S. 185-224.

Böcking, Hans-Joachim (1988):
Bilanzrechtstheorie und Verzinslichkeit.

Boorberg, Wolfgang (1980):
Zur Frage der Bilanzierung von Erbbaurechten, in: BB, 35. Jg., S. 1682-1685.

Bork, Reinhard (1990):
Die Einlagefähigkeit obligatorischer Nutzungsrechte, in: ZHR, 154. Band, S. 205-236.

Briese, Ulrich (1978):
Die wesentlichen Auswirkungen von Erbbaurechtsverträgen auf die Bilanz des Berechtigten, in: DB, 31. Jg., S. 169-173.

Christiansen, Alfred (1990):
Rückstellungen für drohende Verluste aus schwebenden Geschäften und Erfüllungsrückstände. Fragestellungen aufgrund der Rechtsprechung des BFH, in: StbJb 1989/90, S. 129-153.

Clausen, Uwe (1976a):
Aktivierung und Abschreibung von Nutzungsrechten, in: DStZ/A, 64. Jg., S. 371-380.

Clausen, Uwe (1976b):
Zur Bilanzierung von Nutzungsverhältnissen (insbesondere Miete, Pacht, Nießbrauch, Lizenzen), in: JbFStR 1976/77, S. 120-145.

Crezelius, Georg (1988):
Das sogenannte schwebende Geschäft in Handels-, Gesellschafts- und Steuerrecht, in: Knobbe-Keuk, Brigitte / Klein, Franz / Moxter, Adolf (Hrsg.), Handelsrecht und Steuerrecht, Festschrift für Georg Döllerer, S. 81-95.

de Haan-Gast, Brigitte (1976):
Bilanzierung von Erbbaurechten, in: DB, 29. Jg., S. 1347-1349.

Döllerer, Georg (1957):
Entwicklungskosten in der Handelsbilanz, in: BB, 12. Jg., S. 983-986.

Döllerer, Georg (1965):
Rechnungslegung nach dem neuen Aktiengesetz und ihre Auswirkungen auf das Steuerrecht, in: BB, 20. Jg., S. 1405-1417.

Döllerer, Georg (1968):
Statische oder dynamische Bilanz?, in: BB, 23. Jg., S. 637-641.

Döllerer, Georg (1969):
Die Maßgeblichkeit der Handelsbilanz für die Steuerbilanz, in: BB, 24. Jg., S. 501-507.

Döllerer, Georg (1971):
Leasing – wirtschaftliches Eigentum oder Nutzungsrecht?, in: BB, 26. Jg., S. 535-540.

Döllerer, Georg (1974):
Zur Bilanzierung des schwebenden Vertrags, in: BB, 29. Jg., S. 1541-1548.

Döllerer, Georg (1976):
Koreferat zum Referat Clausen, in: JbFStR 1976/77, S. 146-149.

Döllerer, Georg (1984):
Zur Bilanzierung dinglicher Rechtsverhältnisse, in: BB, 39. Jg., S. 2034-2039.

Döllerer, Georg (1988):
Das Kapitalnutzungsrecht als Gegenstand der Sacheinlage bei Kapitalgesellschaften, in: Reinhard Goerdeler et al. (Hrsg.), Festschrift für Hans-Joachim Fleck, S. 35-51.

Eibelshäuser, Manfred (1983):
Immaterielle Anlagewerte in der höchstrichterlichen Finanzrechtsprechung.

Euler, Roland (1990):
Der Ansatz von Rückstellungen für drohende Verluste aus schwebenden Dauerrechtsverhältnissen, in: ZfbF, 42. Jg., S. 1036-1056.

Euler, Roland (1991):
Zur Verlustantizipation mittels des niedrigeren beizulegenden Wertes und des Teilwertes, in: ZfbF, 43. Jg., S. 191-212.

Fabri, Stephan (1986):
Grundsätze ordnungsmäßiger Bilanzierung entgeltlicher Nutzungsverhältnisse.

Fahrholz, Bernd (1979):
Leasing in der Bilanz. Die bilanzielle Zurechnung von Leasing-Gütern und die Frage der Aktivierbarkeit des Nutzungsrechtes des Leasing-Nehmers.

Federmann, Rudolf (1984):
Zeitbestimmtheit bei transitorischer Rechnungsabgrenzung in der Handels- und Steuerbilanz, in: BB, 39. Jg., S. 246-252.

Flume, Werner (1972):
Das Rechtsverhältnis des Leasing in zivilrechtlicher und steuerrechtlicher Sicht, in: DB, 25. Jg., S. 1-6, 53-61, 105-109 und 152-155.

Freericks, Wolfgang (1976):
Bilanzierungsfähigkeit und Bilanzierungspflicht in Handels- und Steuerbilanz.

Friederich, Hartmut (1975):
Grundsätze ordnungsmäßiger Bilanzierung für schwebende Geschäfte.

Fröhlich, Karl (1974):
Die erbbaurechtlichen Tatbestände im Ertragsteuerrecht (Einkommensteuer / Körperschaftsteuer, Gewerbesteuer), in: DStR, 12. Jg., S. 748-756.

Fuchs, Michael (1987):
Die transitorischen Rechnungsabgrenzungsposten. Systematische Grundlagen und historische Entwicklung bis zum Aktiengesetz 1965.

Gelhausen, Hans Friedrich (1985):
Das Realisationsprinzip im Handels- und im Steuerbilanzrecht.

Glaubig, Jürgen (1993):
Grundsätze ordnungsmäßiger Bilanzierung für Dauerrechtsverhältnisse unter besonderer Berücksichtigung von Miete, Pacht und Leasing sowie Darlehens-, Arbeits- und Ausbildungsverträgen.

Groh, Manfred (1980):
Zur Bilanztheorie des BFH, in: StbJb 1979/80, S. 121-139.

Groh, Manfred (1982):
Nutzungseinlagen im Handels- und Steuerrecht, in: BB, 37. Jg., S. 133-142.

Groh, Manfred (1988):
Nutzungseinlage, Nutzungsentnahme und Nutzungsausschüttung – Zum Beschluß des Großen Senats vom 26.10.1987 GrS 2/86 –, in: DB, 41. Jg., S. 514-524, 571-575.

Groh, Manfred (1989):
Einlegung und Ausschüttung immaterieller Wirtschaftsgüter, in: StbJb 1988/89, S. 187-205.

Großfeld, Bernhard (1990):
Bilanzrecht: Jahresabschluß, Konzernabschluß, Weltabschluß, 2. Auflage.

Grubert, Thomas (1978):
Rückstellungsbilanzierung in der Ertragsteuerbilanz – Ein Beitrag zur Objektivierung der Bilanzierung dem Grunde nach.

Hahne, Klaus D. / Sievert, Jürgen (2003):
Abgrenzung von Drohverlustrückstellungen und Rückstellungen für ungewisse Verbindlichkeiten – Zugleich Anmerkung zum BFH-Urteil vom 18.12.2002, I R 17/02, in: DStR, 41. Jg., S. 1992-1996.

Hartung, Werner (1994):
Bewertung von Rechnungsabgrenzungsposten?, in: BB, 49. Jg., S. 1893-1894.

Hastedt, Uwe-Peter (1992):
Gewinnrealisation beim Finanzierungs-Leasing.

Herzig, Norbert (1988):
Bilanzrechtliche Ganzheitsbetrachtung und Rückstellung bei Dauerrechtsverhältnissen – dargestellt am Beispiel von Arbeitsverhältnissen –, in: ZfB, 58. Jg., S. 212-225.

Hoffmann, Wolf-Dieter (2003):
Anmerkung zu BFH vom 18.12.2002 – I R 17/02, in: DStR, 41. Jg., S. 681-682.

Hoffmann, Wolf-Dieter (2004):
Teil-Nichtanwendungserlass zur Optionsprämienbilanzierung – Anmerkung zum BMF-Schreiben vom 12.1.2004, in: DStR, 42. Jg., S. 625-627.

Hommel, Michael (1992):
Grundsätze ordnungsmäßiger Bilanzierung für Dauerschuldverhältnisse.

Hütz, Jürgen (1983):
Rückstellung für drohende Verluste aufgrund mangelnder Nutzungsmöglichkeiten eines Erbbaurechts in Steuerbilanz und Vermögensaufstellung, in: StBp, 23. Jg., S. 5-8.

Jahr, Günther (1966):
Funktionsanalyse von Rechtsfiguren als Grundlage einer Begegnung von Rechtswissenschaft und Wirtschaftswissenschaft, in: ZfB, 36. Jg., S. 757-768.

Kammann, Evert (1980):
Die Bedeutung von Imparitätsprinzip und wirtschaftlicher Betrachtungsweise für die Rückstellungsbildung – Grundfragen der Handelsbilanzkonzeption aus der Perspektive der Jahresabschlußkostenurteile des FG Münster vom 23.2.1979 und des BFH vom 20.3.1980, in: DStR, 18. Jg., S. 400-408.

Kessler, Harald (1992):
Rückstellungen und Dauerschuldverhältnisse: neue Ansätze zur Lösung aktueller Passivierungsfragen der Handels- und Steuerbilanz.

Kropff, Bruno (1965):
Aktiengesetz. Textausgabe des Aktiengesetzes vom 6.9.1965 und des Einführungsgesetzes zum Aktiengesetz vom 6.9.1965 mit Begründung des Regierungsentwurfs, Bericht des Rechtsausschusses des Deutschen Bundestags, Verweisungen und Sachverzeichnis, zusammengestellt von Bruno Kropff.

Kropff, Bruno (1973):
in: Eckhardt, Ulrich / Geßler, Ernst / Hefermehl, Wolfgang / Kropff, Bruno (Hrsg.), Aktiengesetz, Kommentar, Band III, §§ 148-178.

Kruse, Heinrich Wilhelm (1978a):
Aktivierungsfragen. Von der dynamischen zur statischen Bilanzauffassung und zurück?, in: JbFStR 1978/79, S. 172-185.

Kruse, Heinrich Wilhelm (1978b):
Grundsätze ordnungsmäßiger Buchführung, 3. Auflage.

Kußmaul, Heinz (1987a):
Nutzungsrechte an Grundstücken in Handels- und Steuerbilanz.

Kußmaul, Heinz (1987b):
Sind Nutzungsrechte Vermögensgegenstände bzw. Wirtschaftsgüter? Auch eine Stellungnahme zu dem Beitrag von D. E. Meyer-Scharenberg, BB 1987, S. 874-877, in: BB, 42. Jg., S. 2053-2065.

Kußmaul, Heinz (1988):
Bilanzierung von Nutzungsrechten an Grundstücken. Zugleich ein Vorschlag zur Interpretation des Begriffs „Vermögensgegenstand“, in: StuW, 65. (18.) Jg., S. 46-60.

Lamers, Alfons (1981):
Aktivierungsfähigkeit und Aktivierungspflicht immaterieller Werte.

Larenz, Karl (1991):
Methodenlehre der Rechtswissenschaft, 6. Auflage.

Leenen, Detlef (1971):
Typus und Rechtsfindung.

Leffson, Ulrich (1987):
Die Grundsätze ordnungsmäßiger Buchführung, 7. Auflage.

Lüders, Jürgen (1987):
Der Zeitpunkt der Gewinnrealisierung im Handels- und Steuerbilanzrecht.

Martin, W(alter) (1974):
Bilanzmäßiger Ausweis von Erbbaurecht- und Erbbauzinsverpflichtung. Auswirkungen einer Wertsicherungsklausel, in: DB, 27. Jg., S. 10-12.

Martin, Walter (1982a):
Falsche Bilanzierung durch die herrschende Auffassung über Anschaffungskosten und schwebende Verträge?, in: DStR, 20. Jg., S. 243-246.

Martin, W(alter) (1982b):
Das Erbbaurecht in der Bilanz, in: DB, 35. Jg., S. 1077-1082.

Mathiak, Walter (1986):
Rechtsprechung zum Bilanzsteuerrecht, in: StuW, 63. (16.) Jg., S. 170-179.

Mathiak, Walter (1988):
Zur Bilanzierung dinglicher Rechtsverhältnisse, in: Knobbe-Keuk, Brigitte / Klein, Franz / Moxter, Adolf (Hrsg.), Handelsrecht und Steuerrecht, Festschrift für Georg Döllerer, S. 397-409.

Mathiak, Walter (1992):
Rechtsprechung zum Bilanzsteuerrecht, in: DStR, 30. Jg., S. 449-458.

Meilicke, Wienand (1991):
Obligatorische Nutzungsrechte als Sacheinlage, in: BB, 46. Jg., S. 579-587.

Mellwig, Winfried (1981):
Erfolgsteuerliche Aktivierungsprobleme bei Mobilien-Leasingverträgen, in: BB, 36. Jg., S. 1808-1815.

Mellwig, Winfried (1985):
Investition und Besteuerung.

Mellwig, Winfried (1990):
Beteiligungen an Personengesellschaften in der Handelsbilanz, in: BB, 45. Jg., S. 1162-1172.

Mellwig, Winfried (2005):
Rechnungsabgrenzungsposten – Quelle struktureller Unstimmigkeiten im Bilanzrecht, in: Spengler, Thomas / Lindstädt, Hagen (Hrsg.), Strukturelle Stimmigkeit in der Betriebswirtschaftslehre, Festschrift für Prof. Dr. Hugo Kossbiel, S. 217-235.

Mellwig, Winfried (2006):
Vorauszahlung von Nutzungsentgelten: Einfallstor für die Entwicklung von „Steuersparmodellen“?, in: Bellavite-Hövermann, Yvette / Liebich, Burkhardt / Wolf, Jochen (Hrsg.), Unternehmenssteuerung, Ökonomie, Controlling, Rechnungslegung und Recht, Festschrift für Professor Dr. Hans G. Bartels zum 65. Geburtstag, S. 86-103.

Mellwig, Winfried / Hastedt, Uwe-Peter (1992):
Gewinnrealisation bei Unbestimmbarkeit der Gegenleistung – dargestellt am Beispiel des Wärmelieferungsvertrags, in: DB, 45. Jg., S. 1589-1592.

Mellwig, Winfried / Sabel, Elmar (2005):
Der Grundsatz der Nichtbilanzierung schwebender Geschäfte unter den IAS/IFRS, in: Der Konzern, 3. Jg., S. 357-370.

Moxter, Adolf (1985):
Bilanzrechtsprechung, 2. Auflage.

Moxter, Adolf (1986):
Bilanzlehre, Bd. II: Einführung in das neue Bilanzrecht, 3. Auflage.

Moxter, Adolf (1993):
Bilanzrechtliche Abzinsungsgebote und -verbote, in: Raupach, Arndt / Uelner, Adalbert (Hrsg.), Ertragsbesteuerung. Zurechnung – Ermittlung – Gestaltung, Festschrift für Ludwig Schmidt, S. 195-207.

Moxter, Adolf (1995):
Rückstellungskriterien im Streit, in: ZfbF, 47. Jg., S. 311-326.

Moxter, Adolf (1999):
Bilanzrechtsprechung, 5. Auflage.

Moxter, Adolf (2003):
Grundsätze ordnungsgemäßer Rechnungslegung.

Naumann, Klaus-Peter (1989):
Die Bewertung von Rückstellungen in der Einzelbilanz nach Handels- und Ertragsteuerrecht.

Nieskens, Hans (1989):
Schwebende Geschäfte und das Postulat des wirtschaftlichen Eigentums, in: FR, 44. (71.) Jg., S. 537-542.

Passow, Richard (1921):
Die Bilanzen der privaten und öffentlichen Unternehmungen, Band I: Allgemeiner Teil, 3. Auflage.

Paus, Bernhard (1977):
Sind Provisionen, die ein Steuerpflichtiger für die Vermittlung eines Darlehens zahlt, als Rechnungsabgrenzungsposten zu aktivieren?, in: FR, 32. (59.) Jg., S. 572-574.

Paus, Bernhard (1987):
Bilanzierungsfragen bei betrieblichen Erbbaurechten, in: FR, 69. Jg., S. 163-166.

Rautenberg, Hans Günter (1978):
Bilanzierungsfragen des Erbbaurechtes, in: WPg, 31. Jg., S. 427-438.

Rehm, Hermann (1914):
Die Bilanzen der Aktiengesellschaften, 2. Auflage.

Schmölder, Karl / Geßler, Ernst / Merkle, Franz (1950):
D-Markbilanzgesetz, Kommentar.

Schneider, Dieter (1978):
Steuerbilanzen.

Schubert, Peter (1995):
Die einkommensteuerrechtliche Behandlung von Nutzungsrechten, in: DStR, 33. Jg., S. 362-367.

Stapf, Anton (1968):
Immaterielle Anlagewerte und aktive Rechnungsabgrenzungsposten. Ihre gegenseitige Abgrenzung und Behandlung in Handels- und Steuerbilanz.

Stapperfend, Thomas (1993):
Die Bilanzierung entgeltlicher Nutzungsrechte bei Einmalzahlung, in: FR, 75. Jg., S. 525-532.

Theilen, Ernst (1972):
Der kapitalisierte Erbbauzins als Werbungskosten, in: FR, 27. (54.) Jg., S. 154-157.

Thiel, Jochen (1991):
Die Bilanzierung von Nutzungsrechten, in: JDStJG 1991, S. 161-198.

Tiedchen, Susanne (1991):
Der Vermögensgegenstand im Handelsbilanzrecht.

Trumpler, Hans (1937):
Die Bilanz der Aktiengesellschaft nach neuem Aktien- und Steuerrecht.

Trzaskalik, Christoph (1983):
Nutzungsrechte im Einkommensteuerrecht, in: StuW, 60. (13.) Jg., S. 126-135.

Uelner, Adalbert (1977):
Einkommensteuerrechtliche Einzelfragen, in: StbKgR 1977, S. 105-130.

Vellguth, Hans Carl (1938):
Grundsätze ordnungsmäßiger Bilanzierung für schwebende Geschäfte.

Wiese, Günther (1965):
Beendigung und Erfüllung von Dauerschuldverhältnissen, in: Dietz, Rolf / Hübner, Heinz (Hrsg.), Festschrift für Hans Carl Nipperdey zum 70. Geburtstag, S. 837-851.

Woerner, Lothar (1984):
Grundsatzfragen zur Bilanzierung schwebender Geschäfte, in: FR, 39. (66.) Jg., S. 489-496.

Woerner, Lothar (1985):
Passivierung schwebender Dauerschuldverhältnisse in der Bilanz des Unternehmers. Bestandsaufnahme – Probleme – Tendenzen, in: StbJb 1984/85, S. 177-200.

Woerner, Lothar (1989):
Der schwebende Vertrag im Gefüge der Grundsätze ordnungsmäßiger Bilanzierung – Vollständigkeitsgebot, Vorsichtsprinzip, Realisationsprinzip, in: Mellwig, Winfried / Moxter, Adolf / Ordelheide, Dieter (Hrsg.), Handelsbilanz und Steuerbilanz, Beiträge zum neuen Bilanzrecht, Bd. 2, S. 33-55.

Woerner, Lothar (1993):
Zeitliche Zuordnung von Forderungen und Verbindlichkeiten in der Bilanz. Wirtschaftliche Entstehung statt wirtschaftlicher Verursachung, in: StVj, 5. Jg., S. 193-207.

Wehlmann, Frank (1992):
Das Erbbaurecht im Einkommensteuerrecht.

Wiedmann, Harald (1994):
Die Bewertungseinheit im Handelsrecht, in: Ballwieser, Wolfgang et al. (Hrsg.), Bilanzrecht und Kapitalmarkt, Festschrift für Adolf Moxter, S. 453-482.

Zusammensetzung des Gesamtbetrags der Einkünfte in Abhängigkeit von der Höhe des Einkommens

von Dr. Hans G. Bartels

emerit. Professor für Betriebswirtschaftslehre an der Johann Wolfgang Goethe-Universität Frankfurt am Main

Inhalt

1. Zusammensetzung des Gesamtbetrags der Einkünfte

In dreijährigem Abstand veröffentlicht das Bundesministerium der Finanzen resp. das Statistische Bundesamt eine Erhebung u.a. darüber, wie sich für die Gesamtzahl der Lohn- und Einkommensteuerfälle der Gesamtbetrag der Einkünfte (im Weiteren etwas falsch, aber vereinfachend, auch als „Einkommen“ bezeichnet) zusammensetzt. Die neuesten Zahlen liegen für das Jahr 2001[1] vor, und zwar seit März 2006. Danach setzt sich das Einkommen für die insgesamt 27.843.453 erfassten Lohn- und Einkommensteuerfälle[2] aus folgenden Einkünften zusammen:

Einkunfts-arten:	insgesamt für alle 27,8 Mill. Fälle in Mill. Euro		durchschn. Einkommen-steuererklärung in Euro		durchschn. Einkommen-steuererklärung in %	
	pos. Eink.	neg. Eink.	pos. Eink.	neg. Eink.	pos. Eink.	neg. Eink.
LuF	7.851	-399	282	-14	0,8%	-0,04%
Gew	88.781	-14.394	3.189	-517	8,9%	-1,44%
sA	52.872	-855	1.899	-31	5,3%	-0,09%
nsA	779.041	-92	27.979	-3	77,9%	-0,01%
KV	32.608	-421	1.171	-15	3,2%	-0,04%
VuV	20.446	-22.365	734	-803	2,0%	-2,24%
SE	18.784	-66	675	-2	1,9%	-0,01%
Summe	**1.000.383**	**-38.013**	**35.929**	**-1.386**	**100,0%**	**-3,87%**

Die konkreten Zahlen dürften selbst für Fachleute interessant sein. Insbesondere überrascht der geringe Anteil, der noch aus der Land- und Forstwirtschaft stammt, derjenigen Einkunftsart, die noch vor wenigen 100 Jahren die überwiegende Steuerquelle gewesen sein dürfte. Auch der geringe Anteil der letzten drei Einkunftsarten dürfte überraschen.

Man könnte vermuten, dass die Betrachtung nur eines Jahres keine verlässlichen Informationen abzuleiten gestattet, weil die Prozentsätze von Jahr zu Jahr stark schwanken. Dem ist aber nicht so. Für die zuvor erhobenen Jahre 1992[3], 1995[4] und 1998[5] haben sich ziemlich ähnliche Prozentsätze ergeben:

---

1 Statistisches Bundesamt, Fachserie 14/Reihe 7.1, als Reihe nur noch veröffentlicht im Internet unter http://www.destatis.de/allg/de/veroe/proser4fist.htm (Pfad: Statistik-Shop, 73000 Steuern, 73100 Lohn- und Einkommensteuer), dort kostenlos herunterladbar und zwar sowohl in xls- als auch in pdf-Form.
Etwas verkürzt auch im Statistischen Jahrbuch 2006, S. 605/606.

2 Ein „Fall“ kann eine Einzel- oder eine Zusammenveranlagung sein. In der Fachserie gibt es zwei weitere Tabellen für die Veranlagungen nach der Grund- und nach der Splittingtabelle. Eine solche Differenzierung hätte hier keine wesentlich anderen Erkenntnisse zur Folge gehabt.

3 Siehe auch Statistisches Jahrbuch 1997, S. 536/537.

4 Siehe auch Statistisches Jahrbuch 2000, S. 524/525.

5 Siehe auch Statistisches Jahrbuch 2004, S. 690/691 (unter obiger Adresse auch aus dem Internet herunterladbar).

Einkunfts-arten:	durchschn. Zusammensetzung einer Einkommensteuererklärung in %					
	für das Jahr **1992**		für das Jahr **1995**		für das Jahr **1998**	
	pos. Eink.	neg. Eink.	pos. Eink.	neg. Eink.	pos. Eink.	neg. Eink.
LuF	0,8%	-0,03%	0,8%	-0,03%	0,9%	-0,03%
Gew	9,4%	-0,40%	8,5%	-0,53%	10,9%	-0,77%
sA	4,3%	-0,05%	4,5%	-0,05%	5,2%	-0,07%
nsA	79,4%	-0,00%	81,1%	-0,00%	77,1%	-0,01%
KV	3,4%	-0,02%	1,9%	-0,02%	2,3%	-0,03%
VuV	1,5%	-2,24%	1,6%	-2,99%	2,0%	-3,11%
SE	1,9%	-0,00%	1,6%	-0,00%	1,6%	-0,00%
Summe	**100,0%**	**-2,74%**	**100,0%**	**-3,62%**	**100,0%**	**-4,02%**

Es fällt allerdings auf, dass bei VuV die Spreizung zwischen positiven und negativen Einkünften in den Vorjahren erheblich größer gewesen ist. Das dürfte mit dem Fördergebietsgesetz[6] zusammenhängen.

Wie sich der Gesamtbetrag der Einkünfte aus den verschiedenen Einkunftsarten zusammensetzt, ist in den genannten Quellen für insgesamt 19 Einkommensklassen unterteilt dargestellt worden, beginnend bei der Klasse „0 bis 2.500 Euro“ und endend bei der Klasse „1 Mio. Euro und mehr“. Dadurch können im Weiteren auch Informationen über die Zusammensetzung des Einkommens aus den verschiedenen Einkunftsarten in Abhängigkeit von der Einkommenshöhe hergeleitet werden.

Es werden also Antworten auf die Frage möglich, wie sich typischerweise das Einkommen eines armen, mittelständischen oder reichen Haushalts aus den verschiedenen Einkunftsarten zusammensetzt. Diese drei Adjektive bezeichnen eigentlich die Höhe des Vermögens. Gelegentlich werden diese Begriffe aber auch für die Höhe des Einkommens verwendet. Das tun wir auch hier: Ein Haushalt mit geringem Einkommen ist also ein armer Haushalt und umgekehrt.

Die in den Veröffentlichungen erfolgte Differenzierung in 19 Einkommensklassen hat sich für unsere Zwecke als zu fein erwiesen. Man erkennt nicht mehr das Wesentliche, die zugehörigen Funktionen fangen an zu „zittern“. Wir haben daher die Einkommensklassen wie folgt zusammengefasst (in Tsd. Euro):

[6] Gesetz über Sonderabschreibungen und Abzugsbeträge im Fördergebiet, BGBl. I 1991, S. 1322 f.

von	0	.	.	.	.	.	.	20	25	.	37,5	50	75	100	.	175	250	500	>1000
bis	2,5							25	30		50	75	100	125		250	500	1000	
agg.:	0/25								25/50			50/100		100/250			s.o.	>500	
Def.:	arm								mittel					gehoben mittel				reich	

2. Zusammensetzung des Gesamtbetrags der Einkünfte in Abhängigkeit von der Höhe des Einkommens

Wir beginnen mit den **Einkünften aus Land- und Forstwirtschaft (LuF)**. In Abb. 1 ist dargestellt, wie viel Prozent des Einkommens in den einzelnen Einkommensklassen aus Einkünften aus LuF bestehen. In der untersten Einkommensklasse liegen die Einkünfte aus LuF mit 1% leicht über dem Durchschnitt von 0,8%, d.h. Bauern sind tendenziell ärmer als die übrige Bevölkerung. Das bestätigt sich bei den mittleren Einkommen, da sind Landwirte unterdurchschnittlich vertreten. In den höheren Einkommensklassen von 100 Tsd. bis 500 Tsd. € liegen die Einkünfte aus LuF überraschender Weise über dem Durchschnitt. Es muss also Land- und Forstwirte geben, die ziemlich gut verdienen, was nur bei sehr großen Betriebsflächen denkbar ist, die in aller Regel noch aus der Feudalzeit stammen dürften. Bei den richtig hohen Einkommen von über 500 Tsd. € sind Land- und Forstwirte nur noch unterdurchschnittlich vertreten. So große Güter scheint es also nur noch in geringer Zahl zu geben.

Abb. 1 Einkünfte aus Land- und Forstwirtschaft (LuF)

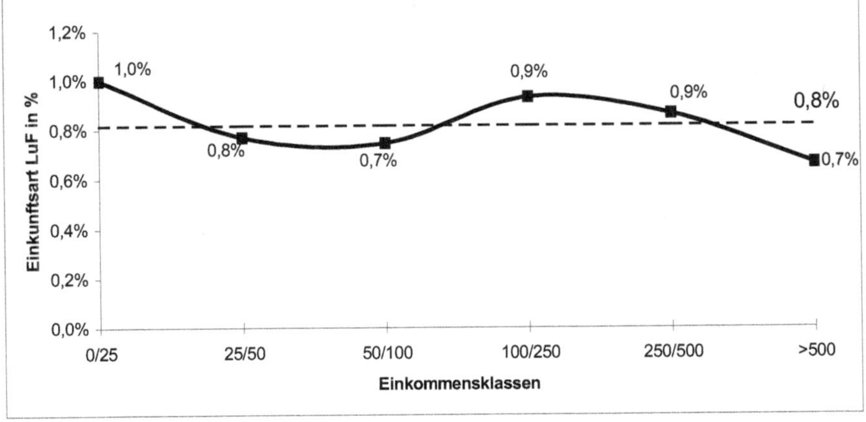

Eine alternative Erklärung für die hohen Einkünfte aus LuF könnten auch Veräußerungsgewinne sein, insbesondere Gewinne aus der Veräußerung von Bauland.

In Abb. 2 ist der Verlauf der **Einkünfte aus nichtselbständiger Arbeit (nsA)** dargestellt, mit durchschnittlich 77,9% des Einkommens, die mit Abstand gewichtigste Einkunftsart.

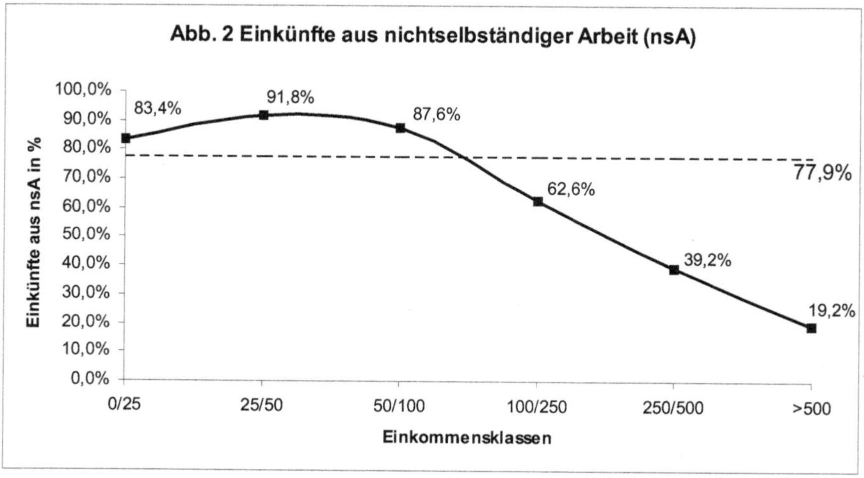

Die Folgerungen aus der Graphik sind eindeutig: Die Einkunftsart nsA ist nicht nur die Haupteinkunftsart schlechthin, sondern mit einem Anteil von 83,4% die Haupteinkunftsart der „armen Leute“ und mit durchschnittlich 89,7% vor allem die Haupteinkunftsart der mittleren Einkommensklassen von 25 Tsd. bis 100 Tsd. €.
Bei Einkommen über 100 Tsd. € sinkt der Anteil der Einkünfte aus nsA sehr schnell.
Bei Einkommen über 500 Tsd. € beträgt er nur noch 19,2%.
Also so richtig reich kann man mit nichtselbständiger Arbeit nicht werden!

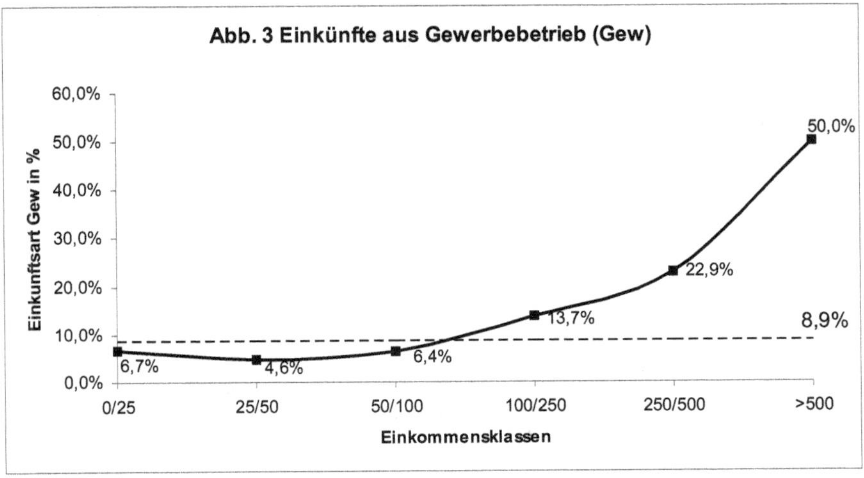

In Abb. 3 sind die **Einkünfte aus Gewerbebetrieb (Gew)** dargestellt, sozusagen das Gegenteil der Einkünfte aus nsA: Der Anteil dieser Einkunftsart am Einkommen ist bis zu Einkommen von 100 Tsd. € mit rd. 6% unterdurchschnittlich. In den Einkommensklassen von 100 Tsd. bis 500 Tsd. € steigt der Anteil von 13,7% auf 22,9% und endet in der letzten Einkommensklasse mit über 500 Tsd. € bei einem Anteil von 50%.
Richtig hohe Einkommen kann man also nur bei Einkünften aus Gewerbebetrieb erzielen!

Das „nur" ist nicht ganz richtig, denn wie Abb. 4 zeigt, sind wirklich hohe Einkommen auch **bei Einkünften aus Kapitalvermögen (KV)** möglich. Überhaupt sind die Funktionen für Einkünfte aus Kapitalvermögen und für Einkünfte aus Gewerbebetrieb ziemlich ähnlich. Der durchschnittliche Anteil ist allerdings bei Einkünften aus KV mit 3,3% kleiner als mit 8,9% bei Einkünften aus Gewerbebetrieb und in der höchsten Einkommensklasse über 500 Tsd. € ist der Anteil an den Einkünften aus KV mit 23% deutlich kleiner als mit 50% bei Einkünften aus Gewerbebetrieb.
Einkünfte aus KV stammen einerseits aus unternehmerischen Beteiligungen an AGs (z.B. Quandt) vor allem aber aus GmbHs. Andererseits sind es Erträge aus privatem Vermögen, das natürliche Personen in Zins- und Dividendenpapiere angelegt haben.
Die unternehmerischen Beteiligungen an Kapitalgesellschaften dürften die Einkünfte aus KV für Einkommen über 100 Tsd. € erklären. Was bei einer Personengesellschaft als Gewinn und damit zugleich als Einkünfte aus Gewerbebetrieb anfällt und zu versteuern ist, das sind bei der Rechtsform der GmbH die Gewinnausschüttungen. Daher der starke Anstieg der Funktion nach rechts.

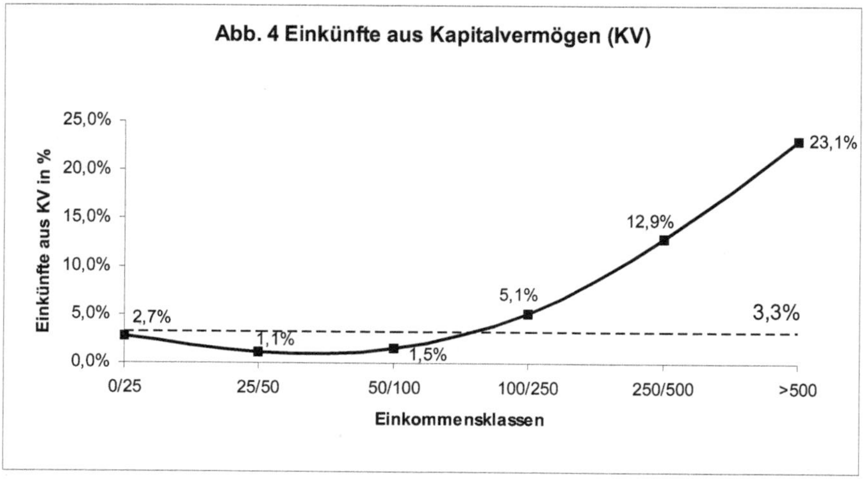

Der Anstieg auf nur 23% dürfte bei Einkünften aus KV deswegen nicht so exorbitant sein wie bei Einkünften aus Gewerbebetrieb mit bis zu 50%, weil bei Kapitalgesellschaften insbesondere die über die Konsumbedürfnisse hinaus entstehenden Gewinne zumeist in der Gewinnrücklage geparkt werden, was auch steuerlich vorteilhaft ist.

Dass die Funktion der Einkünfte aus KV für kleinere Einkommen als 100 Tsd. € unterhalb des Durchschnitts verläuft, dürfte damit zusammenhängen, dass diese Personen ihr Einkommen für ihren Lebensunterhalt benötigen und demnach nicht genug übrig bleibt, um damit Kapitalvermögen zu bilden.

Nachdem nun die beiden unternehmerischen Einkunftsarten Gewerbebetrieb und Kapitalvermögen analysiert sind, wird man gespannt sein, wie sich die **Einkünfte aus selbständiger Arbeit (sA)** entwickeln. Sie sind in Abb. 5 dargestellt.

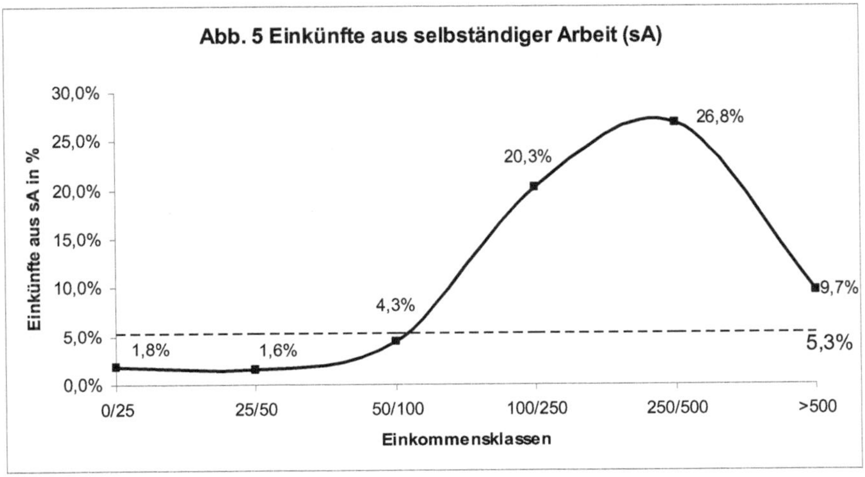

Die Graphik liefert signifikante Ergebnisse. Bei einem Einkommen zwischen 100 Tsd. und 500 Tsd. €, stammen rd. 25% aus freier Berufstätigkeit, in der höchsten Einkommensklasse noch 9,7%. In den unteren Einkommensklassen ist der Anteil an den Einkünften aus selbständiger Arbeit unterdurchschnittlich. Wenn man sich also in einer der unteren Einkommensklassen befindet, dann ist man entweder nicht freiberuflich tätig oder bei der freiberuflichen Tätigkeit nicht besonders erfolgreich!

In der folgenden Abb. 6 betrachten wir die **Einkünfte aus Vermietung und Verpachtung (VuV)** und zwar zunächst die positiven und später dann die negativen.

In der Einkommensklasse bis 25 Tsd. € sind die Einkünfte aus VuV mit 2,6% leicht überdurchschnittlich. Das dürften Rentnerhaushalte sein, die in früheren Jahren Immobilienvermögen gebildet haben und nunmehr ihre Renten mit Mieteinnahmen aufbessern. In der Einkommensklasse von 25 Tsd. bis 100 Tsd. € sind die Einkünfte aus VuV unterdurchschnittlich. Das dürfte die gleiche Ursache haben, wie bei Kapitalvermögen: Diese Personengruppe muss, insbesondere wenn Kinder da sind, ihr Einkommen weitgehend für den Lebensunterhalt verwenden, so dass nicht genug übrig bleibt, um damit steuerlich relevantes Immobilienvermögen zu bilden.
Die Personen der Einkommensklassen von 100 Tsd. bis 500 Tsd. € haben offensichtlich in früheren Jahren in erheblichem Maße in Immobilien investiert, woraus nunmehr überproportionale Einkünfte aus VuV resultieren.

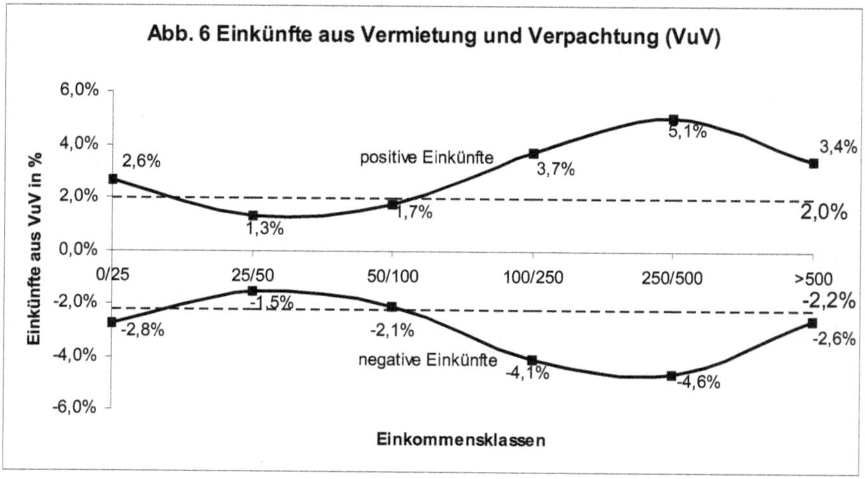

Die wirklich Reichen mit mehr als 500 Tsd. € Einkommen sind zwar auch überdurchschnittlich in Immobilien investiert, aber bei weitem nicht so stark wie die darunter liegende Einkommensklasse. Offensichtlich hat das sehr hohe Einkommen zur Folge, dass man lieber in weniger konfliktträchtige Alternativen investiert als in Immobilien.

Die Einkunftsart VuV hat eine Sonderstellung: Wie man aus den eingangs dargestellten Tabellen leicht entnehmen kann, ist sie die einzige Einkunftsart, in der nennenswerte Verluste geltend gemacht werden, zuletzt, im Jahr 2001, mit -2,2% sogar höher als die positiven Einkünfte mit 2,0%. Diese Spreizung war in den Jahren davor, vermutlich wegen der Regelungen des Fördergebietsgesetzes, noch deutlich höher.

Der Anteil der **negativen Einkünfte aus VuV** in Abhängigkeit von der Einkommenshöhe ist daher ebenfalls in Abb. 6 geometrisch dargestellt. Dabei ist, bemerkenswerter Weise, die Funktion der negativen Einkünfte nahezu ein Spiegelbild der positiven Einkünfte.

Bevor wir das Verhalten der Steuerpflichtigen analysieren, das zu diesem Funktionsverlauf führt, müssen wir zunächst der Frage nachgehen, warum es bei Einkünften aus VuV in einem so gewaltigen Umfang zu Verlusten kommen kann. Auf den ersten Blick widerspricht das ja jeder wirtschaftlichen Vernunft: Warum sollte man Immobilien beschaffen und vermieten, wenn dabei nur Verluste herauskommen?

In der Einkunftsart VuV gewährt der Gesetzgeber eine Subvention, die einem jeden Steuerpflichtigen zugänglich ist: Immobilien können nämlich nach den Regeln des § 7 EStG steuermindernd abgeschrieben werden, aber die dadurch verursachte Erhöhung des Veräußerungsgewinns bleibt nach § 23 Abs. 1 Satz 1 Nr. 1 Satz 1 EStG dann steuerfrei, wenn zwischen Anschaffung und Veräußerung mehr als 10 Jahre liegen. Die Rendite aus dieser Subvention kann i.d.R. noch deutlich gesteigert werden, wenn die Immobilie mit einem hohen Fremdkapitalanteil finanziert wird. Die Rendite auf das dann nur noch in geringem Umfang eingesetzte Eigenkapital steigt dadurch erheblich (Leverageeffekt).

Bei einer solchen Investition entstehen regelmäßig hohe Verluste: Die Fremdkapitalzinsen haben in etwa die Höhe der Mieteinnahmen, weitere Aufwendungen und vor allem die Abschreibungen erzeugen dann darüber hinaus einen Verlust. Diese Verluste aus VuV sind nicht etwa wie bei Verlusten bei beschränkter Haftung nach § 15a Abs. 1 Satz 1 EStG resp. bei Verlusten aus privaten Veräußerungsgeschäften nach § 23 Abs. 3 Satz 8 EStG in der gleichen Einkunftsart verkapselt. Sie werden mit anderen positiven Einkünften verrechnet, bis hin zu einem Gesamtbetrag der Einkünfte von Null. Durch die nicht mit Ausgaben verbundenen Abschreibungen können also beträchtliche Steuerausgaben vermieden werden. Diese vermiedenen Steuerausgaben wirken wie steuerfreie Einnahmen. Selbst wenn die Abschreibungen im Rahmen des Veräußerungsgewinns nachträglich zu versteuern wären, könnte das wegen des Steuerstundungseffekts noch lukrativ sein. Wegen der Steuerfreiheit des Veräußerungsgewinns sind die Umstände einer solchen Investition doppelt lukrativ. Vielen geschlossenen Immobilienfonds lag dieses Geschäftsmodell zu Grunde. Über lange Jahre hin konnten sich die Steuerpflichtigen über derartige Fonds an diesem Geschäftsmodell beteiligen, ohne sich selbst die Finger schmutzig zu machen, was manchmal allerdings aus unterschiedlichen Gründen mit einem Totalverlust geendet hat.

Ob das beschriebene Geschäftsmodell für die Zukunft noch valide ist, muss bezweifelt werden: In Anbetracht der demographischen Entwicklung wird es nach Einschätzung des Verfassers zu einer Krise zumindest bei den Wohnimmobilien kommen, d.h. die Immobilienpreise werden deutlich sinken und damit auch die Veräußerungsgewinne.

Zurück zur Gegenwart: Bisher, jedenfalls bis in die jüngste Vergangenheit hinein, hat das beschriebene Geschäftsmodell funktioniert, und die hohen Verluste bei der Einkunftsart VuV zeigen, dass viele Steuerpflichtige davon Gebrauch gemacht haben, allerdings in unterschiedlichem Maße. Steuerpflichtige mit einem Einkommen zwischen 100 Tsd. und 500 Tsd. € haben sich, wie die geltend gemachten überdurchschnittlichen Verluste von 4,1% bzw. 4,6% zeigen, in besonderem Maße engagiert. In diesem Zusammenhang wird man an Zahnärzte denken, denen ja eine hohe Affinität zu Geld nachgesagt wird. Die besonders Reichen, mit Einkommen von mehr als 500 Tsd. €, sind bei der Generierung von Verlusten aus VuV vermutlich aus den bereits weiter oben genannten Gründen, eher zurückhaltend. Bei den mittleren Einkommen von 25 Tsd. bis 100 Tsd. € dürfte die geringe finanzielle Beweglichkeit der Grund sein, dass relativ wenig Verluste aus VuV geltend gemacht werden.

Ein Rätsel ist die unterste Einkommensklasse bis zu 25 Tsd. €. Sie generiert mit -2,8% überdurchschnittlich hohe Verluste aus VuV. Da diese Personen aus den Verlusten keinen wesentlichen Steuervorteil ziehen können, sehen wir hier keine andere Erklärung als die einer auf Unwissenheit basierenden Fehlinvestition.
Soweit zu den sehr aufschlussreichen Einkünften aus VuV.

Außer in der Einkunftsart VuV werden noch bei Einkünften aus Gewerbebetrieb nennenswerte Verluste geltend gemacht. Die sind aber mit -1,44% gegenüber den positiven Einkünften mit 8,9% von deutlich kleinerer Größenordnung. Wegen dieses Größenunterschieds ist es nicht ratsam, die positiven und die negativen Einkünfte aus Gewerbebetrieb in einer Graphik darzustellen, man würde nichts Signifikantes mehr erkennen können. Daher die Darstellung der **Verluste aus Gewerbebetrieb** in der eigenständigen Abb. 7.

Abb. 7 Neg. Einkünfte aus Gewerbebetrieb

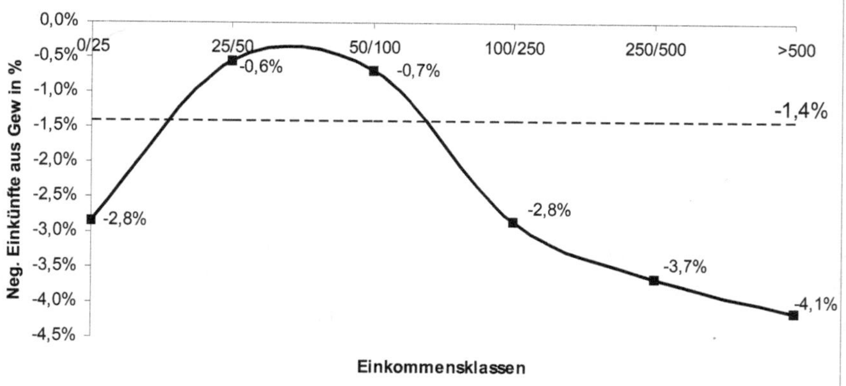

Wir interpretieren diese Funktion wie folgt: Die überdurchschnittlichen Verluste in der untersten Einkommensklasse signalisieren, dass Personen mit geringem Einkommen auch im gewerblichen Bereich, vermutlich bei der Gründung eines gewerblichen

Unternehmens, nicht besonders erfolgreich sind. In der mittleren Einkommensklasse sind die Verluste aus Gew deutlich unterproportional, was vermutlich einfach damit zusammenhängt, dass die Anzahl der in diesen Einkommensklassen vorhandenen Gewerbebetriebe gering ist. Bei den Einkommensklassen ab 100 Tsd. € sind die geltend gemachten gewerblichen Verluste deutlich überproportional mit zunehmender Tendenz. Das sind gewerbliche Personengesellschaften, die in die Verlustzone geraten sind, was wegen hoher Fixkosten ganz schnell gehen kann, bedingt durch immer weiter steigende Maschinenintensität sowohl in der Produktion als auch in der Verwaltung, durch die Globalisierung und durch das verkrustete Arbeitsrecht. Viele dieser Fälle wird man später in der Insolvenzstatistik wieder finden.

Schlussendlich sind noch die **sonstigen Einkünfte (SE)** zu betrachten. Sie sind in Abb. 8 dargestellt. Die Interpretation ist einfach: Diese Einkunftsart ist in der untersten Einkommensklasse bis zu 25 Tsd. € dominant. Das sind die Rentner! Die gibt es zwar auch in den höheren Einkommensklassen, dort ist dann aber der Anteil aus der Rente naturgemäß sehr klein, weil bei Renten von vielleicht 1.000 bis 2.000 € p.M. das hohe Einkommen aus den übrigen Einkunftsarten stammen muss.

Abb. 8 Sonstige Einkünfte (SE)

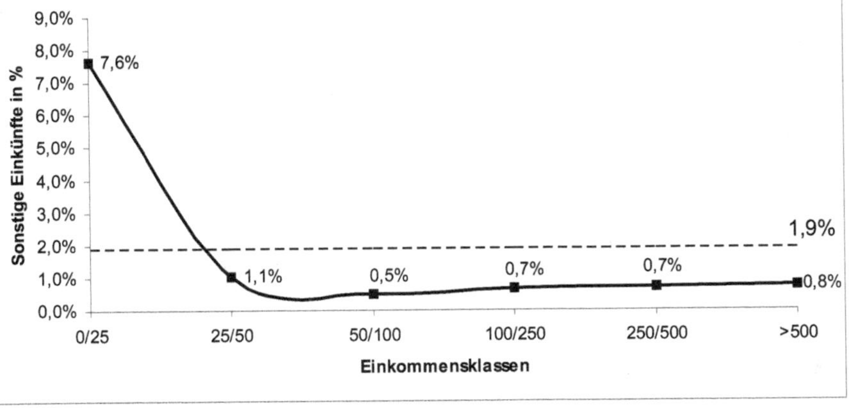

Zu den sonstigen Einkünften gehören auch bestimmte Veräußerungsgewinne, z.B. solche aus Wertpapieren, die weniger als ein Jahr gehalten wurden. Hier wird man davon ausgehen können, dass Einkünfte dieser Art kaum die Funktion beeinflusst haben dürften, weil die Steuerpflichtigen sie in aller Regel nicht angegeben haben[7].

[7] Kraft, Bäuml: Spekulationsgewinnbesteuerung bei Wertpapieren: Eine Analyse der jüngsten Urteile des BVerfG und des BFH sowie ihrer Folgen, DB 2004, S. 615.
Dieses Problem ist in vielfältiger Weise auch in der Tagespresse angesprochen worden.

3. Lorenzkurven[8]

Wenn man schon so schöne statistische Zahlen hat, dann bietet es sich an, der Frage nachzugehen, ob sich im Zeitraum von 1992 bis 2001 eine Verschiebung der Einkommen und der Steuerzahlungen von arm nach reich ergeben hat oder umgekehrt.

In Abb. 9 ist auf der Abszisse der Anteil der Steuerpflichtigen in Prozent der Gesamtzahl der Steuerpflichtigen und auf der Ordinate das von ihnen versteuerte Einkommen in Prozent des Gesamteinkommens abgetragen. Für die dargestellte Funktion werden die Steuerpflichtigen nach dem von ihnen zu versteuernden Einkommen sortiert, beginnend bei den Ärmsten. Daraus können dann z.B. folgende Aussagen über die Einkommensverteilung hergeleitet werden:

- Die „ärmsten" 50% der Steuerpflichtigen erwirtschaften nur ca. 20% des Gesamteinkommens oder
- die „reichsten" 10% der Steuerpflichtigen verfügen über knapp 30% des Gesamteinkommens.

Funktionen dieser Art werden als Lorenzkurven bezeichnet.
Man erkennt sofort: Je mehr die Kurve durchhängt, desto ungleicher ist die Einkommensverteilung, d.h. viele Arme und wenige Reiche, und umgekehrt.

Abb. 9 Lorenzkurve: Steuerpflichtige versus Einkommen

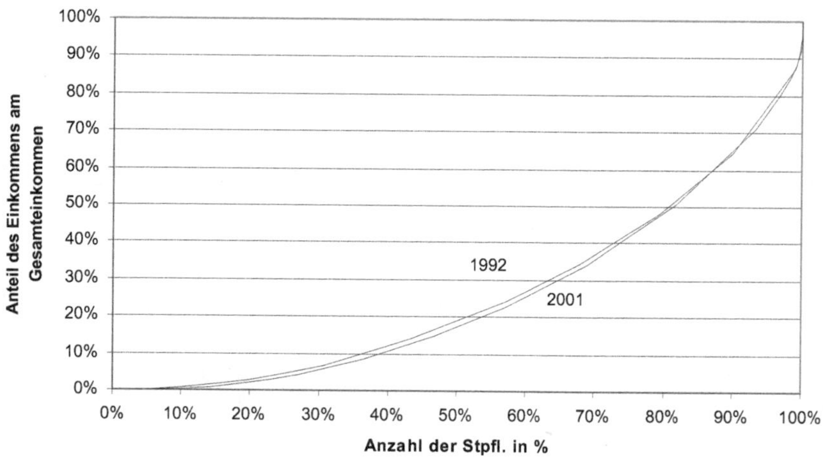

[8] Nach Max Otto Lorenz (1880-1962), einem amerikanischen Wirtschaftswissenschaftler, der in einer Veröffentlichung des Jahres 1905 erstmals solche Funktionen verwendet hat.

Die Lorenzkurve für das Jahr 2001 hängt etwas mehr durch als die des Jahres 1992, d.h. die Einkommensverteilung hat sich zu Lasten der ärmeren Schichten leicht verschlechtert.

In Abb. 10 ist wiederum in Form einer Lorenzkurve dargestellt, wie viel Prozent der Steuerpflichtigen wie viel Prozent des Steueraufkommens erbringen. Hier hängt die Lorenzkurve für das Jahr 2001 erheblich mehr durch als die des Jahres 1992. Fazit: Die Reicheren sind zwar in den letzten Jahren etwas reicher geworden, dafür zahlen sie aber deutlich mehr Steuern als noch vor 10 Jahren.

Abb. 10 Lorenzkurve: Steuerpflichtige versus Steuerzahlungen

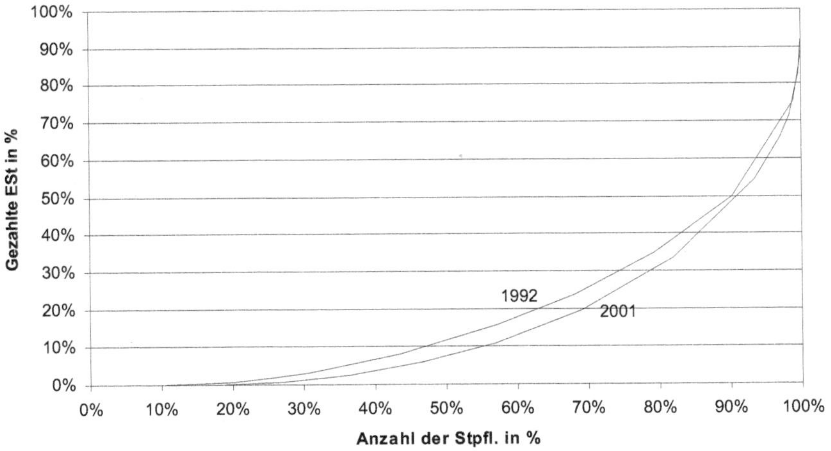

IFRS auch als Grundlage für die Ausschüttungs- und Steuerbemessung

von Dr. Hans-Joachim Böcking

Professor für Betriebswirtschaftslehre, insbesondere Wirtschaftsprüfung und Corporate Governance, an der Johann Wolfgang Goethe-Universität Frankfurt am Main

Inhalt

1. Problemstellung

„Einkommen ermitteln heißt, ein Urteil abgeben über die mögliche Periodenentnahme, ohne das am Periodenanfang bereits vorhandene Potential künftiger Entnahmen anzutasten. Gläubigerschutzorientierte Gewinnermittlung heißt, ein Urteil abgeben über die mögliche Periodenentnahme, ohne das am Periodenanfang schon vorhandene Potential, Gläubiger bedienen zu können, anzugreifen. In beiden Fällen handelt es sich um die Sicherung der Fähigkeit, künftig Zahlungen zu leisten, um die Ermittlung des bei Erhalt dieser Zahlungsfähigkeit entziehbaren Betrages.“[1] Bereits vor beinahe 25 Jahren diskutierte der Jubilar die heute insbesondere im Rahmen der Internationalisierung der Rechnungslegung aktuelle Frage nach der Vereinbarkeit der Zielsetzungen von Handels- und Steuerbilanz. In einem seiner wertvollsten Aufsätze „Bilanzrechtsprechung und Betriebswirtschaftslehre“ aus dem Jahre 1983 zeigte Professor Dr. Winfried Mellwig, dass sich die Zielsetzungen beider Bilanzen nicht widersprechen müssen und jede Zugrundelegung unterschiedlicher Objektivierungsmaßstäbe für Handels- und Steuerbilanz nicht begründbar sei.[2] Seine Argumentation kann bis heute als Beweis für die Notwendigkeit eines Anknüpfens der steuerlichen Gewinnermittlung an die Ausschüttungsbemessungsbilanz angesehen werden.

Vorausschauend setzte sich der Jubilar beispielsweise auch mit der im Handelsbilanzrecht vernachlässigten Finanzierungsmöglichkeit, dem Leasing, auseinander. Neuester Beweis seiner vorausschauenden Forschungstätigkeit ist die Forderung nach einer Aufgabe des Grundsatzes der Nichtbilanzierung schwebender Geschäfte unter IFRS.[3] Dies ist nicht nur aufgrund einer verbesserten Darstellung der wirtschaftlichen Lage des Unternehmens, sondern auch aus Gläubigerschutzgesichtspunkten zu begrüßen.

Dieser Festbeitrag widmet sich der zentralen Frage, inwieweit die IFRS dem Gläubigerschutz dienen und somit Grundlage für die Ausschüttungs- und Steuerbemessung sein können.

2. Kein effektiver Gläubigerschutz durch das HGB

2.1. Gesellschaftsrechtlicher Gläubigerschutz

Im Regelfall erfolgt eine Gewinnausschüttung durch die Zahlung einer Dividende oder im Rahmen der Gewinnverteilung. Kapitalgesellschaften können als juristische Personen jedoch auch Rechtsgeschäfte mit ihren Gesellschaftern tätigen. Diese sind wie

---

1 Mellwig (1983), S. 1616.

2 Vgl. Mellwig (1983), S. 1616-1617, 1619.

3 Vgl. Mellwig/Sabel (2005), S. 366. Grundsätzlich zum Leasing vgl. Hastedt/Mellwig (1998); Mellwig (1985), S. 211-267.

zwischen Dritten durchzuführen. Kommt es zu einem Missverhältnis zwischen Leistung und Gegenleistung kann eine verdeckte Gewinnausschüttung vorliegen. Beispiele für solche mehr oder minder verdeckte Ausschüttungen können Aktienrückkäufe, Kapitalherabsetzungen, Gesellschafterfremdfinanzierungen oder unangemessene Preisabsprachen sein.[4] Soll die Wirksamkeit von Gläubigerschutzinstrumenten beurteilt werden, sind alle Formen von Vermögenstransfers zu berücksichtigen. Ein Schutz vor zu hohen Dividendenausschüttungen allein ist nicht ausreichend.[5]

Gewinnausschüttungen sowie der Rückerwerb eigener Aktien und Zahlungen infolge von Kapitalherabsetzungen unterliegen den Restriktionen der §§ 58, 71 bis 71e, 222 bis 235 AktG bzw. 29, 30, 33, 58 bis 58d GmbHG.[6] Das Grund- bzw. Stammkapital darf gem. §§ 57 Abs. 1 Satz 1 AktG[7] bzw. 30 GmbHG nicht ausgezahlt werden, d. h. die Mindestkapitalziffer[8] darf nicht durch Ausschüttung unterschritten werden, sie fungiert als sogenannte Ausschüttungssperre.[9] Die gesellschaftsrechtlichen Gläubigerschutzinstrumente sind jedoch alleine nicht in der Lage den Gläubiger effektiv zu schützen.

Der im Rahmen der Gewinnverwendung gem. der §§ 57 Abs. 3, 58 Abs. 4, 174 AktG und 29 Abs. 1 Satz 1, Abs. 2 GmbHG ausschüttungsfähige Betrag ist nach handelsbilanzrechtlichen Vorschriften zu ermitteln, d. h. dem Bilanzrecht kommt die Aufgabe der Gewinnermittlung zu.[10] Es beinhaltet weitere Gläubigerschutzinstrumente. So dienen der bilanzielle Grundsatz der Kapitalerhaltung und die bilanzielle Darstellung der wirtschaftlichen Lage dem Gläubigerschutz. Weiterhin soll das Bilanzrecht gewährleisten, dass aufgenommenes Fremdkapital nicht als Gewinn ausgewiesen wird und an die Gesellschafter ausgeschüttet werden kann. In Form des Kapitalerhaltungsgrundsatzes besitzt die Bilanz die Funktion einer Ausschüttungssperre.[11]

---

4 Vgl. hierzu Lutter (1988), § 57, Rn. 15-47; Hueck/Fastrich (2006), § 29, Rn. 68-78.

5 In den USA wird beispielsweise im Revised Model Business Corporation Act (RMBCA) in § 1.40(6) ein im Vergleich zur Kapitalrichtlinie weitergefasster Ausschüttungsbegriff (distribution) verwendet, der jede direkte und indirekte Vermögenswertübertragung an die Aktionäre umfasst: „'Distribution' means a direct or indirect transfer of money or other property (except its own shares) or incurrence of indebtedness by a corporation to or for the benefit of its shareholders in respect of any of its shares. A distribution may be in the form of a declaration or payment of a dividend; a purchase, redemption, or other acquisition of shares; a distribution of indebtedness; or otherwise.“ Vgl. Pellens/Sellhorn (2006), S. 473; Maier (1986), S. 157, 163-171.

6 Vgl. Baums (2006), S. 25.

7 Vgl. Hüffner (1999), § 57, Rn. 1-6.

8 Diese beträgt gem. § 7 AktG derzeit 50.000 Euro für Aktiengesellschaften bzw. gem. § 5 Abs. 1 GmbHG 25.000 Euro für Gesellschaften mit beschränkter Haftung.

9 Vgl. Pellens/Jödicke/Richard (2005), S. 1394.

10 Vgl. Hennrichs (2004), S. 124; Kübler (1995), S. 552.

11 Vgl. Hennrichs (2005b), S. 261-262.

Gesellschafter von Gesellschaften mit beschränkter Haftung haben gem. § 29 Abs. 1 GmbHG grundsätzlich einen Anspruch auf den Jahresüberschuss zuzüglich Gewinnvortrag und abzüglich Verlustvortrag bzw. auf den nach Rücklagenbildung bzw. -auflösung verbleibenden Bilanzgewinn.[12] Gesellschafter von Aktiengesellschaften haben gem. § 58 Abs. 4 AktG einen Anspruch auf den Bilanzgewinn,[13] über dessen Verwendung sie in der Hauptversammlung beschließen. Nach erfolgter Ergebnisverwendung entspricht das Gesellschaftsvermögen der Aktiengesellschaft damit grundsätzlich mindestens dem Gesellschaftsvermögen zu Beginn der jeweiligen Periode (Kapitalerhaltung),[14] bei der GmbH darf lediglich das Stammkapital nicht unterschritten werden.[15] Dieses nicht ausschüttungsfähige Kapital soll dem Gläubigerschutz dienen und eine Reserve darstellen, auf die Gläubiger notfalls im Rahmen eines Insolvenzverfahrens zurückgreifen können. Zu prüfen ist daher, ob der bilanzielle Kapitalerhaltungsgrundsatz in Verbindung mit den vorhandenen gesellschaftsrechtlichen Gläubigerschutzvorschriften tatsächlich einen effektiven Gläubigerschutz bewirken kann. Hierzu bedarf es einer ökonomischen Analyse des geltenden Gläubigerschutzsystems und der Ausschüttungsrestriktionen.[16]

2.2. Ökonomische Analyse

Im Krisenfall kann das derzeitige Gläubigerschutzsystem Anreize zur Durchführung von riskanten, eventuell wertvernichtenden, Investitionen nicht unterbinden. Zum Beispiel haben Eigenkapitalgeber in Krisensituationen den Anreiz, „Projekte mit hohen Erträgen, aber auch hohen Risiken (Ausfallwahrscheinlichkeiten) zu unternehmen. Stellen sich die Erträge ein, so profitieren hiervon abzüglich der fixen Zahlungen auf das Fremdkapital die Anteilseigner; realisiert sich das Ausfallrisiko, dann tragen annahmegemäß die Fremdkapitalgeber den Verlust.“[17] Des Weiteren kann es bei teilweise fremdfinanzierten Unternehmen durch die in Kreditverträgen vereinbarte Verteilung

---

12 Unter dem Vorbehalt einer anderweitigen Verwendung nach Gesetz, Satzung oder Ergebnisverwendungsbeschluss. Vgl. Hueck/Fastrich (2006), § 29, Rn. 2.

13 Es sind gem. § 150 Abs. 1, 2 AktG so lange 5% des Jahresüberschusses in die gesetzliche Rücklage einzustellen, bis diese 10% des gezeichneten Kapitals erreicht. Diese gesetzliche Rücklage sowie die gem. § 272 Abs. 2 Nr. 1 bis 3 HGB unter anderem für ein Ausgabeagio zu bildende Rücklage sind gem. § 150 Abs. 4 AktG der Umwandlung in ausschüttungsfähige Rücklagen entzogen. Vgl. Mülbert (2004), S. 160.

14 „Ausschüttungsfähig ist nur der Bilanzgewinn. Was nicht Verteilung von Bilanzgewinn […] ist, ist Einlagenrückgewähr“. Lutter (1988), § 57, Rn. 5. Vgl. hierzu auch Merschmeyer (2005), S. 87-88.

15 Vgl. Merschmeyer (2005), S. 93. Das Aktienrecht statuiert damit sehr viel strengere Ausschüttungssperren. Vgl. Mülbert (2004), S. 159; Lutter (1988), § 57, Rn. 6.

16 Vgl. Böcking/Dutzi (2006), S. 4-5.

17 Baums (2006), S. 30-31. Vgl. ferner Ewert/Wagenhofer (2003a), S. 607. Gesellschafter von haftungsbeschränkten Gesellschaften haben somit die Möglichkeit das wirtschaftliche Risiko teilweise auf die Gläubiger zu verlagern. Sie sind nicht weiter in vollem Umfang für die Folgen ihrer Handlungen verantwortlich. Es besteht ein Anreiz zu unverantwortlichen wirtschaftlichen Aktivitäten (*Moral Hazard*). Vgl. Bauer (1995), S. 95.

künftiger Überschüsse für Eigenkapitalgeber vorteilhaft sein, von einer gesamtwertmaximierenden Unternehmenspolitik abzuweichen und an sich vorteilhafte Investitionen zu unterlassen (Unterinvestitionsproblem). Denn würden Investitionen eigenkapitalfinanziert, trügen die Finanzierungskosten die Eigenkapitalgeber, an den Überschüssen würden jedoch auch die Altgläubiger partizipieren.[18] Der bilanzielle Gläubigerschutz vermag den Gläubiger vor solchen Anreizproblemen nicht zu schützen, allenfalls stellt er ein Signalisierungsinstrument dar, das zeigt, dass zumindest Vorkehrungen gegen Reichtumsverlagerungen bestehen.[19]

Zu hinterfragen ist ferner die Effektivität eines weiteren bilanzrechtlichen Gläubigerschutzinstruments. Das im Handelsbilanzrecht dominante Vorsichtsprinzip ermöglicht die Legung stiller Reserven. Diese werden als Polster für Krisenzeiten interpretiert, das die Gläubiger vor einem „harten Aufprall" schützen soll.[20] Unzweifelhaft stärken stille Reserven kurzfristig die Schuldendeckungsfähigkeit eines Unternehmens, ihre Legung kann aber als problematisch angesehen werden, da sie zu einer vorübergehend falschen Darstellung der tatsächlichen wirtschaftlichen Verhältnisse führt[21] und unternehmerische Entscheidungen negativ beeinflussen kann.[22] Damit erscheint die Legung stiller Reserven als ökonomisch fragwürdig und ist geeignet, die Gläubigerposition gar zu verschlechtern.[23] Ferner können stille Auflösungen von stillen Reserven Verluste verdecken, wodurch der Gläubigerschutzgedanke konterkariert wird.[24] Letztlich bleibt auch zu hinterfragen, warum die Schaffung eines Polsters still erfolgen sollte.[25] Wird eine Vorteilhaftigkeit von stillen Reserven für den Gläubigerschutz unterstellt, ist nicht ersichtlich, weshalb keine offene Risikovorsorge getroffen werden kann.

Ein weiteres Beispiel für das Fehlen eines effektiv wirkenden Gläubigerschutzes im HGB stellt die gegenwärtige Bilanzierung von Pensionsrückstellungen dar. In der Handelsbilanz erfolgt die Bewertung mangels expliziter Vorschriften oftmals in Anlehnung an steuerrechtliche Vorschriften i. S. v. § 6a EStG und unter strenger Anwendung des Stichtagsprinzips. Angesichts der daraus folgenden ungenügenden Einbeziehung von Parametern, wie die zukünftigen Inflations- und Gehaltserwartungen, und des nach HGB im Vergleich zur gegenwärtigen Marktlage oftmals nicht angemessenen, d. h. zu hohen Kapitalisierungszinsfußes, besteht die Gefahr einer Unterbewer-

18 Vgl. Ewert/Wagenhofer (2003a), S. 607.
19 Vgl. hierzu Böcking/Dutzi (2006), S. 10; Baums (2006), S. 31.
20 Vgl. kritisch Kübler (1995), S. 553.
21 Vgl. Böcking (2002), S. 925-926; Baetge/Kirsch/Thiele (2005), S. 138. Verzerrungswirkungen stiller Reserven erschweren die Bilanzanalyse. Vgl. Schmidt (1994), S. 178.
22 Vgl. hierzu Ewert/Wagenhofer (2003), S. 176.
23 Vgl. Ewert/Wagenhofer (2003), S. 177-180. Vgl. ausführlich zur Thematik Ewert/ Wagenhofer (2003), S. 151-191.
24 Vgl. Böcking/Dutzi (2006), S. 7-8; Moxter (1987), S. 373; Baetge/Kirsch/Thiele (2005), S. 138.
25 Vgl. Schmidt (1994), S. 169-170.

tung der Pensionsrückstellungen.[26] Es kommt zur Bildung stiller Lasten.[27] Demgegenüber werden Pensionsrückstellungen nach IAS 19 zum Verpflichtungsbarwert unter Heranziehung eines aktuellen Marktzinses bewertet. Finanzwirtschaftlich betrachtet kann eine Bewertung in dieser Höhe als angemessen angesehen werden.[28]

Ferner beinhaltet das HGB z. B. keine Vorschriften zur bilanziellen Abbildung von Leasingverhältnissen. Die Praxis greift deshalb auf die Leasingerlasse des BMF zurück.[29] Dies führt im Vergleich zu den IFRS eher zu einer Klassifikation als Mietleasing, d. h. die tatsächlichen Zahlungsverpflichtungen des Unternehmens gehen als Folge des Grundsatzes der Nichtbilanzierung schwebender Geschäfte aus der Bilanz nicht hervor.[30] Die Regelungen des IAS 17 führen i. d. R. zu einer früheren Klassifikation als *Finance Lease*.[31] Das Leasingobjekt ist zu aktivieren und die Zahlungsverpflichtung zu passivieren. Zu hinterfragen ist jedoch die gegenwärtige Behandlung des *Operate Lease* nach IFRS. Um die wirtschaftliche Lage den tatsächlichen Verhältnissen getreu abzubilden, wäre auch unter Gläubigerschutzgesichtspunkten eine Aktivierung des Nutzenpotenzials und der Ausweis der Verpflichtung sachgerecht. Denn in einer Informationsbilanz hat der Grundsatz der Nichtbilanzierung schwebender Geschäfte keine Berechtigung.[32]

Die wenigen zentralen Beispiele zeigen bereits, dass die gesellschafts- und bilanzrechtlichen Gläubigerschutzvorschriften des deutschen Rechts im Ergebnis keinen lückenlosen Schutz der Gläubiger bewirken. Nicht nur aus diesem Grunde ist in der Praxis häufig die zusätzliche Verwendung von vertraglichen Schutzklauseln zu beo-

---

[26] Vgl. Küting/Keßler (2006), S. 192; Jebens (2003), S. 2347-2348.

[27] Vgl. Böcking/Herold/Müßig (2004), S. 668; Böcking (2001), S. 1436.

[28] Die Berechnung des Verpflichtungsbarwerts bei leistungsorientierten Pensionsverpflichtungen erfolgt nach dem Verfahren der laufenden Nettoeinmalprämien. Die Nettoeinmalprämie ist derjenige Betrag, zu dem am Bilanzstichtag die gesamte Verpflichtung abgelöst werden könnte. Vgl. Zimmermann/Schilling (2004), S. 486.

[29] Siehe BMF (1971), S. 264-266.

[30] So ist in diesem Zusammenhang handelsrechtlich grundsätzlich eine Auflösung und anschließende Ausschüttung stiller Reserven im Rahmen von *Sale-And-Lease-Back*-Transaktionen möglich. Vgl. Baums (2006), S. 25.

[31] Aufgrund der wenig präzisen qualitativen Zurechnungskriterien des IAS 17 dürfte jedoch häufig durch Vertragsgestaltung eine Qualifikation als *Operate Lease* bewirkt werden. Es kommt damit zu einem unvollständigen Ausweis von Vermögens- und Schuldposten. Vgl. hierzu Mellwig (1998), S. 11-12.

[32] Vgl. Mellwig/Sabel (2005), S. 366.

bachten.[33] Die geltenden gesetzlichen Schutzvorschriften können Gläubigern nicht ausreichend oder wirksam genug sein.[34]

Aus Gläubigerschutzgesichtspunkten ist daher nicht zwingend zum Zwecke der Ausschüttungsbemessung am HGB-Abschluss festzuhalten. Vielmehr ist die Frage zu stellen, ob nicht ein IFRS-Einzelabschluss als Ausgangsbasis der Ausschüttungsbemessung dienen und gleichzeitig durch das Primat der Vermittlung entscheidungsrelevanter Informationen einen wirksamen Gläubigerschutz gewährleisten kann.

Gläubiger und Anteilseigner werden effektiv geschützt, wenn die Rechnungslegung als Instrument des Gläubigerschutzes so weit und verlässlich wie möglich die wirtschaftliche Lage des Unternehmens beschreibt und ihnen entscheidungsrelevante Daten zur Verfügung gestellt werden.[35] Dies ermöglicht eine effektive ex post Kontrolle[36] sowie die Erst- und Folgebeurteilung des individuellen Ausfallrisikos und vermag somit zum Schutz aller Gläubiger vor Vermögenstransfers auch jenseits der Gewinnausschüttung beizutragen. Weiterhin lässt der informationelle Gläubigerschutz für alle Gläubiger Rückschlüsse auf die Notwendigkeit einer zusätzlichen Anwendung individueller Schutzklauseln zu und bildet eine Grundlage für die risikoadäquate Wahl des Zinssatzes.[37] Aber auch einflussarmen Gläubigern, denen diese Möglichkeit nicht offen stehen könnte, dürfte durch die Vermittlung entscheidungsrelevanter Informationen bes-

---

33 Für die Anwendung solcher Schutzklauseln erscheint es ferner notwendig, einen Zeitraum für die Offenlegung des Jahresabschlusses auch für nicht börsennotierte Unternehmen gesetzlich zu verankern. Angemessen könnte eine Frist von sechs Monaten sein.

34 Vgl. Baums (2006), S. 25. Vgl. hierzu auch Busse von Colbe (2002), S. 170; Leffson (1987), S. 44-45; Alberth (1997), S. 744-750. Eine vollständige Ersetzung des gesetzlichen Gläubigerschutzsystems durch ein vertragsautonomes Gläubigerschutzmodell wird jedoch abgelehnt und auf einen europäischen Konsens bzgl. des Bedürfnisses für einen gesetzlichen Mindestschutz der Gläubiger hingewiesen. Vgl. Goette (2005), S. 198; Kuhner (2005), S. 764. Ferner ist fraglich, ob auch Kleingläubiger eine privatautonome Absicherung durch Schutzklauseln vornehmen können. So sind teilweise Vertragsbedingungen nicht oder nur unter relativ hohen Transaktionskosten verhandelbar. Vgl. Blaurock (2005), S. 10; Bauer (1995), S. 106-107; Roth (2005), S. 354-356. Ferner dient das Haftungsrecht, das in Fällen der Insolvenzverschleppung, der Falschinformation oder des Missbrauchs der Rechtsform Ersatzansprüche gewährt, ergänzend dem Gläubigerschutz. Vgl. Hennrichs (2005b), S. 261.

35 Vgl. Schmidt (1994), S. 171. Kritisch und einen informationellen Gläubigerschutz als nicht ausreichend erachtend vgl. Beisse (2001), S. 742.

36 Einen Finanzplan mit mehrwertigen, zukunftsbezogenen Zahlungsstromangaben vermag auch eine IFRS-Informationsbilanz nicht zu ersetzen, denn alle Angaben sind vornehmlich vergangenheitsbezogen. Vgl. Böcking/Dutzi (2006), S. 9. Für eine ex ante Risikobeurteilung wären zukunftsorientierte Angaben notwendig. Vgl. hierzu bereits Moxter (1966), S. 51-57; Ballwieser (1996), S. 16.

37 Aktuelle und potenzielle Gläubiger können das Risiko abschätzen und ihr Verhalten entsprechend anpassen. Vgl. Pellens/Jödicke/Richard (2005), S. 1394. So zeigt sich in der Praxis, dass Kreditinstitute als Hauptgläubiger oftmals gerade auf den informationellen Gläubigerschutz durch die IFRS vertrauen und zusätzlich auf die Anwendung von einzelvertraglich vereinbarten Schutzklauseln oder eine risikoadäquate Anpassung des Zinssatzes zurückgreifen. Vgl. hierzu Köhler/Marten (2006), S. 14.

ser gedient sein, als mit einem in seiner Wirkung nicht effektiven bilanziellen Gläubigerschutzsystem wie dem des HGB. Freilich bestehen auch in den IFRS Ermessensspielräume und Wahlrechte, welche die Verlässlichkeit der Abbildung der wirtschaftlichen Lage negativ beeinflussen können, doch kann letztlich der informationelle Gläubigerschutz durch die IFRS gegenüber dem nicht effektiven Gläubigerschutz des HGB als vorzugswürdig angesehen werden.

3. Faktisch selbständiges Steuerbilanzrecht im Sinne eines *Case Law*

Der durch die handelsrechtlichen Grundsätze ordnungsmäßiger Buchführung (GoB) ermittelte Jahresüberschuss gilt nicht nur als Grundlage für die gesellschaftsrechtlich geregelte Gewinnverwendung. Er wird über das in § 5 Abs. 1 EStG normierte Maßgeblichkeitsprinzip in das Einkommensteuerrecht übertragen und dient dort als Ausgangsgröße der steuerlichen Gewinnermittlung. Mit dem handelsrechtlichen Gläubigerschutz unter Berücksichtigung der Legung stiller Reserven erfolgt quasi eine Art „Selbsteinsteuerung" mit zum Teil erheblichen Steuerstundungseffekten. Dies könnte ein Grund für die zunehmend zu beobachtenden Durchbrechungen des Maßgeblichkeitsprinzips durch die Bilanzrechtsprechung und den Steuergesetzgeber sein.

Das Maßgeblichkeitsprinzip soll grundsätzlich die Aufstellung einer Einheitsbilanz ermöglichen und somit durch Vereinfachung[38] zur Kosteneffizienz beitragen und die Einheit der Rechtsordnung fördern. Dieses insbesondere für Juristen erstrebenswerte Gut ist inhaltlich mit der betriebswirtschaftlichen Forderung nach gleicher Behandlung wirtschaftlich gleicher Sachverhalte gleichzusetzen.[39] De lege lata lassen Durchbrechungen des Maßgeblichkeitsprinzips die Aufstellung einer Einheitsbilanz als faktisch unmöglich erscheinen.[40]

Mit dem Verweis auf die notwendige Objektivierung in der steuerrechtlichen Gewinnermittlung wurden unmittelbar im EStG eigenständige steuerliche Gewinnermittlungsregeln geschaffen.[41] Zu nennen sind hier zum Beispiel das steuerbilanzielle Verbot des Ansatzes von Drohverlustrückstellungen und die Abzinsung von Verbindlichkeiten und Rückstellungen.[42] Des Weiteren hat in den letzten Jahren die höchstrichterliche Bilanzrechtsprechung durch BFH-Entscheidungen eine faktische Abkopp-

---

[38] Vgl. Mellwig (1989), S. 161.
[39] Vgl. Schmidt (1994), S. 130.
[40] Vgl. m. w. V. Sittel (2003), S. 77-78.
[41] Teilweise wurden damit den IFRS nahekommende Regelungen, beispielsweise die Abzinsung von Verbindlichkeiten und Rückstellungen, eingeführt. Vgl. Herzig/Bär (2003), S. 3.
[42] Vgl. Herzig/Bär (2003), S. 3. Vgl. hierzu ausführlich Schulze-Osterloh (1991), S. 285-291.

lung der steuerlichen Gewinnermittlung vom Handelsbilanzrecht unterstützt.[43] Beispielhaft sind hier die Forderung nach der Besteuerung des vollen Gewinns und einer daraus resultierenden Forderung nach einer weiterreichenden Aktivierungspflicht bzw. nach Passivierungsverboten in der Steuerbilanz sowie die Entscheidung zur phasengleichen Vereinnahmung von Dividenden zu nennen.[44] Insbesondere an der Entscheidung zur phasengleichen Aktivierung von Dividendenansprüchen gegenüber beherrschten Tochtergesellschaften lässt sich die Abkopplung des Steuerrechts von handels- und europarechtlichen Vorgaben demonstrieren. Denn der BFH kam entgegen der auf Vorlage des BGH ergangenen Tomberger-Entscheidung des EuGH aus allein steuerrechtlichen Gesichtspunkten, mit zusätzlichen Verweisen auf die notwendige Rechtssicherheit, zu einem anderen Ergebnis. Er lehnt die phasengleiche Aktivierung von Dividendenansprüchen ab und verweist auf einen Vorrang des Gebots der Gleichheit der Besteuerung gegenüber den handelsrechtlichen GoB.[45] Der EuGH spricht sich hingegen aus Gründen der Bilanzwahrheit für eine phasengleiche Aktivierungspflicht aus und der BGH begründet eine solche mit dem Realisationsprinzip.[46]

Im Ergebnis ist festzustellen, dass die umgekehrte Maßgeblichkeit und zahlreiche Durchbrechungen das Maßgeblichkeitsprinzip im traditionellen Sinne faktisch abgeschafft haben. Der Gesetzgeber hat durch steuerrechtliche Sonderregelungen ein faktisch selbständiges Steuerbilanzrecht geschaffen,[47] welches durch den Einfluss der Bilanzrechtsprechung den Charakter eines *Case Law* aufweist und nur noch vereinzelt auf den GoB aufbaut. Ausnahmen stellen die Regel dar.[48] Der ursprüngliche Vereinfachungsgedanke[49] hat in letzter Zeit offenbar an Bedeutung verloren.[50] Die primäre Orientierung der Bilanzrechtsprechung an zivilrechtlichen Vertragsgestaltungen führt tendenziell aber auch zu einer Art „Selbsteinsteuerung".

---

43 Vgl. Herzig (2004), S. 6.
44 Vgl. BFH GrS 2/68 vom 03.02.1969, S. 293-294; BFH GrS 2/99 vom 07.08.2000, S. 632-638.
45 Vgl. BFH GrS 2/99 vom 07.08.2000, S. 638. Es kommt zu einer eigenständigen steuerlichen Betrachtungsweise. Vgl. Hoffmann (2000), S. 1812-1815. Steuerrechtlich sind Dividendenansprüche erst zu aktivieren sobald ein Ergebnisverwendungsbeschluss vorliegt. Dieses Abstellen auf die zivilrechtliche Entstehung führt dazu, dass Beteiligungserträge nicht im Jahr der wirtschaftlichen Verursachung gewinnwirksam werden. Vgl. BFH GrS 2/99 vom 07.08.2000, S. 635-637.
46 Vgl. EuGH Rs. C-234/94 vom 27.06.1996, S. 1168-1170; BGH II ZR 82/93 vom 12.01.1998, S. 567-568; Groh (1998), S. 815.
47 Vgl. Böcking (2001), S. 1436.
48 So wird der Maßgeblichkeitsgrundsatz als durchlöchert, aber noch nicht als aufgegeben bezeichnet. Vgl. Müller (2004), S. 76.
49 Vgl. Mellwig (1989), S. 161.
50 Vgl. Sittel (2003), S. 77, 79; Weber-Grellet (1994), S. 288; Herzig (2004), S. 6; Hey (2005), § 17, Rn. 43.

4. IFRS als Auslegungsmaßstab für das HGB?

Mit Urteil vom 28.11.2003 entschied das FG Hamburg[51] in Folge einer Vorlageentscheidung des EuGH[52], dass die GoB im Handelsbilanzrecht und über das Maßgeblichkeitsprinzip auch im Steuerbilanzrecht konform der Jahresabschlussrichtlinie auszulegen seien. In Ermangelung von Detailregelungen im HGB und in der Jahresabschlussrichtlinie wären zur Auslegung die IFRS heranzuziehen. Damit wären die IFRS mittelbar als ein Auslegungsmaßstab für das Handels- und Steuerbilanzrecht anzusehen.[53] Am 15.09.2004 wurde jedoch die Revision durch den BFH als begründet angesehen und die Vorentscheidung aufgehoben.[54] Hier ist jedoch das Augenmerk auf die Art der Begründung zu legen. Der BFH lehnt eine Heranziehung der IFRS mit dem Verweis auf die fehlende Genehmigung der einschlägigen Standards IAS 30 und IAS 37 durch das IASC im Streitjahr 1989 sowie die lediglich für konsolidierte Abschlüsse bestehende rechtliche Verbindlichkeit der IFRS ab. Seit Inkrafttreten des Bilanzrechtsreformgesetzes am 10.12.2004[55] sind die IFRS Bestandteil des Handelsbilanzrechts und sollten bei Regelungslücken zur Auslegung herangezogen werden können. Auch wenn eine Anwendung der IFRS bei Auslegung des HGB im Ergebnis derzeit noch durch die Bilanzrechtsprechung abgelehnt wird, zeigt die dargestellte Rechtssache den zunehmenden Einfluss der IFRS auf das Handelsrecht auf.

5. Keine unterschiedliche Zielsetzung in Ausschüttungs- und Steuerbemessungsbilanz

Kritiker des Maßgeblichkeitsprinzips vertreten die Meinung, dass zwischen Handels- und Steuerbilanz eine Zweckdivergenz bestehe und daher auch eine Gewinnermittlung nicht auf gleicher Grundlage erfolgen könne. Der Steuerbilanz wird der Zweck der periodengerechten Ermittlung des Gewinns als Indikator für die wirtschaftliche Leistungsfähigkeit zugeschrieben, welche als Bemessungsgrundlage einer gleichmäßigen Besteuerung dient.[56] Der Handelsbilanz wird der Zweck der vorsichtigen Ermittlung des entnahmefähigen Gewinns zugeschrieben.[57] Diese Zwecke werden als inkompati-

---

51 FG Hamburg III 1/01 vom 28.11.2003, S. 746-756.

52 Mit Urteil vom 07.01.2003 entschied der EuGH, dass die Jahresabschlussrichtlinie lediglich allgemeine Grundsätze aufstellt. Bei fehlenden Detailregelungen im HGB bzw. der Jahresabschlussrichtlinie sei gegebenenfalls auf die IFRS in der im Streitjahr gültigen Fassung zurückzugreifen. Vgl. EuGH Rs. C-306/99 vom 07.01.2003, S. 362.

53 Vgl. hierzu ausführlich Böcking/Herold/Müßig (2004), S. 666-667. Die IFRS würden damit durch die Hintertür Einzug in das deutsche Steuerbilanzrecht halten. Vgl. Hennrichs (2005a), S. 784.

54 Vgl. BFH I R 5/04 vom 15.09.2004, S. 484.

55 BGBl. I 2004, Nr. 65, S. 3166-3182.

56 Vgl. Hennrichs (2004), S. 308-309; Thiel/Lüdtke-Handjery (2005), Rn. 288, 294; Kahle (2002), S. 184; Weber-Grellet (1994), S. 289.

57 Vgl. Moxter (1986), S. 67; Moxter (2006), S. I; Moxter (2003), S. 3-4; Weber-Grellet (1994), S. 288-289.

bel und die handelsrechtlichen GoB als für steuerliche Gewinnermittlungszwecke ungeeignet angesehen.[58] Darauf aufbauend wird die Forderung nach einem eigenständigen und steuergesetzlich geschlossen normierten Steuerbilanzrecht aufgestellt.[59] Ein solches könne allein dem Zweck einer verlässlichen und objektiv richtigen Bestimmung der wirtschaftlichen Leistungsfähigkeit dienen.[60]

Fraglich ist, ob die angebliche Zweckdivergenz geeignet ist, eine Abschaffung der Maßgeblichkeit zu rechtfertigen. Denn die Ermittlung des den Gläubigern haftenden Vermögens und die Ermittlung des Einkommens sind keine sich widersprechenden Ziele.[61] „Einkommen ermitteln heißt, ein Urteil abgeben über die mögliche Periodenentnahme, ohne das am Periodenanfang bereits vorhandene Potential künftiger Entnahmen anzutasten. Gläubigerschutzorientierte Gewinnermittlung heißt, ein Urteil abgeben über die mögliche Periodenentnahme, ohne das am Periodenanfang schon vorhandene Potential, Gläubiger bedienen zu können, anzugreifen. In beiden Fällen handelt es sich um die Sicherung der Fähigkeit, künftig Zahlungen zu leisten, um die Ermittlung des bei Erhalt dieser Zahlungsfähigkeit entziehbaren Betrages."[62] Aufgabe beider Bilanzen ist demnach die Ermittlung des richtigen, d. h. maximal ausschüttbaren Gewinns.[63] Ob eine Ausschüttung an die Gesellschafter oder an den Fiskus erfolgt, ist unerheblich,[64] sofern beide ein Interesse daran haben, zukünftiges Einnahmepotenzial nicht zu gefährden.[65] Grundsätzlich liegen somit keine unterschiedlichen Zielsetzungen vor. Sollten im Einzelfall wider dieser Argumentation in beiden Bilanzen Sachverhalte unterschiedlich zu würdigen sein, obliegt es dem Gesetzgeber bzw. der Rechtsprechung dem Rechnung zu tragen, wie es derzeit in Form von Durchbrechungen geschieht.[66]

Des Weiteren zeigt die heute über das Maßgeblichkeitsprinzip erfolgende Anwendung der handelsrechtlichen GoB im Steuerbilanzrecht, dass die Zwecksetzung von Handels- und Steuerbilanz auch für den Gesetzgeber nicht vollends unterschiedlich sein

---

58 Vgl. Weber-Grellet (1994), S. 289; Thiel (1990), Rn. 216. Bei einer unbesehenen Übernahme des handelsbilanziellen Ergebnisses würde der Gewinn zu niedrig erfasst. Vgl. Birk (2006), Rn. 754.

59 Ein so genanntes two book-System findet sich in den USA. Für eine Darstellung der Vor- und Nachteile des amerikanischen Systems vgl. Schreiber (1997), S. 491-509. Vgl. hierzu auch Vorwold (2002), S. 237.

60 Vgl. hierzu Hey (2005), § 17, Rn. 54; Hennrichs (2001), S. 314; Herzig/Bär (2003), S. 6-7; Herzig/Hausen (2004), S. 1-2; Thiel (1990), Rn. 217.

61 Vgl. Mellwig (1983), S. 1617; Gail (1971), S. 323; Vogt (1991), S. 47, 296-297; Crezelius (1994), S. 691.

62 Mellwig (1983), S. 1616.

63 Vgl. Gail (1971), S. 323; Streim (1990), S. 540; Vogt (1991), S. 47, 296-297.

64 Vgl. Gail (1971), S. 323; Söffing (1995), S. 658-659; Robisch (1993), S. 999; Vogt (1991), S. 296. Der Fiskus ist als stiller Teilhaber am Unternehmen anzusehen. Vgl. Döllerer (1971), S. 1334.

65 Vgl. Böcking (1988), S. 132.

66 Vgl. hierzu Hey (2005), § 17, Rn. 44; Mellwig (1983), S. 1617.

kann.[67] Der Verweis auf eine angebliche Zweckdivergenz kann nur durch die Absicht erklärt werden, Handels- und Steuerbilanz formal zu trennen, um die Einführung eines eigenständigen Steuerbilanzrechts zu unterstützen.[68] Festzustellen bleibt jedoch: Noch immer ist die Kopplung von Handels- und Steuerrecht „ideale Grundlage eines Ausgleichs gegenläufiger Interessen von Fiskus und Steuerpflichtigen."[69]

Bei einer Übernahme der IFRS in den Einzelabschluss zum Zwecke der Ausschüttungsbemessung würde sich die Frage stellen, ob auch in Zukunft an dieser Kopplung festgehalten werden könnte. Auch hier ist eine angebliche Zweckdivergenz nicht geeignet, um eine Ablehnung der Anwendung der IFRS im Rahmen der steuerlichen Gewinnermittlung zu begründen.[70] Zwar zielt der IFRS-Abschluss auf eine Versorgung der Adressaten mit entscheidungsrelevanten Informationen und die Steuerbilanz auf die Ermittlung des steuerbaren Gewinns ab, doch liegt beiden Bilanzen grundsätzlich der Gedanke der Gewinnermittlung durch Vermögensvergleich zugrunde.[71] Eine vollständig unterschiedliche Zielsetzung ist somit nicht erkennbar.[72] Als problematisch dürfte sich, neben verfassungsrechtlichen Fragen,[73] die drohende Besteuerung von im handelsrechtlichen Sinne unrealisierten Gewinnen erweisen.[74] Steuerrechtlich ist ein Anknüpfen der Realisation an den Umsatzakt zwingend geboten. Denn frühestens im Zeitpunkt der Leistungserbringung ist das hinreichend sichere Bestehen eines Anspruchs auf die Gegenleistung in dem Sinne objektiv feststellbar, dass eine eigentumsschonende Besteuerung des Erfolgs gewährleistet erscheint.[75]

6. Keine unterschiedlichen Objektivierungserfordernisse

Die Handelsbilanz errechnet das Gesamtvermögen unter Beachtung des Grundsatzes der Einzelbewertung. Somit ergibt sich das (Netto-)Gesamtvermögen aus der Addition der einzeln angesetzten und bewerteten Vermögensgegenstände und der Subtraktion der einzeln angesetzten und bewerteten Schulden. Vorteil dieser Berechnung ist die Objektivierung und die damit verbundene relative Verlässlichkeit.[76] Denn die Forde-

---

[67] „In Wahrheit besteht allenfalls eine partielle Verschiedenheit des Zwecks neben einer viel stärkeren partiellen Gemeinsamkeit des Zwecks." Döllerer (1971), S. 1334.

[68] Vgl. Mellwig (1983), S. 1618.

[69] Mellwig (1983), S. 1620.

[70] Vgl. hierzu Böcking/Dutzi (2006), S. 12; Moxter (2006), S. I.

[71] Vgl. Jacobs (2005), S. 142.

[72] Vgl. Spengel (2006), S. 682.

[73] Es ist streitig, ob die Heranziehung von Regelungen, die durch ein privates Gremium wie dem IASB entwickelt wurden, für die Besteuerung mit dem Demokratie- bzw. Rechtsstaatsprinzip vereinbar ist. Vgl. Herzig/Lochmann (2006), S. 152-153; Böcking/Dutzi (2006), S. 12.

[74] Vgl. Spengel (2006), S. 682; Herzig/Lochmann (2006), S. 149.

[75] Vgl. Herzig/Lochmann (2006), S. 148.

[76] Vgl. Ballwieser (2006), S. 33.

rung nach Richtigkeit von Buchführung und Jahresabschlüssen ist so zu verstehen, dass die Abbildung des wirtschaftlichen Geschehens objektiv, d. h. intersubjektiv nachprüfbar sein muss; Bilanzen müssen frei von Willkür sein.[77] Dies dient der Information und dem Gläubigerschutz. Aus Gründen der Rechtssicherheit und der Rechtsklarheit ist für die Handelsbilanz ein hohes Maß an Objektivierung zu fordern.[78]

Zu hinterfragen bleibt, weshalb dies nicht in gleicher Intensität für die Steuerbilanz gelten sollte. Nur fiskalische Interessen könnten eine plausible Erklärung für unterschiedliche Objektivierungserfordernisse in der steuerlichen Gewinnermittlung darstellen. Diese sind aber nicht geeignet, unterschiedliche Objektivierungserfordernisse auch tatsächlich zu rechtfertigen. Nach dem Prinzip der Einheit der Rechtsordnung „kann nicht steuerrechtlich etwas verlangt werden, das handelsrechtlich verboten ist und sogar unter Sanktion steht."[79] Aus dem Gebot der Rechtssicherheit und der Gleichmäßigkeit der Besteuerung folgt insbesondere für die Steuerbilanz ein Objektivierungserfordernis. Steuerpflichtige sollten im Voraus ihre Steuerlast eindeutig berechnen können, die Berechnung durch Dritte leicht nachvollziehbar und intersubjektiv nachprüfbar sein.[80] Zwar wird durch den BFH die Forderung nach der Besteuerung des vollen Gewinns aufgestellt und daraus eine weitergehende Aktivierungspflicht und strengere Passivierungsvoraussetzungen ableitet,[81] doch hat die Besteuerung als ein Eingriff in das Vermögen des Steuerpflichtigen[82] aufgrund einer verlässlichen Bemessungsgrundlage zu erfolgen. Die Prinzipien der Rechtssicherheit und der Rechtsklarheit sowie die notwendige Verlässlichkeit der ermittelten Bemessungsgrundlage sollten auch im Steuerbilanzrecht strenge Objektivierungserfordernisse rechtfertigen. Die Objektivierung ist damit eine gemeinsame Anforderung an die handels- und steuerbilanzrechtliche Gewinnermittlung.[83] Unterschiedliche Objektivierungserfordernisse, d. h. Nachprüfbarkeitsanforderungen, lassen sich nicht überzeugend rechtfertigen.[84] Als ein Beispiel für die Anerkennung gleicher Objektivierungserfordernisse kann die Frage nach einer Unterscheidbarkeit eines Vermögensgegenstands und eines Wirtschaftsguts angeführt werden. Der Begriff des Wirtschaftsguts wurde im EStG von 1934 normiert

---

77 Vgl. Baetge/Kirsch/Thiele (2005), S. 116-117.

78 Vgl. Moxter (2006), S. I; Moxter (1987), S. 368.

79 Beisse (1994), S. 23. So fordert Beisse für das Steuerbilanzrecht einen strengeren Charakter der Bilanzvorschriften und damit ein höheres Maß an Objektivierung. Als Ausnahme benennt er die Behandlung des Geschäfts- oder Firmenwerts. Vgl. Beisse (1984), S. 4.

80 Vgl. Hennrichs (2001), S. 313; Herzig (2004), S. 16; Müller (2004), S. 95.

81 Vgl. BFH GrS 2/68 vom 03.02.1969, S. 293-294; Beisse (1984), S. 4; Moxter (1997), S. 195.

82 Der Eröffnung des Anwendungsbereichs des Art. 14 GG folgt das Prinzip der eigentumsschonenden Besteuerung. Es ist zwischen fiskalischen Interessen und den individuellen Vermögenspositionen der Steuerpflichtigen abzuwägen. Das heißt die Besteuerung darf einen Vermögenswert nur derart belasten, dass seine Substanz nicht verringert wird. Vgl. Kirchhof (2002), S. 182-190; Kirchhof (2000), S. 50-54; Herzig/Lochmann (2006), S. 134.

83 Vgl. Schreiber (2002), S. 114.

84 Vgl. Mellwig (1983), S. 1616-1618.

und sollte ursprünglich eine weiterreichende Aktivierungspflicht im Steuerbilanzrecht im Vergleich zum Handelsbilanzrecht begrifflich verdeutlichen.[85] Letztlich sind die Begriffe jedoch auch aufgrund des Gebots der Einheit der Rechtsordnung im Wesentlichen gleichzusetzen.[86] Handelsbilanzrechtliche Aktivierungswahlrechte werden zwar grundsätzlich zu steuerbilanzrechtlichen Aktivierungsgeboten und handelsbilanzrechtliche Passivierungswahlrechte grundsätzlich zu steuerbilanzrechtlichen Passivierungsverboten,[87] doch ist dieser Ansatzvorbehalt kein spezifisch steuerlicher, sondern ein gegen Wahlrechte gerichteter Vorbehalt.[88] Jenseits von steuerlichen Bewertungsvorbehalten kommt es damit grundsätzlich zu identischem Ansatz und identischer Bewertung von Vermögensgegenständen und Wirtschaftsgütern in Handels- und Steuerbilanz.

In Hinblick auf die IFRS könnte bei Anwendung einer wirtschaftlichen Betrachtungsweise und einer Abkehr von einer streng grammatikalischen Auslegung der Terminologie „Gegenstand" auch eine faktische Identität der Begriffe Wirtschaftsgut, Vermögensgegenstand und Vermögenswert angenommen werden und daraus, jenseits von Sondervorschriften, gleiche Anforderungen an die Bewertung abgeleitet werden. Denn auch die IFRS beinhalten eine breite Basis objektivierter Regeln.[89] Insbesondere die häufig geäußerte Meinung, Wahlrechte und Ermessensspielräume würden aufgrund eines Nichterfüllens der Objektivierungserfordernisse eine Untauglichkeit für die Ausschüttungs- und Steuerbemessung begründen,[90] ist nicht schlüssig. So würden Beurteilungsspielräume bei der Bewertung und Abgrenzung von Forschungs- und Entwicklungsphase beim Ansatz selbst erstellter immaterieller Vermögensgegenstände mit den Objektivierungsanforderungen des Steuerbilanzrechts konfligieren.[91] Ferner wird eine angeblich mangelnde Zuverlässigkeit des IFRS-Abschlusses mit Beurteilungsspielräumen bei Ermittlung von Zeitwerten, bei Fehlen liquider Märkte sowie mit einer problematischen Identifikation des Geschäfts- und Firmenwerts und dessen Verteilung

---

85 Vgl. RFH I A 470/27 vom 27.03.1928, Sp. 705; Seicht (2003), S. 28; Eibelshäuser (1983), S. 41-68, 162-166.

86 Vgl. Gail (1971), S. 325; BFH GrS 2/99 vom 07.08.2000, S. 635; BFH GrS 2/86 vom 26.10.1987, S. 352. Beide Begriffe äquivalent verwendend und die Ansatzkriterien nicht unterscheidend vgl. Mellwig (2005), S. 223. Die fortbestehende begriffliche Unterscheidung ist nur historisch zu begründen, vgl. Moxter (1999), S. 12.

87 Vgl. BFH GrS 2/68 vom 03.02.1969, S. 293-294.

88 Vgl. Mellwig (1983), S. 1617.

89 Vgl. Spengel (2006a), S. 142; Kahle (2002), S. 181. Dies gilt beispielsweise für die Dokumentations-, Rahmen- und Systemgrundsätze sowie für die Grundsätze der Bilanzierung und Bewertung. Vgl. Spengel (2006), S. 682.

90 Vgl. hierzu Arbeitskreis Bilanzrecht der Hochschullehrer Rechtswissenschaft (2002), S. 2373-2374; Baetge/Linau (2005), S. 81-83; Moxter (2006), S. I; Schildbach (2002), S. 264-268; Ballwieser/Küting/Schildbach (2004), S. 535-548.

91 Vgl. Hennrichs (2004), S. 131-132; Hennrichs (2000), S. 641-642.

auf schwer abzugrenzende zahlungsmittelgenerierende Einheiten begründet.[92] Der Geschäfts- und Firmenwert umfasst gemäß IFRS 3.52 die nicht einzeln identifizierbaren Vermögenswerte und stellt somit lediglich eine Differenzgröße aus Erwerbspreis und den einzeln angesetzten Vermögenswerten und Schulden dar.[93] Das Verbot planmäßiger Abschreibungen führt nicht zu einer geringeren Zuverlässigkeit des IFRS-Abschlusses,[94] sondern ist aus Corporate Governance-Gesichtspunkten positiv zu beurteilen. Corporate Governance bedeutet Unternehmensführung und -überwachung und auch insoweit bedarf es entscheidungsrelevanter Informationen in der Rechnungslegung. Der *Impairment-Test* gewährleistet einerseits die Zuverlässigkeit und ermöglicht zusätzlich eine effektive Kontrolle der Akquisitionspolitik der Geschäftsführung; Fehlinvestitionen können durch den *Impairment-Test* aufgedeckt werden.

Ferner finden sich explizite und implizite Wahlrechte auch im Handelsbilanzrecht.[95] Grundsätzlich besteht das Problem einer Übertragung von Beurteilungsspielräumen daher im Rahmen einer Maßgeblichkeitsbeziehung sowohl bei Zugrundelegung eines IFRS- als auch eines HGB-Abschlusses. Momentan wird eine Übertragung von Wahlrechten in die Steuerbilanz durch die BFH-Rechtsprechung verhindert.[96] Dies könnte bei einer IFRS-Maßgeblichkeit in ähnlicher Weise geschehen.[97] Die IFRS könnten damit auch den Objektivierungserfordernissen für Ausschüttungs- und Steuerbemessung genügen.

7. IFRS können der Ausschüttungs- und Steuerbemessung dienen

Der IFRS-Einzelabschluss beinhaltet alle notwendigen Informationen für eine Ausschüttungsbemessung und dient durch die Bereitstellung entscheidungsrelevanter Informationen einem informationellen Gläubigerschutz.[98] Aus ökonomischer Sicht könnten weitere Ausschüttungsrestriktionen vollständig unterbleiben. Der auszuschüttende Betrag könnte durch den Vorstand bzw. die Geschäftsführung oder auf deren Vorschlag durch die Gesellschafter selbst festgesetzt werden. Etwaige Ausschüttungsrestriktionen könnten nach individuellem Ermessen innerhalb von unternehmensindivi-

---

92 Vgl. z. B. Ballwieser (2006), S. 227.

93 Nach IFRS kommt es im Vergleich zum Handelsbilanzrecht zu einem umfangreicheren Ansatz von immateriellen Vermögenswerten als nach HGB und somit im Grundsatz zum Ausweis eines niedrigeren Geschäfts- und Firmenwerts.

94 Der *Impairment-Test* gewährleistet die Werthaltigkeit der bilanzierten Vermögenswerte.

95 Vgl. Böcking/Dutzi (2006), S. 12; IDW (2006), S. 678-679. Der status quo der handelsrechtlichen Rechnungslegung ist durch eine unüberschaubare und nicht mehr nachvollziehbare Ausweitung der Kommentarliteratur geprägt. Vgl. Böcking (2001), S. 1437.

96 Vgl. BFH GrS 2/68 vom 03.02.1969, S. 293-294.

97 Vgl. Kahle (2002), S. 181-182.

98 Der IFRS-Abschluss entfaltet bereits heute in Verbindung mit den Regelungen des deutschen Corporate Governance-Systems eine hohe Schutzwirkung für den Adressaten. Vgl. Böcking/ Dutzi (2006), S. 14.

duellen Gewinnverwendungsvorschriften implementiert werden. Es obläge damit der Haupt- bzw. der Gesellschafterversammlung in der Satzung oder im Gesellschaftsvertrag Restriktionen zu verankern. Ein Schutz vor zu hohen Ausschüttungen könnte durch strenge verhaltenssteuernde zivil- und strafrechtliche Haftungsregelungen für Organmitglieder gewährleistet werden.[99] Um den Schutz der Gläubiger nicht vollständig auf Marktmechanismen und solche Haftungsregelungen zu beschränken, könnte die Möglichkeit einer gesetzlich verankerten Neubewertungsrücklage oder einer rückwirkenden Korrektur und einhergehend damit eine Rückzahlungsverpflichtung in Betracht gezogen werden. Letzteres würde jedoch eine Aufgabe des Haftungsprivilegs bedeuten.[100]

Der IFRS-Einzelabschluss kann auch der Steuerbemessung dienen. Dem Einwand des Ausweises von im handelsrechtlichen Sinne unrealisierten Gewinnen, beispielsweise bei Fair Value-Bewertungen, kann insbesondere aus rechtlichen Gründen zugestimmt werden. Der Besteuerung dürften nur hinreichend gesicherte Gewinne unterliegen;[101] die Anwendung eines Vorsichtsprinzips ist daher zwingend. Es muss jedoch beachtet werden, dass die IFRS-Gewinnermittlung zum Einen auch Vorsichtskomponenten besitzt[102] und zum Anderen zur Bestimmung der Steuerbemessungsgrundlage um fragliche Posten in einer Art Überleitungsrechnung korrigiert bzw. durch bilanzielle Wertberichtigungsposten kompensiert werden kann, um diese materiellrechtlichen Bedenken auszuräumen.[103] Es ist zwischen der Ermittlung des Gewinns und der Bestimmung von Gewinnverwendungsgrundlagen zu unterscheiden.[104] Die Steuerbemessungsgrundlage als eine der Gewinnverwendungsgrundlagen könnte weiteren rechtlichen Restriktionen unterliegen.[105]

Häufig wird das Argument vertreten, dass bei Ermittlung des steuerbaren Betrags unter Anwendung der IFRS die Steuerbelastung ansteige.[106] Als Grund hierfür wird ein frü-

---

[99] Als Orientierung könnten US-amerikanische Haftungsregelungen dienen. Zu deren Ausgestaltung vgl. m. w. N. Maier (1986), S. 194-198.

[100] Vgl. hierzu Hennrichs (2005), S. 261.

[101] Vgl. Spengel (2006), S. 682.

[102] Vgl. Schildbach (2002), S. 274.

[103] Vgl. Hennrichs (2004), S. 128; Kahle (2002a), S. 702-703; Spengel (2006), S. 683. Vgl. hierzu auch Sigloch (2005), S. 560-564, der sich jedoch letztlich für ein umgekehrtes Vorgehen, d. h. die Ableitung einer Informationsbilanz aus der Ausschüttungs- und Steuerbemessungsbilanz entscheidet. Vgl. kritisch Arbeitskreis Bilanzrecht der Hochschullehrer Rechtswissenschaft (2002), S. 2380.

[104] Vgl. hierzu und zur Trennung von Gewinnermittlung und Gewinnverwendung Baetge/ Thiele (1997), S. 23; Schön (2000), S. 738-740, 742; Schildbach (2002), S. 272; Siegel (1998), S. 593-602; Rammert (2004), S. 586-588; Hossfeld (2005), S. 169-171; Kahle (2002a), S. 702-703.

[105] Vgl. Böcking (2002), S. 927; Spengel (2006), S. 682; Schön (2004), S. 428, 430.

[106] Vgl. Kahle (2002), S. 178; ausführlich Oestreicher/Spengel (1999a), S. 193-327. Diese Befürchtung ist polemisch. Vgl. Böcking/Dutzi (2006), S. 12.

herer Gewinnausweis angeführt,[107] d. h. es wird ein substanzgefährdender Mittelabfluss in Form von höheren Steuerzahlungen befürchtet.[108] Dieser Befürchtung wird in Form der vorgeschlagenen Überleitungsrechnung zur Verhinderung der Besteuerung unrealisierter Gewinne Rechnung getragen. Durch die Möglichkeit der Einführung steuerlicher Sondervorschriften obliegt es ferner dem Gesetzgeber die IFRS-Bemessungsgrundlage im Einzelfall zu modifizieren, beispielsweise um Investitionsanreize zu setzen[109] oder höhere Steuereinnahmen zu erzielen. Heute führen Sonderregelungen wie z. B. § 6a EStG zu einem zu niedrigen Ansatz von Pensionsrückstellungen und damit zu einer zu hohen Besteuerung von Unternehmen. Freilich steht diese Möglichkeit im Widerspruch zu dem Gedanken der Einheitsbilanz.

8. Europäische Harmonisierungsbestrebungen

Die Steuerbelastung der Unternehmen ergibt sich aus dem Produkt der Bemessungsgrundlage und des jeweils geltenden Steuersatzes. Sowohl die Steuersätze als auch die Bemessungsgrundlagen sind in den einzelnen Mitgliedstaaten der europäischen Union inhomogen; es kommt zu einem Steuerbelastungsgefälle. Im Hinblick auf die Standortwahl von Tochtergesellschaften werden somit Investitionen in Niedrigsteuerländern steuerlich attraktiv.[110] Seit dem Jahr 2001 gibt es innerhalb der EU Bestrebungen zur Schaffung einer einheitlichen konsolidierten Körperschaftsteuerbemessungsgrundlage für die grenzüberschreitende Unternehmenstätigkeit innerhalb der Staatengemeinschaft.[111] Diskutiert wird die Gewinnermittlung bei EU-Muttergesellschaften und

---

[107] Beispielsweise führen die Möglichkeiten zur erfolgswirksamen Bewertung zum beizulegenden Zeitwert, die nach IAS 11 mögliche Teilgewinnrealisierung im Rahmen der *Percentage-Of-Completion*-Methode sowie die Aktivierung von selbsterstellten immateriellen Vermögensgegenständen insbesondere im Bereich der Entwicklungsaufwendungen zu einem früheren Erfolgsausweis. Vgl. Kirsch (2003), S. 276; Wagner (2002), S. 1886.

[108] Vgl. Hauser/Meurer (1998), S. 280; Oestreicher/Spengel (1999), S. 595-598; Oestreicher/Spengel (1999a), S. 55. Ein substanzgefährdender Mittelabfluss wäre verfassungsrechtlich bedenklich.

[109] Vgl. Schön (2004), S. 430.

[110] Vgl. hierzu und zu diversen Möglichkeiten der Ausnutzung des internationalen Steuergefälles Spengel (2006a), S. 135-137; Spengel/Braunagel (2006), S. 34.

[111] Vgl. Schneider (2003), S. 299; Spengel/Braunagel (2006), S. 45-46. Diskutiert wird im Rahmen dessen auch die Einführung einer Cashflow-Besteuerung. Die Steuerbemessungsgrundlage würde aufgrund des Zufalls des Zahlungsanfalls volatil. Insbesondere großen Unternehmen würde ein Gestaltungsspielraum zur Erzielung von erheblichen Steuerstundungseffekten eröffnet. Vgl. hierzu Herzig (2004), S. 374; Herzig/Hausen (2004), S. 5; Schreiber (2002), S. 109. Für Freiberufler, Kleinstgewerbebetriebe und land- und forstwirtschaftliche Betriebe, die bestimmte Größenkriterien nicht überschreiten, erscheint die Zahlungsstrom orientierte Gewinnermittlung jedoch als eine zweckdienlich vereinfachte Gewinnermittlungsmethode. Derzeit wird in Deutschland durch die Gewinnermittlung nach § 4 Abs. 3 EStG den genannten Steuerpflichtigen in Form der Einnahmen-Überschussrechnung im Grundsatz eine Zahlungsstrom orientierte Gewinnermittlung ermöglicht. In den USA findet sich mit der *Cash*-Methode eine auch hinsichtlich des Anwendungsbereichs vergleichbare Regelung. Vgl. Vorwold (2002), S. 235, 238-239.

EU-Tochtergesellschaften nach den Vorschriften des Sitzstaats der Muttergesellschaft (*Home State Taxation*), die Gewinnermittlung nach einem einheitlichen, harmonisierten Regelwerk (*Common Consolidated Tax Base*), die Gewinnermittlung nach diesem einheitlichen Regelwerk, jedoch auch unter rechtsformübergreifender Einbeziehung rein national tätiger Unternehmen (*Harmonised Tax Base*) sowie, als weitgehendste Lösung, die Einführung einer einheitlichen Ermittlung der Bemessungsgrundlage und die Anwendung eines einheitlichen Steuersatzes (*European Union Company Income Tax*).[112] Die IFRS bzw. IFRS-konforme Abschlüsse werden als eine geeignete Ausgangsgröße (*Starting Point*) für die Entwicklung einer solchen einheitlichen konsolidierten Bemessungsgrundlage angesehen.[113]

9. Ausblick

Für die Zukunft des handelsrechtlichen Einzelabschlusses und der damit verbundenen Frage nach der Bemessungsgrundlage für Ausschüttung und Besteuerung besteht für den Gesetzgeber grundsätzlich eine Optionsvielfalt. Der Handlungsspielraum reicht von einer weitgehenden Abschottung bis hin zur verbindlichen Anwendung der IFRS im Einzelabschluss.[114] Bisherige Überlegungen reichen vor allem von einer vorsichtigen Öffnung des HGB unter Beibehaltung der bisherigen Grundsätze bis zu einer umfassenden HGB-Reform, die eine starke Annäherung an die IFRS bedeuten würde. Mit der im Spätsommer erwarteten Veröffentlichung des Entwurfs des Bilanzrechtsmodernisierungsgesetzes (BilMoG) wird eine Orientierung an den Vorschlägen des DRSC und des IDW erwartet, was z. B. eine Aktivierung von selbsterstellten immateriellen Vermögenswerten des Anlagevermögens und eine an IAS 19 angenäherte Bilanzierung von Pensionsrückstellungen mit sich bringen würde. Weiterhin sollen Wahlrechte und Ermessensspielräume eingeschränkt werden.[115] Es ist zu erwarten, dass nach Inkrafttreten des BilMoG HGB-Abschlüsse vermehrt entscheidungsrelevante Informationen vermitteln und damit auf nationaler Ebene eine Entscheidung zur Öffnung des Jahresabschlusses für eine IFRS-nahe Rechnungslegung gefallen sein dürfte; eine Abschottung des Einzelabschlusses vor den IFRS ist nicht realistisch.[116] Mit dem BilReG wurde 2004 bereits die Möglichkeit gegeben, gemäß § 325a Abs. 2 HGB im Bundesanzeiger anstelle eines HGB-Jahresabschlusses einen IFRS-Einzelabschluss zu veröffentlichen.

---

[112] Vgl. Spengel (2006a), S. 117-118.

[113] „Die IFRS bzw. IFRS-konforme Abschlüsse bilden einen neutralen Ausgangspunkt für die Überlegungen über die einheitliche Steuerbemessungsgrundlage." Kommission der Europäischen Gemeinschaften (2003), S. 22. Vgl. ferner Spengel/Braunagel (2006), S. 46; Schreiber (2002), S. 114-115.

[114] Vgl. Herzig/Bär (2003), S. 2.

[115] Vgl. Ernst (2006), S. 98-99; Köhler/Marten/Schlereth (2006), S. 2301.

[116] Vgl. hierzu Herzig/Lochmann (2006), S. 141-142.

Der Einfluss der IFRS auch auf den Einzelabschluss ist nicht zu negieren, eine Beschränkung des Anwendungsbereichs auf den Konzernabschluss ist nicht auf Dauer haltbar.[117] Das nationale Bilanzrecht ist Objekt europäischer Harmonisierungsbestrebungen.[118] Diese werden auf Dauer auch verstärkt den Einzelabschluss und damit die Ausschüttungs- und Steuerbemessungsfunktion betreffen. Die Anwendung der IFRS in Einzel-, Konzernabschluss und Steuerbilanz verhindert ein Auseinanderfallen der Abschlüsse und gewährleistet somit die Einheit der Rechtsordnung bzw. die gleiche Behandlung wirtschaftlich gleicher Sachverhalte. Der Jubilar hat bereits vor 25 Jahren die Entscheidungskriterien für die heutigen Fragestellungen gegeben.

10. Thesenförmige Zusammenfassung

(1) Die geltenden gesellschafts- und bilanzrechtlichen Gläubigerschutzvorschriften bewirken im Ergebnis keinen effektiven Gläubigerschutz. Nicht zuletzt zeigt dies die in der Praxis erfolgende Anwendung von vertraglichen Schutzklauseln.

(2) Die von der EU anerkannten IFRS können heute bereits bei Regelungslücken zur Auslegung des HGB herangezogen werden.

(3) Handels- und Steuerbilanz besitzen grundsätzlich, wie von Professor Dr. Winfried Mellwig bereits 1983 gezeigt wurde, weder unterschiedliche Zielsetzungen noch Objektivierungserfordernisse.

(4) Die Kopplung von Handels- und Steuerrecht ist ideale Grundlage eines Ausgleichs gegenläufiger Interessen von Fiskus und Steuerpflichtigen.

(5) Der IFRS-Einzelabschluss kann als Ausgangsbasis für eine Ausschüttungs- und Steuerbemessung dienen. Sie bieten eine Chance auf eine EU-weite Harmonisierung der Steuerbemessungsgrundlage.

---

[117] Diese als Reduktionsmodell bezeichnete Abschottung kann weder aus handelsrechtlicher noch steuerrechtlicher Perspektive überzeugen. Vgl. Herzig/Bär (2003), S. 2.

[118] Vgl. Sittel (2003), S. 27.

Literaturverzeichnis

Alberth, Markus R. (1997):
USA: Vertraglicher Gläubigerschutz und Ausschüttungsbemessung durch Covenants als Vorbild zur Änderung des deutschen Bilanzrechts?, in: WPg, 50. Jg. (1997), S. 744-750.

Arbeitskreis Bilanzrecht der Hochschullehrer Rechtswissenschaft (2002):
Zur Fortentwicklung des deutschen Bilanzrechts, in: BB, 57. Jg. (2002), S. 2372-2381.

Baetge, Jörg/Kirsch, Hans-Jürgen/Thiele, Stefan (2005):
Bilanzen, 8. Aufl., Düsseldorf 2005.

Baetge, Jörg/Lienau, Achim (2005):
Der Gläubigerschutzgedanke im Mixed Fair Value-Modell des IASB, in: Schneider, Dieter/Rückle, Dieter/Küpper, Hans-Ulrich/Wagner, Franz W. (Hrsg.): Kritisches zu Rechnungslegung und Unternehmensbesteuerung – Festschrift zur Vollendung des 65. Lebensjahres von Theodor Siegel, Berlin 2005, S. 65-86.

Baetge, Jörg/Thiele, Stefan (1997):
Gesellschafterschutz versus Gläubigerschutz – Rechenschaft versus Kapitalerhaltung: Zu den Zwecken des deutschen Einzelabschlusses vor dem Hintergrund der internationalen Harmonisierung, in: Budde, Wolfgang D./Moxter, Adolf/Offerhaus, Klaus (Hrsg.): Handelsbilanzen und Steuerbilanzen – Festschrift zum 70. Geburtstag von Prof. Dr. h.c. Heinrich Beisse, Düsseldorf 1997, S. 11-24.

Ballwieser, Wolfgang (1996):
Zum Nutzen handelsrechtlicher Rechnungslegung, in: Ballwieser, Wolfgang/Moxter, Adolf/Nonnenmacher, Rolf (Hrsg.): Rechnungslegung – Warum und Wie – Festschrift für Hermann Clemm zum 70. Geburtstag , München 1996, S. 1-25.

Ballwieser, Wolfgang (2006):
IFRS-Rechnungslegung – Konzept, Regeln und Wirkungen, München 2006.

Ballwieser, Wolfgang/Küting, Karlheinz/Schildbach, Thomas (2004):
Fair Value – erstrebenswerter Wertansatz im Rahmen einer Reform der handelsrechtlichen Rechnungslegung?, in: BFuP, 56. Jg. (2004), S. 529-549.

Bauer, Markus (1995):
Gläubigerschutz durch eine formelle Nennkapitalziffer – kapitalgesellschaftsrechtliche Notwendigkeit oder überholtes Konzept?, Frankfurt am Main u. a. 1995.

Baums, Theodor (2006):
Die Fremdkapitalfinanzierung der Aktiengesellschaft durch das Publikum, in: Institute for Law and Finance (Hrsg.): Working Paper Series, No. 48, Online im Internet: http://www.ilf-frankfurt.de/uploads/media/ILF_WP_048.pdf, Abruf: 28.01.2007, 22:34 Uhr.

Beisse, Heinrich (1984):
Zum Verhältnis von Bilanzrecht und Betriebswirtschaftslehre, in: StuW, 61. (14.) Jg. (1984), S. 1-14.

Beisse, Heinrich (1994):
Zum neuen Bild des Bilanzrechtssystems, in: Ballwieser, Wolfgang/Böcking, Hans-Joachim/Drukarczyk, Jochen/Schmidt, Reinhard H. (Hrsg.): Bilanzrecht und Kapitalmarkt – Festschrift zum 65. Geburtstag von Professor Dr. Dr. h.c. Dr. h.c. Adolf Moxter, Düsseldorf 1994, S. 3-31.

Beisse, Heinrich (2001):
Die paradigmatischen GoB, in: Hommelhoff, Peter/Zätsch, Roger/Erle, Bernd (Hrsg.): Gesellschaftsrecht – Rechnungslegung – Steuerrecht – Festschrift für Welf Müller zum 65. Geburtstag, München 2001, S. 731-753.

Birk, Dieter (2006):
Steuerrecht, 9. Aufl., Heidelberg 2006.

Blaurock, Uwe (2005):
Mindestkapital und Haftung bei der GmbH, in: Damm, Reinhard/Heermann, Peter W./Veil, Rüdiger (Hrsg.): Festschrift für Thomas Raiser zum 70. Geburtstag am 20. Februar 2005, Berlin 2005, S. 3-22.

Böcking, Hans-Joachim (1988):
Bilanztheorie und Verzinslichkeit, Wiesbaden 1988.

Böcking, Hans-Joachim (2001):
IAS für Konzern und Einzelabschluss?, in: WPg, 54. Jg. (2001), S. 1433-1440.

Böcking, Hans-Joachim (2002):
IAS für Konzern- und Einzelabschluss! – Replik zum Beitrag von Zabel, IAS zwingend für Konzern- und Einzelabschluss?, zugleich Würdigung der Aussagen der Deutschen Bundesbank zur Umsetzung der Mitgliedstaatenwahlrechte im Rahmen der EU-Verordnung und eine Empfehlung an den Gesetzgeber, in: WPg, 55. Jg. (2002), S. 925-928.

Böcking, Hans-Joachim/Dutzi, Andreas (2006):
Gläubigerschutz durch IFRS-Rechnungslegung im Jahresabschluss und ergänzenden Solvenztest?, in: Krawitz, Norbert (Hrsg.): Rechnungslegung nach internationalen Grundsätzen, ZfB, 76. Jg. (2006), Special Issue 6/2006, S. 1-23.

Böcking, Hans-Joachim/Herold, Christian/Müßig, Anke (2004):
IFRS für nicht kapitalmarktorientierte Unternehmen – unter besonderer Berücksichtigung mittelständischer Belange, in: Der Konzern, 2. Jg. (2004), S. 664-672.

Bundesministerium der Finanzen (1971):
Ertragsteuerliche Behandlung von Leasing-Verträgen über bewegliche Wirtschaftsgüter, BStBl. I 1971, S. 264-266.

Busse von Colbe, Walther (2002):
Entwicklungsperspektiven der Rechnungslegung in Deutschland. Die deutsche Rechnungslegung vor einem Paradigmawechsel, in: ZfbF, 54. Jg. (2002), S. 159-172.

Crezelius, Georg (1994):
Maßgeblichkeitsgrundsatz in Liquidation?, in: DB, 47. Jg. (1994), S. 689-691.

Döllerer, Georg (1971):
Maßgeblichkeit der Handelsbilanz in Gefahr, in: BB, 26. Jg. (1971), S. 1333-1335.

Eibelshäuser, Manfred (1983):
Immaterielle Anlagewerte in der höchstrichterlichen Finanzrechtsprechung, Wiesbaden 1983.

Ernst, Christoph (2006):
Nicht nur IFRS, sondern auch HGB – Die Modernisierung des deutschen Bilanzrechts, in: Marten, Kai-Uwe/Quick, Reiner/Ruhnke, Klaus (Hrsg.): Abbildung der tatsächlichen wirtschaftlichen Lage – HGB oder IFRS? – Tagungsband zur Fachveranstaltung des Ulmer Forums für Wirtschaftswissenschaften (UFW) e. V. am 11. Mai 2006 an der Universität Ulm, Düsseldorf 2006, S. 85-102.

Ewert, Ralf/Wagenhofer, Alfred (2003):
Externe Unternehmensrechnung, Berlin u. a. 2003.

Ewert, Ralf/Wagenhofer, Alfred (2003a):
Aspekte ökonomischer Forschung in der Rechnungslegung und Anwendung auf Ausschüttungsbemessung und Unabhängigkeit des Prüfers, in: BFuP, 55. Jg. (2003), S. 603-622.

Gail, Winfried (1971):
Zur Einführung des Begriffs einer eigenständigen Steuerbilanz, in: WPg, 24. Jg. (1971), S. 320-327.

Goette, Wulf (2005):
Wo steht der BGH nach „Centros“ und „inspire Art“?, in: DStR, 43. Jg. (2005), S. 197-201.

Groh, Manfred (1998):
Der Fall Tomberger – Nachlese und Ausblick, in: DStR, 36. Jg. (1998), S. 813-819.

Hastedt, Uwe-Peter/Mellwig, Winfried (1998):
Leasing – Rechtliche und ökonomische Grundlagen, Heidelberg 1998.

Hauser, Hansgeorg/Meurer, Ingetraut (1998):
Die Maßgeblichkeit der Handelsbilanz im Lichte neuer Entwicklungen, in: WPg, 51. Jg (1998), S. 269-280.

Hennrichs, Joachim (2000):
Ausbau der Konzernrechnungslegung im Lichte internationaler Entwicklungen, in: ZGR, 29. Jg. (2000), S. 627-650.

Hennrichs, Joachim (2001):
Maßgeblichkeitsgrundsatz oder eigenständige Prinzipien für die Steuerbilanz?, in: Ebling, Iris (Hrsg.): Besteuerung von Einkommen, Veröffentlichungen der Deutschen Steuerjuristischen Gesellschaft e. V., Bd. 24, Köln 2001, S. 301-328.

Hennrichs, Joachim (2004):
IAS für die Einzelbilanz? – Nationale und Europarechtliche Aspekte, in: Henze, Hartwig/Hoffmann-Becking, Michael (Hrsg.): Gesellschaftsrecht 2003, Tagungsband zum RWS-Forum am 8. und 9. Mai 2003 in Berlin, Köln 2004, S. 101-138.

Hennrichs, Joachim (2005):
Bilanzgestützte Kapitalerhaltung, HGB-Jahresabschluß und Maßgeblichkeitsprinzip – Dinosaurier der Rechtsgeschichte?, in: StuW, 82. (35.) Jg. (2005), S. 256-264.

Hennrichs, Joachim (2005a):
Zur normativen Reichweite der IFRS – Zugleich Anmerkungen zu den Urteilen des EuGH und des FG Hamburg in der Rechtssache „BIAO", NZG, 8. Jg. (2005), S. 783-787.

Hennrichs, Joachim (2005b):
Modernisierung des Bilanzrechts und Zukunft des Kapitalerhaltungsgrundsatzes, in: Herzig, Norbert/Günkel, Manfred/Niemann, Ursula (Hrsg.): Steuerberater-Jahrbuch 2004/2005 – zugleich Bericht über den 56. Fachkongress der Steuerberater Köln, 12. und 13. Oktober 2004, Köln 2005, S. 257-273.

Herzig, Norbert (2004):
IAS/IFRS und steuerliche Gewinnermittlung, Düsseldorf 2004.

Herzig, Norbert/Bär, Michaela (2003):
Die Zukunft der steuerlichen Gewinnermittlung im Licht des europäischen Bilanzrechts, in: DB, 56. Jg. (2003), S. 1-8.

Herzig, Norbert/Hausen, Guido (2004):
Steuerliche Gewinnermittlung durch modifizierte Einnahmenüberschussrechnung – Konzeption nach Aufgabe des Maßgeblichkeitsprinzips, in: DB, 57. Jg. (2004), S. 1-10.

Herzig, Norbert/Lochmann, Uwe (2006):
Rückwirkung der Internationalisierung der handelsrechtlichen Rechnungslegung auf die steuerliche Gewinnermittlung, in: Krawitz, Norbert (Hrsg.): Rechnungslegung nach internationalen Grundsätzen, ZfB, 76. Jg. (2006), Special Issue 6/2006, S. 139-165.

Hey, Johanna (2005):
Bilanzsteuerrecht (§ 17), in: Tipke, Klaus (Begr.)/Lang, Joachim (Hrsg. u. a.): Steuerrecht, 18. Aufl., Köln 2005.

Hoffmann, Wolf-Dieter (2005):
Von der phasengleichen Dividendenvereinnahmung zu den Grundsätzen ordnungsmäßiger steuerlicher Bilanzierung – Anmerkungen zum BFH-Beschluss vom 7.8.2000, GrS 2/99, DStR 2000, 1682, in: DStR, 38. Jg. (2000), S. 1809-1816.

Hossfeld, Christopher (2005):
Fair Value-Bewertung und Ausschüttung, in: Bieg, Hartmut/Hey, Reinhard (Hrsg.): Fair Value – Bewertung in Rechnungswesen, Controlling und Finanzwirtschaft, München 2005, S. 155-177.

Hueck, Alfred/Fastrich, Lorenz (2006):
Kommentierung zu § 29 GmbHG, in: Baumbach, Adolf/Hueck, Alfred (Hrsg.): GmbH-Gesetz, 18. Aufl., München 2006.

Hüffner, Uwe (1999):
Aktiengesetz, 4. Aufl., München 1999.

Institut der Wirtschaftsprüfer in Deutschland e. V. (2006):
Vorschläge des IDW zur Neukonzeption der Kapitalerhaltung und zur Ausschüttungsbemessung – Pressemitteilung, in: IDW-FN, o. Jg. (2006), S. 677-679.

Jacobs, Otto H. (2005):
Harmonisierung der Unternehmensbesteuerung in Europa – Stand der Entwicklungstendenzen –, in: ST, 79. Jg. (2005), S. 133-146.

Jebens, Carsten T. (2003):
Was bringen die IFRS oder IAS dem Mittelstand?, in: DB, 56. Jg. (2003), S. 2345-2350.

Kahle, Holger (2002):
Maßgeblichkeit auf Basis der IAS?, in: WPg, 55. Jg. (2002), S. 178-188.

Kahle, Holger (2002a):
Bilanzieller Gläubigerschutz und internationale Rechnungslegungsstandards, in: ZfB, 72. Jg. (2002), S. 695-711.

Kirchhof, Ferdinand (2002):
Der Weg zur verfassungsgerechten Besteuerung – Bestand, Fortschritt, Zukunft, in: StuW, 79. (32.) Jg. (2002), S. 185-200.

Kirchhof, Paul (2000):
Besteuerung im Verfassungsstaat, Tübingen 2000.

Kirsch, Hans-Jürgen (2003):
Zur Frage der Umsetzung der Mitgliedstaatenwahlrechte der EU-Verordnung zur Anwendung der IAS/IFRS, in: WPg, 56. Jg. (2003), S. 275-278.

Köhler, Annette G./Marten, Kai-Uwe (2006):
Information versus Gläubigerschutz – Rechnungslegung für den Mittelstand im Spannungsfeld, in: Marten, Kai-Uwe/Quick, Reiner/Ruhnke, Klaus (Hrsg.): Abbildung der tatsächlichen wirtschaftlichen Lage – HGB oder IFRS? – Tagungsband zur Fachveranstaltung des Ulmer Forums für Wirtschaftswissenschaften (UFW) e. V. am 11. Mai 2006 an der Universität Ulm, Düsseldorf 2006, S. 1-19.

Köhler, Annette G./Marten, Kai-Uwe/Schlereth, Dieter (2006):
Reformansätze zum HGB – Studie zur Einschätzung der Vorschläge des Deutschen Standardisierungsrates (DSR), in: DB, 59. Jg. (2006), S. 2301-2306.

Kommission der Europäischen Gemeinschaften (2003):
Mitteilung der Kommission an den Rat, das Europäische Parlament und den Europäischen Wirtschafts- und Sozialausschuss – Ein Binnenmarkt ohne unternehmenssteuerliche Hindernisse – Ergebnisse, Initiativen, Herausforderungen, KOM(2003)726 endgültig, Online im Internet: http://eur-lex.europa.eu/LexUriServ/site/de/com/2003/com2003_0726de01.pdf, Abruf: 28.01.2007, 22:28 Uhr, S. 1-31.

Kübler, Friedrich (1995):
Institutioneller Gläubigerschutz oder Kapitalmarkttransparenz? – Rechtsvergleichende Überlegungen zu den „stillen Reserven", in: ZHR, 159. Jg. (1995), S. 550-566.

Küting, Karlheinz/Keßler, Marco (2006):
Pensionsrückstellungen nach HGB und IFRS: Die Bilanzierung versicherungsmathematischer Gewinne und Verluste – Versuch einer bilanztheoretischen Erklärung der Neuregelungen des IAS 19 (rev. 2004), in: KoR, 6. Jg. (2006), S. 192-206.

Kuhner, Christoph (2005):
Zur Zukunft der Kapitalerhaltung durch bilanzielle Ausschüttungssperren im Gesellschaftsrecht der Staaten Europas, in ZGR, 34. Jg. (2005), S. 753-787.

Leffson, Ulrich (1987):
Die Grundsätze ordnungsmäßiger Buchführung, 7. Aufl., Düsseldorf 1987.

Lutter, Marcus (1988):
Kommentierung zu § 57 AktG, in: Zöllner, Wolfgang (Hrsg.): Kölner Kommentar zum Aktiengesetz, 2. Aufl., Köln u. a. 1988.

Maier, Arno (1986):
Der Grundsatz der Kapitalerhaltung und die Durchgriffshaftung wegen Unterkapitalisierung im deutschen und amerikanischen Recht: unter besonderer Berücksichtigung des Rechts von New York, Kalifornien und Delaware sowie des Model Business Corporation Act (with English table of contents and summary), Frankfurt u. a. 1986.

Mellwig, Winfried (1983):
Bilanzrechtsprechung und Betriebswirtschaftslehre, Zu einigen Grundlagen der steuerlichen Bilanzrechtsprechung und ihrer betriebswirtschaftlichen Kritik, in: BB, 38. Jg. (1983), S. 1613-1620.

Mellwig, Winfried (1985):
Investition und Besteuerung, Ein Lehrbuch zum Einfluß der Steuern auf die Investitionsentscheidungen, Wiesbaden 1985.

Mellwig, Winfried (1989):
Wechselbeziehungen zwischen Handels- und Steuerbilanz – zur Problematik des Maßgeblichkeitsprinzips, Diskussionsbeitrag, in: BFuP, 41. Jg. (1989), S. 159-174.

Mellwig, Winfried (1998):
Die bilanzielle Darstellung von Leasingverträgen nach den Grundsätzen des IASC – Derzeitige Regelungen und Reformvorschläge –, in: DB, 51. Jg. (1998), Beilage 12/98, S. 1-16.

Mellwig, Winfried (2005):
Rechnungsabgrenzungsposten – Quelle struktureller Unstimmigkeit im Bilanzrecht, in: Lindstädt, Thomas/Spengler, Hagen (Hrsg.): Strukturelle Stimmigkeit in der Betriebswirtschaftslehre – Festschrift für Prof. Dr. Kossbiel, München/Mering 2005, S. 217-235.

Mellwig, Winfried/Sabel, Elmar (2005):
Der Grundsatz der Nichtbilanzierung schwebender Geschäfte unter den IAS/IFRS, in: Der Konzern, 3. Jg. (2005), S. 357-370.

Merschmeyer, Marco (2005):
Die Kapitalschutzfunktion des Jahresabschlusses und Übernahme der IAS/IFRS für die Einheitsbilanz, Frankfurt 2005.

Moxter, Adolf (1966):
Die Grundsätze ordnungsgemäßer Bilanzierung und der Stand der Bilanztheorie, in: ZfbF, 18. Jg. (1966), S. 28-59.

Moxter, Adolf (1986):
Bilanzlehre – Band II – Einführung in die neue Bilanzlehre, 3. Aufl., Wiesbaden 1986.

Moxter, Adolf (1987):
Zum Sinn und Zweck des handelsrechtlichen Jahresabschlusses nach neuem Recht, in: Havermann, Hans (Hrsg.): Bilanz- und Konzernrecht – Festschrift zum 65. Geburtstag von Dr. Dr. h. c. Reinhard Goerdeler, Düsseldorf 1987, S. 361-374.

Moxter, Adolf (1997):
Zum Verhältnis von Handelsbilanz und Steuerbilanz, in: BB, 52. Jg. (1997), S. 195-199.

Moxter, Adolf (1999):
Bilanzrechtsprechung, 5. Aufl., Tübingen 1999.

Moxter, Adolf (2003):
Grundsätze ordnungsgemäßer Rechnungslegung, Düsseldorf 2003.

Moxter, Adolf (2006):
Absehbarer Abschied von der HGB-Bilanzierung?, in: BB, 61. Jg. (2006), Heft 13, S. I.

Mülbert, Peter O. (2004):
Zukunft der Kapitalaufbringung/Kapitalerhaltung, in: Der Konzern, 2. Jg. (2004), S. 151-161.

Müller, Welf (2004):
Bruchlinien im Bilanzrecht – Konzern- und Einzelbilanz, in: Henze, Hartwig/Hoffmann-Becking, Michael (Hrsg.), Gesellschaftsrecht 2003, Tagungsband zum RWS-Forum am 8. und 9. Mai 2003 in Berlin, Köln 2004, S. 73-100.

Oestreicher, Andreas/Spengel, Christoph (1999):
International Accounting Standards, Maßgeblichkeitsprinzip und Besteuerung, in: DB, 52. Jg. (1999), S. 593-600.

Oestreicher, Andreas/Spengel, Christoph (1999a):
Maßgeblichkeit der International Accounting Standards für die steuerliche Gewinnermittlung? – International vergleichende Analyse der wirtschaftlichen Wirkungen eines Übergangs auf die Rechnungslegung nach IAS, Baden-Baden 1999.

Pellens, Bernhard/Jödicke, Dirk/Richard, Marc (2005):
Solvenztests als Alternative zur bilanziellen Kapitalerhaltung?, in: DB, 58. Jg. (2005), S. 1393-1401.

Pellens, Bernhard/Sellhorn, Thorsten (2006):
Zukunft des bilanziellen Kapitalschutzes, in: Lutter, Marcus (Hrsg.): Das Kapital der Aktiengesellschaft in Europa, ZGR, Sonderheft 17, Berlin 2006, S. 451-487.

Rammert, Stefan (2004):
Lohnt die Erhaltung der Kapitalerhaltung?, in: BFuP, 56. Jg. (2004), S. 578-595.

Robisch, Martin (1993):
Die Umkehrung des Maßgeblichkeitsprinzips – Eine kritische Bestandsaufnahme unter besonderer Berücksichtigung der Situation in den neuen Bundesländern, in: DStR, 31. Jg. (1993), S. 998-1004.

Roth, Günter H. (2005):
Qualität und Preis am Markt für Gesellschaftsformen, in: ZGR, 34. Jg. (2005), S. 348-386.

Schildbach, Thomas (2002):
IAS als Rechnungslegungsstandards für alle, in: BFuP, 54. Jg. (2002), S. 263-278.

Schmidt, Lutz (1994):
Maßgeblichkeitsprinzip und Einheitsbilanz – Geschichte, Gegenwart und Perspektiven des Verhältnisses von Handels- und Steuerbilanz, Heidelberg 1994.

Schneider, Dieter (2003):
Konzernrechnungslegung nach IAS als Besteuerungsgrundlage?, in: BB, 58. Jg. (2003), S. 299-304.

Schön, Wolfgang (2000):
Gesellschafter-, Gläubiger- und Anlegerschutz im Europäischen Bilanzrecht, in: ZGR, 29. Jg. (2000), S. 706-742.

Schön, Wolfgang (2004):
International Accounting Standards – A „Starting Point“ for a Common European Tax Base?, in: European Taxation, Vol. 44 (2004), S. 426-440.

Schreiber, Ulrich (1997):
Hat das Maßgeblichkeitsprinzip noch eine Zukunft?, in: Budde, Wolfgang D./Moxter, Adolf/Offerhaus, Klaus (Hrsg.): Handelsbilanzen und Steuerbilanzen – Festschrift zum 70. Geburtstag von Prof. Dr. h.c. Heinrich Beisse, Düsseldorf 1997, S. 491-509.

Schreiber, Ulrich (2002):
Gewinnermittlung und Besteuerung von Einkommen, in: StuW, 79. (32.) Jg. (2002), S. 105-115.

Schulze-Osterloh, Joachim (1991):
Handelsbilanz und steuerliche Gewinnermittlung, in: StuW, 68. (21.) Jg. (1991), S. 284-296.

Seicht, Gerhard (2003):
Handelsbilanz und Steuerbilanz – Das „Maßgeblichkeitsprinzip“ in seiner historischen Entwicklung, in: Seicht, Gerhard (Hrsg.): Jahrbuch für Controlling und Rechnungswesen 2003, Wien 2003, S. 13-40.

Siegel, Theodor (1998):
Zeitwertbilanzierung für das deutsche Bilanzrecht?, in: BFuP, 50. Jg. (1998), S. 593-603.

Sigloch, Jochen:
Einheitliche Gewinnermittlung nach Handels- und Steuerrecht – Utopie oder realistische Vision? in: Schneider, Dieter/Rückle, Dieter/Küpper, Hans-Ulrich/Wagner, Franz W. (Hrsg.): Kritisches zu Rechnungslegung und Unternehmensbesteuerung – Festschrift zur Vollendung des 65. Lebensjahres von Theodor Siegel, Berlin 2005, S. 551-568.

Sittel, Thomas C. (2003):
Der Grundsatz der umgekehrten Maßgeblichkeit – Beurteilung der Verbindung von Handels- und Steuerbilanz unter besonderer Berücksichtigung einer Internationalisierung der Rechnungslegung, Frankfurt am Main u. a. 2003.

Söffing, Günter (1995):
Für und Wider den Maßgeblichkeitsgrundsatz, in: Förschle, Gerhart/Kaiser, Klaus/Moxter, Adolf (Hrsg.): Rechnungslegung im Wandel – Festschrift für Wolfgang Dieter Budde, München 1995, S. 635-673.

Spengel, Christoph (2006):
IFRS als Ausgangspunkt der steuerlichen Gewinnermittlung in der Europäischen Union – Steuerbelastungskonsequenzen im Länder- und Branchenvergleich, in: DB, 59. Jg. (2006), S. 681-687.

Spengel, Christoph (2006a):
IFRS für die steuerliche Gewinnermittlung, in: Börsig, Clemens/Wagenhofer, Alfred (Hrsg.): IFRS in Rechnungswesen und Controlling – Kongress-Dokumentation – 59. Deutscher Betriebswirtschaftler-Tag 2005, Stuttgart 2006, S. 111-149.

Spengel, Christoph/Braunagel, Ralf U. (2006):
EU-Recht und Harmonisierung der Konzernbesteuerung in Europa, in: StuW, 83. (36.) Jg. (2006), S. 34-49.

Streim, Hannes (1990):
Ein Plädoyer für die Einheitsbilanz, in: BFuP, 42. Jg. (1990), S. 527-545.

Thiel, Jochen (1990):
Bilanzrecht, 4. Aufl., Heidelberg 1990.

Thiel, Jochen/Lüdtke-Handjery, Alexander (2005):
Bilanzrecht, 5. Aufl., Heidelberg 2005.

Vogt, Stefan (1991):
Die Maßgeblichkeit des Handelsbilanzrechts für die Steuerbilanz, Düsseldorf 1991.

Vorwold, Gerhard (2002):
„Cash"- versus „accrual"-Methode – Paradigmenwechsel des US-amerikanischen „tax accounting"?, in: StuW, 79. (32.) Jg. (2002), S. 235-247.

Wagner, Franz W. (2002):
Welche Kriterien sollten die Neuordnung der steuerlichen Gewinnermittlung bestimmen?, in: BB, 57. Jg. (2002), S. 1885-1892.

Weber-Grellet, Heinrich (1994):
Maßgeblichkeitsschutz und eigenständige Zielsetzung der Steuerbilanz, in: DB, 47. Jg. (1994), S. 288-291.

Zimmermann, Jochen/Schilling, Sebastian (2004):
Änderung der Bilanzierung von Pensionsverpflichtungen nach IAS 19 und deren Wirkung auf die Jahresabschlüsse deutscher Unternehmen, in: KoR, 4. Jg. (2004), S. 485-491.

Rechtsprechungsverzeichnis

Gericht	Aktenzeichen	Fundstelle
EuGH vom 27.06.1996	Rs. C-234/94	ZIP, 17. Jg. (1996), S. 1168-1170.
EuGH vom 07.01.2003	Rs. C-306/99	BB, 58. Jg. (2003), S. 355-363.
BGH vom 12.01.1998	II ZR 82/93	DB, 51. Jg. (1998), S. 567-569.
BFH vom 03.02.1969	GrS 2/68	BStBl. II 1969, S. 291-294.
BFH vom 26.10.1987	GrS 2/86	BStBl. II 1988, S. 348-357.
BFH vom 07.08.2000	GrS 2/99	BStBl. II 2000, S. 632-638.
BFH vom 15.09.2004	I R 5/04	BB, 60. Jg. (2005), S. 483-488.
FG Hamburg vom 28.11.2003	III 1/01	EFG 2004, S. 746-756.
RFH vom 27.03.1928	I A 470/27	StuW 1928 II, Spalte 705-710.

Zur bilanzsteuerrechtlichen Behandlung des Abbruches von erworbenen Gebäuden

von Dr. Reinhold C. Heibel

Geschäftsführer aurelis Real Estate GmbH & Co. KG Eschborn im Taunus

Inhalt

1. Problemstellung

Die markanten Gebäudeleerstände in großen und mittelgroßen Städten sind eine wesentliche Ursache für die steigende Zahl von Revitalisierungsvorhaben in der inländischen Immobilienwirtschaft. Vor dem Hintergrund des derzeitigen Aufschwungs in der Immobilienbranche, vornehmlich bedingt durch Transaktionen international aktiver Investoren, stehen heute in der Regel hinreichend Finanzmittel für die Modernisierung von Gebäuden zur Verfügung. Fragen der Gebäudebilanzierung, aber auch des Abbruches von Gebäuden oder Gebäudeteilen, sind damit wieder stärker in den Blickwinkel von Alteigentümern und (neuen) Investoren gerückt. Wird bei einem erworbenen Gebäude ein Abbruch erwogen, so stellt sich die Frage: Wie ist der noch in den Büchern angesetzte (Rest-)Buchwert und der beim Abbruch entstehende Aufwand im Rahmen der Erfolgsbesteuerung zu behandeln?

Da die steuerlichen Effekte der skizzierten Periodisierungsfrage in der Regel zu gravierend unterschiedlichen Ergebnissen führen können, hat der Gebäudeabbruch die Finanzrechtsprechung über Jahrzehnte intensiv beschäftigt. Einen Markstein stellt in diesem Zusammenhang der BFH-Beschluss GrS 1/77 vom 12.06.1978[1] dar, der zur Behandlung eines in Abbruchabsicht erworbenen Gebäudes Stellung nimmt. Er hat die geltenden Verwaltungsanweisungen der Finanzverwaltung nicht nur zum Gebäudeabbruch bis heute maßgeblich bestimmt. Besonders das Kriterium der „Abbruchabsicht", dem nach Ansicht von Finanzrechtsprechung und Finanzverwaltung bei der Beurteilung einschlägiger Sachverhalte eine entscheidende Bedeutung zukommt, ist in der bilanztheoretischen Literatur bis heute heftig umstritten.

Bei der Analyse der Gesamtthematik wird erkennbar, dass die Argumentationslinien der Finanzrechtsprechung in Teilbereichen angreifbar sind bzw. besser begründet werden könnten. Um dies hinreichend darlegen zu können, werden in der nachfolgenden Abhandlung zunächst der grundlegende BFH-Beschluss und dessen wesentliche Entscheidungsgrundsätze sowie deren verwaltungstechnische Umsetzung dargestellt. Die Präzisierungen der im Jahre 1978 definierten Grundsätze in der einschlägigen jüngeren Finanzrechtsprechung und deren bilanztheoretische Analyse stellen danach den Schwerpunkt der Untersuchung dar. Das maßgebliche Entscheidungskriterium der „Abbruchabsicht" wird ausführlich erörtert. Abgeschlossen wird die Untersuchung mit Schlussfolgerungen für die steuerliche Optimierung von Erwerbsvorgängen in der Unternehmenspraxis.

---

[1] Vgl. BFH vom 12.06.1978 GrS 1/77, in: BStBl. II 1978, S. 620-626.

2. Der Beschluss GrS 1/77 des Bundesfinanzhofes und dessen Implikationen in Gesetzen und Verwaltungsanweisungen

Die Frage, welche steuerliche Behandlung beim Gebäudeabbruch der (Rest-)Buchwert bzw. die Abbruchkosten zu erfahren haben, lässt grundsätzlich drei alternative Lösungsantworten zu:

1. Eine sofortige, den laufenden Gewinn mindernde Verrechnung als Betriebsausgabe.
2. Eine Aktivierung des Restbuchwertes und/oder der Abbruchkosten beim durch den Abbruch frei werdenden Grund und Boden.
3. Eine (Zu-)Aktivierung von Restbuchwert und/oder Abbruchkosten bei den Herstellungskosten eines auf dem frei werdenden Gelände errichteten neuen Gebäudes.

Das Einkommensteuergesetz selbst enthält für die vorliegende Problemstellung keine spezielle Vorschrift. Lediglich innerhalb der Abschreibungsvorschriften wird in § 7 Abs. 1 Satz 7 EStG geregelt, dass „Absetzungen für außergewöhnliche technische oder wirtschaftliche Abnutzung ... zulässig“[2] sind.

Einzelfragen des Gebäudeabbruches hat die Finanzverwaltung insbesondere in den Einkommensteuer-Richtlinien[3] geregelt. Für die Behandlung des Gebäuderestbuchwertes und der Abbruchkosten sieht die Finanzverwaltung, die hier an das Grundsatzurteil des BFH vom 12.06.1978[4] anknüpft, eine fallweise Regelung vor. Grundsätzlich unterschieden wird zwischen solchen Gebäuden, die bereits seit Längerem im Besitz des Steuerpflichtigen sind – auch als Besitzfall bezeichnet – und solchen Gebäuden, die gerade erst erworben wurden – auch als Erwerbsfall bezeichnet – und bei denen ein Abbruch in Erwägung gezogen wird.

Über die grundlegende Trennung der Thematik in einen Besitzfall und einen Erwerbsfall hinaus ist bei Gebäuden, die erworben und anschließend abgerissen wurden, zu unterscheiden zwischen solchen Gebäuden, die ohne Abbruchabsicht erworben wurden, und solchen, die mit Abbruchabsicht erworben wurden.

Bei seit Längerem im Besitz befindlichen Gebäuden scheidet im Fall des Abbruches eine Aktivierung des Restbuchwertes des alten Gebäudes sowie der Abbruchkosten bei dem neuen Gebäude bzw. beim Grund und Boden wegen der notwendigen strengen Beachtung des Grundsatzes der Einzelbewertung aus. Ob aus dem Einzelbewertungsgrundsatz jedoch auch bei einem Gebäude, das nicht schon längere Zeit zum Betriebsvermögen/Privatvermögen gehört, sondern gerade erst erworben wurde, ebenfalls eine

---

[2] § 7 Abs. 1 Satz 7 EStG.
[3] Vgl. H 6.4 (Abbruchkosten) EStH 2005.
[4] Vgl. BFH vom 12.06.1978 GrS 1/77, a.a.O.

sofortige Absetzung des Buchwertes und der Abbruchkosten abzuleiten ist bzw. welche anderen Aspekte für den Bilanzansatz maßgeblich sind, darüber wurde und wird schon lange heftig gestritten. Die erfolgsteuerliche Bilanzierung des Gebäudeabbruches im Anschluss an einen Erwerb wurde in Literatur und Rechtsprechung lange Zeit als „Ausnahmefall“[5] oder „Sonderfall“[6] behandelt. Gegen eine sofortige Absetzung spreche insbesondere, dass mit dem Abbruch alsbald nach dem Erwerb deutlich werde, dass das Gebäude überhaupt nicht zur eigenen Nutzung gekauft worden sei. Erwerb und Abbruch stellten vielmehr den Beginn der Herstellung eines neuen Wirtschaftsgutes dar. Werde ein Gebäudegrundstück beispielsweise nur erworben, damit nach dem Abriss der Grund und Boden genutzt werden könne, so spreche vieles dafür, dass der gesamte Kaufpreis für den Grund und Boden bezahlt worden sei, also Anschaffungskosten des Grund und Bodens darstelle. Werde indes bereits bei Erwerb der Bau eines neuen Gebäudes erwogen, sei es dagegen zutreffender, den Restbuchwert und die Abbruchkosten den Herstellungskosten des neuen Gebäudes zuzuordnen.

Der Streit, dessen Extrempositionen soeben skizziert wurden, machte auch vor dem Bundesfinanzhof nicht Halt. Einzelne Senate des BFH vertraten durchaus (sehr) unterschiedliche Auffassungen[7]. Letztlich auch aus diesem Grunde wurde der Große Senat des BFH angerufen, der in dieser Sache in der Folge einen Grundsatzbeschluss fasste. Dieser rechtssystematisch sehr bedeutsame Beschluss, der noch immer die Grundlage für die geltende steuerliche Behandlung des Gebäudeabbruches im so genannten Erwerbsfall darstellt, stellt die Basis der folgenden Erörterungen dar. Die nachfolgende Abbildung 1 zeigt noch einmal die gegensätzlichen Standpunkte auf, die dem BFH vorgetragen wurden und die zum Beschluss des Großen Senats führten. Zudem werden die Grundsätze, die der Große Senat zur Systematisierung der Finanzrechtsprechung konzipiert hat, dargestellt.

---

5 BFH vom 28.03.1973 I R 115/71, in: BStBl. II 1973, S. 678-679, hier: S. 678.

6 BFH vom 03.12.1964 IV 422/62 S, in: BStBl. III 1965, S. 323-324, hier: S. 323.

7 Vgl. dazu Beisse, H(einrich), Gebäudeabbruch und Neubau in Handels- und Steuerbilanz – Zur Grundsatzentscheidung des Großen Senats vom 12.06.1978, in: INF 1978, S. 529-535, hier: S. 529.

Abbildung 1:

Standpunkte:	Restbuchwert ist gewinnmindernd abzuschreiben, die Abbruchkosten sind als Betriebsausgaben sofort abzugsfähig (VIII. Senat, IV. Senat des BFH)	Restbuchwert und Abbruchkosten sind entweder a) Anschaffungskosten des Grund und Bodens oder b) Herstellungskosten des neu errichteten Gebäudes (BdF, einzelne Mitglieder des I. Senats)

BHF-Beschluss GrS 1/77 - Grundsätze:

1. Gebäuderestwert und Abbruchkosten sollen nach gleichen Grundsätzen unabhängig davon behandelt werden, ob es sich um Gebäude im Rahmen des Betriebsvermögens oder des Privatvermögens handelt.
2. Gebäuderestwert und Abbruchkosten werden stets gleich behandelt, d. h. sie werden gemeinsam entweder als Anschaffungs- oder Herstellungskosten aktiviert oder aber als Betriebsausgaben (Werbungskosten) in der Abbruchperiode abgesetzt.
3. Es ist zu unterscheiden zwischen seit Längerem im Besitz befindlichen Gebäuden und solchen Gebäuden, die erworben und alsbald danach abgerissen werden.
4. Bei im Besitz befindlichen Gebäuden stellen Abbruchkosten und Restbuchwert stets Betriebsausgaben der Abbruchperiode dar. Dies gilt unabhängig davon, ob das abgerissene Gebäude technisch oder wirtschaftlich wertlos war oder nicht.
5. Bei Gebäuden, die erworben und dann alsbald abgerissen wurden ist zu unterscheiden zwischen solchen Gebäuden, die ohne Abbruchabsicht erworben wurden und solchen, die mit Abbruchabsicht erworben wurden.

Die Rechtssache, die dem Beschluss zugrunde lag, betraf den Fall des Abbruches eines Gebäudes, welches der Steuerpflichtige im Privatvermögen hielt. Nach der Ansicht des VIII. Senats des BFH, die in dem Beschluss ausdrücklich bestätigt wurde, ist indes klar, „daß der BFH Betriebsvermögen und Privatvermögen in Bezug auf die hier in Rede stehende Problematik gleich behandelt“[8].

Darüber hinaus vertrat der VIII. Senat die Auffassung, dass nicht untergegangene Werte eines abgebrochenen Gebäudes nicht auf ein eventuell neu errichtetes Gebäude bzw. den Grund und Boden übertragen werden könnten. Der Grundsatz der Einzelbewertung verbiete es, „den Restwert eines abgebrochenen Gebäudes als Teil der Herstellungskosten des an seiner Stelle errichteten neuen Gebäudes anzusehen. Mit dem Abbruch des Gebäudes gehe das eine Wirtschaftsgut unter und mit der Errichtung des

---

[8] Beisse, H(einrich), a.a.O. hier: S. 530; vgl. dazu auch Schuhmann, Helmut, Gebäudeabbruchkosten und Restbuchwert-Behandlung, in: StBp 1974, S. 73-78, hier: S. 77.

Gebäudes trete ein anderes an seine Stelle"[9]. Eine gegensätzliche Auffassung vertraten der Bundesminister der Finanzen, der dem Revisionsverfahren beigetreten war, sowie einzelne Mitglieder des I. Senats des BFH. Insbesondere bei Erwerb eines Gebäudes in Abbruchabsicht dürften weder die Abbruchkosten noch der Restbuchwert des abgerissenen Gebäudes sofort als Betriebsausgaben verrechnet werden[10]. Wegen der Grundsätzlichkeit der zu entscheidenden Rechtsfrage schien es deshalb angebracht, eine Entscheidung des Großen Senats gemäß § 11 Abs. 4 FGO herbeizuführen.

Der Große Senat schließt sich in wesentlichen Passagen seines Grundsatzbeschlusses den Argumenten der Finanzverwaltung an. Entscheidungserheblich sei in erster Linie, ob das Gebäude ohne die Absicht, es abzureißen, erworben wurde, oder ob schon bei Erwerb eine Abbruchabsicht vorgelegen habe. Diese Unterscheidung fand sich zwar auch in der früheren Rechtsprechung[11]; in dieser Klarheit war sie freilich neu.

3. Gebäudeerwerb ohne oder mit Abbruchabsicht

3.1. Bilanzierung bei Erwerb ohne Abbruchabsicht

Die Differenzierung des Beschlusses des GrS 1/77 in die Fallgruppe des „Erwerbes ohne Abbruchabsicht" einerseits bzw. die Fallgruppe des „Erwerbes in Abbruchabsicht" andererseits begründet der BFH damit, dass beim „Erwerb ohne Abbruchabsicht", im Gegensatz zum „Erwerb in Abbruchabsicht" noch kein Zusammenhang mit dem späteren Abbruch und dem damit verfolgten Zweck bestehe. Die Herstellung eines neuen Wirtschaftsgutes stehe im Falle des Erwerbes ohne Abbruchabsicht (noch) nicht zur Diskussion. Anschaffung oder Herstellung dienten vielmehr (vorerst) allein dem Ziel, das erworbene Gebäude im Rahmen des Betriebes oder aber durch Vermietung zu nutzen[12]. Nicht für gerechtfertigt hält es der BFH, dann nachträglich einen Zusammenhang zwischen der Anschaffung des später abgerissenen Gebäudes und der anschließenden Herstellung eines neuen Gebäudes oder sonstigen Wirtschaftsgutes zu konstruieren[13]. Hinsichtlich der steuerlichen Behandlung des Restbuchwertes und der Abbruchkosten sieht der BFH keine Veranlassung, eine andere Regelung als diejenige anzuwenden, die im Falle des Abbruches eines bereits seit Längerem im Besitz des Steuerpflichtigen stehenden Gebäudes gilt. Kommt es, obschon das Gebäude ohne

---

[9] BFH vom 12.06.1978 GrS 1/77, a.a.O., hier: S. 621.

[10] Vgl. ebenda, S. 622.

[11] Zur Bedeutung der „Abbruchabsicht" in der früheren BFH-Rechtsprechung siehe auch Schuhmann, Helmut, a.a.O., hier: S. 75 f.

[12] Vgl. BFH vom 12.06.1978 GrS 1/77, a.a.O., hier: S. 620 und Triller, Hans, Zur steuerlichen Behandlung des Buchwertes eines abgebrochenen Gebäudes und der Abbruchkosten, in: DStZ/A 1978, S. 433-435, hier: S. 433.

[13] Vgl. BFH vom 12.06.1978 GrS 1/77, a.a.O., hier: S. 622.

Abbruchabsicht erworben wurde, doch – aufgrund von Ereignissen nach dem Erwerb – zum Abbruch, so sind der dann eventuell noch vorhandene Restbuchwert und die Abbruchkosten trotzdem als Betriebsausgaben der Abbruchperiode sofort gewinnmindernd zu verrechnen. Maßgeblich sei allein der Entschluss des Steuerpflichtigen zum Abbruch, der grundsätzlich die Tatsache des wirtschaftlichen Verbrauchs zum Ausdruck bringe, „und zwar ohne daß es darauf ankommt, ob an Stelle des abgebrochenen Gebäudes ein dem gleichen Zweck gewidmeter Neubau tritt“[14] oder nicht.

3.2. Bilanzierung bei Erwerb in Abbruchabsicht

3.2.1. Die Aufteilung des Gesamtkaufpreises

Auch im Falle des Gebäudeerwerbes in Abbruchabsicht kommt zunächst der Aufteilung des Gesamtkaufpreises eine große Bedeutung zu. Sie ist besonders wichtig, wenn das Gebäude bis zum geplanten Abbruch noch einige Zeit genutzt wird. Liegt zwischen der Anschaffung und dem Abbruch ein Bilanzstichtag, „so ist das Gebäude mit dem für den Bilanzstichtag maßgeblichen Wert (§§ 6, 7 EStG) in die Bilanz einzustellen“[15]. Ist das Gebäude objektiv wertlos, was der BFH regelmäßig mit technischer bzw. wirtschaftlicher Abnutzung gleichsetzt, der Teilwert für das Gebäude also null, so stellt der Gesamtkaufpreis allein Anschaffungskosten für den Grund und Boden dar. Die bilanzielle Behandlung hat sich hier durch den Grundsatzbeschluss des Großen Senats im Grunde nicht geändert[16].

Am heftigsten gestritten wird über den (im Folgenden zu behandelnden) Fall, wenn sowohl dem Gebäude als auch dem Grund und Boden ein Wert beizumessen ist: Schon über die Wertfindung im Zeitpunkt des Erwerbes bestehen erhebliche Auffassungsunterschiede. Während die Rechtsprechung auf die Aufteilung des Gesamtkaufpreises explizit nur in wenigen Sätzen eingeht, sieht ein Teil der Literatur hier die eigentliche Problematik des Gebäudeerwerbes in Abbruchabsicht: „Denn der alte Streit um die zutreffende Behandlung der Restbuchwerte von abgebrochenen Gebäuden, deren Abbruch bereits beim Erwerb geplant war, setzt voraus, daß ein solcher Restbuchwert im Zeitpunkt des Abbruchs überhaupt existiert.“[17] Rose/Telkamp kommen nach einer gründlichen Analyse zu dem Ergebnis, dass das Problem der bilanziellen Behandlung

[14] Ebenda, S. 624.
[15] BFH vom 12.06.1978 GrS 1/77, a.a.O., hier: S. 625.
[16] Anderer Ansicht offenbar Jacobs, Otto H., Die Behandlung von Gebäuderestwert und Abbruchkosten in der Steuerbilanz, in: Steuerberater-Kongreß-Report 1979, München 1979, S. 153-173, hier: S. 162.
[17] Rose, Gerd/Telkamp, Heinz-Jürgen, Die planmäßige Abschreibung bzw. Absetzung für Abnutzung bei erworbenen Bauwerken, insbesondere bei Erwerb mit Abbruchsabsicht, in: FR 1977, S. 429-433, hier: S. 429.

des Restbuchwertes im Falle des Gebäudeabbruches in der Regel weit überschätzt wird. Lediglich in den Fällen, in denen eine Berücksichtigung der durch den vorgesehenen Abriss des Gebäudes verkürzten Nutzungsdauer im Abschreibungsplan nicht mehr möglich sei, etwa wegen eines öffentlich angeordneten oder zeitlich vorgezogenen Abbruches, müsse von einem ins Gewicht fallenden Restbuchwert ausgegangen werden. „Denn wenn dem Abschreibungsplan – von vornherein oder infolge späterer Korrektur – die richtige (Rest-)Nutzungsdauer zugrunde gelegen hätte, ergäbe sich – exakt gerechnet – zu Beginn des Abbruches kein Restbuchwert mehr."[18] Die Autoren gehen von der Prämisse aus, dass der bereits beim Gebäudeerwerb beabsichtigte künftige Abbruch nicht ohne Einfluss auf den aufzustellenden Abschreibungsplan sein dürfe. Bestehe bereits beim Erwerb eine Abbruchabsicht, so sei der Abschreibungsplan hierauf einzurichten. Es sei lediglich von einer Nutzungsdauer vom Zeitpunkt der Anschaffung bis zum Zeitpunkt des voraussichtlichen Abbruches auszugehen, die Anschaffungskosten folglich über diesen Zeitraum zu verteilen. Im Abbruchszeitpunkt sei in der Regel kein die wieder verwendbaren Materialien übersteigender Restbuchwert vorhanden[19]. Die Schlussfolgerung der soeben skizzierten Argumentationskette ist, dass dem Problem der bilanziellen Behandlung des Restbuchwertes im Falle des Gebäudeabbruches bei Erwerb in Abbruchabsicht nur eine geringe Bedeutung zukommt, wenn sich bei der Nutzungsdauerschätzung der beabsichtigte Zeitplan für den Gebäudeabbruch entsprechend niedergeschlagen hat. Die Finanzrechtsprechung hat zunächst nur zögerlich zur Auffassung von Rose/Telkamp Stellung genommen. Beisse[20], Richter am Bundesfinanzhof, zeigt dann eine erste Reaktion: Er geht, ohne dass diese Begründung wirklich voll überzeugt, davon aus, dass die Kaufpreisaufteilung ungeachtet des Umstandes, dass das erworbene Gebäude zum Abbruch vorgesehen ist, zu erfolgen hat. Nach seiner Auffassung ist folglich bei der Bestimmung des Teilwertes „von der Tatsache zu abstrahieren, daß der Erwerber das Gebäude abreißen will"[21].

Auch die Rechtsprechung hat sich später zu dieser Auffassung explizit bekannt. In einem BFH-Urteil schon Ende 1978 wird ausgeführt: „Der Große Senat des BFH geht davon aus, daß technisch oder wirtschaftlich nicht verbrauchte Gebäude auch bei der Anschaffung in Abbruchabsicht grundsätzlich noch einen Teilwert haben … . Da sich beide Verweisungen auf den Fall des Erwerbes in Abbruchabsicht beziehen, muß der Große Senat von der Voraussetzung ausgegangen sein, daß die Abbruchabsicht allein noch nicht dazu berechtigte, das Gebäude mit einem Teilwert von 0 DM anzusetzen."[22] Im BFH-Urteil I R 131/78 vom 16.12.1981 wird jedoch implizit deutlich, dass

[18] Rose, Gerd/Telkamp, Heinz Jürgen, a.a.O., hier: S. 429.
[19] Vgl. ebenda, S. 432 f.
[20] Beisse, H(einrich), a.a.O., hier: S. 531.
[21] Ebenda.
[22] BFH vom 07.12.1978 I R 142/76, in: BStBl. II 1979, S. 729-732, hier: S. 731.

der Abbruchabsicht eine nicht unerhebliche Bedeutung bei der Werthöhe beizumessen ist: „In der neueren Rechtsprechung ist wiederholt betont worden, daß sogar die bei dem Erwerb bestehende Absicht, Gebäude abzureißen und durch Neubauten zu ersetzen, keinen Einfluß auf den Teilwert der erworbenen Gebäude hat … . Um so mehr muß im Ergebnis das Gleiche dann gelten, wenn der Erwerber beabsichtigt, die Gebäude im Rahmen des Betriebs weiterzuverwenden, so daß sie grundsätzlich den gleichen Zweck wie Neubauten erfüllen.“[23] Allein die Tatsache, dass sich die Finanzrechtsprechung intensiver mit der Frage beschäftigt[24], bestätigt letztlich diese These.

3.2.2. Gebäude war technisch/wirtschaftlich nicht verbraucht

Obschon die Problematik der bilanziellen Behandlung des Restbuchwertes demzufolge nicht überschätzt werden darf, ist freilich die grundsätzliche Frage, wie ein (auch geringer) noch vorhandener Restbuchwert beim Gebäudeabbruch in der Steuerbilanz anzusetzen ist, noch unbeantwortet. Auf die Lösung dieser Frage, den „kritischen Fall“[25], wie Beisse meint, hat sich deshalb auch der Große Senat des BFH in seinem Beschluss vom 12.06.1978 konzentriert: „Wird ein objektiv technisch oder wirtschaftlich noch nicht verbrauchtes Gebäude in der Absicht erworben, es abzureißen, so ist eine AfA nicht zulässig; die Abbruchkosten dürfen nicht sofort als Betriebsausgaben oder Werbungskosten abgesetzt werden.“[26] Der BFH begründet seine Auffassung mit dem Hinweis, dass im Falle des Erwerbes in Abbruchabsicht das Gebäude nicht bzw. (bei Zwischennutzung) nicht in vollem Umfang zum Zwecke der Nutzung als Betriebsgebäude oder durch Vermietung und Verpachtung erworben werde. Vielmehr stünden die Anschaffungskosten primär, anders als beim Erwerb eines Gebäudes ohne Abbruchabsicht, schon im Zeitpunkt des Erwerbes in unmittelbarem Zusammenhang mit den später beabsichtigten Maßnahmen. Hier liege auch der eigentliche Unterschied zu der von der Rechtsprechung aufgegebenen sogenannten „Wertopfertheorie“.[27] Aus diesem Grunde müsse die Behandlung des Restbuchwertes und der Abbruchkosten am eigentlichen Zweck des Abbruches, „entweder die Herstellung eines neuen Gebäudes oder sonstigen Wirtschaftsgutes … oder lediglich die Beseitigung des alten Gebäudes

---

[23] BFH vom 16.12.1981 I R 131/78, in: BStBl. II 1982, S. 320-321, hier: S. 321.

[24] Siehe dazu auch BFH vom 15.12.1981 VIII R 116/79, in: BStBl. II 1982, S. 385-387, hier: S. 385; eine Verkürzung der steuerlich üblichen (Rest-)Nutzungsdauer wegen eines lediglich beabsichtigten Abbruches wird hier als nicht zulässig beurteilt. Anders dagegen BFH vom 22.08.1984 I R 198/80, in: BStBl. II 1985, S. 126-129, hier: S. 126, bei einer fixierten vertraglichen Verpflichtung zum Abbruch, da hier der Restbuchwert auf die verbleibende Nutzungsdauer zu verteilen sei; siehe zuletzt auch Schoor, Hans Walter, Bilanzierung bei einem Gebäudeabbruch, in: StBp 2000, S. 110-115, hier: S. 114.

[25] Beisse, H(einrich), a.a.O., hier: S. 533.

[26] BFH vom 12.06.1978 GrS 1/77, a.a.O., hier: S. 624.

[27] Vgl. dazu auch Heibel, Reinhold, Die Behandlung des Gebäudeabbruchs im Bilanzsteuerrecht, in: BB 1983, S. 540-555, hier: S. 542 f.

ohne einen solchen weitergreifenden Zweck“[28], orientiert werden. Der Buchwert und die Abbruchkosten gehörten dementsprechend zu den Herstellungskosten eines neu errichteten Gebäudes oder sonstigen Wirtschaftsgutes, oder sie seien als (nachträgliche) Anschaffungskosten des Grund und Bodens zu qualifizieren. Die nachfolgende Abbildung 2 stellt die skizzierten Zusammenhänge in einer Übersicht dar.

Abbildung 2:

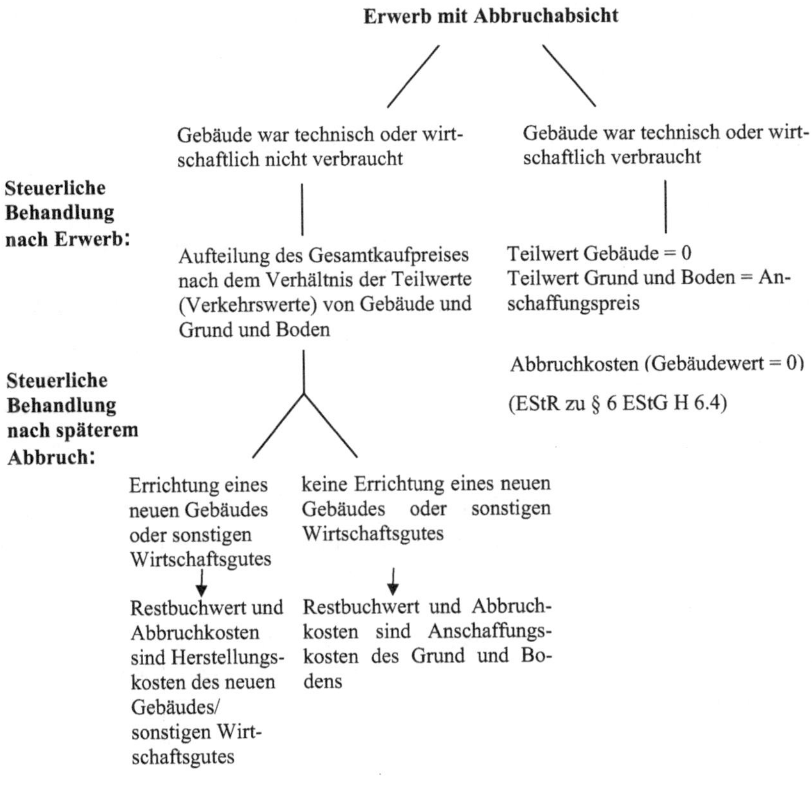

Zweifelhaft könnte allerdings sein, ob der Neubau genau an der Stelle des alten Gebäudes oder aber nur anstelle des alten Gebäudes errichtet sein muss, um die Abbruchkosten und den Restbuchwert in voller Höhe als Herstellungskosten des neuen Gebäudes zu aktivieren. Auch der BFH[29] hat sich mit dieser Frage befasst. Er hat entschie-

[28] BFH vom 12.06.1978 GrS 1/77, a.a.O., hier: S. 624.
[29] Vgl. BFH vom 15.11.1978 I R 2/76, in: BStBl. II 1979, S. 299-300, hier: S. 299.

den, dass beim Abbruch eines Fabrikgebäudes und anschließender Errichtung eines Einkaufszentrums, welches aus Gebäuden, Parkplätzen und Ladenflächen besteht, im Einzelfall ein jeweils zu schätzender Anteil des Restbuchwertes und der Abbruchkosten auch auf den Grund und Boden entfallen kann. Dient nämlich ein Teil der durch den Abbruch frei werdenden Fläche nicht unmittelbar der Errichtung des neuen Gebäudes oder sonstiger Wirtschaftsgüter, so sind der Restbuchwert und die Abbruchkosten nicht voll dem Neubau zuzurechnen, sondern anteilig beim Grund und Boden zu erfassen. Fehlt es also am räumlichen Zusammenhang zwischen dem alten Gebäude und dem neuen Gebäude bzw. dem sonstigen Wirtschaftsgut, „etwa weil ein Teil der freien Fläche nicht als Grundlage neuer Wirtschaftsgüter diente, entfällt ein zu schätzender Teil des Restwertes und der Abbruchkosten auf den Grund und Boden“[30].

Wird allerdings ein Gebäude in der Absicht gekauft, einen erweiternden Umbau zu erstellen, bei dem die wesentlichen tragenden Bauelemente jedoch auch fortan verwendet werden sollen, erweist sich aber die Bausubstanz erst im Rahmen der durchgeführten Umbauarbeiten als technisch/wirtschaftlich nicht mehr verwendbar, sind die Abbruchkosten und der Restbuchwert des abgerissenen Gebäudes – trotz fast vollständigem Abriss und anschließendem Neubau – nur insoweit Teil der Herstellungskosten des neuen Gebäudes, als sie auf Gebäudeteile entfallen, die bei Durchführung des im Erwerbszeitpunktes geplanten Umbaus ohnehin hätten abgerissen werden sollen. Der Restanteil der Abbruchkosten und des Restbuchwertes ist – ggf. im Wege der Schätzung – gleich als (sofortiger) Aufwand der Abbruchperiode zu verbuchen[31].

Auf der gleichen systematischen Grundlage – demzufolge mit unterschiedlichem Ergebnis – liegen die Rechtsgrundsätze des erkennenden BHF-Senats[32] in einem Urteil aus 1984, in dem der Steuerpflichtige ein technisch und wirtschaftlich noch nicht verbrauchtes Gebäude in der Absicht erworben hatte, es unter nahezu völliger Aufgabe der vorhandenen Bausubstanz umzugestalten und es dann innerhalb von drei Jahren nach Erwerb abzureißen und einen Neubau zu errichten. Die Abbruchabsicht und folglich die vollständige Aktivierung von Gebäuderestwert und Abbruchkosten beim Neubauvorhaben sei auch dann zu bejahen, wenn der Erwerber beim Erwerb den schlechten Zustand kannte und für den Fall der Undurchführbarkeit des geplanten Umbaus den Abbruch des Gebäudes billigend in Kauf genommen hat. War dagegen der geplante Umbau nicht darauf gerichtet, das Gebäude unter nahezu völliger Aufgabe der vorhandenen Bausubstanz quasi vollständig neu aufzubauen – die tragende Bausubstanz sowie die Raumaufteilung sollten vielmehr als Kern des geplanten Gebäudes nach dem

[30] BFH vom 15.11.1978 I R 2/76, a.a.O., hier: S. 300.
[31] Vgl. BFH vom 15.10.1996 IX R 2/93, in: BStBl. II 1997, S. 325-326, hier: S. 325.
[32] Vgl. BFH vom 04.12.1984 IX R 5/79, in: BStBl. II 1985, S. 208-210, hier: S. 208. Vgl. auch BFH vom 20.04.1993 IX R 122/88, in: BStBl. II 1993, S. 504-505, hier: S. 504.

im Erwerbszeitpunkt angedachten Baukonzept im Wesentlichen erhalten bleiben – sondern stellte sich der schlechte Bauzustand des Gebäudes erst während der Umbaumaßnahmen heraus, so sind Restbuchwert und Abbruchkosten im Wesentlichen als Aufwand der Abbruchperiode zu verbuchen.[33]

Bei einem Neubau im Anschluss an den Erwerb ist neben der Neubauabsicht auch wichtig, dass die entfernten Gebäudeteile einen abgrenzbaren Niederschlag in den Anschaffungskosten gefunden haben und ihr Wert nicht von ganz untergeordneter Bedeutung ist. Nur dann ist – je nachdem ob ein Umbau geplant war oder nicht – eine Aktivierung beim Neubau bzw. eine sofortige außerplanmäßige Abschreibung vorzunehmen[34].

3.2.3. Gebäude war technisch/wirtschaftlich verbraucht

Für die buchmäßige Behandlung beim Erwerb eines objektiv wertlosen Gebäudes ist, um eine weitere noch offene Fallgruppe zu analysieren, den aktuell geltenden Einkommensteuer-Richtlinien in der Kommentierung zu § 6 EStG unter 6.4 zu entnehmen: "War das Gebäude im Zeitpunkt des Erwerbes objektiv wertlos, so entfällt der volle Anschaffungspreis auf den Grund und Boden. Für die Abbruchkosten gilt Buchstabe a entsprechend."[35] Die Finanzverwaltung interpretiert die BFH-Rechtsprechung also dahingehend, dass für die Abbruchkosten bei einem technisch oder wirtschaftlich verbrauchten Gebäude die gleichen Regeln gelten, die auch für die Abbruchkosten für ein technisch oder wirtschaftlich noch nicht verbrauchtes Gebäude maßgeblich sind. Wird also auf der frei werdenden Fläche ein neues Gebäude errichtet, so sind die Abbruchkosten als Herstellungskosten des Gebäudes zu aktivieren. Wird nicht neu gebaut, so sind die Abbruchkosten nachträgliche Anschaffungskosten des Grund und Bodens. Diese Regelung ist nur insoweit konsequent, als die Abbruchkosten in beiden Fällen des Erwerbes in Abbruchabsicht, unabhängig davon, ob noch werthabendes oder aber wertloses Gebäude, gleich behandelt werden.

---

[33] Vgl. BFH vom 15.10.1996 IX R2/93, a.a.O., hier: S. 325.
[34] Vgl. BFH vom 10.05.1994 IX R 26/89, in: BStBl. II 1994, S. 902-903, hier: S. 902.
[35] H 6.4 (Abbruchkosten) EStH 2005.

4. Analyse der jüngeren Finanzrechtsprechung

4.1. Die Behandlung des Restbuchwertes

An der Zurechnung der Abbruchkosten, aber auch an der Zurechnung des Restbuchwertes (im Falle eines noch nicht voll abgenutzten Gebäudes) zu den Herstellungskosten des auf der frei gewordenen Fläche neu errichteten Gebäudes, hat sich heftige Kritik entzündet[36]. Der These des BFH, dass im Falle des Erwerbes in Abbruchabsicht schon im Zeitpunkt der Anschaffung ein unmittelbarer wirtschaftlicher Zusammenhang zwischen den Anschaffungskosten und den später beabsichtigten Maßnahmen bestünde[37], wird immer wieder entgegengehalten, dass zwischen dem Abbruch des alten Gebäudes und der Erstellung eines neuen Wirtschaftsgutes scharf getrennt werden müsse. Insbesondere könne allein das Bestehen/Nichtbestehen einer Abbruchabsicht nicht entscheidend für eine unterschiedliche steuerliche Behandlung des Restbuchwertes und der Abbruchkosten sein. In jedem Falle sei der Gebäudeabbruch nämlich die Voraussetzung für die Errichtung eines neuen Gebäudes. Es bestehe also immer ein enger wirtschaftlicher Zusammenhang. Folglich könne nicht eingesehen werden, dass im Falle des Erwerbes ohne Abbruchabsicht, obwohl das Gebäude noch einen Wert habe, eine sofortige Absetzung von Restbuchwert und Abbruchkosten richtig sein solle, aber beim Erwerb in Abbruchabsicht eine Aktivierung zwingend sei. In beiden Fällen bewirke der Steuerpflichtige mit dem Abbruch doch, dass die Nutzung des abgebrochenen Gebäudes beendet sei und der (noch bestehende) Gebäudewert vernichtet werde. Abbruch sei immer mit technischem oder wirtschaftlichem Verbrauch gleichzusetzen. Der Hinweis auf den wirtschaftlichen Zusammenhang zwischen Abbruch des alten Gebäudes und Errichtung eines neuen Gebäudes jedenfalls führe nicht weiter. Er sei lediglich ein „Scheinargument"[38]. Zweifelhaft sei zudem, ob die Vernichtung eines Gebäudes als Wertverzehr zu betrachten sei und aus diesem Grunde Anschaffungskosten/Herstellungskosten eines neuen Wirtschaftsgutes darstellen könne[39]. Besonders heftig wird die These des BFH attackiert, dass eine Aktivierung des Rechtbuchwertes des alten Gebäudes im Falle des Abbruches stets zuerst bei einem im Anschluss an den Abbruch neu errichteten Gebäude zu prüfen sei. Die umstrittene

---

[36] Vgl. z. B. Littmann, Eberhard, Gedanken zum Beschluss des Großen Senates GrS 1/77 über den Gebäudeabbruch, in: FR 1978, S. 589-592 und Ring, Ludwig, Restwert und Abbruchkosten eines Gebäudes – Bedenken gegen die Auffassung des Großen Senats im Beschluss GrS 1/77, in: DStZ 1981, S. 123-127.

[37] Vgl. auch Moxter, Adolf, Bilanzrechtsprechung, 5. Aufl., Tübingen 1999, S. 182, der auf die weite Interpretation des Anschaffungskostenbegriffes durch den BFH hinweist.

[38] Littmann, Eberhard, a.a.O., hier: S. 592.

[39] Vgl. dazu auch Körner, Werner, Gebäudeabbruch als Beginn der Herstellung eines Neubaus?, in: BB 1984, S. 1205-1210 und Mellwig, Winfried, Herstellungskosten und Realisationsprinzip, in: Rechenschaftslegung im Wandel: Festschrift für Wolfgang Dieter Budde, Förschle, Gerhart/Kaiser, Klaus/Moxter, Adolf (Hrsg.), München 1995, S. 397-417.

Passage des BFH-Beschlusses lautet: „Eine Berücksichtigung des Wertes des alten Gebäudes beim Wert von Grund und Bodens erscheint .... nicht gerechtfertigt, da der Wertverlust wirtschaftlich enger mit dem Neubau zusammenhängt.“[40] Auch wenn letzten Endes ein Neubau beabsichtigt sei, so komme es dem Steuerpflichtigen beim Erwerb in der Regel doch auf den Grund und Boden an, so die Kritik. Ohne den freigemachten Grund und Boden könne ein Neubau überhaupt nicht errichtet werden. Dem Grundsatz der Einzelbewertung werde in der Beweisführung des Großen Senats eindeutig zu wenig Beachtung geschenkt. Dieser stehe mehr für eine getrennte Beurteilung des Abbruches und seiner Kosten einerseits und der Errichtung eines neuen Gebäudes bzw. sonstigen Wirtschaftsgutes andererseits[41].

In der Tat erscheint das Argument, Restbuchwert und Abbruchkosten stünden mit dem Neubau in einer engeren Beziehung als mit dem Grund und Boden, wenig überzeugend. Zwar wird darauf hingewiesen, dass der BFH den Teil des Gesamtkaufpreises, der auf das Gebäude entfällt, von vornherein als Aufwand für den Neubau betrachte. Die weitere Umbuchung auf das Neubaukonto stelle nur den buchhalterischen Vollzug der bereits vorher als dem Gebäude zugehörig erkannten Ausgaben dar[42]. Zu überzeugen vermag auch dieses Argument freilich nicht. Der BFH begründet nämlich nicht, warum die Anschaffungskosten bzw. der Restbuchwert gerade Herstellungskosten des Neubaus sein sollen. Beisse bemerkt deshalb zu Recht: „Es läßt sich allerdings nicht verkennen, daß es leichter zu begründen wäre, die gesamten Aufwendungen als auf Grund und Boden gemacht anzusehen. Denn wirtschaftlich kommt es dem Erwerber vor allem auf die Beschaffung des Grundstücks an. Das aufstehende Gebäude ist ihm eine Last ... gleichwohl hat der Große Senat diese Auffassung seiner Entscheidung nicht zugrunde gelegt. Man mag ihm in diesem Punkte einen Kompromiß zugute halten. Denn die Alternative zu dieser, die bisherige Rechtsprechung bestätigenden Herstellungskosten-Lösung (Aktivierung auf Neubaukonto) hätte nicht in der mit dem Vorlagebeschluß des VIII. Senats angestrebten gewinnmindernden Sofortabsetzung, sondern nur in einer (die Besteuerung verschärfenden) Aktivierung als Anschaffungskosten des Grund und Bodens bestehen können.“[43]

Der Kommentar von Herrmann/Heuer/Raupach meint, eine Aktivierung beim neuen Gebäude sei weder technisch noch wirtschaftlich zwingend. Durch den Abbruch werde insbesondere der Boden in einen anderen, nämlich baureifen Zustand versetzt, nicht aber etwas für die Errichtung des neuen Gebäudes getan: „Vielmehr wird der Kaufpreis in der Regel dafür bezahlt ..., um ein unbebautes, bebaubares Grundstück zu er-

[40] BFH vom 12.06.1978 GrS 1/77, a.a.O., hier: S. 625.
[41] Vgl. Littmann, Eberhard, a.a.O., hier: S. 592.
[42] Vgl. Beisse, H(einrich), a.a.O., hier: S. 533.
[43] Ebenda, S. 534.

werben. Entsprechend ... gehört somit bei Abbruchabsicht der gesamte Kaufpreis ... zu dem Anschaffungspreis des Grund und Bodens."[44]

Für die Aktivierung des Restbuchwertes des alten Gebäudes beim Grund und Boden spricht noch ein weiteres Argument. Ein noch vorhandener Restbuchwert im Zeitpunkt des Abbruches des alten Gebäudes reflektiert nicht zuletzt, dass die Aufteilung des Gesamtkaufpreises im Erwerbszeitpunkt unzutreffend vorgenommen worden ist. Wäre nämlich die Dauer der Zwischennutzung des jetzt abgebrochenen Gebäudes richtig eingeschätzt worden, dürfte im Zeitpunkt des Abbruches ein Restbuchwert überhaupt nicht mehr vorhanden sein. Wird jedoch das Gebäude früher abgebrochen, so ist eine Nachaktivierung des Gebäuderestwertes im Abbruchjahr beim Grund und Boden durchaus nicht unberechtigt. Das Anschaffungswertprinzip wird dadurch nicht verletzt. Der Saldo aus dem gesamten Anschaffungspreis, vermindert um den Verkehrswert des Grund und Bodens minus der planmäßigen AfA für die Zeit der Zwischennutzung, kann als nachträgliche Anschaffungskosten auf den Grund und Boden aktiviert werden[45]. Eine sofortige gewinnmindernde Absetzung des Restbuchwertes, wie dies bei Jacobs[46] gefordert wird, erscheint indes nicht zwingend. Eine Verletzung des Einzelbewertungsprinzips – dies wird moniert – ist nicht erkennbar.

Das Argument von Ring[47] allerdings, der von der Rechtsprechung behauptete Zusammenhang zwischen Erwerb und Abbruch des alten Gebäudes und Errichtung eines Neubaus stimme bereits dann nicht mehr, „wenn das erworbene Grundstück groß genug ist, den Neubau auch an anderer Stelle der erworbenen Grundstücksfläche zu errichten und der Abbruch aus anderen Gründen erfolgt"[48], sticht nicht. Soweit es nämlich an dem für notwendig erachteten körperlichen Zusammenhang fehlt, hatte die Rechtsprechung eine Aktivierung des Restbuchwertes beim Neubau bis dahin auch regelmäßig abgelehnt[49] und die – von Ring „neu" vorgeschlagene – Aktivierung beim Grund und Boden ebenfalls praktiziert. Ebenfalls bemerkenswert an der späteren BFH-Rechtsprechung ist ein anderer Aspekt. Neben der Aktivierung des Restbuchwertes beim neu errichteten Gebäude kann nämlich eine Aktivierung bei einem „sonstigen Wirtschaftsgut" in Frage kommen[50]. Es ist in jedem Falle also zu prüfen, ob der Restbuchwert neben dem Neubau auch mit einem anderen (abschreibungsfähigen) Wirt-

[44] Herrmann, Carl/Heuer, Gerhard/Raupach, Arndt, Kommentar zur Einkommensteuer und Körperschaftsteuer, § 6 EStG, Anm. 688.
[45] Vgl. dazu auch Kromschröder, Bernhard, Die steuerliche Behandlung des Gebäudeabbruchs als Problem der Bilanzierung bebauter Grundstücke, in: StuW 1974, S. 112-125, hier: S. 123.
[46] Jacobs, Otto H., a.a.O., hier: S. 163.
[47] Ring, Ludwig, a.a.O., hier: S. 125.
[48] Ebenda.
[49] Vgl. BFH vom 15.11.1978 I R 2/76, a.a.O., hier: S. 300.
[50] Vgl. BFH vom 12.06.1978 GrS 1/77, a.a.O., hier: S. 620.

schaftsgut in Zusammenhang steht. Unter welchen Voraussetzungen von einem „sonstigen Wirtschaftsgut“ gesprochen werden kann, war zunächst eher unklar[51]. Inzwischen ist indes klar: „Es kommt .... möglicherweise die Schaffung mehrerer Wirtschaftsgüter in Betracht, wie Gebäude, Parkplätze, Ladeflächen usw., auf welche der Restbuchwert und die Abbruchkosten entsprechend dem wirtschaftlichen Zusammenhang zwischen dem Abbruch des Gebäudes und der Herstellung der neuen Wirtschaftsgüter zu verteilen sind.“[52] Damit kommt ein Umschwenken der Finanzrechtsprechung explizit zum Ausdruck. Während in früheren Entscheidungen[53] z. B. ein Lagerplatz eindeutig als Teil des Grund und Bodens angesehen, die Eigenschaft als sonstiges (abschreibungsfähiges) Wirtschaftsgut also verneint wurde[54], wird ein Lager- oder Parkplatz nunmehr als abnutzbares Wirtschaftsgut qualifiziert. Auch diese Entwicklung kann durchaus als Zugeständnis der Rechtsprechung an den Steuerpflichtigen gewertet werden. In einer Mehrzahl von Fällen wird infolge der skizzierten Interpretation dem Steuerpflichtigen eine Möglichkeit zur planmäßigen Abschreibung des Restbuchwertes eingeräumt. Hinsichtlich des Kreises der Ersatzwirtschaftsgüter, auf die der Große Senat den Restbuchwert des abgebrochenen Gebäudes übertragen wissen will, besteht indes zwischen Rechtsprechung und Literatur bis heute keinesfalls eine Übereinstimmung.

4.2. Die Behandlung der Abbruchkosten

Zu Recht wird in der Literatur darauf hingewiesen[55], dass die Beurteilung der bilanziellen Behandlung der Abbruchkosten im Falle des Gebäudeabbruches mit der (oben skizzierten) Problemlösung für den Restbuchwert sich nicht sozusagen automatisch ergibt. Zwar gelten nach den Vorstellungen von Finanzrechtsprechung[56] und Finanzverwaltung[57] die für die Behandlung des Restbuchwertes aufgestellten Grundsätze inhaltlich auch für die Abbruchkosten. Doch ist in der Literatur schnell erkannt worden, dass bezüglich der steuerlichen Behandlung der Abbruchkosten eine gründlichere Problemanalyse vonnöten ist.

Der BFH rechnet die Abbruchkosten bisher den Anschaffungsnebenkosten des Grund und Bodens zu[58], soweit kein neues Gebäude/sonstiges Wirtschaftsgut errichtet wird.

---

[51] Vgl. auch Beisse, H(einrich), a.a.O., hier: S. 534.
[52] BFH vom 15.11.1978 I R 2/76, a.a.O., hier: S. 300.
[53] Vgl. BFH vom 03.12.1964 IV 422/62 S, a.a.O., hier: S. 323.
[54] So z. B. auch noch Kromschröder, Bernhard, a.a.O., hier: S. 113.
[55] Vgl. z. B. Jacobs, Otto H., a.a.O., hier: S. 163.
[56] Vgl. BFH vom 12.06.1978 GrS 1/77, a.a.O., hier: S. 620.
[57] Vgl. H 6.4 (Abbruchkosten) EStH 2005.
[58] Vgl. auch Karrenbauer, Michael, Der Gebäudeabbruch, in: BB 1985, S. 2288-2296.

Zu Recht führt Jacobs[59] aus, dass nur bei einer sehr weiten Auslegung des Anschaffungskostenbegriffes eine Aktivierung der Abbruchkosten vertretbar ist.

Darüber hinaus weist der gleiche Autor[60] darauf hin, dass auch zwischen der Behandlung der Abbruchkosten im Falle des Erwerbes einerseits bzw. der Abbruchkosten im Falle des vorherigen längeren Besitzes des abgebrochenen Gebäudes andererseits, eine beachtliche Inkonsistenz bestehe. Gehe man davon aus, dass der Abbruch der Beginn der Herstellung darstelle, so gelte dies vollkommen unabhängig davon, ob ein Gebäude schon seit Längerem im Besitz des Steuerpflichtigen sei oder es mit bzw. ohne die Absicht, es abzubrechen, erworben wurde. Ohne sachliche Rechtfertigung werde der Herstellungskostenbegriff bei wirtschaftlich nahezu identischen Sachverhalten einmal eng und ein anderes Mal weit interpretiert[61]. Kromschröder[62] zieht daraus den Schluss, dass der Zusammenhang von Abbruchkosten und Grund und Boden – eine Aktivierung beim neu errichteten Gebäude steht nach dieser Auffassung überhaupt nicht zur Diskussion – nur von „sekundärer Art"[63] sein könne. Primär seien die Abbruchkosten Aufwand, der dem Wirtschaftsgut „altes Gebäude" zuzurechnen sei. Bei konsequenter Anwendung des Einzelbewertungsprinzips verbiete es sich, und hier ist die dargelegte Auffassung durchaus schlüssig, Aufwendungen einem anderen als dem direkt betroffenen Wirtschaftsgut zuzurechnen. Abbruchkosten entstehen, „unabhängig davon, ob es überhaupt um die Gewinnung leeren Grund und Bodens geht"[64].

Eine ähnliche bilanzrechtliche Begründung (wie zu den Abbruchkosten) sieht die Finanzrechtsprechung auch bei an Altmieter geleisteten Abfindungszahlungen: „Die Klägerin hat die Mieter nicht abgefunden, um die bis dahin vermieteten Gebäude abbrechen und um das Grundstück räumen zu können, ohne genaue Vorstellungen über die künftige Nutzung des Grundstückes zu haben … . Damit ist der enge wirtschaftliche Zusammenhang mit der Errichtung des neuen Gebäudes gegeben, so dass die Abfindungsbeträge in den Herstellungskosten des neuen Gebäudes aufgehen."[65] Das Zurechnungsproblem wird offensichtlich, weil der BFH in diesem Fall letztendlich entschieden hat, dass im Falle der Aufgabe der Planung für ein neues Gebäude die Abfindungszahlungen für die Altmieter, die Abbruchkosten und die Restbuchwerte der abgebrochenen Gebäude als sofort abziehbare Betriebsausgaben zu qualifizieren sind[66].

---

[59] Jacobs, Otto H., a.a.O., hier: S. 163.
[60] Vgl. ebenda.
[61] Vgl. ebenda.
[62] Kromschröder, Bernhard, a.a.O., hier: S. 123.
[63] Ebenda.
[64] Ebenda.
[65] BFH vom 09.02.1983 I R 29/79, in: BStBl. II 1983, S. 451-453, hier: S. 452.
[66] Vgl. ebenda.

Fest vereinbarte Honorare für eine ursprünglich einmal vorgesehene Planung sowie die Bauüberwachung eines neuen Gebäudes, das jedoch nicht verwirklicht wird, die Honorare aber trotzdem gezahlt werden müssen, gehören folglich nicht zu den Herstellungskosten eines eventuell später errichteten anderen Gebäudes, sondern sind als sofort abzugsfähige Betriebsausgaben zu qualifizieren[67]. Lediglich soweit die Planungskosten nachweislich der Errichtung des neuen Gebäudes „in irgendeiner Form" gedient haben, sind sie ganz oder teilweise den Herstellungskosten des Neubaus zuzurechnen. Wird schließlich ein Gebäude zu einem Zeitpunkt abgebrochen, der in den Bereich der privaten Lebensführung fällt, so muss ausschließlich auf den Zusammenhang zwischen den Abbruchkosten und der Herstellung des Neubaus abgestellt werden, da der Altbau nicht der Einkünfteerzielung diente[68].

Eine strenge Beachtung des Einzelbewertungsprinzips, dies ist als Ergebnis der Analyse festzuhalten, verlangt, dass die Abbruchkosten weder als Herstellungskosten des neuen Gebäudes/sonstigen Wirtschaftsgutes noch als nachträgliche Anschaffungskosten des Grund und Bodens aufgefasst werden können. Sie stehen in der Regel überhaupt nicht in engem Zusammenhang mit der Anschaffung/Herstellung eines neuen Wirtschaftsgutes, sondern reflektieren ausschließlich die Beseitigung eines vorhandenen Wirtschaftsgutes. Die Lösung lautet deshalb: Abbruchkosten sind – unabhängig davon, ob das abgebrochene Gebäude gerade erst erworben wurde oder aber seit Längerem im Besitz des Steuerpflichtigen ist – als letzter Aufwand für das alte Gebäude, dessen Nutzung damit beendet ist, anzusehen und damit als Betriebsausgaben der Abbruchperiode voll ergebnismindernd anzusetzen. Dies hat zudem den Vorteil, dass zwischen dem Abbruch/der Beseitigung von Gebäuden bzw. Maschinen und maschinellen Anlagen kein steuerlich relevanter Unterschied gemacht wird[69].

5. Analyse des Kriteriums der „Abbruchabsicht"

5.1. Das Abgrenzungskriterium

Das für die bilanzsteuerliche Behandlung des Restbuchwertes und der Abbruchkosten entscheidende Merkmal der „Abbruchabsicht" und dessen Auslegung stellt das einzig noch offene, bisher nicht diskutierte Problem von wesentlicher Bedeutung dar. Was heißt „Abbruchabsicht", wann liegt eine „Abbruchabsicht" vor, wann nicht? Diese Fragen sollen nun abschließend diskutiert werden.

---

[67] Vgl. BFH vom 08.09.1998 IX 75/95, in: BStBl. II 1999, S. 20-21, hier: S. 20 und BFH vom 29.11.1983 VIII R 96/81, in: BStBl. II 1984, S. 303-305, hier: S. 303.
[68] Vgl. BFH vom 16.04.2002 IX R 50/00, in: BStBl. II 2002, S. 805-807, hier: S. 805.
[69] Vgl. Kromschröder, Bernhard, a.a.O., hier: S. 124.

Besonders im BFH-Urteil von 18.03.1965[70] wird erstmals sehr stark auf das subjektive Merkmal der Abbruchabsicht abgestellt. Das oberste Finanzgericht geht in seinem Urteilsleitsatz auf ein Gebäude ein, das zum Zwecke des Abbruches und der daran anschließenden Errichtung eines Neubaus erworben wurde. Ausschlaggebend, so die frühere Rechtsprechung, sei nicht, wie viel Zeit zwischen Erwerb und Abbruch liege, sondern allein die im Zeitpunkt des Erwerbes vorhandene oder nicht vorhandene Abbruchabsicht.

Obwohl die frühere BFH-Rechtsprechung damit dem Merkmal der „Abbruchabsicht" alleinige Priorität einräumt, kommt dennoch auch dem zeitlichen Moment eine nicht unbeachtliche Bedeutung zu: „Je mehr Zeit zwischen dem Erwerb und dem Abbruch des Gebäudes verstrichen ist, desto schwieriger wird dem Unternehmen eine schon beim Erwerb bestehende Absicht des Abbruchs nachzuweisen sein."[71] Ein Abriss erst nach einer ganzen Reihe von Jahren deute doch sehr darauf hin, dass die Absicht zum Abbruch erst später gefasst wurde und im Zeitpunkt des Erwerbes noch nicht bestanden hat. Umgekehrt lässt ein Abbruch „alsbald" nach Erwerb auf eine schon im Erwerbszeitpunkt bestehende Abbruchabsicht schließen.

Auch die Finanzverwaltung hat diesem Gesichtspunkt Rechnung getragen. Erstmals findet sich in den EStR 1969 in Abschnitt 42 a Abs. 6 eine Regelung. Hier wird weniger deutlich auf die subjektive Absicht zum Abbruch als dem entscheidenden Kriterium abgestellt. Konkret verlange ein Abbruch „alsbald" nach Erwerb stets eine Aktivierung des Restbuchwertes und der Abbruchkosten als Herstellungskosten des anschließend errichteten Neubaus. Seithel[72] hat später mit durchaus überzeugenden Argumenten vorgetragen, immer dann einen „alsbaldigen" Abbruch anzunehmen, wenn die Zeitspanne zwischen Erwerb und Abbruch weniger als drei Jahre beträgt.

Obschon in Abschnitt 42 a Abs. 6 EStR 1969 besonders augenfällig auf einen Abbruch „alsbald" nach Erwerb abgestellt wird, so darf freilich nicht angenommen werden, dass die Abbruchabsicht als solche für die steuerliche Behandlung des Restbuchwertes und der Abbruchkosten ohne Belang sei. Vielmehr war stets klar, dass das Vorliegen/Nichtvorliegen einer Abbruchabsicht jeweils zuerst zu prüfen ist. Die Formulierung in Abschnitt 42 a Abs. 6 EStR 1969 kann demnach im Sinne einer widerlegbaren Vermutung verstanden werden. Erfolgt der Gebäudeabbruch „alsbald" nach Erwerb, so ist zu vermuten, dass schon im Zeitpunkt des Erwerbes eine konkrete Abbruchabsicht vorgelegen hat. Erfolgt dagegen der Abbruch erst später, so besteht die Vermu-

---

[70] Vgl. BFH vom 18.03.1965 VI 61/62, in: BStBl. III 1965, S. 320-323, hier: S. 320.

[71] Seithel, Rolf, Zur ertragsteuerlichen Behandlung des Abbruchs eines Gebäudes „alsbald" nach dem Erwerb (Abschnitt 42 a Abs. 6 EStR 1969), in: DStR 1971, S. 524-528, hier: S. 525.

[72] Ebenda, S. 526.

tung, dass im Erwerbszeitpunkt noch keine Abbruchabsicht bestand, sondern erst (viel) später gefasst wurde. Das Abgrenzungskriterium „alsbald“ diente der früheren Finanzrechtsprechung damit lediglich zur Interpretation einer vorhandenen/nicht vorhandenen Abbruchabsicht; es führte zu einer Art von Umkehr der Beweislast[73].

Die danach folgende BFH-Rechtsprechung, insbesondere der Beschluss des Großen Senats vom 12.06.1978[74], hat die Bedeutung des Kriteriums „Abbruchabsicht“ nachdrücklich unterstrichen und zum zentralen Entscheidungskriterium gemacht. Für eine Bejahung der Abbruchabsicht spricht danach stets, wenn die Beteiligten bereits im Kaufvertrag davon ausgegangen sind, dass der Erwerb zum Zwecke des Abbruches erfolgt, etwa eine Abbruchverpflichtung vereinbart wurde oder bereits besteht[75]. Ein Indiz für einen Erwerb in Abbruchabsicht stellt vor allem die Tatsache dar, dass der Abbruch in engem zeitlichen Zusammenhang mit dem Erwerb geschieht. Mit dem Abbruch alsbald nach Erwerb kommt nach der Auffassung des Gerichtes zum Ausdruck, dass das Gebäude nicht von eigenem Wert war. Vielmehr werde deutlich, dass der Erwerber nicht die Absicht hatte, das Gebäude als Gebäude zu nutzen, sondern der Erwerb den Zweck verfolgt hat, ein neues Gebäude oder sonstiges Wirtschaftsgut auf dem erworbenen Grundstück zu erstellen.

Einen solch engen Zusammenhang zwischen Erwerb und Abbruch nimmt der Große Senat stets an, wenn der Abbruch innerhalb von drei Jahren nach Erwerb erfolgt. Mindestens dieser Zeitraum sei erforderlich, eine Neuplanung zu erstellen. Wird während des Dreijahreszeitraumes abgebrochen, so spricht nach Auffassung des Großen Senats der Beweis des ersten Anscheins für einen Erwerb in Abbruchabsicht. Der Steuerpflichtige kann diesen Anscheinsbeweis durch einen Gegenbeweis entkräften. Lediglich in besonders gelagerten Fällen, etwa bei großen Arrondierungskäufen, könne der Beweis des ersten Anscheins auch bei einem Abbruch nach mehr als drei Jahren seit Erwerb für eine ursprüngliche Abbruchabsicht sprechen[76]. Ausschlaggebend für die steuerliche Beurteilung ist der Zeitpunkt des Entschlusses zum Abbruch. In einer weiteren Entscheidung hat der BFH klargestellt, dass eine Abbruchabsicht zum Zeitpunkt des Erwerbes durchaus zu einer anderen steuerlichen Bewertung führt, als wenn der Entschluss zum Abbruch erst nach dem Erwerb gefasst wird[77]. Danach ist der Zeitpunkt des Erwerbes mit dem Abschluss des notariellen Kaufvertrags identisch. Der Dreijahreszeitraum beginnt mit dem Abschluss des obligatorischen Erwerbsgeschäftes

---

[73] Vgl. Seithel, Rolf, a.a.O., hier: S. 525 und vgl. auch Schuhmann, Helmut, a.a.O., hier: S. 76.
[74] Vgl. BFH vom 12.06.1978 GrS 1/77, a.a.O., hier: S. 620.
[75] Vgl. z. B. BFH vom 15.11.1978 I R 2/76, a.a.O., hier: S. 299.
[76] Vgl. BFH vom 12.06.1978 GrS 1/77, a.a.O., hier: S. 620 und vgl. dazu auch Triller, Hans, a.a.O., hier: S. 435.
[77] Vgl. BFH vom 06.02.1979 VIII R 105/75, in: BStBl. II 1979, S. 509-510, hier: S. 509.

und endet mit Beginn des Abbruches[78]. Nicht die Eintragung ins Grundbuch, sondern der Abschluss des notariellen Vertrages dokumentiert damit nach der Interpretation des BFH den Erwerbsvorgang.

Nach der Interpretation des BFH ist also die im Zeitpunkt der Anschaffung des Gebäudes bestehende Absicht, das Gebäude als Gebäude weiter zu nutzen oder aber das Gebäude, etwa zum Zwecke des Neubaus, abzubrechen, als entscheidendes Abgrenzungskriterium heranzuziehen. In der Literatur werden hiergegen massive Bedenken vorgetragen[79]. Es sei nicht einsichtig, warum die beim Erwerb bereits bestehende Absicht eines späteren Abbruches Aufwendungen, die im Zeitpunkt des Erwerbes – auch nach Auffassung des BFH – zunächst noch als Anschaffungskosten für nutzbare Gebäude gelten, später zu zusätzlichen Herstellungskosten des Neubaus bzw. zu Anschaffungskosten des Grund und Bodens werden lassen soll. Mit dem Entschluss zum Abbruch werde regelmäßig zum Ausdruck gebracht, dass die Nutzung des abgerissenen Gebäudes beendet und der noch in den Büchern stehende (Buch-)Wert verloren sei. Der Grundsatz der Einzelbewertung gebiete eine getrennte Behandlung von bestehenden/erworbenen Gebäuden einerseits und Neubauten andererseits. Der unmittelbare Zusammenhang zwischen den Anschaffungskosten und den mit der Abbruchabsicht verbundenen Maßnahmen, von denen der Große Senat ausgehe und worauf er die Nichtabschreibungsfähigkeit des Restbuchwertes stütze, sei „kein besonderes Merkmal dieses Falles“[80]. Die Verknüpfung mit den Maßnahmen nach dem Abbruch sei eine gewollte, aber „keine bilanzmäßig sachgerechte“[81]. Karrenbauer[82] sieht in der Anwendung des Kriteriums der Abbruchabsicht einen Verstoß gegen das für die Steuerbilanz unerlässliche Objektivierungsgebot.

Ring hält die Verwendung des Kriteriums der Abbruchabsicht für ein „gerichtlich konzessioniertes Hilfsmittel, das Finanzamt förmlich an der Nase herumzuführen“[83]. Die Absicht des Steuerpflichtigen sei keinesfalls ein geeigneter und praktikabler Maßstab, den Bilanzansatz eines Wirtschaftsgutes zu bemessen. Für die Ermittlung der Anschaffungskosten könne nicht die subjektive Auffassung des Steuerpflichtigen maßgeblich sein. Entscheidend sei allein der am Bilanzstichtag vorliegende objektive

---

78 Vgl. Stobbe, Thomas, in: Herrmann, Carl/Heuer, Gerhard/Raupach, Arndt: Einkommensteuer- und Körperschaftsteuergesetz – Kommentar, § 6 EStG, Anm. 671.

79 Vgl. z. B. Littmann, Eberhard, a.a.O., hier: S. 590 und Ring, Ludwig, a.a.O., hier: S. 124.

80 Littmann, Eberhard, Das Einkommensteuerrecht, Kommentar zum Einkommensteuerrecht, 13. Aufl. Bd. 1, Stuttgart 1981, § 6, Anm. 232 d.

81 Ebenda.

82 Karrenbauer, Michael, a.a.O., hier: S. 2296.

83 Ring, Ludwig, a.a.O., hier: S. 124.

Sachverhalt: Das Kriterium der „Abbruchabsicht" stelle den „Grundsatz der objektiven Wertbemessung"[84] in Frage.

Beisse[85] hat zu Recht betont, dass gerade vom wirtschaftlichen Standpunkt viel dafür spricht, zwischen einem Gebäude, das in der Absicht erworben wird, es abzubrechen, und einem Gebäude, bei dem eine solche Absicht bei Erwerb fehlt, zu unterscheiden: „Im ersten Fall kalkuliert der Erwerber den Abbruch ein; das Gesamtobjekt ist ihm diesen Preis wert."[86] Vollkommen anders sei indes die Frage zu beurteilen, wie die Abbruchabsicht bewiesen werden kann. Der Große Senat hat dazu (objektivierende) Beweisregeln aufgestellt und durch nachfolgende Urteile präzisiert, die eine hinreichende Gewähr dafür bieten, dass die „wahren Absichten" enttarnt werden. Schon Kromschröder[87] betont die Notwendigkeit, mittels Objektivierungen einerseits das subjektive Ermessen des Steuerpflichtigen zu begrenzen, andererseits aber die zugrunde liegenden wirtschaftlichen Sachverhalte ausreichend abzubilden. Die jüngere Finanzrechtsprechung scheint von einer ähnlichen Vorstellung geleitet zu sein. Sie geht ebenfalls von der „Abbruchabsicht" als dem entscheidenden Kriterium aus. Sie hat die Grundsätze des Beschlusses des Großen Senats des BFH vom 12.06.1978, die ausschließlich zum Fall des Gebäudeabbruches nach Grundstückskauf ergangen sind, fortentwickelt und konsistent auch für vergleichbare Sachverhalte bei unentgeltlichem Erwerb, Erbfall oder Schenkung unter Lebenden angewandt. Für die Gleichstellung von z. B. unentgeltlichem und entgeltlichem Erwerb spricht zudem, dass der BFH beim vergleichbaren Vorgang der Einlage eines Grundstückes ins Betriebsvermögen mit Abbruchabsicht die Abbruchkosten und den Gebäuderestwert ebenfalls den Herstellungskosten des Neubaus zugeordnet hat.[88] Da klar ist, dass der Willkür Tür und Tor geöffnet wird, wenn der Steuerpflichtige seine „Absichten" steuerlich relevant mitteilen dürfte, erscheint eine „günstige" Approximation das anzustrebende Ziel. Es scheint, dass die ergänzenden Auslegungen des BFH in den letzten 25 Jahren den bestehenden Konflikt durchaus zulänglich regeln.

5.2. Die Vermutung und Widerlegung der Abbruchabsicht

Wird innerhalb des Dreijahreszeitraumes mit dem Abbruch des erworbenen Gebäudes tatsächlich begonnen, so kann der Steuerpflichtige den Beweis des ersten Anscheins, dass ein Gebäude in Abbruchabsicht erworben wurde, entkräften. Er kann etwa gel-

[84] Ebenda.
[85] Beisse, H(einrich), a.a.O., hier: S. 532.
[86] Ebenda.
[87] Kromschröder, Bernhard, a.a.O., hier: S. 112.
[88] Vgl. BFH vom 07.10.1986 IX R 93/82, in: BStBl. II 1987, S. 330-333, hier: S. 330 und BFH vom 09.02.1983 I R 29/79, a.a.O., hier: S. 451.

tend machen, dass es sich bei dem Erwerb um eine Fehlmaßnahme gehandelt hat[89]. Die Behauptung muss also durch belegbare Umstände gestützt werden[90], z. B. dass es zu dem Abbruch erst aufgrund eines ungewöhnlichen, nicht normalen Geschehensablaufs gekommen ist[91]. Wird etwa ein schon lange bestehendes Mietverhältnis nach Erwerb – nach dem Scheitern von ernsthaften Prolongationsverhandlungen – vorfristig beendet und danach eine grundlegende Sanierung des Gebäudes vorgenommen, so spricht dies z. B. für einen Erwerb ohne Abbruchabsicht.

Für die Widerlegung der Vermutung ist nach dem Urteil VIII R 93/73 vom 13.11.1979 nicht der Beweis des Gegenteils erforderlich. Notwendig ist nur ein Gegenbeweis: „Entkräftet der Steuerpflichtige damit den Beweis des ersten Anscheins, so trifft das FA (wieder) die objektive Beweislast, dass das Gebäude in Abbruchabsicht erworben wurde.“[92] Kann der Steuerpflichtige also darlegen, dass im Zeitpunkt des Erwerbes die Absicht bestanden hat, das Gebäude erst nach zehn Jahren oder mehr abzubrechen, so ist nicht von einer Abbruchabsicht bei Erwerb auszugehen. „Denn in einem solchen Fall steht die Nutzung des Gebäudes und nicht der Abbruch im Vordergrund bei dessen Erwerb.“[93] Besteht etwa für das Gebiet eine Veränderungssperre, so kann dies ein wichtiges Indiz für eine nicht vorhandene Abbruchabsicht darstellen.

Daraus darf gleichwohl nicht grundsätzlich geschlossen werden, ein Abbruch nach Ablauf von drei Jahren nach Erwerb spreche regelmäßig gegen eine ursprüngliche Abbruchabsicht[94]. Lediglich auf die erste Vermutung, dass ein Erwerb in Abbruchabsicht vorgelegen hat, kann sich die Verwaltung bei ihrer Beurteilung nicht mehr stützen. Vielmehr trifft nun das Finanzamt die objektive Beweislast. Gelingt es diesem nicht, den Beweis zu erbringen bzw. lassen sich Feststellungen in der einen oder anderen Richtung nicht treffen, so geht die Unbeweisbarkeit der Abbruchabsicht zu Lasten des Finanzamtes.

Sprechen indes gewichtige Umstände auch nach Ablauf des Dreijahreszeitraumes dafür, dass schon im Erwerbszeitpunkt eine Abbruchabsicht bestand, so kann dies nicht unberücksichtigt bleiben. Auch ist klar, dass die Beweiserleichterung des Anscheinsbeweises nicht ohne weiteres durch einen Gegenteilsschluss in der Tatsachenvermutung z. B. in dem Sinne umgekehrt werden kann, ein Abriss später als drei Jahre nach

---

89 Vgl. BFH vom 12.06.1978 GrS 1/77, a.a.O., hier: S. 620.

90 Vgl. Offerhaus, Klaus, Rechtsprechung im besonderen Blickpunkt der Betriebsprüfung, in: StBp 1978, S. 288-291.

91 Vgl. ebenda und BFH vom 13.01.1998 IX R 58/95, in: BFH/NV 1998, S. 1080-1081, hier: S. 1080.

92 BFH vom 13.11.1979 VIII R 93/73, in: BStBl. II 1980, S. 69-71, hier: S. 69.

93 Ebenda, S. 71.

94 Anderer Ansicht offenbar Wölfel, Manfred, Gebäudeabbruch nach Erwerb: Neue Lockerungstendenz des Bundesfinanzhofs?, in: BB 1980, S. 358-360.

dem Erwerb des Grundstücks lasse den Schluss zu, die anfängliche Abbruchabsicht sei aufgegeben worden.

Für eine Abbruchabsicht bereits im Zeitpunkt des Erwerbes spricht auch die Mitteilung des Steuerpflichtigen an die Grunderwerbsteuerstelle des Finanzamtes, er wolle ein soeben erworbenes Gebäude abreißen und votiere deshalb für eine (zumindest vorläufige) Grunderwerbsteuerbefreiung. Es ist dem Steuerpflichtigen dann nicht möglich, bei der späteren Einkommensteuerveranlagung mit Erfolg geltend zu machen, er habe von Anfang an keine Abbruchabsicht gehabt[95]. Deshalb ist generell bei Gebäudeerwerb die Bestimmtheit der Abbruchabsicht zu prüfen. Die generelle Absicht, ein Gebäude „zu gegebener Zeit", d. h. nach Ablauf seiner normalen Nutzungsdauer, besonders aber bei einer gravierenden Veränderung der wirtschaftlichen Verhältnisse, abzubrechen, spricht selbstverständlich nicht für die Bestimmtheit der Abbruchabsicht im Erwerbszeitpunkt[96].

6. Schlussfolgerungen für die steuerliche Optimierung von Erwerbsvorgängen

Neben dem derzeit stürmischen Interesse international agierender Finanzinvestoren an inländischen, cashflow-getriebenen Bestandsimmobilien generiert zusätzlich auch die zunehmende Zahl von Leerständen älterer Gebäude sowohl im gewerblichen wie im privaten Bereich eine steigende Anzahl von Revitalisierungsvorhaben, bei denen der (vollständige oder teilweise) Abbruch erwogen wird. Hohe Investitionsvolumina regen dann im Rahmen einer professionellen Portfolioanalyse dazu an, Optimierungspotenziale zur Steigerung der (Nachsteuer-)Rendite des eingesetzten Kapitals auszuloten. Für den Gebäudeabbruch heißt das: Soweit keine eindeutigen Regelungen hinsichtlich des Abbruches von Gebäuden oder Gebäudeteilen im Zeitpunkt des Erwerbes getroffen worden sind, spricht nach der geltenden Finanzrechtsprechung der Beweis des ersten Anscheins bei einem Abbruch innerhalb von drei Jahren stets für das Vorliegen einer Abbruchabsicht und führt in der Folge zu negativen Steuereffekten. Vertraglich fixierte Regelungen bzw. die Dokumentation von eindeutig auf eine Abbruchabsicht hinweisenden Aspekten sollten deshalb aus steuerlichen Erwägungen im Zuge von Erwerbsverhandlungen – je nach Sinnhaftigkeit des Einzelfalls – im Grundsatz vermieden werden. Sind dagegen nach Erwerb mehr als drei Jahre verstrichen, muss die Finanzbehörde in der Regel eindeutige Beweise vorlegen, um eine im Erwerbszeitpunkt bestehende Abbruchabsicht zu belegen. Dies dürfte vornehmlich bei einer beabsichtigten (längeren) Zwischennutzung regelmäßig nicht leicht fallen. Ist kurzfristig

[95] Vgl. Herrmann, Carl/Heuer, Gerhard/Raupach, Arndt, a.a.O., § 6, Anm. 671.
[96] Vgl. ebenda.

nach Abbruch oder Revitalisierung eine Veräußerung der jeweiligen Liegenschaft geplant, so führt die skizzierte steuerliche Optimierung lediglich zu überschaubaren positiven Liquiditätseffekten. Soll ein erworbenes Gebäude dagegen langfristig im Bestand gehalten werden, kann eine aufmerksame Analyse der bilanzsteuerlichen Regelungen zum Gebäudeabbruch das Investitionskalkül eines Investors sowohl im Privatvermögen als auch im Betriebsvermögen wesentlich beeinflussen. Schließlich kann die Übertragung des Gebäuderestwertes und der Abbruchkosten auf sonstige Wirtschaftsgüter, z. B. Park- oder Lagerplätze, aufgrund der wesentlich kürzeren (Rest-)Nutzungsdauer dieser Wirtschaftsgüter zu attraktiven steuerlichen Liquiditätseffekten führen.

Literaturverzeichnis

Beisse, H(einrich):
Gebäudeabbruch und Neubau in Handels- und Steuerbilanz – Zur Grundsatzentscheidung des Großen Senats vom 12.06.1978, in: INF 1978, S. 529-535.

Heibel, Reinhold:
Die Behandlung des Gebäudeabbruchs im Bilanzsteuerrecht, in: BB 1983, S. 540-555.

Herrmann, Carl/Heuer, Gerhard/Raupach, Arndt:
Kommentar zur Einkommensteuer und Körperschaftsteuer, § 6 EStG.

Jacobs, Otto H.:
Die Behandlung von Gebäuderestwert und Abbruchkosten in der Steuerbilanz, in: Steuerberater-Kongreß-Report 1979, München 1979, S. 153-173.

Karrenbauer, Michael:
Der Gebäudeabbruch, in: BB 1985, S. 2288-2296.

Körner, Werner:
Gebäudeabbruch als Beginn der Herstellung eines Neubaus?, in: BB 1984, S. 1205-1210.

Kromschröder, Bernhard:
Die steuerliche Behandlung des Gebäudeabbruchs als Problem der Bilanzierung bebauter Grundstücke, in: StuW 1974, S. 112-125.

Littmann, Eberhard:
Das Einkommensteuerrecht, Kommentar zum Einkommensteuerrecht, 13. Aufl. Bd. 1, Stuttgart 1981.

Littmann, Eberhard:
Gedanken zum Beschluss des Großen Senates GrS 1/77 über den Gebäudeabbruch, in: FR 1978, S. 589-592.

Mellwig, Winfried:
Herstellungskosten und Realisationsprinzip, in: Rechenschaftslegung im Wandel: Festschrift für Wolfgang Dieter Budde, Förschle, Gerhart/Kaiser, Klaus/Moxter, Adolf (Hrsg.), München 1995, S. 397-417.

Moxter, Adolf:
Bilanzrechtsprechung, 5. Aufl., Tübingen 1999.

Offerhaus, Klaus:
Rechtsprechung im besonderen Blickpunkt der Betriebsprüfung, in: StBp 1978, S. 288-291.

Ring, Ludwig:
Restwert und Abbruchkosten eines Gebäudes – Bedenken gegen die Auffassung des Großen Senats im Beschluss GrS 1/77, in: DStZ 1981, S. 123-127.

Rose, Gerd/Telkamp, Heinz-Jürgen:
Die planmäßige Abschreibung bzw. Absetzung für Abnutzung bei erworbenen Bauwerken, insbesondere bei Erwerb mit Abbruchsabsicht, in: FR 1977, S. 429-433

Schoor, Hans Walter:
Bilanzierung bei einem Gebäudeabbruch, in: StBp 2000, S. 110-115.

Schuhmann, Helmut:
Gebäudeabbruchkosten und Restbuchwert-Behandlung, in: StBp 1974, S. 73-78.

Seithel, Rolf:
Zur ertragsteuerlichen Behandlung des Abbruchs eines Gebäudes „alsbald" nach dem Erwerb (Abschnitt 42 a Abs. 6 EStR 1969), in: DStR 1971, S. 524-528.

Stobbe, Thomas:
in: Herrmann, Carl/Heuer, Gerhard/Raupach, Arndt: Einkommensteuer- und Körperschaftsteuergesetz – Kommentar, § 6 EStG, Anm. 671.

Triller, Hans:
Zur steuerlichen Behandlung des Buchwertes eines abgebrochenen Gebäudes und der Abbruchkosten, in: DStZ/A 1978, S. 433-435.

Wölfel, Manfred:
Gebäudeabbruch nach Erwerb: Neue Lockerungstendenz des Bundesfinanzhofs?, in: BB 1980, S. 358-360.

Rechtsprechungsverzeichnis

Gericht	Aktenzeichen	Fundstelle
BFH vom 03.12.1964	IV 422/62 S	BStBl. III 1965, S. 323-324.
BFH vom 18.03.1965	VI 61/62	BStBl. III 1965, S. 320-323.
BFH vom 28.03.1973	I R 115/71	BStBl. II 1973, S. 678-679.
BFH vom 12.06.1978	GrS 1/77	BStBl. II 1978, S. 620-626.
BFH vom 15.11.1978	I R 2/76	BStBl. II 1979, S. 299-300.
BFH vom 07.12.1978	I R 142/76	BStBl. II 1979, S. 729-732.
BFH vom 06.02.1979	VIII R 105/75	BStBl. II 1979, S. 509-510.
BFH vom 13.11.1979	VIII R 93/73	BStBl. II 1980, S. 69-71.
BFH vom 15.12.1981	VIII R 116/79	BStBl. II 1982, S. 385-387.
BFH vom 16.12.1981	I R 131/78	BStBl. II 1982, S. 320-321.
BFH vom 09.02.1983	I R 29/79	BStBl. II 1983, S. 451-453.
BFH vom 29.11.1983	VIII R 96/81	BStBl. II 1984, S. 303-305.
BFH vom 22.08.1984	I R 198/80	BStBl. II 1985, S. 126-129.
BFH vom 04.12.1984	IX R 5/79	BStBl. II 1985, S. 208-210.
BFH vom 07.10.1986	IX R 93/82	BStBl. II 1987, S. 330-333.
BFH vom 20.04.1993	IX R 122/88	BStBl. II 1993, S. 504-505.
BFH vom 10.05.1994	IX R 26/89	BStBl. II 1994, S. 902-903.
BFH vom 15.10.1996	IX R 2/93	BStBl. II 1997, S. 325-326.
BFH vom 13.01.1998	IX R 58/95	BFH/NV 1998, S. 1080-1081.
BFH vom 08.09.1998	IX 75/95	BStBl. II 1999, S. 20-21.
BFH vom 16.04.2002	IX R 50/00	BStBl. II 2002, S. 805-807.

Konzernsteuerquote und Überleitungsrechnung

von Dr. Norbert Herzig*

Wirtschaftsprüfer, Steuerberater,

Professor für Betriebswirtschaftslehre an der Universität zu Köln

* Für seine engagierte Unterstützung bei der Anfertigung dieses Beitrages danke ich meinem wissenschaftlichen Mitarbeiter, Herrn Dr. Urs Dempfle, ganz herzlich.

Inhalt

1. Grundlegung

In der jüngeren Vergangenheit hat die Bedeutung der Konzernsteuerquote, die durch Gegenüberstellung von effektivem Steueraufwand und Vorsteuerergebnis eines Konzerns dessen effektive Ertragsteuerbelastung als Prozentgröße ‚effektiver Steuersatz' beziffert, als Quantifizierungsmaß der Steuerbelastung von Konzernen[1] und als Instrument der Konzernabschlussanalyse in Wissenschaft und Praxis kontinuierlich zugenommen.[2] Instrument zur Kommunikation, insbesondere aber zur Analyse der Konzernsteuerquote und zur Identifikation ihrer Werttreiber, ist die nach internationalen Rechnungslegungsstandards und den Vorschriften des DRSC verpflichtende *tax reconciliation*. In dieser steuerlichen Überleitungsrechnung wird ausgehend von einer erwarteten Steuerbelastung die effektive Steuerbelastung des Konzerns und damit der Dividend der Konzernsteuerquote hergeleitet. Hierbei werden im Grundsatz sämtliche Ursachen, die Abweichungen der effektiven von der erwarteten Steuerbelastung ausgelöst haben, offengelegt und erläutert, so dass die auf die Konzernsteuerquote einwirkenden Einflüsse offenbar werden.[3]

Aus wirtschaftlicher Sicht sind Überleitungsrechnungen notwendig, da auch nach der umfassenden Abgrenzung latenter Steuern gemäß den Vorschriften der IFRS, der US-GAAP und des DRSC zum Teil erhebliche Abweichungen zwischen dem erwarteten Steueraufwand und dem im Jahresabschluss ausgewiesenen, aus tatsächlichem und latentem Steueraufwand aggregierten, effektiven Steueraufwand verbleiben.[4] Die Gründe, die die Abweichungen zwischen effektiver und erwarteter Steuerbelastung ausgelöst haben, sind für externe Abschlussinteressenten von großem Interesse,[5] denn erst die Kenntnis der Abweichungsursachen ermöglicht eine Analyse der Einflussmöglichkeiten auf den effektiven Steueraufwand des betrachteten Konzerns, der Werttrei-

---

1 Die Quantifizierung von Steuerbelastungen ist insbesondere dann erforderlich, wenn es gilt, den Einfluss von Steuern auf Investitionsentscheidungen zu bestimmen. Vgl. hierzu die folgenden Werke und Schriften des Jubilars: Investition und Besteuerung - Ein Lehrbuch zum Einfluß der Steuern auf die Investitionsentscheidung, Wiesbaden 1985; Sensitivitätsanalyse des Steuereinflusses in der Investitionsplanung - Überlegungen zur praktischen Relevanz einer Berücksichtigung der Steuern bei der Investitionsentscheidung, ZfbF 1980, S. 16-39; Die Berücksichtigung der Steuern in der Investitionsplanung - Modellprämissen und Ausmaß des Steuereinflusses, ZfbF 1981, S. 53-55; Die Erfassung der Steuern in der Investitionsrechnung - Grundprobleme und Modellvarianten, WISU 1989, S. 35-41; Besteuerung und Investitionsentscheidung - Steuerlast und Vorteilhaftigkeit von Investitionen, WISU 1989, S. 231-235.

2 Vgl. zuletzt umfassend und mit ausführlichen weiteren Literaturhinweisen *Dempfle*, Charakterisierung, Analyse und Beeinflussung der Konzernsteuerquote, Wiesbaden 2006, S. 1 ff.

3 Vgl. *Dempfle*, Charakterisierung, Analyse und Beeinflussung der Konzernsteuerquote, Wiesbaden 2006, S. 133 ff.

4 Vgl. *Wagenhofer*, International Accounting Standards, 3. Auflage, Wien/Frankfurt am Main 2001, S. 274 f., 284.

5 Vgl. bereits *Cotting*, Analyse von latenten Ertragsteuerbeträgen im Konzernabschluss - Definition, Berechnung und Analyse der latenten Ertragsteuern, ST 1995, S. 792.

ber der Konzernsteuerquote und deren Nutzung.[6] Um das Verständnis der Abweichungen und des Zusammenhangs zwischen Vorsteuerergebnis und effektivem Steueraufwand zu ermöglichen, müssen die Ursachen der nach der Steuerabgrenzung verbliebenen Abweichungen zwischen erwartetem und effektivem Steueraufwand im Einzelnen gezeigt werden.

Diese Aufdeckung der Abweichungsursachen findet in der Überleitungsrechnung statt, in der die verbliebene Gesamtdifferenz in Teilabweichungen aufgespaltet wird und deren Ursachen erläutert werden.[7] Dabei werden die wesentlichen steuermindernden und steuererhöhenden Effekte, die auf die effektive Steuerbelastung als Beobachtungsgröße der Konzernsteuerquote und damit auf das Nachsteuerergebnis der Unternehmung einwirken, durch die gesonderte Darstellung als Überleitungsposten aufgezeigt.[8] Externe Abschlussinteressenten erhalten Informationen darüber, ob es sich bei den das Nachsteuerergebnis der Unternehmung belastenden Einflüssen um unabänderliche oder beeinflussbare und um einmalige oder wiederkehrende Effekte handelt. Diese Darstellung ermöglicht auch Analysen, inwiefern Veränderungen der Abweichungsgründe auf den effektiven Steueraufwand einwirken.[9]

---

[6] Vgl. *Herzig/Dempfle*, Konzernsteuerquote, betriebliche Steuerpolitik und Steuerwettbewerb, DB 2002, S. 3; *Dahlke/Eitzen*, Steuerliche Überleitungsrechnung im Rahmen der Bilanzierung latenter Steuern nach IAS 12, DB 2003, S. 2237; *Hannemann/Peffermann*, IAS-Konzernsteuerquote: Begrenzte Aussagekraft für die steuerliche Performance eines Konzerns, BB 2003, S. 728; *Herzig*, Gestaltung der Konzernsteuerquote - eine neue Herausforderung für die Steuerberatung?, WPg 2003, Sonderheft, S. S 90; *Spengel*, Konzernsteuerquoten im internationalen Vergleich - Bestimmungsfaktoren und Implikationen für die Steuerpolitik, in: Oestreicher (Hrsg.), Internationale Steuerplanung - Beiträge zu einer Ringveranstaltung an der Universität Göttingen im Sommersemester 2003, Herne/Berlin 2004, S. 100; *Wagenhofer*, Internationale Rechnungslegungsstandards, 5. Auflage, Frankfurt am Main 2005, S. 587.

[7] Vgl. zu den Zielen der Überleitungsrechnung im Einzelnen *IASB*, IAS 12, Abs. 84; *SEC*, FRR, Item 204.01, Satz 2 f.; *Cotting*, Analyse von latenten Ertragsteuerbeträgen im Konzernabschluss - Definition, Berechnung und Analyse der latenten Ertragsteuern, ST 1995, S. 792; *PriceWaterhouseCoopers*, Understanding IAS, 2nd Edition, Great Britain 1998, S. 12-31, Tz. 12.76; ausführlich *Schäffeler*, Latente Steuern nach US-GAAP für deutsche Unternehmen, Frankfurt am Main 2000, S. 19 ff., 178, 206 ff.

[8] Vgl. IASB, IAS 12, Abs. 84; SEC, FRR, Item 204.01, Satz 1; *Schäffeler*, Latente Steuern nach US-GAAP für deutsche Unternehmen, Frankfurt am Main 2000, S. 95, 206; *Coenenberg/Hille*, in: *Baetge et al.*, IAS, 2. Auflage, 2003, IAS 12, Tz. 116; *Fischer*, Bilanzierung von latenten Steuern (deferred taxes) nach IAS 12 (rev. 2000), BBK 2002, Fach 20, S. 682; *Dahlke/Eitzen*, Steuerliche Überleitungsrechnung im Rahmen der Bilanzierung latenter Steuern nach IAS 12, DB 2003, S. 2237; *Loitz*, Latente Steuern und steuerliche Überleitungsrechnung - Unterschiede zwischen IAS/IFRS und US-GAAP, WPg 2004, S. 1192; *Adrian*, Tax Reconciliation im HGB- und IAS/IFRS-Konzernabschluss, Frankfurt am Main 2005, S. 39, 61.

[9] Vgl. IASB, IAS 12, Abs. 84; SEC, FRR, Item 204.01, Satz 2; *Cotting*, Analyse von latenten Ertragsteuerbeträgen im Konzernabschluss - Definition, Berechnung und Analyse der latenten Ertragsteuern, ST 1995, S. 792; *Schäffeler*, Latente Steuern nach US-GAAP für deutsche Unternehmen, Frankfurt am Main 2000, S. 95, 206; *Dahlke/Eitzen*, Steuerliche Überleitungsrechnung im Rahmen

Die Verpflichtung zur Aufstellung einer Überleitungsrechnung ist in den Standards IAS 12, SFAS No. 109, der Regulation S-X der SEC und im DRS 10 normiert.[10] Die Vorschriften sind jedoch sämtlich vage, häufig interpretationsbedürftig und in wesentlichen Punkten divergierend. So lassen alleine hinsichtlich der Präsentationsform der Überleitungsrechnung alle Standards eine Herleitung der effektiven Steuerbelastung nach absoluten Beträgen ebenso zu wie nach relativen Werten, wobei nach der SEC-Vorschrift eine Überleitung eher in Prozentwerten erfolgen soll. Deutliche inhaltliche Diskrepanzen der betrachteten Normen bestehen im Hinblick auf den zur Ermittlung des erwarteten Steueraufwands anzuwendenden Steuersatz.

Innerhalb der Überleitungsrechnung sind nach den betrachteten Vorschriften grundsätzlich alle Beträge, die für die Überleitungsdifferenz verantwortlich und wesentlich im Sinne von informationsnützlich und entscheidungserheblich sind, als gesonderte Überleitungsposten auszuweisen. Die Regulation S-X enthält als einzige dieser Vorschriften eine Wesentlichkeitsgrenze von 5% des erwarteten Steueraufwands als Aufnahme- und Aufgliederungskriterium der Überleitungsrechnung.[11] Diese 5%-Grenze kann für andere Rechnungslegungssysteme zwar als Anhaltspunkt im Hinblick auf den Detaillierungsgrad von Überleitungsrechnungen dienen, verbindlich ist die Vorschrift jedoch nur für Unternehmen, die der Aufsicht der SEC unterliegen.[12]

Ausgangsgröße im ersten Bereich jeder Überleitungsrechnung ist die erwartete Steuerbelastung, je nach gewählter Präsentationsform entweder der erwartete Steueraufwand oder der erwartete Steuersatz. Im zweiten Bereich, der Überleitung, werden die notwendigen Bereinigungen[13] der erwarteten Steuerbelastung vorgenommen und dadurch die im Jahresabschluss ausgewiesene effektive Steuerbelastung hergeleitet. Die Über-

---

der Bilanzierung latenter Steuern nach IAS 12, DB 2003, S. 2237; *Adrian*, Tax Reconciliation im HGB- und IAS/IFRS-Konzernabschluss, Frankfurt am Main 2005, S. 39, 62.

[10] Vgl. IASB, IAS 12, Abs. 81 (c); FASB, SFAS No. 109, Abs. 47; *SEC*, Reg. S-X, online im Internet, Item 210.4-08, Abs. (h) (2); DRSC, DRS 10, Abs. 42.

[11] Vgl. *Schäffeler*, Latente Steuern nach US-GAAP für deutsche Unternehmen, Frankfurt am Main 2000, S. 99.

[12] Lediglich exemplarisch benennen der IAS 12 und die Entwurfsfassung zum DRS 10 mit Wirkungen aus steuerfreien Erträgen und nichtabziehbarem Aufwand, Auswirkungen steuerlicher Verluste und abweichender ausländischer Steuersätze sowie Veränderungen sonstiger permanenter Differenzen und Veränderungen von Wertberichtigungen einzelne mögliche Überleitungsposten, vgl. IASB, IAS 12, Abs. 84; *DRSC*, E-DRS 12, online im Internet, Anhang B, Abs. B17; *Kirsch*, Angabepflichten für Ertragsteuern nach IAS und deren Generierung im Finanz- und Rechnungswesen, StuB 2002, S. 1192; *Dahlke/Eitzen*, Steuerliche Überleitungsrechnung im Rahmen der Bilanzierung latenter Steuern nach IAS 12, DB 2003, S. 2237 f.; *Loitz*, Latente Steuern und steuerliche Überleitungsrechnung - Unterschiede zwischen IAS/IFRS und US-GAAP, WPg 2004, S. 1192 f.; *Adrian*, Tax Reconciliation im HGB- und IAS/IFRS-Konzernabschluss, Frankfurt am Main 2005, S. 53.

[13] *Schäffeler*, Latente Steuern nach US-GAAP für deutsche Unternehmen, Frankfurt am Main 2000, S. 97 f., spricht von Korrekturen der erwarteten Steuerbelastung.

leitungsposten, entsprechend der Ausgangsgröße als absolute Beträge oder prozentuale Werte abgebildet, können Steuerminderungen oder Steuermehrungen sein. Zielgröße der Überleitungsrechnung in deren drittem Bereich ist die effektive Steuerbelastung, die entweder als effektiver Steueraufwand oder als effektiver Steuersatz gezeigt wird.

2. Ausgangsgröße ‚Erwartete Steuerbelastung'

Entscheidender Faktor für die Höhe der erwarteten Steuerbelastung ist der anzuwendende Steuersatz, denn bei Überleitungsrechnungen in absoluten Beträgen wird zur Bestimmung der Ausgangsgröße das Konzernergebnis vor Steuern mit dem anzuwendenden Steuersatz multipliziert, bei relativer Präsentationsform ist der anzuwendende Steuersatz unmittelbar die Ausgangsgröße der Überleitungsrechnung. Daneben wird der anzuwendende Steuersatz in der Regel auch zur Bewertung der steuersatzabhängigen Überleitungsposten herangezogen.[14] Es ist offenkundig, dass der anzuwendende Steuersatz erheblichen Einfluss sowohl für die Gestaltung der Überleitungsrechnung durch die Unternehmen, als auch für deren Aussagekraft bei der Analyse der Konzernsteuerquote entfaltet, da er für deren Ausgangsgröße, und damit, da die effektive Steuerbelastung der Unternehmung ein Datum ist, auch für die Überleitungsdifferenz insgesamt, ebenso wie für die Höhe der einzelnen Überleitungsposten die determinierende Größe ist.

Aufgrund der Heterogenität der betrachteten Vorschriften ergeben sich bei der Wahl des anzuwendenden Steuersatzes als Ausgangsgröße der Überleitungsrechnung immense Gestaltungsspielräume, die es ermöglichen, die Überleitungsrechnung bei entsprechender Ausgestaltung als Publikationsinstrument aktiv zu nutzen oder Informationen zurückzuhalten oder sogar bewusst zu verschleiern. Bereits bei der Frage nach dem heranzuziehenden nationalen Steuersatz besteht Raum zur Interpretation. Hierbei konzentriert sich die Auslegung der Standards letztlich darauf, ob neben der Körperschaftsteuer weitere nationale Ertragsteuern, in Deutschland der Solidaritätszuschlag und die Gewerbesteuer, einbezogen werden oder nicht. Während das IASB die Einbeziehung lokaler Steuersätze grundsätzlich empfiehlt, beziehen die Regelungen des FASB und der SEC hierzu ebensowenig Position wie das DRSC.[15]

---

[14] Vgl. zu den quantitativ deutlich überwiegenden Überleitungsrechnungen nach dem *homebased*-Ansatz *Schäffeler*, Latente Steuern nach US-GAAP für deutsche Unternehmen, Frankfurt am Main 2000, S. 177 f.

[15] Vgl. IASB, IAS 12, Abs. 85, Satz 3; FASB, SFAS No. 109, Abs. 47, Satz 1; *SEC*, Reg. S-X, online im Internet, Item 210.4-08, Abs. (h) (2), Satz 1; DRSC, DRS 10, Abs. 42; ausführlich *Schäffeler*, Latente Steuern nach US-GAAP für deutsche Unternehmen, Frankfurt am Main 2000, S. 179 ff., insbesondere S. 183; *Kirsch*, Steuerliche Berichterstattung im Jahresabschluss nach IAS/IFRS, DStR 2003, S. 705; *Loitz*, Latente Steuern und steuerliche Überleitungsrechnung - Unterschiede zwischen IAS/IFRS und US-GAAP, WPg 2004, S. 1192; *Hoffmann*, in: *Lüdenbach/Hoffmann*, IFRS-Kommentar, 3. Auflage, 2005, § 26, Tz. 107.

Kontrovers wird die Einbeziehung ausländischer Ertragsteuersätze in den anzuwendenden Steuersatz behandelt. Während der IAS 12 Unternehmen, die in verschiedenen Steuerrechtskreisen tätig sind, die Berücksichtigung ausländischer Ertragsteuersätze empfiehlt, stellen die anderen Standards explizit auf die Anwendung eines rein inländischen Steuersatzes und damit auf die Umsetzung des *homebased*-Ansatzes ab.[16] Die Bandbreite möglicher anzuwendender Steuersätze reicht damit von einem rein inländischen Steuersatz ohne Berücksichtigung lokaler Steuern über kombinierte Ertragsteuersätze bis hin zu einem, nur nach IAS zulässigen, gewichteten Durchschnittssteuersatz, in den neben dem inländischen Steuersatz und lokalen Steuerarten auch ausländische Steuerbelastungen einbezogen werden.

So kann es letztlich nicht verwundern, dass sich in praxi ein wenig einheitliches Bild ergibt und die Überleitungsrechnungen der Unternehmen zum Teil erheblich divergieren. Insbesondere die unterschiedliche Behandlung ausländischer Steuersätze führt dazu, dass bei Anwendung des *homebased*-Ansatzes innerhalb der Überleitung ein Posten ‚Besteuerungsunterschiede Ausland' notwendig ist, während dieser bei Anwendung eines gewichteten Durchschnittssatzes idealiter entfällt. Im Hinblick auf die Analysefunktion der Überleitungsrechnung für die Konzernsteuerquote ist der status quo der Normierung unbefriedigend.

3. Wesentliche Überleitungsposten

Überleitungsposten resultieren insbesondere aus Abweichungen der steuerlichen Bemessungsgrundlage vom handelsrechtlichen Ergebnis, aus Besteuerungsunterschieden zum Ausland, aus dem Nichtansatz latenter Steuern auf Verlustvorträge und deren Wertberichtigung sowie aus aperiodischen Effekten.[17] Sie lassen sich danach differenzieren, ob sie die erwartete Steuerbelastung unabhängig von der Höhe des anzuwendenden Steuersatzes mindern oder erhöhen (steuersatzunabhängige Überleitungspos-

---

[16] Vgl. IASB, IAS 12, Abs. 85, Satz 4; FASB, SFAS No. 109, Abs. 47, Satz 1; *SEC*, Reg. S-X, online im Internet, Item 210.4-08, Abs. (h) (2), Satz 1; DRSC, DRS 10, Abs. 42.

[17] Vgl. *Dahlke/Eitzen*, Steuerliche Überleitungsrechnung im Rahmen der Bilanzierung latenter Steuern nach IAS 12, DB 2003, S. 2239 sowie die Abbildung auf S. 2238. Vgl. zur typisierten Darstellung der Überleitungsposten innerhalb der Überleitungsrechnung z.B. auch *Kirsch*, Angabepflichten für Ertragsteuern nach IAS und deren Generierung im Finanz- und Rechnungswesen, StuB 2002, S. 1193; *Hannemann/Peffermann*, IAS-Konzernsteuerquote: Begrenzte Aussagekraft für die steuerliche Performance eines Konzerns, BB 2003, S. 728; *Kröner/Benzel*, Konzernsteuerquote - Die Ertragsteuerbelastung in der Wahrnehmung durch die Kapitalmärkte, in: Kessler/Kröner/Köhler (Hrsg.), Konzernsteuerrecht - Organisation - Recht - Steuern, München 2004, § 15, Tz. 62; *Spengel*, Konzernsteuerquoten im internationalen Vergleich - Bestimmungsfaktoren und Implikationen für die Steuerpolitik, in: Oestreicher (Hrsg.), Internationale Steuerplanung - Beiträge zu einer Ringveranstaltung an der Universität Göttingen im Sommersemester 2003, Herne/Berlin 2004, S. 100 f.; *Adrian*, Tax Reconciliation im HGB- und IAS/IFRS-Konzernabschluss, Frankfurt am Main 2005, S. 47, 137 ff.

ten) oder ob die Höhe des Steuereffekts vom anzuwendenden Steuersatz abhängt (steuersatzabhängige Überleitungsposten).[18] Letztere sind danach zu unterscheiden, ob sie aus Abweichungen der steuerlichen Bemessungsgrundlage vom Konzernergebnis vor Steuern oder unmittelbar aus Abweichungen des tatsächlich angewendeten vom anzuwendenden Steuersatz resultieren.[19] Die Bestimmung der Wesentlichkeit der hier vorgestellten Positionen erfolgt zunächst nach deren absolutem Umfang und dem damit verbundenen Einfluss auf die effektive Steuerbelastung der Unternehmungen.[20] Ebenfalls wesentlich sind unternehmensindividuelle Überleitungsposten, deren Umfang für die Konzernsteuerquote der jeweiligen Unternehmung bedeutsam sein kann. Zudem wird der Überleitungsposten zu den sonstigen steuerlichen Zu- und Abrechnungen betrachtet, da dieser in den Überleitungsrechnungen der ganz überwiegenden Mehrzahl der Unternehmen auftritt.

3.1. Steuerfreie Erträge

Die in der Summe der Beträge größte Position in den Überleitungsrechnungen der DAX-30-Unternehmen des Jahres 2004 bilden die Überleitungsposten zu den steuerfreien Erträgen.[21] Dieser Überleitungsposten umfasst sämtliche Effekte, die aus Erträgen stammen, die zwar in den Handels- und Steuerbilanzergebnissen der Konzernunternehmen enthalten sind, nicht aber in deren zu versteuerndes Einkommen eingehen. Hierzu zählen zunächst alle nach einkommensteuerlichen Vorschriften steuerfrei gestellten Einnahmen sowie Investitionszulagen.[22] Insbesondere aber führen die gemäß § 8b Abs. 1 i.V.m. Abs. 5 KStG nicht der Besteuerung unterfallenden Anteile der Beteiligungserträge sowie Gewinne aus der Veräußerung von Anteilen an Kapitalgesellschaften, soweit sie gemäß § 8b Abs. 2 i.V.m. Abs. 3 KStG von der Besteuerung

---

[18] Zur Differenzierung von steuersatzunabhängigen und steuersatzabhängigen Überleitungsposten *Schäffeler*, Latente Steuern nach US-GAAP für deutsche Unternehmen, Frankfurt am Main 2000, S. 177 f.

[19] Mit einer ausführlichen formalen Darstellung der Überleitungsrechnung *Dempfle*, Charakterisierung, Analyse und Beeinflussung der Konzernsteuerquote, Wiesbaden 2006, S. 159 ff.

[20] Zu dieser Einordnung, die auf einer Bestandsaufnahme der Überleitungsrechnungen der DAX-30-Unternehmen aus dem Jahr 2004 fußt, *Dempfle*, Charakterisierung, Analyse und Beeinflussung der Konzernsteuerquote, Wiesbaden 2006, S. 224 f.

[21] Zur u.U. notwendigen Bezeichnung dieser Überleitungsposten als ‚sonstige steuerfreie Erträge' *Dempfle*, Charakterisierung, Analyse und Beeinflussung der Konzernsteuerquote, Wiesbaden 2006, S. 230 f.

[22] Vgl. *Dötsch et al.*, Körperschaftsteuer, 14. Auflage, Stuttgart 2004, S. 82; *Zenthöfer/Schulze zur Wiesche*, Einkommensteuer, 8. Auflage, Stuttgart 2004, S. 1007 ff.; *Adrian*, Tax Reconciliation im HGB- und IAS/IFRS-Konzernabschluss, Frankfurt am Main 2005, S. 144 f.; *Hey*, in: *Tipke/Lang*, Steuerrecht, 18. Auflage, 2005, § 19, Tz. 30 f., 44 ff.; *Lang*, in: *Tipke/Lang*, Steuerrecht, 18. Auflage, 2005, § 9, Tz. 137 ff.

freigestellt sind, zu Abweichungen aufgrund steuerfreier Erträge, die in der Überleitungsrechnung zu erläutern sind.[23]

Steuerfreie Erträge werden bei der Ermittlung des zu versteuernden Einkommens außerbilanziell gekürzt und mindern somit die steuerlichen Bemessungsgrundlagen der Konzernunternehmen im Vergleich zu deren handelsrechtlichen Ergebnissen, die der Ermittlung der erwarteten Steuerbelastung als Ausgangsgröße der Überleitungsrechnung ungemindert zugrunde gelegen haben.[24] Daher muss, wenn weitere Einflussfaktoren auf die effektive Steuerbelastung nicht vorhanden sind, die effektive Steuerbelastung bei Existenz steuerfreier Erträge stets um die mit dem anzuwendenden Steuersatz bewerteten steuerfreien Erträge kleiner sein als die erwartete Steuerbelastung.[25] Diese Abweichung ist innerhalb der Überleitungsrechnung in einem Überleitungsposten für die steuerfreien Erträge aufzuzeigen.[26]

Je mehr steuerfreie Erträge eine Unternehmung erzielt, umso größer ist deren steuermindernder Einfluss auf die effektive Steuerbelastung. Es liegt auf der Hand, dass eine Steigerung steuerfreier Erträge damit auch mindernden Einfluss auf die Konzernsteuerquote als Quotient aus effektiver Steuerbelastung und Konzernergebnis vor Steuern haben muss.[27] Daher bietet sich zur Senkung der Konzernsteuerquote eine bewusste Generierung steuerfreier Erträge an.[28] Dies kann beispielsweise durch die Vermeidung steuerlicher Ineffizienzen bei der Ausnutzung von unter das Investitionszulagengesetz fallenden Förderungen oder durch die Nutzung von Qualifikationskon-

---

[23] Vgl. *Dahlke/Eitzen*, Steuerliche Überleitungsrechnung im Rahmen der Bilanzierung latenter Steuern nach IAS 12, DB 2003, S. 2241; *Adrian*, Tax Reconciliation im HGB- und IAS/IFRS-Konzernabschluss, Frankfurt am Main 2005, S. 139, 142 f.

[24] So auch *Hannemann/Peffermann*, IAS-Konzernsteuerquote: Begrenzte Aussagekraft für die steuerliche Performance eines Konzerns, BB 2003, S. 731.

[25] Vgl. *Wotschofsky/Heller*, Latente Steuern im Konzernabschluss, IStR 2002, S. 820; *Rabeneck/Reichert*, Latente Steuern im Einzelabschluss, DStR 2002, S. 1366 und 1409-1416; *Adrian*, Tax Reconciliation im HGB- und IAS/IFRS-Konzernabschluss, Frankfurt am Main 2005, S. 137 f., 140 f., 144; *Dempfle*, Charakterisierung, Analyse und Beeinflussung der Konzernsteuerquote, Wiesbaden 2006, S. 230.

[26] Vgl. *Schäffeler*, Latente Steuern nach US-GAAP für deutsche Unternehmen, Frankfurt am Main 2000, S. 97; *Herzig/Dempfle*, Konzernsteuerquote, betriebliche Steuerpolitik und Steuerwettbewerb, DB 2002, S. 3.

[27] So z.B. auch *Hannemann/Peffermann*, IAS-Konzernsteuerquote: Begrenzte Aussagekraft für die steuerliche Performance eines Konzerns, BB 2003, S. 731.

[28] Zum entgegengesetzten Effekt der Erhöhung der Konzernsteuerquote bei gemäß § 8b Abs. 1 KStG steuerfrei gestellten Bezügen von in den Konsolidierungskreis einbezogenen Kapitalgesellschaften *Dempfle*, Charakterisierung, Analyse und Beeinflussung der Konzernsteuerquote, Wiesbaden 2006, S. 230.

flikten mit dem Ziel der unmittelbaren Generierung steuerfreier, sogenannter ‚weißer' Einkünfte erfolgen.[29]

3.2. Besteuerungsunterschiede Ausland

Abweichungen der ausländischen steuerlichen Belastung von der Ausgangsgröße der Überleitungsrechnung können verschiedene Ursachen haben. Zuvorderst führen von der Höhe des anzuwendenden Steuersatzes abweichende ausländische Ertragsteuersätze zu Einwirkungen auf die effektive Steuerbelastung. Daneben weicht die nach ausländischen Vorschriften ermittelte steuerliche Bemessungsgrundlage in aller Regel vom handelsrechtlichen Ergebnisbeitrag der ausländischen Einheit ab; hierunter fallen z.B. auch spezifische ausländische Steuerrechtsvorschriften, beispielsweise *tax haven* oder *tax holidays*.[30] Zudem kann das Vorhandensein lokaler ausländischer Ertragsteuern zu einer von der inländischen Steuerbelastung abweichenden Belastung ausländischer Ergebnisbestandteile führen, Beispiele hierfür sind *local taxes* in den USA oder die lokale italienische Wertschöpfungssteuer IREP[31]. Besteuerungsunterschiede zum Ausland können zu Minderungen oder Mehrungen der Konzernsteuerquote führen, je nachdem, ob die ausländische Steuerbelastung niedriger oder höher als die inländische Belastung ist.

Ist die ausländische Beteiligungsgesellschaft eine Kapitalgesellschaft, unterliegen deren Ergebnisse stets der definitiven Besteuerung in Höhe des ausländischen Steuerniveaus. Die Abweichung vom inländischen Steuerniveau ist in der Periode ihrer Entstehung im Überleitungsposten ‚Besteuerungsunterschiede Ausland' zu erfassen. Für im Ausland unterhaltene Betriebstätten ist der Einfluss ausländischer Steuerbelastungen auf die effektive Steuerbelastung des Konzerns von den jeweils geltenden Regelungen zur Vermeidung der Doppelbesteuerung abhängig. Bei Geltung der Freistellungsmethode wird das ausländische Steuerniveau definitiv, die ausländischen Steuern gehen in ihrer tatsächlichen Höhe in den aggregierten Konzernsteueraufwand ein.[32] Die Ergebnisbestandteile unterliegen dann ebenfalls endgültig einer vom erwarteten inländischen Steuerniveau abweichenden Steuerbelastung. Auch diese Abweichungen sind in der Überleitungsrechnung zu erläutern.

---

[29] Vgl. *Herzig/Dempfle*, Konzernsteuerquote, betriebliche Steuerpolitik und Steuerwettbewerb, DB 2002, S. 5.

[30] Vgl. *Dahlke/Eitzen*, Steuerliche Überleitungsrechnung im Rahmen der Bilanzierung latenter Steuern nach IAS 12, DB 2003, S. 2242; *Hannemann/Peffermann*, IAS-Konzernsteuerquote: Begrenzte Aussagekraft für die steuerliche Performance eines Konzerns, BB 2003, S. 732.

[31] *Imposta Regionale sul Reddito Prodotto*, vgl. *Hilpold/Steinmair/Zandanel*, Grundriss des italienischen Steuerrechts, 2. Auflage, Wien 1997, S. 281.

[32] Vgl. *Jacobs*, Internationale Unternehmensbesteuerung, 5. Auflage, München 2002, S. 78, 492 f.

Gilt die Anrechnungsmethode, unterfallen die ausländischen Ergebnisbestandteile der inländischen Besteuerung, wobei die ausländische Steuerbelastung ganz oder teilweise auf die inländische Steuer angerechnet wird.[33] Ist die ausländische Steuerbelastung niedriger als die inländische, entstehen keine in der Überleitungsrechnung zu erläuternden Abweichungen. Ist die ausländische Steuerbelastung höher, greift zumeist eine Anrechnungshöchstgrenze, die in aller Regel der inländischen Steuer auf die ausländischen Ergebnisbestandteile entspricht.[34] Der nichtanrechnungsfähige Teil der ausländischen Steuerbelastung bleibt dann definitiv und führt zu einer Abweichung von der erwarteten Steuerbelastung nach oben, die ebenfalls in der Position 'Besteuerungsunterschiede Ausland' erfasst wird.[35]

Zur Ermittlung des Überleitungspostens ist der ausländische Ergebnisbestandteil nach den Regelungen des jeweiligen Ansässigkeitsstaats in die steuerliche Bemessungsgrundlage zu überführen, die dann mit der Differenz aus dem tatsächlich zur Anwendung gekommenen und dem anzuwendenden Steuersatz der Überleitungsrechnung bewertet wird. Zudem ist die Differenz zwischen dem im Ausland erwirtschafteten Ergebnisbestandteil und der steuerlichen Bemessungsgrundlage mit dem anzuwendenden Steuersatz der Überleitungsrechnung zu bewerten und gemeinsam mit dem zuvor genannten Steuereffekt zu korrigieren.[36] Denn die diese Differenz auslösenden Sachverhalte wurden in der Ausgangsgröße der Überleitungsrechnung mit dem anzuwendenden Steuersatz bewertet, obwohl sie tatsächlich im Rahmen der ausländischen Besteuerung Berücksichtigung finden. Anschließend werden die Abweichungen sämtlicher Sitzstaaten der Konzernunternehmungen zu einem Posten ‚Besteuerungsunterschiede Ausland' zusammengefasst. Eine weitere Aufspaltung nach Steuersatz- und Bemessungsgrundlageneffekten würde aufgrund der Flut an unwesentlichen Informationen und dem unverhältnismäßig hohen Erstellungsaufwand dem Grundsatz der *relevance*, der *materiality*,[37] zuwiderlaufen.[38]

---

[33] Vgl. *Rose*, Grundzüge des Internationalen Steuerrechts, 5. Auflage, Wiesbaden 2000, S. 59 f.; *Scheffler*, Besteuerung der grenzüberschreitenden Unternehmenstätigkeit, 2. Auflage, München 2002, S. 59; *Djanani/Brähler*, Internationales Steuerrecht 2003, S. 101.

[34] Vgl. *Rose*, Grundzüge des Internationalen Steuerrechts, 5. Auflage, Wiesbaden 2000, S. 60; *Jacobs*, Internationale Unternehmensbesteuerung, 5. Auflage, München 2002, S. 74.

[35] Vgl., auch zu Abweichungen aufgrund der Abzugs- und der Pauschalierungsmethode, *Adrian*, Tax Reconciliation im HGB- und IAS/IFRS-Konzernabschluss, Frankfurt am Main 2005, S. 166 f.

[36] Vgl. *Dempfle*, Charakterisierung, Analyse und Beeinflussung der Konzernsteuerquote, Wiesbaden 2006, S. 234.

[37] Vgl. IASB, Framework, Abs. 26, 29; FASB, SFAC 1, Abs. 32 ff.; *Coenenberg*, Jahresabschluss und Jahresabschlussanalyse, 20. Auflage, Stuttgart 2005, S. 61, 68.

[38] Zur Diskussion einer weiteren Aufspaltung des Überleitungspostens *Dahlke/Eitzen*, Steuerliche Überleitungsrechnung im Rahmen der Bilanzierung latenter Steuern nach IAS 12, DB 2003, S. 2240; *Dempfle*, Charakterisierung, Analyse und Beeinflussung der Konzernsteuerquote, Wiesbaden 2006, S. 234 f.

Wendet die Unternehmung als anzuwendenden Steuersatz einen gewichteten Durchschnittssteuersatz an, entfällt in aller Regel der Ausweis der Position ‚Besteuerungsunterschiede Ausland'. Informationen über Auswirkungen des internationalen Steuersatzgefälles, die sonst in der Überleitungsrechnung erläutert werden, gehen in diesem Fall verloren. Zudem gehen Effekte aus im Ausland angefallenen steuerfreien Erträgen und nichtabziehbaren Aufwendungen in die Überleitungsposten hierzu ein und verwässern dadurch deren Aussagekraft. Aus Sicht der Informationsnützlichkeit der Überleitungsrechnung für die Konzernsteuerquote im Allgemeinen und des Überleitungspostens ‚Besteuerungsunterschiede Ausland' im Speziellen ist daher die Aufstellung der Überleitungsrechnung unter Verwendung gewichteter Durchschnittssteuersätze ebenso abzulehnen wie die Aufspaltung der Position ‚Besteuerungsunterschiede Ausland' nach Abweichungsursachen.

Unterliegt der im Ausland besteuerte Ergebnisbestandteil einer im Vergleich zum anzuwendenden Steuersatz niedrigeren Steuerbelastung, so führt dies effektiv zu einer niedrigeren Steuerbelastung, als dies in der Ausgangsgröße der Überleitungsrechnung erwartet wurde. Dadurch wird die Konzernsteuerquote dauerhaft gemindert. Zur Senkung der Quote bietet es sich folglich an, möglichst hohe positive Ergebnisbestandteile in solche Länder zu verlagern, in denen die tatsächliche Steuerbelastung niedriger als die inländische Belastung ist. Insgesamt bietet sich in diesem Bereich der Nutzung des internationalen Steuergefälles das umfangreichste Potential zur Absenkung der Konzernsteuerquote.[39] Als Instrumente hierfür stehen neben der Ausnutzung bestehender Bandbreiten der Verrechnungspreise und Finanzierungsgestaltungen die Gestaltung der rechtlichen Unternehmensstruktur sowie die gezielte Verlagerung von Funktionen und Risiken bis hin zur Sitzverlegung zur Verfügung.

3.3. Auswirkungen steuerlicher Verluste

Verluste können auf verschiedene Weise auf die Höhe der effektiven Steuerbelastung einwirken. Besteht im Jahr der Verlustentstehung für das Konzernunternehmen die Möglichkeit, den Verlust in das vorangegangene Jahr zurückzutragen,[40] entsteht aufgrund des Steuererstattungsanspruchs nur dann eine in der Verlustperiode zu erläuternde Abweichung der effektiven von der erwarteten Steuerbelastung, wenn für die betreffende Konzernunternehmung der Steuersatz des Verlustrücktragsjahres vom an-

---

[39] So *Herzig/Dempfle*, Konzernsteuerquote, betriebliche Steuerpolitik und Steuerwettbewerb, DB 2002, S. 5.

[40] Vgl. *Rose*, Ertragsteuern, 18. Auflage, Berlin 2004, S. 93, 200 f.; *Zenthöfer/Schulze zur Wiesche*, Einkommensteuer, 8. Auflage, Stuttgart 2004, S. 232 f.; *Baetge/Kirsch/Thiele*, Bilanzen, 8. Auflage, Düsseldorf 2005, S. 557; *Coenenberg*, Jahresabschluss und Jahresabschlussanalyse, 20. Auflage, Stuttgart 2005, S. 458.

zuwendenden Steuersatz der Berichtsperiode abweicht.[41] Wird der Verlust von der Konzernunternehmung vorgetragen, ist hierauf grundsätzlich eine aktive Steuerlatenz zu bilden.[42] Durch den dabei entstehenden latenten Steuerertrag entfaltet der Verlust in der Berichtsperiode keine Wirkung auf die effektive Steuerbelastung,[43] eine Erläuterung in der Überleitungsrechnung ist nicht notwendig.[44] In den Perioden der Verlustnutzung führt die Auflösung der aktiven Steuerlatenz zu demselben nivellierenden Effekt.[45]

Die Abgrenzung der aktiven Steuerlatenz auf den Verlustvortrag ist allerdings von der Wahrscheinlichkeit der Realisierung des Steuervorteils abhängig: Ist eine Realisierung in zukünftigen Perioden nicht wahrscheinlich, darf auf den Verlustvortrag keine aktive latente Steuer gebildet werden.[46] Dem negativen Ergebnis steht dann, da im Verlustentstehungsjahr für steuerliche Zwecke von einem Nullergebnis ausgegangen wird,[47] eine tatsächliche und effektive Steuerbelastung von Null gegenüber. Aufgrund des handelsrechtlichen Verlusts wurde als Ausgangsgröße der Überleitungsrechnung allerdings eine Steuererstattung erwartet, diese Differenz ist innerhalb der Überleitungsrechnung zu erläutern. In den Vortragsperioden ist die effektive Steuerbelastung durch die Nutzung des steuerlichen Verlustvortrags, die nicht durch die Auflösung der aktiven Steuerlatenz kompensiert wird, stets kleiner als die auf der Grundlage des dann positiven Konzernergebnisses erwartete Steuerbelastung. Auch diese Abweichungen der effektiven von der erwarteten Steuerbelastung sind zu erläutern.[48] Die Ermittlung

---

[41] Vgl. *Dahlke/Eitzen*, Steuerliche Überleitungsrechnung im Rahmen der Bilanzierung latenter Steuern nach IAS 12, DB 2003, S. 2238, 2243; *Hoffmann*, in: *Lüdenbach/Hoffmann*, IFRS-Kommentar, 3. Auflage, 2005, § 26, Tz. 107.

[42] Vgl. *IASB*, IAS 12, Abs. 34; *FASB*, SFAS No. 109, Abs. 17; *DRSC*, DRS 10, Abs. 11.

[43] Vgl. *Herzig*, Steuerlatenz im Einzel- und Konzernabschluss, in: Bertl et al. (Hrsg.), Erfolgsabgrenzungen in Handels- und Steuerbilanz, Wien 2001, S. 116; *Hannemann/Peffermann*, IAS-Konzernsteuerquote: Begrenzte Aussagekraft für die steuerliche Performance eines Konzerns, BB 2003, S. 729; *Herzig*, Gestaltung der Konzernsteuerquote - eine neue Herausforderung für die Steuerberatung?, WPg 2003, Sonderheft, S. S 84.

[44] Vgl. *Hannemann/Peffermann*, IAS-Konzernsteuerquote: Begrenzte Aussagekraft für die steuerliche Performance eines Konzerns, BB 2003, S. 730; *Adrian*, Tax Reconciliation im HGB- und IAS/IFRS-Konzernabschluss, Frankfurt am Main 2005, S. 176.

[45] Vgl. *Herzig*, Gestaltung der Konzernsteuerquote - eine neue Herausforderung für die Steuerberatung?, WPg 2003, Sonderheft, S. S 84.

[46] Vgl. IASB, IAS 12, Abs. 28 ff.; FASB, SFAS No. 109, Abs. 92 ff.; DRSC, DRS 10, Abs. 12 f. Zu einem aus Verlustabzugs- und -verrechnungsbeschränkungen resultierenden Nicht-Ansatz latenter Steuern *Adrian*, Tax Reconciliation im HGB- und IAS/IFRS-Konzernabschluss, Frankfurt am Main 2005, S. 178 ff.

[47] Vgl. *Herzig*, Steuerlatenz im Einzel- und Konzernabschluss, in: Bertl et al. (Hrsg.), Erfolgsabgrenzungen in Handels- und Steuerbilanz, Wien 2001, S. 116 f.

[48] Vgl. *Haag/Rotz*, IAS 12 Ertragsteuern - Hinweise für die Umsetzung an einem Fallbeispiel, ST 1998, S. 797 ff.; *Herzig*, Steuerlatenz im Einzel- und Konzernabschluss, in: Bertl et al. (Hrsg.), Erfolgsabgrenzungen in Handels- und Steuerbilanz, Wien 2001, S. 116; *Dahlke/Eitzen*, Steuerliche Überleitungsrechnung im Rahmen der Bilanzierung latenter Steuern nach IAS 12, DB 2003,

des Überleitungspostens erfolgt jeweils durch Multiplikation der Bemessungsgrundlagendifferenz mit dem anzuwendenden Steuersatz.

Daneben können Verluste auch auf die Realisierungswahrscheinlichkeit bestehender aktiver Steuerlatenzen einwirken, denn die Prüfung der Ansatzkriterien ist zu jedem Bilanzstichtag zu wiederholen.[49] Führen in der Berichtsperiode entstandene Verluste dazu, dass eine zuvor bestehende Realisierungswahrscheinlichkeit nunmehr verneint werden muss, bewirken sie, dass im Grundsatz abzugrenzende aktive latente Steuern nicht oder nicht vollumfänglich abgegrenzt werden können und für bereits bestehende aktive Steuerlatenzen eine Wertberichtigung notwendig wird.[50] Durch die unterbliebene Aktivierung der latenten Steuer ergeben sich für den in der Berichtsperiode entstandenen Verlustvortrag Abweichungen in der effektiven Steuerbelastung mit den soeben dargestellten Folgen. Wird eine Wertberichtigung bestehender aktiver Steuerlatenzen notwendig, kommt es durch den daraus resultierenden latenten Steueraufwand ebenfalls zu Abweichungen der effektiven von der erwarteten Steuerbelastung, die in der Überleitungsrechnung zu erläutern sind.[51]

Zur Gestaltung der Konzernsteuerquote bietet es sich an, Steuereffekte aus Verlusten durch die Aktivierung einer latenten Steuer auf den Verlustvortrag frühzeitig zu nutzen.[52] Dann können Schwankungen der Quote, die durch einen zu hohen effektiven Steueraufwand der Verlustperiode und einen zu niedrigen effektiven Steueraufwand in den Perioden der Verlustnutzung entstehen, vermieden werden. Reicht die Realisie-

---

S. 2243; *Adrian*, Tax Reconciliation im HGB- und IAS/IFRS-Konzernabschluss, Frankfurt am Main 2005, S. 177.

[49] Vgl. *IASB*, IAS 12, Abs. 56; *FASB*, SFAS No. 109, Abs. 17 (e); *DRSC*, DRS 10, Abs. 28.

[50] Vgl. *Kirsch*, Angabepflichten für Ertragsteuern nach IAS und deren Generierung im Finanz- und Rechnungswesen, StuB 2002, S. 1192; *Hannemann/Peffermann*, IAS-Konzernsteuerquote: Begrenzte Aussagekraft für die steuerliche Performance eines Konzerns, BB 2003, S. 730 f.; *Adrian*, Tax Reconciliation im HGB- und IAS/IFRS-Konzernabschluss, Frankfurt am Main 2005, S. 177, 192 f.; *Baetge/Kirsch/Thiele*, Bilanzen, 8. Auflage, Düsseldorf 2005, S. 558; *Hoyos/Fischer*, in: *Ellroth et al.*, Beck'scher Bilanz-Kommentar, 6. Auflage, 2006, § 274 HGB, Tz. 68.

[51] Vgl. *Haag/Rotz*, IAS 12 Ertragsteuern - Hinweise für die Umsetzung an einem Fallbeispiel, ST 1998, S. 799 f.; *Dahlke/Eitzen*, Steuerliche Überleitungsrechnung im Rahmen der Bilanzierung latenter Steuern nach IAS 12, DB 2003, S. 2243; *Adrian*, Tax Reconciliation im HGB- und IAS/IFRS-Konzernabschluss, Frankfurt am Main 2005, S. 193. Zum Ausweis der Wertberichtigungen in der Position ‚Auswirkungen steuerlicher Verluste' oder ‚Wertberichtigung latenter Steuern' *Dempfle*, Charakterisierung, Analyse und Beeinflussung der Konzernsteuerquote, Wiesbaden 2006, S. 239 f.

[52] Zur Vermeidung steuerlicher Ineffizienzen ist zudem der konzernsteuerquotenirrelevante Aspekt der möglichst frühzeitigen Nutzung steuerlicher Verlustvorträge aus Liquiditätsgesichtspunkten und zur Vermeidung des Untergangs der Verlustvorträge zu nennen, vgl. *Dempfle*, Charakterisierung, Analyse und Beeinflussung der Konzernsteuerquote, Wiesbaden 2006, S. 240 f.

rungswahrscheinlichkeit für eine Abgrenzung der aktiven Steuerlatenz nicht aus, besteht in allen betrachteten Rechnungslegungssystemen die Möglichkeit, durch Steuergestaltungen steuerpflichtige Ergebnisse zu generieren und dadurch die Abgrenzung der aktiven latenten Steuer zu ermöglichen.[53] Die Gestaltung der Konzernsteuerquote ist hierbei auf die Vermeidung hoch volatiler Quoten im Zeitablauf beschränkt. Zudem kann durch die Aktivierung einer Steuerlatenz auf den Verlustvortrag - bei Abwesenheit weiterer Einflussfaktoren auf die effektive Steuerbelastung - der Ausweis negativer Konzernsteuerquoten mit den hierzu notwendigen Erläuterungen vermieden werden. Denn durch den latenten Steuerertrag aus der Bildung der aktiven Steuerlatenz in der Verlustperiode nimmt neben dem Nenner der Konzernsteuerquote auch der Zähler einen negativen Wert an, die Quote insgesamt bleibt positiv. Für die Aussagekraft der Konzernsteuerquote ist dieser Aspekt wesentlich.

3.4. Nichtabziehbare Aufwendungen

Hinsichtlich der enthaltenen Steuereffekte handelt es sich bei Überleitungsposten zu nichtabziehbaren Aufwendungen um das Pendant zu den steuerfreien Erträgen.[54] In ihm werden Effekte aus Aufwendungen gezeigt, die zwar die Handels- und Steuerbilanzergebnisse der Konzernunternehmen gemindert haben, bei der Ermittlung des zu versteuernden Einkommens aber hinzuzurechnen sind. Nichtabziehbare Aufwendungen bestimmen sich wie steuerfreie Erträge zunächst nach einkommensteuerrechtlichen Vorschriften. Nicht in den Geltungsbereich des § 3c Abs. 1 EStG, der den Abzug von unmittelbar mit steuerfreien Einnahmen zusammenhängenden Aufwendungen ausschließt, fallen Aufwendungen in Zusammenhang mit den in § 8b Abs. 1 und Abs. 2 KStG bestimmten steuerfreien Beteiligungserträgen und Veräußerungsgewinnen. Bei diesen gelten 5% der außer Ansatz bleibenden Beträge als nichtabziehbare Betriebsausgaben. Verluste aus Beteiligungsveräußerungen und Teilwertabschreibungen, die im Zusammenhang mit Anteilen im Sinne des § 8b Abs. 2 KStG entstehen, sind bei der Ermittlung des zu versteuernden Einkommens der Unternehmung ebenfalls nicht zu berücksichtigen.[55] Daneben enthält das Körperschaftsteuergesetz in den

---

[53] Z.B. durch *sale-and-lease-back*-Gestaltungen, vgl. IASB, IAS 12, Abs. 29 (b), 30; DRSC, DRS 10, Abs. 12 (b); FASB, SFAS No. 109, Abs. 21 (d); *Schäffeler*, Latente Steuern nach US-GAAP für deutsche Unternehmen, Frankfurt am Main 2000, S. 71; *Adrian*, Tax Reconciliation im HGB- und IAS/IFRS-Konzernabschluss, Frankfurt am Main 2005, S. 175; *Hannemann/Peffermann*, IAS-Konzernsteuerquote: Begrenzte Aussagekraft für die steuerliche Performance eines Konzerns, BB 2003, S. 731.

[54] Vgl. zur u.U. notwendigen Ergänzung des Begriffsbestandteils ‚sonstige' den Hinweis in Fn. 21.

[55] Auch Aufwendungen für Schulden und andere Lasten, deren Empfänger der Steuerpflichtige der Finanzverwaltung nicht benennt, dürfen gemäß § 160 AO ebenfalls steuerlich nicht berücksichtigt werden, soweit deren Besteuerung beim Empfänger nicht sichergestellt ist. Vgl. *Dötsch et al.*, Körperschaftsteuer, 14. Auflage, Stuttgart 2004, S. 84 ff., 259 ff., 273 f.; *Zenthöfer/Schulze zur Wiesche*, Einkommensteuer, 8. Auflage, Stuttgart 2004, S. 58 ff.; *Hey*, in: *Tipke/Lang*, Steuerrecht, 18.

§§ 9 und 10 weitere eigene Regelungen zu Aufwendungen, die nicht oder nur innerhalb bestimmter Grenzen abziehbar sind.[56]

Umgekehrt analog zu den steuerfreien Erträgen werden die genannten steuerlich nichtabziehbaren Aufwendungen bei der Ermittlung des zu versteuernden Einkommens der Unternehmung außerhalb der Bilanz hinzugerechnet[57] und erhöhen deren zu versteuerndes Einkommen im Vergleich zum handelsrechtlichen Ergebnis. Dadurch ist ceteris paribus die effektive Steuerlast grundsätzlich um die mit dem anzuwendenden Steuersatz bewerteten nichtabziehbaren Aufwendungen höher als dies bei der Ermittlung der erwarteten Steuerbelastung als Ausgangsgröße der Überleitungsrechnung erwartet wurde.[58] Diese Abweichung ist innerhalb der Überleitungsrechnung in einem gesonderten Überleitungsposten zu erläutern.[59]

Möglich und von manchen Unternehmen praktiziert ist der saldierte Ausweis der in ihrer Wirkungsrichtung zwar gegenläufigen, in ihren Auswirkungen auf die steuerliche Bemessungsgrundlage und damit in ihrem Aussagegehalt aber verwandten Positionen ‚steuerfreie Erträge' und ‚nichtabziehbare Aufwendungen'. Abschlussinteressenten können jedoch nur bei getrenntem Ausweis dieser beiden Positionen durch deren periodenübergreifenden Vergleich Hinweise auf einmalige Effekte oder auf strukturelle Ursachen erlangen und dadurch auf mögliches Steuersenkungspotential oder drohende steuerliche Mehraufwendungen schließen. Bei der Aggregation der Positionen in

---

Auflage, 2005, § 11, Tz. 38 f.; sowie *Adrian*, Tax Reconciliation im HGB- und IAS/IFRS-Konzernabschluss, Frankfurt am Main 2005, S. 147 ff. m.w.N.

56 Zu u.U. nichtabziehbaren Aufwendungen aufgrund von *goodwill*-Abschreibungen und deren Ausweis *Dempfle*, Charakterisierung, Analyse und Beeinflussung der Konzernsteuerquote, Wiesbaden 2006, S. 243, 245.

57 Vgl. *Hey*, in: *Tipke/Lang*, Steuerrecht, 18. Auflage, 2005, § 11, Tz. 46, 73; *Heinicke*, in: *Schmidt*, EStG, 25. Auflage, 2006, § 3c EStG, Tz. 19.

58 Vgl. *Ernsting*, Auswirkungen des Steuersenkungsgesetzes auf die Steuerabgrenzung in Konzernabschlüssen nach US-GAAP und IAS, WPg 2001, S. 20 f.; *Schmidbauer*, Die Bilanzierung latenter Steuern nach HGB unter Berücksichtigung von E-DRS 12 sowie nach IAS auf Basis der Änderungen der Steuergesetze, DB 2001, S. 1571; *Wotschofsky/Heller*, Latente Steuern im Konzernabschluss, IStR 2002, S. 820; *Rabeneck/Reichert*, Latente Steuern im Einzelabschluss, DStR 2002, S. 1366, insbesondere auch Fn. 3 und S. 1409-1416; *Hannemann/Peffermann*, IAS- Konzernsteuerquote: Begrenzte Aussagekraft für die steuerliche Performance eines Konzerns, BB 2003, S. 731.

59 Vgl. *Haag/Rotz*, IAS 12 Ertragsteuern - Hinweise für die Umsetzung an einem Fallbeispiel, ST 1998, S. 799; *Schäffeler*, Latente Steuern nach US-GAAP für deutsche Unternehmen, Frankfurt am Main 2000, S. 97; *Herzig/Dempfle*, Konzernsteuerquote, betriebliche Steuerpolitik und Steuerwettbewerb, DB 2002, S. 3; *Dahlke/Eitzen*, Steuerliche Überleitungsrechnung im Rahmen der Bilanzierung latenter Steuern nach IAS 12, DB 2003, S. 2242; *Adrian*, Tax Reconciliation im HGB- und IAS/IFRS-Konzernabschluss, Frankfurt am Main 2005, S. 146 ff.

einem einzigen Überleitungsposten gehen diese Informationen verloren. Diese Form des Ausweises ist daher abzulehnen.[60]

Als Instrument zur Gestaltung der Konzernsteuerquote im Zusammenhang mit nichtabziehbaren Aufwendungen dient auch in diesem Fall zuvorderst die Vermeidung steuerlicher Ineffizienzen. So sollte die Unternehmung beispielsweise durch das Nichtüberschreiten betragsmäßiger Grenzen im Rahmen des Spendenabzugs oder im Zusammenhang mit Geschenken die Abziehbarkeit von Aufwendungen sicherstellen bzw. deren weitestgehende Anerkennung gewährleisten. Auch durch die Einhaltung formaler Bestimmungen, ebenfalls im Zusammenhang mit Spenden oder bei der Benennung der Empfänger von Leistungen im Sinne des § 160 AO, kann die Versagung des Ausgabenabzugs verhindert werden.

3.5. Gewerbesteuer

Gewerbesteuer löst regelmäßig Abweichungen der effektiven von der erwarteten Steuerbelastung aus, die bei Wesentlichkeit in einem gesonderten Überleitungsposten zu erläutern sind. Je nach anzuwendendem Steuersatz kann der Überleitungsposten mehr oder weniger umfassend sein und entweder alle auf die Gewerbesteuer zurückzuführenden Abweichungen der effektiven von der erwarteten Steuerbelastung enthalten oder Teilbereiche hiervon.[61]

Wurde die Gewerbesteuer nicht in den anzuwendenden Steuersatz einbezogen, ist zunächst die erwartete faktische Belastung des Konzernergebnisses mit Gewerbesteuer im Überleitungsposten hierzu zu korrigieren. Hierbei sind neben der nominellen Belastung des Vorsteuerergebnisses die Effekte zu berücksichtigen, die aus dem die Bemessungsgrundlagen von Körperschaftsteuer und Solidaritätszuschlag mindernden Charakter der Gewerbesteuer als Betriebsausgabe resultieren.[62] Auch Auswirkungen, die die Gewerbesteuer auf steuersatzabhängige Überleitungsposten hat, gehen in diesen Fällen in den Überleitungsposten zur Gewerbesteuer ein.

Umfasst der anzuwendende Steuersatz demgegenüber auch die Gewerbesteuer, ist die erwartete faktische Belastung hiermit bereits in der Ausgangsgröße der Überleitungs-

---

[60] Vgl. *Dempfle*, Charakterisierung, Analyse und Beeinflussung der Konzernsteuerquote, Wiesbaden 2006, S. 244 ff. m.w.N.

[61] Vgl. *Schäffeler*, Latente Steuern nach US-GAAP für deutsche Unternehmen, Frankfurt am Main 2000, S. 190; *Dempfle*, Charakterisierung, Analyse und Beeinflussung der Konzernsteuerquote, Wiesbaden 2006, S. 247 ff.

[62] Die nominelle Belastung mit Gewerbesteuer berücksichtigt die Abzugsfähigkeit der Gewerbesteuer von ihrer eigenen Bemessungsgrundlage, die faktische Belastung darüber hinaus auch deren Abzugsfähigkeit von der körperschaftsteuerlichen Bemessungsgrundlage. Zur Terminologie *Schäffeler*, Latente Steuern nach US-GAAP für deutsche Unternehmen, Frankfurt am Main 2000, S. 146.

rechnung enthalten, die erwartete Gewerbesteuerbelastung muss in der Überleitung nicht mehr berücksichtigt werden. Auch werden die steuersatzabhängigen Überleitungsposten mit dem umfassenden kombinierten Ertragsteuersatz bewertet. Steuereffekte aus der Gewerbesteuer sind dann in den jeweiligen steuersatzabhängigen Überleitungsposten abgebildet, deren Einbeziehung in den Überleitungsposten zur Gewerbesteuer ist dann ebenfalls nicht notwendig. Damit beschränkt sich der additiv zu ermittelnde Umfang des Überleitungspostens zur Gewerbesteuer in diesen Fällen auf Abweichungen aufgrund gewerbesteuerlicher Modifikationen[63] und aus abweichenden tatsächlichen Gewerbesteuerbelastungen der inländischen Konzernunternehmen.

Bei der Ermittlung der Ausgangsgröße der Überleitungsrechnung wurde der kombinierte Ertragsteuersatz pauschal auf das Konzernergebnis vor Steuern angewendet, welches aufgrund von Hinzurechnungen und Kürzungen gemäß §§ 8, 9 GewStG regelmäßig von der tatsächlichen Besteuerungsgrundlage der Gewerbesteuer abweicht. Die Höhe des Korrekturbetrags ergibt sich aus dem mit dem erwarteten faktischen Gewerbesteuersatz bewerteten Saldo der Modifikationen. Daneben weichen die auf die Ergebnisbestandteile der inländischen Konzernunternehmen tatsächlich angewendeten Hebesätze häufig von dem Hebesatz ab, der bei der Ermittlung des anzuwendenden Steuersatzes herangezogen wurde und induzieren zu erläuternde Abweichungen zwischen der tatsächlichen und der pauschal ermittelten Gewerbesteuerbelastung.[64] Diese Abweichungen werden korrigiert, indem die betreffenden Gewerbeerträge mit der Differenz aus dem faktischen Belastungssatz, der unter Heranziehung des tatsächlich angewendeten Hebesatzes ermittelt wurde, und dem erwarteten faktischen Gewerbesteuersatz bewertet werden.

Dem externen Abschlussinteressenten ist es möglich, anhand des Überleitungspostens zur Gewerbesteuer und dessen Veränderung im Zeitablauf zu analysieren, ob und in welchem Ausmaß es dem Steuermanagement des Konzerns gelingen konnte, die Gewerbesteuer als bedeutenden Faktor der lokalen Standortwahl der inländischen Konzernunternehmen[65] zu berücksichtigen und dadurch die Konzernsteuerquote zu beeinflussen. Eine Änderung des Gewerbesteueraufwands löst eine definitive Änderung des effektiven Steueraufwands in derselben Höhe und derselben Richtung aus, eine Sen-

---

[63] Sogenannter systematischer Fehler. Vgl. zu einer ausführlichen Darstellung des aus der Bemessungsgrundlagendifferenz der Körperschaftsteuer und der Gewerbesteuer resultierenden systematischen Fehlers *Schäffeler*, Latente Steuern nach US-GAAP für deutsche Unternehmen, Frankfurt am Main 2000, S. 184 ff.

[64] Vgl. *Schäffeler*, Latente Steuern nach US-GAAP für deutsche Unternehmen, Frankfurt am Main 2000, S. 190; *Hannemann/Peffermann*, IAS-Konzernsteuerquote: Begrenzte Aussagekraft für die steuerliche Performance eines Konzerns, BB 2003, S. 729; *Adrian*, Tax Reconciliation im HGB- und IAS/IFRS-Konzernabschluss, Frankfurt am Main 2005, S. 162, 171.

[65] Vgl. z.B. *Rose*, Betriebswirtschaftliche Steuerlehre, 3. Auflage, Wiesbaden 1992, S. 81; *Behrendt*, Hebesatzautonomie und Standortentscheidung, StB 1996, S. 296.

kung der Gewerbesteuer hat mithin eine Senkung der Konzernsteuerquote zur Folge. Zu diesem Zweck bieten sich Gestaltungen zur Nutzung der Hebesatzdifferenzen innerhalb des Konzerns an. So kann durch gezielte Standortentscheidungen bei der Gründung neuer Konzernunternehmen aufgrund unterschiedlich hoher Hebesätze in den Gemeinden die Belastung mit Gewerbesteuer beeinflusst werden, womit gleichzeitig Einfluss auf die Konzernsteuerquote genommen wird. Auch die Etablierung von Organschaften in Teilkonzernen kann aufgrund der Zerlegung des Steuermessbetrags nach Maßgabe der Lohnsumme bei unterschiedlich hohen Hebesätzen zu einer Absenkung der Gewerbesteuerbelastung führen.

3.6. Unternehmensindividuelle Überleitungsposten

Von den 23 verschiedenen Überleitungsposten der DAX-30-Unternehmen ist im Jahr 2004 mit sieben Positionen fast ein Drittel unternehmensindividuell, d.h. sie betreffen jeweils nur ein einziges Unternehmen in einem Umfang, der einen gesonderten Ausweis innerhalb der Überleitungsrechnung dieses Unternehmens notwendig macht. Insbesondere sind hierbei die Überleitungsposten zu nicht anrechenbaren ausländischen Ertragsteuern für die Ölförderung bei der BASF AG, zu den Restrukturierungsrückstellungen der Post AG und der von der Bayer AG ausgewiesene Überleitungsposten zu Rechtsstreitigkeiten herauszustellen.[66]

Diese Steuereffekte führen häufig aufgrund ihres absoluten Umfangs zu einer stark positiven oder negativen Beeinflussung der effektiven Steuerbelastung der jeweiligen Unternehmung. Unter Umständen resultieren aus diesen hohen Überleitungsposten auch insgesamt hohe Überleitungsdifferenzen. So macht z.B. bei der BASF AG der Überleitungsposten aus den nicht anrechenbaren ausländischen Ertragsteuern für die Ölförderung 66,45% der erwarteten Steuerbelastung aus. Insgesamt beträgt die Überleitungsdifferenz der BASF AG 24,9 Prozentpunkte und weist damit im Jahr 2004 den zweithöchsten positiven Wert der DAX-30-Unternehmen auf.

Ursachen für die einzelnen Steuereffekte und deren Einfluss auf die effektive Steuerbelastung können wie bei der BASF AG das Geschäftsfeld sein oder die Ertragssituation der Unternehmung, wenn bei vergleichsweise niedrigen Ergebnissen bereits ein verhältnismäßig geringer Steuereffekt einen relativ hohen und damit wesentlichen Einfluss auf die effektive Steuerbelastung entfaltet. Beispielsweise hat der Überleitungsposten zu Rechtsstreitigkeiten in der Überleitungsrechnung der Bayer AG einen

---

[66] Elf Positionen werden von höchstens drei Unternehmen ausgewiesen; diesen Überleitungsposten wohnt immer noch eine gewisse Individualität inne, vgl. *Dempfle*, Charakterisierung, Analyse und Beeinflussung der Konzernsteuerquote, Wiesbaden 2006, S. 225 f.

absoluten Umfang von 31 Mio. €, bei relativer Betrachtung sind dies 8,96% der erwarteten Steuerbelastung.

Unternehmensindividuelle Überleitungsposten sind häufig auf aperiodische Ursachen zurückzuführen. So kann eine Betriebsprüfung zu einer Steuernachzahlung, mithin zu einem Steueraufwand für Vorperioden, führen, die nur das geprüfte Unternehmen betrifft und damit aperiodisch und unternehmensindividuell ist.[67] Zwingend ist die Kongruenz von Unternehmensindividualität und fehlender Periodizität allerdings nicht, wie der regelmäßig wiederkehrende Überleitungsposten zu den nicht anrechenbaren ausländischen Ertragsteuern für die Ölförderung bei der BASF AG zeigt. Auch sind Steuern für Vorperioden und sonstige periodenfremde tatsächliche und latente Steuern zwar regelmäßig aperiodische Effekte, die zu Abweichungen der effektiven Steuerbelastung führen.[68] Allerdings betreffen periodenfremde Steuern, die beispielsweise durch Steuersatzänderungen ausgelöst sein können, häufig eine Vielzahl von Unternehmen, so dass diese dann nicht zu unternehmensindividuellen Überleitungsposten führen.

Die Ermittlung unternehmensindividueller Überleitungsposten kann aufgrund ihrer Eigentümlichkeit nicht allgemeingültig dargestellt werden.[69] Auch lässt die Individualität dieser Posten per definitionem nur eine beschränkte Vergleichbarkeit über die Unternehmen hinweg zu. Jedoch sind die Effekte für die Interessenten der Überleitungsrechnung häufig wesentlich, diese sind auf die gesonderte Abbildung der individuellen Steuereffekte angewiesen. Oftmals können die unternehmensindividuellen Effekte überhaupt nur durch gesonderte Abbildung von den Ursachen anderer Überleitungsposten abgegrenzt und damit die Vergleichbarkeit der Abschlussinformationen im Zeitablauf hergestellt werden.

Bei der Beurteilung der Frage nach der Wesentlichkeit müssen die Ersteller der Überleitungsrechnung hier wie bei keinem anderen Überleitungsposten zwischen den Kriterien der Informationsnützlichkeit und Entscheidungserheblichkeit auf der einen Seite und der Relevanz der Informationen auf der anderen Seite abwägen. Hierbei kann die Wesentlichkeitsgrenze der SEC als Anhaltspunkt dienen, um die Wesentlichkeit eines

---

[67] Vgl. *Hannemann/Peffermann*, IAS-Konzernsteuerquote: Begrenzte Aussagekraft für die steuerliche Performance eines Konzerns, BB 2003, S. 732; *Adrian*, Tax Reconciliation im HGB- und IAS/IFRS-Konzernabschluss, Frankfurt am Main 2005, S. 198.

[68] Vgl. *Haag/Rotz*, IAS 12 Ertragsteuern - Hinweise für die Umsetzung an einem Fallbeispiel, ST 1998, S. 799 f.; *Adrian*, Tax Reconciliation im HGB- und IAS/IFRS-Konzernabschluss, Frankfurt am Main 2005, S. 198.

[69] Vgl. *Dempfle*, Charakterisierung, Analyse und Beeinflussung der Konzernsteuerquote, Wiesbaden 2006, S. 253.

Steuereffekts zu beurteilen.[70] Aus Gründen der Aussagekraft der durch die Überleitungsrechnung transportierten Informationen ist allerdings generell der gesonderte Ausweis unternehmensindividueller Steuereffekte in eigenen Überleitungsposten gegenüber deren Einbeziehung in andere Überleitungsposten vorzuziehen. Dies gilt insbesondere im Hinblick auf die Vergleichbarkeit und die Stetigkeit der Überleitungsrechnung insgesamt, aber auch bezogen auf die ansonsten verwässerten Informationen derjenigen Überleitungsposten, in die die unternehmensindividuellen Steuereffekte einbezogen werden. Einen Ausweis sehr kleiner Überleitungsposten gilt es allerdings zu vermeiden.[71]

3.7. Sonstige steuerliche Zu- und Abrechnungen

Der Überleitungsposten ‚Sonstige steuerliche Zu- und Abrechnungen' (‚Sonstige') wird in den Überleitungsrechnungen von 28 der DAX-30-Unternehmen abgebildet. In ihm werden Steuereffekte aggregiert, die aufgrund ihres Umfangs nicht in einem gesonderten Überleitungsposten abgebildet werden müssen und auch nicht in andere Überleitungsposten eingehen. Die Position ‚Sonstige' umfasst somit als Auffangposten sämtliche unwesentlichen Steuereffekte, die zu Steuermehrungen oder Steuerminderungen geführt haben, und bildet die Residualgröße der Überleitungsrechnung.[72]

Die relative Größe des Überleitungspostens ‚Sonstige' kann Aufschluss über den Informationsgehalt der Überleitungsrechnung geben.[73] So weist z.B. die Commerzbank AG im Jahr 2004 eine Position ‚Sonstige Auswirkungen' aus, deren Umfang 62,12% der erwarteten Steuerbelastung beträgt und die nach dem saldierten Überleitungsposten zu nichtabziehbaren Aufwendungen und steuerfreien Erträgen der

[70] Vgl. *Dahlke/Eitzen*, Steuerliche Überleitungsrechnung im Rahmen der Bilanzierung latenter Steuern nach IAS 12, DB 2003, S. 2243.

[71] Vgl. *Dempfle*, Charakterisierung, Analyse und Beeinflussung der Konzernsteuerquote, Wiesbaden 2006, S. 252 f.

[72] Vgl. *Schäffeler*, Latente Steuern nach US-GAAP für deutsche Unternehmen, Frankfurt am Main 2000, S. 98.

[73] Die SEC-Bestimmung zur Wesentlichkeitsgrenze, wonach Steuereffekte, die für sich betrachtet weniger als 5% des erwarteten Steueraufwands ausmachen, in einer Position ‚Sonstige' zusammengefasst werden dürfen, bezieht sich alleine auf die maximale Größe der Steuereffekte. Über den möglichen Umfang der Position ‚Sonstige' selber trifft die Regulation S-X keine Aussage, diese kann einen wesentlich größeren Umfang als 5% der erwarteten Steuerbelastung haben. Vgl. *SEC*, Reg. S-X, online im Internet, Item 210.4-08, Abs. (h) (2), Satz 3; *Schäffeler*, Latente Steuern nach US-GAAP für deutsche Unternehmen, Frankfurt am Main 2000, S. 98 f.; *Hannemann/Peffermann*, IAS-Konzernsteuerquote: Begrenzte Aussagekraft für die steuerliche Performance eines Konzerns, BB 2003, S. 732; *Loitz*, Latente Steuern und steuerliche Überleitungsrechnung - Unterschiede zwischen IAS/IFRS und US-GAAP, WPg 2004, S. 1193, dort auch Fn. 65; a.A. *Kröner/Benzel*, Konzernsteuerquote - Die Ertragsteuerbelastung in der Wahrnehmung durch die Kapitalmärkte, in: Kessler/Kröner/Köhler (Hrsg.), Konzernsteuerrecht - Organisation - Recht - Steuern, München 2004, § 15, Tz. 62.

betragsmäßig höchste Überleitungsposten ist. Dass eine solche Position und die Überleitungsrechnung insgesamt dann nicht aussagekräftig sind, liegt auf der Hand.[74]

Der Überleitungsposten ‚Sonstige steuerliche Zu- und Abrechnungen' sollte daher nur als Auffangposten tatsächlich unwesentlicher Steuereffekte betrachtet werden, und in seiner relativen Größe so gering wie möglich ausfallen. Ansonsten nimmt der Informationsgehalt der Überleitungsrechnung deutlich ab. Gleichzeitig ist aber auch in diesem Fall ein gesonderter Ausweis sehr kleiner Überleitungsposten zu vermeiden. Als Kompromiss könnte hier die zusätzliche Erläuterung der nach ihrem Umfang unwesentlichen und daher in der Position ‚Sonstige' zusammengefassten Steuereffekte dienen, wenn diese für die Interessenten der Überleitungsrechnung entscheidungserheblich sind.[75]

4. Zielgröße ‚Effektive Steuerbelastung'

Die effektive Steuerbelastung ist die im Konzernabschluss ausgewiesene Ist-Größe, die innerhalb der Überleitungsrechnung durch Verrechnung der Steuerminderungen und der Steuermehrungen aus den Überleitungsposten mit der erwarteten Steuerbelastung hergeleitet und dadurch erläutert wird. Die Herleitung innerhalb der Überleitungsrechnung erfolgt dabei ausschließlich zu Zwecken der Erläuterung, denn letztlich ist die effektive Steuerbelastung als Summe aus tatsächlicher und latenter Steuerbelastung ein Datum.

Die Abweichung der effektiven von der erwarteten Steuerbelastung ist dann zutreffend erläutert, wenn die Summe aller Überleitungsposten der Überleitungsdifferenz insgesamt entspricht. Insofern besteht bei der Erstellung der Überleitungsrechnung die Notwendigkeit, diese beiden Größen miteinander zu vergleichen[76] und möglicherweise noch bestehende Differenzen innerhalb der Überleitungsposten zu korrigieren. Denn da die Überleitungsdifferenz als Differenz zwischen der ausgewiesenen, effektiven und der erwarteten Steuerbelastung eine fixe Größe in Abhängigkeit vom anzuwendenden Steuersatz ist, können Differenzen zwischen der Summe der Überleitungspos-

[74] Vgl. *Hannemann/Peffermann*, IAS-Konzernsteuerquote: Begrenzte Aussagekraft für die steuerliche Performance eines Konzerns, BB 2003, S. 732. Zur im Extremfall möglichen Beschränkung auf den Ausweis nur der Position ‚Sonstige' *Dempfle*, Charakterisierung, Analyse und Beeinflussung der Konzernsteuerquote, Wiesbaden 2006, S. 254.

[75] Vgl. *Dempfle*, Charakterisierung, Analyse und Beeinflussung der Konzernsteuerquote, Wiesbaden 2006, S. 254 f.

[76] Verprobung der Überleitungsrechnung, vgl. zuletzt *Adrian*, Tax Reconciliation im HGB- und IAS/IFRS-Konzernabschluss, Frankfurt am Main 2005, S. 57 f.

ten und der Überleitungsdifferenz ausschließlich aus Fehlern bei der Ermittlung der Überleitungsposten resultieren.[77]

Die Darstellung der effektiven Steuerbelastung steht im Zusammenhang mit der gewählten Präsentationsform der Überleitungsrechnung. So wird die effektive Steuerbelastung in absoluten Beträgen angegeben, wenn auch die Überleitung in absoluten Beträgen erfolgt. Dabei sollten die Unternehmen zu Vergleichszwecken zusätzlich stets auch die relativen Werte der jeweiligen Größen angeben.[78] Die effektive Steuerbelastung wird dann als effektiver Steuersatz, als Konzernsteuerquote, unmittelbar in der Überleitungsrechnung ausgewiesen. Aufgrund der dadurch besonders aussagekräftigen Herleitung und Erläuterung wird die ansonsten statische Konzernsteuerquote Analysen externer Abschlussinteressenten unmittelbar zugänglich gemacht. Unterbleibt die Angabe der Vergleichswerte, lässt sich die Konzernsteuerquote aber dennoch leicht ermitteln und mit Hilfe der Überleitungsrechnung analysieren, da in diesen Fällen mit dem effektiven Steueraufwand die Beobachtungsgröße der Kennzahl Konzernsteuerquote hergeleitet wurde, die zur Ermittlung der Konzernsteuerquote lediglich zum Konzernergebnis vor Steuern ins Verhältnis gesetzt werden muss.

5. Fazit

Nach alledem ist deutlich geworden, dass die Überleitungsrechnung, in der die effektive Steuerbelastung eines Konzerns ausgehend von einer erwarteten Steuerbelastung hergeleitet wird, bei entsprechender Ausgestaltung ein sehr wertvolles Analyseinstrument der Konzernsteuerquote sein kann. Denn die Konzernsteuerquote drückt die effektive Steuerbelastung des Konzerns als Prozentgröße aus und innerhalb der Überleitungsrechnung werden sämtliche Steuereffekte, die einen für die effektive Steuerbelastung wesentlichen Umfang haben, in gesonderten Überleitungsposten aufgezeigt. Damit werden deren Herkunft ebenso wie ihre Veränderung im Zeitablauf besonders aussagekräftig erläutert.

Die Aussagekraft ist dabei wesentlich von der Wahl des anzuwendenden Steuersatzes abhängig, der sowohl die Höhe der erwarteten Steuerbelastung als Ausgangsgröße der Überleitungsrechnung und damit die Überleitungsdifferenz insgesamt determiniert und daneben zumeist auch für die Höhe der einzelnen Überleitungsposten verantwortlich ist. Der zu transportierende Informationsgehalt von Überleitungsrechnungen kann noch über das derzeit in praxi anzutreffende Maß hinaus gesteigert werden, beispiels-

---

[77] Vgl. *Dempfle*, Charakterisierung, Analyse und Beeinflussung der Konzernsteuerquote, Wiesbaden 2006, S. 255.

[78] Vgl. *Dempfle*, Charakterisierung, Analyse und Beeinflussung der Konzernsteuerquote, Wiesbaden 2006, S. 263.

weise durch eine möglicherweise festgelegte Strukturierung der einzelnen Überleitungsposten. Vielmehr noch würde allerdings eine Aufspaltung der Überleitungsrechnung nach Segmenten des Konzerns oder nach Gesellschaften deren Aussagekraft erhöhen.[79]

In vorliegendem Beitrag wurde der Aufbau von Überleitungsrechnungen allgemeingültig aufgezeigt und deren Inhalt dargestellt, besonderes Augenmerk wurde dabei auf die Erläuterung der Zusammensetzung der einzelnen Überleitungsposten gerichtet. Denn das Verständnis der Herkunft und der Zusammensetzung der einzelnen Überleitungsposten ist erforderlich, um die Konzernsteuerquote als Quantifizierungsmaß von Konzernen sorgfältig zu analysieren, zu interpretieren und zu zwischenbetrieblichen und interperiodischen Steuerbelastungsvergleichen heranzuziehen. Darüber hinaus ermöglicht das Verständnis des Zustandekommens der effektiven Steuerbelastung auch Erkenntnisse über die Möglichkeiten der Unternehmung, beeinflussend auf die Konzernsteuerquote einzuwirken, es ermöglicht mithin Einblicke in die Steuerpolitik des Konzerns.[80]

Literaturverzeichnis

Adrian, Gerrit:
Tax Reconciliation im HGB- und IAS/IFRS-Konzernabschluss, Frankfurt am Main 2005, zugleich Dissertation, Philipps-Universität Marburg.

Baetge, Jörg / Dörner, Dietrich / Kleekämper, Heinz / Wollmert, Peter / Kirsch, Hans-Jürgen:
Rechnungslegung nach International Accounting Standards (IAS) - Kommentar auf der Grundlage des deutschen Bilanzrechts, 2. Auflage, Stuttgart 2003, Loseblatt, Stand: 6/2005, 1. Ergänzungslieferung.

Baetge, Jörg / Kirsch, Hans-Jürgen / Thiele, Stefan:
Bilanzen, 8., wesentlich überarbeitete Auflage, Düsseldorf 2005.

Behrendt, Joachim:
Hebesatzautonomie und Standortentscheidung, in: Der Steuerberater 1996, S. 296-303.

---

79 Vgl. zur Wahl des anzuwendenden Steuersatzes sowie zur Gestaltung der Überleitungsrechnung ausführlich *Dempfle*, Charakterisierung, Analyse und Beeinflussung der Konzernsteuerquote, Wiesbaden 2006, S. 169 ff. bzw. 259 ff.

80 Vgl. bereits *Herzig/Dempfle*, Konzernsteuerquote, betriebliche Steuerpolitik und Steuerwettbewerb, DB 2002, S. 3.

Coenenberg, Adolf Gerhard:
Jahresabschluss und Jahresabschlussanalyse - Betriebswirtschaftliche, handelsrechtliche, steuerrechtliche und internationale Grundlagen - HGB, IAS, US-GAAP -, 20., überarbeitete Auflage, Stuttgart 2005.

Cotting, René:
Analyse von latenten Ertragsteuerbeträgen im Konzernabschluss - Definition, Berechnung und Analyse der latenten Ertragsteuern, in: Der Schweizer Treuhänder 1995, S. 787-796.

Dahlke, Jürgen / Eitzen, Bernd von:
Steuerliche Überleitungsrechnung im Rahmen der Bilanzierung latenter Steuern nach IAS 12, in: Der Betrieb 2003, S. 2237-2243.

Dempfle, Urs:
Charakterisierung, Analyse und Beeinflussung der Konzernsteuerquote, Wiesbaden 2006, zugleich Dissertation, Universität zu Köln 2006.

Djanani, Christiana / Brähler, Gernot:
Internationales Steuerrecht, Wiesbaden 2003.

Dötsch, Ewald / Franzen, Ingo / Sädtler, Wolfgang / Sell, Hartmut / Zenthöfer, Wolfgang:
Körperschaftsteuer, 14., neu bearbeitete Auflage, Stuttgart 2004.

DRSC:
Entwurf Deutscher Rechnungslegungs Standard Nr. 12 - E-DRS 12 - Latente Steuern im Konzernabschluss, online im Internet: DRSC (Hrsg.), URL: http://www.standardsetter.de/drsc/docs/drafts/12.html, Stand: 13.7.2001, Abfrage vom 22.3.2002.

DRSC (Hrsg.):
Deutscher Rechnungslegungs Standard Nr. 10 (DRS 10) - Latente Steuern im Konzernabschluss - verabschiedet vom Deutschen Standardisierungsrat (DSR) am 18.1.2002, in: Bundesministerium der Justiz (Hrsg.), Bundesanzeiger, Nr. 66a, Berlin 2002, S. 1-8.

Ellroth, Helmut / Förschle, Gerhart / Hoyos, Martin / Winkeljohann, Norbert:
Beck'scher Bilanz-Kommentar - Handels- und Steuerbilanz - §§ 238 bis 339, 342 bis 342e HGB mit EGHGB und IAS/IFRS-Abweichungen, 6., völlig neubearbeitete Auflage, München 2006.

Ernsting, Ingo:
Auswirkungen des Steuersenkungsgesetzes auf die Steuerabgrenzung in Konzernabschlüssen nach US-GAAP und IAS, in: Die Wirtschaftsprüfung 2001, S. 11-22.

FASB (Hrsg.):
Statement of Financial Accounting Concepts No. 1 - Objectives of Financial Reporting by Business Enterprises, 1978, in: FASB (Hrsg.), Original Pronouncements - 2002/2003 Edition - Accounting Standards as of June 1, 2002, Vol. III, New York u.a. 2002, S. 1005-1020.

FASB (Hrsg.):
Statement of Financial Accounting Standards No. 109 - Accounting for Income Taxes, 1992, in: FASB (Hrsg.), Original Pronouncements - 2002/2003 Edition - Accounting Standards as of June 1, 2002, Vol. II, New York u.a. 2002, S. 1412-1481.

Fischer, Wolfgang Wilhelm:
Bilanzierung von latenten Steuern (deferred taxes) nach IAS 12 (rev. 2000), in: Buchführung, Bilanz, Kostenrechnung 2002, Fach 20, S. 669-686.

Haag, Stefan / Rotz, Alex von:
IAS 12 Ertragsteuern - Hinweise für die Umsetzung an einem Fallbeispiel, in: Der Schweizer Treuhänder 1998, S. 795-806.

Hannemann, Susanne / Peffermann, Petra:
IAS-Konzernsteuerquote: Begrenzte Aussagekraft für die steuerliche Performance eines Konzerns, in: Betriebs-Berater 2003, S. 727-733.

Herzig, Norbert:
Steuerlatenz im Einzel- und Konzernabschluss, in: Bertl, Romuald / Egger, Anton / Gassner, Wolfgang / Lang, Michael / Nowotny, Christian (Hrsg.), Erfolgsabgrenzungen in Handels- und Steuerbilanz, Wien 2001, S. 109-125.

Herzig, Norbert:
Gestaltung der Konzernsteuerquote - eine neue Herausforderung für die Steuerberatung?, in: Die Wirtschaftsprüfung 2003, Sonderheft, S. S 80-S 92.

Herzig, Norbert / Dempfle, Urs:
Konzernsteuerquote, betriebliche Steuerpolitik und Steuerwettbewerb, in: Der Betrieb 2002, S. 1-8.

Hilpold, Peter / Steinmair, Walter / Zandanel, Paul:
Grundriß des italienischen Steuerrechts, 2. Auflage, Wien 1997.

IASB (Hrsg.):
International Accounting Standard 12 - Income Taxes, revised 2000, in: IASB (Hrsg.), International Financial Reporting Standards (IFRSs) 2005 including International Accounting Standards (IASs) and Interpretations as at 1 January 2005, London 2005, S. 761-818.

IASB (Hrsg.):
Framework for the Preparation and Presentation of Financial Statements, 1989, in: IASB (Hrsg.), International Financial Reporting Standards (IFRSs) 2005 including International Accounting Standards (IASs) and Interpretations as at 1 January 2005, London 2005, S. 29-53.

Jacobs, Otto H.:
Internationale Unternehmensbesteuerung - Deutsche Investitionen im Ausland - Ausländische Investitionen im Inland, 5., neubearbeitete und erweiterte Auflage, München 2002.

Kirsch, Hanno:
Angabepflichten für Ertragsteuern nach IAS und deren Generierung im Finanz- und Rechnungswesen, in: Steuern und Bilanzen 2002, S. 1189-1196.

Kirsch, Hanno:
Steuerliche Berichterstattung im Jahresabschluss nach IAS/IFRS, in: Deutsches Steuerrecht 2003, S. 703-708.

Kröner, Michael / Benzel, Ute:
Konzernsteuerquote - Die Ertragsteuerbelastung in der Wahrnehmung durch die Kapitalmärkte, in: Kessler, Wolfgang / Kröner, Michael / Köhler, Stefan (Hrsg.), Konzernsteuerrecht - Organisation - Recht - Steuern, München 2004, S. 701-734.

Loitz, Rüdiger:
Latente Steuern und steuerliche Überleitungsrechnung - Unterschiede zwischen IAS/IFRS und US-GAAP, in: Die Wirtschaftsprüfung 2004, S. 1177-1194.

Lüdenbach, Norbert / Hoffmann, Wolf-Dieter:
Haufe IFRS-Kommentar, 3. Auflage, Freiburg i. Br. 2005.

Pricewaterhousecoopers:
Understanding IAS - Analysis and Interpretation of International Accounting Standards, Second Edition, Great Britain 1998.

Rabeneck, Jasmin / Reichert, Gudrun:
Latente Steuern im Einzelabschluss, in: Deutsches Steuerrecht 2002, S. 1366-1372 und S. 1409-1416.

Rose, Gerd:
Betriebswirtschaftliche Steuerlehre - Eine Einführung für Fortgeschrittene, 3., vollständig überarbeitete und aktualisierte Auflage, Wiesbaden 1992.

Rose, Gerd:
Grundzüge des Internationalen Steuerrechts - Betrieb und Steuern, Band 5, 5., überarbeitete Auflage, Wiesbaden 2000.

Rose, Gerd:
Ertragsteuern - Einkommensteuer, Körperschaftsteuer, Gewerbesteuer, 18., erheblich überarbeitete Auflage, Berlin 2004.

Schäffeler, Ursula:
Latente Steuern nach US-GAAP für deutsche Unternehmen, Frankfurt am Main 2000, zugleich Dissertation, Ludwig-Maximilians-Universität München 2000.

Scheffler, Wolfram:
Besteuerung der grenzüberschreitenden Unternehmenstätigkeit, 2., völlig überarbeitete und erweiterte Auflage, München 2002.

Schmidbauer, Rainer:
Die Bilanzierung latenter Steuern nach HGB unter Berücksichtigung von E-DRS 12 sowie nach IAS auf Basis der Änderungen der Steuergesetze, in: Der Betrieb 2001, S. 1569-1576.

Schmidt, Ludwig:
Einkommensteuergesetz - Kommentar, 25., völlig neubearbeitete Auflage, München 2006.

SEC (Hrsg.):
Financial Reporting Releases, 2000, in: SEC (Hrsg.), 2000 SEC Guidelines - Rules and Regulations, Boston 2000, S. FRR.1-FRR.226.

SEC:
Regulation S-X, online im Internet: SEC (Hrsg.), URL: http://www.sec.gov/divisions/corpfin/forms/regsx.htm, Stand: 8.11.2004, Abfrage vom 14.5.2005, Item 210.1-01-Item 210.12-29.

Spengel, Christoph:
Konzernsteuerquoten im internationalen Vergleich - Bestimmungsfaktoren und Implikationen für die Steuerpolitik, in: Oestreicher, Andreas (Hrsg.), Internationale Steuerplanung - Beiträge zu einer Ringveranstaltung an der Universität Göttingen im Sommersemester 2003, Herne/Berlin 2004, S. 89-125.

Tipke, Klaus / Lang, Joachim:
Steuerrecht, 18., völlig überarbeitete Auflage, Köln 2005.

Wagenhofer, Alfred:
International Accounting Standards - Bilanzierung und Bewertung, Auswirkungen auf den Jahresabschluß, 3., aktualisierte und erweiterte Auflage, Wien/Frankfurt am Main 2001.

Wagenhofer, Alfred:
Internationale Rechnungslegungsstandards - IAS/IFRS - Grundkonzepte - Bilanzierung, Bewertung, Angaben - Umstellung und Analyse, 5., überarbeitete und erweiterte Auflage, Frankfurt am Main 2005.

Wotschofsky, Stefan / Heller, Silke:
Latente Steuern im Konzernabschluss, in: Internationales Steuerrecht 2002, S. 819-824.

Zenthöfer, Wolfgang / Schulze zur Wiesche, Dieter:
Einkommensteuer, 8., völlig neu bearbeitete Auflage, Stuttgart 2004.

Besteuerungsprinzipien bei Personengesellschaften im Falle der Bilanzierungskonkurrenz

von Dr. Rainer Heurung*

Wirtschaftsprüfer, Steuerberater,

Professor für Betriebswirtschaftslehre, insbesondere Prüfungswesen und Betriebswirtschaftliche Steuerlehre, an der Universität Siegen

* Der Verfasser dankt Frau Dipl.-Kffr. Sabrina Funk für die freundliche Unterstützung bei der Anfertigung des Manuskripts.

Inhalt

1. Problemstellung

Schon im Jahr 1978 hat sich der Jubilar mit der Problematik der steuerlichen Behandlung von Sondervergütungen i. S. d. § 15 Abs. 1 Nr. 2 EStG auseinandergesetzt.[1] Seit der BFH[2] von der Bilanzbündeltheorie abgerückt ist und somit Gleichstellung von Mitunternehmer und Einzelunternehmer aufgegeben hat, geriet besonders die Besteuerung von Mitunternehmerschaften in die Diskussion.[3]

Die Einkünfte aus der Beteiligung an einer Personengesellschaft (Mitunternehmerschaft) sowie Sondervergütungen aus der Tätigkeit im Dienst der Gesellschaft, für Darlehenshingabe und Überlassung von Wirtschaftsgütern, stellen Einkünfte gem. § 15 Abs. 1 Nr. 2 EStG dar. *Mellwig* spricht sich in seinen Ausführungen gegen die Subsidiaritätsthese aus und lehnt die subsidiäre Bedeutung des § 15 Abs. 1 Nr. 2 EStG ab. Für den Jubilar hat § 15 Abs. 1 Nr. 2 EStG bei der Beteiligung eines gewerblichen Gesellschafters an einer Personengesellschaft nicht nur Qualifikationscharakter, sondern nimmt vielmehr eine Zurechnungsfunktion wahr.[4]

Der folgende Beitrag zeigt die Entwicklung der Rechtsprechung im Fall einer Bilanzierungskonkurrenz zwischen Einkünften aus dem eigenen Gewerbebetrieb des mitunternehmerisch an der Personengesellschaft beteiligten Gesellschafters und Einkünften aus dessen Sonderbetrieb auf. *Mellwig* hat mit seinem Standpunkt u. a. die bis heute noch bei einigen Konstruktionen von Mitunternehmerschaften anzuwendenden Grundsteine für die Behandlung des Sonderbetriebsvermögens bzw. der Sondervergütungen gelegt.

Aber nicht nur der Behandlung des Sonderbetriebsvermögens hat sich der Jubilar gewidmet; auch die vermögensverwaltenden Personengesellschaften haben ihn insbesondere in den achtziger Jahren beschäftigt. In diesem Zusammenhang stellt der folgende Beitrag eine Rechtsprechungsentwicklung hinsichtlich der Ermittlung der Einkünfte bei sog. Zebragesellschaften und deren gewerblichen Gesellschaftern dar, wobei *Mellwig* schon damals die angemessene Richtung des verfahrensrechtlichen Weges erkannt hat.[5]

---

1 Siehe Mellwig, W. (1978a), S. 1047 ff.
2 Vgl. BFH-Urteil v. 8.1.1975, I R 142/72, BStBl. II 1975, S. 437.
3 Vgl. Streck, M. (1978), S. 189 ff.; Söffing, G. (1976) S. 241 ff.; Söffing, G. (1978), S. 148 ff.; auch schon Woerner, L. (1974), S. 592 ff.
4 Vgl. Mellwig, W. (1978a), S. 1047 ff.
5 Vgl. Mellwig, W. (1985), S. 2066 ff.

2. Gewerbliche Personengesellschaften im Steuerrecht

2.1. Subsidiaritätsthese und die damit verbundene Zuordnungsproblematik der Einkünfte des gewerblichen Gesellschafters

Mit § 15 Abs. 1 Nr. 2 EStG werden nicht nur die Gewinnanteile der Gesellschafter einer Personengesellschaft (Mitunternehmer) zu den Einkünften aus Gewerbebetrieb i. S. d. § 2 Abs. 1 S. 1 Nr. 2 EStG gezählt, sondern gleichwohl deren Sondervergütungen für die Tätigkeit im Dienst der Gesellschaft, für die Darlehenshingabe und für die Überlassung von Wirtschaftsgütern. Die bei dem Gesellschafter originär zu anderen Einkünften führenden Sondervergütungen werden gem. § 15 Abs. 1 Nr. 2 EStG umqualifiziert.[6]

Mit der Abkehr von der „Bilanzbündeltheorie" in den siebziger Jahren[7] „hat der BFH ein neues Gedankengebäude errichtet, das der Rechtsprechung zur Personengesellschaft Struktur und Geschlossenheit geben soll"[8]. Die Personengesellschaft ist mit ihrem Gesamthandsvermögen bezüglich der Art der Einkommensermittlung und der Höhe des Einkommens Steuersubjekt. Für die Verwirklichung einzelner Besteuerungstatbestände, die den Gesellschaftern für deren Besteuerung zugerechnet werden, kommt es darauf an, ob diese bei der Gesellschaft verwirklicht werden.[9] Damit richtet sich die Einkunftsart nach den Verhältnissen der Gesellschaft.[10]

Die Finanzverwaltung hatte mit dem sog. Mitunternehmererlass[11] die lediglich subsidiäre Bedeutung des § 15 Abs. 1 Nr. 2 EStG festgestellt. Nach Tz. 83 Mitunternehmererlass wurde § 15 Abs. 1 Nr. 2 EStG nur dann angewandt, wenn die Einkünfte nicht allein schon wegen der steuerlichen Klassifizierung des Gesellschafters inländische gewerbliche Einkünfte darstellten. Eine Umqualifizierung der erhaltenen Sondervergütungen in gewerbliche Einkünfte brauchte demnach bei dem Gesellschafter nicht mehr vorgenommen zu werden, wenn dieser ohnehin gewerbliche Einkünfte erzielt hat. Folglich war § 15 Abs. 1 Nr. 2 EStG lediglich als Qualifikationsnorm zu sehen.

Für *Mellwig* war diese Subsidiaritätsthese eine „Vereinfachungsansicht"; erhaltene Vergütungen für die Überlassung von Wirtschaftsgütern wurden nicht „kompliziert" dem § 15 Abs. 1 Nr. 2 EStG zugerechnet, sondern als laufende Geschäftsvorfälle und

---

[6] Vgl. Jachmann, M. (2005), S. 2019.
[7] Vgl. BFH-Urteil v. 8.1.1975, I R 142/72, BStBl. II 1975, S. 437.
[8] Mellwig, W. (1985), S. 2066.
[9] Vgl. BFH-Urteil v. 25.6.1984, GrS 4/82, BStBl. II 1984, S. 751 f.
[10] Vgl. Friedrich, K. (2002), § 6, Rz. 10.
[11] Vgl. BMF-Schreiben v. 20.12.1977, BStBl. I 1978, S. 8.

somit als „normale“ Einkünfte gem. § 15 Abs. 1 Nr. 1 EStG beim gewerblichen Mitunternehmer eingestuft.[12] Vereinfachungsregeln sind jedoch nur dann zu akzeptieren, wenn durch sie keine zusätzlichen Belastungen hervorgerufen werden.[13] Diese Akzeptanz ist unter Beachtung der Auswirkungen auf die Gewerbesteuer allerdings zu hinterfragen, da bei Anwendung von Tz. 83 des Mitunternehmererlasses materielle Änderungen der Besteuerungspraxis im Bereich der Gewerbesteuer anfallen, die ohne den Mitunternehmererlass nicht entstanden wären. Sondervergütungen i. S. d. § 15 Abs. 1 Nr. 2 EStG werden somit bei der Auslegung des § 15 Abs. 1 Nr. 2 EStG nach Maßgabe der Subsidiaritätsthese bei der Personengesellschaft zu Betriebsausgaben und bei einem gewerblichen Mitunternehmer zu gewerblichen Einkünften.

Durch die Entstehung von gewerblichen Einkünften könnte eine andere Verteilung des Gewerbesteueraufkommens eintreten. Dabei sind nicht nur die Verteilungswirkungen des Gewerbesteueraufkommens zu betrachten, sondern auch die unterschiedlichen Hebesätze der Gemeinden.[14] Ist der Hebesatz der Gemeinde des Gesellschafters höher als der der Gemeinde der Personengesellschaft, wird die Quantität der Gewerbesteuer erhöht. Allerdings wird damit der Gemeinde die Gewerbesteuer entzogen, der nach dem Äquivalenzprinzip[15] die Gewerbesteuer zustehen würde.[16]

Auch sind Vergütungen für Dauerschuldzinsen zu beachten, die einerseits bei einem gewerblichen Mitunternehmer der Gewerbesteuer zu unterwerfen und andererseits bei der Personengesellschaft gemäß § 8 Nr. 1 GewStG hinzurechnungspflichtig sind und auch dort zu einer Gewerbesteuerzahlung führen würden.[17] Die Höhe des steuerlichen Gewinns der Personengesellschaft muss jedoch unabhängig von der Gewerbeeigenschaft des beteiligten Gesellschafters zu ermitteln sein. *Mellwig* forderte demnach die gleiche Einstufung der Sondervergütungen der Gesellschafter bezüglich der Einkommen- und der Gewerbesteuer.[18]Hinsichtlich der Zuordnung der Sondervergütungen finden sich in der Literatur unterschiedliche Meinungen wieder.[19] Nach der von *Woerner* vertretenen These sollten die Sondervergütungen dem Steuerobjekt als Gewinn

---

[12] Vgl. Mellwig, W. (1978a), S. 1047.
[13] Vgl. Mellwig, W. (1978a), S. 1047.
[14] Vgl. ausführlicheres Beispiel bei Mellwig, W. (1978a), S. 1047.
[15] Zur Kritik am Äquivalenzprinzip vgl. Hofmeister, F. (2006), § 1 GewStG, Rz. 7 ff.
[16] Vgl. Mellwig, W. (1978a), S. 1050.
[17] Vgl. Mellwig, W. (1978a), S. 1047.
[18] Vgl. Mellwig, W. (1978a), S. 1051.
[19] Die Zuordnung der gewerblichen Einkünfte kann problematisch werden, da einerseits die Einkünfte als gewerbliche Einkünfte der Personengesellschaft (Gesamthandseinkünfte) oder andererseits als gewerbliche Einkünfte des Mitunternehmers, also als Sondereinkünfte des Mitunternehmers, zu deklarieren sind.

zugeordnet werden. Sondervergütungen waren demzufolge in die Gewinnermittlung der Gesellschaft und nicht des Gesellschafters einzubeziehen. Die Qualifikationsnorm des § 15 Abs. 1 Nr. 2 EStG erwies sich „in ihrer weiteren Konsequenz als eine Norm, die auch die Quantität des Gewinns der Gesellschaft und damit die Gewinnermittlung bestimmt"[20]. *Woerner* gilt als Vertreter der „Beitragstheorie", mit der ein Weg zurück zum Gesetz betreten werden sollte.[21] Er tendiert jedoch dazu, Vergütungen, die ein als Rechtsanwalt tätiger Mitunternehmer für gelegentliche Rechtsberatung an der Mitunternehmerschaft erhält, nicht unter § 15 Abs. 1 Nr. 2 EStG zu subsumieren.[22] Hier stellt sich jedoch die Frage, ob ein Beitrag zur Förderung geleistet wurde bzw. was unter „gelegentlich" definitiv zu verstehen ist. Aufgrund dieser unbestimmten Rechtsbegriffe entsteht in der Argumentation *Woerners* ein Objektivierungsproblem. Damit sind – wie auch *Mellwig* feststellte – die von der Rechtsprechung übernommene „Beitragstheorie" und die Sub-sidiaritätsthese nicht miteinander vereinbar, da die Beitragstheorie auf die „Motive des Gesellschafters und nicht auf seine steuerrechtliche Klassifizierung"[23] abstellt.

Döllerer hingegen wollte die „Bilanzbündeltheorie" durch die „Konsolidierungstheorie" ersetzen.[24] In diese konsolidierte Steuerbilanz der Gesellschaft sollten das Betriebsvermögen der Gesellschaft und die Sonderbetriebsvermögen der Gesellschafter aufgenommen werden. Nicht erfasst wurde jedoch das Sondervermögen des Gesellschafters, wenn der Gesellschafter einen eigenen Gewerbebetrieb unterhielt und Einkünfte aus diesem Betrieb bezog, die an sich schon unter § 15 Abs. 1 Nr. 2 EStG fielen. Auch unter Anwendung dieser Theorie entstand eine Konkurrenz der bilanziellen Behandlung der Wirtschaftsgüter und der daraus gewonnenen Einkünfte zwischen dem eigenen Gewerbebetrieb und dem Sonderbetrieb des Gesellschafters. Diese Bilanzierungskonkurrenz sollte zugunsten des eigenen Gewerbebetriebs zu lösen sein. Die Begründung lag in der stärkeren Beziehung zum eigenen Gewerbebetrieb verglichen mit der zum Sonderbetrieb.[25] Die Subsidiaritätsthese schlug sich somit auch in der Theorie

[20] Woerner, L. (1974), S. 596 f.

[21] Jedoch nicht mehr alle Vergütungen für Tätigkeiten im Dienst der Gesellschaft und die Überlassung von Wirtschaftsgütern und Kapital an die Gesellschaft sollen nach der Beitragstheorie unter § 15 Abs. 1 Nr. 2 EStG fallen, sondern nur noch solche, die ein Mitunternehmer für Leistungen an die Personengesellschaft erhält, die sich bei wirtschaftlicher Betrachtung als Beiträge zur Förderung des Gesellschaftszwecks darstellen, vgl. Woerner, L. (1974), S. 597.

[22] Vgl. Woerner, L. (1974), S. 597.

[23] Mellwig, W. (1978b), S. 1101.

[24] Vgl. Döllerer, G. (1974), S. 216 ff.

[25] Vgl. Döllerer, G. (1974), S. 218.

Döllerers nieder. *Mellwig* bezweifelt die Aussagen *Döllerers*: Was wäre, wenn die Beziehung zum eigenen Betrieb nicht mehr einschätzbar wäre?[26]

Unter *Mellwigs* Gedankengut wäre die Regelung gem. Tz. 83 Mitunternehmererlass, die Gewerbeeigenschaft des Gesellschafters zur Kennung der Gewinnzuordnung zu machen, nicht akzeptabel. Eine Lösung der entstandenen Zuordnungsprobleme könne „allein in einer Rückbesinnung auf das Gesetz, in einer weitgespannten Anwendung des § 15 Abs. 1 Nr. 2 EStG liegen“[27]. *Mellwig* steht insofern für eine gewerbliche Prägung durch die Personengesellschaft.[28]

Ein anderer Ansatz besteht in einem Wahlrecht des Steuerpflichtigen, ob dieser das betroffene Wirtschaftsgut weiter im Betriebsvermögen seines eigenen gewerblichen Betriebs belassen oder ob er es in seinem Sonderbetriebsvermögen ausweisen möchte.[29] Ein Ausweiszwang des Wirtschaftsguts im Sonderbetriebsvermögen dürfte nach *Söffing* nur dann bestehen, „wenn das Wirtschaftsgut im Betriebsvermögen des Einzelunternehmers kein gewillkürtes Betriebsvermögen sein kann, weil es seiner Art nach nicht geeignet ist, diesem Betrieb zu dienen“[30]. Isoliert betrachtet ist ein Wahlrecht jedoch nicht sinnvoll, da das Zuordnungsproblem mit einem Wahlrecht nicht eindeutig gelöst werden kann.

In der Literatur[31] als auch von der Finanzverwaltung[32] ist die erwähnte Zuordnungsproblematik der Wirtschaftsgüter meist unter zu Hilfenahme der sog. Subsidiaritätsthese gelöst worden. Danach wurde der Bilanzierung der Wirtschaftsgüter bei der Gesellschaft und damit dem Qualifikationscharakter des § 15 Abs. 1 Nr. 2 EStG Vorrang gewährt. Entgegen der herrschenden Meinung in der Literatur[33] hat sich der BFH jedoch mit Urteil vom 18.7.1979[34] für die vorrangige Bilanzierung als Sonderbetriebsvermögen entschieden und folglich die Subsidiaritätsthese abgelehnt.

---

[26] Vgl. Mellwig, W. (1978b), S. 1101.
[27] Mellwig, W. (1978b), S. 1101.
[28] Vgl. Mellwig, W. (1978b), S. 1101; A. A. vgl. Raupach, A. (1976), S. 236.
[29] Vgl. Söffing, G. (1976), S. 252.
[30] Söffing, G. (1976), S. 252.
[31] Vgl. u. a. Döllerer, G. (1974), S. 215; Raupach, A. (1976), S. 236; Söffing, G. (1976), S. 281; Felix, G./Streck, M. (1976), S. 248.
[32] Vgl. BMF-Schreiben v. 20.12.1977, IV B 2 - S 2241 - 231/77, BStBl. I 1978, S. 8, Rz. 83.
[33] Vgl. u. a. Raupach, A. (1976), S. 236; Söffing, G. (1976), S. 281; Döllerer, G. (1974), S. 215.
[34] BFH-Urteil v. 18.7.1979, I R 199/75, BStBl. II 1979, S. 750 ff.

§ 15 Abs. 1 Nr. 2 EStG habe nicht nur Qualifikationscharakter, sondern sei auch als Zurechnungsnorm anzusehen.[35] Durch das BFH-Urteil sind Einkünfte in gewerbliche Einkünfte umzuqualifizieren, die keine gewerblichen Einkünfte wären, wenn die Vorschrift des § 15 Abs. 1 Nr. 2 EStG nicht existieren würde. Mit Hilfe dieser Umqualifizierung i. S. e. Zurechnung zu § 15 Abs. 1 Nr. 2 EStG soll der Mitunternehmer einer Personengesellschaft hinsichtlich der steuerlichen Behandlung dem Einzelunternehmer steuerlich angenähert werden, da ein Einzelunternehmer keine Verträge mit sich selbst schließen kann.[36]

Mit diesem Urteil wurde *Mellwig* von dem BFH in seinem Konzept bestätigt. § 15 Abs. 1 Nr. 2 EStG geht somit als lex specialis den allgemeinen Gewinnermittlungsvorschriften vor.[37] „Die Subsidiaritätsthese steht einer sich an der Entstehungsgeschichte orientierenden Interpretation des mit dem heutigen § 15 Abs. 1 Nr. 2 EStG im Wortlaut übereinstimmenden § 15 Nr. 2 EStG 1934 entgegen."[38] Mit der Ablehnung dieser These ist die einheitliche Ermittlung der Einkünfte (Gewinnanteile und Sondervergütungen) und die Prägung der Gesellschaftereinkünfte durch die Personengesellschaft von dem BFH anerkannt worden. Unabhängig davon, ob der Mitunternehmer einer Personengesellschaft einen gewerblichen Betrieb führt oder nicht, werden die Wirtschaftsgüter dem Sonderbetriebsvermögen des Gesellschafters zugeordnet; die Vergütungen aus der Nutzungsüberlassung der Wirtschaftsgüter werden den Sonderbetriebseinnahmen des Gesellschafters zugerechnet und sind folglich Einkünfte aus § 15 Abs. 1 Nr. 2 EStG. Somit hat die Qualifikation der Einkünfte durch den Gesellschafter eine nur untergeordnete Bedeutung.[39]

Der Gewinn wird zuerst durch die Personengesellschaft ermittelt und anschließend den jeweiligen Gesellschaftern anhand bestimmter Verteilungsschlüssel zugewiesen. Der Gesamtgewinn bei einer Mitunternehmerschaft ist in zwei Stufen[40] zu ermitteln: Auf der ersten Stufe wird das Gesamthandsvermögen und auf der zweiten Stufe das Sondervermögen der einzelnen Gesellschafter einbezogen.[41] Die Gewinnermittlung erster

---

[35] Der BFH hat mehrfach an dieser Auffassung festgehalten. Vgl. Urteile v. 6.11.1980, IV R 5/77, BStBl. II 1981, S. 307; v. 18.5.1983, I R 5/82, BStBl. II 1983, S. 771 f.; v. 14.4.1988, IV R 271/84, BStBl. II 1988, S. 667 ff.; v. 28.11.1991, XI R 14/90, BFH/NV 1992, S. 377 ff.; v. 19.5.1993, I R 60/92, BStBl. II 1993, S. 714 ff.; v. 13.7.1993, VIII R 50/92, DStR 1994, S. 385 ff.; im Ergebnis wohl auch BFH-Urteil v. 22.11.1994, VIII R 63/93, BStBl. II 1996, S. 93 f.

[36] Vgl. BFH-Urteil v. 25.2.1991, GrS 7/89, BStBl. II 1991, S. 691 ff.

[37] Vgl. Stuhrmann, G. (2006), § 15 EStG, Rz. 465.

[38] Mellwig, W. (1978b), S. 1101.

[39] Vgl. Mellwig, W. (1978b), S. 1101.

[40] Vgl. BFH-Urteil v. 30.3.1993, BStBl. II 1993, S. 706 ff.; siehe hierzu auch Woerner, L. (1975), S. 646.

[41] Vgl. Friedrich, K. (2002), § 6, Rz. 41.

Stufe erfolgt durch Betriebsvermögensvergleich §§ 4 Abs. 1, 5 Abs. 1 EStG.[42] Hierbei sind nur die Wirtschaftsgüter und Schulden des Gesamthandsvermögens einschließlich Entnahmen und Einlagen zu berücksichtigen. In der zweiten Gewinnermittlungsstufe werden alle Sondervergütungen des Mitunternehmers erfasst. Die Sondervergütungen mindern nicht die gewerblichen Einkünfte aller Mitunternehmer; sie führen lediglich zu einer anderen Verteilung. Sie mindern freilich als Betriebsausgaben anteilig die Einkünfte aller Mitunternehmer, erhöhen jedoch als Betriebseinnahmen allein die Einkünfte des betreffenden Mitunternehmers.[43]

Die Personengesellschaft ist Subjekt der Gewinnerzielung, Gewinnermittlung und Einkünftequalifikation[44] und somit ein partielles Steuersubjekt[45], womit die erste Stufe der Gewinnermittlung begründet wird. Zuzurechnen ist allerdings das auf der Ebene der Personengesellschaft ermittelte Ergebnis „im Wege des Durchgriffs" unmittelbar den Mitunternehmern, die das alleinige Subjekt der Einkommen- oder Körperschaftsteuer darstellen; es gilt das sog. Transparenzprinzip.[46] Auch wenn Sondervergütungen als Betriebsausgaben vom Gesamthandsvermögen abgezogen werden können (steuerliche Gewinnermittlung der I. Stufe), um bei dem betreffenden Gesellschafter als Sonderbetriebseinnahmen wieder hinzugerechnet (umverteilt) zu werden (steuerliche Gewinnermittlung der II. Stufe), ist bei der Ermittlung des Gewerbeertrags nach § 7 ff. GewStG von der steuerlichen Gewinnermittlung der II. Stufe auszugehen. Ergänzungs- und Sonderbilanzen, Sondervergütungen und Sonderbetriebeinnahmen bzw. -ausgaben sind auch bei der Ermittlung des Gewerbeertrags zu erfassen.[47] Steuerschuldner der Gewerbesteuer ist gemäß § 5 Abs. 1 S. 3 GewStG die Personengesellschaft und nicht der jeweilige Gesellschafter. Verfahrensrechtlich sind Sondervergütungen somit in die gesonderte und einheitliche Gewinnfeststellung bei der Mitunternehmerschaft nach §§ 179, 180 Abs. 1 Nr. 2a AO einzubeziehen.

Das Konzept der Prägung der Einkünfte des Mitunternehmers durch die Personengesellschaft und in diesem Sinne die Lehre des Sonderbetriebsvermögens, für das auch

---

[42] Der Betriebsvermögensvergleich nach §§ 4 Abs. 1, 5 Abs. 1 EStG ist anzuwenden, wenn eine Buchführungspflicht gem. § 140 AO i. V. m. § 238 HGB besteht bzw. wenn die Grenzen des § 141 AO überschritten werden.

[43] Vgl. Reiß, W. (2006), § 15 EStG, Rz. 301 ff.

[44] Vgl. Gschwendtner, H. (1998), S. 335.

[45] Vgl. BFH-Beschluss v. 25.2.1991, GrS 7/89, BStBl. II 1991, S. 691; BFH-Beschluss v. 3.7.1995, GrS 1/93, BStBl. II 1995, S. 617; BFH-Urteil v. 26.11.1995, VIII R 42/94, BStBl. II 1998, S. 328.

[46] Vgl. z. B. BFH-Beschluss v. 3.7.1995, GrS 1/93, BStBl. II 1995, S. 617; Wacker, R. (2005), § 15 EStG, Rz. 163 sowie Rz. 407; Reiß, W. (2005), § 15 EStG, Rz. 200 f.

[47] Vgl. BFH-Urteil vom 3.5.1993, GrS 3/92, BStBl. II 1993, S. 616.

Mellwig[48] schon in den siebziger Jahren plädiert hatte, hat sich nach Abschaffung der Subsidiaritätsthese bis heute noch bei Leistungsbeziehungen im Rahmen von doppelstöckigen Personengesellschaften durchgesetzt.[49]

2.2. Konkurrenzverhältnis zwischen Gewerbebetrieb und Sonderbetrieb hinsichtlich der bilanziellen Behandlung von Leistungsbeziehungen

2.2.1. Leistungsbeziehungen bei doppelstöckigen Personengesellschaften

Ist eine gewerbliche Personengesellschaft (Obergesellschaft) unmittelbar an einer oder mehreren gewerblichen (Unter-)Personengesellschaft(en) beteiligt, wird von einer doppelstöckigen Personengesellschaft gesprochen. Wenn die Obergesellschaft der Untergesellschaft ein Wirtschaftsgut zur Nutzung gegen Entgelt überlässt, stellt sich in diesem Fall zunächst die Frage, ob das Wirtschaftsgut weiterhin als Betriebsvermögen bei der Obergesellschaft zu bilanzieren ist oder ob es zu Sonderbetriebsvermögen der Ober- bei der Untergesellschaft wird.

Wie schon unter Gliederungspunkt 2.1. erwähnt, hat der BFH mit der Abschaffung der Subsidiaritätsthese[50] die vorrangige Bilanzierung der Wirtschaftsgüter als Sonderbetriebsvermögen in den Vordergrund gestellt und damit den Zurechnungscharakter des § 15 Abs. 1 Nr. 2 EStG geprägt. Im Fall einer doppelstöckigen Personengesellschaft werden folglich die von der Ober- an die Untergesellschaft überlassenen Wirtschaftsgüter nicht bei der Obergesellschaft, sondern – unter Durchbrechung des Maßgeblichkeitsgrundsatzes – bei der Untergesellschaft als Sonderbetriebsvermögen der Obergesellschaft bilanziert.[51]

Mit dieser Zurechnungsnorm sind Bilanzierungsprobleme im Fall einer Konkurrenz trivialer zu handhaben. Durch die Ablehnung der Subsidiaritätsthese wurde die Zuordnung der Wirtschaftsgüter und der Mitunternehmereinkünfte vereinheitlicht.[52] Die Einkünfte eines Mitunternehmers sind unabhängig von der Gewerblichkeit des Gesellschafters Einkünfte aus § 15 Abs. 1 Nr. 2 EStG; die Einkunftsart richtet sich somit

---

[48] Vgl. Mellwig, W. (1978b), S. 1101.

[49] Vgl. hierzu die gegenteilige Auffassung im Rahmen der steuerbilanziellen Behandlung von Sonderbetriebsvermögen bei doppelstöckigen Personengesellschaften von Schmid, R. (1997), S. 942 ff.

[50] Vgl. BFH-Urteil v. 18.7.1979, I R 199/75, BStBl. II 1979, S. 750 ff.

[51] Vgl. Rose, G. (1994), S. 1100; Schmid, R. (1997), S. 942 f. Der Vorrang des Sonderbetriebsvermögens vor der Bilanzierung als eigenes Betriebsvermögen bei doppel- oder mehrstöckigen Personengesellschaften wird in dem BMF-Schreiben vom 28.4.1998 noch einmal bestätigt; vgl. BMF-Schreiben v. 28.4.1998, IV B 2 - S 2241 - 42/98, DStR 1998, S. 974.

[52] Vgl. A. A. Schmid, R. (1997), S. 948.

nach den Verhältnissen der Gesellschaft.[53] Die eindeutige Zuordnung des Wirtschaftsguts zum Sonderbetriebsvermögen des Gesellschafters und das Gesamthandsvermögen zeigen als wirtschaftliche Einheit das Betriebsvermögen des Mitunternehmers auf. Zum Sonderbetriebsvermögen gehören alle Wirtschaftsgüter, die

- nicht dem Gesamthandsvermögen der Gesellschaft, jedoch
- einem, mehreren oder allen Gesellschaftern zivilrechtlich und/oder wirtschaftlich zuzurechnen und
- dem Bereich der gewerblichen Betätigung des oder der Mitunternehmer i. R. d. Personengesellschaft zuzuordnen sind.[54]

Unterschieden wird gemäß Rechtsprechung[55] zwischen Sonderbetriebsvermögen I und Sonderbetriebsvermögen II. Alle Wirtschaftsgüter, die der Mitunternehmer der Gesellschaft entgeltlich oder unentgeltlich zur Nutzung überlässt, werden als Sonderbetriebsvermögen I angesehen. Als Sonderbetriebsvermögen II werden alle übrigen Wirtschaftsgüter bezeichnet, die dem Gesellschafter zur Erzielung seines Gewinnanteils und unter anderem auch der Stärkung der Beteiligung dienen oder ihr sonst förderlich sind.[56] Demnach gehört bspw. ein Gebäude, das der Untergesellschaft zur Nutzung gegen Entgelt überlassen wurde, nicht mehr zum Betriebsvermögen der Obergesellschaft, sondern zum Sonderbetriebsvermögen I des Gesellschafters (Obergesellschaft) bei der Untergesellschaft. Die entsprechenden Mieteinkünfte aus dieser Nutzungsüberlassung stellen Sonderbetriebseinnahmen bei dem Gesellschafter (Obergesellschaft) dar.

Seit der durch das StÄndG 1992[57] erfolgten Erweiterung des § 15 Abs. 1 Nr. 2 EStG um den Satz 2 bezieht nicht nur der unmittelbar über eine doppel- oder mehrstöckige Personengesellschaft beteiligte Gesellschafter Einkünfte i. S. d. § 15 Abs. 1 Nr. 2 EStG; der mittelbar beteiligte Gesellschafter steht dem unmittelbar beteiligten nun gleich. Überlässt demzufolge ein über eine Obergesellschaft mittelbar beteiligter Gesellschafter ein Wirtschaftsgut direkt an eine Untergesellschaft zur Nutzung gegen Entgelt, so erzielt der mittelbar beteiligte Gesellschafter Sondervergütungen und das überlassene Wirtschaftsgut stellt Sonderbetriebsvermögen I bei der Untergesellschaft dar.

---

[53] Vgl. BFH-Urteil v. 10.11.1980, GrS 1/79, BStBl. II 1981, S. 164.
[54] Vgl. Niehus, U./Wilke, H. (2005), S. 77.
[55] Vgl. u. a. BFH-Urteil v. 2.10.1997, IV R 84/96, BStBl. II 1998, S. 104.
[56] Vgl. Reiß, W. (2006), § 15 EStG, Rz. 400.
[57] Vgl. Steueränderungsgesetz 1992, BGBl. I 1992, S. 297.

Diese Vereinheitlichung der Zurechnung der Wirtschaftsgüter zum Sonderbetriebsvermögen und der Einkünfte aus der Überlassung der Wirtschaftsgüter zu den Sonderbetriebsausgaben bzw. -einnahmen kann für den Steuerpflichtigen hinsichtlich seiner Steuerplanung hilfreich sein. Seit jüngster Zeit jedoch hat der BFH bezüglich Schwestergesellschaften[58] und mitunternehmerischen Betriebsaufspaltungen[59] seine Meinung bezüglich der vorrangigen Zuordnung von Wirtschaftsgütern zum Sonderbetrieb geändert.

2.2.2. Leistungsbeziehungen zwischen Schwestergesellschaften

Im folgenden *Fall 1* überlässt die U-GmbH einer gewerblich tätigen V-KG – an der sie als Mitunternehmerin beteiligt ist – mehrere Wirtschaftsgüter zur Nutzung gegen Entgelt. Diese Wirtschaftsgüter stellen Sonderbetriebsvermögen der U-GmbH bei der V-KG dar, da die wirtschaftliche Zuordnung der der U-GmbH gehörenden Wirtschaftsgüter gemäß § 39 AO in diesem Fall von der Spezialnorm des § 15 Abs. 1 Nr. 2 EStG verdrängt wird.[60]

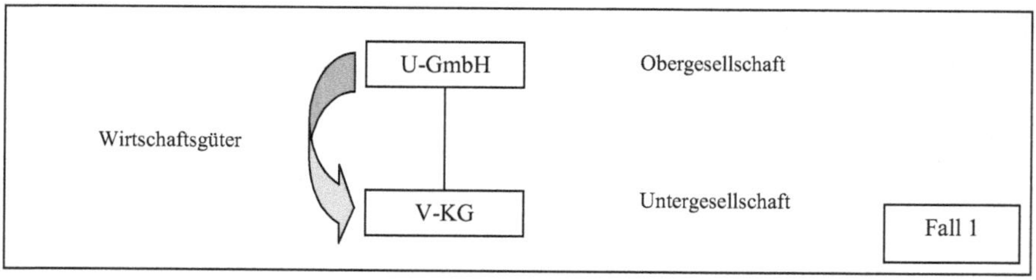

Im *Fall 2* wird der *Fall 1* erweitert: Die V-KG vermiete die ihr zur Nutzung gegen Entgelt überlassenen Wirtschaftsgüter weiter an eine Schwester-Personengesellschaft (W-KG).

---

[58] Vgl. BFH-Urteil v. 16.6.1994, IV R 48/93, BStBl. II 1996, S. 82 ff.; BFH-Urteil v. 22.11.1994, VIII R 63/93, BStBl. II 1996, S. 93 ff.

[59] Vgl. BFH-Urteil v. 23.4.1996, III R 13/95, DStR 1996, S. 1521 f. Eine mitunternehmerische Betriebsaufspaltung liegt vor, wenn nicht nur das Betriebs-, sondern auch das Besitzunternehmen in der Rechtsform einer Personengesellschaft auftritt. Unterschieden wird hierbei, ob die Besitzpersonengesellschaft direkt an der Betriebsgesellschaft beteiligt ist – sog. doppelstöckige Gesellschaften wie in Gliederungspunkt 2.2.1. dargestellt. Ist die Besitzpersonengesellschaft nicht selbst als Gesellschafter an der Betriebsgesellschaft beteiligt, so besteht lediglich Gesellschafteridentität bzw. Beherrschungsidentität; es liegen sog. Schwesterpersonengesellschaften vor. Siehe hierzu auch Reiß, W. (2006), § 15 EStG, Rz. 80.

[60] Vgl. BFH-Urteil v. 5.4.1979, IV R 48/77, BStBl. II 1979, S. 554; sowie BFH-Urteil v. 6.5.1986, VIII R 160/85, BStBl. II 1986, S. 838.

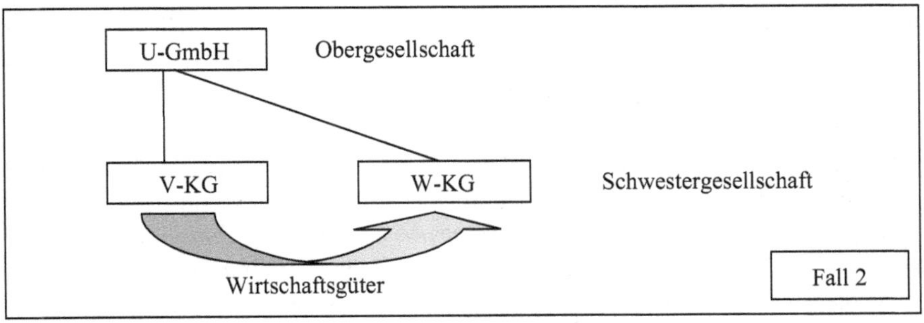

Hier stellt sich die Frage der bilanziellen Behandlung der vermieteten Wirtschaftsgüter. Werden diese Wirtschaftsgüter als Sonderbetriebsvermögen der U-GmbH bei der W-KG oder als eigenes Betriebsvermögen bei der V-KG erfasst?

Mit der Ablehnung der Subsidiaritätsthese gilt der Vorrang des Sonderbetriebsvermögens vor der Bilanzierung des eigenen Betriebsvermögens. Im *Fall 2* würde dies, auch wie *Mellwig* entscheiden würde, eine Bilanzierung der Wirtschaftsgüter als Sonderbetriebsvermögen der U-GmbH bei der W-KG bedeuten. Der BFH vollzog im Jahr 1994[61] im Fall von Schwestergesellschaften[62] jedoch eine Kehrtwende hin zu seiner ursprünglichen Meinung, also dem Vorrang des eigenen Betriebsvermögens vor dem des Sondervermögens. Dies hätte für den *Fall 2* eine Bilanzierung der Wirtschaftsgüter als eigenes Betriebsvermögen bei der V-KG zur Folge. Die Qualifikation der überlassenen Wirtschaftsgüter als eigenes Betriebsvermögen der V-KG setzt nach dem BMF[63] voraus, dass entweder die Vermietungsgesellschaft originär gewerblich tätig, die Vermietungsgesellschaft nach § 15 Abs. 3 Nr. 2 EStG gewerblich geprägt oder die Vermietungsgesellschaft eine „an sich" vermögensverwaltende Personengesellschaft ist. Die vermögensverwaltende Personengesellschaft muss jedoch mit der nutzenden Personengesellschaft personell und sachlich verflochten sein, so dass die Voraussetzungen einer mitunternehmerischen Betriebsaufspaltung erfüllt sind.[64]

Da die V-KG originär gewerblich tätig ist, liegt eine der Voraussetzungen des BMF für die Qualifikation der Wirtschaftsgüter als eigenes Betriebsvermögen bei der V-KG

---

[61] Vgl. BFH-Urteil v. 16.6.1994, IV R 48/93, BStBl. II 1996, S. 82 ff.; BFH-Urteil v. 22.11.1994, VIII R 63/93, BStBl. II 1996, S. 93 ff.

[62] Schwestergesellschaften zeichnen sich dadurch aus, dass die Beteiligungsverhältnisse vollständig oder zumindest teilweise identisch sind, vgl. hierzu Neu, N. (1998), S. 1250.

[63] Vgl. BMF-Schreiben v. 28.4.1998, IV B 2 - S 2241 - 42/98, DStR 1998, S. 974.

[64] Vgl. BFH-Urteil v. 16.6.1994, IV R 48/93, BStBl. II 1996, S. 82 ff.; BFH-Urteil v. 22.11.1994, VIII R 63/93, BStBl. II 1996, S. 93 ff.; BFH-Urteil v. 23.4.1996, VIII R 13/95, BB 1996, S. 2074.

vor; die Bilanzierung als Sonderbetriebsvermögen tritt damit in den Hintergrund. Der BFH und die Finanzverwaltung haben mit diesem Schritt die Subsidiaritätsthese wieder ins Leben zurückgerufen, wodurch erhebliche Bedenken gegen diese Rechtsprechung entstanden sind.[65] Es stellt sich die Frage, warum bei Überlassung von Wirtschaftsgütern durch eine (Schwester-)Personengesellschaft die Kontinuität der Rechtsprechung durchbrochen worden ist, jedoch bei doppel- und mehrstöckigen Personengesellschaften der Vorrang des Sonderbetriebsvermögens weiterhin gilt.[66] Nach Ansicht des BMF ist die Sonderbetriebsvermögenseigenschaft immer dann vorrangig, wenn die Nutzungsüberlassung durch den Gesellschafter selbst erfolgt.[67]

Wie schon in Gliederungspunkt 2.2.1. erwähnt, steht der mittelbar über eine oder mehrere Personengesellschaften beteiligte Gesellschafter dem unmittelbar beteiligten Gesellschafter gleich, woraus folgt, dass in einem weiteren *Fall 3* bei einer Vermietung der Wirtschaftsgüter von der V-KG an eine Untergesellschaft der V-KG (Z-OHG) das Sonderbetriebsvermögen der U-GmbH bei der V-KG dann als Sonderbetriebsvermögen der U-GmbH (oder der V-KG) bei der Z-OHG zu bilanzieren ist.

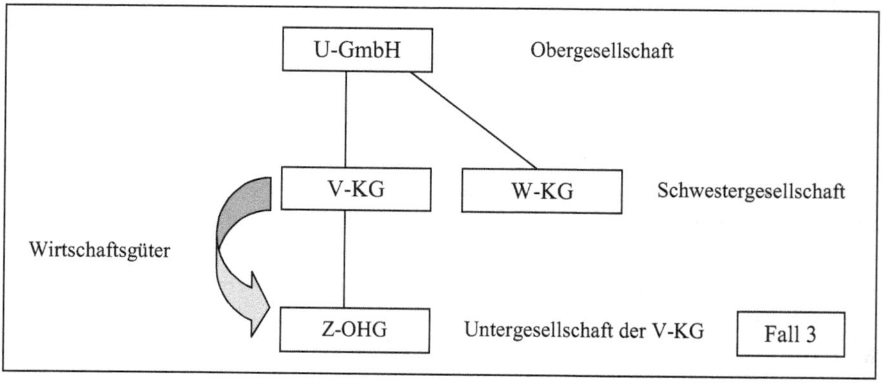

Die Fälle 2 und 3 verdeutlichen die unterschiedliche Behandlung bzw. Zuordnung von überlassenen Wirtschaftsgütern. Obwohl in beiden Fällen (Schwesterpersonengesell-

[65] Zur Kritik vgl. Söffing, G. (2001), S. 158; Nachteile der mitunternehmerischen Betriebsaufspaltung gegenüber der Sonderbetriebsvermögenslösung vgl. Söffing, G. (1997), S. 337; A. A. Kiesel, L. (2001), S. 523.

[66] Nach Auffassung der Finanzverwaltung gem. BMF-Schreiben v. 28.4.1998, IV B 2 - S 2241 - 42/98, DStR 1998, S. 974 ist mit Bezug auf das BFH-Urteil 23.4.1996, VIII R 13/95, BStBl. II 1998, S. 325 nunmehr von einem Vorrang der Rechtsgrundsätze der Betriebsaufspaltung vor Anwendung des § 15 Abs. 1 S. 1 Nr. 2 S. 1 HS 2 EStG auszugehen.

[67] Vgl. Neu, N. (1998), S. 1251.

schaft und doppelstöckige Personengesellschaft) die Anteilseigner der vermietenden Gesellschaft und der Empfängergesellschaft identisch sind, wird die von *Mellwig* bevorzugte Lösung der Zuordnung zum Sonderbetriebsvermögen nicht übernommen. Aber nicht nur hinsichtlich Schwestergesellschaften, sondern auch für sog. mitunternehmerische Betriebsaufspaltungen hat der BFH entgegen früherer Auffassung[68] seine Meinung geändert.

2.2.3. Leistungsbeziehungen bei mitunternehmerischer Betriebsaufspaltung

Wenn wesentliche Betriebsgrundlagen aus einer (Betriebs-)Personengesellschaft in eine neu gegründete Besitzpersonengesellschaft übertragen werden und diese entgeltlich der Betriebspersonengesellschaft überlassen werden, wird von einer mitunternehmerischen Betriebsaufspaltung (sog. echte mitunternehmerische Betriebsaufspaltung) gesprochen. Die hinsichtlich der Betriebskapitalgesellschaft entwickelten Grundsätze der Betriebsaufspaltung gelten nach Rechtsprechung des BFH ebenfalls für Betriebspersonengesellschaften,[69] womit aus der ständigen Rechtsprechung die Voraussetzungen für die sog. mitunternehmerische Betriebsaufspaltung zu entnehmen sind. Wenn die an beiden Unternehmen (Besitz- und Betriebspersonengesellschaft) beteiligten Personen durch einen einheitlichen geschäftlichen Betätigungswillen (personelle Verflechtung) und die Überlassung einer wesentlichen Betriebsgrundlage (sachliche Verflechtung) miteinander verbunden sind, so ist von einer mitunternehmerischen Betriebsaufspaltung die Rede.[70]

---

[68] Vgl. BFH-Urteil v. 25.4.1985, IV R 36/82, BStBl. II 1985, S. 622.

[69] Vgl. BFH-Urteil v. 29.7.1976, R 145/72, BStBl. II 1976, S. 750.

[70] Ausführlichere Erläuterungen zu den entsprechenden Voraussetzungen vgl. u. a. Poll, J. (1999), S. 477 f., Zehnpfennig, J. (2002), § 22, Rz. 66 ff.

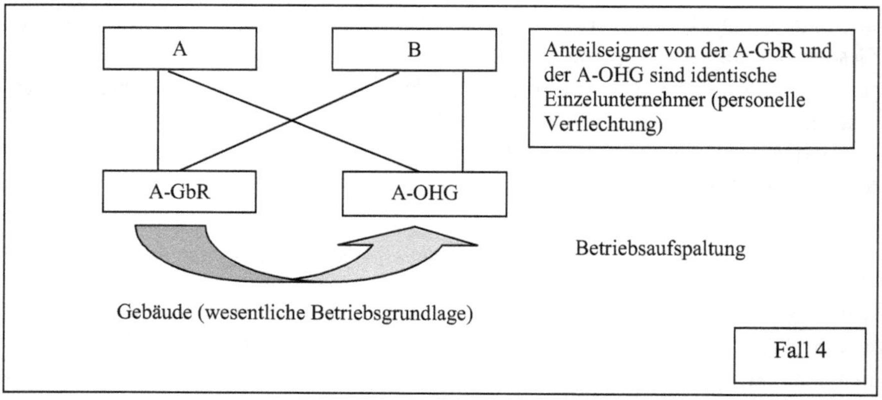

Die A-GbR vermietet eines ihrer Gebäude an die A-OHG, die dieselben Anteilseigner wie die A-GbR hat und somit personell mit ihr verflochten ist. Das Gebäude stellt für die A-OHG eine wesentliche Betriebsgrundlage dar. Die Voraussetzungen für eine mitunternehmerische Betriebsaufspaltung sind folglich gegeben. Kann jedoch das Gebäude nicht auch Sonderbetriebsvermögen der A-GbR bei der A-OHG darstellen? Es kommt zu einer Kollision zwischen der gesetzlichen Regelung des § 15 Abs. 1 Nr. 2 EStG und den Grundsätzen der Betriebsaufspaltung.[71] Auch in diesem Fall wurde bis zum Jahr 1996 den Rechtsfolgen des § 15 Abs. 1 Nr. 2 EStG Vorrang eingeräumt und die Ansichten *Mellwig*s damit bestätigt.[72] Im *Fall 4* würde dies eine Behandlung des Gebäudes als Sonderbetriebsvermögen der A-GbR bei der A-OHG darstellen.

Eine Änderung der damaligen Rechtsprechung[73] bei mitunternehmerischen Betriebsaufspaltungen ergab sich mit Urteil vom 23.4.1996[74], in dem der VIII. Senat des BFH entschieden hat, dass das Richterrecht „Betriebsaufspaltung" vorrangig gegenüber der gesetzlichen Regelung des § 15 Abs. 1 Nr. 2 EStG angewandt werden soll. „Die Qualifikation des Vermögens als Gesellschaftsvermögen der Besitzgesellschaft und der Einkünfte aus der Verpachtung dieses Vermögens als Einkünfte der Gesellschafter der Besitzgesellschaft hat bei einer mitunternehmerischen Betriebsaufspaltung Vorrang vor der Qualifikation des Vermögens als Sonderbetriebsvermögen und der

---

[71] Vgl. Poll, J. (1999), S. 478.
[72] Vgl. Mellwig, W. (1978b), S. 1101.
[73] Vgl. BFH-Urteil v. 29.7.1976, IV R 145/72, BStBl. II 1976, S. 750; BFH v. 25.4.1985, IV R 36/82, BStBl. II 1985, S. 622.
[74] Vgl. BFH-Urteil v. 23.4.1996, VIII R 13/95, BB 1996, S. 2074.

Einkünfte aus der Verpachtung als Sonderbetriebseinkünfte der Gesellschafter bei der Betriebsgesellschaft (Änderung der Rechtsprechung).“[75]

Der BFH begründet seine Änderung der Rechtsprechung mit der Zielrichtung des § 15 Abs. 1 Nr. 2 EStG, wonach die von der Betriebspersonengesellschaft an den Gesellschafter gezahlten Vergütungen den Einkünften aus Gewerbebetrieb zugeordnet werden sollen, um den Mitunternehmer wie einen Einzelunternehmer zu behandeln. Werden diese Einkünfte aus der Verpachtung bereits bei dem verpachtenden Gesellschafter (Besitzgesellschaft) als gewerbliche Betriebseinnahmen erfasst, erübrigt sich in diesem Fall eine Umqualifizierung der Einkünfte.[76] Mit genau dieser Ansicht lässt der BFH jedoch die in den siebziger Jahren abgelehnte sog. Subsidiaritätsthese wieder auferstehen.

In dem Beschluss vom 25.6.1984[77] hat der Große Senat des BFH der Kontinuität der Rechtsprechung große Bedeutung beigemessen. Die ständige Rechtsprechung sollte nur aus einem wichtigen Grund wie bspw. Änderung der tatsächlichen Verhältnisse, Änderung der Gesetzeslage oder grundlegender Rechtsprechungsänderung verlassen werden. Ein solch wichtiger Grund lag jedoch im Fall der Rechtsänderung zur mitunternehmerischen Betriebsaufspaltung nicht vor.[78] Für die Rechtsprechungsänderung gab es auch deshalb keinen wichtigen Grund, weil der Große Senat auf die Gründe der bisher gerechtfertigten Rechtsprechung überhaupt nicht einging. Wenn die Überlassung von Wirtschaftsgütern zugleich die Voraussetzungen der Betriebsaufspaltung erfüllt, bieten weder der Gesetzeswortlaut noch seine Zwecksetzung Anhaltspunkte für eine Nichtanwendung des § 15 Abs. 1 Nr. 2 EStG. Ebenso spricht für die Vorrangigkeit des § 15 Abs. 1 Nr. 2 EStG der nicht nur qualifizierende Charakter der Norm, sondern der Zurechnungscharakter. Und das Richterrecht „Betriebsaufspaltung“ kann nicht die Regelung des § 15 Abs. 1 Nr. 2 EStG, also Gesetzesrecht, brechen.[79]

Keinen der drei Rechtfertigungsgründe hat der Große Senat bei seiner Entscheidung beachtet.[80] Auch das BMF-Schreiben zur mitunternehmerischen Betriebsaufspaltung lässt hinsichtlich der Begründung der Rechtsänderung Fragen offen.[81] Mit dem BMF-Schreiben zur mitunternehmerischen Betriebsaufspaltung erhalten nicht nur im

---

[75] BFH-Urteil v. 23.4.1996, VIII R 13/95, BB 1996, S. 2074.
[76] Vgl. Poll, J. (1999), S. 478.
[77] Vgl. BFH-Beschluss v. 25.6.1984, GrS 4/82, BStBl. II 1984, S. 751.
[78] Vgl. Söffing, G. (1997), S. 339.
[79] Vgl. Söffing, G. (2001), S. 158; A. A. Kiesel, L. (2001), S. 520 ff.
[80] In diesem Zusammenhang wird auf die kritische Anmerkung gegenüber dem BFH-Urteil v. 23.4.1996, VIII R 13/95, BB 1996, S. 2074 von Söffing, G. (1997), S. 339 verwiesen.
[81] Vgl. Söffing, G. (1998b), S. 1974.

Rahmen einer mitunternehmerischen Betriebsaufspaltung die Grundsätze zur Betriebsaufspaltung Vorrang vor der gesetzlichen Regelung des § 15 Abs. 1 Nr. 2 EStG. Auch bei der Schwesterstellung der Besitz- und Betriebsgesellschaft haben die Grundsätze zur Betriebsaufspaltung Vorrang. Die Betriebsaufspaltungsgrundsätze haben jedoch keinen Vorrang, wenn die beherrschende Personengruppe die Besitzpersonengesellschaft oder die Betriebspersonengesellschaft nur mittelbar durch Zwischenschaltung einer anderen Personengesellschaft beherrscht.[82]

Neben der personellen und sachlichen Verflechtung müssen die miteinander verflochtenen Schwestergesellschaften eine gewerbliche Tätigkeit ausüben, welche sich entweder aus einer originär gewerblichen Tätigkeit nach § 15 Abs. 1 Nr. 1 EStG oder aufgrund einer gewerblich geprägten Tätigkeit nach § 15 Abs. 3 Nr. 2 EStG ergibt. Wie ist jedoch im Fall der vermögensverwaltenden Besitzpersonengesellschaft zu bilanzieren? Erst durch die Annahme einer Betriebsaufspaltung bekäme die Personengesellschaft die gewerbliche Prägung, die für die mitunternehmerischen Betriebsaufspaltungsgrundsätze jedoch zwingende Voraussetzung ist. Ein Zirkelschluss, auf den schon *Söffing* zu Recht hingewiesen hat.[83]

Die Selbstverständlichkeit des BFH, die Änderungen der mitunternehmerischen Betriebsaufspaltung nur auf sog. Schwestergesellschaften anzuwenden und nicht bei doppelstöckigen Personengesellschaften, zeigt wiederum die Schwäche der BFH-Rechtsprechung. Wenn der Vorrang des Sonderbetriebsvermögens bei der viel stärkeren Beziehung der doppelstöckigen Personengesellschaft gilt, warum dann nicht bei der viel „lockereren" Beziehung bei Schwestergesellschaften? Die gegenteilige Schlussfolgerung wäre konsequenter gewesen, wobei es dann regelmäßig bei dem Vorrang des § 15 Abs. 1 Nr. 2 EStG geblieben wäre.[84]

Nach den erst jüngst ergangenen Urteilen des BFH[85] zur mitunternehmerischen Betriebsaufspaltung sind Wirtschaftsgüter, die im Eigentum einzelner Gesellschafter der Besitzgesellschaft sind, notwendiges Sonderbetriebsvermögen I bei der Besitzgesellschaft, wenn sie an das Besitzunternehmen zur Weitervermietung überlassen werden.

---

[82] Vgl. ausführlich Söffing, G. (1998b), S. 1974 f.

[83] Vgl. Söffing, G. (1997), S. 339. Die aufgeworfene Frage müsste i. R. d. Konzepts von *Mellwig* nicht gestellt werden, da mit der entgeltlichen Überlassung von Wirtschaftsgütern die Erträge somit Einkünfte aus § 15 Abs. 1 Nr. 2 EStG darstellen und die Wirtschaftsgüter bilanziell dem Sonderbetriebsvermögen der Besitzgesellschaft bei der Betriebsgesellschaft zugeordnet werden.

[84] Vgl. Gebhardt, T. (1998), S. 1026 f.

[85] Vgl. BFH-Urteil v. 22.1.2002, VIII R 9/01, BFH/NV 2002, S. 906; Wacker, R. (2005), § 15 EStG, Rz. 874.

Hier stellt sich wiederum die Frage, warum diese Änderung nur bei mitunternehmerischen Betriebsaufspaltungen und nicht bei Schwestergesellschaften zum Zuge kommt. Ferner wurden mit Urteil vom 18.8.2005[86] die Rechtsfolgen der mitunternehmerischen Betriebsaufspaltung verdrängt und dem Sonderbetriebsvermögen I Vorrang geboten, wenn ein Gewerbetreibender eine wesentliche Betriebsgrundlage einer Personengesellschaft, an der er beherrschend beteiligt ist, überlässt. Die wesentliche Betriebsgrundlage wird nicht wie zuvor zum Betriebsvermögen der Besitzgesellschaft gezählt, sondern zum Sonderbetriebsvermögen des Gesellschafters bei der nutzenden Personengesellschaft.[87]

Mit diesem Urteil bekommt das Sonderbetriebsvermögen endlich wieder eine Bestärkung in seinem Dasein. Die These von *Mellwig* wird bestätigt: die einheitliche Behandlung der überlassenen Wirtschaftsgüter als Sonderbetriebsvermögen des jeweiligen Gesellschafters bei der nutzenden Gesellschaft und damit die Ablehnung der Subsidiaritätsthese.[88]

2.2.4. Konsequenzen aus der Inkonsistenz der BFH-Rechtsprechung

Auch wenn die steuerlichen Gestaltungen mit der Ablehnung der Subsidiaritätsthese eine Einschränkung erfahren haben, ist das Konzept von *Mellwig* in seiner Anwendung von elementarer Bedeutung, da unabhängig von den Bedeutungsmerkmalen des Mitunternehmers die Bilanzierungskonkurrenz entschieden werden kann. Die Verschiebungen des Gewerbesteueraufkommens und somit eine Inanspruchnahme unterschiedlicher insbesondere niedriger Hebesätze wird durch *Mellwig* in den Hintergrund gestellt. Im Interesse der Rechtsklarheit sollte eine einheitliche Besteuerungkonzeption der Personengesellschaft vertreten werden.[89] Aufgrund der inkonsistenten Rechtsprechung im Bereich der Personengesellschaft bzw. im Bereich der Mitunternehmerschaft ist eine in die Zukunft gerichtete Planungssicherheit für den Steuerpflichtigen äußerst schwierig.

Die Qualität eines Steuersystems hängt u. a. von sog. „weichen" Faktoren ab, da diese ein bedeutendes Entscheidungskriterium für verschiedene Standorte bilden.[90] Zum einen handelt es sich hierbei um die Rechts- und Planungssicherheit und zum anderen um das sog. Steuerklima, worunter beispielsweise die Qualität des Umgangs mit der

---

[86] Vgl. BFH-Urteil v. 18.8.2005, I IV R 59/04, FR 2006, S. 23 ff.
[87] Vgl. Rätke, B. (2006), S. 25.
[88] Vgl. Mellwig, W. (1978b), S. 1101.
[89] Vgl. Kraft, C. (1995), S. 926.
[90] Vgl. Jürgens, G. (1991), S. 271 ff.

Steuerbehörde, die Möglichkeit und die Verbindlichkeit von Auskünften, Dokumentationspflichten und der Umfang und Vollzug des Mahnwesens zu verstehen ist.[91]

Zugleich soll eine politische Stabilität sowohl hinsichtlich der Kontinuität von beschlossenen Reformmaßnahmen als auch Planungssicherheit bei der Besteuerung für ein qualitativ hochwertiges Steuersystem gegeben sein. Dies ist in Deutschland – wie bei der Besteuerung von Personengesellschaften in diesem Beitrag dargestellt – de facto nicht der Fall. Aufgrund der zahlreichen Steueränderungsgesetze innerhalb kurzer Zeit hat Deutschland die Planungssicherheit und somit den Standort Deutschland erheblich verschlechtert.[92] Die wechselnde Rechtsprechung im Rahmen der Besteuerung von Personengesellschaften ist u. a. ein Beispiel für die nicht vorhandene oder nur geringe Planungssicherheit für den Standort Deutschland.

3. Vermögensverwaltende Personengesellschaften im Steuerrecht

3.1. Behandlung und Zuordnung der Sondervergütungen

Bei Personengesellschaften, deren Aktivitäten in der Wirtschaft weder land- und forstwirtschaftlicher oder gewerblicher noch freiberuflicher Art sind, sondern zur Erzielung von Einkünften aus Kapitalvermögen gem. § 20 EStG, aus Vermietung und Verpachtung gem. § 21 EStG oder sonstigen Einkünften gem. §§ 22, 23 EStG führen, handelt es sich um vermögensverwaltende Personengesellschaften. Um die aus der Vermögensverwaltung stammenden Überschusseinkünfte von den Gewinneinkünften abzugrenzen, muss unterschieden werden, ob die Einkünfte aus vorhandener Vermögenssubstanz erwachsen oder die Ausnutzung substanzieller Vermögenswerte durch Umschichtung das Hauptkriterium der betrachteten wirtschaftlichen Handlung der Personengesellschaft darstellt. Handelt es sich bei der Tätigkeit um Einkünfteerzielung aus vorhandener und zu erhaltender Vermögenssubstanz, so ist die Personengesellschaft als vermögensverwaltende Personengesellschaft zu qualifizieren.[93]

Im Gegensatz zu den Gesellschaften, die ihr Ergebnis nach den Gewinnermittlungsvorschriften berechnen, werden die von einer vermögensverwaltenden Personengesellschaft an einen Gesellschafter gezahlten Vergütungen nicht in die gesonderte und einheitliche Gewinnermittlung einbezogen.[94] Diese Zahlungen mindern vielmehr den Überschussanteil des Gesellschafters; der Gesellschafter hat also entsprechende Ein-

---

[91] Vgl. Eggesiecker, F. (2004), S. 23 ff.
[92] Vgl. Neu, N./Neumann, R./Neumayer J. (2005), S. 24.
[93] Vgl. Engel, M. (2003), S. 81.
[94] Vgl. Mellwig, W. (1985), S. 2068.

künfte bspw. aus § 21 EStG bei Überlassung eines Wirtschaftsguts zur Nutzung gegen Entgelt. Bei Überschusseinkünften kommt eine Anwendung des § 15 Abs. 1 Nr. 2 EStG nicht in Betracht.[95] Damit wird der Kernsatz des damaligen neuen Rechts der Personengesellschaft[96] bestätigt, der die Tätigkeit der Gesellschaft für die Bestimmung der Einkunftsart und das Verfahren der Einkunftsermittlung in den Vordergrund rückt und nicht die steuerliche Qualifikation des einzelnen Gesellschafters. Genau diese Aussage war unter anderem ein Punkt, warum die Geprägerechtsprechung fallen musste.[97] Bei rein vermögensverwaltenden Personengesellschaften mit natürlichen Personen als Gesellschaftern trifft die These *Mellwigs* zu; die Qualifikation der Einkünfte durch die Gesellschafter hat eine nur untergeordnete Bedeutung.[98] Die Personengesellschaft prägt die Einkünfte ihrer Gesellschafter.

Die Zugrundelegung des Gedankens der „Lehre vom Sonderbetrieb" bedeutet bei vermögensverwaltenden Personengesellschaften nichts anderes, als dass dem Gesellschaftsbereich Sondervermögen – nicht Sonderbetriebsvermögen – der Gesellschafter zugeordnet wird. Die Tätigkeit der Gesellschaft prägt die Einkunftsermittlung des Gesamthands- sowie Sondervermögens.[99] Unstimmigkeiten treten erst auf, wenn an der vermögensverwaltenden Personengesellschaft ein Mitunternehmer gewerblicher Art beteiligt ist (sog. Zebragesellschaften) und dieser betrieblich beteiligte Gesellschafter Sondervermögen hätte bzw. Sondereinnahmen erhielte. In diesem Zusammenhang stellt sich die Frage, ob ein betrieblich an einer Zebragesellschaft beteiligter Gesellschafter überhaupt Sondervermögen haben kann oder Sondereinnahmen erhalten würde.

3.2. Gewinnermittlung des betrieblichen Gesellschafters und Behandlung der Sondervergütungen bei Beteiligung an einer Zebragesellschaft

3.2.1. Begriffsbestimmung und Einkunftsart einer Zebragesellschaft

Zebragesellschaften sind nicht gesetzlich definiert. Hierunter verstehen Rechtsprechung und Literatur eine Personengesellschaft, die vermögensverwaltend tätig ist und Überschusseinkünfte aus §§ 20, 21 EStG erzielt.[100] Jedoch muss mindestens ein Gesellschafter betrieblich beteiligt sein und die Einkünfte somit bei diesem Gesellschafter

[95] Vgl. BFH-Urteil v. 18.11.1980, VIII R 194/78, DB 1981, S. 1648 ff.
[96] Nach Abschaffung der Bilanzbündeltheorie und Abschaffung der Geprägerechtstheorie, vgl. hierzu Döllerer, G. (1983), S. 179 ff.
[97] Vgl. Mellwig, W. (1985), S. 2066.
[98] Vgl. Mellwig, W. (1978b), S. 1101.
[99] Vgl. Mellwig, W. (1985), S. 2069.
[100] Vgl. Reiß, W. (2006), § 15 EStG, Rz. 466.

zu den Einkünften aus Gewerbebetrieb i. S. d. § 15 EStG zählen.[101] Aufgrund der Unterschiedlichkeit der Gesellschaftereinkünfte werden diese Gesellschaften als Zebragesellschaften bezeichnet.[102] Die klassische Anwendung findet sich in der Beteiligung einer Kapitalgesellschaft als Gesellschafter an einer vermögensverwaltenden Personengesellschaft, soweit nicht die Voraussetzungen für eine gewerblich geprägte Personengesellschaft gem. § 15 Abs. 3 Nr. 2 EStG erfüllt sind. Aber auch natürliche Personen können die Beteiligung an einer vermögensverwaltenden Personengesellschaft im Interesse eines eigenen Gewerbebetriebs halten.[103]

Bei einer Zebragesellschaft bestimmt sich seit Aufgabe der Geprägerechtsprechung[104] die Einkunftsart durch die gesamthänderisch verbundene Tätigkeit der Gesellschafter. Es ist daher unerheblich, ob ein Gesellschafter seinen Anteil an der Zebragesellschaft zu den Einkünften aus Gewerbebetrieb rechnet oder nicht; entscheidend ist hierbei ganz allein die Tätigkeit der Personengesellschaft.[105]

3.2.2. Ermittlung des Gewinns des gewerblich beteiligten Gesellschafters und Behandlung von Sondervergütungen

Die vermögensverwaltende Zebragesellschaft hat ihre Einkünfte nach den Grundsätzen der Überschussrechnung gem. § 2 Abs. 2 Nr. 2 i. V. m. §§ 8, 9, 11 EStG zu ermitteln.[106] Für den betrieblich beteiligten Gesellschafter war strittig, ob sein Einkunftsanteil

(1) erst als Anteil an den Überschusseinkünften auf Ebene der Personengesellschaft einheitlich und gesondert ermittelt und anschließend in gewerbliche Einkünfte umqualifiziert werden sollte oder ob
(2) auf Ebene der Personengesellschaft eine doppelte Ergebnisermittlung stattzufinden hatte oder ob
(3) seine gewerblichen Einkünfte sofort nur auf Ebene seines Gewerbebetriebs zu ermitteln waren.[107]

---

[101] Vgl. Schlagheck, M. (2003), S. 346.
[102] Vgl. Niehus, U. (2004), S. 143; Kempermann, M. (1996), S. 685.
[103] Vgl. Reiß, W. (2006), § 15 EStG, Rz. 466.
[104] Vgl. BFH-Beschluss v. 25.6.1984, GrS 4/82, BStBl. II 1984, S. 751.
[105] Vgl. Schlagheck, M. (2003), S. 347.
[106] Vgl. Reiß, W. (2006), § 15 EStG, Rz. 468.
[107] Vgl. Reiß, W. (2006), § 15 EStG, Rz. 468.

Mit Beschluss vom 11.04.2005[108] hat sich der Große Senat der Auffassung des IX. Senats angeschlossen und eine vierte Variante beschlossen, in der einerseits wie unter (1) auf der Ebene der vermögensverwaltenden Personengesellschaft eine gesonderte und einheitliche Feststellung zu erfolgen hat und andererseits wie unter (3) das für den Gewerbebetrieb des betrieblich beteiligten Gesellschafters zuständige Wohnsitz-/Betriebsfinanzamt sowohl über die Einkunftsart als auch über die Höhe der Einkünfte im Einkommensteuerbescheid verbindlich zu entscheiden hat.[109] Mit diesem Beschluss wurde zutreffend das sog. Ping-Pong-Verfahren abgelehnt, dem die gesetzliche Grundlage fehlte.[110]

Ob die Überschussrechnung, die bei der vermögensverwaltenden Gesellschaft Bestand hat, auch für den gewerblich beteiligten Gesellschafter relevant bleibt, beschäftigte früher neben *Mellwig* schon *Schulze-Osterloh* und *Woerner*.[111] *Schulze-Osterloh* folgerte aus der Beteiligung eines betrieblichen Gesellschafters an einer vermögensverwaltenden Gesellschaft, dass bei dieser sich die Berechnung der Einkünfte sodann nach den Regeln der Gewinnermittlung richte. Der Betriebsvermögensvergleich führe zu einer „ökonomisch richtigeren" Bestimmung des Ergebnisses im Gegensatz zur Bestimmung der Besteuerungsgrundlagen an Hand der Überschussermittlung.[112] Diese Aussage unterstützt *Mellwig* zu Recht nicht, da sich in diesem Zusammenhang die Frage stellt, warum ausgerechnet bei großen, nur rein vermögenstätigen Gesellschaften die „ökonomisch falsche" Methode der Überschussrechnung bei der Einkunftsermittlung zu Grunde gelegt wird.[113] „Die Überschussrechnung bei vermögensverwaltender Tätigkeit kann sicher nicht für den Fall der betrieblichen Beteiligung, und nur für diesen, als nicht anwendbar erklärt werden, indem man dieses Einkünfteermittlungsverfahren als dem Vermögensvergleich generell unterlegen bezeichnet."[114]

Woerner hingegen argumentiert über die Notwendigkeit einer „Als-Ob-Bilanz" im Sinne *Grohs*. Die Gesellschaft müsse neben der Überschussrechnung noch einen Betriebsvermögensvergleich tätigen und ihrem Betriebsfinanzamt eine „Als-Ob-Bilanz" vorlegen.[115] Durch § 182 Abs. 1 AO sind Folgebescheide an die im Grundlagenbescheid getroffene Feststellung gebunden. Das zuständige Betriebsfinanzamt der Personengesellschaft müsse demnach abschließend über die Einkunftsart des Gesellschafters

---

[108] Vgl. BFH-Beschluss v. 11.4.2005, GrS 2/02, BB 2005, S. 2056 ff.
[109] Vgl. Reiß, W. (2006), § 15 EStG, Rz. 468.
[110] Vgl. Kempermann, M. (2005), S. 1030.
[111] Vgl. Mellwig, W. (1985), S. 2071.
[112] Vgl. Schulze-Osterloh, J. (1985), S. 319 ff.
[113] Vgl. ausführlicher Mellwig, W. (1985), S. 2071.
[114] Mellwig, W. (1985), S. 2071.
[115] Vgl. Mellwig, W. (1985), S. 2071; Groh, M. (1984), S. 2373 ff.; Woerner, L. (1985), S. 1053.

befinden.[116] Nach *Mellwig* widerspricht *Woerners* Ansicht „jeglicher verfahrensökonomischer Zwecksetzung“[117]. Das Betriebs-/Tätigkeitsfinanzamt der Personengesellschaft müsste dann das Wohnsitz-/Betriebsfinanzamt des Gesellschafters mit Angaben über die Besteuerungsgrundlagen versorgen, welche nicht bzw. nur schwer zu beschaffen sind. Der Grundlagenbescheid des Betriebs-/Tätigkeitsfinanzamts der Personengesellschaft enthält keine Angaben über die Art der Einkünfte des Gesellschafters, wenn diese durch den Gesellschafter besonders geprägt werden. Insbesondere zu der Art der Einkünfte des beteiligten Gesellschafters kann das für die Besteuerung des Einkommens zuständige Finanzamt weitaus bessere Angaben tätigen.[118] An diesem Punkt bricht die Argumentationskette *Woerners*.

Mellwig vertrat schon damals die Ansicht, dass eine vermögensverwaltende Gesellschaft den Tatbestand einer Überschusseinkunftsart verwirklicht und somit die Einkunftsart der Gesellschaft bestimmt wird. Der Betriebsvermögensvergleich der Gesellschaft kann nicht begründet werden. Die Umqualifizierung in gewerbliche Einkünfte bei Beteiligung eines gewerblichen Gesellschafters geschieht erst auf der Ebene des Gesellschafters aufgrund der Feststellung seines Betriebsfinanzamts.[119] Schon damals hatte *Mellwig* den heutigen Weg für die (verfahrensrechtliche) Ermittlung der Einkünfte eines gewerblich beteiligten Gesellschafters an einer sog. Zebragesellschaft erkannt.

Da der Große Senat verbindlich nur über die verfahrensrechtlichen Fragen entschieden hat, wird darauf hingewiesen, dass für den Zebragesellschafter gewerbliche Einkünfte vorliegen. Der gewerblich beteiligte Gesellschafter erzielt nicht vorläufig materiell auf Ebene der vermögensverwaltenden Personengesellschaft Überschusseinkünfte, sondern von Anfang an gewerbliche Einkünfte. Demnach muss die vermögensverwaltende Gesellschaft eine Überschussrechnung erstellen und der an der Zebragesellschaft betrieblich beteiligte Gesellschafter muss seinen Gewinn nach § 4 Abs. 1 EStG i. V. m. §§ 140, 141 AO durch Bilanzierung bzw. nach § 4 Abs. 3 EStG ermitteln. Nach dem Beschluss des Großen Senats findet nur noch eine Einkünfteermittlung für

---

[116] Vgl. Mellwig, W. (1985), S. 2072.

[117] Mellwig, W. (1985), S. 2072. Die gesonderte und einheitliche Feststellung soll das sachkundige Betriebsfinanzamt der Personengesellschaft vertraut machen. Es soll sichergestellt werden, dass die Beteiligten nicht unterschiedlich behandelt werden. Die gesonderte und einheitliche Feststellung soll der Verfahrensvereinfachung dienen, um eine ökonomische und dem Gleichbehandlungsgrundsatz verpflichtete Ermittlung von Besteuerungsgrundlagen zu gewährleisten; vgl. Reiß, W. (2006), § 15 EStG, Rz. 470.

[118] Vgl. Mellwig, W. (1985), S. 2072.

[119] Vgl. Mellwig, W. (1985), S. 2072.

die vermögensverwaltenden Einkünfte und verfahrensrechtlich eine gesonderte und einheitliche Einkünfteermittlung statt.[120]

Hinsichtlich des Sonder(betriebs)vermögens ist anzumerken, dass Zebragesellschafter kein Sonder(betriebs)vermögen haben.[121] Begründet wird dies in der Nichtanwendung des § 15 Abs. 1 Nr. 2 EStG, da aus steuerlicher Sicht die Zebragesellschaft keine Mitunternehmerschaft darstellt.[122] Die Zebragesellschaft hat lediglich Werbungskosten, wenn ein (gewerblich) beteiligter Gesellschafter ihr gegenüber eine sonstige Leistung gegen Entgelt erbringt; sie hat entsprechend keine „Sonderausgaben"[123] bzw. keine Sonderbetriebsausgaben.[124] Die Qualifizierung beim Gesellschafter ist von der Art der Einkünfte des Gesellschafters abhängig. Wenn ein betrieblich beteiligter Gesellschafter die überlassenen Wirtschaftsgüter in seinem Betriebsvermögen hält, stellen die Einnahmen gewerbliche Einkünfte seines Einzelunternehmens dar. Das gewidmete Vermögen bleibt Betriebsvermögen des Gesellschafters; die Bindung an die Gesellschaft geht unter.[125] Ist das überlassene Wirtschaftsgut Privatvermögen, so hat der Gesellschafter entsprechende Einkünfte aus Vermietung und Verpachtung. In beiden Fällen (privat wie auch betriebliche Beteiligung) hat der Gesellschafter jedoch weder Sonder(betriebs)vermögen noch Sonder(betriebs)einnahmen.[126]

Es stellt sich hier die Frage, warum bei vermögensverwaltenden Gesellschaften bzw. Zebragesellschaften keine einheitliche Lösung der Sonderbetriebseinnahmen bzw. Sondereinnahmen zu finden ist. Warum hat ein betrieblich beteiligter Gesellschafter keine Einkünfte aus § 15 Abs. 1 Nr. 2 EStG?[127] Wird dies nur durch den Nichtbestand der Mitunternehmerschaft begründet? Durch die Regelung der Umqualifizierung in gewerbliche Einkünfte könnte doch auch eine Zurechnungsfunktion wahrgenommen werden und nicht wie mit der Subsidiaritätsthese eine pauschale Qualifikationsfunktion als gewerbliche Einkünfte des Gewerbebetriebs des Gesellschafters.

Ein Lösungsvorschlag könnte die Zebragesellschaft als personell abgegrenzte Mitunternehmerschaft sein.[128] Nach den Argumenten der h. M. ist ein Gesellschafter jedoch

---

[120] Vgl. Reiß, W. (2006), § 15 EStG, Rz. 470.
[121] Vgl. Schlagheck, M. (2003), S. 348.
[122] Vgl. BFH-Urteil v. 7.4.1987, IX R 103/85, BStBl. II 1987, S. 707.
[123] Der Begriff „Sonderausgaben" ist hier mit Sondereinnahmen/Sondervermögen i. R. d. Zebragesellschaft zu sehen und steht in keinem Zusammenhang mit den Sonderausgaben i. S. d. § 10 EStG.
[124] Vgl. Schlagheck, M. (2003), S. 348.
[125] Vgl. Mellwig, W. (1985), S. 2069.
[126] Vgl. Schlagheck, M. (2003), S. 348.
[127] Vgl. Niehus, U. (2004), S. 153; Söffing, G. (1998a), S. 898.
[128] Vgl. ausführlich Niehus, U. (2004), S. 152 f.

nur dann als Mitunternehmer anzusehen, wenn zum einen die Gesellschaft als solche Gewinneinkünfte erzielt und zum anderen der Gesellschafter Mitunternehmerrisiko trägt und Mitunternehmerinitiative ausübt.[129] Die Mitunternehmerstellung des betrieblich beteiligten Zebragesellschafters ist jedoch zu verneinen, da auf der Ebene der Gesellschaft nur vermögensverwaltende Einkünfte erzielt werden. Dementsprechend liegt zu Recht keine Mitunternehmerschaft und somit kein Sonderbetriebsvermögen bzw. Sondervermögen vor. Die Zebragesellschaft erzielt Überschusseinkünfte und die Umqualifizierung dieser Überschusseinkünfte in gewerbliche gem. § 15 Abs. 1 Nr. 1 EStG erfolgt zu Recht erst auf der Ebene des betrieblich beteiligten Gesellschafters.

4. Thesenförmige Zusammenfassung

1. Mit der Abkehr von der Bilanzbündeltheorie hat der BFH in den siebziger Jahren einen neuen Weg in eine angemessene Richtung angetreten. Die Personengesellschaft ist seither Steuersubjekt und qualifiziert insoweit die Einkünfte der Personengesellschaft und der Gesellschafter.

2. Mit dem Mitunternehmererlass von 1977 wurde eine lediglich subsidiäre Bedeutung des § 15 Abs. 1 Nr. 2 EStG festgestellt. Die Vorschrift des § 15 Abs. 1 Nr. 2 EStG wurde somit nur dann angewandt, wenn die Einkünfte nicht allein schon wegen der steuerlichen Klassifizierung des Gesellschafters inländische gewerbliche Einkünfte darstellten. Eine Umqualifizierung der erhaltenen Sondervergütungen in gewerbliche Einkünfte brauchte somit bei dem Gesellschafter nicht mehr zu erfolgen, wenn der Gesellschafter ohnehin gewerbliche Einkünfte erzielt hatte.

3. *Mellwig* vertrat schon damals die Ansicht, dass Sondervergütungen an die Gesellschafter unabhängig von der Gewerbeeigenschaft des Gesellschafters die gleiche Einstufung wie die Einkünfte der Personengesellschaft erhalten sollten. Demnach forderte der Jubiliar eine gewerbliche Prägung der Sondervergütungen durch die Personengesellschaft.

4. Die Bilanzierungskonkurrenz im Rahmen des Sonderbetriebsvermögens wurde bis Ende der siebziger Jahre mit der Subsidiaritätsthese gelöst, wonach § 15 Abs. 1 Nr. 2 EStG reinen Qualifikationscharakter hatte. Der BFH hat im Jahr 1979 die Subsidiaritätsthese abgelehnt und somit entschieden, die vorrangige Bilanzierung von überlassenen Wirtschaftsgütern als Sonderbetriebsvermögen vorzunehmen

---

[129] Vgl. ausführlich Niehus, U. (2004), S. 152 f.

und deren Erträge aus der Überlassung als Sonderbetriebseinnahmen zu behandeln. Der BFH hat damit die Ansichten *Mellwigs* bestätigt.

5. Auch heute steht das Sonderbetriebsvermögen bei Vorherrschen einer Bilanzierungskonkurrenz im Fall einer doppelstöckigen Personengesellschaft im Vordergrund. Überlässt eine Obergesellschaft oder ein über die Obergesellschafter mittelbar beteiligter Gesellschafter ein Wirtschaftsgut zur Nutzung gegen Entgelt direkt an die Untergesellschaft, so erzielt die Obergesellschaft bzw. der mittelbar beteiligte Gesellschafter Sonderbetriebseinnahmen. Die überlassenen Wirtschaftsgüter stellen Sonderbetriebsvermögen dar.

6. Der BFH hat im Jahr 1994 eine Kehrtwende hin zu dem Vorrang des Betriebsvermögens vor dem Sonderbetriebsvermögen vollzogen. § 15 Abs. 1 Nr. 2 EStG erhält damit wieder Qualifikationscharakter; die Funktion der Zurechnung wird damit aufgegeben und der 1979 abgelehnten Subsidiaritätsthese wieder Leben eingehaucht.

7. Im Jahr 2005 hat der BFH bei mitunternehmerischen Betriebsaufspaltungen die Rechtsfolgen der mitunternehmerischen Betriebsaufspaltung verdrängt und den Regelungen des Sonderbetriebsvermögens Vorrang eingeräumt. Damit wird *Mellwig* in seinen langjährig bestehenden Aussagen der einheitlichen Behandlung des § 15 Abs. 1 Nr. 2 EStG bestätigt. Die Zurechnungsfunktion der Einkünfte gem. § 15 Abs. 1 Nr. 2 EStG zu den Sonderbetriebseinnahmen gewinnt, unabhängig der gewerblichen Eigenschaften des Gesellschafters, damit wieder an Bedeutung.

8. Bei rein vermögensverwaltenden Gesellschaften mit nicht gewerblich tätigen natürlichen Personen als Gesellschaftern trifft die These *Mellwigs* zu; die Qualifikation der Einkünfte durch die Gesellschaft hat nur untergeordnete Bedeutung. Die Personengesellschaft prägt die Einkünfte der Gesellschafter.

9. Die Bilanzierungskonkurrenz von Sonderbetriebsvermögen entfällt bei Zebragesellschaften, da kein Sonderbetriebsvermögen bzw. Sondervermögen existiert. Bei gewerblich beteiligten Personen an einer vermögensverwaltenden Personengesellschaft bleibt es bei Überschusseinkünften auf Ebene der Gesellschaft.

10. Die Ermittlung der Einkünfte der Zebragesellschaft erfolgt aufgrund des Beschlusses des Großen Senats zufolge zuerst gesondert und einheitlich auf Ebene der Personengesellschaft und das für den Gewerbebetrieb des gewerblich beteiligten Ge-

sellschafters zuständige Betriebsfinanzamt entscheidet anschließend verbindlich über Höhe und Art der Einkunftsart. Das sog. Ping-Pong-Verfahren wurde mit diesem Beschluss abgelehnt.

11. *Mellwig* vertrat schon damals die Ansicht, dass ein Betriebsvermögensvergleich nicht auf Ebene der Überschusseinkünfte erzielenden Zebragesellschaft zu erfolgen hat. Er hat somit schon damals den heutigen Weg der (verfahrensrechtlichen) Ermittlung eines gewerblich beteiligten Gesellschafters an einer sog. Zebragesellschaft erkannt.

Literaturverzeichnis

Döllerer, Georg (1974):
Die Steuerbilanz der Personenhandelsgesellschaft als konsolidierte Bilanz einer wirtschaftlichen Einheit, in: DStZ A 1974, S. 211-220.

Döllerer, Georg (1983):
Neues Steuerrecht der Personengesellschaft, in: DStZ 1983, S. 179-184.

Eggesiecker, Fritz (2005):
Zum neuen Steuerreformjahr: einige provokante Erkenntnisse und Vorsätze zur Freiheitlichkeit des Steuerrechts, in: FR 2004, S. 23-27.

Engel, Michaela (2003):
Vermögensverwaltende Personengesellschaft und ertragsteuerrechtliche Selbständigkeit, Herne/Berlin 2003.

Felix, Günther/Streck, Michael (1976):
Neues Ertragsteuerrecht der Mitunternehmerschaften, in: DStR 1976, S. 243-251.

Friedrich, Katja (2002):
§ 6 Besteuerung der Personengesellschaft. Gewinnermittlung und laufende Besteuerung, in: Müller, Welf/Hoffmann, Wolf-Dieter (Hrsg.): Beck'sches Handbuch der Personengesellschaften. Gesellschaftsrecht – Steuerrecht, S. 457-521, 2. Aufl., München 2002.

Gebhardt, Thomas (1998):
Aktuelle Entwicklungen bei der mitunternehmerischen Betriebsaufspaltung, in: GmbHR 1998, S. 1022-1027.

Groh, Manfred (1984):
Nach Aufgabe der Geprägetheorie. Zum Beschluß des Großen Senats des BFH v. 25.6.1984 GrS 4/82, in: DB 1984, S. 2373-2379.

Gschwendtner, Hubertus (1998):
Die atypische stille Gesellschaft als beschränkt rechtsfähiges Steuerrechtssubjekt im Einkommensteuerrecht. Zugleich eine Besprechung des BFH-Urteils vom 26. November 1996 VIII R 42/91, in: DStZ 1998, S. 335-344.

Hofmeister, Ferdinand (2006):
Kommentierung § 1 GewStG, in: Ebling, Klaus (Hrsg.): Blümich. Einkommensteuergesetz. Körperschaftsteuergesetz. Gewerbesteuergesetz. Kommentar, Loseblatt, Stand: März 2006, München 2006.

Jachmann, Monika (2005):
Sondervergütungen i. S. von § 15 Abs. 1 Satz 1 Nr. 2 EStG für Leistungen im Dienste der Gesellschaft, in: DStR 2005, S. 2019-2023.

Jürgens, Günter (1991):
Gutes Steuerklima, wichtiger denn je!, in: Herzig, Norbert (Hrsg.): Betriebswirtschaftliche Steuerlehre und Steuerberatung, FS Gerd Rose Wiesbaden 1991, S. 271-286.

Kempermann, Michael (1996):
Die Ermittlung der Einkünfte eines betrieblichen Gesellschafters einer „Zebragesellschaft“ – zugleich Besprechung des BFH-Urteils vom 11.7.1996 IV R 103/94, in: DStZ 1996, S. 685-688.

Kempermann, Michael (2005):
Kein Pingpong-Verfahren bei Zebragesellschaften, in: FR 2005, S. 1026-1030.

Kiesel, Lothar (2001):
Die mitunternehmerische Betriebsaufspaltung in der Beraterpraxis – Eine Replik zu Söffing, DStR 2001, S. 158, in: DStR 2001, S. 520-523.

Kraft, Cornelia (1995):
Entwicklungstendenzen in der Besteuerungskonzeption für Personengesellschaften, in: DStR 1995, S. 921-926.

Mellwig, Winfried (1978a):
Zur steuerlichen Behandlung von Sondervergütungen i. S. § 15 Abs. 1 Nr. 2 EStG an inländische Gewerbebetriebe (I), in: DB 1978, S. 1047-1052.

Mellwig, Winfried (1978b):
Zur steuerlichen Behandlung von Sondervergütungen i. S. § 15 Abs. 1 Nr. 2 EStG an inländische Gewerbebetriebe (II), in: DB 1978, S. 1099-1101.

Mellwig, Winfried (1985):
Vermögensverwaltung: Bewährungsprobe für das neue Steuerrecht der Personengesellschaft (Teil I), in: DB 1985, S. 2066-2072.

Neu, Norbert (1998):
Nutzungsüberlassung zwischen Schwesterpersonengesellschaften. Anmerkungen zum BMF-Schreiben vom 28.4.1998, DStR 1998, 974, in: DStR 1998, S. 1250-1253.

Neu, Norbert/Neumann, Ralf/Neumayer, Jochen (2005):
Mehr Steuerplanungssicherheit für die mittelständische GmbH – ein „Wunschzettel" an den Gesetzgeber, in: GmbHR 2005, S. 24-39.

Niehus, Ulrich (2004):
Die steuerrechtliche Ungleichbehandlung von betrieblich beteiligten Zebragesellschaftern und Mitunternehmern, in: DStZ 2004, S. 143-154.

Niehus, Ulrich/Wilke, Helmuth (2005):
Die Besteuerung der Personengesellschaften, 3. Aufl., Stuttgart 2005.

Poll, Jens (1999):
Die mitunternehmerische Betriebsaufspaltung. Stand der Diskussion unter besonderer Berücksichtigung des BMF-Schreibens vom 28.4.1998, in: DStR 1999, S. 477-481.

Rätke, Bernd (2006):
Bilanzierungskonkurrenz bei Schwester-Personengesellschaften und mitunternehmerischer Betriebsaufspaltung. Anmerkung zum BFH-Urteil vom 18.8.2005, IV R 59/04, in: StuB 2006, S. 22-26.

Raupach, Arndt (1976):
Die Personengesellschaft im Einkommensteuerrecht: Einheit der Gesellschaft oder Vielheit von Gesellschaftern, in: FR 1976, S. 233-239.

Reiß, Wolfram (2006):
Einkünfte aus Gewerbebetrieb. Kommentierung § 15 EStG, in: Kirchhof, Paul (Hrsg.): EStG KompaktKommentar. Einkommensteuergesetz, 6. Aufl., Heidelberg 2006, S. 687-812.

Rose, Gerd (1994):
Bilanzrecht und Sonderbetriebsvermögen in Personengesellschaften, in: Ballwieser, Wolfgang/Böcking, Hans-Joachim/Drukarczyk, Jochen/Schmidt, Reinhard H. (Hrsg.): Bilanzrecht und Kapitalmarkt, FS Adolf Moxter, Düsseldorf 1994, S. 1089-1108.

Schlagheck, Markus (2003):
Die Zebragesellschaften im Ertragsteuerrecht, in: StuB 2003, S. 346-352.

Schmid, Reinhold (1997):
Steuerbilanzielle Fragestellung bei Sonderbetriebsvermögen im Verhältnis von Obergesellschaft zu Untergesellschaft bei doppelstöckigen Personengesellschaften, in: DStR 1997, S. 941-948.

Schulze-Osterloh, Joachim (1985):
Die Qualifikation der Einkünfte einer vermögensverwaltenden Personengesellschaft. Zum Beschluß des Großen Senats des BFH v. 25. Juni 1984, in: DStZ A 1985, S. 315-322.

Söffing, Günter (1976):
Zur Abkehr der Rechtsprechung von der Bilanzbündeltheorie, in: StbJB 1976/77, S. 241-288.

Söffing, Günter (1978):
Ertragsteuerliche Fragen bei Mitunternehmerschaften, in: DStZ A 1978, S. 148-155.

Söffing, Günter (1995):
Zur Bilanzierungskonkurrenz. Anmerkung zum BFH-Urteil vom 22.11.1994 VIII R 63/93, in: DB 1995, S. 1582-1583.

Söffing, Günter (1997):
Mitunternehmerische Betriebsaufspaltung. Änderung der Rechtsprechung – BFH-Urteil vom 23.4.1996 – VIII R 13/95, 1996, 2074, in: BB 1997, S. 337-341.

Söffing, Günter (1998a):
Die Zebragesellschaft. Zugleich Anmerkung zu dem BFH-Urteil vom 11.12.1997 III R 14/96, DB 1998, S. 907, in: DB 1998, S. 898-899.

Söffing, Günter (1998b):
Mitunternehmerische Betriebsaufspaltung. Zum BMF-Schreiben vom 28.4.1998, in: BB 1998, S. 1973-1978.

Söffing, Günter (2001):
Mitunternehmerische Betriebsaufspaltung – Anmerkungen zum BFH-Urteil vom 24.11.1998, VIII R 61/97, in: DStR 2001, S. 158-160.

Söffing, Günter (2005):
Besteuerung der Mitunternehmer, 5. Aufl., Herne/Berlin 2005.

Streck, Michael (1978):
Zurechnungskonflikt zwischen Einzelunternehmen und Mitunternehmerschaft, in: BB 1978, S. 189-195.

Stuhrmann, Gerd (2006):
Kommentierung § 15 EStG, in: Ebling, Klaus (Hrsg.): Blümich. Einkommensteuergesetz. Körperschaftsteuergesetz. Gewerbesteuergesetz, Loseblatt, Stand: März 2006, München 2006.

Wacker, Roland (2005):
C. Einkünfte aus gewerbl. Mitunternehmerschaft (§ 15 I S. 1 Nr. 2 und S. 2 i.V.m. II, III). Kommentierung § 15 EStG, in: Schmidt, Ludwig (Hrsg.): Einkommensteuergesetz. Kommentar, 24. Auflage, München 2005.

Woerner, Lothar (1974):
Mitunternehmerbegriff und Bilanzbündeltheorie bei der Gewerbesteuer, in: BB 1974, S. 592-598.

Woerner, Lothar (1975):
Die neuere Rechtsprechung des Bundesfinanzhofes zur Einkommensbesteuerung von Gesellschaftern einer Personengesellschaft, in: BB 1975, S. 645-647.

Woerner, Lothar (1985):
Vermögensverwaltende Personengesellschaft, an der Kapitalgesellschaften als Mitunternehmer beteiligt sind. Anmerkung zum BFH-Urteil v. 7.2.1985, IV R 31/83, in: BB 1985, S. 1053.

Zehnpfennig, Julia (1992):
§ 22 Betriebsaufspaltung, in: Müller, Welf/Hoffmann, Wolf-Dieter (Hrsg.): Beck'sches Handbuch der Personengesellschaften. Gesellschaftsrecht – Steuerrecht, 2. Aufl., München 2002.

Rückstellungsbilanzierung und Objektivierung nach HGB und IFRS

von Dr. Michael Hommel

Professor für Betriebswirtschaftslehre, insbesondere Wirtschaftsprüfung und Rechnungslegung, an der Johann Wolfgang Goethe-Universität Frankfurt am Main

Inhalt

1. Problemstellung

Handels- und Steuerbilanz stehen vor dem gleichen Dilemma: Sie wollen über die zukunftsgerichtete wirtschaftliche Leistungsfähigkeit des Unternehmens objektiviert berichten. Der Grad und die Ausgestaltung der Objektivierung können dabei für jedes Rechenwerk separat festgelegt werden. Winfried MELLWIG lehnte diese Herangehensweise bereits 1983 – also vor fast 25 Jahren – mit überzeugenden Gründen ab: Der mit der Steuerbilanz verfolgte „Zweck der Ausschüttungsbemessung deckt sich – nach heute dominanter Auffassung – mit dem primären Zweck der Handelsbilanz“[1]. Beide Rechenwerke zielen auf die vorsichtige und objektivierte Ermittlung eines Gewinns, der den Gesellschaftern zur Ausschüttung und dem Fiskus zur Besteuerung offen steht. „Beide Bilanzen ermitteln die eine, wenngleich objektivierungsbedingt verzerrte wirtschaftliche Leistungsfähigkeit.“[2] Identische Zwecke erfordern aber grundsätzlich auch eine identische Wahl des Objektivierungsmaßstabs. „Eine unterschiedliche Gewichtung der Objektivierungsrestriktion je nach Art des Jahresabschlußzweckes ist [...] abwegig“[3] und „– bis zum Beweis des Gegenteils – reine Willkür.“[4]

Wissenschaft und Rechtsprechung ist es bis heute nicht gelungen, diesen Gegenbeweis anzutreten. Sie haben es aber auch nicht geschafft, für die Handels- und Steuerbilanz ein einheitlich anzuwendendes, konsensfähiges Maß an Objektivierung zu bestimmen, welches es gewährleistet, wirtschaftliche Sachverhalte in beiden Bilanzen identisch abzubilden. Im Gegenteil, fast scheint es (auch hier) als „'probiert ein jeder, was er mag' (und gelegentlich auch nur, was er kann). Nichts scheint hier gefestigt; keine These bleibt unwidersprochen. Was dem einen selbstverständlich dünkt, hält der andere für mehr oder weniger absurd.“[5]

Der Befund ist unbefriedigend, der gordische Knoten ungelöst. Es liegt deshalb verführerisch nahe, hierzu fremde Hilfe in Anspruch zu nehmen. Das IDW ist dieser Versuchung erlegen. Es „spricht sich dafür aus, dass die Vorschriften zur Kapitalerhaltung und zur Ausschüttungsbemessung fortentwickelt werden. Ziel der Maßnahmen sollte vor allem sein, den Unternehmen die Anwendung der *International Financial Reporting Standards* (IFRS) wahlweise im Jahresabschluss (Einzelabschluss) zu ermöglichen“[6] und bei der bilanziellen Ausschüttungsbemessung anzuwenden. „Ein Wahlrecht zwischen den IFRS und den Vorschriften des HGB käme insbesondere denjenigen Unternehmen zugute, die bereits ihren Konzernabschluss nach den IFRS aufstel-

---

1 Mellwig (1994), S. 1080.
2 Mellwig (1983), S. 1617.
3 Mellwig (1983), S. 1618.
4 Mellwig (1983), S. 1617.
5 Moxter (1995), S. 311.
6 IDW (2006), S. 677.

len."[7] Diese optionale oder verpflichtende Anwendung der IFRS hätte dann auch über das Maßgeblichkeitsprinzip hinweg unmittelbare Auswirkung auf die Steuerbilanz.

Die Rechtsprechung hat diesen „internationalen Weg" – weitgehend[8] unbemerkt – schon hin und wieder beschritten. So stellte das Finanzgericht Hamburg bereits vor wenigen Jahren fest: „Die für Kapitalgesellschaften und andere Kaufleute im HGB gleich geregelten GoB sind im Steuerrecht konform der Bilanzrichtlinie auszulegen; ergänzend sind laut EuGH die IAS (jetzt IFRS) i. d. F. des Streitjahrs heranzuziehen."[9]

Der nachfolgende Beitrag setzt sich mit diesem Lösungsansatz auseinander. Er diskutiert vor dem Hintergrund der Rückstellungsbilanzierung, insbesondere für Patentrechtsverletzungsrisiken, ob die IFRS dazu in der Lage sind, die für die Handels- und Steuerbilanz bestehende Objektivierungsproblematik zu lösen und einen Beitrag zu einer ausschüttungsgerechteren Rechnungslegung zu leisten.

2. Bilanzierungsgrundsätze für Verbindlichkeiten nach HGB und IFRS

Bilanzierungsfragen werden „nach der teleologischen Methode entschieden, durch Auslegung gemäß Zweck und Funktion des Gesetzes und seiner Normen."[10] Dabei folgen Handelsrecht und IFRS unterschiedlichen Zwecksetzungen. Während das HGB auf die Ermittlung eines vorsichtig und objektiviert ermittelten, ausschüttungsfähigen Gewinns zielt (Ausschüttungsstatik)[11], sind die IFRS zunehmend zeitwertstatisch ausgerichtet und verfolgen das Ziel einer marktobjektivierten Vermögensermittlung. Entsprechend den divergierenden Zwecksetzungen unterscheidet sich auch die Rückstellungsbilanzierung dem Grunde, der Höhe und dem Zeitpunkt nach.

Der Zeitpunkt der Rückstellungsbildung richtet sich im HGB grundsätzlich – wenn auch nicht unumstritten[12] – nach dem Realisationsprinzip[13]. Es gebietet, alle zukünftigen (un-)gewissen Ausgaben zu passivieren, die Umsätze vor dem Bilanzstichtag alimentieren („Alimentationsformel"[14]).[15] Das Imparitätsprinzip ergänzt das Realisationsprinzip im Sinne einer vorsichtigen Gewinnermittlung. Danach sind drohende

---

7 IDW (2006), S. 677.
8 Vgl. aber kritisch Berndt (2004), S. 1220; Schellhorn (2003), S. 318-320.
9 FG Hamburg vom 28.11.2003 – III 1/01, EFG 2004, S. 746 (hier S. 746f.).
10 Mellwig (1983), S. 1613.
11 Vgl. Beisse (1984), S. 4; Groh (1980), S. 129; Mellwig/Hastedt (1992), S. 1591; Moxter (2004), S. 1060; Sabel (2006), S. 43.
12 Vgl. zur Diskussion Herzig/Gellrich (2006), S. 508; Euler/Binger (2007), S. 182.
13 Vgl. Hastedt (1992), S. 17; Herzig (1993), S. 212-214; Moxter (1984), S. 1783f.
14 Herzig/Gellrich (2006), S. 508.
15 Vgl. z.B. Moxter (1983), S. 304-306; Moxter (1988), S. 449f.; Berndt (2005), S. 109f.

(Umsatz-)Verluste bereits zu antizipieren, wenn sie entstanden sind.[16] Der Aufwandsüberschuss ermittelt sich als Differenzbetrag zwischen den im zukünftigen Umsatzzeitpunkt nach dem Realisationsprinzip zu erfassenden (niedrigeren) Erträgen und den auf sie entfallenden (höheren) periodisierten Ausgaben.[17] Realisationsprinzip und Imparitätsprinzip bestimmen die Höhe der Rückstellung ausgabenbezogen.[18]

Die Bilanz erfüllt im Rahmen des HGB eine nachgelagerte, wenn auch wichtige Objektivierungsfunktion. Sie erzwingt eine Vergegenständlichung der von Realisations- und Imparitätsprinzip erzwungenen Ausgabenantizipationen und schränkt den Kreis der zu antizipierenden Vermögenslasten ein. Danach dürfen nur solche zukünftigen Ausgaben antizipiert werden, die sich zum Bilanzstichtag in einer selbständig bewertbaren, greifbaren Vermögenslast, mithin einer bilanziellen Verbindlichkeit, konkretisieren.

Die Zwecksetzung der IFRS unterscheidet sich grundlegend von der Zielrichtung des HGB. In ihrem Mittelpunkt steht nicht die Ermittlung einer vorsichtig ermittelten Ausschüttungsrichtgröße. Sie sollen vielmehr den Kapitalmarktteilnehmern – allen voran den Investoren – entscheidungsnützliche Informationen gewähren. Um dieses Ziel zu erreichen, folgen die IFRS – zumindest in jüngerer Zeit verstärkt – zeitwertstatischen Rechnungslegungsgrundsätzen. Es dominiert die Vermögensermittlung. Der Gewinn wird als Reinvermögenszuwachs der abgelaufenen Periode definiert. Die Bilanz tritt damit in den Mittelpunkt der Rechnungslegung. Das Realisationsprinzip wird durch das *Fair-Value*-Prinzip abgelöst. Bilanzierungspflichtig sind alle greifbaren und selbständig bewertbaren Vermögensvorteile und -lasten (*asset liability approach*). Sie sind mit ihrem *fair value* zu bewerten, also dem „Betrag, zu dem zwischen sachverständigen, vertragswilligen und voneinander unabhängigen Geschäftspartnern ein Vermögenswert getauscht oder eine Schuld beglichen werden könnte“[19].

Auf den ersten Blick scheint es wenig vielversprechend zu sein, die derzeitigen handelsrechtlichen GoB durch die IFRS zu ersetzen oder zumindest zu präzisieren. Zu unterschiedlich sind die mit diesen Grundsätzen verfolgten Ziele. Allerdings relativieren sich diese Bedenken (zunächst) für die übergeordnete Frage, welche Voraussetzungen vorliegen müssen, um von einer Stichtagsverbindlichkeit zu sprechen. Die Handels- und die Steuerbilanz müssen diese Frage beantworten, um zu einer sachgerechten Objektivierung der zu antizipierenden Ausgaben zu gelangen; die IFRS-Bilanz muss sich ihr stellen, um dem primären Bilanzzweck gerecht zu werden. Alle drei Bilanzen ste-

[16] Vgl. Heddäus (1997), S. 1463.
[17] Vgl. Moxter (1999a), S. 140.
[18] Vgl. Mellwig/Sabel (2005), S. 363f.
[19] IAS 39.9.

hen konzeptionell vor der gleichen Herausforderung. Es scheint damit nicht von vornherein ausgeschlossen, die für die IFRS-Rechnungslegung gewonnenen Objektivierungsgrundsätze auch für die handels- und steuerrechtliche Bilanzierung nutzbar zu machen. Dabei gilt für alle drei Rechenwerke die vereinende Maxime „soviel wirtschaftliche Betrachtungsweise wie möglich, soviel Objektivierung […] wie nötig“[20].

3. Ausgestaltung der Verbindlichkeitskriterien nach HGB und IFRS

3.1. Wirtschaftliche Betrachtungsweise und Vermögenswertprinzip

„Da das Bilanzrecht wirtschaftliche Vorgänge und Zustände erfassen will“[21], ist die wirtschaftliche Betrachtungsweise (*substance over form*) maßgeblich. „[W]irtschaftliche Betrachtungsweise [heißt] zunächst, bei der Bilanzierung grundsätzlich von wirtschaftlichen Gesichtspunkten auszugehen, einen Bilanzansatz danach zu prüfen, ob wirtschaftliche Vorteile oder Lasten zugewachsen sind“[22], sie heißt mit anderen Worten „Begriffen einen wirtschaftlich bestimmten Inhalt zu geben“[23].

Die wirtschaftliche Betrachtungsweise prägt auch die Definition der bilanziellen Verbindlichkeit nach HGB und IFRS. Eine bilanzrechtliche Verbindlichkeit zeichnet sich dadurch aus, dass mit ihr zukünftige Nettoauszahlungen (sog. Nettocashflows) verbunden sind. Aus der wirtschaftlichen Betrachtungsweise folgt, dass der Nachweis einer zum Bilanzstichtag bestehenden Rechtsverpflichtung weder notwendig noch hinreichend ist, um eine Passivierungspflicht auszulösen.[24]

Die Irrelevanz der Rechtsverpflichtung im Sinne einer notwendigen Bedingung zeigt sich daran, dass im HGB auch solche Vermögenslasten zu passivieren sind, denen sich der Kaufmann aus faktischen Gründen nicht mehr entziehen kann (z.B. Kulanzen).[25] Voraussetzung dafür ist lediglich, dass ihnen „ein Kaufmann aus geschäftlichen Erwägungen heraus nachkommt, ohne dass ein Anspruch besteht, der vor den Gerichten mit Erfolg geltend gemacht werden kann. Eine Rückstellung muss stets gebildet werden, wenn der Zwang zur Erfüllung der Verpflichtung derart groß ist, dass ihm die Kaufleute, von wenigen Ausnahmefällen abgesehen, allgemein nachgeben würden“[26]. Auch

---

[20] Moxter (1983), S. 305; vgl. zur Bedeutung der wirtschaftlichen Betrachtungsweise Beisse (1981), S. 1-14; Moxter (1989), S. 232-241.
[21] Mellwig (1983), S. 1613.
[22] Mellwig (1983), S. 1613 (m. w. Nachw.); IASB Framework, Tz. 35.
[23] Mellwig (1983), S. 1613.
[24] Vgl. Hommel/Wich (2004), S. 18; Moxter (1999a), S. 82; Moxter (2003), S. 97f.
[25] Vgl. BFH vom 20.11.1962 – I 242/61 U, BStBl III 1963, S. 113; BFH vom 24.07.1964 – VI 289/63 U, BStBl III 1964, S. 554.
[26] BFH vom 29.05.1956 – I 224/55 U, BStBl III 1956, S. 212 (hier S. 212).

die IFRS kennen solche nicht-rechtlichen Verpflichtungen (sog. *constructive obligations*). IAS 37 definiert sie abschließend (und im Ergebnis enger) als Vermögenslasten, bei denen „(a) das Unternehmen durch sein bisher übliches Geschäftsgebaren, öffentlich angekündigte Maßnahmen oder eine ausreichend spezifische, aktuelle Aussage anderen Parteien gegenüber die Übernahme gewisser Verpflichtungen angedeutet hat; und (b) das Unternehmen dadurch bei den anderen Parteien eine gerechtfertigte Erwartung geweckt hat, dass es diesen Verpflichtungen nachkommt."[27]

Aufgrund der wirtschaftlichen Betrachtungsweise begründet das Vorliegen einer Rechtsverpflichtung weder nach HGB noch nach IFRS eine hinreichende Bedingung für die Existenz einer bilanziellen Verbindlichkeit. So lehnen die höchstrichterliche Rechtsprechung für das HGB[28] und die Bestimmungen des IAS 37[29] für die IFRS-Rechnungslegung die Passivierung von Schulden ab, bei denen der Kaufmann nicht ernsthaft mit zukünftigen Auszahlungsströmen rechnen muss. Beide Regelungswerke interpretieren damit das Vermögenswertprinzip grundsätzlich gleichgerichtet.

3.2. Greifbarkeitsprinzip und Prinzip selbständiger Bewertbarkeit

„Die Frage, ob wirtschaftliche Vorteile oder Lasten zugewachsen sind, ist solange nur stark ermessensabhängig zu beantworten, als nicht ergänzend der Objektivierung dienende Ansatzkriterien erarbeitet werden."[30] Deshalb erlauben sowohl die handelsrechtlichen GoB als auch die Regelungen des IAS 37 die Passivierung von Vermögenslasten nur, wenn das Unternehmen ihre Existenz zum Bilanzstichtag objektiviert nachweisen (Ansatzobjektivierung; Greifbarkeitsprinzip) und bewerten (Bewertungsobjektivierung) kann.

Das Greifbarkeitsprinzip schränkt die Passivierungsfähigkeit wirtschaftlicher Lasten objektivierungsbedingt ein. Es setzt voraus, dass sich der Kaufmann der Vermögenslast nachweislich nicht mehr sanktionslos entziehen kann.[31] Die Vermögenslast muss sich durch eine Verbindlichkeit gegenüber Dritten konkretisieren (Außenverpflichtung), so dass es nicht mehr im freien Ermessen des Kaufmanns steht, ihr nachzukommen. Er muss die Unentziehbarkeit der Verpflichtung objektiviert und justiziabel nachweisen (Ansatzobjektivierung). Für Rechtsverpflichtungen gelingt dieser Nach-

[27] IAS 37.10.

[28] Vgl. BFH vom 22.11.1988 – VIII R 62/85, BStBl II 1989, S. 359; BFH vom 03.07.1991 – X R 163 164/87, BStBl II 1991, S. 802.

[29] Vgl. IAS 37.10.

[30] Mellwig (1983), S. 1613.

[31] Vgl. IAS 37.10: „Ein verpflichtendes Ereignis ist ein Ereignis, das eine rechtliche oder faktische Verpflichtung schafft, auf Grund derer das Unternehmen keine realistische Alternative zur Erfüllung der Verpflichtung hat."

weis insofern vergleichsweise leicht, als sich der Verpflichtungsgrund regelmäßig objektiviert feststellen lässt, auch wenn damit noch keine zwingende Aussage darüber verbunden ist, ob das Unternehmen eine realistische Alternative besitzt, sich der Verpflichtung zu entziehen. Das Unternehmen ist hier durch Gesetz oder Vertrag zu ihrer Erfüllung gezwungen. Damit erfüllt insbesondere das Zivilrecht „die Funktion einer (allerdings zunehmend greifenden) Objektivierungsrestriktion“[32]. Bei rein wirtschaftlichen Lasten fällt der objektivierte Nachweis der Unentziehbarkeit deutlich schwerer. Hier muss der Bilanzierende im Einzelfall dokumentieren, dass wirtschaftliche Rahmenbedingungen oder tatsächliche Gegebenheiten einen Erfüllungsdruck ausüben, der in seiner Stärke einer rechtlichen Verpflichtung in nichts nachsteht.

Das Gebot der zuverlässigen Bewertbarkeit ergänzt das Greifbarkeitsprinzip. Es soll gewährleisten, dass sich die als Einzelheit identifizierte Vermögenslast auch hinreichend sicher bewerten lässt und nicht lediglich den originären *goodwill* schmälert. Allerdings darf man bei der Bewertung ungewisser Verbindlichkeiten an die selbständige Bewertbarkeit keine übersteigerten Anforderungen stellen, da für Rückstellungen die Unbestimmtheit der Höhe nach charakteristisch ist. Deshalb stellt das HGB entsprechend geringe Anforderungen an die selbständige Bewertbarkeit. Die Bewertung muss „in einem objektiv nachprüfbaren Rahmen liegen“[33] und darf „nicht nur auf bloßen Vermutungen oder pessimistischen Einschätzungen des Bilanzierenden beruhen.“[34] Auch IAS 37.25 geht davon aus, dass Vermögenslasten „[v]on äußerst seltenen Fällen abgesehen“ grundsätzlich selbständig bewertbar sind.

Das Prinzip der selbständigen Bewertbarkeit erfüllt nach HGB und IFRS eine gleichgelagerte Objektivierungsfunktion. Bei näherer Betrachtung zeigen sich jedoch Unterschiede bei der inhaltlichen Ausgestaltung des Prinzips. Das HGB interpretiert es „mit dem Gebot der vernünftigen kaufmännischen Beurteilung“[35] strenger als die IFRS, „die die Ermittlung möglicher Bandbreitenwerte grundsätzlich ins Ermessen des Unternehmens stellen.“[36] Diese formal gewichtige Bedeutung wird jedoch dadurch relativiert, dass das Prinzip der selbständigen Bewertbarkeit in beiden Regelungswerken eine relativ schwache Objektivierungsrestriktion erfüllt. Deshalb wäre es insoweit nicht von vornherein ausgeschlossen, die handelsrechtlichen GoB durch eine Bezugnahme auf die IFRS zu konkretisieren.

---

[32] Mellwig (1983), S. 1614.
[33] BFH vom 17.01.1963 – IV 165/69 S, BStBl III 1963, S. 237 (hier S. 238).
[34] Rüdinger (2004), S. 81.
[35] Rüdinger (2004), S. 80.
[36] Rüdinger (2004), S. 80.

3.3. Die Mindestwahrscheinlichkeit der Inanspruchnahme als ergänzendes Verbindlichkeitskriterium

3.3.1. Die Mindestwahrscheinlichkeit der Inanspruchnahme im HGB

3.3.1.1. Qualitative Gewichtung der Entstehungsgründe

Die Mindestwahrscheinlichkeit der Inanspruchnahme drängt den Kreis der passivierungsfähigen Vermögenslasten weiter zurück. Nach der höchstrichterlichen Rechtsprechung darf (und muss) der Kaufmann nur solche nichtfinanziellen Verbindlichkeiten passivieren, die „mit einiger Wahrscheinlichkeit bestehen oder entstehen werden“[37] und bei denen er „ernsthaft damit rechnen muss, in Anspruch genommen zu werden“[38]. Die dazu erforderliche Prognose ist „anhand der erkennbaren tatsächlichen Verhältnisse“[39] „nach objektiven Gesichtspunkten“[40] zu treffen. „Betriebsindividuelle [...] oder branchenübliche Erfahrungen der Vergangenheit“[41] liefern dabei erste, wesentliche Anhaltspunkte. „Bedeutsam können insbesondere auch die für den Schuldner erkennbaren Vorstellungen des Anspruchsberechtigten sein“[42]. Die Prognose ist unter Würdigung der Gesamtumstände aus der Perspektive eines „sorgfältigen und gewissenhaften Kaufmanns“[43] zu beurteilen. Dabei bietet es sich an, danach zu fragen, ob und „inwieweit sich ein potentieller Käufer des ganzen Betriebs bei der Erstellung seines Kaufgebots durch eben diese drohenden Aufwendungen beeinflussen ließe“[44].

Die von der Rechtsprechung und der Literatur vorgeschlagene Orientierung am „fiktiven Erwerber“ bzw. am „ordentlichen Kaufmann“ weist zweifellos konzeptionelle Schwächen auf. Beide Denkfiguren sind nicht vorhanden, mithin im wahrsten Sinne des Wortes selbst nicht hinreichend greifbar. Die Frage, wie ein nicht vorhandenes Gegenüber wohl entscheiden würde, wenn es an der eigenen Stelle stünde, mündet letztlich in einer Befragung des Kaufmanns durch sich selbst. Deshalb trägt der „fiktive Erwerber“ auf den ersten Blick ebenso wenig zur Ermessensbeschränkung bei wie der „ordentliche Kaufmann“. Ihre Einbeziehung führt aber bei näherer Betrachtung zu einem entscheidenden objektivierenden Perspektivenwechsel: Maßgebend für die Beurteilung der drohenden Inanspruchnahme ist nicht – wie bei den IFRS – die Sichtwei-

---

37 BFH vom 17.07.1980 – IV R 10/76, BStBl II 1981, S. 669 (hier S. 670).

38 BFH vom 17.07.1980 – IV R 10/76, BStBl II 1981, S. 669 (hier S. 671).

39 BFH vom 25.04.2006 – VIII R 40/04, BStBl II 2006, S. 749 (hier S. 752); vgl. BFH vom 01.08.1984 – I R 88/80, BStBl II 1985, S. 44 (hier S. 46).

40 BFH vom 25.04.2006 – VIII R 40/04, BStBl II 2006, S. 749 (hier S. 752).

41 BFH vom 25.04.2006 – VIII R 40/04, BStBl II 2006, S. 749 (hier S. 752); vgl. BFH vom 28.03.2000 – VIII R 13/99, BStBl II 2000, S. 612.

42 BFH vom 25.04.2006 – VIII R 40/04, BStBl II 2006, S. 749 (hier S. 752); vgl. auch BFH vom 03.07.1991 – X R 163-164/87, BStBl II 1991, S. 802.

43 Herzig/Köster (1994), S. 6.

44 Herzig (1990), S. 1347.

se des Unternehmens oder seiner Anwälte[45], sondern die Sicht eines sorgfältig und gewissenhaft abwägenden Kaufmanns. An die Stelle der rein subjektiven Beurteilung durch den Kaufmann tritt – objektivierungsbedingt – „die Verkehrsauffassung, die vernünftige kaufmännische Beurteilung“[46]. Bloße Vermutungen oder pessimistische Annahmen seitens des Bilanzierenden hinsichtlich des Bestehens oder Entstehens einer Verbindlichkeit rechtfertigen dagegen keine Rückstellungsbildung. „[S]ie liegen außerhalb des objektiv nachprüfbaren Rahmens.“[47]

Der BFH engt in einem nachfolgenden Schritt die vernünftige kaufmännische Beurteilung dahingehend ein, dass für den späteren Verpflichtungseintritt „mehr Gründe dafür als dagegen“[48] sprechen müssen. Diese Forderung darf jedoch nicht falsch verstanden werden. Sie ist niemals quantitativ zu interpretieren „– weder im Sinne einer 'durch Addition gewonnene[n] Summe der Gründe'[49] noch im Sinne einer 51%-Regelung.“[50] Abgesehen davon, dass sich die entsprechenden Wahrscheinlichkeiten nur in Ausnahmefällen rechtssicher quantifizieren ließen, wäre die Forderung nach einer überwiegenden Eintrittswahrscheinlichkeit der Verpflichtung nicht mit dem deutschen Bilanzrecht zu vereinbaren: „[D]as Prinzip der objektivierten Mindestwahrscheinlichkeit [gründet] nach deutschem Bilanzrecht unmittelbar (doch nicht uneingeschränkt) im Vorsichtsprinzip. Damit ist die entscheidende Grundwertung vorgegeben“[51]: Das Kriterium der Mindestwahrscheinlichkeit gilt als erfüllt, wenn die Inanspruchnahme nicht überwahrscheinlich, wohl aber ernsthaft zu erwarten ist, d.h. wenn „gute (stichhaltige) Gründe“[52] dafür sprechen, dass der Kaufmann mit zukünftigen Ressourcenabflüssen rechnen muss. Die Entscheidung darüber, ob entsprechende Gründe vorliegen, ist „unter besonderer Beachtung des Vorsichtsprinzips“[53] „regelmäßig im Einzelfall zu treffen und zu begründen“[54], wobei der Bilanzierende „nicht die pessimistischste Annahme wählen“[55] darf. „Die Formel der Rechtsprechung, wonach 'mehr Gründe für als gegen' den Verpflichtungseintritt sprechen müssen, gibt folglich nur der Forderung nach einer ausgeprägten Konkretisierung durch erkennbare Anhaltspunkte Ausdruck“[56]. Bei

45 Vgl. IAS 37.36f.
46 Moxter (1998), S. 271.
47 Rüdinger (2004), S. 70.
48 BFH vom 25.02.2006 – VIII R 40/04, BStBl II 2006, S. 749 (hier S. 752); vgl. BFH vom 30.01.2002 – I R 68/00, BStBl II 2002, S. 688 (hier S. 689); BFH vom 30.06.1983 – IV R 41/81, BStBl II 1984, S. 264; BFH vom 12.12.1991 – IV R 28/91, BStBl II 1992, S. 600.
49 Eibelshäuser (1987), S. 863.
50 Rüdinger (2004), S. 66.
51 Rüdinger (2004), S. 65.
52 Eibelshäuser (1987), S. 863.
53 Herzig/Köster (1994), S. 12.
54 Herzig/Köster (1994), S. 12.
55 BFH vom 25.04.2006 – VIII R 40/04, BStBl II 2006, S. 749 (hier S. 752).
56 Rüdinger (2004), S. 67.

der Beurteilung, ob die Verpflichtung hinreichend konkretisiert ist, kommt es alleine auf das qualitative und nicht auf das quantitative Gewicht der Entstehungsgründe an.

In diesem Sinne entschied der BFH auch in seinem Urteil vom 11. November 1981, dass ein Unternehmen Rückstellungen für Patentrechtsverletzungen unabhängig davon passivieren muss, „ob konkrete Anhaltspunkte dafür vorliegen, dass die Patentinhaberin von der Verletzung ihrer Patentrechte bereits erfahren hat“[57]. Der Patentrechtsverletzer muss „während der gesamten [...] Schutzdauer eines Patentes [...] mit der Inanspruchnahme durch den Verletzten rechnen“[58] und ggf. über die gesamte Periode hinweg auch dann eine Rückstellung bilden, wenn es im Einzelfall möglich erscheint, dass der Rechtsinhaber niemals Kenntnis von seinen Ansprüchen erlangen wird. Entscheidend ist, „dass ein ordentlicher Patentanwalt einer verletzten Partei mit gutem Gewissen wegen überwiegender Erfolgsaussichten zu einem Patentprozess raten würde“[59].

Der Gesetzgeber hat diese handelsrechtlich gebotene Sichtweise für die Steuerbilanz eingeschränkt. Nach § 5 Abs. 3 EStG dürfen Rückstellungen für Patentrechtsverletzungen nur gebildet werden, wenn „1. der Rechtsinhaber Ansprüche wegen der Rechtsverletzung geltend gemacht hat oder 2. mit einer Inanspruchnahme wegen der Rechtsverletzung ernsthaft zu rechnen ist.“[60] Bildet das Unternehmen eine Rückstellung unter Berufung auf die zweite Alternative, so ist sie „spätestens in der Bilanz des dritten auf ihre erstmalige Bildung folgenden Wirtschaftsjahres gewinnerhöhend aufzulösen, wenn Ansprüche nicht geltend gemacht worden sind.“[61] Diese Restriktion ist aus Objektivierungsgründen verständlich, aus Vorsichtsgründen bedenklich; denn das Unternehmen ist danach gezwungen, „seine Vermögenslage günstiger dar[zu]stellen, als sie in Wirklichkeit ist“[62]. Abgesehen davon, dass der BFH mit dieser Forderung nur noch stark objektivierte Verpflichtungen zur Passivierung zulässt, trägt der Bilanzierende ein kaum zu erfüllendes Nachweisproblem, denn die Rechtsprechung verweist den Steuerpflichtigen „auf ein Merkmal in der Sphäre eines Dritten“[63], dessen Vorliegen er kaum objektiviert überprüfen kann. Eine enge Interpretation der Mindestwahrscheinlichkeit der Inanspruchnahme lässt sich für die Steuerbilanz allenfalls mit dem Hinweis rechtfertigen, dass dem Steuerpflichtigen aufgrund des Instruments des Verlustrücktrags ein bedingtes Rückforderungsrecht gegenüber dem Staat zusteht. Dadurch gehen dem Unternehmen die abgeführten Steuerbeträge noch nicht endgültig

57 BFH vom 11.11.1981 – I R 157/79, BStBl II 1982, S. 748 (hier S. 748).
58 BFH vom 11.11.1981 – I R 157/79, BStBl II 1982, S. 748 (hier S. 749).
59 BFH vom 16.07.1969 – I R 81/66, BStBl II 1970, S. 15 (hier S. 16).
60 § 5 Abs. 3 Satz 1 EStG.
61 § 5 Abs. 3 Satz 2 EStG.
62 BFH vom 11.11.1981 – I R 157/79, BStBl II 1982, S. 748 (hier S. 748).
63 Rüdinger (2004), S. 74.

verloren. Wird er nach dem Bilanzstichtag von dem Patentrechtsinhaber in Anspruch genommen und erleidet er aufgrund des Schadenersatzes einen Verlust, so kann er die zu viel entrichteten Steuern nach Maßgabe der für den Verlustrücktrag geltenden Vorschriften zurückfordern. Für die Handelsbilanz liefe diese Begründung ins Leere. Ausgeschüttete Dividenden gehen dem Unternehmen grundsätzlich endgültig verloren. Hier führte das Anknüpfen an die Kenntnis des Gläubigers zu einem erkennbar unvorsichtigen Gewinnausweis und damit zu einem Grundsatz „ordnungswidriger Bilanzierung."[64]

Auch wenn die steuerliche Lösung, die der Fiskus zur Objektivierung des Nachweises für Schadenersatzleistungen aufgrund einer Patentrechtsverletzung entwickelt hat, nicht für das Handelsrecht taugt, so verdeutlicht sie doch auf prägnante Weise, dass die qualitative Umschreibung der Mindestwahrscheinlichkeit „für sich genommen [zu] vage"[65] ist, um „subsumtionsfähige Obersätze"[66] zu entwickeln, die eine objektivierte Beurteilung der Eintrittswahrscheinlichkeit gewährleisten. Sie beruht „immer auf mehr oder weniger stark ausgeprägten subjektiven Annahmen"[67], denn das Risiko einer Inanspruchnahme kann – je nach Fall – von annähernd vernachlässigbar bis so gut wie sicher reichen. Deshalb ist das Kriterium der Mindestwahrscheinlichkeit der Inanspruchnahme inhaltlich zu schärfen. Der BFH nimmt diese inhaltliche Konkretisierung fallgruppenweise vor.

3.3.1.2. Ergänzende, fallgruppenweise Konkretisierung der Mindestwahrscheinlichkeit der Inanspruchnahme

3.3.1.2.1. Vertragliche Verpflichtungen

Bei vertraglichen Ansprüchen objektiviert die Zivilrechtsstruktur den Nachweis der Mindestwahrscheinlichkeit der Inanspruchnahme. Aufgrund des (transparenten) Vertragsverhältnisses ist regelmäßig davon auszugehen, „dass der Gläubiger als Vertragspartner seine Rechte kennt und deshalb zur gegebenen Zeit von seinen Rechten Gebrauch machen wird"[68]. Bei ihnen besteht nach ständiger Rechtsprechung[69] die Vermutung, dass eine Inanspruchnahme erfolgen wird, „wenn nicht konkrete Anhalts-

---

64 Döllerer (1982), S. 777.
65 Rüdinger (2004), S. 64.
66 Rüdinger (2004), S. 64f.
67 Rüdinger (2004), S. 65.
68 BFH vom 28.03.2000 – VIII R 13/99, BStBl II 2000, S. 612 (hier S. 613); vgl. BFH vom 25.04.2006 – VIII R 40/04, BStBl II 2006, S. 749 (hier S. 751).
69 Vgl. BFH vom 11.11.1981 – I R 157/79, BStBl II 1982, S. 748; BFH vom 22.11.1988 – VIII R 62/85, BStBl II 1989, S. 359.

punkte für das Gegenteil bestehen“[70]. Folglich sind Verpflichtungen aus vertraglichen Ansprüchen grundsätzlich zu passivieren.

Aus ökonomischer (und tatsächlicher) Sicht ist diese Kausalität nicht zwingend. Das Vertragsverhältnis regelt die Ansprüche und Verpflichtungen zunächst abstrakt. Sie konkretisieren sich erst, wenn nach dem Vertragsabschluss noch weitere mehr oder weniger vorhersehbare Tatbestandsmerkmale hinzutreten. Das Wissen des Vertragspartners um seine abstrakten Rechte heißt noch nicht, dass er zum Bilanzstichtag auch stets Kenntnis darüber hat, ob die konkreten Bedingungen eingetreten sind, die ihn zur Geltendmachung seiner Ansprüche berechtigen.[71] Dies verdeutlicht z.B. der vertragliche Anspruch des Versicherungsnehmers, welchen er aufgrund des Versicherungsvertrags nach Eintritt des versicherten Ereignisses gegenüber dem Versicherungsunternehmen geltend machen kann. Hier führt das Wissen des Versicherten um seine Rechte noch nicht dazu, dass er auch seine berechtigten Einzelansprüche erkennt und geltend macht. Eine Passivierung der Verpflichtung scheint dann nicht immer geboten.

Dennoch überzeugt die hier vorgenommene Klassifizierung. Zum einen kann der Bilanzierende die Vermutung der Inanspruchnahme im Einzelfall widerlegen, indem er nachweist, dass „mit an Sicherheit grenzender Wahrscheinlichkeit“[72] nicht (mehr) mit einer Inanspruchnahme zu rechnen ist. Zum anderen führt die Anwendung dieser Grundsätze zwar im Zweifel zu einer (vertretbar) vorsichtigen Bilanzierungsweise, doch steht dies im Einklang mit dem handelsrechtlichen Gesetzeszweck.

3.3.1.2.2. Öffentlich-rechtliche Verpflichtungen

Öffentlich-rechtliche Verpflichtungen zeichnen sich regelmäßig dadurch aus, dass sie nicht gegenüber einer konkreten Person, sondern gegenüber der Allgemeinheit bestehen, die zur Wahrung ihrer Rechte durch Institutionen wie den Bund, die Länder oder die Gemeinden vertreten wird.[73] An die Stelle eines konkreten Gegenübers tritt „die anonymisierte Verwaltung öffentlich-rechtlicher Körperschaften“[74] und an die Stelle individuell ausgehandelter Rechte und Pflichten treten abstrakt typisierende Gesetze und Verpflichtungen. Der anspruchsberechtigten, zuständigen Behörde muss das Entstehen eines Anspruchs aufgrund der Anonymität der Beteiligten nicht zwangsläufig bekannt werden, zumal sie nur mittelbar in ihren Rechten beeinträchtigt wird.[75] Da der Anspruch bei ihr (zumindest aber bei den Bediensteten, die in ihrem Auftrag tätig

---

[70] Herzig/Köster (1994), S. 6.
[71] Vgl. Herzig/Köster (1994), S. 9.
[72] BFH vom 22.11.1988 – VIII R 62/85, BStBl II 1989, S. 359 (hier S. 359).
[73] Vgl. Herzig (1990), S. 1342.
[74] Rüdinger (2004), S. 76.
[75] Vgl. Herzig/Köster (1994), S. 12.

werden müssten) keine Vermögensmehrung auslöst, ist es im Vergleich zu einzelvertraglichen Verpflichtungen deutlich unsicherer, ob die Behörde ihr Recht auch tatsächlich (d.h. mit genügendem Nachdruck) verfolgen und durchsetzen wird.[76] Der BFH knüpft deshalb an das Ansatzkriterium der Mindestwahrscheinlichkeit der Inanspruchnahme strengere Nachweiskriterien, wenn es sich um öffentlich-rechtliche Verpflichtungen handelt.

Bei öffentlich-rechtlichen Verpflichtungen muss der Bilanzierende nur dann (typisiert) mit einer Inanspruchnahme rechnen, wenn er zum Bilanzstichtag zur Erfüllung der Verbindlichkeit aufgrund einer „besonderen Verfügung oder Auflage der zuständigen Behörde“[77] verpflichtet ist. Handelt es sich um eine gesetzliche Verpflichtung, so ist es zum Nachweis der drohenden Inanspruchnahme ausreichend (aber auch erforderlich), dass „das Gesetz ein inhaltlich genau bestimmtes Handeln innerhalb eines bestimmten Zeitraums vorschreibt“[78]. Öffentlich-rechtliche Anordnungen, die „den Charakter von selbstbindende[n] Absichtserklärungen haben“[79] und dem Unternehmen keine konkreten Handlungen auferlegen, wie „eine öffentlich-rechtliche Verpflichtung der Wohnungsbauunternehmen, im Interesse der Volkswirtschaft die errichteten Wohnungen zu erhalten“[80], begründen damit ebenso wenig eine hinreichend konkretisierte Verbindlichkeit[81] wie allgemeine „Programmsätze des öffentlichen Rechts wie der, daß der Gebrauch des Eigentums zugleich dem Wohle der Allgemeinheit dienen solle (Art. 14 GG)“[82].

Die mit diesen Subkriterien vorgenommene Konkretisierung weist eine Tendenz zur Überobjektivierung auf.[83] Interpretiert man sie eng formalrechtlich, so lassen sie faktisch keinen Raum für eine Rückstellung für öffentlich-rechtliche Verpflichtungen; denn eine sanktionsbewährte Verbindlichkeit, die ein konkretes Handeln innerhalb eines exakt bestimmten Zeitraums erfordert, begründet aufgrund ihrer Bestimmtheit regelmäßig eine gewisse Verbindlichkeit und keine Rückstellung.[84]

Die Literatur fordert daher zu Recht, diese Objektivierungsrestriktion wirtschaftlich auszulegen. Danach ist das sachliche Kriterium des „inhaltlich genau beschriebenen

---

76 Vgl. Herzig/Köster (1994), S. 12; Hommel/Wich (2004), S. 19.

77 BFH vom 26.10.1977 – I R 148/75, BStBl II 1978, S. 97 (hier S. 99); vgl. auch BFH vom 19.11.2003 – I R 77/01, BFHE 2004, S. 135; BFH vom 11.12.2001 – VIII R 34/99, BFH/NV 2002, S. 486; vgl. hierzu Euler/Engel-Ciric (2004), S. 143f.

78 BFH vom 26.10.1977 – I R 148/75, BStBl II 1978, S. 97 (hier S. 99); vgl. Moxter (1999a), S. 99.

79 Rüdinger (2004), S. 76.

80 BFH vom 26.05.1976 – I R 80/74, BStBl II 1976, S. 622 (hier S. 623).

81 Vgl. Moxter (1999a), S. 95.

82 Herzig (1990), S. 1342.

83 Vgl. Ballwieser (1992), S. 138.

84 Vgl. Herzig (1990), S. 1345.

Handelns“ nicht nur dann erfüllt, wenn das Gesetz eine exakte Handlungsanweisung vorschreibt. Für eine hinreichende Objektivierung der Verbindlichkeit muss es hier ausreichen, dass das Gesetz „ein mit der Handlungsverpflichtung verbundenes konkretes Ziel respektive einen konkreten Erfolg beschreibt“[85] und das Unternehmen z.B. zu einem Handeln nach dem neuesten „Stand von Wissenschaft und Technik“[86] verpflichtet.[87] Auch ist es aus wirtschaftlicher Betrachtungsweise nicht notwendig, dass das Gesetz dem Bilanzierenden einen exakten Erfüllungszeitpunkt vorschreibt, damit die öffentlich-rechtliche Last auch zeitlich hinreichend bestimmt ist. Für eine bilanzrechtliche Objektivierung genügt es, wenn das Unternehmen der Verpflichtung in einer ihr „angemessenen Frist“[88] nachkommen muss. In dieser abgeschwächten Form ermöglichen die von der Rechtsprechung entwickelten Kriterien eine weitgehend überzeugende, objektivierte Erfassung öffentlich-rechtlicher Verpflichtungen.

3.3.1.2.3. Sonderfall: Schadenersatzverpflichtungen

Der BFH verschärft den Nachweis für die Mindestwahrscheinlichkeit der Inanspruchnahme für Schadenersatzverpflichtungen unabhängig davon, ob sie auf einer öffentlich-rechtlichen oder privatrechtlichen Grundlage beruhen. Danach reicht es für ihre Passivierung nicht aus, dass es einen Gläubiger gibt. Dieser muss auch wissen, dass er einen Anspruch gegenüber dem Schuldner hat. Deshalb ist bei Schadenersatzansprüchen eine Inanspruchnahme des Schuldners erst dann als wahrscheinlich anzunehmen, „wenn die den Anspruch begründenden Tatsachen entdeckt und dem Geschädigten bekannt sind“[89]. Der wirtschaftlichen Betrachtungsweise soll dadurch Rechnung getragen werden, dass es ausreicht, wenn die Kenntnisnahme seitens des Anspruchsberechtigten „unmittelbar bevorsteht“[90].

Diese „entschieden zu enge Konkretisierungsformel“[91] bewirkt eine unnötige Zurückdrängung der wirtschaftlichen Betrachtungsweise und führt zu einem eklatanten Verstoß gegen das Vorsichtsprinzip. Die damit verbundenen Unzulänglichkeiten verdeutlicht das BFH-Urteil vom 25. April 2006[92]:

In dem angesprochenen Urteil hatte der erkennende Senat über eine Schadenersatzrückstellung eines Getränkehändlers zu entscheiden. Dieser war gegenüber dem Ge-

---

85 Rüdinger (2004), S. 77.
86 § 5 Abs. 5 Atomgesetz.
87 Vgl. Herzig (1990), S. 1345.
88 Herzig (1990), S. 1346; vgl. auch Döllerer (1987), S. 67.
89 BFH vom 25.04.2006 – VIII R 40/04, BStBl II 2006, S. 749 (hier S. 752).
90 BFH vom 25.04.2006 – VIII R 40/04, BStBl II 2006, S. 749 (hier S. 752).
91 Moxter (2001), S. 569.
92 Vgl. BFH vom 25.04.2006 – VIII R 40/04, BStBl II 2006, S. 749.

tränkehersteller zur Leergutrückgabe verpflichtet. Konnte er dieser Verpflichtung nicht nachkommen, so musste er einen entsprechenden Schadenersatz zahlen. Der Hersteller informierte den Getränkehändler regelmäßig in Form von Leergutsalden über die Außenstände. Ob der Händler dazu in der Lage ist, die offenen Leergutsalden auszugleichen, erfährt der anspruchsberechtigte Hersteller regelmäßig erst, wenn die Parteien das Vertragsverhältnis beenden und der Händler das gesamte im Umlauf befindliche Leergut auf einmal zurückgeben muss. Erst dann erlangt der Hersteller Kenntnis über die Fehlmenge und die Höhe des daraus abzuleitenden Schadenersatzanspruchs. Zum Bilanzstichtag fehlte es an dieser Kenntnis. Sie stand auch nicht unmittelbar bevor. Der BFH lehnte daher die Rückstellung ab.

Mit dem vorliegenden Urteil überschreitet der BFH das erforderliche Maß an Objektivierung deutlich. Die Hersteller kennen zum Bilanzstichtag ihren abstrakten Anspruch auf Schadenersatz und demonstrieren gegenüber dem Großhändler durch das Nachhalten der Leergutsalden, dass sie auf eine vollständige Rückgabe des Leerguts bestehen. Dieser kann anhand seiner Unterlagen jederzeit den Fehlbestand und die damit verbundene Höhe des Schadenersatzes objektiviert und zweifelsfrei ermitteln – lediglich der Fälligkeitszeitpunkt ist noch ungewiss. Auch kann der Getränkehändler die vom BFH aufgestellten formalen Objektivierungskriterien jederzeit nach Belieben erfüllen und eine Passivierung erzwingen, indem er den Hersteller über den aktuellen Fehlbestand informiert, ohne damit das subjektive und objektive Risiko der späteren Entdeckung der Schadenersatzpflicht auch nur im Ansatz zu verändern. Die vom BFH an die Mindestwahrscheinlichkeit der Inanspruchnahme gestellten Anforderungen stellen einen Grundsatz ordnungswidriger Bilanzierung dar. „Es muß genügen, wenn nachweisbar in absehbarer Zeit mit der Kenntnisnahme zu rechnen ist in dem Sinne, daß die Möglichkeit eines dauerhaften Verschweigens [...] ausgeschlossen werden muß.“[93] Im vorstehenden Sachverhalt ist eine Rückstellung unabhängig vom aktuellen Kenntnisstand des Herstellers zu bilden.

Als Zwischenergebnis kann festgehalten werden, dass es der Rechtsprechung gelungen ist, Unterprinzipien zu entwickeln, die es ermöglichen, die zu antizipierenden, zukünftigen Ausgabenströme auf befriedigende Weise zu objektivieren. (Rest-)Unschärfen bestehen bei der Antizipation vertraglicher Verpflichtungen. Die Objektivierungsrestriktion führt hier in Einzelfällen zu einer übervorsichtigen Passivierung. Dagegen weist die Rechtsprechung bei Schadenersatzverpflichtungen, die auf öffentlichrechtlicher oder vertraglicher Grundlage beruhen, eine starke Tendenz zur Überobjektivierung auf. Drückende Vermögenslasten erfahren somit – ohne Objektivierungsnot – keine Berücksichtigung.

---

[93] Moxter (1999a), S. 103.

Die von der höchstrichterlichen Rechtsprechung vorgenommenen Objektivierungsbestrebungen bleiben damit in Teilen verbesserungswürdig. Es stellt sich die Frage, ob die IFRS dazu in der Lage sind, die wirtschaftlichen Vermögenslasten trennschärfer und zweckadäquater zu erfassen. Da die Kriterien der Vermögenslast, der Greifbarkeit und der selbständigen Bewertbarkeit nach den Bestimmungen des HGB und der IFRS weitgehend gleichgerichtet ausgelegt werden, zeigt sich die „Nagelprobe" an dem Grundsatz der Mindestwahrscheinlichkeit der Inanspruchnahme.

3.3.2. Die Mindestwahrscheinlichkeit der Inanspruchnahme nach IFRS

3.3.2.1. Die Bestimmungen des IAS 37

Die IFRS setzen der qualitativen, nach Fallgruppen geordneten Objektivierung der Mindestwahrscheinlichkeit der Inanspruchnahme im HGB eine generelle, quantitative Sichtweise[94] „im Sinne einer quantitativ überwiegenden, sog. 51 Prozent-Wahrscheinlichkeit"[95] entgegen. Danach dürfen vertragliche Verpflichtungen ebenso wie öffentlich-rechtliche Verpflichtungen einschließlich der Schadenersatzverpflichtungen nur dann passiviert werden, wenn die Verbindlichkeit zwei Wahrscheinlichkeitshürden nimmt. Zum einen muss die Verbindlichkeit zum Bilanzstichtag zweifelsfrei bestehen oder es muss hierfür zumindest „mehr dafür als dagegen"[96] sprechen. Zum anderen muss auch „mehr dafür als dagegen"[97] sprechen, dass die auf diese Weise nachgewiesene Stichtagsverbindlichkeit zukünftig zu einem Abfluss finanzieller Ressourcen führt. Wurden beide Wahrscheinlichkeitshürden genommen, ist die Verpflichtung grundsätzlich mit dem „wahrscheinlichste[n] Ergebnis"[98] zu passivieren, das „die bestmögliche Schätzung der Schuld darstell[t]"[99].

Mit einer derartigen Bilanzierungsvorgabe lässt sich das Ziel der IFRS, die Ermittlung eines zeitwertstatischen Vermögens, nicht erreichen, denn ein potenzieller Erwerber des Unternehmens würde alle zum Bilanzstichtag bestehenden Verbindlichkeiten unabhängig von ihrer Eintrittswahrscheinlichkeit ins Kaufpreiskalkül einbeziehen und für ihre Übernahme (mindestens) einen Betrag verlangen, der dem Erwartungswert der Schuld entspricht. Der Marktwert des Entpflichtungsbetrags ist dann der Betrag, den das Unternehmen zum Bilanzstichtag „bei vernünftiger Betrachtung [...] zur Übertra-

---

94 Vgl. IAS 37.23: „Damit eine Schuld die Voraussetzungen für den Ansatz erfüllt, muss nicht nur eine gegenwärtige Verpflichtung existieren, auch der Abfluss von Ressourcen mit wirtschaftlichem Nutzen muss im Zusammenhang mit der Erfüllung der Verpflichtung wahrscheinlich sein."

95 Moxter (1999b), S. 520.

96 IAS 37.15.

97 IAS 37.23.

98 IAS 37.40.

99 IAS 37.40.

gung der Verpflichtung auf einen Dritten […] zahlen müsste."[100] Dieser Betrag ist regelmäßig nicht mit dem wahrscheinlichsten Ergebnis identisch, was nachfolgendes Beispiel verdeutlicht:

Ein Unternehmen verletzt fremde Patentrechte. Entdeckt der Patentrechtsinhaber diesen Verstoß, so muss das Unternehmen mit einer Schadenersatzzahlung in Höhe von 1 Mio. € rechnen. Der Unternehmer schätzt die Entdeckungswahrscheinlichkeit auf 30% (alternativ auf 70%). Würde er das daraus resultierende finanzielle Risiko am Markt verkaufen (oder könnte er es retrospektiv versichern), so würde der Vertragspartner für die Übernahme des Risikos einen Betrag fordern, der sich an dem Erwartungswert des Prozessverlustes orientiert. Schätzt er – im Einklang mit dem Unternehmen – die Entdeckungswahrscheinlichkeit auf 30%, so würde er für die Übernahme der Verpflichtung (mindestens) 300.000 €, bei einem Entdeckungsrisiko von 70% (mindestens) 700.000 € fordern. Die derzeitigen Regelungen des IAS 37 werden dem nicht gerecht, denn der Manager dürfte bei einer Entdeckungswahrscheinlichkeit von 30% nichts passivieren und müsste bei einer Wahrscheinlichkeit von 70% den gesamten Betrag in Höhe von 1 Mio. € zurückstellen.[101] Dadurch erzwingt die „Entweder-oder-Regelung" in beiden Fällen einen aus Sicht der Zeitwertstatik falschen Vermögensausweis.

Wenig überzeugend ist darüber hinaus, dass die Bestimmungen des IAS 37 zu einem exotisch anmutenden Sonderrecht für singuläre, nichtfinanzielle, im Unternehmen entstandene Verpflichtungen führt, das auf keine andere Bilanzposition Anwendung findet. Finanziellen Verpflichtungen ist die „Entweder-oder-Regelung" fremd. Sie sind grundsätzlich[102] mit ihrem *fair value* anzusetzen, der dem Erwartungswert des zukünftigen Erfüllungsbetrags entspricht.[103] Nichtfinanzielle Verpflichtungen, die dem Unternehmen aus einer Vielzahl gleichartiger Risiken drohen (z.B. bestimmte Gewährleistungsrisiken), sind nach IAS 37.39 ebenfalls zwingend mit ihrem Erwartungswert anzusetzen. Das Gleiche gilt gemäß IFRS 3.36f. für nichtfinanzielle Risiken, die dem Unternehmen im Rahmen eines Unternehmenszusammenschlusses zugehen und zwar unabhängig davon, ob es sich um eine Gruppe gleichartiger Risiken oder um singuläre Risiken handelt.

---

[100] IAS 37.37.

[101] Vgl. aber IAS 37.40: „Wenn andere mögliche Ergebnisse entweder größtenteils über oder größtenteils unter dem wahrscheinlichsten Ergebnis liegen, ist die bestmögliche Schätzung ein höherer bzw. niedrigerer Betrag" – was immer das auch heißen mag.

[102] Vgl. für die Ausnahmeregelungen von Finanzverbindlichkeiten, die nicht *at fair value through profit or loss* bilanziert werden (dürfen): IAS 39.46f.

[103] Vgl. IAS 39.45f.

Für eine objektivierte Bewertung von Stichtagsverbindlichkeiten sind die Regelungen des IAS 37 denkbar ungeeignet. Das zeigt sich insbesondere bei der bilanziellen Erfassung von Schadenersatzverpflichtungen. Hier eröffnet die „51%-Regel“ ausufernde Ermessensspielräume. „Denn Wahrscheinlichkeiten lassen sich regelmäßig nicht intersubjektiv nachprüfbar quantifizieren.“[104] Bei Anwendung dieser „intuitiven Wahrscheinlichkeitsermittlung“[105] besteht die ausgeprägte „Gefahr 'interessengelenkter Beliebigkeit'.“[106] So sind z.B. die im Rahmen eines Patentrechtsverletzungsprozesses „angegebenen Prozentzahlen 'wir gewinnen zu 70%', [...] reine Gefühlsausdrücke, haben jedenfalls mit dem einer 'Wahrscheinlichkeit' zugrunde liegenden Gesetz der großen Zahl nichts gemein.“[107] Die „51%-Regel“ gewährt dem Bilanzierenden regelmäßig ein faktisches Passivierungswahlrecht, indem es ihm ermöglicht, den Prozessausgang als überwiegend positiv oder überwiegend negativ zu klassifizieren. Realistischerweise ist ein externer Prüfer nur in Fällen offensichtlicher Fehleinschätzungen dazu in der Lage, das Werturteil des Kaufmanns zu korrigieren.

Die mit IAS 37 geforderte Passivierungslösung ist erkennbar ungeeignet, die Konkretisierungserfordernisse des handelsrechtlichen Einzelabschlusses und der Steuerbilanz zu lösen. Dieses Manko könnte jedoch von vorübergehender Natur sein, denn das IASB strebt mit dem ED-IAS 37 die Beseitigung dieses Missstandes an.

3.3.2.2. Die Neuerungen des ED-IAS 37

3.3.2.2.1. Beseitigung des Ansatzkriteriums der Mindestwahrscheinlichkeit und Bewertung zum Erwartungswert

Die Ungewissheit über die Höhe und den Zeitpunkt einer Auszahlungsverpflichtung gibt keine Auskunft darüber, ob eine Verpflichtung zum Bilanzstichtag dem Grunde nach besteht oder nicht. Sie gewährt allenfalls Anhaltspunkte für ihre zutreffende Bewertung. Deshalb sieht das IASB vor, mit ED-IAS 37 vollständig auf das Ansatzkriterium der Mindestwahrscheinlichkeit der Inanspruchnahme zu verzichten. Stattdessen sind nach diesem Vorschlag sämtliche Verpflichtungen zu passivieren, die am Bilanzstichtag existieren. Das IASB vertritt dabei die These, dass sich Rechte und Pflichten regelmäßig in einen bedingten sowie einen unbedingten Teil unterteilen lassen.[108] Während der bedingte Teil (*conditional element*) vom Eintritt bzw. Nichteintritt eines unsicheren Ereignisses in der Zukunft abhängt, wird der unbedingte Teil (*uncon-*

---

[104] Rüdinger (2004), S. 66.
[105] Hoffmann (2007), Tz. 36 unter Berufung auf Leffson (1987), S. 472.
[106] Rüdinger (2004), S. 70.
[107] Hoffmann (2007), Tz. 37.
[108] Vgl. ED-IAS 37.BC11 und BC14 (hier aufgeführt im Zusammenhang mit *conditional assets*).

ditional element) dadurch charakterisiert, dass er allenfalls hinsichtlich des Zeitpunktes der Leistungspflicht unsicherheitsbehaftet ist.[109]

Die Dichotomie aus bedingtem und unbedingtem Element lässt sich am Beispiel des Patentrechtsverletzungsrisikos verdeutlichen.[110] Ab dem Zeitpunkt der Rechtsverletzung muss das Unternehmen auch mit ihrer Entdeckung rechnen. Deshalb muss es bereits ab diesem Zeitpunkt dazu bereitstehen, die möglichen finanziellen Konsequenzen aus der Straftat zu tragen. Es liegt insofern eine unbedingte Leistungsverpflichtung vor, die sich in einer *stand-ready to perform obligation* konkretisiert. An der Existenz dieser (Einstands-)Verpflichtung besteht kein Zweifel. Sie ist zu passivieren.[111] Ob es dagegen im weiteren Zeitablauf tatsächlich zu einer Inanspruchnahme des Unternehmens kommt, hängt noch von dem Eintritt weiterer Ereignisse (z.B. Entdeckung der Straftat, Rechtsverfolgung und Prozessgewinn) ab. Die daraus resultierende, konkrete Zahlungsverpflichtung ist bedingter Natur. Sie existiert zum Bilanzstichtag noch nicht und darf daher auch nicht passiviert werden.

Die Bewertung der unbedingten Verpflichtung soll nach ED-IAS 37 mit dem Betrag erfolgen, den ein Unternehmen am Bilanzstichtag unter der Prämisse rationalen Verhaltens aufwenden würde, um die Schuld zu erfüllen oder um sie an eine dritte Partei abzutreten (Fremdentpflichtungskosten).[112] Rechnet das Unternehmen im Beispiel der Patentrechtsverletzung bei Entdeckung der Straftat durch den Rechtsinhaber mit Zahlungsmittelabflüssen in Höhe von 1 Mio. € (Eintrittswahrscheinlichkeit sei 70%) und im Falle der Nichtentdeckung (Eintrittswahrscheinlichkeit sei 30%) mit keinen Ressourcenabflüssen, so kommt nach ED-IAS 37 nicht mehr wie bisher der wahrscheinlichste Wert (1 Mio. €) zum Ansatz, sondern der Erwartungswert in Höhe von 700.000 €.[113]

3.3.2.2.2. Auswirkungen der Neukonzeption des IAS 37 auf die Objektivierungsfunktion

Die Suspendierung des Ansatzkriteriums der Mindestwahrscheinlichkeit der Inanspruchnahme durch ED-IAS 37 bewirkt eine Ansatzobjektivierung. Das Unternehmen muss nicht mehr anhand der ermessensoffenen „51%-Regel" entscheiden, ob eine Verpflichtung vorliegt oder nicht. Die Passivierung wird stets erforderlich, wenn zum Bilanzstichtag eine unbedingte Verpflichtung existiert. Anhängige Rechtsstreitigkeiten

[109] Vgl. ED-IAS 37.BC11.
[110] Vgl. ED-IAS 37.BC14.
[111] Vgl. ED-IAS 37.BC24.
[112] Vgl. ED-IAS 37.29.
[113] Vgl. ED-IAS 37.BC81.

sind damit zwingend zu passivieren – unabhängig davon, ob das Unternehmen überwiegend mit einem Prozessgewinn rechnet oder nicht.

Allerdings ist die Ansatzobjektivierung nicht so weitreichend, wie zu vermuten wäre. Das IASB hat das Bilanzierungselement der *stand-ready to perform obligation* neu eingeführt. Es handelt sich um ein in der Bilanzierungstheorie und -praxis noch unbekanntes Kunstprodukt, dessen Reichweite und Inhalt sich nicht unmittelbar erschließt. Die mit ED-IAS 37 veröffentlichten Anwendungsbeispiele erhellen diese Frage nicht. Sie taugen eher zur Verwirrung und offenbaren die mit dem Kriterium verbundene Konzeptlosigkeit. So vertritt das IASB hinsichtlich der Prozessrisiken in einem Beispiel die Auffassung, dass das unbedingte Verpflichtungselement (erst) durch den Beginn der Rechtsverfolgung seitens des Geschädigten begründet wird.[114] In einem anschließenden Fall revidiert das IASB (anscheinend) seine Auffassung. Hier löst die Feststellung der (potenziellen) Straftat durch das Unternehmen selbst das unbedingte Verpflichtungselement aus, während die Kenntnis des Anspruchsberechtigten irrelevant ist.[115] In der Zwischenzeit hat das Board klargestellt, dass es auf eine Kenntnis seitens des Geschädigten – anders als nach der Rechtsprechung des BFH – nicht ankommen soll. Maßgeblich sei vielmehr der Zeitpunkt der Rechtsverletzung.[116]

Ob es mit der Neuerung gelingt, eine überzeugende zeitwertstatische Rechnungslegung zu ermöglichen, ist zweifelhaft. Nach dem *framework* der IFRS gebührt der (betriebs-)wirtschaftlichen Betrachtungsweise Vorrang vor dem Zivilrecht (*substance over form*[117]). Mit dieser Grundwertung konfligiert aber eine Verbindlichkeitsbilanzierung, die den Nachweis einer zum Bilanzstichtag bestehenden (rechtlich) unbedingten Verpflichtung zur unabdingbaren Passivierungsvoraussetzung erhebt. Dadurch verdrängt die formalrechtliche Betrachtungsweise die grundsätzlich angestrebte wirtschaftliche Normenausrichtung.

Überdies sind die Neuerungen des ED-IAS 37 nicht frei von handwerklichen Unzulänglichkeiten. So überzeugen die bilanziellen Konsequenzen, die das IASB aus der künstlichen Zerlegung von bedingten und unbedingten Verpflichtungselementen für die Passivierungsfrage zieht, nicht. Die damit verbundene Problematik sei an folgendem Beispiel verdeutlicht: Das Unternehmen wird aufgrund einer Patentrechtsverletzung auf Schadenersatz in Höhe von 1 Mio. € verklagt und rechnet mit einer Wahrscheinlichkeit von 30% damit, den Prozess zu verlieren. Aufgrund der *stand-ready to perform obligation* muss es sich darauf einrichten, bei einer Verurteilung die festge-

---

[114] Vgl. ED-IAS 37, Beispiel 1.
[115] Vgl. ED-IAS 37, Beispiel 2.
[116] Vgl. IASB (2006a), S. 3; IASB (2006b), Tz. 5-66.
[117] Vgl. IASB Framework, Tz. 35.

setzte Strafe fristgerecht an den Kläger zu entrichten. Dadurch ist es ihm nicht mehr möglich, den dazu ggf. erforderlichen Betrag anderweitig langfristig anzulegen. Es investiert die Mittel daher in eine kurzfristige, jederzeit liquidierbare Geldanlage. Ihm entgehen dadurch Zinserträge in Höhe von 10.000 €.

Das zuvor beschriebene Prozessrisiko weist zwei Elemente auf: Ein unbedingtes Element mit einem Wert von 10.000 € und ein bedingtes Element mit einem Erwartungswert von 300.000 €. Nach den Vorstellungen des IASB ist das Unternehmen dazu verpflichtet, die unbedingte *stand-ready to perform obligation* zu passivieren und mit dem Erwartungswert der bedingten, vom Prozessausgang abhängigen Schadenersatzzahlung zu bewerten. Diese vom IASB favorisierte Lösung führt zu dem mehr als zweifelhaften Tatbestand, dass das unbedingte Element (die *stand-ready to perform obligation*) angesetzt, aber nicht bewertet und das bedingte Element (die Inanspruchnahme aufgrund des Prozessverlustes) nicht angesetzt, wohl aber bewertet wird.[118] Die einzig logische Konsequenz der durch das IASB vorgenommenen Zweiteilung ist, die unbedingte *stand-ready to perform obligation* zu passivieren und mit den auf sie entfallenden Kosten in Höhe von 10.000 € zu bewerten. Allerdings verstieße diese Vorgehensweise aufgrund der Passivierung von Opportunitätskosten gegen den Grundsatz der Pagatorik und führte zudem zu keiner sachgerechten Abbildung des Schadenersatzprozessrisikos.

Ausgeprägte Umsetzungsschwierigkeiten bereitet aber auch die vom IASB in ED-IAS 37 vorgesehene Bewertung der unbedingten Verpflichtung in Höhe ihres Erwartungswerts. Sie ist von der Idee geleitet, dass sich *fair values* und Eintrittswahrscheinlichkeiten von singulären Verpflichtungen, wie sie z.B. aus Rechtsstreitigkeiten resultieren, jederzeit objektiviert durch den Manager des Unternehmens ermitteln lassen. Dies gelingt allerdings „nur in einer realitätsfremden Traumwelt homogener Erwartungen sowie vollkommener und vollständiger Märkte im Gleichgewicht; einer Welt, in der tragischerweise *fair value*-Bilanzen ebenso wenig benötigt werden wie Manager, denn der Wettbewerb auf dem Markt erzwingt praktisch optimales Verhalten“[119]. In der Realität fehlen diese Voraussetzungen. „Damit steht der *fair value*, der sich darauf stützen soll, mit beiden Beinen fest in der Luft.“[120]

Die Neuerungen des ED-IAS 37 verschärfen die Objektivierungsproblematik des IAS 37 um ein Vielfaches. Ginge es in IAS 37 bezüglich des Ansatzes „lediglich“ darum, zu entscheiden, ob die Wahrscheinlichkeit der Inanspruchnahme über 50% liegt oder nicht, so ist nach dem neuen Vorschlag das Unternehmen dazu gezwungen, die

[118] Vgl. dazu auch Kühne/Nerlich (2005), S. 1841.
[119] Schildbach (2007), S. 14.
[120] Schildbach (2007), S. 14.

Eintrittswahrscheinlichkeit punktgenau zu quantifizieren. Zumindest der „ordentliche und sorgfältige" Kaufmann dürfte sich dazu nicht im Stande sehen. Zudem ist ein außenstehender Wirtschaftsprüfer regelmäßig nicht dazu in der Lage, bilanzpolitisch motivierte Bewertungen aufzudecken und durch bessere, punktgenaue Schätzungen zu ersetzen. Die Bewertungsfrage entfernt sich damit weit von den Idealen einer seriösen und Rechtssicherheit stiftenden Rechnungslegung. Sie verkommt zu einem visionären Blick in die imaginäre Glaskugel und löst bei der anschließenden Wirtschaftsprüfung einen fragwürdigen Überzeugungsmachtkampf um die besseren seherischen Fähigkeiten aus.[121]

Hinzu tritt, dass der bloße Erwartungswert kein geeigneter Maßstab ist, um den Marktwert der Fremdentpflichtungskosten angemessen zu bestimmen. Ließe sich ein rational handelnder, in der Regel risikoscheuer Marktteilnehmer finden, der das Prozessrisiko übernimmt, so wäre er nicht mit einer Vergütung in Höhe des Erwartungswerts zufrieden. Er würde für die Risikoübernahme auch einen entsprechenden Risikozuschlag und einen angemessenen Gewinn fordern. Beide Wertkomponenten müssen dann regelmäßig verbindlichkeitserhöhend berücksichtigt werden.[122] Sie entziehen sich aber ebenso regelmäßig einer objektivierten Wertfindung.

Aufgrund dieser Realitätsprobleme wird die vermeintliche Ansatzobjektivierung, die sich das IASB von ED-IAS 37 erhofft, durch erheblich größere faktische Ermessensspielräume bei der Bewertung dieser Verpflichtungen konterkariert. In seiner Gesamtschau führt die Umsetzung der mit ED-IAS 37 unterbreiteten Vorschläge zu einer extrem entobjektivierten und manipulationsoffenen Rechnungslegung und zwingt dazu, „Spekulationen über Phantome anzustellen. Der Zwang weckt im günstigen Fall bloße Phantasie, die – weil individuell – die angesetzten Werte schwer verständlich macht"[123] und einer justiziablen Überprüfung entzieht. „Im ungünstigen Fall [...] kommt zusätzlich das schnöde Streben nach eigenem Vorteil zum Schaden anderer ins Spiel, das die *fair values* dann bewusst einseitig verzerrt."[124] Die Regelungen des ED-IAS 37 sind damit ebenso wenig – oder besser: noch weniger – als die Bestimmungen des IAS 37 dazu geeignet, die handels- und steuerrechtliche Problematik der Rückstellungsbewertung und -objektivierung zu lösen. Ihre Anwendung führte zu einer willküroffenen Ausschüttungsbemessung in Handels- und Steuerbilanz. Das IDW wäre vor diesem Hintergrund gut beraten, seine Vorschläge zu einer Neuausrichtung der Ausschüttungsbemessung zu überdenken. Der Rechtsprechung ist – bei aller vor-

[121] Ebenfalls kritisch Herzig/Gellrich (2006), S. 512.
[122] Vgl. Hommel/Wich (2004), S. 27f.
[123] Schildbach (2007), S. 15.
[124] Schildbach (2007), S. 15.

dergründigen Versuchung – dringend davon abzuraten, die handelsrechtlichen GoB mit den IFRS zu schärfen. Sie wird dabei Schiffbruch erleiden.

4. Thesenförmige Zusammenfassung

Handels- und Steuerbilanz zielen auf die Ermittlung einer vorsichtigen und objektivierten Ausschüttungsrichtgröße. Da mit ihrem Ausweis weitreichende rechtliche Konsequenzen verbunden sind, müssen die Bilanzen auf objektiviert nachprüfbaren und justiziablen Bilanzierungsprinzipien beruhen. Bis heute fehlt es aber an konsensfähigen, allgemeingültigen Objektivierungsgrundsätzen. Es stellt sich die Frage, ob die IFRS dazu taugen, diese fehlende Lücke zu schließen.

Die Ausgangslage ist nicht schlecht. Die höchstrichterliche Rechtsprechung hat in einem langwierigen Prozess Objektivierungskriterien für den Ansatz und die Bewertung von Rückstellungen entwickelt. Sie führen vor dem Hintergrund der handels- und steuerrechtlichen Zwecksetzung zu grundsätzlich überzeugenden und handhabbaren Ergebnissen. Lediglich die für den Bereich der Schadenersatzverpflichtungen entwickelten Ansatzprinzipien weisen eine deutliche Tendenz zur Überobjektivierung auf und erzwingen eine erkennbar unvorsichtige und damit gesetzeswidrige Gewinnermittlung. Sie sollten – und müssen – durch tragfähigere Kriterien ersetzt werden.

Die IFRS sind weit davon entfernt, diese tragfähigen Kriterien zu liefern. Die mit ihnen verfolgte investorenorientierte Zwecksetzung ist nicht nur generell inkompatibel mit der handels- und steuerrechtlichen Zielvorgabe der Ermittlung einer Ausschüttungsrichtgröße. Sie räumen dem Bilanzierenden auch erhebliche Ermessensspielräume ein. Die dadurch ermöglichte und erzwungene subjektive Bestimmung der Erfolgsbeiträge liefert möglicherweise brauchbare Anhaltspunkte für eine interne Steuerung des Unternehmens. „In einer Bilanz dagegen, die den Gewinn als objektivierte Maßgröße für Einkommen bestimmen will, sind solche Subjektivismen zweckfremd.“[125] Von einer Übernahme der IFRS in den handels- und steuerrechtlichen Jahresabschluss ist daher dringend abzuraten.

---

[125] Mellwig (1983), S. 1616.

Literaturverzeichnis

Ballwieser, Wolfgang (1992):
Zur Passivierung von Verpflichtungen zum Schutz und zur Wiederherstellung der Umwelt, in: Das vereinigte Deutschland im europäischen Markt, Bericht über die Fachtagung 1991 des Instituts der Wirtschaftsprüfer in Deutschland e. V., hrsg. vom IDW, Düsseldorf 1992, S. 131-151.

Beisse, Heinrich (1981):
Die wirtschaftliche Betrachtungsweise bei der Auslegung der Steuergesetze in der neueren deutschen Rechtsprechung, in: StuW, 58. (11.) Jg. (1981), S. 1-14.

Beisse, Heinrich (1984):
Zum Verhältnis von Bilanzrecht und Betriebswirtschaftslehre, in: StuW, 61. (14.) Jg. (1984), S. 1-14.

Berndt, Thomas (2004):
BB-Kommentar zum Urteil des FG Hamburg vom 28.11.2003 – III 1/01, in: BB, 59. Jg. (2004), S. 1220.

Berndt, Thomas (2005):
Wahrheits- und Fairnesskonzeptionen in der Rechnungslegung, Stuttgart 2005.

Döllerer, Georg (1982):
Grundsätze ordnungswidriger Bilanzierung. Systematische Fehler in Bilanzen, in: BB, 37. Jg. (1982), S. 777-781.

Döllerer, Georg (1987):
Ansatz und Bewertung von Rückstellungen in der neueren Rechtsprechung des Bundesfinanzhofs, in: DStR, 25. Jg. (1987), S. 67-72.

Eibelshäuser, Manfred (1987):
Rückstellungsbildung nach neuem Handelsrecht. Ein Beitrag zur Auslegung von § 249 Abs. 1 Satz 1 HGB, in: BB, 42. Jg. (1987), S. 860-866.

Euler, Roland/Binger, Marc (2007):
Rückstellungen für Altersteilzeit – Erfüllungsrückstand versus Verpflichtungsüberhang? – Zu einem BFH-Urteil vom 30. 11. 2005, in: DStR, 45. Jg. (2007), S. 177-183.

Euler, Roland/Engel-Ciric, Dejan (2004):
Rückstellungskriterien im Vergleich – HGB versus IFRS, in: WPg-Sonderheft, 57. Jg. (2004), S. 139-154.

Groh, Manfred (1980):
Zur Bilanztheorie des BFH, in: StbJb 1979/80, S. 121-139.

Hastedt, Uwe-Peter (1992):
Gewinnrealisation beim Finanzierungs-Leasing, Wiesbaden 1992.

Heddäus, Birgit (1997):
Grenzen der Bilanzierung von Drohverlustrückstellungen nach geltendem Recht und nach dem Entwurf eines Steuerreformgesetzes 1998, in: BB, 52. Jg. (1997), S. 1463-1470.

Herzig, Norbert (1990):
Rückstellungen wegen öffentlich-rechtlicher Verpflichtungen, insbesondere Umweltschutz, in: DB, 43. Jg. (1990), S. 1341-1354.

Herzig, Norbert (1993):
Die rückstellungsbegrenzende Wirkung des Realisationsprinzips, in: Ertragsbesteuerung. Zurechnung – Ermittlung – Gestaltung, Festschrift für Ludwig Schmidt, hrsg. von Arndt Raupach und Adalbert Uelner, München 1993, S. 209-226.

Herzig, Norbert/Gellrich, Kai M. (2006):
Geplante Änderungen von IAS 37 zur Passivierung ungewisser Verbindlichkeiten – Ausstrahlung auf die steuerliche Gewinnermittlung –, in: WPg, 59. Jg. (2006), S. 505-515.

Herzig, Norbert/Köster, Thomas (1994):
Rückstellungen wegen öffentlich-rechtlich begründeter Verpflichtungen, insbesondere wegen Altlastensanierungsverpflichtungen, in: BB, 49. Jg. (1994), Beilage 23, S. 1-15.

Hoffmann, Wolf-Dieter (2007):
§ 21 Rückstellungen, Verbindlichkeiten, in: Haufe IFRS-Kommentar, hrsg. von Norbert Lüdenbach und Wolf-Dieter Hoffmann, 5. Aufl., Freiburg i. Br. 2007.

Hommel, Michael/Wich, Stefan (2004):
Die Bilanzierung von Entfernungsverpflichtungen gemäß HGB und SFAS 143 in der kritischen Betrachtung, in: KoR, 4. Jg. (2004), S. 16-28.

IASB (2006a):
Amendments to IAS 37, in: IASB Update, Board Decisions on International Financial Reporting Standards, June 2006, S. 3.

IASB (2006b):
Information for observers, Board meeting: 20 June 2006, London, Project: Amendments to IAS 37, Subject: Revisiting lawsuits (Agenda Paper 3B), im Internet: http://www.iasb.org/NR/rdonlyres/E0681524-F88F-4F7E-9D07-EDD15730DEFC/0/ObNotes_IAS37_0606ob03b.pdf, Stand: 23.02.07, Abruf: 23.02.07, 10 Uhr.

IDW (2006):
Vorschläge des IDW zur Neukonzeption der Kapitalerhaltung und zur Ausschüttungsbemessung – Pressemitteilung, in: IDW FN, 2006, S. 677-679.

Kühne, Mareike/Nerlich, Christoph (2005):
Vorschläge für eine geänderte Rückstellungsbilanzierung nach IAS 37: Darstellung und kritische Würdigung, in: BB, 60. Jg. (2005), S. 1839-1844.

Leffson, Ulrich (1987):
Die Grundsätze ordnungsmäßiger Buchführung, 7. Aufl., Düsseldorf 1987.

Mellwig, Winfried (1983):
Bilanzrechtsprechung und Betriebswirtschaftslehre. Zu einigen Grundlagen der steuerlichen Bilanzrechtsprechung und ihrer betriebswirtschaftlichen Kritik, in: BB, 38. Jg. (1983), S. 1613-1620.

Mellwig, Winfried (1994):
Für ein bilanzzweckadäquates Teilwertverständnis, in: Bilanzrecht und Kapitalmarkt, Festschrift zum 65. Geburtstag von Prof. Dr. Dr. h.c. Dr. h.c. Adolf Moxter, hrsg. von Wolfgang Ballwieser u.a., Düsseldorf 1994, S. 1069-1088.

Mellwig, Winfried/Hastedt, Uwe-Peter (1992):
Gewinnrealisation bei Unbestimmbarkeit der Gegenleistung – dargestellt am Beispiel des Wärmelieferungsvertrags, in: DB, 45. Jg. (1992), S. 1589-1592.

Mellwig, Winfried/Sabel, Elmar (2005):
Der Grundsatz der Nichtbilanzierung schwebender Geschäfte unter den IAS/IFRS, in: Der Konzern, 3. Jg. (2005), S. 357-370.

Moxter, Adolf (1983):
Wirtschaftliche Gewinnermittlung und Bilanzsteuerrecht, in: StuW, 60. (13.) Jg. (1983), S. 300-307.

Moxter, Adolf (1984):
Das Realisationsprinzip – 1884 und heute, in: BB, 39. Jg. (1984), S. 1780-1786.

Moxter, Adolf (1988):
Periodengerechte Gewinnermittlung und Bilanz im Rechtssinne, in: Handelsrecht und Steuerrecht, Festschrift für Georg Döllerer, hrsg. von Brigitte Knobbe-Keuk u.a., Düsseldorf 1988, S. 447-458.

Moxter, Adolf (1989):
Zur wirtschaftlichen Betrachtungsweise im Bilanzrecht, in: StuW, 66. (19.) Jg. (1989), S. 232-241.

Moxter, Adolf (1995):
Rückstellungskriterien im Streit, ZfbF, 47. Jg. (1995), S. 311-326.

Moxter, Adolf (1998):
Pauschalrückstellungen in der Steuerbilanz unzulässig? – Zum Vorlagebeschluß des FG Köln vom 16. 7. 1997 13 K 812/97 –, in: DB, 51. Jg. (1998), S. 269-272.

Moxter, Adolf (1999a):
Bilanzrechtsprechung, 5. Aufl., Tübingen 1999.

Moxter, Adolf (1999b):
Rückstellungen nach IAS: Abweichungen vom geltenden deutschen Bilanzrecht, in: BB, 54. Jg. (1999), S. 519-525.

Moxter, Adolf (2001):
BB-Kommentar zum Urteil des BFH vom 8.11.2000 – I R 6/96, in: BB, 56. Jg. (2001), S. 569.

Moxter, Adolf (2003):
Grundsätze ordnungsgemäßer Rechnungslegung, Düsseldorf 2003.

Moxter, Adolf (2004):
Neue Ansatzkriterien für Verbindlichkeitsrückstellungen? (Teil I), in: DStR, 42. Jg. (2004), S. 1057-1060.

Rüdinger, Andreas (2004):
Regelungsschärfe bei Rückstellungen, Wiesbaden 2004.

Sabel, Elmar (2006):
Leasingverträge in der kapitalmarktorientierten Rechnungslegung, Wiesbaden 2006.

Schellhorn, Mathias (2003):
Die Bildung von Rückstellungen für ungewisse Verbindlichkeiten nach dem Urteil des BFH vom 27. Juni 2001 im Kontext der Europäisierung und Internationalisierung der Rechnungslegung, in: BFuP, 55. Jg. (2003), S. 306-328.

Schildbach, Thomas (2007):
IFRS – Irre Führendes Rechnungslegungs-System, Teil I, in: IRZ, 2. Jg. (2007), S. 9-16.

Die deutsche Hinzurechnungsbesteuerung im EU-Kontext

von Dr. Stefan Köhler*

Steuerberater,

Lehrbeauftragter am Fachbereich Wirtschaftswissenschaften der Johann Wolfgang Goethe-Universität Frankfurt am Main,

Tax Partner der Ernst & Young AG WPG StBG Eschborn im Taunus

---

* Der Verfasser bedankt sich für die Unterstützung durch Martina Tippelhofer, LL.M., Ernst & Young, Frankfurt.

Inhalt

1. Vorbemerkung

Seit einigen Jahren bin ich als Lehrbeauftragter am Lehrstuhl von Prof. Dr. Mellwig an der Johann Wolfgang Goethe-Universität Frankfurt tätig. Ich freue mich sehr, neuen, interessierten Studentengenerationen Einblick in die komplexe Materie des internationalen Steuerrechts geben zu können. Mein Dank gilt in diesem Zusammenhang Prof. Dr. Mellwig, der dies ermöglicht, sowie den Freiraum geschaffen hat, die verschmelzende Kombination von einer gewissen praktischen Ausrichtung verknüpft mit der notwendigen wissenschaftlichen Basis darzustellen.

Ich selbst habe einst im Bereich der Hinzurechnungsbesteuerung bei Herrn Prof. Dr. Krawitz, Universität Siegen, promoviert (auch meinem Doktorvater sei an dieser Stelle herzlichst gedankt). Die nachfolgenden Ausführungen verschmelzen meine eigenen wissenschaftlichen Wurzeln im Bereich des internationalen Steuerrechts mit aktuellen Entwicklungen durch jüngste EuGH-Rechtsprechung, die verdeutlichen, wie stark die Autonomie der Bundesrepublik Deutschland in Bezug auf grenzüberschreitende Rechtssetzung im Steuerrecht eingeschränkt wird. Ob man dies bedauern möchte, mag auch eine Frage der Perspektive sein. Begreift man „herkömmlich" Deutschland als isoliert zu betrachtenden, völlig autonomen Nationalstaat, erscheint der stetig wachsende Einfluss der EU und insbesondere der EuGH-Rechtsprechung im Bereich der direkten Besteuerung als sehr erheblicher Eingriff. Betrachtet man dagegen die EU als Ganzes, in der Deutschland gewolltermaßen nur einer von 27 Mitgliedstaaten ist, so erscheint es nur folgerichtig, dass innerhalb des EU-Binnenmarktes einheitliche Verhältnisse hergestellt werden und alle Formen der Diskriminierung oder Beschränkung durch die zuständigen Gremien zu bekämpfen sind.

2. Einführung

Im steuerlichen Schrifttum finden sich bereits seit längerer Zeit zahlreiche Stimmen, die die deutsche Hinzurechnungsbesteuerung (§§ 7-14 AStG) für unvereinbar mit europäischem Primärrecht halten.[1] Diese Auffassung dürfte sich nunmehr durch das EuGH-Urteil vom 12.9.2006 zur britischen Hinzurechnungsbesteuerung im Verfahren „*Cadbury Schweppes*" erhärtet haben. Durch mehrere ausländische aber auch deutsche Urteile bzw. Vorlagebeschlüsse wird dieser Problematik eine immer größere Aufmerksamkeit zuteil.[2] Zugleich konkretisiert sich das Bild durch die jüngere Entwicklung zusehends und erlaubt so eine relativ detaillierte Würdigung der deutschen Hinzurech-

---

1 Vgl. z.B. Schönefeld/Gocke, IWB v. 11.1.2006, Fach 3, Gruppe 1, 2119 ff.; Kraft/Bron, RIW 2006, 209 ff.; Lang, IStR 2002, 217 ff.; Köhler in: Strunk/Kaminski/Köhler, AStG/DBA, Vor §§ 7-14 AStG, Rz. 19.

2 Vgl. etwa die Entscheidung des schwedischen Skatterättsnämnden v. 4.4.2005 (hierzu: Mutén, Tax Notes International 2005, 209).

nungsbesteuerung vor dem Hintergrund der europarechtlichen Vorgaben. Im Folgenden soll daher zunächst die deutsche Hinzurechnungsbesteuerung umrissen werden, um sodann ihre Vereinbarkeit mit den Grundfreiheiten des EG-Vertrages zu untersuchen. Dabei wird insbesondere auch auf das am 8.1.2007 veröffentlichte BMF-Schreiben (IV B 4 – S 1351 – 1/07) zur Hinzurechnungsbesteuerung gemäß den §§ 7-14 AStG eingegangen.[3] Abschließend sollen erste Überlegungen angestellt werden, wie eine gesetzliche Neuregelung einer europarechtskonformen Hinzurechnungsbesteuerung ausgestaltet sein könnte (falls man den kompletten Wegfall nicht für die vorziehenswerte Alternative ansieht[4]).

3. Zweck und Inhalt der deutschen Hinzurechnungsbesteuerung

Die deutsche Hinzurechnungsbesteuerung ist im vierten Teil des Außensteuergesetzes, den §§ 7-14 AStG, geregelt (ergänzend sei auf § 20 Abs. 1 AStG hingewiesen). Ziel der Hinzurechnungsbesteuerung ist die Einebnung ungerechtfertigter Vorteile durch Vermeidung oder Verzögerung der inländischen Besteuerung mittels sog. Zwischengesellschaften in Niedrigsteuerländern.[5] Hierfür wird die Steuerbelastung der betreffenden sog. passiven ausländischen Einkünfte auf das inländische Niveau angehoben, indem diese den inländischen Anteilseignern der ausländischen Zwischengesellschaft hinzugerechnet werden.

Damit die Rechtsfolgen der Hinzurechnungsbesteuerung greifen, müssen folgende Tatbestandsvoraussetzungen kumulativ erfüllt sein. Gem. § 7 Abs. 1 und 2 AStG muss ein unbeschränkt Steuerpflichtiger allein oder zusammen mit Personen gem. § 2 AStG zu mehr als 50 % (sog. Inländerbeherrschung) an einer Körperschaft, Personenvereinigung oder Vermögensmasse, die weder Sitz noch Geschäftsleitung im Inland hat, beteiligt sein. Die ausländische Gesellschaft muss weiterhin passive Einkünfte i.S.d. § 8 Abs. 1 AStG erzielen, die zudem im Ausland einer niedrigen Besteuerung unterliegen (sogenannte Zwischeneinkünfte). Eine niedrige Steuerbelastung liegt gem. § 8 Abs. 3 AStG insbesondere dann vor, wenn die Belastung durch Ertragsteuern weniger als 25 % beträgt. Für diese sog. Zwischeneinkünfte ist die Gesellschaft sodann Zwischengesellschaft. Die Zwischeneinkünfte sind jedoch außer Ansatz zu lassen, wenn die ihnen zugrunde liegenden Bruttoerträge nicht mehr als 10 % der gesamten Bruttoerträge der Zwischengesellschaft betragen und sofern diese weder bei der Zwischengesellschaft noch einem ihrer inländischen Anteilseigner € 62.000 übersteigen (§ 9 AStG).

---

[3] DStR 2007, 112. Vgl. dazu Köhler/Eicker, DStR 2007, 331 ff.; Köplin/Sedemund, BB 2007, 244 ff.

[4] So etwa Cloer/Lavrelashvili, EWS 2006, 318, 320; Kraft/Bron, RIW 2006, 209, 215.

[5] Vgl. auch BFH vom 21.1.1998, I R 3/96, BStBl. II 1998, 468.

Für sogenannte Zwischeneinkünfte mit Kapitalanlagecharakter[6] gilt eine verschärfte Form der Hinzurechnungsbesteuerung. Gemäß § 7 Abs. 6 S. 1 und 3 AStG können in diesen Fällen Beteiligungen von nur 1 % oder auch weniger als 1 %, also jede noch so kleinen Beteiligung, wenn fast ausschließlich solche Einkünfte generiert werden und keine Börsennotierung vorliegt, eine Hinzurechnungsbesteuerung dieser Einkünfte bei dem jeweiligen beteiligten Steuerinländer auslösen.

Werden alle Tatbestandsvoraussetzungen zugleich erfüllt, sind dem unbeschränkt steuerpflichtigen Anteilseigner die Zwischeneinkünfte entsprechend seiner Hinzurechnungsquote, die aber nicht zwingend seiner Beteiligungsquote am Nennkapital der Zwischengesellschaft (§ 7 Abs. 1 und 5 AStG) entspricht,[7] nach Abzug von ggf. im Ausland auf die Zwischeneinkünfte erhobenen Steuern zuzurechnen (§ 7 Abs. 1 und 5 i.V.m. § 10 Abs. 1 AStG). Auf den Hinzurechnungsbetrag sind weder § 3 Nr. 40 S. 1 Buchst. d) EStG noch § 8b Abs. 1 KStG anzuwenden, so dass es auf Ebene des inländischen Anteilseigners zu einer Besteuerung kommt. Spätere tatsächliche Ausschüttungen der Zwischengesellschaft sind unter den (engen) Voraussetzungen und Fristen des § 3 Nr. 41 Buchst. a) EStG steuerfrei. Ist der Hinzurechnungsbetrag einer Zwischengesellschaft negativ, entfällt die Zurechnung. Der Verlust kann gemäß § 10 Abs. 3 AStG vor- oder rückgetragen, nicht aber mit Hinzurechnungsbeträgen anderer Zwischengesellschaften verrechnet werden.

Auch zahlreiche andere EU-Staaten wie Großbritannien, Frankreich, Spanien oder Dänemark versuchen der Vermeidung der inländischen Besteuerung durch Verlagerung von unternehmerischen Aktivitäten in Niedrigsteuerländer durch sog. CFC-Regelungen (controlled foreign companies legislation) entgegenzuwirken.

4. Vereinbarkeit der deutschen Hinzurechnungsbesteuerung mit den Grundfreiheiten des EG-Vertrages

4.1. Stand der Rechtsprechung

In der jüngeren Vergangenheit haben sich vermehrt sowohl ausländische als auch inländische Gerichte mit der Frage nach der Vereinbarkeit der Hinzurechnungsbesteuerung mit dem EU-Recht befasst. Eine entscheidende Entwicklung bedeutete die Vorlagefrage der britischen Special Commissioners hinsichtlich der britischen CFC-Gesetz-

[6] Dabei handelt es sich vor allem um Einkünfte der ausländischen Zwischengesellschaft, die aus dem Halten, der Verwaltung, Werterhaltung oder Werterhöhung von Zahlungsmitteln, Forderungen, Wertpapieren, Beteiligungen oder ähnlichen Vermögenswerten entstehen und nicht aktiven Einkünften zurechenbar sind, vgl. § 7 Abs. 6a AStG.

[7] Vgl. hierzu Köhler in: Strunk/Kaminski/Köhler, AStG/DBA, § 7, Rz. 60.

gebung an den EuGH im Jahr 2004 (Rs. *Cadbury Schweppes*).[8] Mittlerweile liegt die Entscheidung der großen Kammer des EuGH in der Frage, ob die britische Hinzurechnungsbesteuerung grundsätzlich eine Beschränkung der Niederlassungsfreiheit darstellt, vor.[9] Zudem sind bereits zwei weitere Verfahren zu den britischen CFC-Regeln beim EuGH zur Entscheidung anhängig.[10] Die genannten Verfahren sind auch für die deutsche Hinzurechnungsbesteuerung von Bedeutung, da diese mit den britischen Regelungen grundsätzlich vergleichbar ist.[11]

Die deutsche Hinzurechnungsbesteuerung (§§ 7-14 AStG) selbst ist bislang nicht Gegenstand einer EuGH-Entscheidung. Das FG Münster hat jedoch erhebliche Zweifel an der Vereinbarkeit des § 20 Abs. 2 und 3 AStG a.F. mit EG-Recht geäußert, welche in den Tatbestandsvoraussetzungen auf die §§ 7-14 AStG abstellen, und den EuGH mit Beschluss vom 5.7.2005 diesbezüglich um Vorabentscheidung ersucht (Rs. *Columbus Container Services*).[12] In der Literatur wird hiervon ausgehend teilweise auf die Europarechtswidrigkeit der §§ 7-14 AStG geschlossen.[13] Der für dieses Verfahren zuständige Generalanwalt *Mengozzi* wies in seinen Schlussanträgen vom 29. März 2007 jedoch darauf hin, dass sich die Vorlagefragen bei *Columbus Container Services* nicht unmittelbar auf die Regelungen des Vierten Teils des AStG (§§ 7-14 AStG) beziehen, sondern auf die Bestimmungen „über die Anwendung von Abkommen zur Vermeidung zur Doppelbesteuerung" in § 20 Abs. 2 und 3 AStG a.F.[14] Zwar können die Bestimmungen der §§ 7-14 AStG zum Verständnis des Kontext von § 20 Abs. 2 und 3 AStG nicht völlig außer Acht gelassen werden, jedoch wurde der Gerichtshof eben nicht explizit zur Auslegung des Gemeinschaftsrechts zum Vierten Teils des AStG im Verhältnis zu einer ausländischen Zwischengesellschaft befragt. Die eindeutige Feststellung einer (etwaigen) EU-Widrigkeit für die deutsche Hinzurechnungsbesteuerung wird damit wohl weiter auf eine gerichtliche Überprüfung warten müssen.

---

8 EuGH-Rs. C-196/04, *Cadbury Schweppes plc, Cadury Schweppes Overseas Ltd* gegen Commissioners of Inland Revenue, Abl. EU Nr. C 168/3 v. 26.6.2004; vgl. hierzu im Einzelnen: Stefaner, SWI 2004, 339.

9 EuGH v. 12.9.2006, C-196/04 *Cadbury Schweppes*, DStR 2006, 1686. Vgl. dazu Anmerkungen von Köhler/Eicker, DStR 2006, 1871.

10 EuGH-Rs. C-201/05, *The Test Claimants in the CFC and Dividend Group Litigation* gegen Commissioners of Inland Revenue, Abl. EU Nr. C 182/27 v. 23.7.2005; EuGH-Rs. C-203/05, *Vodafone 2* gegen Her Majesty's Revenue and Customs, Abl. EU Nr. C 182/29 v. 23.7.2005.

11 Vgl. Köhler/Eicker, DStR 2006, 1871.

12 Vgl. FG Münster v. 5.7.2005, 15 K 1114/99, IStR 2005, 316 m. Anmerkung Ribbrock; EuGH-Rs. C-298/05, *Columbus Container Services B.V.B.A. & Co.* gegen Finanzamt Bielefeld-Innenstadt, Abl. EU Nr. C 271/14 v. 20.10.2005; Schnitger, FR 2005, 1079.

13 Vgl. Anmerkung Körner zu FG Münster v. 5.7.2005, 15 K 1114/99, IStR 2005, 637.

14 Schlussanträge Generalanwalt *Mengozzi* v. 29.3.2007, C-298/05 *Columbus Container Services*, Rz. 32 ff.

Lediglich eine Entscheidung des FG Düsseldorf vom 28.9.2004[15] wird nach in der Literatur mehrfach vertretener Auffassung dahingehend interpretiert, dass die Hinzurechnungsbesteuerung generell gegen die Grundfreiheiten des EG-Vertrages verstößt.[16] Das Gericht vertritt die Auffassung, der Hinzurechnungsbetrag i.S.d. §§ 7, 10 AStG sei eine steuerfreie Einnahme i.S.d. § 3c EStG. Da sich der Steuerpflichtige im Inlandsfall durch Nichtausschüttung den negativen Rechtsfolgen des § 3c EStG entziehen könne, dies im Falle einer Hinzurechnungsbesteuerung jedoch nicht möglich sei, liege daher eine gemeinschaftsrechtlich unzulässige Beschränkung der Niederlassungsfreiheit vor. *Eicker/Rouenhoff* folgern hieraus, dass das FG Düsseldorf hiermit „*zugleich erkannt (wenn auch nicht ausgesprochen)*“ habe, „*dass die zurzeit geltende deutsche Hinzurechnungsbesteuerung gegen den EG-Vertrag verstößt*“[17]. Der BFH hat in seiner Revisionsentscheidung[18] jedoch bereits die Auffassung der Vorinstanz abgelehnt, wonach der Hinzurechnungsbetrag eine Einnahme i.S.d. § 3c EStG darstelle. Die Folgefrage einer etwaigen Europarechtswidrigkeit stellte sich damit nicht mehr und blieb folglich höchstrichterlich unbeantwortet. Die Aussagekraft der vorinstanzlichen Entscheidung im Hinblick auf die EU-Konformität der §§ 7-14 AStG muss darüber hinaus auch deshalb als gering eingestuft werden, da das FG Düsseldorf seine Argumentation lediglich auf die Ungleichbehandlung hinsichtlich § 3c EStG gestützt hat und nicht auf etwaige weitere beschränkende Momente (siehe hierzu Punkt 5.1.3. unten). Zudem hat das Gericht die Rechtfertigungsgründe für die von ihm festgestellte Beschränkung der Niederlassungsfreiheit nur unvollständig untersucht, insbesondere wurde der entscheidende Rechtfertigungsgrund der Missbrauchsverhinderung nicht erörtert (siehe hierzu Punkt 5.1.3.3. unten).

4.2. Reaktion der Finanzverwaltung

Die Finanzverwaltung hat mit Schreiben vom 8.1.2007 (IV B 4 – S 1351 – 1/07) auf die Entscheidung des EuGH in der Rechtssache *Cadbury Schweppes* reagiert. Danach soll für die Anwendung der §§ 7-14 AStG bis zu einer gesetzlichen Regelung das Folgende gelten:

(1) Die §§ 7-14 AStG bleiben grundsätzlich in ihrer jetzigen Form anwendbar.

---

[15] FG Düsseldorf v. 28.9.2004, 6 K 5917/00, EFG 2005, 335.

[16] So jedenfalls Eicker/Rouenhoff, IStR 2005, 128; Kraft/Bron, RIW 2006, 209; Schönfeld, IWB v. 11.1.2006, Fach 3, Gruppe 1, 2119.

[17] Eicker/Rouenhoff, IStR 2005, 128, 130.

[18] BFH v. 7.9.2005, I R 118/04, BFH/NV 2006, 152.

(2) Steuerpflichtige, welchen Einkünfte aus Gesellschaften in Staaten der EU oder des EWR[19] nach den §§ 7-14 AStG zugerechnet werden, erhalten die Möglichkeit eines Gegenbeweises, dass die Gesellschaft eine wirkliche wirtschaftliche Tätigkeit in diesem Staat ausübt. Der Steuerpflichtige hat hier insbesondere nachzuweisen, dass

a) die Gesellschaft in dem Mitgliedstaat, in dem sie ihren Sitz oder ihre Geschäftsleitung hat, am dortigen Marktgeschehen im Rahmen ihrer gewöhnlichen Geschäftstätigkeit aktiv, ständig und nachhaltig teilnimmt,

b) die Gesellschaft dort für die Ausübung ihrer Tätigkeit ständig sowohl geschäftsleitendes als auch anderes Personal beschäftigt,

c) das Personal der Gesellschaft über die Qualifikation verfügt, um die der Gesellschaft übertragenen Aufgaben eigenverantwortlich und selbständig zu erfüllen,

d) die Einkünfte der Gesellschaft ursächlich aufgrund der eigenen Aktivitäten der Gesellschaft erzielt werden,

e) den Leistungen der Gesellschaft, sofern sie ihre Geschäfte überwiegend mit nahestehenden Personen im Sinne des § 1 Abs. 2 AStG betreibt, für die Leistungsempfänger wertschöpfende Bedeutung zukommt und die Ausstattung mit Kapital zu der erbrachten Wertschöpfung in einem angemessenen Verhältnis steht.

(3) Im Übrigen kommt es – auch in Bezug auf den Umfang der zu fordernden Nachweise – auf die Umstände des Einzelfalles an.

(4) Das BMF will jedoch für Einkünfte mit Kapitalanlagecharakter nach § 7 Abs. 6 AStG sowie für Einkünfte von Gesellschaften oder Betriebstätten außerhalb der EU oder EWR (Drittstaaten) keine Gegenbeweismöglichkeit zulassen. Diese Einkünfte würden also auch zukünftig dem Anwendungsbereich der Hinzurechnungsbesteuerung nach den §§ 7-14 AStG uneingeschränkt unterfallen.

(5) Diese Regelungen sind für alle Fälle anzuwenden, in denen noch keine bestandskräftigen Bescheide vorliegen.

---

19 Ausgenommen Staaten, die keine steuerliche Amtshilfe leisten (Hinweis auf das BMF-Schreiben zur zwischenstaatlichen Amtshilfe durch Auskunftsaustausch vom 25.01.2006, BStBl. I, 26).

Das BMF-Schreiben vom 8.1.2007 greift damit die Grundsätze der EuGH-Entscheidung zu *Cadbury Schweppes* auf, nachdem der Steuerpflichtige einen Gegenbeweis auf Grundlage objektiver und nachprüfbarer Anhaltspunkte für eine tatsächliche Ansiedlung und eine wirkliche wirtschaftliche Tätigkeit führen kann. Im Prinzip bestätigt damit wohl auch das BMF die Vermutung, dass die deutsche Hinzurechnungsbesteuerung EU-rechtlich nicht haltbar sei. Dabei gehen die Vorgaben des BMF bei einzelnen Substanzkriterien jedoch sowohl über die sehr allgemein gehaltenen Feststellungen des EuGH,[20] als auch über die mutmaßlich gar nicht relevanten Ausführungen des Generalanwaltes *Léger* in seinen Schlussanträgen[21] hinaus. Verdeutlicht werden soll dies, indem die Beweisanforderungen des BMF dem Urteil des EuGH und den Schlussanträgen des Generalanwaltes *Léger* zu *Cadbury Schweppes* gegenübergestellt werden.

BMF – Schreiben vom 8.1.2007	**Rs. *Cadbury Schweppes*, Urteil des EuGH vom 12.9.2006, Schlussanträge Generalanwalt *Léger* vom 2.5.2006**
Ständige aktive und nachhaltige Teilnahme der Gesellschaft am Marktgeschehen des Mitgliedstaates im Rahmen ihrer gewöhnlichen Geschäftstätigkeit	Der EuGH führt zum Zweck der Niederlassungsfreihei folgendes aus: „Zu diesem Zweck will die Niederlassungsfreiheit es den Staatsangehörigen der Gemeinschaf ermöglichen, in stabiler und kontinuierlicher Weise an Wirtschaftsleben eines anderen Mitgliedstaates als desjenigen ihrer Herkunft teilzunehmen und daraus Nutzen zu ziehen."[22] Der Begriff des *Wirtschaftslebens* i.S.d. EuGH schein dabei allgemeiner gefasst zu sein als die Beteiligung am lokalen Marktgeschehen eines Mitgliedstaates nach de Formulierung des BMF (eine Unterscheidung wäre bspw interessant in Fällen, in denen eine Gesellschaft zwar tatsächlich in einem Mitgliedstaat angesiedelt ist, jedoch etwa als Finanzierungsgesellschaft nicht direkt am Marktgeschehen teilnimmt)[23]. Darüber hinaus verlangt de EuGH in *Cadbury Schweppes* keine Einschränkung au *gewöhnliche* Geschäftstätigkeiten, es reicht eine wirkliche *wirtschaftliche* Tätigkeit.[24]

[20] EuGH, C-196/04 *Cadbury Schweppes*, Rz. 66 ff.
[21] Schlussanträge Generalanwalt *Léger* v. 2.5.2006, C-196/04 *Cadbury Schweppes*, Rz. 110 ff.
[22] EuGH, C-196/04 *Cadbury Schweppes*, Rz. 53.
[23] Vgl. die Beispiele bei Köhler/Eicker, DStR 2006, 1871, 1873.
[24] Vgl. EuGH, C-196/04 *Cadbury Schweppes*, Rz. 66.

Beschäftigung von geschäftsleitendem *und* anderem Personal	Weder im Urteil noch in den Schlussanträgen lassen sich Hinweise finden, die eine solche Differenzierung rechtfertigen. Es sollte ausreichend erscheinen, dass die Gesellschaft über *das* Personal verfügt, um die in Frage stehenden Leistungen zu erbringen.[25]
Notwendige Qualifikation des Personals	Auch dazu finden sich im Urteil keine Anhaltspunkte. Der Generalanwalt hatte dagegen eine gewisse Kompetenz des Personals auf Ebene der Tochtergesellschaft gefordert, um eine bloßes „Vollzugsorgan" auszuschließen.[26]
Einkünfte aufgrund eigener Aktivitäten	Der EuGH stellt in *Cadbury Schweppes* nicht auf die Art oder die Quelle der Einkünfte ab; es genügt vielmehr, wenn eine tatsächliche Ansiedlung vorliegt, in der echte wirtschaftliche Tätigkeiten (wohl gleich welcher Art) ausgeführt werden. Die Auffassung des BMF in diesem Punkt legt aber die Vermutung nahe, dass hier versucht wird den Grundgedanken des Aktivkataloges nach § 8 Abs. 1 AStG in eine neue Regelung „hinüber zu retten", um somit etwa Einkünfte aus sog. Zwischenholding- oder Finanzierungsgesellschaften weiterhin der Hinzurechnungsbesteuerung zu unterwerfen. Probleme könnten sich weiter insbesondere auch durch das Verhältnis der §§ 7-14 AStG zur „Basisgesellschaften"-Rechtsprechung des BFH ergeben (siehe Punkt 5.3. unten), welche solche Gesellschaften, auch wenn sie ausschließlich passive Einkünfte generieren, ausdrücklich nicht als missbräuchlich eingestuft hat. Der Generalanwalt hatte das Kriterium dagegen erwähnt, aber als „schwierig" bezeichnet.[27]
Wertschöpfende Bedeutung der Leistungen der Gesellschaft im Konzernverbund	Auch dieses Kriterium findet sich nicht im Urteil des EuGH zum Fall *Cadbury Schweppes wieder,* wohl aber in den Kriterien, die der Generalanwalt in den Schlussanträgen für die Überprüfung einer missbräuchlichen Gestaltung für relevant erachtet hat.[28] Es spricht jedoch einiges

[25] Vgl. Schlussanträge Generalanwalt *Léger* v. 2.5.2006, C-196/04 *Cadbury Schweppes*, Rz. 110 ff.
[26] Vgl. Schlussanträge Generalanwalt *Léger* v. 2.5.2006, C-196/04 *Cadbury Schweppes*, Rz. 113.
[27] Vgl. Schlussanträge Generalanwalt *Léger* v. 2.5.2006, C-196/04 *Cadbury Schweppes*, Rz. 114.
[28] Vgl. Schlussanträge Generalanwalt *Léger* v. 2.5.2006, C-196/04 *Cadbury Schweppes*, Rz. 114.

	dafür, dass der EuGH ausdrücklich auf dieses Kriteriur verzichtet hat, da eine solche Beweisanforderung wol kaum „objektiver und von dritter Seite nachprüfbarer Ar haltspunkte“[29] zugänglich sein wird.
Angemessene Kapitalausstattung im Verhältnis zur Wertschöpfung bei konzerninternen Fällen	Weder der EuGH noch der Generalanwalt geht auf di Voraussetzung einer angemessenen Kapitalausstattung i konzerninternen Fällen ein. Da es sich bei den in Frag stehenden irischen Tochtergesellschaften gerade um kon zerninterne Finanzierungsgesellschaften handelt, erschei nen diesbezügliche Beweisanforderungen des BMF ir Lichte von *Cadbury Schweppes* nicht nur bar jedwede Grundlage, sondern auch geradezu widersprüchlich z den für einen solchen Ausgangsfall getroffenen Feststel lungen des EuGH.

Stellt man das Schreiben des BMF vom 8.1.2007 sowie die Urteilsbegründung des EuGH und die Schlussanträge des Generalanwaltes *Léger* synoptisch gegenüber, so fällt auf, dass sich das BMF sehr stark an dem Kriterienkatalog des Generalanwaltes orientiert, wobei der EuGH explizit nur das Kriterium der „materiellen Präsenz“ in sein Urteil aufgenommen hat.[30] Es scheint so, als ob der EuGH sich in seiner Entscheidung auf Kriterien stützen wollte, die einer objektiven Nachprüfbarkeit auch zugänglich sind (etwa Räumlichkeiten, Personal und Ausrüstung) während anderes wie die Kompetenz des Personals oder die Beurteilung einer Wertschöpfung im Konzernverbund wohl eher schwieriger zu beweisen wären[31] und für sich wohl kaum für die Beweiswürdigung einer tatsächlichen Ansiedlung eignen würden. Geht man also davon aus, dass der EuGH aus gutem Grund auf die Nennung eines Kriterienkataloges (zugunsten einer Einzelfallprüfung) verzichtete, scheint das BMF in seinem Schreiben vom 8.1.2007 diesen Aspekt einfach ignoriert zu haben.

Zugleich nimmt das BMF jedoch Einkünfte von einer Gegenbeweismöglichkeit durch den Steuerpflichtigen aus, welche unter den Schutzbereich der Kapitalverkehrsfreiheit nach Art. 56 EG fallen können (Einkünfte mit Kapitalanlagecharakter nach § 7 Abs. 6 AStG sowie alle Einkünfte mit Drittstaatenbezug; vgl. dazu auch die Ausführungen unter Punkt 5.2. unten). Da der EuGH die britischen CFC-Regelungen nicht

29 EuGH, C-196/04 *Cadbury Schweppes*, Rz. 67.

30 Vgl. Schlussanträge Generalanwalt *Léger* v. 2.5.2006, C-196/04 *Cadbury Schweppes*, Rz. 111 f.; EuGH, C-196/04 *Cadbury Schweppes*, Rz. 67.

31 So auch schon Schlussanträge Generalanwalt *Léger* v. 2.5.2006, C-196/04 *Cadbury Schweppes*, Rz. 114.

unter dem Aspekt der Kapitalverkehrsfreiheit beleuchtet hat, scheint die Finanzverwaltung hier wohl noch einen gewissen „Spielraum“ gegen eine mögliche Europarechtswidrigkeit der §§ 7-14 AStG zu sehen. Diesbezüglich ist allerdings beachtlich, dass der EuGH in seiner jüngsten Rechtsprechung im Verfahren *Test Claimants in the FII Group Litigation*[32] und *Holböck*[33] eine Anwendbarkeit der Kapitalverkehrsfreiheit neben der Niederlassungsfreiheit auch in Drittstaatenfällen grundsätzlich bejaht (vgl. dazu Punkt 4.3.3. unten). Gleichzeitig ist hier auch die Fortbestandsgarantie nach Art. 57 EG zu beachten, welche eine Schutzwirkung nach Art. 56 EG letztendlich doch ausschließen könnte.[34]

4.3. Schutzbereiche der Grundfreiheiten des EG-Vertrages

Die Vorschriften der §§ 7-14 AStG nehmen über den sog. Hinzurechnungsbetrag unmittelbaren Einfluss auf die Einkommen- bzw. Körperschaftsteuer, den Solidaritätszuschlag sowie ggf. auf die Gewerbesteuer des betreffenden Anteilseigners. Zwar fallen die direkten Steuern unter die Regelungszuständigkeit des jeweiligen Mitgliedstaates, jedoch muss dieser laut ständiger Rechtsprechung des EuGH seine Befugnisse unter Wahrung des Gemeinschaftsrechtes ausüben.[35] Dies bedeutet, dass die deutsche Hinzurechnungsbesteuerung mit ihren Rechtsfolgen insbesondere die primärrechtlichen Grundfreiheiten nicht verletzen darf.

Von den Grundfreiheiten des EG-Vertrages könnte die Hinzurechnungsbesteuerung vornehmlich die Niederlassungsfreiheit (Art. 43, 48 EG) und die Kapitalverkehrsfreiheit (Art. 56 EG) beschränken.[36] Daneben ist nach im Schrifttum vertretener Auffassung grundsätzlich auch eine Verletzung der Dienstleistungsfreiheit (Art. 49 ff. EG) denkbar;[37] diese soll jedoch in den nachfolgenden Ausführungen nicht vertieft untersucht werden.

Die Hinzurechnungsbesteuerung muss – wie jede andere nationale Vorschrift auch – den Anforderungen aller jeweils einschlägigen Grundfreiheiten entsprechen. Zur Feststellung einer Europarechtswidrigkeit genügt somit die Verletzung nur einer Grundfreiheit. Auf die Prüfung der Verletzung weiterer Grundfreiheiten wird daher vom

---

32 EuGH v. 12.12.2006, C-446/04 *Test Claimants in the FII Group Litigation*, IStR 2007, 69.

33 EuGH v. 24.5.2007, C-157/05 *Holböck*, abrufbar auf www.curia.eu.

34 Für die deutsche Hinzurechnungsbesteuerung strittig, vgl. Wassermeyer/Schönfeld, GmbHR 2006, 1065, 1069 m.w.N.

35 Vgl. EuGH v. 7.9.2004, C-319/02 *Manninen*, Slg. 2004, I-7498, Rz. 19 m.w.N.

36 Vgl. anstatt vieler: Rättig/Protzen, GmbHR 2003, 503 m.w.N.

37 So etwa Kraft/Bron, RIW 2006, 209, 210; Wassermeyer in: F/W/B, Vor §§ 7-14 AStG, Rz. 82 (Oktober 2004).

EuGH in der Praxis verzichtet (vgl. jedoch auch die Ausführungen unter Punkt 4.3.3.).[38]

Im Kollisionsfall zwischen nationalen Normen und einer Grundfreiheit als unmittelbar anwendbarem Gemeinschaftsrecht ist der Anwendungsvorrang des Gemeinschaftsrechts gegenüber einfachen nationalen Rechts- und Verwaltungsvorschriften unbestritten.[39] Andernfalls würde die wirksame und einheitliche Durchsetzung des Gemeinschaftsrechts gefährdet (sog. effect utile). Das bedeutet jedoch nicht, dass die betreffende Norm gar keine rechtsverbindliche Wirkung mehr entfaltet, sondern nur innerhalb der konkret geschützten Betätigungen entfällt deren Wirkung. Aus Art. 20 Abs. 3 GG folgt die Gesetzesbindung der Verwaltung und der Gerichtsbarkeit. Die Regelungen der Hinzurechnungsbesteuerung dürfen somit weder von der Finanzverwaltung noch von den Finanzgerichten angewendet werden, soweit diese beispielsweise mit der Niederlassungs- oder Kapitalverkehrsfreiheit unvereinbar sind. Daraus ergibt sich in der Praxis ein erhebliches Konfliktpotential. Auch wenn bereits die Verwaltung gemeinschaftsrechtswidrige nationale Gesetze oder Verwaltungsbestimmungen außer Acht zu lassen hat, so verhält sich die Finanzverwaltung diesbezüglich i.d.R. in der Praxis noch sehr zurückhaltend, so dass Rechtsschutz häufig nur im Klagewege erlangt werden kann.[40]

Im Folgenden soll untersucht werden, inwiefern die Schutzbereiche der Niederlassungs- und Kapitalverkehrsfreiheit in den Fällen der Hinzurechnungsbesteuerung eröffnet sind bzw. diesen entgegenstehen.

4.3.1. Die Niederlassungsfreiheit nach den Art. 43, 48 EG

4.3.1.1. Persönlicher Schutzbereich

Begünstigte der Niederlassungsfreiheit sind natürliche Personen und Gesellschaften. Erstere müssen gemäß Art. 43 Abs. 1 S. 1 EG Staatsangehörige eines Mitgliedstaates der EU sein. Ihnen stehen gemäß Art. 48 EG die Gesellschaften gleich, die nach dem Recht eines der Mitgliedstaaten gegründet sind und ihren satzungsmäßigen Sitz, ihre Hauptverwaltung oder ihre Hauptniederlassung innerhalb der Gemeinschaft haben. Als Gesellschaften gelten u.a. juristische Personen des privaten Rechts. Ausgenommen sind diejenigen Gesellschaften, die keinen Erwerbszweck verfolgen (Art. 48 Abs. 2 EG). Personen, die die Freiheit einer sog. sekundären Niederlassung beanspru-

---

[38] Vgl. EuGH v. 4.6.2002, C-367/98 *Kommission/Portugal*, Slg. 2002, I-4731, Rz. 56.

[39] EuGH v. 15.7.1964, C-6/64 *Costa/Enel*, Slg. 1964, 1251; EuGH v. 9.3.1978, C-106/77 *Simmenthal*, Slg. 1978, 644; EuGH v. 29.4.1999, C-224/77 *Ciola,* Slg. 1999, 2517. Für das Verfassungsrecht vgl. BVerfG v. 12.10.1993, 2 BvR 2134, 2159/92 *Maastricht*, BVerfGE 89, 155, 181 ff.

[40] Zum formellen Rechtsschutzsystem der EG vgl. Cordewener, DStR 2004, 6.

chen, müssen zudem in einem der Mitgliedstaaten ansässig sein (Art. 48 Abs. 1 S. 2 EG).

4.3.1.2. Sachlicher Schutzbereich

Die Niederlassungsfreiheit umfasst gemäß Art. 43 Abs. 2 EG die grenzüberschreitende *„Aufnahme und Ausübung selbständiger Erwerbstätigkeiten sowie die Gründung und Leitung von Unternehmen."* Sie erfährt in Art. 43 EG eine Unterteilung in zwei Formen der Niederlassung, die beide grundsätzlich gleichermaßen geschützt sind.[41] Die primäre Niederlassung (Art. 43 Abs. 1 S. 1 EG) umfasst die Neuaufnahme einer unternehmerischen Tätigkeit in einem anderen Mitgliedstaat bzw. die Übersiedlung der Hauptniederlassung dorthin. Hierunter fallen auch die Gründung einer Gesellschaft sowie die herrschende Beteiligung an einer bestehenden Gesellschaft.[42] Die sekundäre Niederlassung (Art. 43 Abs. 1 S. 2 EG) beinhaltet die Begründung von abhängigen Zweigstellen in Form von *„Agenturen, Zweigniederlassungen oder Tochtergesellschaften"*. Die Nennung von Tochtergesellschaften stellt einen impliziten Vorgriff auf Art. 48 EG dar, der Gesellschaften in den Schutzbereich der Niederlassungsfreiheit einbezieht. Denn natürliche Personen können keine Tochtergesellschaften gründen.[43]

Zur Abgrenzung beider Niederlassungsformen stellt das Schrifttum bei natürlichen Personen auf den wirtschaftlichen Schwerpunkt der Tätigkeit ab. Bei Gesellschaften ist die primäre Niederlassung der Ort der Niederlassung der herrschenden Gesellschaft und die sekundäre Niederlassung der Ort der Niederlassung der beherrschten Gesellschaft – und zwar unabhängig von den tatsächlichen Umständen und dem Grad der jeweils von den Niederlassungen ausgehenden Aktivitäten.[44] Die Gründung von EU-Tochtergesellschaften und die Beteiligung an bestehenden EU-Gesellschaften ist für Gesellschaften daher stets eine sekundäre Niederlassung.[45] Für natürliche Person hingegen wird dies i.d.R. einen Akt der primären Niederlassung darstellen.

Die Hinzurechnungsbesteuerung kann je nach Fallgestaltung beide Formen der Niederlassungsfreiheit betreffen, da sie eine Beteiligung an einer ausländischen Gesellschaft voraussetzt und mit unbeschränkt Steuerpflichtigen sowohl auf natürliche als auch auf juristische Personen Anwendung findet.

Der Niederlassungsfreiheit ist das Erfordernis eines wirtschaftlichen Erwerbszwecks immanent.[46] Der Begriff der „Erwerbstätigkeit" ist weit auszulegen und beinhaltet jegliche wirtschaftliche Tätigkeit zur – auch mittelbaren – Teilnahme am Wirtschaftsle-

---

[41] Mit Ausnahme des Wegzugs von Gesellschaften, vgl. Randelzhofer/Forsthoff in: Grabitz/Hilf, Das Recht der EU, Art. 43 EG, Rz. 47, Art. 48 EG, Rz. 57-60.
[42] Vgl. Schwarz, Europäisches Gesellschaftsrecht, 1. Aufl. 2000, Rz. 125.
[43] Vgl. Schwarz, Europäisches Gesellschaftsrecht, 1. Aufl. 2000, Rz. 124.
[44] Vgl. Randelzhofer/Forsthoff in: Grabitz/Hilf, Das Recht der EU, Art. 43 EG, Rz. 49 m.w.N.
[45] Vgl. Schwarz, Europäisches Gesellschaftsrecht, 1. Aufl. 2000, Rz. 187 f.
[46] Vgl. EuGH v. 17.6.1997, C-70/95 *Sodemare*, EuGHE 1997, I-3395, Rz. 25.

ben.[47] Letztlich kann hierunter auch eine im steuerlichen Sinne rein vermögensverwaltende Tätigkeit fallen.[48] Der EuGH hat in der Rechtssache *ICI* unter Art. 43 EG eine Holdinggesellschaft für schutzwürdig gehalten, deren einzige Tätigkeit im Halten von Beteiligungen an 23 Tochtergesellschaften bestand.[49]

Ein Steuerpflichtiger kann sich jedoch nicht auf die Niederlassungsfreiheit berufen, um dadurch missbräuchlich oder betrügerisch der Anwendung des nationalen Rechts zu entgehen.[50] Der EuGH stellt in seinem Urteil zu *Cadbury Schweppes* noch einmal klar, dass es für die Annahme eines missbräuchlichen Verhaltens nicht ausreicht, dass eine Gesellschaft in einem Mitgliedstaat mit dem Ziel gegründet wurde, in den Genuss vorteilhafterer Steuerregelungen zu gelangen.[51] Es müssen vielmehr weitere objektive Anhaltspunkte vorliegen, welche jedoch von den Special Commissioners in *Cadbury Schweppes* nicht vorgebracht wurden. Der Schutzbereich der Art. 43, 48 EG war in diesem Fall also eröffnet.

4.3.2. Die Kapitalverkehrsfreiheit nach Art. 56 EG

4.3.2.1. Persönlicher Schutzbereich

Begünstigte der Kapitalverkehrsfreiheit des Art. 56 EG sind nicht nur alle natürlichen Personen und Gesellschaften i.S.d. Art. 48 Abs. 2 EG eines Mitgliedstaates, sondern auch solche, die in einem Drittstaat ansässig sind. Denn Art. 56 EG stellt im Gegensatz zu den anderen Grundfreiheiten nicht auf das Gemeinschaftsgebiet der EU-Mitgliedstaaten ab, sondern erstreckt seinen Schutzbereich auch auf die Drittstaaten außerhalb der EU.

4.3.2.2. Sachlicher Schutzbereich

Die Kapitalverkehrsfreiheit wurde erst mit Wirkung vom 1.1.1994 in den EG-Vertrag aufgenommen. Bis dahin regelte die Kapitalverkehrsrichtlinie 1988[52] die Bestimmungen über den freien Kapital- und Zahlungsverkehr. Der Begriff des Kapitalverkehrs ist im EG-Vertrag gesetzlich nicht definiert. Die Rechtsprechung verweist hierfür auf die Kapitalverkehrsrichtlinie[53] und deren Anhang[54]. Der Schutzbereich umfasst neben der

---

[47] Rättig/Protzen, IStR 2003, 195; Droscha/Reimer, DB 2003, 1689 zur Berufung auf die Niederlassungsfreiheit bei lediglich konzerninternen Verwaltungstätigkeiten.
[48] Wohl anderer Ansicht Wassermeyer in: F/W/B, Vor §§ 7-14 AStG, Rz. 85 (Oktober 2004).
[49] Vgl. EuGH v. 16.7.1998, C-264/96 *ICI*, EuGHE 1998, I-4695, Rz. 22.
[50] Vgl. EuGH, C-196/04 *Cadbury Schweppes*, Rz. 35 m.w.N.
[51] Vgl. EuGH, C-196/04 *Cadbury Schweppes*, Rz. 37 f.
[52] Richtlinie 88/361/EWG des Rates v. 24.7.1988, ABl. EG Nr. L 178, 5-18.
[53] Richtlinie 88/361/EWG des Rates vom 24.6.1988 zur Durchführung von Art. 67 des Vertrages.
[54] Vgl. EuGH v. 16.3.1999, Rs. C-222/97 *Trummer und Mayer*, Slg. 1999, 1661, Rz. 21.

Übertragung von Geld- und Sachkapital auch die Rückflüsse aus der Kapitalnutzung in Form von Gewinnen, Zinsen und Dividenden.[55] Insbesondere ist damit auch die Beteiligung an einer ausländischen Gesellschaft erfasst.[56] Dies gilt im Gegensatz zur Niederlassungsfreiheit unabhängig von der Höhe der Beteiligung. Grundsätzlich sind damit auch Kleinstbeteiligungen erfasst sowie solche an reinen vermögensverwaltenden Gesellschaften.[57]

4.3.3. Die Kapitalverkehrsfreiheit im Verhältnis zur Niederlassungsfreiheit

Nach der Rechtsprechung des EuGH kommt der Kapitalverkehrsfreiheit eine Komplementärfunktion zu. Demnach macht eine Person mit einer Beteiligung an einer Gesellschaft eines anderen Mitgliedstaates von ihrer Niederlassungsfreiheit Gebrauch, wenn sie durch die Beteiligung einen solchen Einfluss auf die Entscheidungen der Gesellschaft erhält, dass sie deren Tätigkeiten bestimmen kann (sog. Kontrollbeteiligung).[58] Welche konkrete (prozentuale) Beteiligungshöhe für eine solche maßgebliche Einflussnahme erforderlich ist, lässt sich jedoch weder aus der Rechtsprechung des EuGH, noch aus dem EG-Vertrag eindeutig entnehmen.[59] Reicht hingegen die Beteiligungshöhe zur Einflussnahme nicht aus, ist die Kapitalverkehrsfreiheit einschlägig.[60] Dies gilt also insbesondere für die sog. Portfoliobeteiligungen, welche allein in der Absicht einer Geldanlage, ohne weitere Einflussnahmemöglichkeiten auf die Gesellschaft gehalten werden.[61]

Die Abgrenzung der Schutzbereiche von Art. 43 und 56 EG mit Blick auf die Frage der jeweils einschlägigen Grundfreiheit hat für die deutsche Hinzurechnungsbesteuerung insbesondere in Fällen mit Drittstaatenbeteiligung essentielle Bedeutung, da nur die Kapitalverkehrsfreiheit auch Drittstaatensachverhalten erfasst, während sowohl die

---

[55] Vgl. Vogt in: Strunk/Kaminski/Köhler, AStG/DBA, § 20 AStG, Rz. 48.

[56] Vgl. Anhang I der Richtlinie, wonach unter Kapitalverkehr auch die folgenden Direktinvestitionen zu fassen sind:
„1. Gründung und Erweiterung von Zweigniederlassungen oder neuen Unternehmen, die ausschließlich dem Geldgeber gehören, und vollständige Übernahme bestehender Unternehmen.
2. Beteiligung an neuen oder bereits bestehenden Unternehmen zur Schaffung oder Aufrechterhaltung dauerhafter Wirtschaftsbeziehungen."

[57] Lang, IStR 2002, 217, 218; Rättig/Protzen, IStR 2003, 195, 199.

[58] Vgl. EuGH v. 13.4.2000, C-251/98 *Baars*, Slg. 2000, I-2787, Rz. 37.

[59] Dazu vgl. Rättig/Protzen, IStR 2003, 195, 197. Auch in der jüngsten Rechtsprechung des EuGH sind insoweit keine weiteren Anhaltspunkte ersichtlich, welche eine bestimmte „Beteiligungsgrenze" für die Annahme einer Kontrollbeteiligung voraussetzen. Eine mehrheitliche Beteiligung wird nicht stets vorausgesetzt, vgl. EuGH v.10.5.2007, C-492/04 *Lasertec*.

[60] Vgl. EuGH v. 21.11.2002, C-436/00 *X and Y*, Slg. 2002, I-10829, Rz. 67 f.; Lausterer, IStR 2003, 21.

[61] Vgl. dazu EuGH v. 28.9.2006, C-282/04 und C-283/04, *Kommission/Niederlande*, Rz. 19.

Niederlassungsfreiheit, als auch die Dienstleistungsfreiheit nicht zur Anwendung gelangen.[62]

Gerade die jüngste Rechtsprechung des EuGH zeigt dabei deutlich, dass es für die Frage, welche Grundfreiheit schließlich als einschlägig zu erachten ist, nicht allein auf die Beteiligungshöhe des jeweiligen vorgelegten Sachverhaltes ankommt, sondern vorrangig auf die jeweils zu prüfende *Rechtsvorschrift*.[63] Anhand der in Frage stehenden Norm ist also zu untersuchen, ob daraus entstehende Beschränkungen in erster Linie einer anderen Grundfreiheit als der Kapitalverkehrsfreiheit zuzuordnen sind, so dass diese als Konsequenz hinter die andere Grundfreiheit zurücktritt.

In der Rechtssache Cadbury Schweppes zur britischen Hinzurechnungsbesteuerung hatte der EuGH eine Prüfung von Art. 56 EG neben Art. 43 EG abgelehnt, da die britische CFC-Regelung voraussetzt, dass die ansässige Gesellschaft eine solche Beteiligung an einer Tochtergesellschaft im niedrigbesteuerten Ausland hält, welche ihr die Kontrolle über diese Gesellschaft einräumt.[64] Eine etwaige beschränkende Auswirkung der CFC-Vorschriften nach Art. 56 EG wäre in diesem Fall nur eine „Konsequenz einer eventuellen Beschränkung der Niederlassungsfreiheit und rechtfertige keine eigenständige Prüfung der genannten Rechtsvorschriften im Hinblick auf die Art. 49 EG und 56 EG“[65]. Eine ähnliche Auffassung vertrat der EuGH auch in der Rechtssache *Test Claimants in the Thin Cap Group Litigation*. Hier fanden die britischen Regelungen zur Gesellschafterfremdfinanzierung nur Anwendung, soweit es sich um mindestens 75%-ige Tochtergesellschaften der ansässigen Gesellschaften handelte.[66] Diese nationalen Regelungen setzen nach Ansicht des EuGH eindeutig das Halten einer Kontrollbeteiligung voraus, und sind deshalb primär unter Art. 43 EG zu prüfen. Ein Schutz für Drittstaatenunternehmen entfällt damit in diesen Fällen.

Gleichzeitig zeigen jedoch einige aktuelle Entscheidungen des EuGH die Tendenz, in Fällen, in denen die jeweils zu prüfende Norm *unabhängig von einer bestimmten Beteiligungshöhe* eingreift, eine gleichrangige Anwendbarkeit der Art. 43 und 56 EG anzunehmen.[67] Hierbei ist insbesondere das Urteil des EuGH in der Rechtssache *Test Claimants in the FII Group Litigation* instruktiv. Bei der Prüfung, welcher Schutzbereich (Art. 43 EG oder Art. 56 EG) bei der jeweiligen Rechtsvorschrift zur steuerli-

---

[62] In diesem Sinne EuGH Beschluss v.10.5.2007, C-492/04 *Lasertec*, abrufbar auf www. curia.eu, Rz. 27; EuGH v. 3.10.2006., C- 452/04 *Fidium Finanz*, IStR 2006, 754, Rz. 25; EuGH v. 13.3.2007, C-524/04 *Test Claimants in the Thin Cap Group Litigation*, IStR 2007, 249, Rz. 98 ff.

[63] Besonders deutlich z.B. EuGH, C-492/04 *Lasertec*, Rz. 19; EuGH, C-157/05 *Holböck*, Rz. 22.

[64] Vgl. EuGH, C-196/04 *Cadbury Schweppes*, Rz. 32 f. Nach der für den Sachverhalt des Verfahrens maßgeblichen (aber inzwischen geänderten) Fassung der britischen CFC – Regelungen waren darunter ausländische Gesellschaften zu verstehen, deren Kapital zu mehr als 50% von der ansässigen Gesellschaft gehalten wurden, vgl. EuGH, *Cadbury Schweppes*, Rz. 6.

[65] So EuGH, C-196/04 *Cadbury Schweppes*, Rz. 33.

[66] EuGH, C-524/04 04 *Test Claimants in the Thin Cap Group Litigation,* Rz. 29 f.

[67] Vgl. EuGH, C-157/05 *Holböck*, Rz. 24 m.w.N.

chen Behandlung von in- und ausländischen Dividendenzahlungen an britische Gesellschaften betroffen war, hat der EuGH sich auf Grundlage der bisherigen Rechtsprechung an der Höhe der jeweiligen Beteiligung orientiert. Da es sich bei den im britischen Musterverfahren ausgewählten Beteiligungen grundsätzlich um 100 %-ige Beteiligungen handelte, war demnach Art. 43 EG einschlägig.[68] Der EuGH stellte jedoch bei einigen Vorlagefragen eine zusätzliche Anwendbarkeit des Art. 56 fest. Dies basierte einerseits auf dem Gedanken, dass nicht alle Arten der Beteiligungen von Gesellschaften, die im Verfahren Partei sind, bekannt waren und deshalb nicht in allen Fällen ein beherrschender Einfluss angenommen werden kann (welchen die Anwendung von Art. 43 EG bedingt).[69] Weiter enthielten die britischen Vorschriften auch Regelungen, die eine Ungleichbehandlung von Dividendenausschüttungen *unabhängig vom Umfang* der Beteiligung (auch bei Gesellschaften mit Sitz in Drittländern!) vorsehen und somit nach Auffassung des EuGH sowohl unter Art. 43 als auch unter Art. 56 EG fallen können.[70]

Auch der BFH sieht auf Grundlage der Rechtsprechung des EuGH in den Rechtssachen *Bosal*[71] und *Keller Holding*[72] in seinem Urteil vom 9.8.2006 zur Europarechtswidrigkeit von § 8b Abs. 5 KStG a. F. (2002)[73] deshalb auch eine grundsätzliche Anwendbarkeit von Art. 56 EG bei Direktinvestitionen in Drittstaaten (in diesem Fall Südafrika) ohne weitere Einschränkungen als gegeben an. Im vorliegenden Fall bestand der alleinige Geschäftszweck der deutschen Klägerin darin 50,01 % der Anteile an einer südafrikanischen Limited zu halten, so dass zumindest der Schutzbereich der Niederlassungsfreiheit aufgrund einer beherrschenden Beteiligung (nicht aber bzgl. der geografischen Lage) eröffnet war. Der BFH vertrat hier jedoch die Auffassung, dass solche Direktinvestitionen in einem Drittstaat, gemäß der ausdrücklichen Erwähnung in Art. 57 Abs. 1 S. 1 EG, auch über die Kapitalverkehrsfreiheit des Art. 56 EG unbeschadet dessen geschützt werden, dass sich ein entsprechender Schutz bereits aus der in Art. 43 EG garantierten Niederlassungsfreiheit ergibt. Damit könnte sich eben auch ein deutscher Steuerpflichtiger mit einer Kontrollbeteiligung in einem Drittstaatenunternehmen auf die Kapitalverkehrsfreiheit nach Art. 56 EG berufen. Das BMF reagiert jedoch mit einem „Nichtanwendungserlass" auf das Urteil des BFH, „soweit der BFH im vorliegenden Fall einen Verstoß des § 8b Abs. 5 KStG a.F. gegen die Kapitalverkehrsfreiheit gem. Art. 56 EG annimmt."[74] Ob die vom BMF hier vertretene Auffas-

[68] Vgl. EuGH, C-446/04 *Fidium Finanz*, Rz. 37.
[69] Vgl. EuGH, C-446/04 *Fidium Finanz*, Rz. 38.
[70] Vgl. EuGH, C-446/04 *Fidium Finanz*, Rz. 142, 165.
[71] EuGH v. 18.12.2003, C-168/01 *Bosal*, EuGHE I 2003, 9409.
[72] EuGH v. 23.2.2006, C-471/04 *Keller Holding*, DStR 2006, 414.
[73] BFH v. 9.8.2006, I R 95/06, DStR 2006, 2076.
[74] BMF Schreiben v. 21.3.2007, IV B 7 G 1421/0, DStR 2007, 626.

sung einer genauen europarechtlichen Würdigung standhalten würde, mag jedoch stark bezweifelt werden.[75]

Weitere Hinweise zu der Frage des Verhältnisses von Art. 43 und Art. 56 EG bei Drittstaatensachverhalten könnten sich ggf. auch aus dem Vorlagebeschluss des BFH an den EuGH vom 22.8.2006 ergeben.[76] Das vorgehende FG Düsseldorf[77] hatte hier bezüglich der Versagung des Abzugs von Verlusten eines deutschen Unternehmens aus Beteiligungen an US-amerikanischen Betriebstätten aufgrund DBA zwar nicht Art. 43 EG für anwendbar gehalten, jedoch anschließend sofort den Schutzbereich des Art. 56 Abs.1 EG aufgrund der Drittstaatenkonstellation für eröffnet erklärt. Auf die Art der Beteiligung ging das FG Düsseldorf gar nicht erst ein; es finden sich diesbezüglich auch keine Anhaltspunkte in der Entscheidung oder im Vorlagebeschluss.

5. Verhältnis der relevanten Grundfreiheiten zur deutschen Hinzurechnungsbesteuerung

5.1. Niederlassungsfreiheit

5.1.1. Beschränkung der Niederlassungsfreiheit durch die §§ 7-14 AStG – Implikationen der Rechtssache Cadbury Schweppes

In der Rechtssache *Cadbury Schweppes* waren die britischen Vorschriften zur Hinzurechnungsbesteuerung aufgrund ihrer Beschränkungswirkung auf Tochtergesellschaften (50%-ige Beteiligung) der ansässigen Gesellschaften nur unter Art. 43 EG zu prüfen. Nach Ansicht des EuGH stellen die britischen CFC-Regelungen dabei eine Beschränkung der Niederlassungsfreiheit im Sinne der Art. 43 und 48 EG dar,[78] da eine unterschiedliche Behandlung der in einem Mitgliedstaat ansässigen Gesellschaft abhängig vom Besteuerungsniveau der von ihr beherrschten ausländischen Tochtergesellschaften vorgenommen wird.[79] Daraus kann für die ansässige Muttergesellschaft ein erheblicher steuerlicher Nachteil entstehen, da ihr nur diese Einkünfte, nicht jedoch die der inländischen Tochtergesellschaften oder Tochtergesellschaften in anderen Mitgliedstaaten, die nicht einem niedrigeren Steuerniveau im Sinne der britischen CFC-Vorschriften unterliegen, zugerechnet werden. Die britischen CFC-Regelungen sind damit geeignet, Gesellschaften davon abzubringen Niederlassungen in anderen Mit-

---

[75] Vgl. etwa Rehm/Nagler, IStR 2007, 320 sowie Köhler/Tippelhofer, IStR 2007,[in Vorbereitung].

[76] BFH v. 22.8.2006, I R 116/04, DStRE 2006, 1432; EuGH Rs. C-415/06, *Stahlwerk Ergste Westig GmbH* gegen Finanzamt Düsseldorf-Mettmann, ABl. EU Nr. C 326/26 v. 30.12.2006. Vgl. dazu Anmerkungen von Schwenke, IStR 2006, 818 und Sedmund, BB 2006, 2781.

[77] FG Düsseldorf v. 14.9.2004, 6 K 3796/01 K, F, DStRE 2005, 882.

[78] Vgl. EuGH, C-196/04 *Cadbury Schweppes*, Rz. 46.

[79] Vgl. EuGH, C-196/04 *Cadbury Schweppes*, Rz. 43.

gliedstaaten mit niedrigerem Besteuerungsniveau als Großbritannien zu gründen, zu erwerben oder zu halten.[80]

Die deutsche Hinzurechnungsbesteuerung ist in ihren Grundzügen mit den britischen CFC-Regelungen durchaus vergleichbar, so dass sich hier wohl unter dem Gesichtspunkt einer möglichen Beschränkung der Niederlassungsfreiheit nach Art. 43 EG eine ähnliche Argumentation eröffnen würde[81]

Fraglich ist jedoch weiter, ob aufgrund der Beschränkungswirkung der §§ 7- 14 AStG eine exklusive Anwendbarkeit der Niederlassungsfreiheit vorliegt, welche die Kapitalverkehrsfreiheit (und damit auch den Schutz für Drittstaatenfälle) ausschließen würde.

Hier zeigen sich bei genereller Analyse der Tatbestandsvoraussetzungen der §§ 7-14 AStG entscheidende Unterschiede zu den britischen CFC-Regelungen, welche wohl für eine abweichende Beurteilung in Bezug auf die durch *Cadbury Schweppes* aufgestellten Grundsätze zur Anwendung der Niederlassungsfreiheit ausschlaggebend sein könnten. Dabei ist zunächst beachtlich, dass die britischen CFC-Reglungen ab dem Jahre 2000 für den Begriff der „Beherrschung“ (control) einer ausländischen Gesellschaft nicht mehr auf das Überschreiten der 50% Beteiligungsschwelle für Tochtergesellschaften abstellen, sondern darauf, ob die Anteilseigner über die Gesellschaftsanteile, die Stimmrechte, das Gesellschaftsstatut oder einer sonstigen vertraglichen Vereinbarung ihren Willen in der ausländischen Gesellschaft durchzusetzen vermögen.[82] Dies gilt dann zunächst einmal unabhängig von einer gewissen Beteiligungshöhe.

Nach der Rechtsprechung des EuGH im Verfahren *Lasertec* zur Europarechtswidrigkeit von § 8a KStG a.F. in einem Drittstaatenfall findet bei Normen, welche zwar unabhängig vom Vorliegen einer generell fest definierten „Beteiligungsschwelle“ anwendbar sind, jedoch in diesen Fällen trotzdem einen sicheren Einfluss auf die Aktivitäten der Gesellschaft voraussetzen, ausschließlich die Bestimmungen der Niederlassungsfreiheit nach Art. 43 EG Anwendung.[83]

Ob eine solche Betrachtungsweise auch für die deutsche Hinzurechnungsbesteuerung greifen würde, erscheint jedoch fraglich. Denn durch § 7 Abs. 2 AStG werden auch Portfolio- oder Splitterbeteiligungen von der Hinzurechnungsbesteuerung erfasst, so dass die deutschen Regelungen des grundsätzlich unabhängig von der Voraussetzung einer bestimmten Mindestbeteiligungshöhe gelten, wenn nur damit insgesamt zu mehr als 50 % Steuerinländer an der Zwischengesellschaft beteiligt sind („zufällige“ Mehrheit von Inländern aber keine „Beherrschung“ wie z. B. im Falle des § 8a KStG/La-

[80] Vgl. EuGH, C-196/04 *Cadbury Schweppes*, Rz. 46.
[81] Vgl. Lieber/Rasch, GmbHR 2004, 1572, 1576; Köhler/Eicker, DStR 2006, 1871.
[82] Vgl. dazu: Schönfeld, Hinzurechnungsbesteuerung und Europäisches Gemeinschaftsrecht, 2005, S. 576 f.
[83] Vgl. EuGH, C-492/04 *Lasertec*, Rz. 20 ff.

sertec). Einige Stimmen in der Literatur tendieren in solchen Fällen aufgrund der dadurch fingierten „Beherrschungsmöglichkeit" zu einer vorrangigen Anwendung der Niederlassungsfreiheit.[84] Dagegen ist jedoch einzuwenden, dass die Regelungen des § 7 AStG nicht auf eine tatsächliche „Beherrschung" oder einen „sicheren Einfluss" der Anteilseigner auf ihre Gesellschaft abstellen. Hier scheint der wesentliche Unterschied zwischen dem Beherrschungsbegriffes im Sinne des Art. 43 EG und dem des § 7 AStG zu liegen. Während Art. 43 EG die „Gründung und Leitung von Unternehmen, insbesondere von Gesellschaften" schützt, woraus sich ein bestimmter Einfluss auf die Gesellschaft ableitet, fasst § 7 Abs. 2 AStG sämtliche Inlandsbeteiligten zusammen, auch wenn diese völlig getrennt agieren, sich ggf. gar nicht kennen und jeder Inlandsbeteiligte für sich auch gar nicht in der Lage ist, einen relevanten Einfluss, geschweige denn eine Leitungsmacht, über die ausländische Gesellschaft auszuüben. [85] Für die deutsche Hinzurechnungsbesteuerung wäre damit im Resultat anders als bei den britischen Regelungen kein Anwendungsvorrang der Niederlassungsfreiheit festzustellen,[86] so dass im Grunde Art. 43 und Art. 56 EG für die §§ 7-14 AStG gleichrangig zu prüfen sein sollten.

5.1.2. Schlussanträge Generalanwalt Mengozzi – Columbus Container Services

Bezüglich der Frage der anwendbaren Grundfreiheit sieht der Generalanwalt grundsätzlich aufgrund der Tatbestandsvoraussetzungen des § 7 Abs. 6 AStG a.F. für die Anwendung von § 20 Abs. 2 und 3 AStG a.F. mit einer Mindestbeteiligungsgrenze von 10% eines deutschen Steuerpflichtigen an der ausländischen Betriebstätte eine vorrangige Anwendbarkeit der Art. 56 ff. EG Vertrag grundsätzlich als gegeben.

Der Generalanwalt möchte jedoch weiter eine Anwendbarkeit der Niederlassungsfreiheit unter den gegebenen Umständen des Falles für möglich erachten. Dies folgert der Generalanwalt einerseits aus dem „Ziel" des AStG, welches nach seiner Ansicht in seinen verschiedenen Teilen „hauptsächlich die Niederlassung deutscher Staatsangehöriger im Ausland"[87] betrifft. Darüber hinaus sieht der Generalanwalt aufgrund des gegebenen Sachverhalts aber auch die Möglichkeit eines kollusiven Zusammenwirkens der deutschen Gesellschafter als gegeben an, durch welches diese dann gegebenenfalls in der Lage wären, eine sicheren Einfluss auf die ausländische Gesellschaft auszuüben.

Zum letztgenannten Argument ist jedoch auszuführen, dass der EuGH insbesondere in seinem Urteil zum Drittstaatenfall *Holböck* klargestellt hat, dass das Vorliegen einer

---

[84] So Sullivan/Wallner/Wübbelsmann, IStR 2003, 6, 13; Kraft/Bron, RIW 2006, 209, 211.
[85] Vgl. Rättig/Protzen, IStR 2003, 195, 197.
[86] So auch Schönfeld, BB 2007, 80, 82.
[87] Schlussanträge *Mengozzi*, C-298/05 *Columbus Container Services*, Rz. 54.

Kontrollbeteiligung bzw. eines sicheren Einflusses nicht „automatisch" zu einer exklusiven Anwendbarkeit von Art. 43 EG führt, sondern die relevante beschränkende Norm das ausschlaggebende Moment darstellt.

Dabei erscheint im Zusammenhang mit den Vorschriften zur Hinzurechnungsbesteuerung auch eine Bezugnahme auf die Intention des Gesetzgebers zum AStG jedoch nicht zu einem eindeutigen Anwendungsvorrang der Niederlassungsfreiheit zu führen (was schließlich auch der Generalanwalt erkennt). Die Argumentation des Generalanwaltes *Mengozzi* scheint somit, jedenfalls für die Frage der einschlägigen Grundfreiheit, auf tönernen Füßen zu stehen. Es wird wohl insgesamt abzuwarten sein, ob der EuGH sich aufgrund des Vorliegens eines reinen EU-Sachverhaltes überhaupt mit dieser Abgrenzungsproblematik auseinandersetzen wird.

5.1.3. Rechtfertigung der Beschränkung

Nach Rechtsprechung des EuGH kann eine Beschränkung der Grundfreiheiten durch nationale Rechtsvorschriften der Mitgliedstaaten unter bestimmten Voraussetzungen als gerechtfertigt angesehen werden. Dabei muss die beschränkende Rechtsvorschrift ein legitimes, mit dem EG-Vertrag zu vereinbarendes Ziel verfolgen und zwingenden Gründen des Allgemeininteresses dienen; zudem muss die Beschränkung zur Erreichung des Ziels geeignet sein und darf nicht über das zur Erreichung des Ziels erforderliche Maß hinausgehen (Verhältnismäßigkeitsgrundsatz).[88]

5.1.3.1. Nicht anerkannte Rechtfertigungsgründe

Der EuGH hat in seiner Rechtsprechung auf dem Gebiet der direkten Steuern bisher nur sehr wenige Rechtfertigungsgründe anerkannt. Nicht anerkannte Rechtfertigungsgründe sind hier insbesondere die Vermeidung von Steuermindereinnahmen oder Steuerausfällen,[89] die Vereinfachung der Steuererhebung[90] sowie die Eliminierung von steuerlichen Wettbewerbsvorteilen, welche aus der Unterschiedlichkeit mitgliedstaatlicher Steuersysteme resultieren.[91] Ein weiterer Rechtfertigungsgrund, die Gleichmäßigkeit der Besteuerung durch Erfassung des Welteinkommens, wurde zwar vom EuGH im Verfahren *Sandoz* generell als Rechfertigungsgrund anerkannt.[92] Mit Blick

---

88 Ständige Rechtsprechung des EuGH, vgl. nur EuGH, C-196/04 *Cadbury Schweppes*, Rz. 47 m.w.N.

89 Vgl. EuGH v. 11.3.2004, C-9/02 *de Lasteyrie du Saillant*, Slg. 2004, I-2409, Rz. 60; EuGH v. 8.3.2001, C-410/98 *Metallgesellschaft*, Slg. 2001, I-1727, Rz. 59.

90 Vgl. EuGH v. 16.5.2000, C-97/99 *Zurstrassen*, Slg. 2000, I-3337, Rz. 24; EuGH v. 14.2.1995, C-279/93 *Schumacker*, Slg. 1995, I-225, Rz. 43 ff.

91 Vgl. EuGH v. 26.10.1999, C-294/97 *Eurowings*, Slg. 1999, I-7447, Rz. 43; EuGH v. 21.9.1999, C-307/97 *Saint Gobin*, Slg. 1999, I-6161, Rz. 54.

92 Vgl. EuGH v. 14.10.1999, C-439/97 *Sandoz*, Slg. 1999, I-7066, Rz. 23 f.

auf die §§ 7-14 AStG wird jedoch eine Einschlägigkeit zu verneinen sein, da diese die Erfassung lediglich bestimmter Einkünfte bei bestimmten Personen betreffen.[93]

5.1.3.2. Kohärenz der Besteuerung

Ein vom EuGH weiterer zwar generell möglicher, jedoch nach der bisherigen Rechtsprechung des EuGH kaum anerkannter Rechtfertigungsgrund[94] ist das Argument der Gewährleistung der steuerlichen Kohärenz. Nach diesem Prinzip können die Grundfreiheiten beschränkende Regelungen dann zur Sicherung eines kohärenten Steuersystems gerechtfertigt sein, wenn sie in einem unmittelbaren Zusammenhang mit anderen, den Steuerpflichtigen begünstigenden Regeln stehen.[95] In der Literatur wurde bislang ein solcher Zusammenhang bei der deutschen Hinzurechnungsbesteuerung generell nicht angenommen.[96] Im Allgemeinen sind die Kohärenzkriterien kaum konkretisierbar und deshalb auch nur mit Schwierigkeiten als Rechtfertigungsgrund überhaupt handhabbar. Im Verfahren *Cadbury Schweppes* bestand nach dem Vorbringen der britischen Regierung der Zweck der britischen CFC-Regelungen in der Bekämpfung der Steuerflucht durch Umleitung von Gewinnen auf niedrigbesteuerte Konzerntochtergesellschaften.[97] Insoweit wurde von dieser Seite überhaupt nicht auf das Kohärenzprinzip abgestellt. Aufgrund der grundsätzlichen Vergleichbarkeit der deutschen und britischen Regelungen, auch im Hinblick auf ihre offensichtliche Zielsetzung, scheint damit eine Berufung auf das Kohärenzargument bei der deutschen Hinzurechnungsbesteuerung ebenfalls keinen Erfolg zu versprechen.

5.1.3.3. Bekämpfung von Rechtsmissbrauch

Damit bleibt das Ziel der Missbrauchsbekämpfung als Rechtfertigungsgrund für die Beschränkung der Niederlassungsfreiheit zu prüfen. Nach der Rechtsprechung des EuGH kann eine Beschränkung der Grundfreiheiten gerechtfertigt sein, wenn und soweit die streitige Regelung auf die Bekämpfung von Rechtsmissbrauch durch Steuerumgehung/ Steuerhinterziehung gerichtet ist.[98] Hierbei darf es sich jedoch nicht um Rechtsvorschriften handeln, welche einen Rechtsmissbrauch bei Vorliegen bestimmter

[93] Vgl. Schönfeld, IWB v. 11.1.2006, Fach 3, Gruppe 1, 2199, 2123 f.

[94] Der EuGH hat das Kohärenzargument erst zweimal anerkannt, vgl. EuGH v. 28.1.1992, C-204/90 *Bachmann*, Slg. 1992, I-249; EuGH v. 28.1.1992, C-300/90 *Kommission/Belgien*, Slg. 1992, I-305.

[95] Vgl. Lieber/Rasch, GmbHR 2004, 1572, 1575.

[96] Vgl. Schönfeld, IWB v. 11.1.2006, Fach 3, Gruppe 1, 2119, 2124; Lieber/Rasch, GmbHR 2004, 1572, 1577.

[97] Vgl. EuGH, C-196/04 *Cadbury Schweppes*, Rz. 85.

[98] Vgl. EuGH v. 16.7.1998, C-264/96 *ICI*, Slg. 1998, I-4695, Rz. 26; EuGH, C-436/00 *X und Y*, Rz. 37.

Voraussetzungen pauschal vermuten (sog. typisierende Missbrauchsvorschriften), vielmehr musste bislang immer eine konkrete Einzelfallprüfung erfolgen.[99]

Für den Bereich der Niederlassungsfreiheit hat der EuGH bisher entschieden, dass eine beschränkende Missbrauchsvorschrift dann gerechtfertigt ist, wenn das Ziel der beschränkenden Regelung in der Bekämpfung rein künstlicher, jeder wirtschaftlichen Realität barer Gestaltungen liegt, welche nur zu dem Zweck errichtet wurden, eine Umgehung der (Steuer-)Rechtsvorschriften des jeweiligen Mitgliedstaates zu erreichen (z.B. durch reine „Briefkasten- oder Strohfirmen").[100]

Ziel der Niederlassungsfreiheit nach Art. 43 EG ist es, die Integration mitgliedstaatlicher Gesellschaften in das Wirtschaftsleben eines anderen Mitgliedstaates zu ermöglichen.[101] Demnach ist als Voraussetzung dafür, dass *keine* rein „künstliche Konstruktion" vorliegt, eine tatsächliche Ansiedlung sowie die Ausübung einer wirklichen wirtschaftlichen Tätigkeit der Gesellschaft im Aufnahmestaat notwendig und nachzuweisen.[102]

Nach der oben ausgeführten Gesetzesbegründung zur deutschen Hinzurechnungsbesteuerung scheinen die §§ 7-14 AStG jedenfalls dem Ziel der Bekämpfung solcher künstlichen Briefkastengesellschaften dienen zu wollen. Problematisch ist, ob sie zur Erreichung diese Ziels auch verhältnismäßig ausgestaltet sind.

Die deutsche Hinzurechnungsbesteuerung nimmt grundsätzlich einen Missbrauch für alle Fälle an, in denen keine aktiven und hoch besteuerten Einkünfte i.S.v. § 8 AStG generiert werden. Eine solche Beschränkung der Anwendung auf passive und niedrig besteuerte Einkünfte scheint damit zumindest geeignet die Fälle zu erfassen, in denen ein Missbrauch am wahrscheinlichsten ist.[103] Passive Einkünfte (bspw. aus Finanzdienstleistungen) lassen sich im Gegensatz zu bspw. produzierenden Tätigkeiten leichter ins Ausland verlegen, was die Annahme eines Missbrauchs verstärken kann.[104] Gleichzeitig erfolgt nach den §§ 7-14 AStG beispielsweise keine Prüfung über Art und Umfang der Substanz der ausländischen Zwischengesellschaft. Auf eine Abgrenzung nach der Art der Betätigung (z.B. Bankgeschäfte, Handel, Dienstleistungen, Vermietung und Verpachtung, Finanzdienstleistungen) zur Bestimmung von missbräuchlichem Verhalten kann es nach Rechtsprechung des EuGH zu *Cadbury Schweppes* jedoch in Zukunft nicht mehr ankommen;[105] entscheidend ist allein, ob die Zwischenge-

---

[99] EuGH v. 26.9.2000, C-478/98 *Kommission/Belgien*, Slg. 2000, I-4071, Rz. 45; EuGH v. 4.3.2004, C-334/02 *Kommission/Frankreich*, Slg. 2004, I-2229, Rz. 27; EuGH v. 17.7.1997, C-28/95 *Leur Bloem*, Slg. 1997, I-4161, Rz. 41.

[100] Vgl. EuGH, C-196/04 *Cadbury Schweppes*, Rz. 55; EuGH, C-264/96 *ICI*, Rz. 26.

[101] Vgl. EuGH, C-196/04 *Cadbury Schweppes*, Rz. 53 m.w.N.

[102] Vgl. EuGH, C-196/04 *Cadbury Schweppes*, Rz. 54.

[103] Vgl. Kraft/Bron, IStR 2006, 614, 620.

[104] So auch Schlussanträge Generalanwalt *Léger* v. 2.5.2006, C-196/04 *Cadbury Schweppes*, Rz. 138.

[105] Vgl. Köhler/Eicker, DStR 2006, 1871, 1872.

sellschaft über eine tatsächliche Ansiedlung mit ausreichend Substanz im Mitgliedstaat verfügt, um dort einer wirklichen wirtschaftlichen Tätigkeit (jetzt gleich welcher Art) nachgehen zu können. Die Reichweite der Hinzurechnungsbesteuerung ist aufgrund der bisherigen Ausgestaltung mittels des sogenannten „Aktivitätskatalogs“ des § 8 Abs. 1 AStG viel zu allgemein gehalten und dürfte daher einer Überprüfung durch den EuGH kaum standhalten.

Darüber hinaus kennt die deutsche Hinzurechnungsbesteuerung im Gegensatz zu den britischen CFC-Regeln auch nicht die Möglichkeit eines „Gegenbeweises“ durch den Steuerpflichtigen. Nach Auffassung des EuGH muss eine solche Gegenbeweismöglichkeit bestehen und geeignet sein, die Anwendung der beschränkenden Rechtsvorschrift auf rein künstliche Gestaltungen zu reduzieren, um somit Rechtfertigungswirkung zu entfalten.[106] Andernfalls läge eine rein typisierende Norm vor; erst die Gegenbeweismöglichkeit ermöglicht die durch ständige EuGH-Rechtsprechung geforderte Einzelfallprüfung eines jeden Missbrauchsfalls. Der ansässigen Gesellschaft muss die Möglichkeit gegeben werden, aufgrund objektiver, von Dritten nachprüfbarer Anhaltspunkte (z.B. Geschäftsräume, Personal, Ausrüstung), Beweise für die tatsächliche Ansiedlung der beherrschten ausländischen Gesellschaft und deren Betätigung vorzulegen.[107] Gleichzeitig müssen die Finanzbehörden die ihnen zugänglichen Informationsquellen (namentlich die Richtlinie 77/799/EWG des Rates vom 19. Dezember 1977 über die gegenseitige Amtshilfe zwischen den Behörden der Mitgliedstaaten im Bereich der direkten Steuern, ABl. L 336, S. 15) sowie die entsprechenden Bestimmungen in den einschlägigen Doppelbesteuerungsabkommen nutzen, um diese Beweise zu würdigen.[108]

5.2. Kapitalverkehrsfreiheit

5.2.1. Beschränkung der Kapitalverkehrsfreiheit nach den Art. 56 ff. EG

Folgt man den obigen Ausführungen zum Anwendungsbereich der Niederlassungsfreiheit (vgl. Punkt 5.1.), so wäre grundsätzlich sowohl der Schutzbereich von Art. 43, 48 als auch der Art. 56 ff. EG durch die deutsche Hinzurechnungsbesteuerung in den §§ 7-14 AStG betroffen. Unter den Schutzbereich der Kapitalverkehrsfreiheit fallen dabei nach Art. 56 EG insbesondere die sog. Portfolio- oder Splitterbeteiligungen, welche gerade nicht einen bestimmenden Einfluss auf die ausländische Gesellschaft verschaffen und deshalb auch nicht unter Art. 43 EG zu subsumieren wären. Neben bestimmten Fällen des § 7 Abs. 2 AStG können diese Beteiligungen auf Grund der § 7

---

106 Vgl. EuGH, C-196/04 *Cadbury Schweppes*, Rz. 72-74.
107 Vgl. EuGH, C-196/04 *Cadbury Schweppes*, Rz. 70, 67.
108 Vgl. EuGH, C-196/04 *Cadbury Schweppes*, Rz. 71.

Abs. 6 S. 1 und 3 AStG insbesondere bei Zwischeneinkünften mit Kapitalanlagecharakter eine verschärfte Hinzurechnungsbesteuerung ggf. schon bei einer Beteiligung von nur 1 % oder sogar weniger als 1 % auslösen. Nach ständiger Rechtsprechung des EuGH können für die Prüfung einer Beschränkung des freien Kapitalverkehrs grundsätzlich dieselben Kriterien wie bei der Beurteilung der Niederlassungsfreiheit angewandt werden,[109] so dass eine Hinzurechnungsbesteuerung von Erträgen ausländischer Tochtergesellschaften auch hier klar bewirkt, dass inländische Gesellschaften davon abgehalten werden, ihr Kapital in niedrig besteuerte ausländische Gesellschaften zu investieren oder dort Tochtergesellschaften zu gründen.

5.2.2. Anwendung der Kapitalverkehrsfreiheit bei Drittstaatensachverhalten – Fortbestandsgarantie nach Art. 57 Abs. 1 EG

Während innerhalb der EU die Kapitalverkehrsfreiheit wohl nur in den Fällen von Relevanz sein dürfte, in denen keine Beteiligung vorliegt die „Leitungsmacht" vermittelt, gilt die Niederlassungsfreiheit nicht außerhalb des EU-Raumes. Für die Frage der Reichweite der Hinzurechnungsbesteuerung ist die Frage nach der Einschlägigkeit der Kapitalverkehrsfreiheit für die Anwendung der §§ 7-14 AStG im Verhältnis zu Drittstaaten von besonderer Bedeutung. Für eine generelle Bejahung der Einschlägigkeit von Art. 56 EG bei der Hinzurechnungsbesteuerung in Drittstaatenfällen spricht, insbesondere neben dem klaren Wortlaut des Art. 56 Abs. 1 EG, die Rechtsprechung des BFH vom 9.8.2006[110] sowie die Entscheidungen des EuGH in den Rechtssachen *Test Claimants in the FII Group Litigation* und *Holböck.* Ob sich daraus aber auch ein *qualitativ* gleichwertiger Schutzanspruch bei Drittstaatensachverhalten ergeben muss, oder in diesen Fällen eine Beschränkung des Wortlauts ggf. auf Rechtfertigungsebene erfolgt, wurde bislang in der Literatur umstritten diskutiert.[111] Nachdem der EuGH entsprechende Andeutungen der Generalanwälte in den Verfahren *Manninen*[112] und *Fidium Finanz*[113] nicht aufgegriffen hatte, scheint das Urteil des EuGH zu den *Test Claimants in the FII Group Litigation* hier die ersehnte Klärung zu bringen. Der EuGH führt zu dieser Frage Folgendes aus: „Wie der Generalanwalt in Nummer 121 seiner Schlussanträge ausgeführt hat, lässt sich außerdem nicht ausschließen, dass ein Mitgliedstaat beweisen kann, dass eine Beschränkung des Kapitalverkehrs mit dritten Ländern aus einem bestimmten Grund gerechtfertigt ist, auch wenn dieser Grund keine überzeugende Rechtfertigung für eine Beschränkung des Kapitalverkehrs zwischen

---

[109] Vgl. EuGH, C-436/00 *X und Y*, Rz. 72; EuGH v. 6.6.2000, C-204/90 *Verkooijen*, Slg. 1992, I-1249, Rz. 43-46.

[110] BFH v. 9.8.2005, I R 95/06, DStR 2006, 2076.

[111] Statt vieler vgl. Wassermeyer/Schönfeld, GmbHR 2006, 1065, 1069 mit weiteren Literaturnachweisen in Fn. 32.

[112] Schlussanträge Generalanwalt *Kokott* v. 18.3.2004, C-319/02 *Manninen*, Rz. 79.

[113] Schlussanträge Generalanwalt *Stix-Hackl* v. 16.3.2006, C-452/04 *Fidium Finanz*, Rz. 173, 183.

Mitgliedstaaten darstellen würde."[114] Die europarechtliche Überprüfung der Hinzurechnungsbesteuerung bei Drittstaatensachverhalten könnte somit auf Rechtfertigungsebene unter Umständen zu einem anderen Ergebnis führen als bei rein mitgliedstaatlichen Fällen. Bezüglich der Europarechtswidrigkeit der britischen CFC-Regeln im Verhältnis zu Drittstaaten wurde diese Frage in der Rechtssache *Test Claimants in the CFC and Dividend Group Litigation*[115] von dem britischen High Court of Justice (England and Wales) im Rahmen der Vorlagefragen an den EuGH gestellt, so dass aus dieser Entscheidung wohl dann entsprechende Hinweise für die deutsche Hinzurechnungsbesteuerung abgeleitet werden können.

Bei Beteiligungsverhältnissen zu einer in einem Drittstaat ansässigen Gesellschaft ist dabei weiterhin die „Fortbestandsgarantie" im Sinne von Art. 57 Abs. 1 EG zu beachten. Danach sind nationale Rechtsvorschriften, welche möglicherweise im Widerspruch zum Gemeinschaftsrecht stehen, nicht per se unanwendbar, sondern nur insoweit, als die zeitlichen und qualitativen Einschränkungsvoraussetzungen nicht erfüllt sind. Nach Art. 57 Abs. 1 EG unterfallen diejenigen Beschränkungen im Zusammenhang mit Drittstaaten nicht dem Beschränkungsverbot nach Art. 56 EG, welche „am 31. Dezember 1993 aufgrund einzelstaatlicher oder gemeinschaftlicher Rechtsvorschriften für den Kapitalverkehr mit dritten Ländern in Zusammenhang mit Direktinvestitionen einschließlich Anlagen oder Immobilien, mit der Niederlassung, der Erbringung von Finanzdienstleistungen oder der Zulassung von Wertpapieren zu den Kapitalmärkten bestehen".

Die Fortbestandsgarantie in Art. 57 Abs. 1 EG bezieht sich nur auf *Direktinvestitionen* in Drittstaaten. Der Begriff der Direktinvestition ist im EG-Vertrag nicht definiert, findet sich jedoch in Anhang 1 der Kapitalverkehrsrichtlinie 1988[116] die zur Auslegung heranzuziehen ist.[117] Nach Rechtsprechung des EuGH fallen deshalb nur solche Beschränkungen unter Art. 57 Abs. 1 EG (d. h. gelten als „Direktinvestitionen" i.S.d. Norm), welche sich auf Beteiligungen beziehen, „die zur Schaffung oder Aufrechterhaltung dauerhafter und unmittelbarer Wirtschaftsbeziehungen zwischen dem Anteilseigner und der betroffenen Gesellschaft erworben wurden, und die es dem Anteilseigner ermöglichen, sich tatsächlich an der Verwaltung dieser Gesellschaft oder an deren Kontrolle zu beteiligen."[118] Nach ganz herrschender Meinung werden deshalb reine *Portfolioinvestitionen* in Drittstaaten nicht der

[114] EuGH, C-446/04 *Test Claimants in the FII Group Litigation*, Rz. 171.
[115] EuGH-Rs. C-201/05, *Test Claimants in the CFC and Dividend Group Litigation*, ABl. C. 182 v. 23.7.2005, S. 27.
[116] Richtlinie 88/361/EWG des Rates v. 24.7.1988, ABl. EG Nr. L 178, 5-18.
[117] Vgl. EuGH v. 12.12.2006, C-446/04 *Test Claimants in the FII Group Litigation*, Rz. 179 f.; Ress/Ukrow in: Grabitz/Hilf, EU-Vertrag/EG-Vertrag, Art. 57 Rz. 6.
[118] EuGH, *Holböck*, Rz. 37 m.w.N.

Fortbestandsgarantie unterworfen und sind damit grundsätzlich vom Schutzbereich der Kapitalverkehrsfreiheit nach Art. 56 EG gedeckt.[119]

Art. 57 Abs. 1 EG bezieht sich weiterhin nur auf Rechtsvorschriften, die am 31.12.1993 in der für sie maßgeblichen Form bereits bestanden.[120] Die Hinzurechnungsbesteuerung wurde bereits im Jahr 1972 in das deutsche Außensteuerrecht aufgenommen,[121] hat aber seit diesem Zeitpunkt jedoch auch erheblichen Änderungen unterlegen. Zumindest Teile der Hinzurechnungsbesteuerung könnten deshalb als „Neuregelungen" zu werten sein, auf die die Fortbestandsgarantie des Art. 57 Abs. 1 EG nicht mehr anzuwenden wäre (vgl. Schaubild).

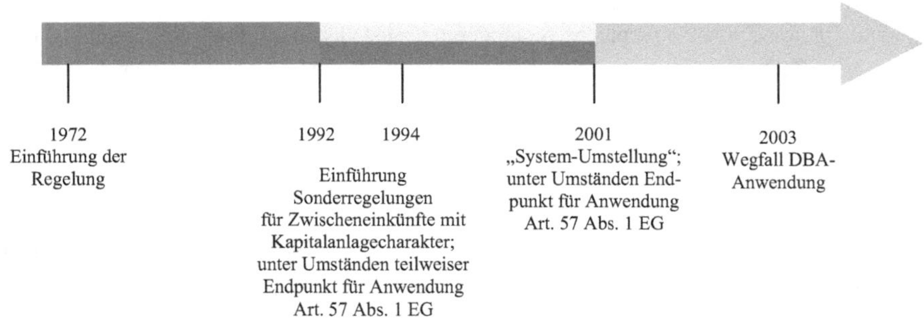

Zumindest im Bezug auf die in der Fassung zum 31.12.1993 bestehenden §§ 7-14 AStG a. F. hält der BFH in seinem Urteil vom 21.12.2005[122] die Fortbestandsgarantie des Art. 57 Abs. 1 EG für anwendbar. Die im Streitfall in Rede stehende Alleinbeteiligung einer deutschen GmbH an einer Schweizer Holding AG ist nach Auffassung des BFH dabei ausweislich als Direktinvestition in einen Drittstaat (Schweiz) i.S.v. Art. 57 Abs. 1 EG anzusehen, so dass das Beschränkungsverbot der Freiheit des Kapitalverkehrs nach Art. 56 EG aufgrund der Fortbestandsgarantie zumindest auf die Hinzurechnungsbesteuerung in ihrer Fassung zum 31.12.1993 keine Anwendung finden kann. Innerhalb der Schrankenwirkung des Art. 57 Abs. 1 EG tritt der generelle Vorrang des Gemeinschaftsrechts zurück, es kommt somit zu einer zulässigen Anwendung möglicherweise gegen Gemeinschaftsrecht verstoßender nationaler Bestimmungen. Ob dies auch für die Hinzurechnung bspw. nach dem körperschaftsteuerlichen Systemwechsel im VZ 2001 gilt, ist jedoch unklar. Hierbei ist darauf hinzuweisen, dass der EuGH in seinem Urteil zu der Rechtssache *Test Claimants in the*

[119] Vgl. Ress/Ukrow in: Grabitz/Hilf, EU-Vertrag/EG-Vertrag, Art. 57 Rz. 7; Schönfeld, IStR 2005, 410, 412 ff.; Rättig/Protzen, GmbHR 2003, 503, 504.

[120] U. U. kommt es im Detail darauf an, zu welchem Zeitpunkt eine Norm erstmals anwendbar war, vgl. Kessler/Eicker/Obser, IStR 2004, 324, 325.

[121] Zur Entstehungsgeschichte vgl. Schönfeld, Hinzurechnungsbesteuerung und Europäisches Gemeinschaftsrecht, 2005, 90 ff.

[122] BFH v. 21.12.2005, I R 4/05, BB 2006, 1202.

FII Group Litigation Art. 57 Abs. 1 EG dahingehend ausgelegt hat, dass die Fortbestandsgarantie auch in Fällen gelten soll, in denen nach dem 31.12.1993 beschränkende Maßnahmen erlassen werden, welche jedoch im Wesentlichen mit der früheren Regelung übereinstimmen oder nur ein Hindernis abmildern oder beseitigen, das nach der früheren Regelung der Ausübung der gemeinschaftlichen Rechte und Freiheiten entgegenstand.[123] Hingegen kann eine neue gesetzliche Regelung, die auf einem anderen Grundgedanken beruht als ihre Vorgängerin und neue Verfahren einführt, nicht mit den zum Zeitpunkt des Beitritts bestehenden Rechtsvorschriften gleichgestellt werden.[124] Damit kommt es unter Umständen immer auf die jeweilige Fassung der §§ 7-14 AStG zum jeweiligen Zeitpunkt an. Auch der Fortfall des entsprechenden DBA-Schutzes durch Aufhebung des § 10 Abs. 5 bis 7 AStG könnte z.B. eine solch wesentliche Veränderung darstellen und damit nicht mehr zu den gem. Art. 57 Abs. 1 EG legitimierten Beschränkungen des EG-Vertrages zählen.[125]

5.2.3. Die Schranken – Schranke nach Art. 58 Abs. 3 EG

Für die Reichweite der Kapitalverkehrsfreiheit ist weiterhin Art. 58 EG beachtlich. Nach Art. 58 Abs. 1 EG berührt Art. 56 EG nicht das Recht des Mitgliedstaates, die einschlägigen Vorschriften des Steuerrechts anzuwenden, die Steuerpflichtige mit unterschiedlichem Wohnort oder Kapitalanlageort unterschiedlich behandeln. Jedoch dürfen solche Maßnahmen (wie z.B. die Hinzurechnungsbesteuerung) nach Art. 58 Abs. 3 EG weder ein Mittel zur willkürlichen Diskriminierung, noch eine verschleierte Beschränkung des freien Kapital- und Zahlungsverkehrs i.S.d. Art. 56 EG darstellen. Dies würde für die Bestimmungen zur Hinzurechnungsbesteuerung auch insoweit gelten, als man die Fortbestandsgarantie auf die jeweilige Fassung der Hinzurechnungsbesteuerung nach dem 31.12.1993 für anwendbar erachten würde. Der EuGH legt Art. 58 Abs. 3 EG dahin gehend aus, dass Diskriminierungen oder Beschränkungen daher nur dann zulässig seien, wenn sich der nationale Gesetzgeber auf einen legitimen Grund des staatlichen Allgemeininteresses berufen kann und dieses Interesse in geeigneter, erforderlicher und verhältnismäßiger Weise durchsetzt.[126] Auch hier ist somit eine Rechtfertigung der Beschränkung zu prüfen.

5.2.4. Rechtfertigung der Beschränkung – Rechtsmissbrauch im Bereich der Kapitalverkehrsfreiheit

Für eine potentielle Überprüfung der Hinzurechnungsbesteuerung unter dem Anwendungsbereich der Kapitalverkehrsfreiheit nach Art. 56 EG gelten nach Rechtsprechung

---

[123] Vgl. EuGH, C-446/04 *Test Claimants in the FII Group Litigation*, Rz. 196.

[124] Vgl. EuGH, C-446/04 *Test Claimants in the FII Group Litigation*, Rz. 192 mit Verweis auf EuGH v. 1.6.1999, C-302/97; *Konle*, EuGHE 1999, I-03099, Rz. 52 f.

[125] Vgl. Köhler in: Strunk/Kaminski/Köhler, AStG/DBA, Vor §§ 7-14 AStG, Rz. 55.

[126] Vgl. EuGH v. 6.6.2000, C-35/98 *Verkooijen*, Slg. 1992, I-1249, Rz. 37.

des EuGH grundsätzlich die gleichen Rechtfertigungsmaßstäbe wie bei Anwendung der Niederlassungsfreiheit.[127] Damit wäre auch im Bereich der Kapitalverkehrsfreiheit eine Rechtfertigung auf Basis der Missbrauchsbekämpfung zu prüfen. Da der Anwendungsbereich der Kapitalverkehrsfreiheit im Gegensatz zu Art. 43 EG jedoch generell auch bei Vorliegen von Minderheits- oder Portfoliobeteiligungen eröffnet ist, stellt sich hier die Frage, ob in diesen Fällen überhaupt bzw. zumindest im Regelfall, ein missbräuchliches Verhalten der Anteilseigner anzunehmen ist. Es erscheint ziemlich unwahrscheinlich, dass Anteilseigner, die keinen gestaltenden Einfluss auf Tätigkeiten und Entscheidungen einer Zwischengesellschaft haben, diese auch als künstliches Vehikel zur Umgehung nationaler Steuervorschriften einsetzen können.[128] Gleiches gilt auch für die gesetzlich in § 7 Abs. 2 AStG verankerte Annahme einer zufälligen Inländerbeherrschung bei Splitterbeteiligungen.[129] Zwar könnte man gewiss auch eine Portfoliobeteiligung an einer künstlichen „Briefkastenfirma" annehmen,[130] jedoch muss der Vorwurf eines rechtsmissbräuchlichen Verhaltens sich auch immer am Ziel der jeweiligen Grundfreiheit messen lassen.[131] Hierbei verlangt Art. 56 EG im Gegensatz zu Art. 43 EG weder eine tatsächliche Ansiedlung, noch eine wirtschaftliche Integration der Gesellschaft in dem Aufnahmestaat, sondern nur eine Kapitalbeteiligung gleich welcher Art.[132] Hieraus könnte der Schluss gezogen werden, dass im Rahmen der Kapitalverkehrsfreiheit demnach grundsätzlich ein anderer Missbrauchsmaßstab anzuwenden wäre, als der vom EuGH in *Cadbury Schweppes* unter Art. 43, 48 EG angewandte Test, da das Ziel der Kapitalverkehrsfreiheit nicht explizit auf die Feststellung einer tatsächlichen Ansiedlung der betreffenden Gesellschaft im Aufnahmestaat und die Ausübung einer wirklichen wirtschaftlichen Tätigkeit gerichtet ist.

5.3. Verhältnis der §§ 7-14 AStG zu § 42 AO

Auf Basis der in der Rechtssache *Cadbury Schweppes* getroffenen Aussagen des EuGH zu den britischen CFC-Regelungen, dürfte sich der zulässige Anwendungsbereich einer europarechtskonformen Hinzurechnungsbesteuerung – jedenfalls in der EU – auf funktions- und substanzschwache, künstliche „Briefkastengesellschaften" beschränken. Der vom EuGH genannte Kriterienkatalog zur Überprüfung solcher Gesellschaften erinnert dabei teilweise an die von der Rechtsprechung des BFH in Bezug auf die Anerkennung von sog. „Basisgesellschaften" unter § 42 AO konkretisierten Tatbestandsmerkmale. Nach ständiger Rechtsprechung des BFH liegt ein Missbrauch

[127] Vgl. EuGH, C-436/00 *X und Y*, Rz. 72; EuGH, C-35/98 *Verkooijen*, Rz. 43-46.
[128] Vgl. Lieber/Rasch, GmbHR 2004, 1572, 1577; Kraft/Bron, IStR 2006, 614, 619; Wassermeyer in: F/W/B, Vor §§ 7-14 AStG, Rz. 84 (Oktober 2004).
[129] Vgl. Sullivan/Wallner/Wübbelsmann, IStR 2003, 6, 12.
[130] Vgl. Wassermeyer/Schönfeld, GmbHR 2006, 1065, 1067.
[131] Vgl. EuGH, C-196/04 *Cadbury Schweppes*, Rz. 52.
[132] Vgl. Pinto, Tax Competition and EU Law 2003, 334, 338.

von Gestaltungsmöglichkeiten i.S.v. § 42 AO dann vor, wenn eine rechtliche Gestaltung gewählt wird, die zur Erreichung des erstrebten wirtschaftlichen Ziels unangemessen ist, der Steuerminderung dienen soll und durch wirtschaftliche oder sonst beachtliche außersteuerlichen Gründe nicht zu rechtfertigen ist.[133] Der BFH stellte in seiner Rechtsprechung weiterhin klar, dass das Erzielen von passiven Einkünften durch ausländische Tochtergesellschaften nicht per se einen Vorwurf der Missbräuchlichkeit nach § 42 AO rechtfertigt, sondern grundsätzlich die Hinzurechnungsbesteuerung nach den §§ 7-14 AStG auslöst.[134]

Im Ergebnis ist § 42 AO damit vorrangig zu den Normen des AStG nur in Missbrauchsfällen anzuwenden und umfasst z.B. funktionslose Briefkastengesellschaften, welche dann jedoch nicht der Hinzurechnungsbesteuerung nach den §§ 7-14 AStG unterfallen würden.[135]

Aber selbst in diesem engen Bereich hat der BFH in den sog. *Dublin Docks*-Entscheidungen[136] sowie in weiteren Folgeentscheidungen[137] selbst weitgehend ausstattungslose ausländische Kapitalanlagegesellschaften oder Zwischenholdinggesellschaften steuerlich als nicht missbräuchlich beurteilt (gemäß § 42 AO bzw. § 50d Abs. 3 EStG), wenn diese nur eigenwirtschaftlich tätig waren oder sonstige wirtschaftliche oder außersteuerliche Gründe (etwa die funktionale Eingliederung in den Konzernaufbau) vorlagen. Der BFH misst damit dem Tatbestandsmerkmal der wirtschaftlichen oder sonst beachtlichen Gründen unter Umständen eine stärkere bzw. eigenständigere Bedeutung zu, als objektiven Kriterien zur Substanz und Ausstattung der Gesellschaft wie eigenes Personal, eigene Geschäftsräume oder Telefon- und Telefaxanschlüsse.[138] Daraus ergibt sich eine gewisse Diskrepanz zu dem vom EuGH geforderten „objektivierten Substanztest“ bezüglich der Beurteilung von Missbrauchsfällen, was die Frage aufwirft, ob es auch unter europarechtlichen Gesichtspunkten ausreichen würde, bei fehlender Substanz durch die Nennung anderer wirtschaftlicher oder sonst beachtlicher Gründe, eine missbräuchliche Gestaltung auszuschließen.[139] Solche

---

[133] Siehe z.B. BFH v. 19.8.1999, I R 77/96, BStBl. II 2001, 43 m.w.N.

[134] So etwa BFH v. 20.3.2002, I R 63/99, DStR 2002, 1348; BFH v. 20.3.2003, I R 38/00, IStR 2002, 597, jeweils m.w.N.

[135] Vgl. Köhler in: Strunk/Kaminski/Köhler, AStG/DBA, § 7 AStG, Rz. 14.

[136] BFH v. 19.1.2000, I R 94/97, BStBl. II 2001, 222; BFH v. 19.1.2000, I R 117/97, IStR 2000, 182; BFH v. 25.2.2004, I R 42/02, DStR 2004, 1282. Das BMF hatte mit Schreiben vom 19.3.2001 (IV B 4 – S 1300 – 65/01, BStBl. I 2001, 243) zunächst einen Nichtanwendungserlass der BFH-Urteile vom 19.1.2000 ausgesprochen, welcher jedoch im Anschluss an das Urteil des BFH vom 25.2.2004 wieder aufgehoben wurde (BMF-Schreiben vom 28.12.2004, IV B 4 – 1300 – 362/04, BStBl. I 2005, 28).

[137] Vgl. etwa BFH v. 17.11.2004, I R 55/03, BFH/NV 2005, 1016 und jüngst BFH v. 31.5.2005, I R 88/04, IStR 2005, 710 (zu diesem Urteil gibt es einen Nichtanwendungserlass des BMF vom 30.1.2006, IV B 1 – S 2411 – 4/06, DStR 2006, 275).

[138] Vgl. Hölzermann, IStR 2006, 834, 835.

[139] Vgl. Köhler/Eicker, DStR 2006, 1871, 1873.

Anhaltspunkte sind der Urteilsbegründung des EuGH zu *Cadbury Schweppes* nicht ausdrücklich zu entnehmen. Nach Auffassung des EuGH soll der „Gegenbeweis" durch die Muttergesellschaft auf objektivierten Anhaltspunkten beruhen; auf weitere sonstige wirtschaftliche oder außersteuerliche Gründe wird in dem Urteil nicht weiter abgestellt.

Andererseits spielen solche Beweggründe bei der Anwendung des, im Urteilsfall ohnehin gegebenen, britischen „Motivtests" eine Rolle. Die Anwendung der CFC-Regelungen auf beherrschte ausländische Gesellschaften kann durch den Test vermieden werden, wenn nachgewiesen werden kann, dass die Erzielung eines Steuervorteils durch Umgehung der britischen Steuervorschriften nicht derjenige oder einer derjenigen Hauptbeweggründe der gewählten Gestaltung war. Die Klärung der Frage, ob der britische Motivtest in seiner derzeitigen Ausgestaltung den Vorgaben des EuGH entspricht, wurde vom EuGH an das zuständige Gericht zurückverwiesen.[140] Der EuGH musste also in seiner Urteilsbegründung zu *Cadbury Schweppes* nicht näher auf diese subjektiven Beweggründe eingehen, womit ihre Bedeutung aber wohl nicht geschmälert wird. Insoweit spricht einiges dafür, dass auch andere Aspekte – neben objektivierter Substanz – geeignet sein könnten, ein Missbrauchsverdikt zu widerlegen.

6. Ergebnis

Spätestens seit der Entscheidung des EuGH in der Rechtssache *Cadbury Schweppes* können die §§ 7- 14 AStG in ihrer derzeitigen Fassung nicht mehr als (vollständig) europarechtskonform angesehen werden. Eine eindeutige Verletzung der Niederlassungsfreiheit nach Art. 43 EG ergibt sich dabei bei vielen Sachverhalten im EU-Gemeinschaftsgebiet, welche eine Mehrheitsbeteiligung an einer Zwischengesellschaft nach § 7 Abs. 1 AStG betreffen, während bei Minderheits- oder Portfoliobeteiligungen grundsätzlich der Schutzbereich der Kapitalverkehrsfreiheit betroffen sein dürfte. Da der EuGH die britischen CFC-Vorschriften jedoch nicht anhand der Art. 56 ff. EG geprüft hat, kann zur Reichweite der Kapitalverkehrsfreiheit in solchen Fällen, insbesondere mit Blick auf Drittstaatensachverhalte und der Schrankenwirkung der Fortbestandsgarantie nach Art. 57 EG, gegenwärtig noch keine abschließende Aussage getroffen werden.

Diese Beschränkung der Grundfreiheiten des EG-Vertrages durch die deutsche Hinzurechnungsbesteuerung ist auch keiner Rechtfertigung aus zwingenden Gründen des Allgemeininteresses zugänglich. Die §§ 7-14 AStG in ihrer derzeitigen Fassung stellen nämlich weder auf die vom EuGH geforderten objektiven Anknüpfungsmerkmale zur

[140] Vgl. EuGH, C-196/04 *Cadbury Schweppes*, Rz. 72.

Bekämpfung rechtsmissbräuchlicher Gestaltungen ab, noch bieten sie dem Steuerpflichtigen eine entsprechende Gegenbeweismöglichkeit.

Da nach den Vorgaben des EuGH in *Cadbury Schweppes* insoweit eine Europarechtsinkonformität der deutschen Hinzurechnungsbesteuerung angenommen werden kann, sollten diesbezügliche Steuerbescheide mit Verweis auf die Rechtsprechung des EuGH offen gehalten werden. Für Finanzgerichte und den BFH dürfte sich insoweit eine Unanwendbarkeit der Bestimmungen zur Hinzurechnungsbesteuerung unmittelbar auch ohne eine entsprechende Vorlage an den EuGH durch Anwendung der sog. CILFIT-Doktrin[141] ergeben.[142]

7. Europarechtskonforme Ausgestaltung der Hinzurechnungsbesteuerung – Handlungsmöglichkeiten für den Gesetzgeber

Hinsichtlich einer möglichen europarechtskonformen Ausgestaltung der deutschen Hinzurechnungsbesteuerung auf Grundlage der §§ 7-14 AStG steht der deutsche Gesetzgeber vor einer Aufgabe, um die er nicht zu beneiden ist. Durch die Vorgaben des EuGH zur britischen CFC-Regelung in der Rechtssache *Cadbury Schweppes* entsteht dem deutschen Gesetzgeber dabei nicht nur ein dringender Handlungsbedarf, es verbleibt auch nur ein geringer Handlungsspielraum. Das recht zeitnah zum Urteil des EuGH veröffentlichte BMF-Schreiben vom 8.1.2007 als Reaktion der Finanzverwaltung auf die Entscheidung *Cadbury Schweppes* zeigt, dass die Finanzverwaltung die Grundsätze des Urteils auch für die deutsche Hinzurechnungsbesteuerung als anwendbar erachtet. Ob ihre Umsetzung durch das BMF-Schreiben den europarechtlichen Vorgaben entspricht, bleibt dabei jedoch höchst fraglich (vgl. die Ausführungen unter Punkt 4.2. oben).

Es scheint wahrscheinlich, dass auch der deutsche Gesetzgeber bei einer gesetzlichen Regelung auf die Vorgaben des EuGH bezüglich der Aufnahme einer, dem britischen Motivtest ähnlichen, Gegenbeweismöglichkeit für den Steuerpflichtigen zurückgreifen wird, ohne den Fortbestand der §§ 7-14 AStG generell in Frage zu stellen. Wie eine solche Regelung europarechtskonform ausgestaltet werden könnte, soll im Folgenden dargestellt werden. Daneben könnte überlegt werden, die Hinzurechnungsbesteuerung, ähnlich der Änderung des § 8a KStG als Folge der *Lankhorst-Hohorst*-Entscheidung[143] des EuGH auch auf Inlandssachverhalte auszudehnen.

---

[141] Vgl. EuGH v. 6.10.1982, C-283/81 *CLIFIT*, Slg. 1982, 3415; vgl. dazu Cordewender, DStR 2004, 6, 11; Herrmann, EuZW 2006, 231; Groh, EuZW 2002, 460.

[142] Vgl. Köhler/Eicker, DStR 2006, 1871, 1873.

[143] EuGH v. 12.12.2002, C-324/00 *Lankhorst-Hohorst*, Slg. 2002, I-11779.

7.1. Ausdehnung der Hinzurechnungsbesteuerung auf Inlandssachverhalte

Eine Ausweitung des Anwendungsbereichs der Hinzurechnungsbesteuerung auf das Inland ist eindeutig kritisch zu beurteilen. Hier würde dann grundsätzlich das gesamte inländische Besteuerungssystem von Kapitalgesellschaften, insbesondere das Trennungsprinzip bei der Besteuerung von Körperschaften, in Frage gestellt, was einer Vereinfachung des Steuerrechts sicherlich nicht unbedingt zuträglich wäre (man nehme als abschreckendes Beispiel die völlig unübersichtliche Ausgestaltung des § 8a KStG in der derzeitigen Fassung).[144] Darüber hinaus könnte eine solche Regelung verheerende Auswirkungen auf den Aktienhandel entfalten, wenn ein Anteilseigner immer das Risiko einer Hinzurechnungsbesteuerung von Einkünften aus etwaigen nachgeschalteten Zwischengesellschaften fürchten muss, von deren Existenz er bis zu diesem Zeitpunkt wahrscheinlich noch nicht einmal Kenntnis erlangt hatte.[145]

7.2. Ausgestaltung eines europarechtskonformen "Motivtests"

Wie oben bereits ausgeführt geht das BMF-Schreiben vom 8.1.2007 zum Teil deutlich über die in *Cadbury Schweppes* getroffenen Feststellungen des EuGH hinaus bzw. ist mit den Urteilsgrundsätzen nicht vereinbar. Um die Aussagen des EuGH zur Ausgestaltung einer Gegenbeweismöglichkeit für den Steuerpflichtigen in eine europarechtskonforme gesetzliche Grundlage zu fassen, dürfte es abweichend von dem „Kriterienkatalog" des BMF-Schreibens ausreichend sein, dass der Steuerpflichtige die Möglichkeit erhält nachzuweisen, dass

a) die Gesellschaft in dem Mitgliedstaat, in dem sie ihren Sitz oder ihre Geschäftsleitung hat, am dortigen Wirtschaftsleben ständig und nachhaltig teilnimmt und dort eine wirkliche wirtschaftliche Tätigkeit ausübt und

b) die Gesellschaft im Rahmen einer tatsächlichen Ansiedlung über ausreichend Geschäftsräume, Personal und Ausrüstungsgegenstände für die Ausübung ihrer wirklichen wirtschaftlichen Tätigkeit in diesem Mitgliedstaat verfügt.

Die weiteren im BMF-Schreiben vom 8.1.2007 genannten Beweisanforderungen, wie z.B. bezüglich der notwendigen Qualifikation des Personals, können wohl als Indizien bei dem jeweils zu prüfenden Einzelfall herangezogen werden, sind jedoch kaum objektiv nachprüfbare Anhaltspunkte. Für den Umfang der jeweils zu fordernden Nachweise sollte es auf die jeweiligen Umstände des Einzelfalls ankommen. Die vom BMF vorgenommene Bereichsausnahme von Einkünften nach § 7 Abs. 6 AStG steht dagegen europarechtlich auf tönernen Füßen. Obwohl zu diesen Fällen keine eindeutige Aussage in der Rechtssache *Cadbury Schweppes* getroffen wurde, erscheinen keine

---

[144] So etwa Cloer/Lavrelashivili, EWS 2006, 318, 319; Kraft/Bron, RIW 2006, 209, 215.
[145] Vgl. Wassermeyer/Schönfeld, GmbHR 2006, 1065, 1070.

stichhaltigen Gründe ersichtlich, welche eine solche beschränkende Sonderregelung rechtfertigen könnten. Bezüglich der Ausnahme von Drittstaatensachverhalten wird man wohl, trotz eindeutiger Tendenzen in der jüngsten Rechtsprechung des EuGH für eine finale Klärung auf eine EuGH-Entscheidung, insbesondere auch zur Frage der Fortbestandsgarantie nach Art. 57 EG, warten müssen. Der Fiskus wird speziell in diesem Bereich die Hinzurechnungsbesteuerung für „Steueroasen" außerhalb der EU ohne entsprechende finanzgerichtliche oder europarechtliche Zwänge wohl kaum aufgeben.

Zusammenfassend sollte sich eine endgültige gesetzliche Regelung eher an den sehr allgemein gehaltenen Aussagen des EuGH in *Cadbury Schweppes* orientieren als an der (zu) restriktiven Auslegung durch das BMF. Dass eine solche Regelung wiederum zu immensen praktischen Abgrenzungsschwierigkeiten führen wird, erscheint immanent.[146] Die Gerichte werden viele Einzelfälle im Rahmen aller gegebenen Umstände zu prüfen haben, womit es kaum möglich sein wird, verbindliche Prüfkriterien festzulegen. Gleichzeitig entspräche ein solcher Ansatz jedoch genau den bisherigen europarechtlichen Vorgaben, dass eine spezifische Missbrauchsbekämpfung durch Einzelfallwürdigung zu erfolgen hat.[147]

Zum Zeitpunkt der Fertigstellung der Druckfahnen wurde ein erster Entwurf für einen neuen § 8 Abs. 2 AStG bekannt, der zumindest z. T. die Kritik am o.g. BMF-Schreiben vom 8.1.2007 aufnimmt. Er lautet wie folgt:

> *„(2) Ungeachtet des Absatzes 1 ist eine Gesellschaft, die ihren Sitz oder ihre Geschäftleitung in einem Mitgliedstaat der Europäischen Union oder einem Vertragsstaat des EWR-Abkommens hat, nicht Zwischengesellschaft für Einkünfte, für die unbeschränkt Steuerpflichtige, die im Sinne des § 7 Abs. 2 an der Gesellschaft beteiligt sind, nachweisen, dass die Gesellschaft insoweit einer tatsächlichen wirtschaftlichen Tätigkeit in diesem Staat nachgeht. Weitere Voraussetzung ist, dass zwischen der Bundesrepublik Deutschland und diesem Staat aufgrund der Richtlinie 77/799/EWG des Rates vom 19. Dezember 1977 über die gegenseitige Amtshilfe zwischen den zuständigen Behörden der Mitgliedstaaten im Bereich der direkten Steuern und der Mehrwertsteuer (ABl. EG Nr. L 336 S. 15), in der jeweils geltenden Fassung, oder einer vergleichbaren zwei- oder mehrseitigen Vereinbarung, Auskünfte erteilt werden, die zur Durchführung der Besteuerung erforderlich sind. Satz 1 gilt nicht für die der Gesellschaft gemäß § 14 zuzurechnenden Einkünfte einer Untergesellschaft, die weder Sitz noch Geschäftsleitung in einem Mitgliedstaat der Europäischen Union oder einem Vertragsstaat*

[146] Vgl. Köhler/Eicker, DStR 2006, 1871, 1874.

[147] Vgl. Sullivan/Wallner/Wübbelsmann, IStR 2003, 6, 13; Wassermeyer/Schönfeld, GmbHR 2006, 1065, 1071.

des EWR-Abkommens hat. Das gilt auch für Zwischeneinkünfte, die einer Betriebsstätte der Gesellschaft außerhalb der Europäischen Union oder der Vertragsstaaten des EWR-Abkommens zuzurechnen sind. Der tatsächlichen wirtschaftlichen Tätigkeit der Gesellschaft sind nur Einkünfte der Gesellschaft zuzuordnen, die durch diese Tätigkeit erzielt werden und nur insoweit, als der Fremdvergleichsgrundsatz (§ 1) beachtet worden ist."

Literaturverzeichnis

Cloer, Adrian/Lavrelashvili, Nino:
EWS-Kommentar – Anmerkungen zu den Schlußanträgen in der Rs. Cadbury Schweppes: EWS 2006, S.318-320.

Cordewender, Axel:
Deutsche Unternehmensbesteuerung und europäische Grundfreiheiten – Grundzüge des materiellen und formellen Rechtsschutzsystems der EG: DStR 2004, S.6-15.

Droscha, Anatol/Reimer, Ekkehart:
Verlagerung der Buchführung in andere EG-Mitgliedstaaten?: DB 2003, S.1689-1694.

Eicker, Klaus/Rouenhoff, André:
Europarechtskonforme Auslegung des § 3c EStG in Bezug auf den Hinzurechnungsbetrag nach §§ 7, 10 AStG, Anm. zum Urteil des FG Düsseldorf v. 9.11.2004, 6 K 5917/00: IStR 2005, S.128-131.

Flick, Hans/Wassermeyer, Franz/Baumhoff, Hubertus:
Außensteuerrecht-Kommentar: Köln, Stand 2004.

Grabitz, Eberhard/Hilf, Meinhard:
Das Recht der Europäischen Union, München, Stand Juni 2005.

Groh, Thomas:
Auslegung des Gemeinschaftsrechts und Vorlagepflicht nach Art. 243 EGV: EuZW 2002, S.460-464.

Herrmann, Christoph:
Die Reichweite der gemeinschaftsrechtlichen Vorlagepflicht in der neueren Rechtsprechung des Europäischen Gerichtshofs: EuZW 2006, S.231-235.

Hölzemann, Stefan:
Neues zur steuerlichen Anerkennung ausländischer Kapitalgesellschaften – Sind eigenes Personal, eigene Geschäftsräume und eine Geschäftsausstattung noch erforderlich?: IStR 2006, S.830-836.

Kessler, Wolfgang/Eicker, Klaus/Obser, Ralph:
Die Gesellschafter-Fremdfinanzierung im Lichte der Kapitalverkehrsfreiheit: IStR 2004, S.325-329.

Köhler, Stefan/Eicker, Klaus:
Anmerkungen zu den EuGH-Urteilen vom 7.9.2006, „N“ und vom 12.9.2006, Cadbury Schweppes: DStR 2006, S.1871-1875.

Köhler, Stefan/Eicker, Klaus:
Kritische Anmerkungen zum BMF-Schreiben „Cadbury Schweppes“ vom 8.1.2007: DStR 2007, S. 331-334.

Köplin, Manfred/Sedemund, Jan:
Das BMF Schreiben vom 8.1.2007 – untauglich, die EG-Rechtswidrigkeit der deutschen Hinzurechnungsbesteuerung nach Cadbury Schweppes zu beseitigen!, BB 2007, 244-248.

Kraft, Gerhard/Bron, Jan:
Deutsche Hinzurechnungsbesteuerung und Europarecht – Eine Analyse vor dem Hintergrund aktueller Entwicklungen: RIW 2006, S.209-216.

Lang, Michael:
CFC-Gesetzgebung und Gemeinschaftsrecht: IStR 2002, S.217-222.

Lausterer, Martin:
X und Y: Neues zu den Grundfreiheiten des EG-Vertrages: IStR 2003, S.19-22.

Lieber, Bettina/Rasch, Stephan:
Mögliche Konsequenzen der Rechtssache „Cadbury Schweppes“ für die deutsche Hinzurechnungsbesteuerung: GmbHR 2004, S.1572-1578.

Pinto, Carlo:
Tax Competition and EU Law: Leiden, 2003.

Rättig, Horst/Protzen, Peer G. Daniel:
Praktische Folgen der Unvereinbarkeit der Hinzurechnungsbesteuerung mit der EU-Niederlassungs- sowie Kapitalverkehrsfreiheit: GmbHR 2003, S.503-506.

Rättig, Horst/Protzen, Peer G. Daniel:
Zur Europarechtswidrigkeit der §§ 7-14 AStG und zu den Folgen für die internationale Steuerplanung: IStR 2003, S.195-202.

Rehm, Helmut/Nagler, Jürgen:
Anmerkungen zum BMF-Schreiben vom 21.3,2007, IV B7 – G 1421/0, IStR 2007, 320 -322.

Ribbrock, Martin:
Anmerkungen zu FG Münster, Vorlagebeschluss 5.7.2005, 15 K 1114/99: IStR 2005, S.636-637.

Schönfeld, Jens:
Die Fortbestandsgarantie des Art. 57 Abs. 1 EG im Steuerrecht: Anmerkung zu FG Hamburg vom 9.3.2004, VI 279/01, EFG 2004, 1573: IStR 2005, S.410-414.

Schönfeld, Jens:
EuGH konkretisiert Anwendung der Kapitalverkehrsfreiheit im Verhältnis zu Drittstaaten: Mögliche Konsequenzen und offene Fragen aus steuerlicher Sicht, BB 2007, S. 80-82.

Schönfeld, Jens:
Hinzurechnungsbesteuerung und Europäisches Gemeinschaftsrecht: Köln, 2005.

Schönfeld, Jens:
Quo vadis Hinzurechnungsbesteuerung und EG-Recht – Bestandsaufnahme und neuere Entwicklungen: IWB Nr. 1 v. 11.1.2006, Fach 3, Gruppe 1, S.2119-2130.

Schnitger, Arne:
§ 20 Abs. 2 und 3 AStG a.F. vor dem EuGH – Meistbegünstigung „Reloaded"?: FR 2005, S.1079-1084.

Schwarz, Günter:
Europäisches Gesellschaftsrecht: Baden-Baden, 2002.

Schwenke, Michael:
Die Kapitalverkehrsfreiheit im Wandel? – Eine erste Analyse neuer Entwicklungen in der Rechtsprechung des EuGH –: IStR 2006, S.748-754.

Sedemund, Jan:
Die mittelbare Wirkung der Grundfreiheiten für in Drittstaaten ansässige Unternehmen nach den EuGH-Urteilen Fidium Finanz AG und Cadbury Schweppes: BB 2006, S.2781-2786.

Stefaner, Markus Christoph:
EuGH-Verfahren zur Vereinbarung von CFC-Gesetzgebung mit Gemeinschaftsrecht: SWI 2004, S.339-345.

Sullivan, Matthew/Wallner, Robert/Wübbelsmann, Stephan:
Die deutsche Hinzurechnungsbesteuerung auf dem europäischen Prüfstand: IStR 2003, S.6-14.

Strunk, Günther/Kaminski, Bert/Köhler, Stefan:
Außensteuergesetz/Doppelbesteuerungsabkommen Kommentar: Bonn, Stand 2004.

Wassermeyer, Franz/Schönfeld, Jens:
Die EuGH-Entscheidung in der Rechtssache „Cadbury Schweppes“ und deren Auswirkungen auf die deutsche Hinzurechnungsbesteuerung: GmbHR 2006, S.1065-1073.

Investitionsrelevanz aktueller Reformvorschläge zur Unternehmensbesteuerung

von Dr. Norbert Krawitz*

Professor für Betriebswirtschaftslehre an der Universität Siegen

* Der Verfasser dankt seiner wissenschaftlichen Mitarbeiterin, Frau Dipl.-Kffr. Mareike Dornhöfer, vielmals für die umfangreiche Unterstützung bei der Anfertigung dieses Beitrags.

Inhalt

1. Vorwort

Winfried Mellwig hat sich bereits in frühen Jahren seiner Forschungs- und Lehrtätigkeit mit Fragen des Steuereinflusses auf betriebliche Investitionen beschäftigt.[1] Da der Verfasser sich dem Jubilar seit der gemeinsamen Assistentenzeit an der Westfälischen Wilhelms-Universität Münster verbunden fühlt, stellt es für ihn eine große Freude und Ehre dar, ihm diesen kleinen Beitrag zu aktuellen Entwicklungen der steuerlichen Investitionsrelevanz in der Festschrift zu seinem 65. Geburtstag zu widmen.

2. Problemstellung

In den letzten Jahren findet in Politik, Praxis und Wissenschaft verstärkt eine Diskussion zur Reform der Unternehmensbesteuerung statt. Als Hauptziele nennen politische Äußerungen – allerdings nicht zum ersten Mal – die Verbesserung der internationalen Wettbewerbsfähigkeit,[2] die Förderung von Investitionen und Wachstum sowie die Schaffung von Arbeitsplätzen.[3] In verschiedenen Institutionen wurden zum Teil umfangreiche Reformmodelle zu dem wichtigen Komplex der Ertragsbesteuerung entwickelt. Aus betriebswirtschaftlicher Sicht ist dabei von besonderem Interesse, wie sich die vorgeschlagenen Änderungen des Ertragsteuerrechts auf Investitionen der deutschen Wirtschaft auswirken könnten. Wegen des begrenzten Raumes kann nicht auf alle Reformvorschläge eingegangen werden.[4] Die Auswahl für diesen Beitrag erfolgte unabhängig von der Wahrscheinlichkeit der Umsetzung in zukünftiges Steuerrecht, da die Untersuchung die Reformmodelle daraufhin beurteilen will, ob die genannte Zielsetzung „Verbesserung der Vorteilhaftigkeit betrieblicher Sachinvestitionen und damit Erhöhung des Investitionsvolumens" erreicht werden kann. Nach einer kurzen Beschreibung der ausgewählten Konzepte schließt sich eine Modellanalyse mit Beispielen zur Relevanz für die betrieblichen Investitionsentscheidungen an.

---

1 Vgl. Mellwig (1980), S. 16ff.; Mellwig (1981), S. 53ff.; Mellwig (1982), S. 501ff. u. 553ff.; Mellwig (1985); Mellwig (1989a), S. 35ff.; Mellwig (1989b), S. 231ff.

2 Zum internationalen Steuergefälle in der Europäischen Union vgl. z.B. Zielke (2006), S. 2587f.

3 Vgl. z.B. BMF (2006); Wilk (2006), S. 9; Spengel/Reister (2006), S. 1741.

4 Beispielsweise sei noch auf das umfangreiche Konzept des sog. Karlsruher Entwurfs hingewiesen. Vgl. dazu z.B. Kirchhof (2001).

3. Ausgewählte investitionsrelevante Parameter des geltenden Rechts

Bezüglich der Investitionsrelevanz des derzeitigen Steuerrechts wird trotz zahlreicher Tarifreduktionen der letzten Jahre sowohl die nominelle als auch die sog. effektive Ertragsteuerbelastung[5] im internationalen Vergleich nach wie vor als relativ hoch angesehen. Bei einem Körperschaftsteuersatz von 25% beträgt der zusammengefasste Belastungsfaktor auf der Ebene der Kapitalgesellschaft in Abhängigkeit vom Gewerbesteuer-Hebesatz etwa zwischen 35% und 42% des Bruttogewinns vor Ertragsteuern.[6] Im Falle der Ausschüttung erhöht sich dieser bei einem Gewerbesteuer-Hebesatz von 400% (ohne Kirchensteuer) auf 52,24%.[7] Insoweit schneidet die Selbstfinanzierung bei Kapitalgesellschaften günstiger ab als die externe Beteiligungsfinanzierung mit Gewinnausschüttungen. Im Falle der Investitions-Fremdfinanzierung lösen sog. Dauerschuldzinsen gem. § 8 Nr. 1 GewStG die hälftige Hinzurechnung zur Bemessungsgrundlage der Gewerbesteuer und damit eine hälftige Gewerbesteuerbelastung aus. Für Personenunternehmen entsteht unabhängig von der Gewinnverwendung prinzipiell eine gleiche Einkommensteuerbelastung. Die gewerbesteuerliche Vorwegbelastung der unternehmerischen Gewinne wird durch die pauschalierte Anrechnung gem. § 35 EStG gemindert, wobei allerdings Über- und Unterkompensationen zur tatsächlichen Gewerbesteuerschuld entstehen können. Daher reduzieren sich auch die Differenzen zwischen den Steuerbelastungen gewerblicher Investitionen und nicht gewerblicher Alternativanlagen am Kapitalmarkt.

Die Vorteilhaftigkeit unternehmerischer Investitionen wird ferner durch die steuerrechtlichen Regelungen zur planmäßigen Abschreibung bzw. Absetzung für Abnutzung (AfA) des § 7 EStG beeinflusst. Für die geometrisch-degressive AfA gem. § 7 Abs. 2 EStG galt früher der Höchstsatz von 30% bzw. das Dreifache des linearen Satzes. Diese beiden Grenzen wurden im Jahr 2000 auf 20% bzw. das Zweifache des li-

---

[5] Zur Problematik effektiver Grenzsteuerbelastungen für Investitionen im internationalen Vergleich vgl. z.B. Schneider (1992), S. 411ff.; Schreiber/Spengel/Lammersen (2002), S. 2ff.

[6] Bei einem Gewerbesteuer-Hebesatz von 400% ergibt sich der oft genannte zusammengesetzte Belastungsfaktor von 38,65%.

[7] Berechnet nach der Formel mit folgenden Symbolbedeutungen und Steuersätzen:

s_{ErtDiv} = Zusammengefasster Ertragsteuersatz für ausgeschüttete Gewinne von Kapitalgesellschaften

s_{ge} = effektiver Gewerbesteuersatz (16,67%)

s_{SolZ} = Solidaritätszuschlagssatz (5,5%)

s_{KSt} = Körperschaftsteuersatz (25%)

s_{ESt} = Einkommensteuersatz (hier: höchster Einkommensteuer-Grenzsatz von 42%)

$$s_{ErtDiv} = s_{ge} + s_{KSt}(1 + s_{SolZ})(1 - s_{ge}) + 0{,}5\, s_{ESt}(1 + s_{SolZ})\{1 - [s_{ge} + s_{KSt}(1 + s_{SolZ})(1 - s_{ge})]\}$$

$$= 16{,}67\% + 25\%(1 + 5{,}5\%)(1 - 16{,}67\%) + 0{,}5 * 42\%(1 + 5{,}5\%)\{1 - [16{,}67\% + 25\%(1 + 5{,}5\%)(1 - 16{,}67\%)]\} = 52{,}24\%.$$

nearen Satzes abgesenkt.[8] Für Anschaffungen in den Jahren 2006 und 2007 wurde der Höchstsatz wieder auf 30% bzw. das Dreifache des linearen Satzes angehoben.[9]

4. Wesentliche Elemente ausgewählter Reformmodelle

4.1. Allgemeine Unternehmensteuer nach dem Konzept der Stiftung Marktwirtschaft

Das Konzept der Stiftung Marktwirtschaft, das von einer Gruppe von Experten aus Wissenschaft und Praxis erarbeitet wurde,[10] beruht u.a. auf dem sog. „Kölner Entwurf eines Einkommensteuergesetzes".[11] Im Mittelpunkt steht eine allgemeine rechtsformneutrale Unternehmensteuer für Personenunternehmen und Kapitalgesellschaften.[12] Die weitgehende Rechtsformneutralität würde durch die Ausdehnung des Trennungsprinzips auf Personengesellschaften erreicht. Thesaurierte Gewinne unterliegen nach diesem Reformvorschlag einer niedrigen Besteuerung, wodurch Eigenkapitalbindung und Wachstum gefördert und Arbeitsplätze erhalten bzw. geschaffen werden sollen.[13] Unternehmensverluste können jedoch vom Unternehmer bzw. den Gesellschaftern nicht mehr genutzt werden, wodurch es zu einer Einsperrung der Verluste auf Unternehmensebene kommt (Lock-in-Effekt).[14]

Bei der Ausschüttung durch die Kapitalgesellschaft bzw. der Entnahme aus der Personenunternehmung kommt es zu einer Nachbelastung durch die Einkommen- und Bürgersteuer, die den steuerlichen Thesaurierungsvorteil ausgleichen soll. So wird für ausgeschüttete bzw. entnommene Gewinne weiterhin der Grundgedanke einer synthetischen Einkommensteuer verwirklicht. Das Halbeinkünfteverfahren wird zu einem Teileinnahmeverfahren abgewandelt, wonach bei einem Spitzensteuersatz von 42% und einem Unternehmensteuersatz von 25% lediglich 34/63 der ausgeschütteten bzw. entnommenen Gewinne steuerpflichtig sind.[15] Bei gleichem Spitzen- und einem Un-

---

[8] Gesetz zur Senkung der Steuersätze und zur Reform der Unternehmensbesteuerung (Steuersenkungsgesetz – StSenkG) vom 23.10.2000 (BGBl. 2000 I, S. 1433).

[9] Gesetz zur steuerlichen Förderung von Wachstum und Beschäftigung vom 26.4.2006 (BGBl. 2006 I, S. 1091).

[10] Vgl. Knirsch/Niemann (2006b), S. 281.

[11] Vgl. Lang u.a. (2005).

[12] Zu den Kernpunkten des Allgemeinen Unternehmensteuergesetzes siehe Stiftung Marktwirtschaft (2006). Vgl. bspw. auch Herzig (2006), S. 151ff.; Herzig/Bohn (2006), S. 1ff.; Schreiber/Spengel (2006), S. 277f.; Knirsch/Niemann (2006a), S. 880; Knirsch/Niemann (2006b), S. 281f.; Bareis/Siegel (2006), S. 748ff.

[13] Vgl. Knirsch/Niemann (2006b), S. 281.

[14] Vgl. Herzig/Bohn (2006), S. 6.

[15] $25\% + 42\% (1 - 25\%) * 34/63 = 42\%$. Dann entspricht die Gesamtbelastung aus Unternehmensbesteuerung und Einkommensteuer auf die Ausschüttung dem Einkommensteuer-Spitzensatz. Vgl. hierzu auch Schreiber/Spengel (2006), S. 278.

ternehmensteuersatz von 30% würde diese Steuerpflicht-Quote 20/49 betragen.[16] Damit käme es bei Anwendung des höchsten Grenzsteuersatzes zu einer Gleichbelastung im Verhältnis zu den übrigen Einkünften und es bestünde kein Anreiz mehr zu verdeckten Gewinnausschüttungen. Des Weiteren käme es im Gegensatz zum jetzigen Halbeinkünfteverfahren zu einer Berücksichtigung der Kommunalen Unternehmensteuer als Vorbelastung.

Die Einkommensbesteuerung soll Rechtsbeziehungen zwischen der Personengesellschaft und den Gesellschaftern in gleicher Weise wie bei Kapitalgesellschaften berücksichtigen. Einzelunternehmer können jedoch keine Verträge mit sich selbst abschließen, weshalb hier ein Abzug von Leistungsvergütungen entfällt. Ausschüttungen an andere Unternehmen werden analog zu § 8b Abs. 1 Satz 1 KStG steuerfrei gestellt, um Mehrfachbelastungen zu vermeiden.

Dieses Konzept überwindet den gegenwärtigen rechtsformbezogenen Dualismus der deutschen Unternehmensbesteuerung, ohne den zivilrechtlichen Status der Unternehmen zu verändern. Eine Ausnahme bilden Kleinunternehmen, die weiterhin transparent besteuert werden sollen. Unter diese Regelung fallen Personenunternehmen, deren steuerlicher Gewinn nachhaltig 120.000 € nicht übersteigt und an denen ausschließlich natürliche Personen beteiligt sind. Darüber hinaus dürfen zu Beginn des Wirtschaftsjahres nicht mehr als fünf Personen Gesellschafter des Unternehmens sein.

Auf der Unternehmensebene werden Gewinne mit einem konstanten Steuersatz belastet, der sich aus der Allgemeinen und der Kommunalen Unternehmensteuer zusammensetzt und aus Gründen der internationalen Wettbewerbsfähigkeit zwischen 25% und 30% liegen sollte. Die Kommunale Unternehmensteuer, bei der die Gemeinden ein Hebesatzrecht erhalten sollen, bildet einen Bestandteil des Vier-Säulen-Konzepts,[17] durch das die überholte und international isolierte Gewerbesteuer ersetzt werden soll. Dieses Konzept umfasst eine reformierte Grundsteuer, eine Bürgersteuer, die Kommunale Unternehmensteuer sowie einen Anteil an der Lohnsteuer. Die Unternehmensträger als Steuersubjekt und die Bemessungsgrundlage der Kommunalen Unternehmensteuer stimmen in vollem Umfang mit denen der Allgemeinen Unternehmensteuer überein.

Bei der steuerlichen Gewinnermittlung ist auch künftig ein Nebeneinander von Überschussrechung und Vermögensvergleich vorgesehen. Der Anwendungsbereich der Überschussrechnung soll ausgedehnt werden. Durch den Entwurf eines Gewinnermittlungsgesetzes soll die Maßgeblichkeit der Handelsbilanz für die Steuerbilanz aufgege-

---

[16] 30% + 42% (1 - 30%) * 20/49 = 42%. Vgl. dazu auch Herzig (2006), S. 153.

[17] Vgl. zu diesem Konzept auch Homburg (2005), S. 2383ff.; Schmidt (2006), S. 204; Knirsch/Niemann (2006a), S. 880; Knirsch/Niemann (2006b), S. 281f.

ben und eine eigenständige steuerliche Gewinnermittlung entwickelt werden. Den sog. „starting point“ hierfür liefern die IFRS. Dadurch wird ein wichtiger Beitrag zur Entwicklung einer harmonisierten steuerlichen Bemessungsgrundlage in der EU erreicht.[18]

4.2. Duale Einkommensteuer

Ziel dieses vom Sachverständigenrat favorisierten Konzeptes[19] stellt die Schaffung steuerlich günstiger Rahmenbedingungen für Investitionen unabhängig von der Rechtsform von Unternehmen und von der Art und Weise der Finanzierung dar. Die Duale Einkommensteuer differenziert zwischen den beiden Einkunftsarten Kapital- und Arbeitseinkommen mit unterschiedlichen Steuersätzen. Sämtliche Kapitaleinkommen unterliegen einem ermäßigten Satz von 25%, während die sog. Erwerbseinkommen dem linear-progressiven Steuertarif unterworfen werden. Ferner unterstützt der Sachverständigenrat die Vorschläge, die Gewerbesteuer durch eine kommunale Zuschlagsteuer zu ersetzen.[20]

Der Gewinn von Kapitalgesellschaften soll ebenso mit 25% belastet werden. Diese Belastung enthält auch die (jetzige) Gewerbesteuer bzw. die sie ablösende Kommunale Unternehmensteuer und den Solidaritätszuschlag. Ausschüttungen an die Anteilseigner werden nur insoweit versteuert, als sie eine typisierte Eigenkapitalverzinsung (z.B. 6% pro Jahr) übersteigen. Diese Einkommensbesteuerung der (darüber hinausgehenden) Dividenden soll ebenfalls einen Satz von 25% einschließlich Solidaritätszuschlag ausmachen. Die Gesamtbelastung der die „Normrendite“ übersteigenden Gewinnausschüttung durch Körperschaft- und Einkommensteuer würde somit 43,75% betragen.[21] Die Besteuerung von Ausschüttungen und Veräußerungsgewinnen kann im Interesse der Steuervereinfachung und zur Vermeidung von Kapitalflucht auch als Abgeltungsteuer (kombiniert mit einer Veranlagungsoption) ausgestaltet werden.[22]

Der Gewinn von Personenunternehmen wird vom Grundsatz her dem gegenwärtigen Einkommensteuertarif unterworfen. Der Sachverständigenrat spricht sich gegen eine rechtsformneutrale Besteuerung aus, da diese zur Förderung von Investitionen nicht geboten sei. Die Personenunternehmen sollen allerdings ebenfalls entlastet werden, indem die typisierte Eigenkapitalverzinsung nur mit dem Proportionalsatz von 25% belastet wird. Die darüber hinausgehenden Unternehmensgewinne zählen zum Erwerbseinkommen, das dem normalen Steuertarif unterworfen wird.

---

[18] Vgl. Stiftung Marktwirtschaft (2006), S. 19; Herzig (2006), S. 155.

[19] Vgl. zu diesem Konzept z.B. Schön u.a. (2006), S. 147ff.; Schreiber/Spengel (2006), S. 278f.; Spengel/Wiegard (2004), S. 71ff.; Schreiber/Finkenzeller/Rüggeberg (2004), S. 2767ff.

[20] Vgl. hierzu auch Knirsch/Niemann (2006a), S. 880.

[21] 25% + 25% (1 - 25%) = 43,75%. Vgl. hierzu z.B. Schreiber/Spengel (2006), S. 279.

[22] Vgl. Schön u.a. (2006), S. 149.

Fremdkapitalzinsen werden beim Empfänger mit dem einheitlichen Proportionalsatz von 25% besteuert. Auch hier könnte man eine Abgeltungsteuer einführen. Immobilienveräußerungsgewinne sollen unabhängig von den bisherigen Fristen der Besteuerung unterliegen. Immobilieneinkünfte beruhen auf dem Einsatz von Kapital und sind ebenfalls dem Proportionalsteuersatz zu unterwerfen.

4.3. Reformentwurf der Bundesregierung

Zum Zeitpunkt der Abfassung dieses Beitrags plant die Bundesregierung für das Jahr 2008 eine weitere Reduktion der nominellen Ertragsteuerbelastung für Kapitalgesellschaften auf unter 30%.[23] Hierzu soll der Körperschaftsteuersatz auf 15% und die Gewerbesteuermesszahl auf 3,5% gesenkt werden. Zur weitgehenden Gegenfinanzierung erfolgt eine Verbreiterung der Bemessungsgrundlage, z.B. durch den Wegfall des Betriebsausgabenabzugs der Gewerbesteuer und die Abschaffung der degressiven Absetzung für Abnutzung (AfA). Aus diesen Eckpunkten würde bei einem Gewerbesteuer-Hebesatz von 400% ein Ertragsteuerfaktor von 29,83% resultieren.[24] Unternehmen, die die Größenmerkmale des § 7g EStG überschreiten, sollen keine Sofortabschreibung geringwertiger Wirtschaftsgüter mehr vornehmen dürfen. Zudem plant die Regierung eine Verschärfung der Mantelkaufregelungen.

Ferner hat sich die Bundesregierung zum Ziel gesetzt, eine weitgehende Rechtsform- und Finanzierungsneutralität zu erreichen. Daher wird auch Personenunternehmen durch eine Thesaurierungsbegünstigung die Möglichkeit eingeräumt, entsprechend den Kapitalgesellschaften einbehaltene Gewinne ermäßigt zu versteuern. Dies geht einher mit einer Nachbelastung der Entnahme durch die sog. Abgeltungsteuer.[25] Die Gewerbesteuer-Anrechnung gem. § 35 EStG soll auch künftig erhalten bleiben.

Die Bundesregierung will die Verlagerung von Erträgen in steuergünstigere Länder erschweren. Aus diesem Grund soll als Ersatz für die bisherige Regelung des § 8a KStG eine modifizierte Zinsschranke eingeführt werden.[26] Danach soll der Abzug für den

---

[23] Die Ausführungen beziehen sich auf den Kabinettsbeschluss vom 12.7.2006, vgl. BMF (2006). Vgl. hierzu auch Rödder (2006), S. 2028ff. Ferner hat sich die finanzpolitische Bund-Länder-Arbeitsgruppe auf die Kernpunkte einer Unternehmensteuerreform verständigt. Diese wurden am 2.11.2006 von Bundesfinanzminister Peer Steinbrück (SPD) und dem hessischen Ministerpräsidenten Roland Koch (CDU) bekannt gegeben. Vgl. o.V. (2006a), S. 5f.; o.V. (2006c), S. 11. Der Entwurf eines Unternehmensteuerreformgesetzes (BT-Drs. 16/4841, 16/5377) wurde am 25.5.2007 im Bundestag verabschiedet. Der Bundesrat soll noch vor der Sommerpause abschließend darüber beraten.

[24] $s_{GewSt} + s_{KSt} + s_{SolZ} = 3{,}5\% * 400\% + 15\% (1 + 5{,}5\%) = 29{,}83\%$ (gerundet).

[25] Siehe hierzu weiter unten.

[26] Zum Zeitpunkt der Abfassung sind insbesondere bezüglich des Zinsschrankenmodells noch zahlreiche Detailfragen offen, die die betriebswirtschaftliche Fragwürdigkeit einer solchen Abzugsbeschränkung nur verstärken.

Saldo aus Zinsaufwand und Zinsertrag auf 30% des Gewinns vor Zinsen beschränkt werden, soweit der Saldo die Freigrenze von 1 Mio. € übersteigt. Der nicht anerkannte Aufwand wird als nicht abzugsfähige Betriebsausgaben behandelt und kann über einen Vortrag in späteren Veranlagungszeiträumen abgezogen werden, soweit dann ein Spielraum unter der Zinsschranke vorhanden ist. Hierbei spielt es keine Rolle, ob die Zinsen an einen Gesellschafter oder an eine dritte Person geleistet werden. Somit kann es nicht zu einer Umqualifizierung von Zinszahlungen beim Gesellschafter kommen. Dieses Modell soll sowohl für Körperschaften als auch Personenunternehmen gelten. Ebenso wie bei § 8a KStG ist eine sog. „Escape-Klausel" vorgesehen. Danach soll die Zinsschranke nicht gelten, wenn der Nachweis erbracht wird, dass das Verhältnis Eigen-/Fremdkapital bei allen verbundenen Unternehmen nicht günstiger ist als bei dem zu prüfenden Unternehmen. Hierbei zählen unmittelbare und mittelbare Beteiligungen ab 25%. Maßgebend für die Berechnung der genannten Quote sind die nach internationalen Rechnungslegungsstandards aufgestellten und publizierten Jahresabschlüsse. Bei natürlichen Personen als Anteilseigner ist der Nachweis zu erbringen, dass keine Gesellschafter-Fremdfinanzierung vorliegt. Somit sind Einzelunternehmen von der Zinsschranke ausgenommen, da keine abweichende Gegenfinanzierungsrelation denkbar ist.

Geplant ist außerdem eine Besteuerung von Funktionsverlagerungen. Dadurch soll eine Übertragung ertragversprechender Tätigkeiten auf Unternehmen in Niedrigsteuerländer verhindert werden. Die Ausgestaltung dieser Regelung ist bisher jedoch weitgehend noch unklar.

Für kleine Unternehmen soll die Ansparabschreibung großzügiger ausgestaltet werden. Natürliche Personen (als Einzelunternehmer oder Mitunternehmer) können demnach 25% des Gewinns, höchstens aber 100.000 € in eine gewinnmindernde Rücklage einstellen, ohne dafür eine konkrete Investition nennen zu müssen. Diese Rücklage muss innerhalb der nächsten vier Jahre für die Anschaffung eines Wirtschaftsguts verwendet werden, ansonsten kommt es zu einer Versteuerung zuzüglich eines Zinsaufschlags. Bei Auflösung der Rücklage ohne Anschaffung eines Wirtschaftsguts erfolgt eine Rückrechnung auf den Zeitpunkt der Bildung der Rücklage und somit auch eine Steuerberechnung für diesen Veranlagungszeitraum. Die bisherige Möglichkeit der Progressionsglättung durch die Investitionsrücklage scheidet somit aus.

Im Bereich der Gewerbesteuer sind neben der Aufhebung des Betriebsausgabenabzugs und der Absenkung der Gewerbesteuermesszahl weitere Änderungen geplant. Die hälftige Hinzurechnung der Dauerschuldzinsen soll durch einen Zuschlag von 25% aller Zinsen und Finanzierungsanteile von Mieten, Pachten, Leasingraten und Lizenzen zum Gewinn ersetzt werden. Der Anrechnungsfaktor für die Gewerbesteuer auf die Einkommensteuer soll von 1,8 auf 3,8 erhöht werden. Im Gegenzug kommt es zu einem Wegfall des Staffeltarifs bei Personenunternehmen.

Zum 1.1.2009 soll eine sog. Abgeltungsteuer eingeführt werden.[27] Zinsen, Dividenden, Investmenterträge, Zertifikatserträge und Gewinne aus privaten Veräußerungsgeschäften, insbesondere bei Wertpapieren, Investmentanteilen und Beteiligungen an Kapitalgesellschaften, nicht jedoch Immobilien, sollen unabhängig von der bisher geltenden Veräußerungsfrist mit 25% zuzüglich Solidaritätszuschlag und Kirchensteuer besteuert werden. Bei einer Belastung des Gewinns der Kapitalgesellschaft von 29,83% erhält man bei einer Ausschüttung des Nettogewinns von 70,17% eine Gesamtbelastung von 48,34% des ursprünglichen Bruttogewinns.[28] Die Besteuerung von privaten Veräußerungsgewinnen soll nur für sog. „Neufälle", also nach dem 31.12.2007 erworbene Kapitalanlagen, gelten. Als Bemessungsgrundlage dienen die Bruttoerträge, die um den Sparer-Pauschbetrag (Sparerfreibetrag zzgl. Werbungskosten-Pauschbetrag) reduziert werden. Die Verlustverrechnung wird auf Einkünfte aus Kapitalanlagen beschränkt. Das Halbeinkünfteverfahren für natürliche Personen (§ 3 Nr. 40 EStG) entfällt. Beteiligungserträge sowie Gewinne aus der Veräußerung von Beteiligungen sollen bei Körperschaften wie bisher besteuert werden (§ 8b KStG). Auf Wunsch können die Steuerpflichtigen auch zur Veranlagung ihrer Einkünfte aus Kapitalanlagen optieren.

5. Einbeziehung der Reformmodelle in die Kapitalwertmethode

5.1. Modelltheoretische Grundlagen und Ausgangsbeispiel

Steuereinflüsse auf Investitionen lassen sich mit Hilfe verschiedener Methoden messen.[29] Zur Beurteilung von Reformmodellen verwenden Literaturbeiträge beispielsweise den Einfluss der jeweiligen Steuerbelastung auf die geforderte Mindestrendite der betrieblichen Sachinvestition.[30] Allgemein wird in der Literatur „als geeignetste Methode zur Vorteilhaftigkeitsbeurteilung von Investitionsobjekten ... die Kapitalwertmethode ... vorgeschlagen."[31] Aus diesem Grunde und da bereits eine renditeorientierte Analyse der beiden wichtigen Reformmodelle vorliegt,[32] soll hier der Untersuchung des Steuereinflusses das Kapitalwertmodell zugrunde gelegt werden.

---

[27] Vgl. zur Abgeltungsteuer o.V. (2006b), S. 7.

[28] 29,83% + 25% (1 + 5,5%) (1 - 29,83%) = 48,34%.

[29] Vgl. z.B. die grundlegenden Ausführungen zur „Erfassung der Steuern im Investitionsmodell" bei Mellwig (1985), S. 1ff.

[30] Vgl. Schreiber/Rogall (2000), S. 722ff.; Schreiber (2006), S. 1164ff.

[31] König/Wosnitza (2004), S. 9 (Hervorhebung des Originals weggelassen).

[32] Schreiber (2006), S. 1163ff.

Der Kapitalwert unter Einbeziehung der Ertragsteuern nach dem Standardmodell[33] lässt sich schreiben:[34]

$$K_{0s} = -I_0 + \sum_{t=1}^{n} [Z_t - s\,(Z_t - AfA_t)]\,(1 + i_s)^{-t} \qquad [1]$$

mit

K_{0s}	=	Kapitalwert (zum Zeitpunkt t = 0) im Steuerfall
I_0	=	Anschaffungsauszahlung der Investition (in t = 0)
Z_t	=	Zahlungsüberschüsse der Perioden in t
s	=	Ertragsteuersatz (im Sinne eines Multifaktors)
AfA_t	=	Absetzung für Abnutzung der Periode t
i_s	=	Kalkulationszinsfuß nach Steuern mit $i_s = (1 - s)\, i$
t	=	Periodenindex (t = 0, 1, ..., n)
n	=	Nutzungsdauer in Perioden (= Abschreibungsdauer).

Die Ausführungen sollen mit Hilfe von Beispielsrechnungen veranschaulicht werden. Der Ausgangsfall enthält folgende Daten:

Anschaffungsauszahlung (2007)	100.000 €
(Steuerliche) Nutzungsdauer	10 Jahre
Kalkulationszinsfuß vor Steuern	6%
Höchstsatz der geometrisch-degressiven Abschreibung mit Übergang zur linearen Abschreibung in der drittletzten Periode	30%
Jährlicher konstanter Einzahlungsüberschuss	20.000 €

Tab. 1: Daten des Ausgangsfalles

Zum Vergleich wird der Kapitalwert einer Sachinvestition auf der Grundlage des geltenden Rechts unter der Annahme einer Kapitalgesellschaft berechnet. Bei Ausschüttung des Gewinns ergibt sich aus Gewerbesteuer (Hebesatz = 400%), Körperschaftsteuer, Solidaritätszuschlag, Einkommensteuer nach dem Halbeinkünfteverfahren und Solidaritätszuschlag eine zusammengefasste Ertragsteuerbelastung (Multifaktor oder Teilsteuersatz) von 52,24% (siehe oben unter 2.). Damit beträgt der Netto-Kalkulationszinsfuß nach Steuern 2,87%. Gemäß Formel [1] berechnet sich ein Kapitalwert im Steuerfall von[35]

[33] Vgl. zum Standardmodell z.B. Heinhold (1996), S. 43ff.; Kußmaul (2003), S. 153ff.

[34] Die wichtigsten Annahmen lauten: kein Restverkaufserlös und steuerliche Abschreibungsdauer gleich der gegebenen wirtschaftlichen Nutzungsdauer.

[35] Die AfA-Beträge der 10 Perioden lauten: für t_1 = 30.000 €, t_2 = 21.000 €, t_3 = 14.700 €, t_4 = 10.290 €, t_5 = 7.203 €, t_6 = 5.042 €, t_7 = 3.530 €, $t_{8\text{-}10}$ = 2.745 €.

$$K_{0s} = -100.000 + \sum_{t=1}^{10} [20.000 - 0{,}5224\,(20.000 - AfA_t)]\,(1 + 0{,}0287)^{-t} \quad [1]$$

$$= \text{gerundet } 29.842\ € \text{ (Beispiel 1).}$$

Die Absenkung des Höchstsatzes der geometrisch-degressiven Abschreibung[36] auf 20% mit einem Übergang zur linearen AfA in der sechsten Periode[37] führt zu einer Reduktion des Kapitalwertes unter sonst gleichen Bedingungen auf 28.401 € (Beispiel 2). Diese Veränderung beruht auf dem Zinseffekt der zeitlichen Unterschiede der Steuerzahlung aus der Verschiebung der Aufwandsverrechnung und damit des steuerlichen Gewinnausweises.[38]

5.2. Einbeziehung der geänderten Steuerparameter in den Kapitalwert

5.2.1. Unternehmensteuer

Für die Berechnung der Ertragsteuerbelastung auf die steuerpflichtigen Investitionsgewinne ist zu prüfen, ob der Steuersatz für einbehaltene Gewinne (25% oder 30%) oder derjenige für ausgeschüttete Gewinne (42%) zu verwenden ist. Derartige Steuersatzdifferenzierungen erfordern deutlicher als früher Annahmen über die Gewinnverwendung sowohl in Kapitalgesellschaften als auch in Personenunternehmen. Trotz des teilweise geäußerten politischen Willens, Selbstfinanzierung in Unternehmen zur Wiederanlage der Gewinne zu begünstigen, dienen Investitionen grundsätzlich zur Erzielung von konsumfähigen Einkommenszahlungen. Unter dieser Prämisse ist der betreffende Satz von 42% zu verwenden.[39]

Der Vorteil dieses Reformvorschlages besteht einmal darin, dass insoweit nicht zwischen den Rechtsformen Kapitalgesellschaft und Personenunternehmen differenziert werden muss. Zum anderen folgt daraus, dass auch bei Personenunternehmen eine steuerlich begünstigte Selbstfinanzierung vorliegt, die zur Finanzierung von Investitionen genutzt werden kann.

Bei der Berechnung des Netto-Kalkulationszinsfußes ergeben sich sowohl für die Bestimmung des Kalkulationszinsfußes vor Steuern als auch für den zu verwendenden effektiven Ertragsteuersatz erhebliche Probleme. Will man nicht die realitätsfremde Prämisse des vollständigen Kapitalmarktes unter Sicherheit verwenden, muss die tat-

---

36 Siehe oben unter 2.

37 AfA_1 = 20.000 €, AfA_2 = 16.000 €, AfA_3 = 12.800 €, AfA_4 = 10.240 €, AfA_5 = 8.192 €, $AfA_{6\text{-}10}$ = 6.554 €.

38 Zum Zinseffekt der Steuerbilanzpolitik, der insoweit auch bei einer gesetzlichen Änderung der AfA-Methode auf den Kapitalwert wirkt, vgl. z.B. Wagner/Dirrigl (1980), S. 278 u. 282f.

39 Vgl. zu diesem Steuersatzproblem allgemein auch König/Wosnitza (2004), S. 76ff.

sächliche Investitionsfinanzierung,[40] ggf. die Tilgung und die steuerliche Behandlung der Alternativrendite sowie der Kreditkosten berücksichtigt werden. Da hier Staffelrechnungen[41] bzw. das Modell des sog. vollständigen Finanzplanes[42] ausgeklammert werden, kann nur eine vereinfachende Berücksichtigung der unterschiedlichen ertragsteuerlichen Konsequenzen in der Kapitalwertmethode erfolgen.

Finanziert das Unternehmen seine Sachinvestition vollständig mit Eigenkapital und wird als Alternative eine Anlage am allgemeinen Kapitalmarkt unterstellt, so unterliegt die dort erzielbare Rendite dem allgemeinen Unternehmensteuersatz (hier angenommen mit 42%). Insoweit wäre Objekt- und Alternativenbesteuerung identisch. Muss das Unternehmen dagegen zur Investitionsfinanzierung vollständig Fremdkapital aufnehmen, soll die steuerliche Abzugsfähigkeit der Kreditkosten[43] im Standardmodell durch eine Reduktion des Brutto-Kalkulationszinsfußes um den Ertragsteuersatz berücksichtigt werden. Hierzu kommt zunächst nur der Steuersatz auf der Unternehmensebene in Betracht. Tilgung des Kredites und eventuelle zwischenzeitliche Wiederanlage von Zahlungsüberschüssen während der Investitionsdauer lassen sich im Kapitalwertmodell nicht mehr abbilden, sondern müssten mittels Staffelrechnung oder vollständigem Finanzplan berechnet werden.

Für diesen Reformvorschlag sei der Kapitalwert auf der Grundlage eines Ertragsteuersatzes von 42% sowie dem Satz der geometrisch-degressiven AfA von 20% berechnet. Der Netto-Kalkulationszinsfuß erhöht sich auf 3,48%. Daraus folgt ein Kapitalwert gem. Formel [1] von

$$K_{0s} = -100.000 + \sum_{t=1}^{10} [20.000 - 0{,}42\,(20.000 - AfA_t)]\,(1 + 0{,}0348)^{-t}$$

$$= 32.945\ € \text{ (Beispiel 3).}$$

Der Anstieg resultiert aus der unterstellten Steuersatzsenkung, wobei der positive Zahlungseffekt den negativen Kalkulationszinsfußeffekt übersteigt.

Geht eine Kapitalgesellschaft jedoch von einer Besteuerung der Alternativanlage in Höhe von 25% aus und legt sie der Besteuerung der Investitionsgewinne ebenfalls diese Belastung zugrunde,[44] erhöht sich der Netto-Kalkulationszinsfuß auf 4,5% und der

---

[40] Zur grundsätzlichen Relevanz der Finanzierungsprämisse vgl. Volpert (1989).

[41] Vgl. dazu auch Mellwig (1985), S. 2ff.

[42] Vgl. Grob (1989); König/Wosnitza (2004), S. 95ff.

[43] Zu zukünftig möglichen Einschränkungen siehe unter Abschnitt 4.2.3.

[44] Dahinter könnte die Überlegung stehen, dass die Thesaurierungen zu entsprechenden Steigerungen des Unternehmenswertes führen und die Realisation der ursprünglichen Investitionsgewinne durch den Anteilseigner nicht über Ausschüttungen, sondern über eine einkommensteuerfreie Veräußerung entsprechender Gesellschaftsanteile erfolgt. Die Steuerfreiheit setzt voraus, dass die Veräußerung weder unter § 17 noch unter § 22 i.V.m. § 23 EStG fällt.

Kapitalwert auf 39.504 € (Beispiel 4). Hierin könnte eine deutliche Verbesserung der Vorteilhaftigkeit betrieblicher Sachinvestitionen gesehen werden, wobei die Steuersatzreduktion im Beispiel auch die Verschlechterung der Abschreibungsbedingungen überkompensiert. Die Steigerung hängt jedoch von der problematischen Annahme der Vollthesaurierung und steuerfreien Anteilsveräußerung ab, die nicht als allgemein gültig angesehen werden kann.

5.2.2. Duale Einkommensteuer

Kapitaleinkommen in Höhe der festgelegten Normverzinsung unterliegen in beiden Rechtsformen nur dem proportionalen Ertragsteuersatz. Darüber hinausgehende Gewinne werden bei Kapitalgesellschaften im Falle der Ausschüttung unter Beachtung eines Verzinsungsfreibetrages[45] zusätzlich versteuert. Eine ähnliche Trennung in begünstigten und nicht begünstigten Gewinn soll bei den Personenunternehmen erfolgen. In diesem Modell kann daher die Ertragsteuerbelastung der Investitionsgewinne nicht mehr mit einem einheitlichen Steuersatz berechnet werden; vielmehr müssen zwei investitionsabhängige steuerliche Teilbemessungsgrundlagen gebildet werden.

Unter Vernachlässigung möglicher weiterer technischer Einzelheiten sei diese Struktur einheitlich für beide Rechtsformen in die Kapitalwertformel zunächst für ein konstantes Kapitaleinkommen einbezogen:

$$K_{0s} = -I_0 + \sum_{t=1}^{n} [Z_t - s_1 * r_k * I_0 - s_2 (Z_t - r_k * I_0 - AfA_t)] (1 + i_{s1})^{-t} \qquad [2]$$

mit den neuen Symbolen

r_k	=	begünstigte Kapitalrendite (angelehnt an den Marktzins vor Steuern)
s_1	=	Ertragsteuersatz des begünstigten Kapitaleinkommens
s_2	=	Ertragsteuersatz des Erwerbseinkommens.

Vereinfachend sei dabei angenommen, dass entweder der laufende steuerliche Investitionsgewinn den aus der Normrendite berechneten begünstigten „Kapitalgewinn" übersteigt oder dass aus anderen Investitionen hinreichende Gewinne zur Kompensation vorliegen, so dass die steuerliche Begünstigung des Kapitaleinkommens auf jeden Fall greifen kann. Ein Investitionsverlust wird somit intern in derselben Periode ausgeglichen.

Da Kapitaleinkommen grundsätzlich nur mit dem verringerten Ertragsteuersatz belastet wird, kann dieser der Berechnung des Netto-Kalkulationszinsfußes zugrunde ge-

[45] Vgl. Schreiber (2006), S. 1166.

legt werden. Dies gilt sowohl für die Annahme der vollständigen Eigenfinanzierung, wenn man als Alternative eine Anlage auf dem Kapitalmarkt unterstellt, als auch für den Fall der Fremdfinanzierung der Investition. Nur wenn man Realinvestitionen mit höheren Renditen als Alternativanlage betrachtet und deren Verzinsung als Kalkulationszinsfuß vor Steuern verwendet, kommen höhere effektive Steuersätze und damit niedrigere Netto-Kapitalzinsfüße in Betracht.

Für das nächste Zahlenbeispiel wird Eigenfinanzierung und trotz Abschreibung Konstanz des zuzurechnenden Eigenkapitalbetrages während der gesamten Nutzungsdauer unterstellt. Das periodische Kapitaleinkommen errechnet sich mit Hilfe der angenommenen Marktrendite von 6% zu jährlich 6.000 €, in der Summe über die Nutzungsdauer somit zu 60.000 €. Bei einem Steuersatz für das Kapitaleinkommen von 25% ergibt sich ein Kalkulationszinsfuß von 4,5%. Unter Annahme des Steuersatzes für das Erwerbseinkommen von 43,75% und der geometrisch-degressiven AfA von 20% errechnet sich ein Kapitalwert gem. Formel [2]

$$\begin{aligned} K_{0s} &= -100.000 + \sum_{t=1}^{10} [20.000 - 0{,}25 * 0{,}06 * 100.000 - 0{,}4375\,(20.000 - 0{,}06 * \\ &\quad 100.000 - AfA_t)]\,(1 + 0{,}045)^{-t} \\ &= 34.344 \text{ € (Beispiel 5).} \end{aligned}$$

Die Erhöhung des Kapitalwerts im Vergleich zum Beispiel 1 (geltendes Steuerrecht) beruht auf der Reduktion der investitionsabhängigen Steuerzahlungen in zwei Schritten: einmal durch die Absenkung des Regelsteuersatzes von 52,24% auf 43,75% (für die gesamte Nutzungsdauer: 52.240 - 43.750 = 8.490 €) und zum anderen durch die Absenkung des Steuersatzes auf das Kapitaleinkommen um (43,75% - 25% = 18,75%-Punkte) * 60.000 = 11.250 €, also insgesamt um 19.740 €. Allerdings kompensiert die Erhöhung des Netto-Kalkulationszinsfußes diesen Zahlungsstromeffekt zu großen Teilen.

Wird die wenig realistische Prämisse des über die Nutzungsdauer konstanten Eigenkapitals und damit des konstanten Kapitaleinkommens aufgehoben, kann eine Minderung der Anschaffungsauszahlung um die AfA-Beträge auf den Restbuchwert erfolgen, da insoweit das zurückgeflossene Eigenkapital anderen Verwendungen zugeführt werden kann. Die betreffende Variation der Gleichung [2] führt zu

$$K_{0s} = -I_0 + \sum_{t=1}^{n} [Z_t - s_1 * r_k * RW_{t-1} - s_2 (Z_t - r_k * RW_{t-1} - AfA_t)] (1 + i_{s1})^{-t} \qquad [3]$$

$$\text{mit } RW_0 = I_0 ,$$
$$RW_t = RW_{t-1} - AfA_t \quad \text{und}$$
$$RW_t = \text{Restbuchwert der Periode t.}$$

Für diesen Fall erhält man

$$K_{0s} = -100.000 + \sum_{t=1}^{10} [20.000 - 0{,}25 * 0{,}06 * RW_{t-1} - 0{,}4375 (20.000 - 0{,}06 * RW_{t-1} - AfA_t)] (1 + 0{,}045)^{-t}$$

$$= 29.628 \text{ € (Beispiel 6)}$$

Da das der Investition zuzurechnende begünstigte Kapitaleinkommen entsprechend der Minderung der Restbuchwerte durch die AfA-Verrechnung[46] abnimmt (für die gesamte Nutzungsdauer in der Summe statt 60.000 € wie im Beispiel 5 jetzt 26.068 €), sinkt c.p. der Kapitalwert. Dieser Kapitalwert liegt allerdings für einen identischen AfA-Höchstsatz von 20% über dem Vergleichsfall nach geltendem Steuerrecht (s. Beispiel 2). Der Zinseffekt des höheren Netto-Kalkulationszinsfußes im Beispiel 6 kompensiert in der Kapitalwertberechnung aber weitgehend die erhebliche Minderung der Summe der Steuerzahlungen.

5.2.3. Absichten der Bundesregierung

Die geplante Tarifermäßigung, die Abschaffung der geometrisch-degressiven AfA sowie eine quotale Beschränkung des Abzugs von Fremdkapitalzinsen lassen sich ohne Probleme in das Kapitalwertmodell integrieren. Schwierigkeiten bereitet dagegen der Sockelbetrag des Zinsschrankenmodells für eine einzelne Sachinvestition, weil bei deren Planung möglicherweise ungewiss ist, ob die zurechenbaren Kreditzinsen unter oder über der festgesetzten Grenze liegen oder diese gerade umschließen. Ebensolche Probleme würde eine weitere allgemeine Verbreiterung der Bemessungsgrundlage z.B. durch Rückstellungsverbote bereiten, die insgesamt die Tarifermäßigung ganz oder teilweise kompensiert. Bei einem ursächlichen Zusammenhang zu den Investitionsauszahlungen kann die Definition der Ertragsteuerzahlungen im Kapitalwertmodell entsprechend modifiziert werden. Andernfalls kommt eine allgemeine quotale Variation der Bemessungsgrundlage in Betracht.

---

46 Zur Reihe der AfA-Beträge siehe Fußn. 37. Die Reihe der Restwerte beträgt für diesen Fall: RW_0 = 100.000 €, RW_1 = 80.000 €, RW_2 = 64.000 €, RW_3 = 51.200 €, RW_4 = 40.960 €, RW_5 = 32.768 €, RW_6 = 26.214 €, RW_7 = 19.660 €, RW_8 = 13.106 €, RW_9 = 6.553 €, RW_{10} = 0 €.

Bei fehlender Abzugsfähigkeit von Fremdkapitalzinsen lassen sich die steuerlichen Konsequenzen eigentlich nicht mehr mit dem Standardmodell abbilden. Soweit der Kalkulationszinsfuß die Kapitalkosten widerspiegelt, kommt eine Minderung um die Ertragsteuern nicht in Betracht. Daher müsste der Netto- dem Brutto-Kalkulationszinsfuß entsprechen. In diesem Fall sinkt der Kapitalwert bei einem periodischen Einzahlungsüberschuss von 20.000 €, einer linearen AfA, einem Ertragsteuersatz von 48,34% und einem Brutto- = Netto-Kalkulationszinsfuß von 6% auf 11.623 € (Beispiel 7).

Das Zinsschrankenmodell schneidet zwar in der allgemeinen Beurteilung günstiger als die vollständige Nichtabziehbarkeit der Fremdkapitalkosten ab. Investitionsfördernd kann sich eine solche Steuerrechtsänderung allerdings nicht auswirken. Investitionsschädlich wirken ebenfalls weitere Verbreiterungen der ertragsteuerlichen Bemessungsgrundlage, insbesondere wenn sonstige tatsächliche Aufwendungen bzw. Betriebsausgaben nicht zum Abzug zugelassen werden. Eine solche Verbreiterung kompensiert teilweise oder ganz die vorgesehene Tarifermäßigung. Auch hierbei entsteht die Schwierigkeit der Quantifizierung und der Zurechnung zum Investitionsobjekt. Einfach lassen sich die Veränderungen der Abschreibungsregeln für abnutzbare Sachinvestitionen (AfA-Methode, Höchstsätze, steuerliche Nutzungsdauer) abbilden. Die Wirkung der Absenkung der Höchstsätze der geometrisch-degressiven AfA zeigen die Ergebnisse der Beispiele 1 und 2. Ein direkter Zusammenhang besteht ferner bei objektabhängigen Abbau- oder Rekultivierungsverpflichtungen.[47] Die zulässige Zuführung zu den Rückstellungen in der Steuerbilanz muss in die Definition der investitionsbezogenen Ertragsteuerbemessungsgrundlage einbezogen werden. Veränderungen der Rückstellungsbildung würden sich dann auf den Kapitalwert des Investitionsobjektes auswirken.

Eine zusätzliche Abgeltungsteuer stellt ein Hemmnis für eigenfinanzierte Investitionen dar. Investitionserträge, die durch Eigenkapital finanziert werden, unterliegen auf der Unternehmensebene bereits der Gewerbesteuer, der Körperschaftsteuer und dem Solidaritätszuschlag. Auf Anteilseignerebene kommt es durch die Abgeltungsteuer zu einer Nachbelastung. Fremdkapitalzinsen hingegen werden auf Unternehmensebene nur zum Teil oder überhaupt nicht besteuert, so dass sie nur einer einmaligen Ertragsbesteuerung beim Empfänger unterliegen. Auch risikolose Finanzanlagen am Kapitalmarkt werden lediglich der Abgeltungsteuer unterworfen. Aufgrund der Gegenüberstellung alternativer Nachsteuerrenditen steigen die Kapitalkosten für eigenfinanzierte Investitionen und es käme voraussichtlich zu einem Rückgang des Investitionsvolumens.[48]

---

47 Auf die weitgehende Ignoranz der Veränderungen zur Bemessungsgrundlage weist Schmidt (2006), S. 199, hin.

48 Vgl. Spengel/Reister (2006), S. 1747.

Da bei den Reformplänen der Bundesregierung zum jetzigen Zeitpunkt noch viele Fragen offen sind, machen Beispielsrechnungen eigentlich wenig Sinn. Dennoch sollen zum Vergleich zwei weitere Berechnungen erfolgen. Bei der Beschränkung auf die lineare AfA ergibt sich mit einem Steuersatz auf Unternehmensebene von 29,83% ein Kapitalwert von 36.590 € (Beispiel 8) und mit einem Steuersatz des ausgeschütteten Gewinns (Kapitalgesellschaft und Anteilseigner) von 48,34% ein Kapitalwert von 28.714 € (Beispiel 9).

5.3. Übersicht zu den Beispielsrechnungen

Die Ergebnisse der verschiedenen Beispielsrechnungen sind zur Übersicht nochmals in der Tabelle 2 dargestellt.

Nr.	Reformvorschlag	Steuersatz	Netto-Kalkulationszinsfuß	Kapitalwert
1	Vergleichsfall geltendes Recht mit geom.-degr. AfA 30%	52,24%	2,87%	29.842 €
2	Vergleichsfall geltendes Recht mit geom.-degr. AfA 20%	52,24%	2,87%	28.401 €
3	Allg. Unternehmensteuer mit geom.-degr. AfA 20%	42%	3,48%	32.945 €
4	Allg. Unternehmensteuer mit geom.-degr. AfA 20%	25%	4,50%	39.504 €
5	Duale Einkommensteuer mit Marktrendite 6% und konstantem Eigenkapital	25%/ 43,75%	4,50%	34.344 €
6	Duale Einkommensteuer mit Marktrendite 6% u. abnehmendem Eigenkapital	25%/ 43,75%	4,50%	29.628 €
7	Nichtabzugsfähigkeit der Fremdkapitalzinsen bei Z(t) = 20.000 und linearer AfA	48,34%	6,00%	11.623 €
8	Kabinettsmodell, Selbstfinanzierung und lineare AfA	29,83%	4,21%	36.590 €
9	Kabinettsmodell, Eigenfinanzierung und lineare AfA	48,34%	3,10%	28.714 €

Tab. 2: Kapitalwerte der Berechnungsbeispiele

Voraussetzungsgemäß dürfen Einzelfallberechnungen nicht verallgemeinert werden. Da aber keine extremen Sachverhalte unterstellt wurden, enthalten diese Beispiele relevante Ergebnisse für die Beurteilung der Vorschläge zur geplanten Unternehmensteuerreform.

6. Vergleichende Würdigung

Die Kapitalwertberechnungen zeigen zunächst die längst bekannte Tatsache, dass sich Steuersatz- und Steuerstrukturveränderungen auf die Vorteilhaftigkeit von Investitionen auswirken können. Dabei bleibt hier offen, ob sich dabei auch die Rangfolge der Sachinvestitionen im Vergleich zum Ausgangsfall verschiebt, da keine Auswahl aus mehreren sich ausschließenden Alternativen betrachtet wurde. Das Problem betrieblicher Sachinvestitionen liegt vor allem darin, dass Steuersatzsenkungen nicht nur deren Ergebnisse entlasten, sondern auch die Vorteilhaftigkeit alternativer Anlagen, insbesondere solcher am Kapitalmarkt, erhöhen. Damit können die Sach- im Vergleich zu Finanzinvestitionen u.U. ungünstiger abschneiden. Besonders nachteilig wirken die Gegenfinanzierungsmaßnahmen mit unmittelbarem Bezug zu den betrieblichen Sachinvestitionen.[49] Verschlechterungen der Abschreibungsmöglichkeiten und ein teilweises oder vollständiges Verbot des Zinsabzugs tragen keinesfalls zur Investitionsbelebung bei.

Unter dem Gesichtspunkt der Investitionsförderung macht es daher wenig Sinn, Tarifsenkungen mit investitionsrelevanten Verbreiterungen der ertragsteuerlichen Bemessungsgrundlage zu erkaufen. Darüber kann auch eine geschätzte (mit Unsicherheiten behaftete) Gesamt-Nettoentlastung nicht hinwegtäuschen. Der Beitrag sollte zeigen, dass die z.T. wortgewaltigen Reformdiskussionen insoweit keine zielführenden Inhalte vorweisen können. Da der Verfasser wenig Hoffnung auf Gehör bei den politisch Verantwortlichen hegt, bleibt nur zu hoffen, dass diese Feststellungen auch in der Meinung des Jubilars liegen.

Literaturverzeichnis

Bareis, Peter/Siegel, Theodor (2006):
Probleme des Einkommensteuer-Vorschlags der Stiftung Marktwirtschaft, in: DB, 58. Jg., 2006, S. 748-752.

Bundesministerium der Finanzen:
Pressemitteilung Nr. 88/2006 vom 12.7.2006.

Grob, H. Lothar (1989):
Investitionsrechnung mit vollständigen Finanzplänen, Wiesbaden 1989.

---

[49] Vgl. ähnlich Spengel/Reister (2006), S. 1747.

Heinhold, Michael u.M.v. Helmut Pasch (1996):
Unternehmensbesteuerung. Band 3: Investition und Finanzierung, Stuttgart 1996.

Herzig, Norbert (2006):
Reform der Unternehmensbesteuerung – Konzept der Stiftung Marktwirtschaft, in: Wirtschaftsdienst 2006, S. 151-155.

Herzig, Norbert/Bohn, Alexander (2006):
Reform der Unternehmensbesteuerung – Zwischenbericht zum Konzept der Stiftung Marktwirtschaft, in: DB, 58. Jg., 2006, S. 1-7.

Homburg, Stefan (2005):
BB-Forum: Die Steuerreformvorschläge der Stiftung Marktwirtschaft, in: BB, 60. Jg., 2005, S. 2382-2386.

Kirchhof, Paul (2001):
Karlsruher Entwurf zur Reform des Einkommensteuergesetzes, Heidelberg 2001.

Knirsch, Deborah/Niemann, Rainer (2006a):
Aktuelle Vorschläge zur Gewerbesteuerreform – Erfüllen die Reformmodelle die ökonomischen Anforderungen?, in: StuB, 8. Jg., 2006, S. 879-882.

Knirsch, Deborah/Niemann, Rainer (2006b):
Die Abschaffung der österreichischen Gewerbesteuer als Vorbild für eine Reform der kommunalen Steuern in Deutschland?, in: StuW, 83. Jg., 2006, S. 278-287.

König, Rolf/Wosnitza, Michael (2004):
Betriebswirtschaftliche Steuerplanungs- und Steuerwirkungslehre, Heidelberg 2004.

Kußmaul, Heinz (2003):
Betriebswirtschaftliche Steuerlehre, 3., völlig überarb. u. stark erw. Aufl., München/Wien 2003.

Lang, Joachim u.a. (2005):
Kölner Entwurf eines Einkommensteuergesetzes, Köln 2005.

Mellwig, Winfried (1980):
Sensitivitätsanalyse des Steuereinflusses in der Investitionsplanung – Überlegungen zur praktischen Relevanz einer Berücksichtigung der Steuern bei der Investitionsentscheidung, in: ZfbF, 32. Jg., 1980, S. 16-39.

Mellwig, Winfried (1981):
Die Berücksichtigung der Steuern in der Investitionsplanung – Modellprämissen und Ausmaß des Steuereinflusses, in: ZfbF, 33. Jg., 1981, S. 53-55.

Mellwig, Winfried (1982):
Wirken Substanzsteuern investitionshemmend?, in: DB, 35. Jg., 1982, S. 501-507 und 553-556.

Mellwig, Winfried (1985):
Investition und Besteuerung. Ein Lehrbuch zum Einfluß der Steuern auf die Investitionsentscheidung, Wiesbaden 1985.

Mellwig, Winfried (1989a):
Die Erfassung der Steuern in der Investitionsrechnung – Grundprobleme und Modellvarianten, in: WISU, 1989, S. 35-41.

Mellwig, Winfried (1989b):
Besteuerung und Investitionsentscheidung – Steuerlast und Vorteilhaftigkeit von Investitionen, in: WISU, 1989, S. 231-235.

o.V. (2006a):
Unternehmenssteuerreform: Der Rahmen steht, in: Informationsdienst Steuerkompakt, 1. Jg., 2006, S. 5-6.

o.V. (2006b):
Abgeltungssteuer: Einführung mit Verspätung, in: Informationsdienst Steuerkompakt, 1. Jg., 2006, S. 7.

o.V. (2006c):
Eckpunkte der Unternehmenssteuerreform 2008, in: Status: Recht 12/2006, Beilage zu DB, S. 11.

Rödder, Thomas (2006):
Anmerkungen zu den Eckpunkten der Unternehmenssteuerreform 2008 lt. Kabinettsbeschluss vom 12.7.2006, in: DB, 59. Jg., 2006, S. 2028-2031.

Schmidt, Eckehard (2006):
Steuerpolitik für die neue Legislaturperiode, in: WPg, 59. Jg., 2006, S. 197-208.

Schneider, Dieter (1992):
Investition, Finanzierung und Besteuerung, 7., vollst. überarb. und erw. Aufl., Wiesbaden 1992.

Schön, Wolfgang u.a. (2006):
Reform der Einkommens- und Unternehmensbesteuerung durch die Duale Einkommensteuer, in: Wirtschaftsdienst 2006, S. 147-151.

Schreiber, Ulrich (2006):
Allgemeine Unternehmenssteuer oder Duale Einkommensteuer?, in: ZfB, 76. Jg., 2006, S. 1163-1185.

Schreiber, Ulrich/Finkenzeller, Martin/Rüggeberg, Claudia (2004):
Reform der Einkommensbesteuerung durch die duale Einkommensteuer?, in: DB, 56. Jg., 2004, S. 2767-2776.

Schreiber, Ulrich/Rogall, Matthias (2000):
Der Einfluss der Reform der Körperschaftsteuer auf Investitionsentscheidungen und den Wert der Gewinnrücklagen von Kapitalgesellschaften, in: DBW, 60. Jg., 2000, S. 721-737.

Schreiber, Ulrich/Spengel, Christoph (2006):
Allgemeine Unternehmenssteuer und Duale Einkommensteuer, in: BFuP, 58. Jg., 2006, S. 275-288.

Schreiber, Ulrich/Spengel, Christoph/Lammersen, Lothar (2002):
Measuring the Impact of Taxation on Investment and Financing Decisions, in: sbr, 54. Jg., 2002, S. 2-23.

Spengel, Christoph/Reister, Timo (2006):
Die Pläne zur Unternehmenssteuerreform 2008 drohen ihre Ziele zu verfehlen, in: DB, 59. Jg., 2006, S. 1741-1747.

Spengel, Christoph/Wiegard, Wolfgang (2004):
Duale Einkommensteuer: Die pragmatische Variante einer grundlegenden Steuerreform, in: Wirtschaftsdienst 2004, S. 71-76.

Stiftung Marktwirtschaft (2006):
Steuerpolitisches Programm, Berlin 2006.

Volpert, Verena (1989):
Kapitalwert und Ertragsteuern. Die Bedeutung der Finanzierungsprämisse für die Investitionsrechnung, Wiesbaden 1989.

Wagner, Franz W./Dirrigl, Hans (1980):
Die Steuerplanung der Unternehmung, Stuttgart/New York 1980.

Wilk, Ekkehart (2006):
Anmerkungen zur Unternehmenssteuerreform, in: Wirtschaftsdienst 2006, S. 580-587.

Zielke, Rainer (2006):
Internationale Steuerplanung zur Optimierung der Konzernsteuerquote, in: DB, 59. Jg., 2006, S. 2585-2594.

Risikoteilung und Einfluss der zinsbereinigten Einkommensteuer auf Investitionsentscheidungen

von Dr. Dr. h.c. Helmut Laux

emerit. Professor für Betriebswirtschaftslehre an der Johann Wolfgang Goethe-Universität Frankfurt am Main

und

Dr. Matthias M. Schabel

Professor für Rechnungswesen und Wirtschaftsinformatik an der Fachhochschule Frankfurt am Main

Inhalt

1. Problemstellung

Die Betriebswirtschaftliche Steuerlehre befasst sich nicht nur mit dem Einfluss aktueller Steuersysteme auf die Vorteilhaftigkeit ökonomischer Entscheidungen, sondern gibt auch Empfehlungen für deren Neugestaltung. Zwischen beiden Forschungsschwerpunkten bestehen enge Beziehungen. Wenn gezeigt wird, welche Implikationen mit aktuellen Steuern verbunden sind und Kriterien zu ihrer Beurteilung offen gelegt werden, werden implizit auch Gestaltungsempfehlungen zum Ausdruck gebracht.

Der Einfluss von Steuern auf Investitions- und Finanzierungsentscheidungen unter besonderer Beachtung von Kauf und Leasing als Investitionsalternativen stellt seit Jahrzehnten einen Lehr- und Forschungsschwerpunkt von WINFRIED MELLWIG dar.[1] Auf der Grundlage theoretisch fundierter Beurteilungskriterien und realitätsnaher Prämissen untersucht er, ob ein Steuereinfluss in dem Sinne besteht, dass „das Vorzeichen der Entscheidungsgrundlage (etwa des Kapitalwertes) wechselt. Eine steuerbedingte Abnahme der Projekterträge mag zwar als Ärgernis empfunden werden; für die Investitionsentscheidung ist dies jedoch ohne Bedeutung, solange eine Umkehrung der Vorteilhaftigkeitsbeurteilung nicht eintritt“ (MELLWIG, 1985, Inhaltserläuterung und Leseanleitung). Besondere Beachtung widmet er auch der Frage, unter welchen Bedingungen es gerechtfertigt ist, Steuern im Entscheidungskalkül vereinfachend zu vernachlässigen. Bei seinen steuerlichen Gestaltungsempfehlungen berücksichtigt er stets, ob überhaupt Chancen bestehen, sie politisch durchzusetzen.

In der Literatur wird dagegen vorgeschlagen, das Steuersystem derart grundlegend zu ändern, dass „Entscheidungsneutralität“ besteht und somit der „Forschung zum Steuereinfluß auf Investitions- und Finanzierungsentscheidungen“, dem „Stolz der Betriebswirtschaftlichen Steuerlehre“ (MELLWIG, 1985, Vorwort) die Grundlage entzogen wird. Entscheidungsneutralität besteht dann, wenn die Steuern nicht zu einer Umkehrung der Vorteilhaftigkeitsbeurteilung führen, weil sie die „Rangordnung der ökonomischen Alternativen nicht verändern“ (ROSE, 1994, S. 238; WENGER, 1983, S. 217).

Ein viel diskutiertes Steuersystem, das dieser Bedingung genügen soll, ist die „zinsbereinigte“ Einkommensteuer.[2] Bei einkommensunabhängigem und zeitlich konstantem Steuersatz s ist diese Steuer in der Tat nicht nur bei sicheren Erwartungen entscheidungsneutral, sondern auch bei unsicheren, sofern der Kapitalmarkt vollkommen und vollständig ist (WENGER, 1983; 1985; 1986). Es fragt sich allerdings, ob eine Steuer

---

[1] Vgl. MELLWIG (1985; 1989; 1995); MELLWIG/HASTEDT (1998).
[2] Vgl. ROSE (1994; 1998); WAGNER/WENGER (1996); WENGER (1985; 1986; 1997).

unter realistischen Kapitalmarktbedingungen überhaupt entscheidungsneutral sein kann und warum sie unter Voraussetzungen, die nicht erfüllt sind, neutral sein sollte.

Man kann auch folgende Anforderung an ein Steuersystem stellen: Bezüglich der Investitionen, die nach einem sinnvoll begründeten Kriterium „gesellschaftlich erwünscht" sind, soll Neutralität dann bestehen, wenn sie ohne Berücksichtigung von Steuern für die Investoren vorteilhaft sind. Für den Fall, dass diese Investitionen für potentielle Investoren nachteilig sind, soll ein Anreiz geschaffen werden, sie zu realisieren. (Das Analoge gilt für „gesellschaftlich unerwünschte" Investitionen.)

Diese Anforderung mag zunächst als unvereinbar mit einer marktorientierten Wirtschaftsordnung erscheinen. So fordert z.B. ROSE (1994, S. 238): „Steuerordnung und Wirtschaftsordnung müssen zusammenpassen. Mit einer Marktwirtschaft sind deshalb eigentlich nur solche Steuern verträglich, die die Rangordnung der ökonomischen Aktivitäten nicht verändern. [...] Das Steuersystem sollte – von ökologisch orientierten Steuern einmal abgesehen – grundsätzlich niemanden veranlassen, etwas anderes zu tun als das, wovon er sich unter Marktbedingungen den größten Vorteil verspricht".

Soll dies unabhängig davon gelten, welche Marktbedingungen maßgeblich sind und welche Entscheidungen sich jeweils als vorteilhaft erweisen? Man kann differenziertere Betrachtungen anstellen. Wesentliches Element einer Marktwirtschaft ist ein funktionierender Kapitalmarkt als Institution der Risikoteilung durch Emission von und Handel mit Anwartschaften auf ungewisse Zahlungen. Die Investoren auf dem Kapitalmarkt können mit verbesserter Risikoteilung schon bei *gegebenen* Investitionen Vorteile erzielen. Darüber hinaus können finanzielle Vorteile auch realisiert werden, indem zusätzliche riskante Investitionen durchgeführt werden, die ohne Risikoteilung, d.h. ohne Allokation des Risikos bzw. des Erfolges auf verschiedene Personen, für einen Einzelnen zu riskant gewesen wären.

Bei (pareto-)effizienter Risikoteilung steht Marktwertmaximierung als Zielfunktion für die Investitionsplanung im Einklang mit der Maximierung des finanziellen Nutzens aller an den Überschüssen Beteiligter. Dabei hängt der Nutzen eines privaten Anteils an den Überschüssen vom Nutzen der Konsumgüter ab, die damit gekauft werden (können), und der Nutzen des staatlichen Anteils in Form von Steuern von den gesellschaftlichen Aufgaben, die damit erfüllt werden (können).

In der Realität sind jedoch – vor allem, wenn die Investitionen von individuellen Investoren und nicht von börsennotierten Unternehmen erwogen werden – einer effizienten Risikoteilung enge Grenzen gesetzt. Es besteht dann ein Konflikt zwischen

Marktwert- und subjektiver Nutzenmaximierung und die Tendenz, Projekte mit positivem Marktwert (nach Abzug der Anschaffungsauszahlung), die sich bei effizienter Risikoteilung als optimal erweisen würden, zu unterlassen, weil sie als zu riskant erscheinen.

Im Folgenden werden zwei grundsätzliche Vorteile der zinsbereinigten Einkommensteuer für den Fall eines einkommensunabhängigen und zeitlich konstanten Steuersatzes s, mit dem der Staat auch an Verlusten beteiligt ist, gezeigt: Für diejenigen Entscheidungssituationen, für die das Kriterium der Marktwertmaximierung entscheidungsrelevant ist, ist sie entscheidungsneutral. Für diejenigen Entscheidungssituationen, für die Marktwertmaximierung im Widerspruch zur subjektiven Nutzenmaximierung steht, schafft sie einen Anreiz, (zusätzliche) Projekte mit positivem Marktwert durchzuführen, also solche Projekte, die sich bei effizienter Risikoteilung bereits ohne Steuer als optimal erwiesen hätten.

Der Grund für die positive Anreizwirkung folgt daraus, dass der Staat als Institution dienen kann, mit der das Risiko besser geteilt werden kann als über den Kapitalmarkt. Mit der Durchführung der zusätzlichen Projekte erzielen nicht nur die Investoren Vorteile, sondern auch die staatliche Instanz. Da sie an allen Unternehmen steuerlich beteiligt ist, hat sie das Risiko effizient geteilt, indem sie den Anteil s an allen Investitionen hält. Auch aus ihrer Sicht ist es somit vorteilhaft, wenn nach dem Marktwertkriterium entschieden wird.

2. Verhaltensimplikationen der zinsbereinigten Einkommensteuer

2.1. Charakteristik

Charakteristisch für die zinsbereinigte Einkommensteuer ist die Freistellung der „normalen" Kapitalverzinsung. Geht man – wie in der vorliegenden Arbeit – davon aus, dass zu einem einheitlichen Zinssatz r Kapital angelegt und aufgenommen werden kann, werden Gewinne nur insoweit versteuert, als sie über die Zinserträge bei Anlage zu diesem Zinssatz hinausgehen. Entsprechend wird der (kaufmännische) Gewinn als steuerliche Bemessungsgrundlage durch Abzug kalkulatorischer Zinsen auf das sogenannte „gebundene" Eigenkapital korrigiert („zinsbereinigt"), indem am Ende jeder Periode kalkulatorische Zinsen auf das Reinvermögen zu Beginn dieser Periode verrechnet werden. Nur dieser *„Residualgewinn"* dient als steuerliche Bemessungsgrundlage, wobei Ausschüttungen an die Anteilseigner bzw. Entnahmen nicht nochmals besteuert werden.

Beim Residualgewinn gilt ohne Steuern: Für jedes Projekt stimmt unabhängig von der Umweltentwicklung der mit dem Zinssatz r ermittelte Barwert der Gewinne mit dem Barwert der Überschüsse abzüglich der Anschaffungsauszahlung überein (LÜCKE, 1955). Das gilt unabhängig davon, wie die Anschaffungsauszahlung als Aufwand über die Jahre der Nutzung verteilt wird. Werden Abschreibungen in die Zukunft verlagert, so sinkt der Barwert der Abschreibungen, jedoch wird dieser Effekt dadurch kompensiert, dass aufgrund höherer Buchwerte höhere kalkulatorische Zinsen verrechnet werden müssen; der Barwert der Gewinne ist unabhängig von der Abschreibungspolitik. Legt der Investor Kapital zum Marktzins r an, so ändern sich die Gewinne nicht; den Zinserträgen stehen kalkulatorische Zinsen in gleicher Höhe gegenüber.

Ist der Steuersatz einkommensunabhängig und zeitlich konstant und ist im Verlustfall die Steuer negativ (der Staat zahlt dann den entsprechenden Betrag an den Investor), so gilt der folgende für Entscheidungsneutralität notwenige Zusammenhang: Unabhängig von der konkreten Ertrags- und Aufwandsermittlung und der Finanzierung ist für jede mögliche Umweltentwicklung und jedes Investitionsprojekt der Barwert der Steuern gleich dem Produkt aus dem Steuersatz s einerseits und der Differenz zwischen dem Barwert der laufenden Einzahlungsüberschüsse und der Anschaffungsauszahlung andererseits. Dabei ist für die Diskontierung der Bruttozinssatz r relevant, da Erträge aus einer Anlage zu diesem Zinssatz nicht besteuert werden.

Der Residualgewinn unterscheidet sich vom Cashflow als Bemessungsgrundlage nur um sichere Transformationen von Anschaffungsauszahlungen (allgemein von Ein- und Auszahlungen in Erträge und Aufwendungen), die über alle Perioden hinweg für jede Umweltentwicklung beim Zinssatz r einen Barwert von null aufweisen. Wird ein Investitionsprojekt erworben und die Anschaffungsauszahlung aktiviert, so steigt im Vergleich zu einer direkten Cashflow-Steuer die Bemessungsgrundlage um die aktivierte Anschaffungsauszahlung. Jedoch sinkt in späteren Perioden die Bemessungsgrundlage jeweils um die Abschreibung und die kalkulatorischen Zinsen auf den Restbuchwert zu Beginn der Periode, wobei der Barwert aller Abschreibungen und kalkulatorischen Zinsen mit der Anschaffungsauszahlung übereinstimmt. Aus Sicht des Investors entsteht durch die Aktivierung in Verbindung mit den späteren Abschreibungen im Vergleich zur direkten Überschussbesteuerung weder ein Vorteil noch ein Nachteil; der Barwert der Steuern ist unabhängig davon, ob der Residualgewinn oder der Cashflow als Bemessungsgrundlage dient.

Die zinsbereinigte Einkommensteuer ist somit genau dann entscheidungsneutral, wenn dies für die Cashflow-Steuer gilt. Entsprechend können die Verhaltensimplikationen der zinsbereinigten Einkommensteuer so analysiert werden, als ob es sich um eine Cashflow-Steuer handele. Dieses Konzept soll im Folgenden zugrunde gelegt werden.

2.2. Entscheidungsneutralität bei Äquivalenz von subjektiver Nutzenmaximierung und Marktwertmaximierung

Die Cashflow-Steuer und entsprechend die zinsbereinigte Einkommensteuer bewirkt, dass (bei einkommensunabhängigem und zeitlich konstantem Steuersatz s) der Marktwert eines beliebigen Investitionsobjekts bei gegebenen Überschüssen auf das (1 – s)-fache des Marktwertes vor Steuern sinkt, so dass sich die Rangfolge über die Investitionsprojekte bei Entscheidung gemäß dem Ziel der Marktwertmaximierung nicht ändert, also Entscheidungsneutralität besteht. Der Marktwert eines Investitionsprojekts als Entscheidungskriterium ermöglicht eine einfache Beurteilung, weil das Problem der expliziten Erfassung subjektiver Nutzenfunktionen entfällt. Jedoch ist Marktwertmaximierung keine selbstverständliche Zielsetzung. Geht man davon aus, dass das übergeordnete Ziel darin besteht, den Erwartungswert des Nutzens finanzieller Überschüsse zu maximieren, ist Marktwertmaximierung nur dann als Referenzziel sinnvoll, wenn sie im Einklang mit subjektiver Nutzenmaximierung steht, kurz: wenn *Zielkompatibilität* besteht. Ob dies der Fall ist, hängt davon ab, wie das aus allen Investitionen der Volkswirtschaft resultierende Risiko über den Kapitalmarkt bereits geteilt ist bzw. wie Risiken aus weiteren Investitionen geteilt werden können.

Für Investitionen mit sicheren Überschüssen spielt allerdings Risikoteilung keine Rolle. Bezüglich solcher Investitionen besteht Zielkompatibilität, so dass die zinsbereinigte Einkommensteuer wie die Cashflow-Steuer entscheidungsneutral ist.

Hinsichtlich riskanter Investitionen besteht dagegen Zielkompatibilität nur unter speziellen Voraussetzungen.[3] Unabhängig davon, ob Investitionen von einem individuellen Investor oder einem börsennotierten Unternehmen erwogen werden, ist sie dann gegeben, wenn die Überschüsse durch Portefeuillebildung duplizierbar sind und die betreffenden Papiere unbeschränkt leerverkauft werden können (DEANGELO, 1961; FRANKE/HAX, 2004, S. 329 ff.). Es bestehen dann ideale Bedingungen, Investitionsrisiken durch Wertpapierhandel zu eliminieren bzw. mit anderen Investoren auf dem Kapitalmarkt zu teilen. Ist der Kapitalmarkt vollständig, so besteht universelle Duplizierbarkeit. Duplizierbarkeit kann jedoch im Einzelfall auch im unvollständigen Kapitalmarkt bestehen.

---

[3] Vgl. zu den folgenden Darstellungen LAUX (2006).

Unter bestimmten Voraussetzungen wird durch zusätzliche Investitionen eines börsennotierten Unternehmens gar kein Handel mit Wertpapieren ausgelöst, wobei trotzdem Zielkompatibilität besteht. Dies ist insbesondere im Rahmen des CAPM der Fall. Alle Investoren auf dem Kapitalmarkt halten dann einen Anteil am Marktportefeuille, das alle umlaufenden Wertpapiere enthält. Bei gleichen Nutzenfunktionen der Investoren im Rahmen der HARA-Klasse (zu denen z.B. die quadratischen und die exponentiellen gehören) ist dann das Risiko pareto-effizient geteilt, so dass sich das Marktgleichgewicht bei neuen Investitionen nicht ändert. Es ist dann möglich, simultan den Nutzenerwartungswert aller Anteilseigner zu maximieren, wobei Marktwertmaximierung (näherungsweise) mit subjektiver Nutzenmaximierung kompatibel ist.

Das Gleiche gilt für den State Preference-Ansatz, in dem für alle möglichen Umweltzustände bedingte Zahlungsansprüche gehandelt werden können. Im Gleichgewicht wird unabhängig von den individuellen Wahrscheinlichkeitsvorstellungen bezüglich der Zustände und den (konkaven) Nutzenfunktionen das aus allen Wertpapieren resultierende Risiko pareto-effizient geteilt. Zielkonformität mit unveränderlichem Gleichgewicht bei neuen Investitionen impliziert hier, dass sich die individuellen zustandsabhängigen Grenznutzenwerte nicht wahrnehmbar verändern, womit vor allem dann zu rechnen ist, wenn die Investoren breit gestreute Portefeuilles halten und daher nur mit geringen Anteilen an den Überschüssen des Unternehmens beteiligt sind.

2.3. Entscheidungsrelevanz bei Konflikt zwischen subjektiver Nutzenmaximierung und Marktwertmaximierung

Für ein börsennotiertes Unternehmen impliziert Zielkompatibilität Einmütigkeit zwischen den Anteilseignern in dem Sinne, dass mit der Maximierung des Nutzenerwartungswertes eines beliebigen Anteilseigners simultan die Nutzenerwartungswerte aller anderen maximiert werden. Diese Bedingung ist z.B. dann verletzt, wenn sich im CAPM der Kapitalmarkt im Übergang zu einem neuen Gleichgewicht befindet, weil sich Risikoeinstellungen von Anteilseignern ändern, oder wenn bei heterogenen Erwartungen bzw. unterschiedlichen Typen von Nutzenfunktionen und/oder bei privaten Risiken der Investoren auf dem Kapitalmarkt aufgrund von Leerverkaufsbeschränkungen das Risiko nicht (pareto-)effizient geteilt wird.

Bei Zielkonflikt kann Marktwertmaximierung nicht im Einklang stehen mit der Maximierung des Nutzens aller Anteilseigner. Für die Beurteilung des Einflusses der zinsbereinigten Einkommensteuer auf die individuellen Bewertungen von Risiken sind dann subjektive Risikopräferenzen zu berücksichtigen, wobei für verschiedene Gruppen von Anteilseignern unterschiedliche Formen der Entscheidungsrelevanz bestehen können.

Die zinsbereinigte Einkommensteuer kann vor allem auch für einen individuellen Investor entscheidungsrelevant sein, der Investitionen privat durchführt, ohne andere Gesellschafter direkt an den Überschüssen zu beteiligen. Dieser Fall wird im Folgenden näher betrachtet. Wie erläutert wurde, kann der Investor in idealer Weise das Risiko *indirekt* mit anderen teilen, wenn er die Projektüberschüsse duplizieren und die betreffenden Wertpapiere unbeschränkt leerverkaufen kann. Beide Voraussetzungen sind aber für die allgemeine Begründung von Entscheidungsneutralität problematisch. Sie sollen im Folgenden aufgehoben werden.

Dabei wird angenommen, dass der Investor erwägt, ein einzelnes riskantes Investitionsprojekt (oder ein gegebenes Investitionsprogramm) zu realisieren, dessen Anschaffungsauszahlung nicht so niedrig ist, dass der kleinstmögliche Residualgewinn gleich null oder positiv ist; das Investitionsprojekt würde sonst die Anlage zum risikolosen Zinssatz r dominieren und wäre unabhängig von der Risikoeinstellung des Investors vorteilhaft.

Es wird gezeigt, dass bei beschränkter Möglichkeit, das Risiko mit anderen zu teilen, ein Konflikt zwischen subjektiver Nutzenmaximierung und Marktwertmaximierung besteht. Der subjektive Wert des Projekts für den Investor (der Grenzpreis, bis zu dem die Realisation für ihn vorteilhaft ist) ist grundsätzlich *niedriger* (jedoch niemals höher) als der Marktwert seiner laufenden Überschüsse, wobei die Differenz zwischen dem Marktwert und dem subjektiven Wert tendenziell um so höher ist, je umfangreicher das Projekt und je größer die Risikoaversion des Investors sind. Es besteht die Tendenz zur *Unterinvestition*: Möglicherweise unterlässt der Investor das Projekt obwohl sein Marktwert höher ist als der Preis und mithin bei effizienter Risikoteilung vorteilhaft wäre. In dieser Situation ist die zinsbereinigte Einkommensteuer in dem Sinne entscheidungsrelevant, dass sie die Tendenz zur Unterinvestition reduziert. Sie ermöglicht eine Risikoteilung mit dem Staat, wobei der subjektive Grenzpreis für den Investor steigt. In diesem Zusammenhang ist zu beachten, dass der Staat mit dem Steuersatz s nicht nur am Projektüberschuss, sondern (über die Abschreibung der Anschaffungsauszahlung am Ende der Periode und die kalkulatorischen Zinsen) auch an der Anschaffungsauszahlung beteiligt ist, und im Verlustfall den betreffenden Betrag an den Investor zahlt.

3. Optimale Portefeuilles als Hintergrund der Investitionsbewertung

3.1. Modellstruktur

Wie noch gezeigt wird, ist für die Bewertung des Investitionsprojekts von grundlegender Bedeutung, welches Portefeuille riskanter Wertpapiere der Investor ohne dieses Projekt (es wird im Folgenden auch als Bewertungsobjekt bezeichnet) hält und wie er bei dessen Kauf sein Portefeuille optimal an den riskanten Projektüberschuss $\tilde{Ü}_1$ anpasst. Im Folgenden wird zunächst gezeigt, wie das ohne das Bewertungsobjekt optimale Portefeuille ermittelt werden kann und welche Eigenschaften es aufweist. Zielgröße der Modellanalyse ist nicht – wie in der Literatur üblich – die Rendite, die der Investor auf seinen Kapitaleinsatz erzielt, sondern das *Vermögen*, über das er am Ende der Periode verfügt (*Endvermögen*) bzw. der entsprechende *Residualgewinn*. Die explizite Berücksichtigung dieses Gewinns ermöglicht eine relativ einfache und anschauliche Integration der zinsbereinigten Einkommensteuer, deren Bemessungsgrundlage mit diesem Gewinn übereinstimmt.[4]

Das Modell beruht auf folgenden Annahmen:

1. Der (risikoaverse) Investor kann zum risikolosen Zinssatz r unbegrenzt Geld anlegen und aufnehmen. Außerdem kann er zu Beginn der betrachteten Periode (dem Zeitpunkt 0) *riskante* Wertpapiere der Typen 1,2,...,N erwerben, die er am Periodenende, dem Zeitpunkt 1, wieder verkauft. Der Investor hat mit seinen Dispositionen keinen Einfluß auf die Wertpapierkurse. Zum Zeitpunkt 0 verfügt er über das Geldvermögen V_0 ($V_0 > 0$).
2. Der Erwerb von Wertpapieren führt zum Zeitpunkt 0 zu Auszahlungen und zum Zeitpunkt 1 zu Einzahlungen in Form von Verkaufserlösen und Dividenden oder Zinsen.
3. Zielgröße des Investors ist das Endvermögen, über das er am Ende der Planungsperiode, dem Zeitpunkt 1, verfügt.
4. Der Investor kann Wertpapiere auch leerverkaufen. Bei Leerverkauf eines Wertpapiers wird dieses zu Beginn der Periode zum Börsenkurs verkauft, jedoch erst am Ende der Periode zu dem dann geltenden Börsenkurs gekauft und an den (Termin-) Käufer geliefert. Über Geld, das dem Investor aus einem Leerverkauf zufließt, kann er unbeschränkt verfügen; er muss es zum Beispiel nicht als Sicherheit hinterlegen.
5. Der Investor verfügt über keine riskanten Vermögenspositionen, die bei der Ermittlung des optimalen Wertpapierbestandes berücksichtigt werden müssen. Er orien-

[4] Vgl. zu den folgenden Darstellungen LAUX (2007, S. 241 ff.).

tiert sich am (μ,σ)-Prinzip. Dieses Entscheidungsprinzip steht z.B. dann im Einklang mit dem BERNOULLI-Prinzip, wenn der Investor bei beliebigen Wahrscheinlichkeitsverteilungen über die Endwerte der Wertpapiere eine quadratische und bei normalverteilten Endwerten eine exponentielle Nutzenfunktion hat.

Symbole

x	$\equiv$	Geldbetrag, der im Zeitpunkt 0 zum risikolosen Zinssatz r angelegt ($x > 0$) oder geliehen wird ($x < 0$),
x_n	$\equiv$	Zahl der Wertpapiere vom Typ n (n=1,2,...,N), die zum Zeitpunkt 0 gekauft ($x_n > 0$) oder leerverkauft ($x_n < 0$) werden,
WP_1	$\equiv$	(unsichere) Einzahlung aus dem Portefeuille zum Zeitpunkt 1,
V_1	$\equiv$	Vermögen zum Zeitpunkt 1 (*Endvermögen*),
P_{0n}	$\equiv$	Preis des Wertpapiers n zum Zeitpunkt 0,
$P_{1n}(P_{1m})$	$\equiv$	Preis des Wertpapiers n (m) zum Zeitpunkt 1 (einschließlich Dividende oder Zinsen),
$Var(\cdot)$	$\equiv$	Varianzoperator,
$Kov(\cdot)$	$\equiv$	Kovarianzoperator,
V_0	$\equiv$	Geldvermögen zum Zeitpunkt 0.

Das Endvermögen beträgt:

$$(1) \qquad \tilde{V}_1 = (1+r)\cdot x + \widetilde{WP}_1 = (1+r)\cdot x + \sum_{n=1}^{N} x_n \cdot \tilde{P}_{1n}\,.$$

Für den Erwartungswert des Endvermögens gilt entsprechend:

$$(2) \qquad \mu \equiv E(\tilde{V}_1) = (1+r)\cdot x + \sum_{n=1}^{N} x_n \cdot E(\tilde{P}_{1n})\,.$$

Die Varianz des Endvermögens stimmt mit der Varianz des Endwertes des Portefeuilles überein. Sie errechnet sich nach der folgenden Formel:

$$(3) \qquad \sigma^2 = Var(\tilde{V}_1) = Var(\widetilde{WP}_1) = \sum_{n=1}^{N} \sum_{m=1}^{N} x_n \cdot x_m \cdot Kov(\tilde{P}_{1n};\tilde{P}_{1m})\,.$$

$$\text{mit } Kov(\tilde{P}_{1n};\tilde{P}_{1n}) = Var(\tilde{P}_{1n})\,.$$

Dabei erfassen die Kovarianzen $Kov(\tilde{P}_{1n};\tilde{P}_{1m})$ $(n \neq m)$ den Risikoverbund zwischen den verschiedenen Wertpapieren. Für den Zeitpunkt 0 gilt die Budgetbedingung:

$$(4) \qquad x + \sum_{n=1}^{N} x_n \cdot P_{0n} = V_0\,.$$

Umformung nach x und Einsetzen in (2) führt zu:

$$(5)\qquad \mu \equiv E(\tilde{V}_1) = (1+r)\cdot V_0 + \underbrace{\sum_{n=1}^{N} x_n \cdot E[\tilde{P}_{1n} - (1+r)\cdot P_{0n}]}_{\equiv RP}\,.$$

Interpretation: Wenn der Entscheider ein (weiteres) Wertpapier n erwirbt, muss er die Kapitalanlage (die Kapitalaufnahme) zum Zinssatz r um die Anschaffungsauszahlung P_{0n} reduzieren (erhöhen). Sein Endvermögen ändert sich somit um den ungewissen Residualgewinn $P_{1n} - (1+r)\cdot P_{0n}$. Der Erwartungswert dieses Residualgewinns kann als *Risikoprämie* interpretiert werden, die eine Einheit des Wertpapiers n bietet. In dieser Arbeit wird stets davon ausgegangen, dass die Risikoprämien aller Papiere positiv sind; jedem Papier entspricht ein risikoangepasster Zinssatz, der höher ist als r.

Analog zu einem einzelnen Wertpapier gilt für die Risikoprämie des gesamten Portefeuilles:

$$(6)\qquad RP \equiv \sum_{n=1}^{N} x_n \cdot E[\tilde{P}_{1n} - (1+r)\cdot P_{0n}]\,.$$

Diese Risikoprämie bringt zum Ausdruck, wie weit auf Grund der Portefeuillebildung der Erwartungswert des Endvermögens ansteigt.

Das optimale Portefeuille kann wie folgt ermittelt werden: Zunächst wird die Menge der „effizienten" Portefeuilles bestimmt und dann aus dieser Menge das optimale ausgewählt. Ein Portefeuille ist bei Risikoaversion dann effizient, wenn *kein* anderes Portefeuille existiert, das bei gegebener Risikoprämie eine kleinere Standardabweichung aufweist, oder bei gegebener Standardabweichung eine höhere Risikoprämie bietet, oder bei höherer Risikoprämie zugleich eine kleinere Standardabweichung aufweist.

Man erhält ein effizientes Portefeuille, indem in (6) für RP ein beliebiger fester Wert $RP^* > 0$ eingesetzt und unter Berücksichtigung dieser Gleichung als Nebenbedingung die Varianz (3) minimiert wird. (Ein riskantes Portefeuille mit einer nichtpositiven Risikoprämie kann bei Risikoaversion des Investors nicht effizient sein.) Das betreffende Portefeuille wird mit $x_1^*, x_2^*, ..., x_N^*$ und die dazugehörige Varianz mit σ^{*2} bezeichnet.

Alle effizienten Portefeuilles weisen die gleiche Struktur auf. Dies impliziert eine proportionale Beziehung zwischen der Standardabweichung und der Risikoprämie der effizienten Portefeuilles.[5] Unter Berücksichtigung dieser Beziehung kann die Effizienz-

[5] Zum Beweis vgl. LAUX (2006, S. 105 f.)

bedingung vereinfachend wie folgt formuliert werden: Ein Portefeuille ist genau dann effizient, wenn kein anderes existiert, für welches das Verhältnis aus Standardabweichung und Risikoprämie kleiner bzw. das Verhältnis aus Risikoprämie und Standardabweichung (die Risikoprämie je Risikoeinheit) größer ist.

3.2. Auswahl des optimalen Portefeuilles

Die Menge aller effizienten (μ,σ)- bzw. (μ,σ^2)-Konstellationen für das Endvermögen lässt sich graphisch mit Hilfe einer Effizienzkurve darstellen, die zeigt, welcher minimale σ- bzw. σ^2-Wert alternativen Risikoprämien $RP \geq 0$ des Portefeuilles und somit alternativen Erwartungswerten $E(\tilde{V}_1) \geq (1+r) \cdot V_0$ des Endvermögens entspricht. Die Effizienzkurve beginnt stets beim Abszissenwert $(1+r) \cdot V_0$. Die Effizienzkurve im (μ,σ)-Diagramm ergibt sich, indem für eine beliebige Risikoprämie $RP^*>0$ das effiziente Portefeuille $x_1^*, x_2^*, \ldots, x_N^*$ ermittelt wird, die entsprechende (μ,σ)-Kombination für das Endvermögen durch einen Punkt P^* im (μ,σ)-Diagramm dargestellt und schließlich ausgehend vom Punkt A auf der Abszisse mit dem Abszissenwert $(1+r) \cdot V_0$ ein Fahrstrahl durch den Punkt P^* gezeichnet wird (Abbildung 1).

Die subjektive Risikoeinstellung hat zwar keinen Einfluß auf die Struktur des optimalen Portefeuilles, bestimmt aber dessen Umfang. Bei quadratischer Nutzenfunktion $U(V_1)$ haben die Indifferenzkurven im (μ,σ)-Diagramm die Gestalt von konzentrischen Halbkreisen, deren Mittelpunkt M auf der Abszisse liegt und den Abszissenwert b/2c aufweist, wobei die Parameter b und c aus der quadratischen Nutzenfunktion $U(V_1) = b \cdot V_1 - c \cdot V_1^2$ stammen. Das optimale Portefeuille wird durch den Tangentialpunkt der Effizienzkurve mit einem dieser Halbkreise bestimmt. (Vgl. den Punkt T in Abbildung 1.)

Dabei bezeichnet $E(\tilde{V}_{1,opt})$ dasjenige erwartete Endvermögen, das mit dem optimalen Portefeuille erzielt wird. Die Risikoprämie RP_{opt} des optimalen Portefeuilles ist gleich der Differenz der Abszissenwerte der Punkte T und A.

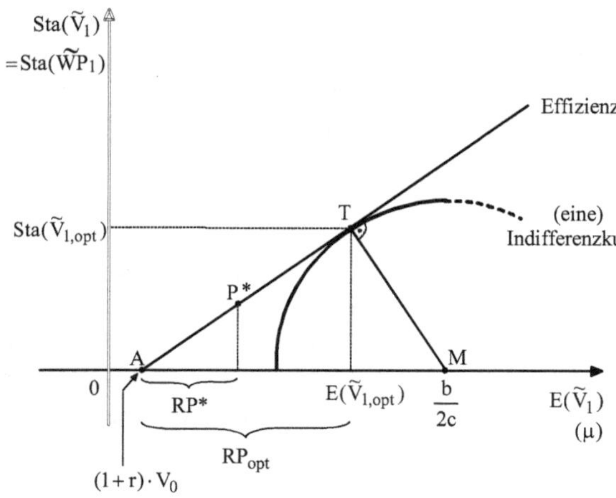

Abb. 1: Lineare Effizienzkurve im (μ,σ)-Diagramm und optimale (μ,σ)-Kombination bei quadratischer Nutzenfunktion

3.3. Einfluss der zinsbereinigten Einkommensteuer

Da der für die Portefeuilleplanung maßgebliche Residualgewinn zugleich Bemessungsgrundlage für die zinsbereinigte Einkommensteuer und annahmegemäß der Steuersatz s vom Gewinn unabhängig ist, lässt sich die Steuer in sehr einfacher Weise integrieren. Ihre Berücksichtigung bewirkt, dass für ein beliebiges Portefeuille mit der Standardabweichung σ und der Risikoprämie RP die Standardabweichung auf $(1 - s) \cdot \sigma$ und die Risikoprämie auf $(1 - s) \cdot RP$ sinkt. Das Verhältnis aus Standardabweichung und Risikoprämie stimmt somit unabhängig von s mit demjenigen ohne Berücksichtigung der Steuer überein, so dass sich die Struktur der effizienten Portefeuilles und die Steigung der Effizienzkurve im (μ,σ)-Diagramm nicht ändern. Das optimale Portefeuille wird durch denselben Tangentialpunkt T mit einer Indifferenzkurve repräsentiert wie vor Berücksichtigung der Steuer (Abbildung 1). Jedoch entspricht nun diesem Punkt ein Portefeuille mit dem $1/(1 - s)$-fachen Volumen desjenigen Portefeuilles, das ohne Steuer optimal ist. Unter Berücksichtigung der zinsbereinigten Einkommensteuer ergibt sich netto dieselbe (μ,σ)-Position wie zuvor. Diese Steuer ist somit zwar bezüglich der Portefeuillestruktur entscheidungsneutral, nicht aber des Portefeuillevolumens. Sie impliziert, dass hinsichtlich des Bruttogewinns ein höheres Risiko eingegangen wird. Wie im Folgenden gezeigt wird, gilt dieser Anreiz zur höheren Risikoübernahme auch für Realinvestitionsprojekte.

4. Konflikt zwischen subjektiver Nutzenmaximierung und Marktwertmaximierung bei beschränktem Leerverkauf und/oder beschränkter Duplizierbarkeit

4.1. Vorüberlegungen

Aufbauend auf den Darstellungen in Abschnitt 3. wird im Folgenden untersucht, wie der subjektive Wert eines Investitionsprojekts bei beschränktem Leerverkauf und/oder beschränkter Duplizierbarkeit ermittelt werden kann und wie er von seinen Determinanten abhängt.[6] Dabei werden Steuern zunächst wieder vernachlässigt. In Abschnitt 5. wird untersucht, wie sie die Bewertung beeinflussen. Für die Bewertung ist von Bedeutung, wie die Effizienzkurve mit dem Überschuss $\ddot{U}_1$ des Bewertungsobjekts (kurz: die modifizierte Effizienzkurve), von der ohne diesen Überschuss, d.h. der Effizienzkurve bei reiner Portefeuilleplanung (kurz: der Basiseffizienzkurve oder Referenzlinie), abweicht.

Zur Analyse des Verlaufs der modifizierten Effizienzkurve werden zunächst einige Vorüberlegungen angestellt. Der Entscheider habe (nur) die Wahl zwischen *zwei* riskanten Portefeuilles A und B bzw. zwei Positionen $P(\mu_A;\sigma_A)$ und $P(\mu_B;\sigma_B)$, die beliebig miteinander *konvex* kombiniert werden können. Dabei bezeichnet μ_A (bzw. σ_A) den Erwartungswert (bzw. die Standardabweichung) des Endvermögens $\tilde{V}_1$ bei alleiniger Realisation der Position $P(\mu_A;\sigma_A)$. Das Entsprechende gilt für μ_B (bzw. σ_B). Im Folgenden wird ohne Einschränkung der Allgemeinheit davon ausgegangen, es gelte $\mu_B > \mu_A$. (Die Darstellungen gelten für $\mu_A > \mu_B$ analog.)

Das Endvermögen bei alleiniger Realisation des Portefeuilles A (bzw. der Position $P(\mu_A;\sigma_A)$) wird im Folgenden mit $\tilde{V}_{1A}$ bezeichnet, das Endvermögen bei alleiniger Realisation des Portefeuilles B (bzw. der Position $P(\mu_B;\sigma_B)$) mit $\tilde{V}_{1B}$. Eine Konvexkombination der beiden Positionen besteht darin, dass von beiden Positionen ein nichtnegativer Teil realisiert wird, wobei sich die beiden Teile zu eins addieren.

Wird der Teil der riskanten Position $P(\mu_B;\sigma_B)$, der in der Konvexkombination enthalten ist, mit z ($0 \leq z \leq 1$) bezeichnet, so gilt für den Erwartungswert des Endvermögens:

$$(7) \qquad E(\tilde{V}_1) = (1-z)\cdot\mu_A + z\cdot\mu_B = \mu_A + z\cdot(\mu_B - \mu_A).$$

$(1 - z)$ gibt an, welcher Teil der Position $P(\mu_A;\sigma_A)$ realisiert wird. Da annahmegemäß $\mu_B > \mu_A$ gilt, ist $E(\tilde{V}_1)$ eine linear steigende Funktion von z.

[6] Vgl. hierzu auch LAUX/SCHABEL (2006).

Für die Standardabweichung des Endvermögens gilt:

$$(8) \qquad Sta(\tilde{V}_1) = \sqrt{(1-z)^2 \cdot \sigma_A^2 + 2 \cdot (1-z) \cdot z \cdot \rho \cdot \sigma_A \cdot \sigma_B + z^2 \cdot \sigma_B^2}\,.$$

Für jedes z ($0 < z < 1$) ist die Standardabweichung der Konvexkombination so wie auch ihre Varianz eine monoton steigende Funktion des Korrelationskoeffizienten ρ für die Endwerte $\tilde{V}_{1A}$ und $\tilde{V}_{1B}$. Für $\rho = 1$ folgt aus (8):

$$(9) \qquad Sta(\tilde{V}_1) = (1-z) \cdot \sigma_A + z \cdot \sigma_B = \sigma_A + z \cdot (\sigma_B - \sigma_A) > 0\,.$$

Gilt – wie in Abbildung 2 – die Relation $\sigma_B > \sigma_A$, so ist $Sta(\tilde{V}_1)$ für $\rho = 1$ eine linear steigende Funktion von z. Da – wie gezeigt wurde – auch $E(\tilde{V}_1)$ eine linear steigende Funktion von z ist, folgt unmittelbar: $Sta(\tilde{V}_1)$ ist eine linear steigende Funktion von $E(\tilde{V}_1)$. In Abbildung 2 wird die Menge der effizienten (μ,σ)-Kombinationen für $\rho=1$ durch die Strecke $\overline{P(\mu_A;\sigma_A)P(\mu_B;\sigma_B)}$ dargestellt.

Die in Abbildung 2 dargestellten konvexen Graphen verdeutlichen den Zusammenhang zwischen $Sta(\tilde{V}_1)$ und z bzw. $E(\tilde{V}_1)$ für unterschiedliche Werte von $\rho < 1$ (mit $\rho_1 > \rho_2 > \rho_3$). Als Effizienzkurve ist hier jeweils nur der steigende Bereich relevant.

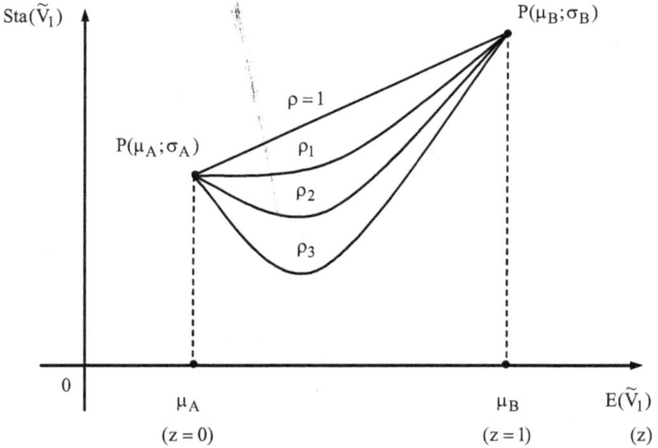

Abb. 2: Zur Bildung effizienter (μ,σ)-Konstellationen durch Konvexkombinationen zweier riskanter Positionen, $P(\mu_A;\sigma_A)$ und $P(\mu_B;\sigma_B)$

Analog können Konvexkombinationen aus mehr als zwei „reinen" Portefeuilles gebildet werden, wobei nun auch Konvexkombinationen mit anderen Portefeuilles konvex kombiniert werden können.

4.2. Investitionsbewertung bei Duplizierbarkeit und beschränktem Leerverkauf

4.2.1. Ohne jeglichen Leerverkauf

4.2.1.1. Die modifizierte Effizienzkurve

In der Ausgangssituation verfügt der Investor annahmegemäß ausschließlich über Geldvermögen in Höhe von V_0. Er hat nun die Möglichkeit, ein einzelnes Investitionsprojekt (z.B. ein Unternehmen) mit dem Überschuss $\tilde{Ü}_1$ am Ende der Periode zu erwerben. Der subjektive Wert des Überschusses für den Investor ist diejenige Obergrenze für die Anschaffungsauszahlung, bei der der Kauf weder vorteilhaft noch nachteilig ist. Ist der geforderte Preis niedriger (höher) als der Wert, so ist der Kauf vorteilhaft (nachteilig).

Ohne Einschränkung der Allgemeinheit dient im Folgenden der Marktwert des Überschusses des Bewertungsobjekts als Ausgangsbasis der Betrachtung. Es wird geprüft, welche Gestalt die modifizierte Effizienzkurve bei Kauf zum Marktwert aufweist, welche Implikationen sich hierbei für den Nutzenerwartungswert des Investors ergeben und welcher Abschlag vom Marktwert vorzunehmen ist, um den subjektiven Grenzpreis zu erhalten. Ist der subjektive Grenzpreis niedriger als der Marktwert, offenbart sich ein Konflikt zwischen subjektiver Nutzenmaximierung und Marktwertmaximierung: Ist die Anschaffungsauszahlung des Bewertungsobjekts niedriger als der Marktwert des Überschusses aber höher als der subjektive Grenzpreis, ist es beim Ziel der Marktwertmaximierung (also bei Duplizierbarkeit und unbeschränktem Leerverkauf) vorteilhaft, jedoch bei subjektiver Nutzenmaximierung (aufgrund beschränkter Duplizierbarkeit und/oder beschränktem Leerverkauf) nachteilig. Mit einem solchen Konflikt ist um so eher zu rechnen, je mehr der subjektive Grenzpreis unter dem Marktwert liegt.

Zunächst wird davon ausgegangen, der Überschuss $Ü_1$ sei duplizierbar, so dass das Duplikationsportefeuille DP als Repräsentant des Überschusses herangezogen werden kann. Außerdem wird angenommen, dass diejenigen Portefeuilles, die ohne den Überschuss $Ü_1$ effizient sind (Abschnitt 3.), ab einer bestimmten Größe das Duplikationsportefeuille als Teilmenge enthalten.

Sind Leerverkäufe ausgeschlossen, so sind für die Ermittlung der modifizierten Effizienzkurve nur das reine Duplikationsportefeuille DP als Repräsentant des Überschusses $Ü_1$ sowie solche Portefeuilles relevant, die das Duplikationsportefeuille und eine Menge MZW *zusätzlicher* Wertpapiere enthalten. Dabei enthält eine Konvexkombination dieser Portefeuilles wiederum zwangsläufig das Duplikationsportefeuille, was deshalb von Bedeutung ist, weil das Duplikationsportefeuille oder ein Teil davon nicht leerverkauft werden darf. Zur Verdeutlichung werden die Portefeuilles A und B mit den Mengen MZW_A und MZW_B zusätzlicher Papiere zum Duplikationsportefeuille (bzw. zum Überschuss $Ü_1$) betrachtet. Es gilt:

$$(1-z)\cdot(DP+MZW_A)+z\cdot(DP+MZW_B)=DP+(1-z)\cdot MZW_A+z\cdot MZW_B.$$

Die Konvexkombination der beiden Portefeuilles besteht also aus dem Duplikationsportefeuille DP und einer Konvexkombination der beiden Mengen zusätzlicher Papiere.

Sind alle Kovarianzen $Kov(\tilde{P}_{1n};\tilde{P}_{1m})$ und somit auch die Kovarianzen $Kov(\tilde{P}_{1n};\tilde{Ü}_1)$ nichtnegativ, so ist für jedes Portefeuille, welches das Duplikationsportefeuille (bzw. den Überschuss $Ü_1$) als echte Teilmenge enthält, die Standardabweichung des Endvermögens höher als $Sta(\tilde{Ü}_1)$. Zur Verdeutlichung wird die Abbildung 3 betrachtet.

Wenn der Investor den Überschuss $Ü_1$ zum Marktwert kauft, so gelangt er ohne Portefeuillebildung zum Punkt P. Diesem entspricht eine Standardabweichung von $Sta(\tilde{Ü}_1)$ und ein Erwartungswert $E(\tilde{V}_1)$ von $(1+r)\cdot V_0$ zuzüglich der Risikoprämie RP_{DP} des Duplikationsportefeuilles.

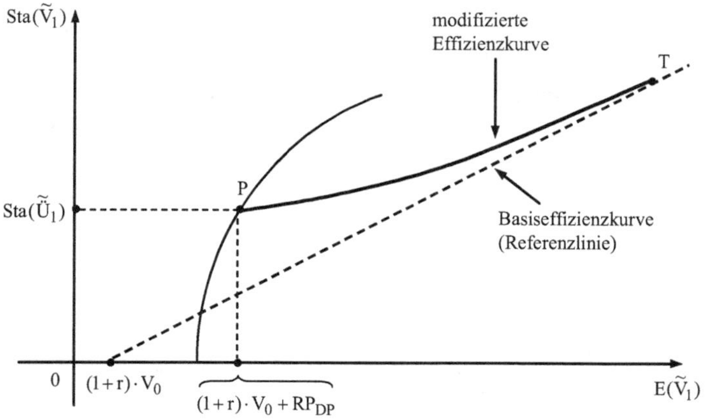

Abb. 3: Vergleich von modifizierter Effizienzkurve und Basiseffizienzkurve

Für den Marktwert $M_0(\tilde{Ü}_1)$ des Überschusses $Ü_1$ bzw. den Marktwert MW_{DP} des Duplikationsportefeuilles zum Zeitpunkt 0 gilt:

(10) $$M_0(\tilde{\ddot{U}}_1) \equiv MW_{DP} = (1+r)^{-1} \cdot [E(\tilde{\ddot{U}}_1) - RP_{DP}].$$

Hieraus folgt für die Risikoprämie:

(11) $$RP_{DP} = E(\tilde{\ddot{U}}_1) - (1+r) \cdot MW_{DP}.$$

Die Risikoprämie ist also gleich dem Erwartungswert von $\ddot{U}_1$ abzüglich seines aufgezinsten Marktwerts.

Der Punkt P in Abbildung 3 liegt oberhalb der Basiseffizienzkurve als Referenzlinie. Das Duplikationsportefeuille weist also für sich gesehen eine schlechtere Struktur auf als jene Portefeuilles, die ohne den Überschuss $\ddot{U}_1$ effizient sind. (Der Punkt P kann bei Duplizierbarkeit des Überschusses $\ddot{U}_1$ nicht unterhalb der Basiseffizienzkurve liegen.)

Die modifizierte Effizienzkurve (unter Einschluss des Überschusses $\ddot{U}_1$ bzw. des Duplikationsportefeuilles) kann in keinem Bereich unterhalb der Referenzlinie liegen. Sie erreicht jedoch die Referenzlinie im Punkt T. Er kennzeichnet hier das Portefeuille mit dem kleinsten Erwartungswert bzw. mit der kleinsten Standardabweichung, welches ohne den Überschuss $\ddot{U}_1$ effizient ist und das Duplikationsportefeuille als echte Teilmenge enthält.

Gemäß den Darstellungen in Abschnitt 4.1. verläuft die modifizierte Effizienzkurve im Bereich links von T streng konvex, wobei rechts von P die Standardabweichung stets größer sein muss als $Sta(\tilde{\ddot{U}}_1)$. Der konvexe Verlauf impliziert:

1. Die modifizierte Effizienzkurve ist im Bereich zwischen P und T (und nicht nur rechts von T) eine monoton steigende Funktion von $E(\tilde{V}_1)$.
2. Die Steigung der modifizierten Effizienzkurve ist bis zum Punkt T immer kleiner als die der Referenzlinie. Wäre sie in einem Punkt links von T größer oder gleich, so könnte sie wegen der Konvexitätseigenschaft den Punkt T niemals erreichen. Würde sie wie in Abbildung 4 in einem Bereich sinken, so ergäbe sich ein Widerspruch. Man könnte z.B. die Positionen P_A und P_B miteinander konvex kombinieren, wobei sich durch Variation von z die gestrichelte Kurve ergeben würde. Analog könnten Punkte auf der neuen Kurve PP_AP_BT konvex kombiniert werden, so dass sich durchgehend eine konvexe modifizierte Effizienzkurve ergibt.

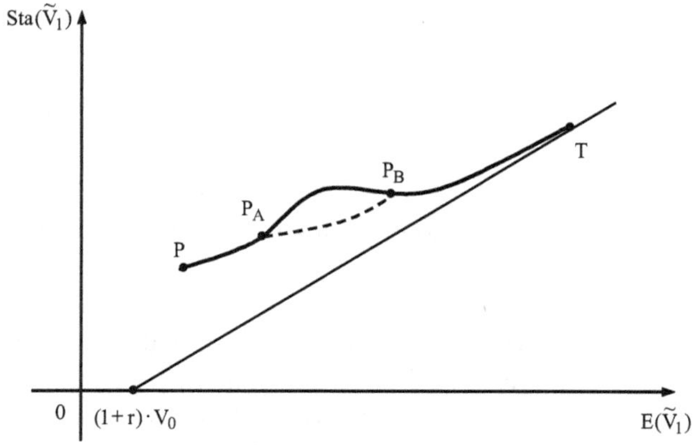

Abb. 4: Zum Beweis der Konvexitätseigenschaft

Die Tatsache, dass die Steigung der modifizierten Effizienzkurve bis zum Punkt T immer kleiner ist als die der Referenzlinie impliziert, dass der senkrechte Abstand zwischen dieser Effizienzkurve und der Referenzlinie und somit auch der waagrechte Abstand bis zum Punkt T immer kleiner wird. Die fehlende Leerverkaufsmöglichkeit des Duplikationsportefeuilles wirkt sich mit zunehmendem $E(\tilde{V}_1)$ (mit zunehmendem Umfang des Portefeuilles) immer weniger restriktiv aus; die Portefeuillestruktur nähert sich immer mehr derjenigen Struktur, die der Referenzlinie entspricht, wobei die Risikoprämie pro Risikoeinheit immer größer wird, bis sie schließlich (im Punkt T) die des Referenzportefeuilles erreicht. Da die modifizierte Effizienzkurve im Punkt P (Abbildung 3) eine positive Steigung hat, ist es nicht ohne weiteres optimal, das aus dem Überschuss $Ü_1$ resultierende Risiko durch Portefeuillebildung zu hedgen.

Ist ein Teil der Kovarianzen $Kov(\tilde{P}_{1n};\tilde{P}_{1m})$ der Papiere im Duplikationsportefeuille mit anderen Papieren negativ, so kann die Standardabweichung $Sta(\tilde{V}_1)$ reduziert werden, indem zusätzlich zum Duplikationsportefeuille (als Repräsentant des Überschusses $Ü_1$) weitere Papiere ins Portefeuille aufgenommen werden. Die Kurve, die den Zusammenhang zwischen der minimalen Standardabweichung $Sta(\tilde{V}_1)$ und der Risikoprämie (dem entsprechenden Erwartungswert $E(\tilde{V}_1)$) zum Ausdruck bringt, sinkt dann zunächst bis zu einem Minimum M und steigt danach wieder, bis sie schließlich in einem Punkt T die Referenzlinie erreicht. Nur rechts von M ist die modifizierte Effizienzkurve mit der Kurve minimaler Standardabweichungen identisch (Abbildung 5).

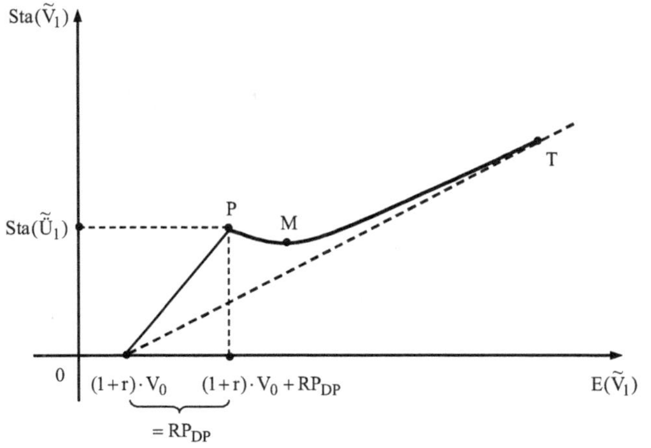

Abb. 5: Effizienzkurve bei negativen Kovarianzen ohne Leerverkauf

Da der Punkt P nicht auf der Effizienzkurve liegt, kann er keine optimale (μ,σ)-Kombination repräsentieren; unabhängig vom Ausmaß der Risikoaversion ist es für den Investor optimal, das aus $Ü_1$ resultierende Risiko zu hedgen.

Jedoch verläuft die modifizierte Effizienzkurve wie bei ausschließlich positiven Kovarianzen *konvex*, wobei im Bereich zwischen M und T der senkrechte *und* der waagrechte Abstand zwischen dieser Effizienzkurve und der Referenzlinie mit steigendem Erwartungswert $E(\tilde{V}_1)$ immer kleiner werden.

Wenn ausgehend vom Punkt P der Erwartungswert $E(\tilde{V}_1)$ durch entsprechende Portefeuillebildung sukzessive erhöht wird, so steht zunächst der Gesichtspunkt der Risikominimierung im Vordergrund. Es werden vor allem solche Papiere erworben, die mit dem Überschuss $Ü_1$ (mit Papieren der Duplikationsportefeuilles) negativ korreliert sind. Mit steigendem $E(\tilde{V}_1)$ nähert sich die Struktur des Portefeuilles unter Berücksichtigung des Überschusses $Ü_1$ immer mehr der Struktur des Referenzportefeuilles, bis schließlich in Punkt T der Überschuss $Ü_1$ zuzüglich des ergänzenden Portefeuilles in dieselbe Risikoklasse fällt wie die jener Portefeuilles, die der Referenzlinie zugrunde liegen.

4.2.1.2. Ermittlung des Wertes

Wenn das Duplikationsportefeuille nicht leerverkauft werden kann, liegt der subjektive Grenzpreis grundsätzlich unter dem Marktwert des Bewertungsobjekts. Zur Verdeutlichung wird die Abbildung 6 betrachtet, die auf der Annahme beruht, dass alle Kovarianzen $Kov(\tilde{P}_{1n};\tilde{P}_{1m})$ nicht negativ sind. Wenn der Investor das Bewertungsobjekt nicht kauft, erwirbt er dasjenige Portefeuille, das dem Tangentialpunkt T_1 der gestrichelten Referenzlinie (Basiseffizienzkurve) mit einer Indifferenzkurve entspricht. (Diese Referenzlinie charakterisiert die Menge der Portefeuilles, die ohne den Überschuss $Ü_1$ effizient sind.)

Wenn der Investor den Überschuss zum Marktwert kauft, so gelangt er ohne Portefeuillebildung zum Punkt P. Wie erläutert, entspricht diesem die Standardabweichung $Sta(\tilde{Ü}_1)$ und ein Erwartungswert $E(\tilde{V}_1)$ von $(1+r)\cdot V_0$ zuzüglich der Risikoprämie RP_{DP} des Duplikationsportefeuilles.

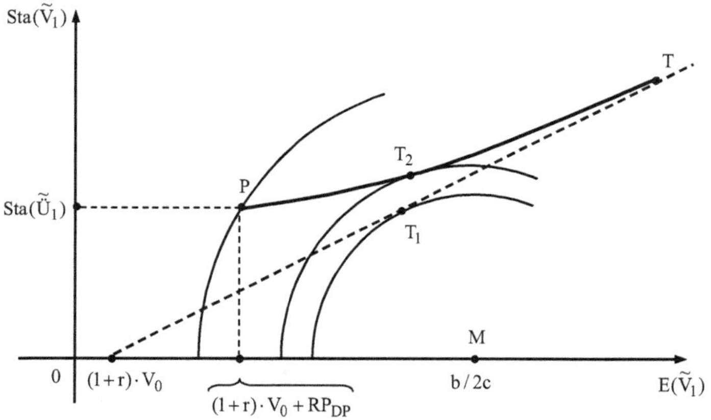

Abb. 6: Analyse des subjektiven Grenzpreises im Vergleich zum Marktwert (bei quadratischer Nutzenfunktion)

Der Punkt P liegt im Vergleich zum Punkt T_1 auf einer Indifferenzkurve mit niedrigerem Nutzenwert. Der Investor kann seine Position verbessern, indem er Wertpapiere erwirbt. Optimal ist bei Kauf des Bewertungsobjekts zum Marktwert dasjenige Portefeuille, bei dem die durch P verlaufende modifizierte Effizienzkurve eine Indifferenzkurve tangiert. Auch der dem betreffenden Tangentialpunkt T_2 entsprechende Nutzenerwartungswert ist kleiner als derjenige, der bei Verzicht auf den Kauf des Überschusses erzielt wird (Punkt T_1); wenn der Investor das Bewertungsobjekt zum Marktwert kauft, erzielt er also auch in Verbindung mit einer optimalen Portefeuillebildung einen Nachteil.

Damit er denselben Nutzenerwartungswert erzielt wie ohne Kauf des Bewertungsobjekts, muss der Preis unter den Marktwert gesenkt werden, so dass die Risikoprämie des Bewertungsobjekts steigt. Damit bewegt sich der Punkt P bei gegebenem Ordinatenwert und entsprechend auch die modifizierte Effizienzkurve parallel nach rechts. Man erhält den gebotenen Abschlag vom Marktwert, indem man die P entsprechende modifizierte Effizienzkurve derart parallel nach rechts verschiebt, dass sie die durch T_1 verlaufende Indifferenzkurve tangiert, und den Betrag der Rechtsverschiebung mit dem risikolosen Zinssatz r diskontiert. Entsprechend steigt die bei Kauf des Überschusses erzielbare Risikoprämie um den Betrag der Rechtsverschiebung.

Interpretation: Bezeichnet man die subjektive Risikoprämie, bei der mit dem Kauf des Bewertungsobjekts derselbe Nutzenerwartungswert erzielt wird wie ohne das Bewertungsobjekt, mit RP_s, so folgt für den subjektiven Grenzpreis:

$$(12) \qquad GP_s(\tilde{\ddot{U}}_1) = (1+r)^{-1} \cdot \underbrace{[E(\tilde{\ddot{U}}_1) - RP_s]}_{\substack{=\text{subjektives}\\ \text{Sicherheits-}\\ \text{äquivalent für } \ddot{U}_1}}.$$

RP_s kann wie folgt dargestellt werden:

$$(13) \qquad RP_s = RP_{DP} + Z_s,$$

wobei Z_s den subjektiven Zuschlag zur Marktrisikoprämie in Höhe des *Betrags der Rechtsverschiebung* der P entsprechenden modifizierten Effizienzkurve bezeichnet. Wird (13) in (12) eingesetzt ergibt sich:

$$(14) \qquad \begin{aligned} GP_s(\tilde{\ddot{U}}_1) &= (1+r)^{-1} \cdot [E(\tilde{\ddot{U}}_1) - RP_{DP} - Z_s] \\ &= (1+r)^{-1} \cdot [E(\tilde{\ddot{U}}_1) - RP_{DP}] - (1+r)^{-1} \cdot Z_s \\ &= M_0(\tilde{\ddot{U}}_1) - (1+r)^{-1} \cdot Z_s . \end{aligned}$$

Damit eine Rechtsverschiebung der P entsprechenden modifizierten Effizienzkurve überhaupt zu einem Tangentialpunkt mit der durch T_1 verlaufenden Indifferenzkurve führen kann, muss allerdings (bei quadratischer Nutzenfunktion bzw. halbkreisförmigen Indifferenzkurven) der Ordinatenwert des Punktes P kleiner sein als der maximale Ordinatenwert dieser Indifferenzkurve. Ist er größer, so existiert kein (subjektiver Grenz-)Preis, bei dem der Erwartungsnutzen bei Kauf des Bewertungsobjekts ebenso hoch ist wie bei Verzicht auf Kauf.[7] Bei exponentieller Nutzenfunktion haben dagegen die Indifferenzkurven durchgehend positive Steigungen, so dass stets ein subjektiver Grenzpreis existiert.

---

[7] Diese Situation kann deshalb eintreten, weil die quadratische Nutzenfunktion $b \cdot V - c \cdot V^2$ gegen das Dominanzprinzip verstößt.

Ist ein Teil der Kovarianzen $Kov(\widetilde{P}_{1n};\widetilde{P}_{1m})$ negativ, so sinkt $Sta(\widetilde{V}_1)$ zunächst, wenn ausgehend vom Punkt P der Erwartungswert $E(\widetilde{V}_1)$ sukzessive erhöht wird und dabei jeweils ein Portefeuille gewählt wird, mit dem unter Berücksichtigung des Überschusses $Ü_1$ (bzw. des nicht leerverkaufbaren Duplikationsportefeuilles für diesen Überschuss) die Standardabweichung minimiert wird. Die modifizierte Effizienzkurve bei Kauf des Bewertungsobjekts zum Marktwert beginnt dann im Punkt M mit der absolut kleinsten Standardabweichung (Abbildung 7).

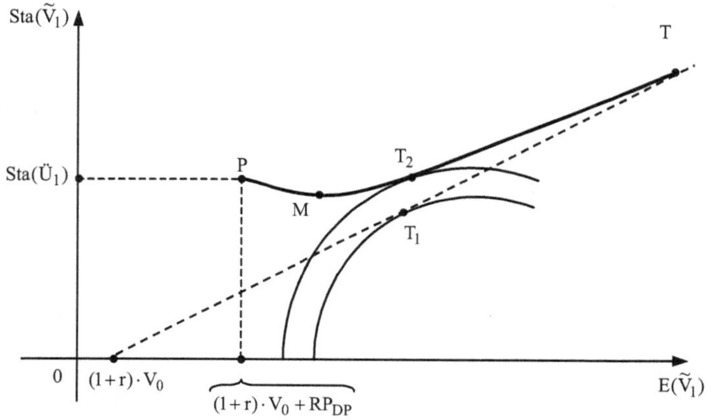

Abb. 7: Analyse des subjektiven Grenzpreises im Vergleich zum Marktwert

Damit der Investor bei Kauf des Bewertungsobjekts denselben Nutzenerwartungswert erzielt wie ohne Kauf (die betreffende Position wird wieder durch den Tangentialpunkt T_1 repräsentiert) muss auch hier der Preis unter den Marktwert gesenkt werden. Man erhält wiederum den betreffenden Korrekturterm, indem man die dem Punkt P entsprechende modifizierte Effizienzkurve (die nun im Punkt M beginnt) derart parallel nach rechts verschiebt, dass sie die durch T_1 verlaufende Indifferenzkurve tangiert, und den Betrag der Rechtsverschiebung mit dem risikolosen Zinssatz r diskontiert.

4.2.1.3. Zur Höhe des Wertes

Der subjektive Grenzpreis (die Differenz aus Marktwert und Korrekturterm) hängt von den folgenden Determinanten ab: 1. Der Risikoeinstellung des Investors (der Gestalt seiner Nutzenfunktion bzw. seiner Indifferenzkurven), 2. bei quadratischer Nutzenfunktion seinem Geldvermögen V_0 in der Ausgangssituation und 3. der Wahrscheinlichkeitsverteilung über den Überschuss $Ü_1$. Zwischen diesen Determinanten bestehen zum Teil enge Interdependenzen. Im Rahmen von komparativ-statischen Analysen wird untersucht, wie sich einzelne Determinanten auswirken (können).

Wie erläutert wurde, wird der waagrechte Abstand zwischen der dem Punkt P entsprechenden modifizierten Effizienzkurve und der Basiseffizienzkurve in Abbildung 6 bzw. 7 mit steigendem Erwartungswert $E(\tilde{V}_1)$ immer kleiner. Dies impliziert die folgende Tendenz: Je geringer die Risikoaversion des Investors ist, d.h. je größer der Abszissenwert b/2c des Mittelpunktes M seiner Indifferenzkurven ist, desto geringer ist der Abstand zwischen den Punkten T_2 und T_1 in Abbildung 6 bzw. 7 und desto weniger muss die dem Punkt P entsprechende modifizierte Effizienzkurve nach rechts verschoben werden, damit sie die durch T_1 verlaufende Indifferenzkurve tangiert, und desto geringer ist der Abschlag, der vorgenommen werden muss, um vom Marktwert auf den subjektiven Wert (Grenzpreis) des Überschusses $Ü_1$ zu kommen.

Ist allerdings die Risikoaversion (bzw. der Umfang des Bewertungsobjekts) so gering, dass der Tangentialpunkt T_1 der Basiseffizienzkurve mit einer Indifferenzkurve rechts von T liegt, ist überhaupt keine Modifikation vorzunehmen; der subjektive Grenzpreis stimmt mit dem Marktwert überein. Wenn der Investor das Projekt zum Marktwert kauft, erzielt er weder einen Vorteil noch einen Nachteil; das Duplikationsportefeuille wird aus dem optimalen Portefeuille herausgenommen und durch den Überschuss $Ü_1$ kompensiert, wobei an die Stelle der Auszahlung für das Duplikationsportefeuille die identische Anschaffungsauszahlung (der Marktwert) für das Bewertungsobjekt tritt.

Dieses Ergebnis kann anschaulich interpretiert werden: Je geringer die Risikoaversion des Investors, desto geringer ist der Unterschied zwischen den optimalen Risikoklassen für das Endvermögen mit und ohne Kauf des Überschusses zum Marktwert und desto weniger muss der Marktwert nach unten korrigiert werden, um den subjektiven Grenzpreis zu erhalten. Mit steigender Risikoaversion wird bei Verzicht auf Kauf der Umfang des optimalen Portefeuilles des Investors (bei gegebener Struktur) immer kleiner. Bei Kauf übernimmt er dagegen ein bestimmtes Risiko, das er (annahmegemäß) nicht durch Leerverkäufe reduzieren kann. Es kann allenfalls optimal sein, den Überschuss durch Bildung eines Portefeuilles gemäß einem Punkt auf der modifizierten Effizienzkurve zu ergänzen. Der insgesamt resultierende Nachteil fällt um so mehr ins Gewicht, je größer die Risikoaversion des Investors ist.

Auch bei Variation der Wahrscheinlichkeitsverteilung von $Ü_1$ ändert sich grundsätzlich die Differenz zwischen dem Marktwert und dem subjektiven Grenzpreis. Zur Erläuterung betrachten wir Auswirkungen einer Änderung der Größe des Investitionsprojekts in dem Sinne, dass statt $Ü_1$ der Überschuss $x \cdot Ü_1$ $(x \neq 1;\ x > 0)$ relevant ist. Im Beispiel der Abbildung 8 gilt $x = 2$, wobei das Duplikationsportefeuille für den Überschuss $2 \cdot Ü_1$ bei gleicher Struktur den doppelten Umfang des Duplikationsportefeuilles für $Ü_1$ aufweist. (Analoge Darstellungen gelten für Niveauparameter $x \neq 2$.)

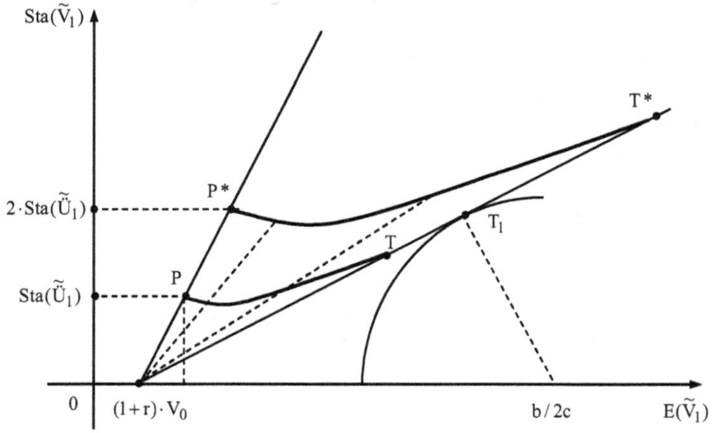

Abb. 8: Zum Einfluss einer Verdoppelung des Überschusses $Ü_1$ auf den Wert

Der Punkt P bezeichnet die Position, die der Investor erzielt, wenn er das Bewertungsobjekt beim Überschuss $Ü_1$ kauft und dabei keine Wertpapiere hält. Der Punkt P^* gilt analog für den Überschuss $Ü_1^* = 2 \cdot Ü_1$. Die Standardabweichung und die Risikoprämie des entsprechenden Duplikationsportefeuilles ist doppelt so hoch wie für den Überschuss $Ü_1$. (Entsprechend ist auch der Marktwert des Projekts beim Überschuss $2 \cdot Ü_1$ doppelt so hoch.) Auch das kleinste effiziente Portefeuille ohne das Projekt, welches das Duplikationsportefeuille als Teilmenge enthält, und entsprechend auch seine Standardabweichung und Risikoprämie sind beim Überschuss $2 \cdot Ü_1$ doppelt so groß. Analog gilt: Werden die Standardabweichung und die Risikoprämie für einen Punkt auf der P entsprechenden modifizierten Effizienzkurve verdoppelt, so gelangt man zu einem Punkt auf der P^* entsprechenden modifizierten Effizienzkurve (mit dem zweifachen Überschuss und dem zweifachen Ergänzungsportefeuille). Der Beweis kann analog geführt werden wie der, dass die Basiseffizienzkurve (im (μ,σ)-Diagramm) linear verläuft.

Die Auswirkungen der Verdopplung des Überschusses $Ü_1$ auf den Abschlag vom Marktwert hängt von der Risikoeinstellung des Investors ab. Da bei den in Abbildung 8 dargestellten Indifferenzkurven der Tangentialpunkt T_1 rechts von T liegt, ist hier für den Überschuss $Ü_1$ der subjektive Wert des Bewertungsobjekts gleich dem Marktwert. Da jedoch T_1 links von T^* liegt, verläuft (die dem Punkt P^* entsprechende) modifizierte Effizienzkurve für den Überschuss $2 \cdot Ü_1$ oberhalb der durch T_1 führenden Indifferenzkurve. Damit ein Tangentialpunkt zwischen dieser Indifferenzkurve und der modifizierten Effizienzkurve für Überschuss $2 \cdot Ü_1$ entsteht, muss der Preis des Bewertungsobjekts unter den Marktwert gesenkt werden. Wird der Betrag der

Rechtsverschiebung bis zum Tangentialpunkt mit dem risikolosen Zinssatz r diskontiert, so erhält man denjenigen Abschlag vom Marktwert, der den subjektiven Grenzpreis für $2 \cdot \ddot{U}_1$ ergibt.

Liegt der Tangentialpunkt T_1 in Abbildung 8 links von T, so ist bereits für den Überschuss $\ddot{U}_1$ ein Abschlag vom Marktwert geboten. Er steigt, wenn statt $\ddot{U}_1$ der Überschuss $\ddot{U}_1^* = 2 \cdot \ddot{U}_1$ relevant ist; die dem Punkt P^* entsprechende modifizierte Effizienzkurve muss um einen größeren Betrag nach rechts verschoben werden, damit sie die durch T_1 verlaufende Indifferenzkurve tangiert. Allgemein gilt folgende Tendenz: Je größer die Risikoaversion des Investors ist, je kleiner also der Ordinaten- und der Abszissenwert des Tangentialpunktes T_1 sind, desto mehr liegt der für den Überschuss $\ddot{U}_1^* = 2 \cdot \ddot{U}_1$ gebotene Abschlag vom Marktwert über dem Abschlag für $\ddot{U}_1$.

Ist statt $2 \cdot \ddot{U}_1$ der Überschuss $x \cdot \ddot{U}_1$ mit $x > 2$ relevant, so ist der gebotene Wertabschlag tendenziell noch höher. Je größer der Niveauparameter x bzw. der Umfang des Investitionsprojekts und/oder die Risikoaversion sind, desto mehr liegt tendenziell der subjektive Grenzpreis unter dem Marktwert des Bewertungsobjekts, wobei der Wertabschlag tendenziell eine überproportional steigende Funktion von x ist. Umgekehrt gilt: Wenn ausgehend von $x = 1$ der Niveauparameter sukzessive sinkt, so sinkt der Wertabschlag tendenziell überproportional.

4.2.2. Leerverkauf einzelner Wertpapiere

Wenn ein Wertpapier n leerverkauft werden darf, kann damit bei positiver Korrelation zwischen P_{1n} und dem Überschuss $\ddot{U}_1$ durch Leerverkauf das Risiko mehr oder weniger reduziert werden. Die Auswirkung des Leerverkaufs auf die Standardabweichung ist bei positiver Korrelation dieselbe wie der Kauf eines Papiers mit negativem Korrelationskoeffizienten, sofern dessen Betrag mit dem positiven Korrelationskoeffizienten übereinstimmt.

Leerverkäufe sind vor allem dann als Instrument der Risikoreduktion vorteilhaft, wenn das Risiko nicht durch Käufe reduziert werden kann, weil die Endwerte P_{1n} aller Papiere n positiv mit $\ddot{U}_1$ korreliert sind.

Die Abbildung 9 betrachtet den Fall ausschließlich positiver Korrelationen.

Die modifizierte Effizienzkurve PT, die keine Leerverkäufe berücksichtigt, trifft die Basiseffizienzkurve im Punkt T. Wenn in der Ausgangssituation (vor Projektkauf) die Basiseffizienzkurve rechts von T eine Indifferenzkurve tangiert, ist der subjektive

Grenzpreis gleich dem Marktwert des Bewertungsobjekts; die Leerverkaufsmöglichkeiten haben keinen Einfluss.

Sie beeinflussen den subjektiven Grenzpreis jedoch für den Fall, dass die Basiseffizienzkurve links von T eine Indifferenzkurve tangiert. Man erhält dann den subjektiven Grenzpreis, indem man die mit den zulässigen Leerverkäufen maßgebliche modifizierte Effizienzkurve derart parallel nach rechts verschiebt, dass sie diejenige Indifferenzkurve tangiert, die einen Tangentialpunkt mit der Basiseffizienzkurve aufweist, und den Barwert des Betrags der Rechtsverschiebung (den Barwert der dadurch induzierten zusätzlichen Risikoprämie) vom Marktwert des Bewertungsobjekts subtrahiert. Wenn sich die modifizierte Effizienzkurve durch zusätzliche Leerverkäufe der Basiseffizienzkurve nähert, sinkt der gebotene Betrag der Rechtsverschiebung, so dass sich der subjektive Grenzpreis dem Marktwert annähert.

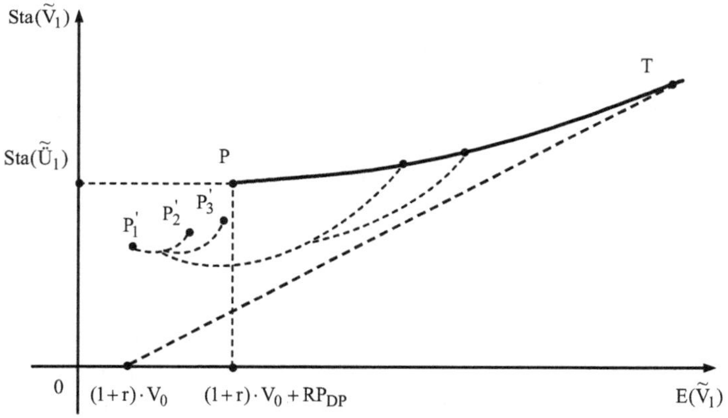

Abb. 9: Analyse des subjektiven Grenzpreises im Vergleich zum Marktwert

Da der waagrechte Abstand zwischen der modifizierten Effizienzkurve ohne Leerverkauf und der Basiseffizienzkurve im Bereich links von T mit steigendem Erwartungswert $E(\tilde{V}_1)$ immer kleiner wird, gilt (Abschnitt 4.1.1.):

Je näher der Tangentialpunkt der Basiseffizienzkurve mit einer Indifferenzkurve beim Punkt T liegt – je geringer also die Risikoaversion des Investors und/oder der Betrag von $Ü_1$ – um so weniger liegt der subjektive Grenzpreis unter dem Marktwert und um so geringer ist der wertsteigernde Einfluss von Leerverkäufen (wobei zu beachten ist, dass der subjektive Grenzpreis nicht größer werden kann als der Marktwert).

Sind die Risikoaversion des Investors und der Betrag von $Ü_1$ relativ groß, so ist ohne Leerverkauf die Abweichung des subjektiven Grenzpreises vom Marktwert relativ hoch. Durch Leerverkauf kann hier eine relativ starke Wertsteigerung realisiert werden. (Könnten alle Wertpapiere des Duplikationsportefeuilles leerverkauft werden, wäre unabhängig von der Größe und Risikoeinstellung der subjektive Grenzpreis gleich dem Marktwert.)

4.3. Investitionsbewertung bei beschränkter Duplizierbarkeit

Ist der Überschuss $Ü_1$ nicht duplizierbar (sondern allenfalls einzelne Komponenten davon), so kann das daraus resultierende Risiko auch bei unbeschränktem Leerverkauf nicht durch Kapitalmarkttransaktionen eliminiert werden. Es existiert dann – anders als bei Duplizierbarkeit – kein Portefeuille, dessen Korellationskoeffizient mit $Ü_1$ plus oder minus 1 beträgt, wobei sich die resultierenden Auswirkungen nur im konkreten Fall beurteilen lassen. Ist z.B. der Überschuss $Ü_1$ stochastisch unabhängig von den Endwerten aller Wertpapiere, so kann das Risiko durch individuelle Portefeuillebildung überhaupt nicht verändert werden. Existiert ein Portefeuille, für das der Betrag des Korrelationskoeffizienten mit $Ü_1$ relativ hoch ist, kann das Risiko relativ gut eliminiert werden. Bei positiver Korrelation wird das Portefeuille leerverkauft und bei negativer gekauft. Wie weit der subjektive Grenzpreis des Bewertungsobjekts unter dem Marktwert liegt, hängt von den konkreten stochastischen Zusammenhängen ab. Im Gegensatz zur Duplizierbarkeit von $Ü_1$ ist er selbst bei unbeschränktem Leerverkauf kleiner als der Marktwert; das Projekt bürdet dem Investor ein Risiko auf, für das er eine subjektive Risikoprämie fordert, die höher ist als die Marktrisikoprämie. Analog zur Duplizierbarkeit kann gezeigt werden, dass der Abschlag vom Marktwert eine konvex steigende Funktion des Projektumfangs (des Niveauparameters x) ist. Dabei ist zu beachten, dass nun der Marktwert von $Ü_1$ nicht als Marktwert eines Duplikationsportefeuilles dargestellt werden kann, sondern nur mit Hilfe von Marktbewertungsfunktionen, etwa denen des CAPM.

Charakteristisch für fehlende Duplizierbarkeit ist folgende Risikosituation: Der Überschuss $Ü_1$ und die Endwerte P_{1n} (n=1,2,..,N) werden von „Störtermen" mit einem Erwartungswert von null überlagert, die untereinander sowie von $Ü_1$ und P_{1n} stochastisch unabhängig sind. Die Störterme erzeugen unsystematische Risiken, die im Rahmen gut diversifizierter Portefeuilles (etwa denen des CAPM) praktisch nicht bewertungsrelevant sind und folglich weder die Preise P_{0n} noch den Marktwert von $Ü_1$ beeinflussen.

Indessen können die Störterme bewirken, dass der subjektive Grenzpreis weit unter dem Marktwert liegt. Angenommen der Überschuss $Ü_1$ sei derart durch ein Wertpapierportefeuille „approximativ" duplizierbar, dass der (bedingte) *Erwartungswert* seines Endwertes für jeden möglichen Zustand S_s (s = 1,2,…,S) mit dem (bedingten) *Er-*

wartungswert des Überschusses $Ü_1$ übereinstimmt. Wird dieser Überschuss überhaupt nicht durch Portefeuillebildung gehedgt, so ist die Varianz

$$\mathrm{Var}(\tilde{Ü}_1) + \sigma^2$$

bewertungsrelevant, wobei σ^2 die Varianz des Störterms für den Überschuss $Ü_1$ bezeichnet. Wird das approximative Duplikationsportefeuille leerverkauft, so resultiert die Varianz

$$\sigma^2 + \sum_{n=1}^{N} \overline{x}_n^2 \cdot \sigma_n^2 \,,$$

wobei $\overline{x}_n$ die Zahl der Wertpapiere des Typs n im (approximativen) Duplikationsportefeuille und σ_n^2 die Varianz des Störterms für den Endwert P_{1n} bezeichnet. Der Leerverkauf bewirkt also, dass an die Stelle des systematischen Risikos $\mathrm{Var}(\tilde{Ü}_1)$ das unsystematische (störtermbedingte) Risiko

$$\sum_{n=1}^{N} \overline{x}_n^2 \cdot \sigma_n^2$$

aus dem Duplikationsportefeuille tritt, das erheblich höher sein kann. (Es hängt vom Umfang und der Struktur des Duplikationsportefeuilles ab.) Das störtermbedingte Risiko kann zwar reduziert werden, indem weniger Papiere des Duplikationsportefeuilles leerverkauft werden. Dann wird aber ein Teil des systematischen Risikos aus $Ü_1$ nicht eliminiert. Die subjektive Bewertung steht allgemein im Spannungsfeld zwischen der Reduktion des systematischen Risikos einerseits und der Vermeidung von unsystematischen Risiken andererseits. Die unsystematischen Risiken sind zwar für den Marktwert von $Ü_1$ (praktisch) irrelevant. Jedoch kann je nach den Varianzen der Störterme sowie den Wahrscheinlichkeitsverteilungen von $Ü_1$ und der Endwerte P_{1n} vor allem bei großem Projektumfang und hoher Risikoaversion ein hoher Abschlag vom Marktwert geboten sein, um den subjektiven Grenzpreis zu erhalten. Es besteht wiederum die Tendenz, dass Projekte, deren Marktwerte unter Berücksichtigung der Anschaffungsauszahlung positiv sind und bei effizienter Risikoteilung durchgeführt werden, für den individuellen Investor nachteilig sind.

Die beschriebenen Störterme für die Endwerte P_{1n} können insbesondere daraus resultieren, dass die Investoren auf dem Kapitalmarkt nicht streng rational handeln, sondern stochastische Bewertungsfehler machen, die sich nicht kompensieren, so dass die Endwerte P_{1n} nicht eindeutig durch den eintretenden Umweltzustand (d.h. durch die entsprechende Konstellation an Ausprägungen der entscheidungsrelevanten Daten) determiniert werden. Die Voraussetzung rationaler Bewertung durch die Anteilseigner ist im vollkommenen Kapitalmarkt annahmegemäß erfüllt, in dem unter der Spanning-Bedingung und unbeschränktem Leerverkauf von Wertpapieren Marktwertmaximierung und subjektive Nutzenmaximierung miteinander im Einklang stehen.

5. Einfluss der zinsbereinigten Einkommensteuer auf Investitionen

5.1. Positive Anreizwirkungen

Auf den Darstellungen in Abschnitt 4. aufbauend kann in einfacher Weise die tendenzielle Wirkung der zinsbereinigten Einkommensteuer gezeigt werden. Ohne Berücksichtigung dieser Steuer gilt für den subjektiven Grenzpreis:

(15) $$GP_s(\tilde{\ddot{U}}_1) = M_0(\tilde{\ddot{U}}_1) - (1+r)^{-1} \cdot Z_s = M_0(\tilde{\ddot{U}}_1) - WA_s.$$

Dabei bezeichnet WA_s den subjektiven (Wert-)Abschlag vom Marktwert des Investitionsprojekts (ohne Steuer). Für den subjektiven Grenzpreis GP_s^{st} unter Berücksichtigung der zinsbereinigten Einkommensteuer gilt:

(16) $$(1-s) \cdot GP_s^{st}(\tilde{\ddot{U}}_1) = (1-s) \cdot M_0(\tilde{\ddot{U}}_1) - WA_s^{st}.$$

GP_s^{st} bezeichnet diejenige Obergrenze für die Anschaffungsauszahlung, bis zu der unter Berücksichtigung der Steuer das Investitionsprojekt für den Investor vorteilhaft ist. In (16) wird berücksichtigt, dass er nur mit dem Anteil 1 – s an der Anschaffungsauszahlung und dem Marktwert von $\ddot{U}_1$ beteiligt ist. WA_s^{st} bezeichnet seinen Abschlag vom anteiligen Marktwert. Aus (16) folgt:

(17) $$GP_s^{st}(\tilde{\ddot{U}}_1) = M_0(\tilde{\ddot{U}}_1) - \frac{1}{1-s} \cdot WA_s^{st}.$$

Der subjektive Grenzpreis mit Steuer gemäß (17) stimmt unabhängig vom Steuersatz s mit dem ohne Steuer gemäß (15) überein, wenn

(18) $$\frac{1}{1-s} \cdot WA_s^{st} = WA_s \text{ bzw. } WA_s^{st} = (1-s) \cdot WA_s$$

gilt, also der Wertabschlag des Investors mit Steuer das (1 – s)-fache des Wertabschlags ohne Steuer ist. Diese Bedingung ist aber grundsätzlich nicht erfüllt. Bei zinsbereinigter Einkommensteuer ergibt sich im Prinzip dieselbe Bewertungskonsequenz wie für den Fall, dass der (Brutto-)Überschuss $\ddot{U}_1$ gemäß einem Proportionalitätsfaktor x = 1 – s sinkt, also der Projektumfang entsprechend kleiner wird. Zwar sinkt dann der

Marktwert ebenfalls auf das (1 – s)-fache. Analog zu den Darstellungen in Abschnitt 4. ist jedoch der Abschlag des Investors vom Marktwert (tendenziell) eine *überproportional* fallende Funktion seines Anteils 1 – s am Projektüberschuss $\ddot{U}_1$; der subjektive Wertabschlag vom anteiligen Marktwert sinkt infolge der zinsbereinigten Einkommensteuer auf einen Betrag, der *kleiner* ist als das (1 – s)-fache des bisherigen Wertabschlags.

Es gilt also:

(19) $$WA_s^{st} < (1-s) \cdot WA_s \text{ bzw. } \frac{WA_s^{st}}{1-s} < WA_s,$$

und somit gemäß (15) und (17):

(20) $$GP_s^{st}(\tilde{\ddot{U}}_1) > GP_s(\tilde{\ddot{U}}_1).$$

Da der Grenzpreis mit zinsbereinigter Einkommensteuer höher ist als ohne, besteht eine positive Anreizwirkung: Ist der subjektive Wert des Projekts mit Steuer höher und ohne Steuer niedriger als der Preis, so ist es für den Investor mit Steuer *vorteilhaft* und ohne *nachteilig*; das Vorzeichen der Vorteilhaftigkeit kehrt sich um. Jedoch ist es (unter den gegebenen Voraussetzungen) ausgeschlossen, dass ein Projekt mit Steuer nachteilig und ohne vorteilhaft ist. Die zinsbereinigte Einkommensteuer schafft einen Anreiz, zusätzliche Bruttorisiken zu übernehmen.

Ist der Überschuss $\ddot{U}_1$ duplizierbar, so lassen sich die obigen Tendenzaussagen wie folgt präzisieren:

1. Ist vor Steuer der Abschlag vom Marktwert des Projekts gleich null, stimmt also der subjektive Grenzpreis mit dem Marktwert überein, weil der Projektumfang und/oder die Risikoaversion des Investors entsprechend gering ist, so gilt dies auch bei zinsbereinigter Einkommensteuer; sie ist bezüglich des Projekts (aber natürlich nicht generell) entscheidungsneutral.
2. Ist vor Steuer der subjektive Abschlag vom Marktwert positiv, so sinkt bei gegebenem Steuersatz s der subjektive Abschlag überproportional. Der subjektive Grenzpreis nähert sich dem Marktwert und stimmt bei entsprechend hohem Steuersatz mit diesem überein. Die Steuer hat hier eine positive Anreizwirkung.
3. Stimmt für einen Steuersatz s der subjektive Grenzpreis mit dem Marktwert überein, so gilt dies auch, wenn der Steuersatz erhöht wird; die Erhöhung der Steuersatzes ist hier entscheidungsneutral.

5.2. Staat als Risikoträger

Die zinsbereinigte Einkommensteuer hat für den Investor dieselbe Anreizwirkung bezüglich der Übernahme von Risiko wie im Nichtsteuerfall die Beteiligung von Gesellschaftern am Bewertungsobjekt, die das s-fache der Anschaffungsauszahlung finanzieren und den gleichen Anteil am Überschuss $Ü_1$ erhalten. Möglicherweise gibt es aber keine Investoren, die zu diesen Bedingungen Kapital bereit stellen. Es ist möglich, dass aufgrund von Informationsasymmetrien potentielle Gesellschafter relativ geringe Überschüsse erwarten und für eine Kapitaleinlage aus Sicht des Investors prohibitiv hohe Anteile an $Ü_1$ fordern. Zwar mag ein potentieller Gesellschafter mit gleichen Erwartungen wie der Investor existieren, jedoch könnte er aufgrund von Risikoaversion ebenfalls einen prohibitiv hohen Anteil an $Ü_1$ fordern.

Dagegen fungiert bei zinsbereinigter Einkommensteuer und konstantem Steuersatz der Staat als Financier und Risikoträger, der unabhängig von der Risikostruktur und der Höhe der erwarteten Überschüsse Kapital auf der Basis eines einheitlichen Erfolgsanteils (eines einheitlichen Steuersatzes s) zur Verfügung stellt. Dabei ist von entscheidender Bedeutung, dass er mit demselben Anteil nicht nur an Gewinnen, sondern auch an Verlusten beteiligt ist.

Unter dem Aspekt der Risikoteilung mag ein hoher Steuersatz als vorteilhaft erscheinen. Jedoch gilt auch hinsichtlich der Besteuerung der allgemeine Konflikt zwischen Risikoteilung und Motivation. Je höher der Steuersatz, desto geringer ist die Motivation des Investors, mit Arbeitsleid und anderen immateriellen Nachteilen verbundene Projekte durchzuführen.

Die Arbeit hat gezeigt, dass die zinsbereinigte Einkommensteuer für den Fall effizienter Risikoteilung (für den das Ziel der Marktwertmaximierung entscheidungsrelevant ist) entscheidungsneutral ist und für den Fall ineffizienter Risikoteilung (für den ein Konflikt zwischen Marktwertmaximierung und subjektiver Nutzenmaximierung besteht) einen Anreiz schafft, verstärkt Bruttorisiken zu übernehmen und Projekte mit positivem Marktwert (unter Berücksichtigung der Anschaffungsauszahlung) durchzuführen. In keinem Fall bewirkt jedoch die Steuer, dass Projekte mit negativem Marktwert vorteilhaft werden.

Auch eine zinsbereinigte Einkommensteuer müsste im Investitionskalkül erfasst werden, sofern als Zielfunktion subjektive Nutzenmaximierung statt Marktwertmaximierung maßgeblich ist. Jedoch könnte dies in relativ einfacher Weise geschehen; man müsste nur dem Sachverhalt Rechnung tragen, dass die Steuer entsprechend der Höhe des Steuersatzes den Projektumfang „reduziert“.

Jedoch dürfte die zinsbereinigte Einkommensteuer in der Bundesrepublik Deutschland kaum eine Chance haben, je verwirklicht zu werden. Die Freude der politischen Instanzen an Belastungen mit immer komplexeren Steuern ohne Rücksicht auf Verständlichkeit und Verhaltensimplikationen (sowie Gleichmäßigkeit) der Steuern dürfte durch noch so fundierte Kritik kaum zu verleiden sein. In einem solch ignoranten steuerlichen Umfeld ist es besonders wichtig, dass methodische Arbeiten wie die von WINFRIED MELLWIG Orientierung für fundierte unternehmerische (Investitions-)Entscheidungen unter besonderer Beachtung von aktuellen Steuerbelastungen geben.

Literaturverzeichnis

DeAngelo, Harry:
Competition and Unanimity, in: American Economic Review 71 (1981), S. 18-27.

Franke, Günter/Hax, Herbert:
Finanzwirtschaft des Unternehmens und Kapitalmarkt, 5. Aufl., Berlin u.a. 2004.

Laux, Helmut:
Entscheidungstheorie, 7. Aufl., Berlin u.a. 2007.

Laux, Helmut:
Wertorientierte Unternehmensführung und Kapitalmarkt, 2. Aufl., Berlin u.a. 2006.

Laux, Helmut/Schabel, Matthias:
Portefeuillebildung bei exogenen Überschüssen und deren Bewertung, in: Bellavite-Hövermann, Y./Liebich, B./Wolf, J. (Hrsg.): Unternehmenssteuerung: Festschrift für Hans Bartels zum 65. Geburtstag, Stuttgart 2006, S. 255-277.

Lücke, Wolfgang:
Investitionsrechnung auf der Grundlage von Ausgaben oder Kosten?, in: Zeitschrift für betriebswirtschaftliche Forschung 7 (1955), S. 310-324.

Mellwig, Winfried:
Investition und Besteuerung, Wiesbaden 1985.

Mellwig, Winfried:
Besteuerung und Investitionsentscheidung, in: WISU (1989), S. 231-235.

Mellwig, Winfried:
Steuerarbitrage bei Leasingverträgen, in: Elschen, R./Siegel, T./Wagner, F. (Hrsg.): Unternehmenstheorie und Besteuerung: Festschrift für Dieter Schneider, Wiesbaden 1995, S. 419-443.

Mellwig, Winfried/Hastedt, Uwe-Peter:
Leasing. Rechtliche und ökonomische Grundlagen, Heidelberg 1998.

Rose, Manfred:
Eine konsumorientierte Neuordnung des Steuersystems für mehr Entscheidungsneutralität, Fairneß und Transparenz, in: Bühler, W. (Hrsg.): Steuervereinfachung: Festschrift für Dietrich Meyding zum 65. Geburtstag, Heidelberg 1994, S. 233-251.

Rose, Manfred:
Konsumorientierung des Steuersystems – theoretische Konzepte im Lichte empirischer Erfahrungen, in: Krause-Junk, G. (Hrsg.): Steuersysteme der Zukunft, Berlin 1998, S. 247-278.

Wagner, Franz/Wenger, Ekkehard:
Theoretische Konzeption und legislative Transformation eines marktwirtschaftlichen Steuersystems in der Republik Kroatien, in: Sadowski, D./Czap, H./Wächter, H. (Hrsg.): Regulierung und Unternehmenspolitik: Methoden und Ergebnisse der betriebswirtschaftlichen Rechtsanalyse, Wiesbaden 1996, S. 399-415.

Wenger, Ekkehard:
Gleichmäßigkeit der Besteuerung von Arbeits- und Vermögenseinkünften, in: Finanzarchiv, N.F., 41 (1983), S. 207-252.

Wenger, Ekkehard:
Einkommensteuerliche Periodisierungsregeln, Unternehmenserhaltung und optimale Einkommensbesteuerung, Teil I, in: ZfB 55 (1985), S. 710-730; Teil II, in: ZfB 56 (1986), S. 132-151.

Wenger, Ekkehard:
Traditionelle versus zinsbereinigte Einkommens- und Gewinnbesteuerung: Vom Sammelsurium zum System, in: Rose, M. (Hrsg.): Standpunkte zur aktuellen Steuerreform: Vorträge des Zweiten Heidelberger Steuerkongresses 1997, Heidelberg 1997, S. 115-140.

Eine Lanze für die nachgelagerte Gewinnbesteuerung

von Dr. Joachim Mitschke

ehemals Professor für Volks- und Betriebswirtschaftliches Rechnungswesen an der Johann Wolfgang Goethe-Universität Frankfurt am Main

Inhalt

1. Die Mißhelligkeiten der tradierten Gewinnbesteuerung – Rieger ante portas?

Nach plausiblen Feststellungen stammt die deutliche Mehrheit der internationalen Steuerliteratur aus deutscher Feder. Und wenn sich wiederum die deutschsprachige Steuerliteratur ausufernd mit der Gestaltung und Wirkung der Steuerbilanzierung sowie mit einschlägigen Gesetzesregelungen, Rechtsprechungssätzen und Verwaltungsanweisungen befaßt, dann ist dies kein stolzes, sondern ein eher resignatives Politik- und Forschungsergebnis.

Folgt man einerseits der mißlichen Einsicht Riegers, wonach der monetäre Wirtschaftserfolg eines Unternehmens erst nach der durch Liquidation beendeten Totalperiode präzise feststeht, in der alle Bilanzgüter wieder in Zahlungsmittel zurückgeführt sind[1], so ist doch andererseits unzweifelhaft, daß insbesondere für die kurz- und mittelfristige Ausschüttungs- und Finanzpolitik des Unternehmens ein zwischenperiodischer, vertretbarer Abschluß in Form der Handelsbilanz unabdingbar ist. Für solche betriebswirtschaftlichen Entscheidungen kann nur die Rechengröße der Gewinnentstehung und nicht die der Gewinnverwendung den letztlichen Beurteilungsmaßstab liefern. Aber muß dieser Maßstab mit einigen Korrekturen zur Vermeidung von Steuerausweichung (§§ 6 ff EStG) auch zwangsläufig als Bemessungsbasis von Ertragsteuern herhalten, mit all den unvermeidbaren Ansatz- und Bewertungsspielräumen und -unschärfen einer jährlichen Steuerbilanzierung, mit oder ohne Zuhilfenahme des Maßgeblichkeitsprinzips?[2]

Der größte Teil der Steuerpflichtigen ist ohnehin zu bilanzieren außerstande und ermittelt seine Einkünfte auf andere, einfachere Art und Weise. Die in der Rechtsprechung vorgetragenen Gründe zur Rechtfertigung der das unbestrittene Gleichmäßigkeitspostulat verletzenden Unterschiede in der einkommensteuerlichen Einkunftsermittlung sind alles andere als überzeugend.[3] Offensichtlich ist den Richtern die prinzipielle Divergenz zwischen einem Vermögensüberschuß nach § 4 Abs. 1 oder § 5 EStG und ei-

---

1 Rieger (1964), insbes. S. 205.

2 S. Mellwig (1981 a) und (1989), insbesondere Mellwigs Erkenntnis, daß konfliktäre Bilanzzwecke zu objektivierungsbedingt angeglichenen Normen führen können (1983, S. 1616 f), wobei das Angleichungsergebnis von der unterschiedlich oder unscharf beurteilten Zielgewichtung abhängt. Und Pars pro toto: Wieviel kreative Auslegungsforschung hat Mellwig allein auf die Bilanzierung und Besteuerung von Leasing-Verträgen verwendet: (1981 b), (1984), (1995), (1996), (1997), (1998 a), (1998 b), (1998 c), (2000 a), (2000 b), (2001), (2002).

3 Siehe die deutliche und fundierte Kritik von Tipke (1993), Bd. II, insbes. S. 645-649 an der verfassungsgerichtlichen Rechtsprechung zum Einkünftedualismus BVerfGE 26, 302, 310 ff; 27, 111 ff, 127, 128 und 28, 227 ff und 236 ff; ebenso Tipke/Lang (2002), Rz 184-187 zu § 9, S. 261-262.

nem (leicht modifizierten) Zahlungsüberschuß nach § 4 Abs. 3 oder §§ 8, 9 EStG verborgen geblieben.[4]

Nun greift insbesondere die Steuerrechtsliteratur zur Begründung der Einkommens- und traditionellen Gewinnbesteuerung immer wieder auf das verfassungsgemäße steuerliche Leistungsfähigkeitsprinzip zurück. Indes ist dies eine unbrauchbare Fundierung. Die Worthülse des Leistungsfähigkeitsprinzips, welches Myrdal in seiner frühen wegweisenden Untersuchung lediglich als Negation des Äquivalenzprinzips zu beschreiben vermochte[5], liefert keine Ausgangsbasis für eine stringente, nachprüfbare Ableitung eines Indikators steuerlicher Leistungsfähigkeit. Dies hatte sich schon in der historischen Debatte über die Alternativen Einkommen und Konsum als Repräsentanten steuerlicher Leistungsfähigkeit erwiesen.[6] Zu Recht wendet das Schrifttum zur quantitativen Terminologie in der Betriebswirtschaftslehre ein, daß der tragfähige Nachweis einer konkreten funktionalen Beziehung zwischen der Leistungsfähigkeit und ihrer Maßgröße die Meßbarkeit der Leistungsfähigkeit selbst voraussetze.[7]

So ist denn die Festlegung eines steuerlichen Leistungsfähigkeits-Indikators nichts weiter als eine normative Konvention, die unter Wahrung der Gleichmäßigkeit und fiskalischen Ergiebigkeit durchaus von Gesichtspunkten der ökonomischen Wirkung sowie von legislativen und administrativen Zweckmäßigkeitsaspekten geleitet sein kann. Im übrigen verschiebt, wie zu zeigen sein wird, die nachgelagerte Gewinnbesteuerung lediglich den Erfassungszeitpunkt von Gewinnen, ohne die vollständige Besteuerung des herkömmlichen Steuerbilanz-Gewinns aufzugeben und dem Fiskus Zinsverluste aus verzögerter Steuerzahlung aufzubürden.

Natürlich sind die Ertragsteuern wie alle Steuern vorrangig zur Erzielung von Staatseinnahmen bestimmt. Neben dieser unbestrittenen Urfunktion charakterisiert die deutsche Ertragsbesteuerung (wie auch die anderer Länder) eine ganze Reihe von Lenkungsnormen, die etwa wirtschafts-, sozial-, bildungs-, wohnungs-, umwelt- und gesundheitspolitische Ziele des Gesetzgebers verfolgen (steuerrechtliche Kategorie der "Sozialzwecknormen"). Die Überfrachtung mit solchen Normen und die daraus fol-

---

[4] Zur Analyse einkommensteuerlicher Einkunftsermittlung s. Mitschke (1988).

[5] Myrdal (1963), S. 158 qualifiziert die Leistungsfähigkeitsdoktrin als bloße "negative Erfordernis, daß man das Interesse des Betreffenden oder die für ihn spezifischen Kosten nicht berücksichtigen soll."

[6] S. dazu vorrangig Fisher/Fisher (1942), insbes. S. 3-4, 56-105, 194 und Kaldor (1965), insbes. S. 28 sowie die einschlägigen Debattenbeiträge von Haller, Littmann, Neumark und Schmidt (Quellen s. Mitschke (1988), S. 127, Anm. 65). Tipke/Lang (2002), Rz 83 zu § 4, S. 79-80, qualifizieren das Leistungsfähigkeitsprinzip als "Primärgrundsatz des Steuerrechts", betonen indes die "Konkretisierungsbedürftigkeit" durch Subprinzipien, Legislativakte, Judikatur und wissenschaftliche Dogmatik.

[7] Szyperski (1962), S. 67-83 spricht in solcher Lage von "zwangsweise indirektem Messen".

gende Intransparenz des Ertragsteuerrechts hat zu der Forderung geführt, die Ertragsbesteuerung im Interesse von Klarheit und Praktikabilität möglichst von allen Lenkungsnormen zu befreien.

Nun ist es zunächst so, daß gewisse einkommensteuerliche Lenkungsmaßnahmen, insbesondere sozialpolitische Rücksichten, nach der Verfassungsrechtsprechung gar nicht abdingbar sind. Und bestimmten anderen Lenkungswirkungen kann sich die Ertragsbesteuerung faktisch nicht entziehen, auch wenn der Gesetzgeber Lenkungsziele über explizite Vorschriften nicht verfolgt. Jedwede Ertragsbesteuerung hat etwa Beschäftigungs-, Verteilungs- und Umweltfolgen. Der Gesetzgebung steht deshalb nicht zur Wahl, etwa Beschäftigungslenkung durch die Ertragsbesteuerung zu vermeiden, sie kann vielmehr nur zwischen einer beschäftigungsförderlichen und einer beschäftigungsfeindlichen Konzeption entscheiden.

Solche Erwägungen sind indes kein Freibrief für einen ausufernden, unabgestimmten Dirigismus, der die Besteuerung undurchsichtig macht und etwa auch den Denkmalschutz der einkommensteuerlichen Begünstigung anvertraut (s. § 7 i des geltenden EStG). Sie begründen aber wohl eine Besteuerungskonzeption, die auf fundamentale Anliegen und Probleme der Gesellschaft durch ihre Grundanlage Rücksicht nimmt.

2. Ziele einer Revision der steuerlichen Gewinnerfassung

Mit der Änderung der steuerlichen Gewinnerfassung werden insbesondere drei Ziele verfolgt:

1. Entsprechend der Marktwirtschaftsdoktrin, welche Wohlfahrtsverluste bei staatlichen Eingriffen in die privatwirtschaftliche Entscheidungsautonomie vorhersieht, soll die der tradierten Gewinnbesteuerung immanente, also systembedingte steuerliche Bevorzugung der letztlich konsumtiven Gewinnverwendung jenseits von kompensierenden Steuertarifen und/oder mehrstufiger Belastung (durch Einkommen-, Körperschaft- und Gewerbesteuer) beseitigt und die Steuerneutralität der unternehmerischen Entscheidung zwischen Investition und Ausschüttung (Entnahme) schon in der Festlegung der Bemessungsbasis hergestellt werden. Von solcher Maßnahme sind nach weitgehend einhelliger Lehre Beschäftigungs- und Wachstumsanreize zu erwarten.
2. Die Selbstfinanzierung der Unternehmen aus nichtentnommenen Gewinnen soll mit Gründen der Investitionsförderung und Insolvenzvorbeuge[8] erleich-

[8] Zahl der Unternehmensinsolvenzen in 2005: 36.843 nach Statistischem Bundesamt (2006). Damit ist in etwa ein unmittelbarer Verlust von 400.000 Arbeitsplätzen verbunden.

tert und die (neuerdings etwas eingeschränkte[9]) einseitige steuerliche Begünstigung der Fremdfinanzierung aufgehoben werden. Die Annäherung des steuerlichen Ergebnisses der Finanzierungsmodalität soll allerdings nicht so erreicht werden, wie es in den jüngsten politischen Absichtserklärungen auftaucht, daß alle Fremdkapitalzinsen, nicht nur die Dauerschuldzinsen, zur Hälfte bei der Gewerbeertragsbesteuerung hinzugerechnet werden.[10]

3. Die ertragsteuerliche Einkunfts- oder Einkommensermittlung soll unter Minderung der Streitanfälligkeit wesentlich vereinfacht und die einkommensteuerliche Einkunftsermittlung vereinheitlicht werden.

Als Nebenbedingung ist zu fordern, daß die fiskalische Ergiebigkeit der Ertragsteuern und das mittel- und langfristige Ertragsteueraufkommen gegenüber dem Status quo nicht geschmälert werden. Dies ist allerdings nicht dahingehend zu verstehen, daß das heutige Gesamtsteuervolumen und seine Verteilung auf direkte und indirekte Steuern, auf Gebietskörperschaften und auf Steueradressaten als optimal qualifiziert wird. Vielmehr soll eine Revision der steuerlichen Einkunftsermittlung nicht Anlaß sein, die gesamte Steuererhebung in der Bundesrepublik zur Disposition zu stellen.

3. Das Prinzip und die Vorzüge der nachgelagerten Besteuerung

3.1. Neutralität zwischen Investition und Ausschüttung

Die investitionsfeindliche Wirkung des geltenden Gewinnsteuersystems läßt sich wie folgt exemplarisch belegen:[11]

Erwirtschaftet ein Unternehmen auf sein eingesetztes Kapital im Jahr 2006 einen (traditionellen) Gewinn von zwei Millionen €, so könnte es in einer Welt ohne Steuern für das Jahr 2006 diese zwei Millionen € an seine Anteilseigner ausschütten. Allerdings könnte der erwirtschaftete Gewinn in dieser steuerlosen Welt auch in voller Höhe thesauriert und investiert werden.

Dies würde dann nach Ablauf des Jahres 2007 bei einer angenommenen zehnprozentigen Rendite eine Ausschüttung von 2,2 Millionen € zulassen. Die Relation zwischen künftiger und gegenwärtiger Ausschüttung betrüge also 1,1 zu 1.

Wird nun aber eine 50prozentige Gewinnsteuer erhoben, so verbleibt bei Ausschüttungsverzicht zur Investition eine Million €, die bei zehnprozentiger Rendite einen

---

[9] S. § 8 a KStG.

[10] iwd (2006), S. 4.

[11] S. Mitschke (2004), S. 7 und 8.

Ertrag von 50.000 € nach Steuern in 2007 abwerfen. Es können mithin in 2006 1 Million € oder in 2007 1,05 Millionen € ausgeschüttet werden. Das Austauschverhältnis zwischen künftiger und gegenwärtiger Ausschüttung verschlechtert sich auf 1,05 zu 1. Die an den Opportunitätskosten des Ausschüttungsverzichts gemessene Investition ist also, sobald eine Gewinnsteuer erhoben wird, weitaus weniger lohnend.

Ginge der Fiskus geschickter vor und belegte er anstelle des Gewinns die Ausschüttungen mit einer 50prozentigen Steuer, so verblieben bei (völliger) Gewinnthesaurierung in 2006 zwei Millionen € zur Investition. Bei zehnprozentiger Rendite stünden zur Ausschüttung im Jahr 2007 noch 2,2 Millionen € vor Steuern, nach Steuern somit 1,1 Millionen € zur Verfügung. Das Austauschverhältnis zwischen künftiger und gegenwärtiger Ausschüttung (Konsumtion, wenn die Ausschüttung nicht anderweitig wieder angelegt wird) entspräche dann mit 1,1 zu 1 dem der Welt ohne Steuern. Die Investition würde durch die Besteuerung nicht an Attraktivität im Vergleich zur Ausschüttung (Konsumtion) verlieren. Man kann es allgemeiner auch so ausdrücken: Die Ausschüttungsbesteuerung beeinflußt anders als die Gewinnbesteuerung nicht die privatwirtschaftliche Entscheidung zwischen Kapitalbildung und Konsumtion.

Zur steuerlichen Erleichterung der Kapitalbildung (Ersparnis) ist es also wohlgemerkt nicht notwendig, wie es mitunter die finanzwissenschaftliche Lehre suggeriert, die Zinserträge, oder genereller: die Kapitalerträge, von der Steuer freizustellen. Dies ist der prinzipielle Weg im Reformvorschlag der "Einfachsteuer" von Rose.[12] Es genügt vielmehr, die Investitions(Kapital)-Erträge erst bei ihrer Verwendung und nicht schon bei ihrer Entstehung steuerlich zu erfassen.

Aus der Sicht von Leistungsanreizen ist es zweifelsohne sinnvoller, die letztlich konsumtive Verwendung der unternehmerischen (und gesamtwirtschaftlichen) Wertschöpfung zu besteuern als deren Hervorbringung. Die Ausschüttungs- bzw. Entnahmebesteuerung erfaßt als temporäre Begünstigung der Kapitalbildung nicht nur Anlageinvestitionen, sondern auch nur mittelbar wachstums- und beschäftigungswirksame Vorrats- und Finanzinvestitionen. Sie geht also weiter als übliche Abschreibungserleichterungen oder sogar Sofortabschreibung der Anschaffungs- oder Herstellungskosten von Anlageinvestitionen. Als Konsequenz ergibt sich die volle Steuerpflicht des Veräußerungs- oder Liquidationserlöses, soweit dieser nicht wiederum einbehalten wird. Damit entfällt das Problem der Scheingewinnbesteuerung: Investitionsabzüge von der Bemessungsgrundlage und Erlöszugänge unterliegen wie alle anderen Abzüge ("Betriebsausgaben") und Zugänge ("Betriebseinnahmen") den jeweiligen Kaufkraftver-

---

[12] Rose (2002), Gesetzestext auf S. 146 ff.

hältnissen. Dies behebt bei Progressivtarif und Nominalwertbesteuerung freilich nicht die generelle Steuerlasterhöhung infolge inflationierter Bemessungsgrundlagen.

3.2. Verbesserte Selbstfinanzierung und Insolvenzvorbeuge

Der nichtentnommene Gewinn erhöht zunächst zwangsläufig das Eigenkapital und fördert damit Solvenz und Selbstfinanzierung des Unternehmens: Die Mittel der Selbstfinanzierung stehen dem Unternehmen ohne steuerliche Vorbelastung zur Verfügung. Dies ist umso wichtiger, als in Folge von Basel II 60 % der Kreditverhandlungen mittelständischer Betriebe mit den Banken scheitern.[13] Gut ein Drittel dieser Betriebe gilt mit einer Eigenkapitalquote von weniger als 10 % als unterkapitalisiert.[14]

3.3. Aufkommens-, Wachstums- und Beschäftigungswirkungen

Verwendet das Unternehmen den thesaurierten Gewinn nicht zu Anlage-, Vorrats- und Finanzinvestitionen, sondern dient er der Finanzierung künftiger Ausschüttungen und Entnahmen, so führt dies zur Steuerpflicht. In der Totalperiode wird damit der vollständige Gewinn des Unternehmens der Besteuerung unterworfen. Solches Ergebnis tritt indes mit hoher Wahrscheinlichkeit wegen der konsumtiven Gegenwartspräferenz der Unternehmenseigner bereits mittelfristig ein.

Die Verzinsung der einbehaltenen Mittel über die Eigenkapitalrendite des Unternehmens führt – Endzweck aller Produktion und allen Faktoreinsatzes – zu höheren Ausschüttungen und Entnahmen in den Folgeperioden und damit zu höheren steuerlichen Bemessungsgrundlagen. Der Fiskus wird also für den vorläufigen Steuerverzicht entschädigt. Die nachgelagerte Besteuerung wirkt wie eine verzinsliche Steuerstundung. Da die Unternehmensrendite im gesamtwirtschaftlichen Durchschnitt die Verzinsung der Staatsschuld oder die Verzinsung des öffentlichen Kapitals übersteigt, gleicht der Anstieg der künftigen Bemessungsbasen den Zinsverlust der Gegenwartsperiode mehr als aus. Becker und Fuest vom Finanzwissenschaftlichen Forschungsinstitut der Universität Köln haben in einer statistisch fundierten Untersuchung ermittelt, daß sogar beim Status quo die Einführung eines (direkten) Konsumsteuersystems das entsprechende Steueraufkommen weniger als 1 % des Bruttoinlandsprodukts mindern würde.[15] Für meinen Entwurf einer konsumorientierten Erneuerung des Einkommensteuerrechts[16], der unter anderem eine erhebliche Tarifsenkung bei verbreiterter Gesamtbemessungsbasis vorsieht, errechnen Fuest, Peichl und Schaefer in einer Mikro-

[13] iwd (2005), S. 4; Süddeutsche Zeitung (2005 a), S. 55.
[14] Creditreform (2003), S. 4; vgl. auch iwd (2005), S. 4.
[15] Becker/Fuest (2005).
[16] Mitschke (2004).

simulation, die sich auf fast 3 Millionen amtlicher Steuerfälle stützt, ein jährliches Minderaufkommen in der auf Gewinneinkünfte konzentrierten Einführungsphase von 2 Mrd. €. Der jährliche Anstieg des Bruttosozialprodukts würde 1,1 % betragen, und jährlich würden 370.000 neue Vollarbeitsplätze entstehen.[17]

3.4. Vereinfachte und vereinheitlichte Besteuerungstechnik

Zur Ermittlung der vorgeschlagenen ertragsteuerlichen Bemessungsgrundlage genügt bei Steuerpflichtigen, die eine Handelsbilanz aufgrund gesetzlicher Vorschrift oder freiwillig aufstellen, die Erfassung und Überprüfung der in der Handelsbilanz ausgewiesenen Nettoentnahmen oder Nettoausschüttungen. Die Aufstellung oder Ableitung einer gesonderten Steuerbilanz wird entbehrlich. Die Wahrung der Gleichmäßigkeit der Besteuerung und implizit der Gleichmäßigkeit der einkommensteuerlichen Einkunftsermittlung gebieten allerdings, die entnahmebezogene Einkunftsermittlung auch bei nichtbuchführenden Gewerbebetrieben, freien Berufen und Landwirten (jetzige Einkunftsarten Nr. 1 bis 3) sowie bei allen Steuerpflichtigen mit anderen Einkunftsarten (jetzt Nr. 4 bis 7) zu gewährleisten. Dies kann über eine einfache, wegen möglicher Sachbezüge ergänzte Kassenrechnung geschehen, bei der alle investiven Auszahlungen sofort als "Erwerbsabzüge" unter Vereinheitlichung von Betriebsausgaben und Werbungskosten abgezogen werden.[18] Die ergebnisgleiche Einkunftsermittlung verhindert Steuerarbitrage durch Verlagerung von Einkunftsarten.

Freilich ist dadurch selbst bei einem einkommensteuerlichen Einheitstarif die Gleichmäßigkeit der Besteuerung nicht erreicht.[19] Werden nämlich unternehmerische Einkünfte sowohl bei der Gesellschaft als auch bei den Gesellschaftern steuerlich belastet, so folgt daraus ohne besondere Vorkehrungen eine Doppelbesteuerung der gleichen Einkünfte. Im Bestreben des Gesetzgebers, eine solche (nationale) Doppelbelastung zu vermeiden, haben das abgelöste körperschaftsteuerliche Anrechnungsverfahren und das geltende Halbeinkünfteverfahren (§ 3 Nr. 40 EStG) ihren Ursprung. Nun ist allerdings nicht einsichtig, warum Unternehmen, bei denen Aufsichts- und Geschäftsführungsorgane als eine Art wirtschaftlicher Treuhänder des Alleineigentümers oder der Gesellschafter fungieren, überhaupt eine eigenständige körperschaftsteuerliche Leistungsfähigkeit zukommen soll. Sie sind lediglich Einkommensintermediäre. Dies gilt auch für thesaurierte Gewinne, die ja nur mit zeitlicher Verzögerung der Ausschüttung zugeführt werden. Unternehmerische Investitionen sind kein Selbstzweck, sondern der gegenwärtige Ausschüttungsverzicht beabsichtigt höhere künftige Ausschüttungen.

---

[17] Fuest/Peichl/Schaefer (2007), insbes. Zusammenfassung auf S. 11-12.
[18] S. Mitschke (2004), S. 21-23 (§§ 6 bis 10), 47-57.
[19] Mitschke (2004), S. 11-12.

Das geltende EStG und implizit auch das KStG haben eine solche Betrachtungsweise für Einzelfirmen und Personengesellschaften durchaus übernommen, wenn sie den Alleineigentümer oder die Gesellschafter, nicht aber das Unternehmen selbst zur Steuer heranziehen (§§ 15 Abs. 1 EStG, 1 bis 4 KStG). Hingegen wird Kapitalgesellschaften und sonstigen Körperschaften mit einer 25 %igen Definitivsteuer zunächst eigenständige Leistungsfähigkeit unterstellt, die dann aber doch über das unter dem Gleichmäßigkeitsaspekt ohnehin zu beanstandende Halbeinkünfteverfahren wieder zurückgenommen wird. Bei tatsächlicher Vermeidung der Doppelbesteuerung muß dann die nicht ersichtliche Minderung der individuellen ESt-Last und des ESt-Aufkommens der ersichtlichen individuellen KSt-Last und dem ersichtlichen KSt-Aufkommen wenigstens annähernd entsprechen. Wozu dann die ganze Veranstaltung?[20]

Der Ursprung der unterschiedlichen Besteuerung insbesondere von Personen- und Kapitalgesellschaften ist nicht zuletzt im zivilrechtlichen Merkmal der Rechts- und Geschäftsfähigkeit einer Gesellschaft zu suchen. Nachdem aber die neuere Gesellschaftsrechtsprechung den Personengesellschaften zumindest beschränkte Rechts- und Geschäftsfähigkeit zugesteht, kann der noch verbleibende zivilrechtliche Merkmalsunterschied nicht rechtfertigen, an wirtschaftlich gleiche oder vergleichbare Sachverhalte der Einkunftserzielung derart unterschiedliche Steuerrechtsfolgen zu knüpfen.

Während etwa der OHG-Gesellschafter infolge der im Gesellschaftsvertrag regelmäßig genau festgelegten Entnahmebefugnisse keinerlei wirtschaftliche Verfügungsmacht über seinen unverteilten Gewinnanteil erlangt, ihm dieser gleichwohl als Einkünfte aus Gewerbebetrieb steuerlich zugerechnet wird, kann nach der steuerlichen Verfügungsfiktion der Alleingesellschafter einer GmbH über den unverteilten Gewinn nicht verfügen: Er versteuert (zur Hälfte) nur den ausgeschütteten Gewinn als Einkünfte aus Kapitalvermögen.

Die Einkünfte des Gesellschafter-Geschäftsführers einer KG aus einem von den Gesellschaftern beschlossenen Arbeitsvertrag zählen ohne Betriebsausgabenabzug als Vorwegvergütung zu den Einkünften aus Gewerbebetrieb. Hingegen bezieht der Geschäftsführer einer Einmann-GmbH aus seinem als GmbH-Vertreter mit sich selbst geschlossenen Arbeitsvertrag in den Grenzen verdeckter Gewinnausschüttung ge-

---

[20] Wegen EU-rechtlicher Beschränkungen s. unten Abschnitt 4.4. Es bedarf natürlich breiter öffentlicher Aufklärung, daß eine Abschaffung der KSt mit konsequentem Durchgriff auf die Einkommensbesteuerung der Gesellschafter jenseits einer aus Steuersicherungsgründen erhobenen, ausschüttungsbezogenen Quellensteuer nicht auf eine "Steuerbefreiung" kapitalkräftiger Unternehmen zu Lasten der übrigen Steuerzahler hinausläuft und deshalb auch zu keiner Schmälerung des Ertragsteueraufkommens führt.

winnmindernde Einkünfte aus nichtselbständiger Arbeit. Wer kontrahiert da faktisch eher mit sich selbst? Bekanntlich führen solcherlei absurde Steuerrechtsfolgen unterschiedlicher Gesellschaftsformen zu betriebswirtschaftlich und handelsrechtlich weder angestrebten noch zweckmäßigen Unternehmenskonstruktionen wie der GmbH & Co. KG.

Die vorzuschlagende Neuordnung behebt die ökonomischen Ungereimtheiten der jetzigen Einkommens- und Körperschaftsbesteuerung dadurch, daß unabhängig von der Rechtsform des gewerblichen, freiberuflichen oder auch landwirtschaftlichen Unternehmens nur die (Netto-)Entnahmen oder Ausschüttungen (nach Verrechnung mit Kapitaleinlagen) als Einkünfte der als natürliche Personen einkommensteuerpflichtigen Alleineigentümer oder Gesellschafter rechnen (Rechtsformneutralität). Die Frage der Verfügungsmacht über unverteilte Gewinne wird generell dahingehend entschieden, daß die Gesellschafter erst mit der Ausschüttung über unverteilte Gewinne wirtschaftlich und steuerlich verfügen. Das Unternehmen selbst unterliegt weder einer definitiven ESt noch einer KSt. Die von Muttergesellschaften empfangenen Ausschüttungen von Tochtergesellschaften werden dann erfaßt, wenn die Muttergesellschaften die empfangenen Ausschüttungen (letztlich) an ihre als natürliche Personen einkommensteuerpflichtigen Gesellschafter ausschütten.

Die sich in diesen Regelungen ausdrückende wirtschaftliche Betrachtungsweise ist keine besondere Neuheit, sondern besitzt im Steuerrecht lange Tradition (vgl. etwa auch §§ 39 und 42 AO). Sie rechtfertigt sich daraus, daß die Ertragsbesteuerung an einen vorrangig ökonomisch bestimmten Indikator der Leistungsfähigkeit anknüpft.

Die Ablehnung einer eigenständigen steuerlichen Leistungsfähigkeit der Unternehmen als Einkommensintermediäre schließt nicht aus, daß zur Steuersicherung wie bisher auf die Ausschüttungen von Kapitalgesellschaften und sonstigen Körperschaften Kapitalertragsteuer als (echte) Quellensteuer einbehalten wird. Die KESt ist auf die ESt-Schuld der als natürliche Personen einkommensteuerpflichtigen Gesellschafter anrechenbar. Bei Ausschüttungen an Muttergesellschaften wird die auf sie entfallende KESt angerechnet, wenn die Muttergesellschaften die empfangenen Ausschüttungen (letztlich) an ihre als natürliche Personen einkommensteuerpflichtigen Gesellschafter ausschütten.

Mit dem Durchgriff der Besteuerung auf die Gesellschafter eines Unternehmens ist allerdings die Konsequenz verbunden, daß am Ende der (unbeschränkten) persönlichen Steuerpflicht des Gesellschafters, welches nicht mit der Liquidation des Unternehmens zusammenfallen muß, der noch thesaurierte Gewinnanteil des Gesellschafters seinen

Entnahmen oder Ausschüttungen hinzuzurechnen ist, wenn das Ziel einer lückenlosen Gewinnbesteuerung erreicht werden soll.

4. Probleme der nachgelagerten Gewinnbesteuerung

4.1. Rechtskontinuität und Benennung

Juristisch dominierte Steuerreformvorhaben lassen sich stark vom Gedanken der Rechtskontinuität leiten.[21] Natürlich gehören auch die ähnliche Stetigkeit und Planungssicherheit zu den unbestrittenen Postulaten der ökonomischen Steuerlehre und Finanzwissenschaft.[22] Nun hat allerdings der Gesetzgeber diese Norm in den letzten Jahren flagrant verletzt,[23] dies nicht zuletzt aus Gründen der Reparaturanfälligkeit eines aus den Fugen geratenen Ertragsteuerrechts und als Folge der EuGH-Rechtsprechung. Insofern ist die Rechtfertigung für eine revisionsarme Fundamentalreform in jedem Fall gegeben.[24] Darüber hinaus betritt die nachgelagerte Besteuerung ein dem geltenden Recht bereits bekanntes Terrain. So hat das Alterseinkünftegesetz jüngst diesen Weg in der Rentenbesteuerung eingeschlagen, obwohl der Gesetzgeber diesem Prinzip bei der ertragsteuerlichen Ermittlung der übrigen Einkünfte nicht folgt.

Die Rechtsprechung hat einen weiteren Vorstoß in Richtung der nachgelagerten Besteuerung unternommen, wenn sie für Ausbildungsinvestitionen statt der sukzessiven Aktivierung als Anschaffungs- oder Herstellungskosten des Ausbildungsvermögens auf den Sofortabzug als Werbungskosten erkennt.[25] Freilich hat der Gesetzgeber den steuerpolitischen und fiskalischen Wind aus der Rechtsprechung genommen, wenn er abweichend und kausalitätsfremd die Ausbildungsaufwendungen in § 10 Abs. 1 Nr. 7 EStG als beschränkt abzugsfähige und vor allem nicht vortragsfähige Sonderausgaben einordnet. Damit sind die Aufwendungen in der regelmäßig einnahmeschwachen Ausbildungsphase zum Großteil steuerlich verloren.

Die Benennung der vorgeschlagenen Vorgehensweise als Konsumbesteuerung oder konsumorientierte Einkommensbesteuerung, der auch ich gefolgt bin, trifft zwar den sachlichen Inhalt dieses Konzeptes der direkten Besteuerung, erweckt aber in Politik und Öffentlichkeit auch unter der Bezeichnung als Ausgabensteuer (expenditure tax)

---

[21] So der "Kölner Entwurf" von Lang u. a. (2005), S. V, 47-49.

[22] S. Reding/Müller (1999), S. 235-241; Neumark (1970), S. 364-368. D. Schneider (1990), S. 43 ff kategorisiert den Einfluß von Steuerrechtsänderungen auf die Wirtschaftsplanung des Unternehmens.

[23] S. Der Präsident des Bundesrechnungshofes (2006), S. 27-29, 143-144.

[24] In diese Richtung auch die vom BRH-Präsidenten als "Bundesbeauftragter für Wirtschaftlichkeit in der Verwaltung" gesammelten Stimmen: Der Präsident des Bundesrechnungshofes (2006), S. 29-33.

[25] BFH-Urteil vom 27.05.2003, VI R 33/01, BStBl. II 2004, S. 884 ff.

irrige Vorstellungen und Assoziationen über die Art und Erfassungstechnik der Besteuerung. Das geht von der fälschlichen Auffassung als einer zweiten Umsatzsteuer (Mehrwertsteuer) über (ausgeräumte) Aufkommensbedenken bis hin zur Besorgnis, private Ausgaben für den Fiskus minutiös auflisten zu müssen. Deshalb ist die ebenfalls treffende Benennung als nachgelagerte Gewinn- und Einkommensbesteuerung vorzuziehen, wiewohl sie dem Unkundigen wie jedes technische Etikett keine inhaltliche Vorstellung vermittelt.

4.2. Bestehen bleibende Probleme aus der Abgrenzung von Privat- und Betriebssphäre

Wie bei der traditionellen Gewinn- und Einkommensbesteuerung bleibt das Problem, Sachentnahmen und -ausschüttungen und Sacheinlagen sowie Nachschüsse und Kapitalerhöhungen über die Zuführung von Sachgütern zu bewerten. Dabei ist der unbrauchbare, an der Zurechnung scheiternde Teilwert durch einen marktorientierten, vom Unternehmensverbund losgelösten Verkehrswert zu ersetzen. Bei Sachentnahmen und -ausschüttungen ist der Absatzmarkt, bei Sachzuführungen der Beschaffungsmarkt maßgeblich. Die Ansätze der Handelsbilanz sind dahingehend zu überprüfen.

Werden Einlagen und Kapitalzuführungen über private Kreditaufnahmen der Alleineigentümer oder Gesellschafter finanziert, so wäre insoweit ein Abzug von der Bemessungsgrundlage der Nettoentnahme oder Nettoausschüttung nicht angebracht. Das entsprechende Abzugsverbot wäre schwer, bei AGs überhaupt nicht kontrollierbar. Indes lohnt die Steuerstrategie nicht: Die Kredittilgung erhöht notwendigerweise steuerpflichtige künftige Entnahmen oder Ausschüttungen und der Anstieg der Eigenkapitalverzinsung des Unternehmens führt ebenfalls über kurz oder lang zum selben Ergebnis. Andererseits sind jedoch die privat entrichteten Fremdkapitalzinsen steuerlich nicht abzugsfähig.

Dem Problem der verdeckten Gewinnausschüttung ist wie bisher dadurch zu begegnen, daß die Differenz zwischen dem betrieblichen Entgelt für die vom Gesellschafter erbrachte Leistung und dem Marktwert der Leistung nicht vom Gewinn abzugsfähig und den Entnahmen/Ausschüttungen hinzuzurechnen ist. Bei Aufwendungen, die durch Betriebsführung und private Lebensführung gemischt veranlaßt sind, wird vorgeschlagen, sie durchgängig nach sachgemäßen Quoten in Gewinnabzüge und Entnahmen/Ausschüttungen aufzuteilen.

4.3. Fiskalische Wirkung beim Systemübergang

Der administrativ aufwendige Systemübergang hat über abschließende Steuerbilanz und einmalige Vermögensaufstellung zum Stichtag sicherzustellen, daß Entnahmen und Ausschüttungen aus bereits versteuerten thesaurierten Gewinnen (und sonstigem Kapitalvermögen) nicht nochmals besteuert werden. Darüber hinaus spricht einige Wahrscheinlichkeit dafür, daß das Entnahme- und Ausschüttungsgebaren in gewinn- und einkommensstarken und/oder vermögenden Schichten der Steuerpflichtigen aus einem kurzsichtigen Steuerersparniskalkül vorübergehend zurückhaltend wird. Obwohl mittel- und langfristig keine Steuerausfälle aus der nachgelagerten Besteuerung zu erwarten sind (s. oben Abschnitt 3.3.), kann die Zurückhaltung kurzfristig kassenwirksam sein und zu überbrückenden Finanzbedarf auslösen. Eine gerade angelaufene Mikrosimulation der Kassenwirkung des Systemübergangs des Finanzwissenschaftlichen Forschungsinstituts der Universität Köln wird klären, wie hoch solcher Finanzbedarf ausfallen kann. Es steht zu vermuten, daß der ratsame Abbau unergiebiger und rasch abzulösender Subventionen den kurzfristigen Kassenbedarf decken kann.

4.4. EU-rechtliche Vereinbarkeit [26]

Obwohl EU- und EG-Vertrag (in der Fassung des Vertrags von Nizza) und auch die angestrebte EU-Verfassung keine Harmonisierung der direkten Steuern vorsehen und nur die Harmonisierung der indirekten Steuern gebieten (Art. 93 EG-Vertrag, Art. III-171 EU-Verfassung), haben Richtlinien der EU-Kommission (etwa Fusions-, Mutter-Tochter-, Zins- und Lizenzrichtlinie) und insbesondere die Rechtsprechung des Europäischen Gerichtshofs (EuGH) über die Betonung der EU-rechtlichen Grundfreiheiten (Art. 39-60 EG-Vertrag) und des Binnenmarktkonzeptes (Art. 14 EG-Vertrag) die nationale Autonomie bei der Gestaltung der direkten Steuern immer wieder stark eingeschränkt. Die Kommission hat sich für eine Harmonisierung auch der direkten Steuern, zumindest für die Angleichung der Bemessungsbasis von Unternehmenssteuern, ausgesprochen.[27]

Der EuGH hat die Rechtfertigung von Steuerpflichten oder steuerlichen Begünstigungsschranken beim grenzüberschreitenden Wohnsitz- oder Sitzwechsel oder bei anderen grenzüberschreitenden Transaktionen mit den Fiskalinteressen des Wohnsitz- oder Belegenheitsstaates wiederholt verworfen. In den Urteilen wird etwa der Vorrang von Grundfreiheiten gegenüber nationalen Fiskalinteressen ohne juristisch übliche Fundierung – etwa Rückgriff auf Absichten der Vertragsparteien, Entstehungsgeschichte, Kontextanalyse, Rangabgleich mit Ausnahme- und Spezialvorschriften –

[26] S. Fuest/Mitschke (2007), S. 35-37.
[27] S. EU-Kommission (2001 a), (2001 b) und (2003).

schlicht behauptet[28] oder konturenschwache Einlassungen zu Kohärenzaspekten vorgetragen.[29]

Der Umstand, daß der Wohnsitz- oder Belegenheitsstaat die gewinnstiftende Infrastruktur bereitstellt und finanziert, scheint die EuGH-Richter wenig zu beeindrucken. Nicht nur die Steuerrechtsliteratur,[30] sondern auch die deutsche Finanzministerkonferenz als eine der politischen Entscheidungsinstanzen beginnt in der Beschlußvorlage zur Konferenz vom 29. September 2005 zu den "Konsequenzen aus den EuGH-Entscheidungen zu verschiedenen Steuerrechtsgebieten"[31] sich gegen solche Einschränkungen der nationalen Finanzautonomie auf dem Gebiet der direkten Steuern zu wenden. Schließlich gebietet das hochrangige Postulat des Art. 6 Abs. 3 des EU-Vertrages: "Die Union achtet die nationale Identität ihrer Mitgliedsstaaten."

Die Einwendungen gegen den "nahezu uneingeschränkten Vorrang",[32] den die EuGH-Rechtsprechung den europäischen Grundfreiheiten einräumt, ändert bislang nichts an der Rechtsgeltung der EuGH-Urteile. So darf denn das Herkunftsland an eine Auslandsinvestition ("Outbound-Investition") keine irgendwie gearteten, auch nur geringfügigen Besteuerungsnachteile gegenüber der Belastung einer rein binnenstaatlichen Investition knüpfen.[33] Selbst wenn das Ziel der Inlandsbeschäftigung das Insolvenzziel absolut dominierte und nicht auch Gesichtspunkte der administrativen Praktikabilität und Nachprüfbarkeit gegen einen Begünstigungsausschluß sprächen, würde ein Ausschluß gegen geltendes EU-Recht verstoßen.

So bleiben denn für eine nachgelagerte Gewinnbesteuerung drei Wege:

1. Auslandsinvestitionen der Unternehmen werden wie Inlandsinvestitionen behandelt, die entsprechenden selbstfinanzierten Aufwendungen kürzen also die Bemessungsgrundlage der Nettoentnahmen oder Nettoausschüttungen. Dies fördert das Solvenzziel und erleichtert die Administration. Jedoch be-

---

[28] Im EuGH-Urteil "avoir fiscal" vom 28.01.1986 (270/83, EuGHE 1986, 273 ff), das von Schön (2004), S. 289 als "Grundlagenurteil" zum "nahezu uneingeschränkten Vorrang" der europäischen Grundfreiheiten eingestuft wird, findet sich zum Vorrang nur der einzige lapidare Satz: "Außerdem sind die Rechte, die sich für die Begünstigten aus Artikel 52 EWG-Vertrag (Niederlassungsfreiheit, J. M.) ergeben, unbedingt."

[29] Vgl. dazu Elicker (2005).

[30] S. die BFH-Richter Ahmann (2005) und Fischer (2005); dazu auch Kube (2005) sowie die Hinweise bei Hey (2004), S. 196, Anm. 42 und 43 auf weitere kritische Beiträge.

[31] Finanzministerkonferenz (2005), S. 1-2.

[32] Schön, W. (2004), S. 289. In seinem jüngsten Urteil vom 13.12.2005-Rs. C-446/03; Marks & Spencer plc gegen David Halsey beginnt nun freilich der EuGH, die Rigorosität dieses Vorrangs fallabhängig etwas einzuschränken.

[33] S. Hey (2004), S. 195-196 mit der dort angemerkten EuGH-Rechtsprechung; Schön (2004), S. 289-290, 298.

günstigt der inländische Fiskus mit der Folge von Aufkommenseinbußen vorrangig ausländisches Wachstum und ausländische Beschäftigung.[34]

2. Die EU-Vertragsparteien wirken, wie vom vorhergehenden EU-Ratspräsidenten, dem österreichischen Bundeskanzler Schüssel, auch aus anderen Gründen erwogen,[35] auf eine Beschneidung der Kompetenzen von EU-Kommission und EuGH auf dem Gebiet der direkten Besteuerung hin. Ohnehin gerät der deutsche Steuergesetzgeber auf dem Gebiet der Ertragsteuern in immer größere fiskalische und administrative Schwierigkeiten.
3. Die nachgelagerte Gewinnbesteuerung wird zur Richtschnur der europäischen Harmonisierung der Unternehmensbesteuerung. Schließlich hat es nicht nur in Deutschland eine Ertragsteuerbegünstigung der nichtentnommenen Gewinne gegeben (§ 10 a EStG a. F.),[36] Estland und Österreich praktizieren sie (§ 11 a EStG Österreich). Bleiben auch bei einer entnahme- und ausschüttungsorientierten Bemessungsgrundlage noch genügend Auslegungsspielräume für nationale Steuergerichte und Steuerverwaltungen, so potenziert sich dieses Problem für traditionelle Steuerbilanzen insbesondere durch die Fülle der notwendigen Ansatz- und Bewertungsregeln. Ein so gestaltetes Harmonisierungsziel zu erreichen, ist illusionär. Man vergleiche das klägliche Ergebnis, das die EU in jahrzehntelanger Bemühung bei der Harmonisierung der umsatzsteuerlichen Bemessungsbasis erreicht hat.

Im übrigen wird der zwischenstaatliche Steuerwettbewerb, so er denn als schädlich angesehen wird,[37] bei vereinheitlichter Ertragsteuerbasis zwar transparenter, indes nicht unterbunden: Der Wettbewerb könnte sich dann verstärkt auf die Steuertarife verlagern. Indes würde die nachgelagerte Besteuerung in Verbindung mit dem Durchgriff auf die Unternehmenseigner den Steuerwettbewerb erheblich einschränken, weil die Ertragsteuerbelastung nicht mehr vom Ort der wirtschaftlichen Tätigkeit des Unternehmens abhängen würde, sondern vom Wohnsitz des Allein- oder Anteilseigners als Ausschüttungsempfänger.[38] Es bestünde kein steuerlicher Anreiz mehr, in Niedrigsteuerländern zu investieren und die Produktion dorthin zu verlagern. Steuervorteile wären nur durch Wohnsitzverlagerung zu erlangen, wogegen in der Masse starke Ge-

---

[34] Aus diesem Grund habe ich in meinem Neuordnungsentwurf (2004) den Abzug eigenfinanzierter Auslandsinvestitionen erst bei Eingang entsprechender steuerpflichtiger Veräußerungs- oder Liquidationserlöse zugelassen (§ 8 Abs. 2 des Entwurfs, S. 22, 53 und 54) oder die Anrechnung einer auf solche Investitionen erhobenen Quellensteuer (KESt) auf diesen Zeitpunkt verlagert (§ 39 Abs. 6 des Entwurfs, S. 37, 38, 53 und 54). Dies könnte gemäß geltender EuGH-Rechtsprechung angreifbar sein.

[35] Süddeutsche Zeitung (2005 b), S. 1.

[36] Näher s. Fuest/Mitschke (2006), S. 5-8.

[37] Differenzierende Betrachtung bei Fuest/Fuest (2004).

[38] Den Hinweis auf die Wettbewerbsbeschränkung danke ich Herrn Kollegen Fuest.

sichtspunkte der Heimatverbundenheit sprächen und dies sich überdies nur in den Ausnahmefällen wesentlicher Beteiligungen lohnte. Freilich verlören der Belegenheitsstaat des Unternehmens Steuereinnahmen, es sei denn, man ließe eine europaweit anrechenbare Quellensteuer zu.

Literaturverzeichnis

Ahmann, Karin-Renate (2005):
Das Ertragsteuerrecht unter dem Diktat des Europäischen Gerichtshofs? Können wir uns wehren?, in: Deutsche Steuerzeitung, 93. Jg. (2005), S. 75-80.

Becker, Johannes/Fuest, Clemens (2005):
Wieviel Aufkommen kostet die Einführung eines Konsumsteuersystems? Weniger als 1 % des BIP, in: ifo-Schnelldienst, 58. Jg., 3/2005, S. 23-25.

Creditreform (2003):
Insolvenzen, Neugründungen und Löschungen, Jahr 2003. Presseinformation, Neuss Dezember 2003. www.creditreform.de vom 03.10.2005.

Der Präsident des Bundesrechnungshofes als Bundesbeauftragter für Wirtschaftlichkeit in der Verwaltung – BWV (2006):
Probleme beim Vollzug der Steuergesetze: Empfehlungen zur Verbesserung des Vollzuges der Steuergesetze in Deutschland. Stuttgart 2006.

Elicker, Michael (2005):
Die "steuerrechtliche Kohärenz" in der Rechtsprechung des Europäischen Gerichtshofes – zugleich eine Einordnung der Entscheidung vom 11.03.2004 "de Lasteyrie", in: Internationales Steuerrecht, 14. Jg. (2005), S. 89-92.

EU-Kommission (2001 a):
Mitteilung der Kommission an den Rat, das Europäische Parlament und den Wirtschafts- und Sozialausschuss: Steuerpolitik in der Europäischen Union – Prioritäten für die nächsten Jahre vom 23.05.2001, COM (2001) 260 endg., ABl.EG 2001 Nr. C 284, S. 6 ff, BR-Drucksache 4449/01.

EU-Kommission (2001 b):
Mitteilung der Kommission an den Rat, das Europäische Parlament und den Wirtschafts- und Sozialausschuss: Ein Binnenmarkt ohne steuerliche Hindernisse – Strategie zur Schaffung einer konsolidierten Körperschaftsteuer-Bemessungsgrundlage für die grenzüberschreitende Unternehmertätigkeit in der EU vom 23.10.2001, COM (2001) 582 endg., BR-Drucksache 971/01.

EU-Kommission (2003):
Mitteilung der Kommission an den Rat, das Europäische Parlament und den Europäischen Wirtschafts- und Sozialausschuss: Ein Binnenmarkt ohne unternehmenssteuerrechtliche Hindernisse – Ergebnisse, Initiativen, Herausforderungen vom 24.11.2003, COM (2003) 726 endg. Brüssel 2003.

Finanzministerkonferenz (2005):
Beschlußvorlage vom 02.09.2005 zur Finanzministerkonferenz vom 29.09.2005.

Fischer, Peter (2005):
Europa macht mobil – bleibt der Rechtsstaat auf der Strecke?, in: Finanzrundschau, 87. Jg. (2005), S. 457-468.

Fisher, Irving/Fisher, Herbert W. (1942):
Constructive Income Taxation. A Proposal for Reform. New York-London 1942.

Fuest, Clemens/Fuest, Winfried (2004):
Die Mär vom Steuerdumping in Osteuropa – Deutschland und Frankreich dürfen ihren Reformbedarf nicht länger nach außen abschieben, in: FAZ, Nr. 218 vom 18.09.2004, S. 13.

Fuest, Clemens/Peichl, Andreas/Schaefer, Thilo (2007):
Aufkommens-, Beschäftigungs- und Wachstumswirkungen einer Steuerreform nach dem Vorschlag von Mitschke. Steuerwissenschaftliche Schriften, Bd. 3. Baden-Baden 2007.

Fuest, Clemens/Mitschke, Joachim (2007):
Gutachten zur Einführung einer Ertragsteuerbegünstigung der Eigenkapitalbildung mittelständischer Unternehmen (im Auftrag des Ministeriums für Wirtschaft und Arbeit des Saarlandes). Steuerwissenschaftliche Schriften, Bd. 4. Baden-Baden 2007.

Hey, Johanna (2004):
Perspektiven der Unternehmensbesteuerung in Europa, in: StuW, N. F. 34. Jg. (2004), S. 193-211.

iwd-Informationsdienst des Instituts der deutschen Wirtschaft (2005):
Unternehmensfinanzierung: Ein schwieriges Kapitel, Nr. 14 vom 07.04.2005, S. 4-5.

iwd (2006):
Unternehmenssteuerreform – Das kann es nicht sein, Nr. 26 vom 29.06.2006, S. 4.

Kaldor, Nicholas (1965):
An Expenditure Tax. 3rd Impression. London 1965.

Kube, Hanno (2005):
Der Europäische Gerichtshof gefährdet den Steuerwettbewerb – Die Luxemburger Richter sollten das Äquivalenzprinzip respektieren, in: FAZ vom 07.04.2005, S. 12.

Lang, Joachim u. a. (2005):
Kölner Entwurf eines Einkommensteuergesetzes. Köln 2005.

Mellwig, Winfried (1981 a):
Steuerliche Bemessungsgrundlagen als Gegenstand der betriebswirtschaftlichen Steuerlehre, in: DBW, 41. Jg. (1981), S. 113-126 (zusammen mit Reinhold Heibel).

Mellwig, Winfried (1981 b):
Erfolgsteuerliche Aktivierungsprobleme bei Mobilien-Leasingverträgen, in: BB, 36. Jg. (1981), S. 1808-1815.

Mellwig, Winfried (1983):
Bilanzrechtsprechung und Betriebswirtschaftslehre. Zu einigen Grundlagen der steuerlichen Bilanzrechtsprechung und ihrer betriebswirtschaftlichen Kritik, in: BB, 38. Jg. (1983), S. 1613-1620.

Mellwig, Winfried (1984):
Vorteilhafte Leasingverträge – ein Rechenfehler?, in: DB, 36. Jg. (1983), S. 2261-2266.

Mellwig, Winfried (1989):
Wechselbeziehungen zwischen Handels- und Steuerbilanz – zur Problematik des Maßgeblichkeitsprinzips, Diskussionsbeitrag, in: BFuP, 41. Jg. (1989), S. 159-174.

Mellwig, Winfried (1995):
Steuerarbitrage bei Leasingverträgen, in: Unternehmenstheorie und Besteuerung, Festschrift für Dieter Schneider, Wiesbaden 1995, S. 419-443.

Mellwig, Winfried (1996):
Die Zurechnung von mobilen Leasingobjekten nach deutschem Handelsrecht und den Vorschriften des IASC, in: DB, 49. Jg. (1996), S. 2345-2352 (zusammen mit Marc Weinstock).

Mellwig, Winfried (1997):
Die konzeptionellen Probleme mit dem "New Aproach". Vortragsmanuskript für das Leaseurope Working Meeting, Budapest 1997 (unveröffentlicht).

Mellwig, Winfried (1998 a):
Leasing. Rechtliche und ökonomische Grundlagen, Heidelberg 1998 (zusammen mit Uwe-Peter Hastedt).

Mellwig, Winfried (1998 b):
Welcher Vorschlag wird sich durchsetzen?, in: FAZ vom 09.10.1998 (Leasing-Beilage).

Mellwig, Winfried (1998 c):
Die bilanzielle Darstellung von Leasingverträgen nach den Grundsätzen des IASC, in: DB, 51. Jg. (1998), Beilage 12/98.

Mellwig, Winfried (2000 a):
Leasing im nationalen und internationalen Handelsrecht, in: Leasinghandbuch für die betriebliche Praxis, hrsg. von Wolfram Eckstein und Klaus Feinen, 7. Aufl., Frankfurt a. Main 2000, S. 67-97.

Mellwig, Winfried (2000 b):
Die Konsolidierung von Leasingobjektgesellschaften im Konzernabschluß, in: BB, 55. Jg. (2000), Beilage 5 (Leasing-Berater), S. 25-28.

Mellwig, Winfried (2001):
Leasing im handelsrechtlichen Jahresabschluß, in: ZfgK, 54. Jg. (2001), S. 303-307.

Mellwig, Winfried (2002):
Leasing, in: Handwörterbuch der Rechnungslegung und Prüfung, hrsg. von Wolfgang Ballwieser et al., 3. Aufl., Stuttgart 2002, Sp. 1478-1495.

Mitschke, Joachim (1988):
Ökonomische Analyse einkommensteuerlicher Einkunftsermittlung und Alternativen steuerlicher Einkommensperiodisierung, in: StuW, N. F. 18. Jg. (1988), S. 111-132.

Mitschke, Joachim (2004):
Erneuerung des deutschen Einkommensteuerrechts. Gesetzestextentwurf und Begründung. Mit einer Grundsicherungsvariante. Köln 2004, Nachdruck 2005.

Myrdal, Gunnar (1963):
Das politische Element in der nationalökonomischen Doktrinbildung. 2. Aufl., Hannover 1963.

Neumark, Fritz (1970):
Grundsätze gerechter und ökonomisch rationaler Steuerpolitik. Tübingen 1970.

Reding, Kurt/Müller, Walter (1999):
Einführung in die Allgemeine Steuerlehre. München 1999.

Rieger, Wilhelm (1964):
Einführung in die Privatwirtschaftslehre. 3. Aufl., Erlangen 1964.

Rose, Manfred (Hrsg.) (2002):
Reform der Einkommensbesteuerung in Deutschland. Konzept, Auswirkungen und Rechtsgrundlagen der Einfachsteuer des Heidelberger Steuerkreises. Heidelberg 2002.

Schneider, Dieter (1990):
Grundzüge der Unternehmensbesteuerung. 5. Aufl., Wiesbaden 1990.

Schön, Wolfgang (2004):
Besteuerung im Binnenmarkt – die Rechtsprechung des EuGH zu den direkten Steuern, in: Internationales Steuerrecht, 13. Jg. (2004), S. 289-300.

Statistisches Bundesamt (2006):
Insolvenzen insgesamt und Insolvenzhäufigkeiten von Unternehmen und ausgewählten Wirtschaftszweigen, Rechtsformen und Ländern. Stand: 16.03.2006; www.destatis.de vom 26.08.2006.

Süddeutsche Zeitung (2005 a):
Mittelständler kommen nur schwer an Kredite. Nr. 81 vom 09./10.04.2005, S. 55.

Süddeutsche Zeitung (2005 b):
Schüssel greift Europäischen Gerichtshof an. Künftiger Ratspräsident will Kompetenz der Richter beschneiden und die Identität Europas stärken. Nr. 302 vom 31.12.2005, S. 1.

Szyperski, Norbert (1962):
Zur Problematik der quantitativen Terminologie in der Betriebswirtschaftslehre. Berlin 1962.

Tipke, Klaus (1993):
Die Steuerrechtsordnung, Bd. I bis III. Köln 1993.

Tipke, Klaus/Lang, Joachim (2002):
Steuerrecht. 17. Aufl., Köln 2002.

Zur bilanzrechtlichen Beurteilung eines Schuldverschreibungsdisagios

von Dr. Dr. h. c. mult. Adolf Moxter

emerit. Professor für Betriebswirtschaftslehre an der Johann Wolfgang Goethe-Universität Frankfurt am Main

und

Dr. Manfred Eibelshäuser

Honorarprofessor für Betriebswirtschaftslehre an der Johann Wolfgang Goethe-Universität Frankfurt am Main,

Präsident des Hessischen Landesrechnungshofs

Inhalt

1. Einführung

Der um das Bilanzrecht hochverdiente Jubilar hat sich in einem wegweisenden Beitrag jüngst mit Grundsatzfragen der Rechnungsabgrenzungsposten beschäftigt.[1] Unsere Auseinandersetzung mit einem Urteil des Finanzgerichts Köln[2] zu den Rechnungsabgrenzungsposten mag daher für ihn von Interesse sein. Das muss um so mehr gelten, als der Urteilssachverhalt eine Stellungnahme zum Verhältnis von formalrechtlicher und wirtschaftlicher Betrachtungsweise erzwingt und das Urteil nicht rechtskräftig ist, das heißt die entsprechende Entscheidung des Bundesfinanzhofs derzeit noch aussteht[3] und daher vom I. BFH-Senat wiederum eine Leitentscheidung zum Verhältnis von formalrechtlicher und wirtschaftlicher Betrachtungsweise erwartet werden kann,[4] ein Problem, das auch der Jubilar mehrfach in besonders tiefgründiger Weise behandelt hat.[5]

2. Das Urteil des Finanzgerichts

2.1. Sachverhalt

Der Emittent einer festverzinslichen Schuldverschreibung hatte den Erwerbern ein Emissionsdisagio eingeräumt. Strittig war, ob der Emittent – wofür das Finanzamt plädierte – das Emissionsdisagio zu aktivieren hatte.

2.2. Urteilsthesen

Das Finanzgericht meinte, es bestehe „keine Aktivierungspflicht. Das Emissionsdisagio stellt eine Bilanzierungshilfe dar, die die Voraussetzungen für die Bildung eines aktiven Rechnungsabgrenzungspostens nicht erfüllt".

---

1 Vgl. Mellwig in FS Kossbiel, 2005, S. 217 f.

2 FG Köln, Urteil vom 17.05.2005, 13 K 7115/00, DStRE 2005, S. 1057; alle folgenden Zitate sind, soweit nichts anderes vermerkt ist, diesem Urteil entnommen. Vgl. auch Hahne, DB 2003, S. 1997 (der das Urteilsergebnis im Wesentlichen vorwegnimmt).

3 Az. BFH I R 46/05.

4 Vgl. aus jüngerer Zeit etwa die BFH-Entscheidungen vom 27.06.2001, I R 45/97, BFHE 198, S. 420, BStBl II 2003, S. 121, und vom 07.08.2000, GrS 2/99, BFHE 192, S. 339, BStBl II 2000, S. 632, aus dem jüngeren Schrifttum insbesondere Eibelshäuser, DStR 2002, S. 1426-1432.

5 Vgl. insbesondere Mellwig, BB 1983, S. 1613.

2.2.1. Fehlende Voraussetzungen für die Aktivierung eines Rechnungsabgrenzungspostens

2.2.1.1. „Ausgaben vor dem Abschlussstichtag“ zweifelhaft

Der Senat lässt im Ergebnis offen, ob im Streitfall „Ausgaben“ im Sinne von § 5 Abs. 5 Nr. 1 EStG vorliegen. Er neigt allerdings dazu, die Frage zu verneinen: Es sei „weder eine Bar- noch eine Buchgeldzahlung an den Käufer“ der Schuldverschreibungen gegeben. Doch räumt der Senat ein, dass „Verbindlichkeitszugänge als Ausgaben“ verstanden werden könnten, was „der Rechtsprechung des BFH und der überwiegenden Literaturauffassung“ entspreche.[6]

2.2.1.2. Kein „Aufwand für eine bestimmte Zeit“ nach dem Abschlussstichtag

Von seinem Rechtsstandpunkt aus konnte der Senat offenlassen, ob im Streitfall Ausgaben im Sinne von § 5 Abs. 5 Nr. 1 EStG gegeben sind; denn er verneinte das Vorliegen des in § 5 Abs. 5 Nr. 1 EStG angeführten zweiten Tatbestandsmerkmals, „Aufwand für eine bestimmte Zeit“; er interpretierte dieses Merkmal „in dem Sinne ..., dass einer Vorleistung eine noch nicht erbrachte zeitraumbezogene Gegenleistung gegenübersteht“. Hieran fehle es aber im Streitfall.

Der Senat bedient sich der aus der BFH-Rechtsprechung überkommenen Formel, wonach für die „Wertbestimmung“ von Leistung und Gegenleistung nicht auf die „betriebswirtschaftliche Kostenrechnung“, sondern auf „das rechtliche, insbesondere schuldrechtliche Verhältnis von Leistung und Gegenleistung abzustellen ist, also auf den rechtlichen Jahreswert von Leistung und Gegenleistung“. Anders als bei Darlehensverhältnissen, so meint der Senat, überlassen die „Erwerber von Schuldverschreibungen ... dem Emittenten kein Kapital zur Nutzung, sondern entrichten nur den vereinbarten Kaufpreis für den Erwerb der Wertpapiere“. Es fehle daher im Streitfall an dem „synallagmatischen Zusammenhang der Vorleistung und der (zeitbezogenen) Gegenleistung“; ohne diesen Zusammenhang könnten „aber keine RAP gerechtfertigt sein“.

Es komme hinzu, dass „das Disagio auch bei einer vorzeitigen Beendigung der Verpflichtungen aus der Schuldverschreibung nicht (anteilig) zurückgezahlt werden“ müsse. Das hier gegebene Disagio „unterscheidet sich insoweit grundlegend von einem Disagio bei einem Darlehensvertrag, das bei vorzeitiger Beendigung im Zweifel gemäß § 812 BGB anteilig zurückgezahlt werden muss“.

---

6 Mit Nachweisen, auch der Gegenauffassung.

2.2.2. *Schuldverschreibungsdisagio als Bilanzierungshilfe*

Ein Disagio im Sinne von § 250 Abs. 3 HGB, das „nicht zugleich den Tatbestand des § 250 Abs. 1 HGB“ erfüllt, bilde keinen Rechnungsabgrenzungsposten, sondern eine bloße Bilanzierungshilfe; der Senat sieht sich insoweit „in Übereinstimmung mit der herrschenden Meinung in der Literatur“. Es liege auch kein Widerspruch zu BFH-Entscheidungen vor; der BFH habe „in der sog. Wechseldiskontentscheidung ... ausgeführt“, dass § 5 Abs. 5 Nr. 1 EStG „den Ansatz aktiver RAP abschließend“ regle, „das Steuerrecht sehe eine bilanzielle Korrektur von Ausgaben nur insoweit vor, als sie der Zeit nach dem Abschlussstichtag zuzuordnen seien“.

2.2.3. *Unzulässige Passivierung der Verbindlichkeit unter dem Nennwert*

Der Senat verweist auf § 253 Abs. 1 Satz 2 HGB, wonach für den Ansatz von Verbindlichkeiten der Rückzahlungsbetrag maßgeblich ist. Auch aus § 6 Abs. 1 Nr. 3 Satz 2 EStG ergebe sich nichts anderes, da Verzinslichkeit vorliege.

2.2.4. *Unzulässige Bildung eines passiven RAP*

Die vom Steuerpflichtigen bilanzierten passiven RAP sind nach Auffassung des Senats aufzulösen, weil es an den Tatbestandsvoraussetzungen des § 5 Abs. 5 Nr. 2 EStG fehle: Im Streitfall liege kein Ertrag „für eine bestimmte Zeit nach dem Abschlussstichtag“ vor; „nur zeitbezogene Gegenleistungen können nach § 5 EStG abgegrenzt werden“, was für aktive und passive Rechnungsabgrenzungsposten gleichermaßen gelte. Die Zins- und Rückzahlungen des Steuerpflichtigen erfolgten „rechtlich nicht für die Überlassung von Kapital, sondern haben zivilrechtlich ihren Grund ausschließlich in den wertpapiermäßig verbrieften Ansprüchen“.

2.3. **Urteilswürdigung: Gegenthesen**

2.3.1. *Fehlende Voraussetzungen für die Aktivierung eines Rechnungsabgrenzungspostens?*

2.3.1.1. „Ausgaben“ liegen vor

Da es, wie der Senat einräumt, „der Rechtsprechung des BFH und der überwiegenden Literaturauffassung“ entspricht, auch „Verbindlichkeitszugänge als Ausgaben“ zu verstehen, hätte man sich für die entsprechenden Zweifel des Senats eine überzeugende Begründung gewünscht: „Ausgaben“ im Sinne von § 250 Abs. 1 HGB bzw. § 5 Abs. 5 Nr. 1 EStG können unmöglich auf Bar- oder Buchgeldzahlungen beschränkt gemeint sein: Anders wäre zum Beispiel eine durch Überlassung von Vorratsgegenständen erfolgte Mietvorausleistung nicht aktivierungspflichtig – eine höchst fragwürdige Konsequenz.[7]

2.3.1.2. „Bestimmte Zeit“ ist zu bejahen

„Aufwand für eine bestimmte Zeit“ ist eine Objektivierungsnorm; sie soll das Ermessen der Bilanzierenden beschränken, eine Ausuferung der Rechnungsabgrenzungsposten in Richtung einer dynamischen Bilanzauffassung verhindern: An der „bestimmten Zeit“ fehlt es etwa bei Reklameaufwendungen oder bei Ausgaben im Forschungs- bzw. Entwicklungsbereich. Objektivierung erzwingt bei den Rechnungsabgrenzungsposten die Beschränkung auf zeitbezogene Rechtsverhältnisse.[8]

Dem Objektivierungserfordernis wird indes genügt, wenn das die jeweiligen Einnahmen bzw. Ausgaben begründende Rechtsverhältnis überhaupt zeitbezogen ist: Einen „synallagmatischen Zusammenhang der Vorleistung und der (zeitbezogenen) Gegenleistung“ zu fordern, bedeutet, den Sinn und Zweck der Gesetzesnorm zu verengen.[9] Im Streitfall ergibt sich die „bestimmte Zeit“ unmittelbar durch die Laufzeit der Wertpapiere.

Letztlich erklärbar ist die enge Sichtweise des Finanzgerichts nur aus einem formalrechtlichen Normverständnis: Zivilrechtlich gesehen überlassen die „Erwerber von Schuldverschreibungen“ dem Emittenten in der Tat „kein Kapital zur Nutzung“; in wirtschaftlicher Betrachtung ist das offenkundig anders. Da aber die wirtschaftliche Betrachtung im Streitfall, wie gerade erwähnt, dem Objektivierungsprinzip keineswegs widerstreitet, könnte die Position des Finanzgerichts nur gerechtfertigt sein, wenn es sich bei dem in § 250 Abs. 3 HGB geregelten Disagio tatsächlich um eine Bilanzierungshilfe handelte.

---

[7] So, besonders nachdrücklich, Schreiber in Blümich, EStG, § 5 Rz 670, zutreffend ferner Tiedchen in HdJ, 118 Rz 53 und Kleindiek in Großkommentar Bilanzrecht, § 250 Rz 9; a. A. Weber-Grellet in Schmidt, EStG, § 5 Rz 247. Zu den „Ausgaben“ ist neben Bar- und Buchgeldzahlungen auch keineswegs nur die „Einbuchung von Verbindlichkeiten“ zu rechnen (so aber wohl Ellrott/Krämer in Beck Bil-Komm, § 250 Rz 18).

[8] Vgl. auch Schreiber (oben Fußn. 7) Rz 664.

[9] Vgl. auch Schreiber (oben Fußn. 7) Rz 680, Weber-Grellet (oben Fußn. 7) Rz 248.

2.3.2. Das Schuldverschreibungsdisagio bildet keine Bilanzierungshilfe im gesetzlichen Sinne

Es muss zwischen Bilanzierungshilfen im engeren und im weiteren Sinne unterschieden werden: Bilanzierungshilfen im engeren Sinne sind vor allem durch die zugehörigen Ausschüttungssperren gekennzeichnet, daneben dadurch, dass im Gesetzeswortlaut ausdrücklich die Aktivierung „als Bilanzierungshilfe" angeführt wird (§ 269 HGB – „Aufwendungen für die Ingangsetzung und Erweiterung des Geschäftsbetriebs" – und § 274 Abs. 2 HGB – Aktive Steuerabgrenzung –). Bilanzierungshilfen in einem weiteren Sinne bilden alle (handelsbilanzrechtlichen) Ansatzwahlrechte, also bei den Aktivposten auch das Disagio und der (derivative) Geschäfts- oder Firmenwert (§ 255 Abs. 4 HGB); weder beim Disagio noch beim Geschäfts- oder Firmenwert kennt das Gesetz eine Ausschüttungssperre und die Bezeichnung „Bilanzierungshilfe".[10]

Anders als bei den Bilanzierungshilfen im engeren Sinne besteht der Sinn und Zweck der Aktivierungswahlrechte für das Disagio und den Geschäfts- oder Firmenwert allein in der Bewertungsvereinfachung. Beim Geschäfts- oder Firmenwert sind die Bewertungsschwierigkeiten offenkundig;[11] beim Disagio sind sie indes ebenfalls gravierend: Eine Disagioaktivierung bedeutet, vorauspassivierte (künftige) Zinsbelastungen bilanziell zu neutralisieren; im Ergebnis wird damit der Verbindlichkeitsansatz (indirekt) wertberichtigt. Eine solche Korrektur des Verbindlichkeitsansatzes kann indes unzulässig sein, wenn der Marktzins für hinsichtlich Laufzeit und Risiko äquivalenter Verbindlichkeiten sinkt, was das folgende Beispiel veranschaulicht.

Der Rückzahlungsbetrag einer Verbindlichkeit belaufe sich auf 100 Mio. Euro bei einem Ausgabebetrag von nur 90 Mio. Euro, also einem Disagio von 10 Mio. Euro; die Disagioaktivierung bedeutet dann, dass die Verbindlichkeit im Ergebnis nur mit 90 Mio. Euro bilanziell erfasst wird. Dem steht das bilanzrechtliche Vorsichtsprinzip solange nicht entgegen, wie der Marktzins für laufzeit- und risikoäquivalente Verbindlichkeiten dem Nennzins der betreffenden Verbindlichkeit entspricht: Die Verbindlichkeit könnte dann, jedenfalls grundsätzlich, am Zugangstag mit einem Betrag von 90 Mio. Euro wieder abgestoßen werden. Der künftige „Wegschaffungswert"[12] der Verbindlichkeit steigt indes, wenn die (laufzeit- und risikoäquivalenten) Marktzinsen

---

[10] Vgl. zum Begriff der Bilanzierungshilfe auch Schulze-Osterloh in Baumbach/Hueck, GmbHG, § 42 Rz 186, Weber-Grellet (oben Fußn. 7) Rzn 32, 101.

[11] Vgl. insbesondere Breidert, Grundsätze ordnungsmäßiger Abschreibung auf abnutzbare Anlagegegenstände, 1994, Hommel, BB 2001, S. 1943, Duhr, Grundsätze ordnungsmäßiger Geschäftswertbilanzierung, 2006.

[12] So die treffende Formulierung von Knobbe-Keuk in Bilanz- und Unternehmenssteuerrecht, § 5 VIII.

sinken: Ein Erwerber der Verbindlichkeit forderte für die Verbindlichkeitsübernahme einen entsprechend höheren Betrag; im Streitfall stiege bei einem Sinken der Marktzinsen der Börsenkurs (Marktwert) der Schuldverschreibungen, sodass der Emittent bei einem Rückkauf über den Markt einen entsprechend höheren Betrag zu entrichten hätte, das Disagio mithin an Wert einbüßte. Durch die Ausübung des Aktivierungswahlrechts erspart sich der Bilanzierende solche Wertermittlungen.

Für bloße Aktivierungswahlrechte besteht indes, anders als für Bilanzierungshilfen im engeren Sinne, bilanzsteuerrechtlich eine Aktivierungspflicht. Eine Aktivierungspflicht für das Disagio kann sogar in der Handelsbilanz geboten sein, wenn anders Minderheiten unvertretbar benachteiligt würden.[13]

2.3.3. Die Unzulässigkeit einer Verbindlichkeitspassivierung unter dem Nennwert ist im Streitfall ebenso selbstverständlich wie die Nichtpassivierung eines passiven Rechnungsabgrenzungspostens

In Anbetracht des insoweit klaren Gesetzeswortlauts war es überflüssig, auf die Unzulässigkeit einer den Rückzahlungsbetrag unterschreitenden Verbindlichkeitspassivierung einzugehen: „Verbindlichkeiten sind zu ihrem Rückzahlungsbetrag ... anzusetzen" (§ 253 Abs. 1 Satz 2 HGB). Nichts anderes gilt im Ergebnis für die Nichtansetzbarkeit eines passiven Rechnungsabgrenzungspostens.

3. Die das Urteil prägende Grundeinstellung des Senats

In einer jüngeren BFH-Entscheidung heißt es als abschließende Begründung: „Die rechtlichen Kriterien der Bilanzierung sind von den Elementen einer Kosten- und Leistungsrechnung verschieden",[14] eine These, die sich in den unterschiedlichsten, wiewohl gleichbedeutenden Formulierungen in zahlreichen BFH-Urteilen findet,[15] und der vernünftigerweise niemand widersprechen wird: Sie drückt eine Selbstverständlichkeit aus, sind doch die Aufgaben einer Bilanz im Rechtssinne und die einer Kosten- und Leistungsrechnung grundverschieden.

Die Finanzrechtsprechung versteht die gerade erwähnte These freilich, wie die hier analysierte Entscheidung des Finanzgerichts Köln besonders anschaulich zeigt, in

---

[13] Vgl. hierzu etwa das BGH-Urteil vom 29.03.1996, II ZR 263/94, JZ 1996, S. 856.

[14] BFH-Urteil vom 05.04.2006, I R 43/05, BStBl II 2006, S. 593.

[15] So etwa im BFH-Beschluss vom 03.11.1982, I B 23/82, BFHE 137, S. 38, BStBl II 1983, S. 132: „Die Bilanz im Rechtssinne ist keine ‚Kostenrechnung'". Vgl. etwa auch Crezelius in Kirchhof, EStG, § 5 Rz 94.

einem spezifischen Sinne: Sie wird benutzt – fast möchte man behaupten: missbraucht – als Fluchtweg ins Zivilrecht, als Rechtfertigung einer Betrachtungsweise, bei der „die rechtlichen Kriterien der Bilanzierung" im Ergebnis von ihrem jeweiligen wirtschaftlichen Sinn und Zweck isoliert verstanden werden. „Kosten- und Leistungsrechnung" soll hier stellvertretend stehen für eine strikt periodengerechte Gewinnermittlung, und periodengerechte Gewinnermittlung wird im Wesentlichen identifiziert mit der so genannten dynamischen Bilanzauffassung im Sinne Schmalenbachs, deren entscheidende Eigenheiten in einer spezifischen Aufwandsperiodisierung liegen:[16] Es gilt hier eine strenge Aufwands-Ertrags-Verknüpfung derart, dass die Aufwandsperiodisierung, jedenfalls grundsätzlich, unabhängig vom bilanzrechtlichen Objektivierungserfordernis erfolgt; die die Bilanz im Rechtssinne kennzeichnenden Objektivierungsprinzipien treten zurück zugunsten einer Aufwandsperiodisierung, die zu einem in der Periodenfolge vergleichbaren Gewinn führen soll. So gesehen besteht in der Tat ein schroffer Gegensatz von rechtlicher und betriebswirtschaftlicher Sicht von Handels- und Steuerbilanzen.

Die Finanzrechtsprechung macht es sich indes entschieden zu leicht, wenn sie sich, wie im besprochenen Urteil des Finanzgerichts Köln, radikal auf Zivilrechtskategorien zurückzieht: Sie vernachlässigt damit ohne Notwendigkeit „den bei der Auslegung bilanzrechtlicher Vorschriften zu beachtenden Sinn und Zweck der Gewinnermittlung, nach Möglichkeit einen periodengerechten Gewinn auszuweisen";[17] das Gebot einer „richtigen Erfolgsabgrenzung"[18] wird massiv unterhöhlt.

In § 5 Abs. 5 Nr. 1 EStG drückt sich der gesetzgeberische Wille zur richtigen Erfolgsabgrenzung besonders klar aus: Zu aktivieren sind nicht nur Ausgaben, die für den Zugang von Anlage- und Umlaufgegenständen anfallen; die Aktivierungspflicht und damit die Ausgabenübertragung auf künftige Geschäftsjahre soll auch gelten für solche Ausgaben, die aufgrund ihrer über eine „bestimmte Zeit" währenden und insofern bilanzrechtlich verlässlich abgrenzbaren Werthaltigkeit dem generellen Aktivierungskriterium des „greifbaren" Vermögenswerts[19] entsprechen.

Hinsichtlich der typischen Anwendungsfälle der Rechnungsabgrenzungsposten haben § 5 Abs. 5 Nr. 1 EStG bzw. § 250 Abs. 1 HGB lediglich eine klarstellende Bedeutung:

---

[16] Schmalenbach, Dynamische Bilanz, 1962, passim.

[17] BFH-Urteil vom 17.07.1980, IV R 10/76, BFHE 133, S. 363, BStBl II 1981, S. 659.

[18] BFH-Urteil vom 26.01.1970, IV R 144/66, BFHE 97, S. 466, BStBl II 1970, S. 264.

[19] „Die Greifbarkeit erst erweist das Wirtschaftsgut" (BFH-Urteil vom 18.06.1975, I R 24/73, BFHE 116, S. 474, BStBl II 1975, S. 809). Vgl. auch Eibelshäuser, Immaterielle Anlagewerte in der höchstrichterlichen Finanzrechtsprechung, 1983, S. 71 und S. 140, Hommel, Bilanzierung immaterieller Anlagewerte, 1998, insbesondere S. 139.

Derartige im Rahmen gegenseitiger Verträge erfolgte Vorleistungen (wie zum Beispiel Vorauszahlungen von Mietzinsen oder Versicherungsprämien) verkörpern Ansprüche auf bestimmte Gegenleistungen, unterscheiden sich in dieser Hinsicht mithin zum Beispiel nicht von Forderungen aus Lieferungen oder sonstigen Leistungen.[20] Es ist daher auch kein vernünftiger Grund ersichtlich, solche Rechnungsabgrenzungsposten insbesondere hinsichtlich einer Teilwertabschreibung anders als Wirtschaftsgüter (Vermögensgegenstände) zu behandeln.

Doch wird dem Aktivierungskriterium des greifbaren Vermögenswertes (wie im Übrigen auch der selbständigen Bewertbarkeit) nicht weniger genügt, wenn zeitbezogene Ausgaben zwar außerhalb gegenseitiger Verträge, aber für eine „bestimmte Zeit" nach dem Abschlussstichtag anfallen, so etwa Vorauszahlungen von Müllabfuhrgebühren. Die greifbare Werthaltigkeit objektiviert sich hier im bei einem Erlöschen der Gebührenpflicht entstehenden Rückforderungsanspruch. Gleichwohl gibt es in der BFH-Rechtsprechung eine deutliche Tendenz, aktive Rechnungsabgrenzungsposten auf zeitbezogene Vorleistungen aus gegenseitigen Verträgen zu begrenzen.[21] Eine stichhaltige Begründung für diese Verengung der Rechnungsabgrenzungsposten, diese Negierung des wirtschaftlichen Normzwecks, ist die Finanzrechtsprechung bis heute schuldig geblieben.

Der Gesetzgeber hat mit der Begrenzung der aktiven Rechnungsabgrenzungsposten auf die für eine „bestimmte Zeit" Aufwand bildenden Ausgaben insoweit eine klare Aktivierungsschranke gesetzt; er hat damit alle Desobjektivierungen im Stile dynamischer Bilanzauffassung radikal ausgeschlossen. Für ein zusätzliches Tatbestandsmerkmal „Vorleistungen aus gegenseitigen Verträgen" ist weder dem Gesetzeswortlaut etwas zu entnehmen noch der Entstehungsgeschichte,[22] noch den grundlegenden Aufgaben von Handels- und Steuerbilanz.

4. Zusammenfassung

1. Untersucht wurde die These des Finanzgerichts Köln, wonach ein Schuldverschreibungsdisagio nicht als aktiver Rechnungsabgrenzungsposten bilanziert werden darf, vielmehr eine bilanzsteuerrechtlich unbeachtliche Bilanzierungshilfe bildet.

---

[20] Vgl. auch Schreiber (oben Fußn. 7), Rzn 664, 680.

[21] Vgl. insbesondere das BFH-Urteil vom 25.10.1994, VIII R 65/91, BFHE 176, S. 359, BStBl II 1992, S. 312: „ständige Rechtsprechung".

[22] Vgl. insoweit insbesondere Beisse in FS Budde, 1995, S. 67, Babel, zfbf 1998, S. 778, Berndt, Grundsätze ordnungsgemäßer passiver Rechnungsabgrenzung, 1998, Tiedchen (oben Fußn. 7) Rz 17 f., zur einschlägigen Richtlinienumsetzung auch Hartung in FS Moxter, 1994, S. 213.

2. Zu Unrecht zweifelt das Finanzgericht am Vorliegen von „Ausgaben“, dem ersten Tatbestandsmerkmal des § 5 Abs. 1 Nr. 1 EStG: Ausgaben in diesem Sinne können unmöglich auf Bar- oder Buchgeldzahlungen beschränkt gemeint sein.
3. Zu Unrecht verneint das Finanzgericht das Vorliegen des zweiten Tatbestandsmerkmals, der „bestimmten Zeit“; anstelle einer Auseinandersetzung mit dem Sinn und Zweck dieses Kriteriums rekurriert das Finanzgericht unter Vernachlässigung des wirtschaftlichen Normzwecks auf den im Streitfall fehlenden synallagmatischen Zusammenhang von Vorleistung und zeitbezogener Gegenleistung.
4. Zu Unrecht meint das Finanzgericht, das Schuldverschreibungsdisagio sei als Bilanzierungshilfe zu verstehen; bilanzsteuerrechtlich irrelevante Bilanzierungshilfen beschränken sich auf die vom Gesetz mit einer Ausschüttungssperre belegten Fälle der §§ 269 und 274 Abs. 2 HGB.
5. Das bilanzsteuerrechtliche Kernproblem, das Verhältnis von periodengerechter Gewinnermittlung und Objektivierungsprinzipien, wird im erörterten Urteil durch den unmittelbaren Rekurs auf die Zivilrechtslage umgangen.
6. Nach Abschluss des Manuskripts wurde das entsprechende BFH-Urteil veröffentlicht (BFH-Urteil vom 29. November 2006, I R 46/05, BB 2007, S. 822). Der Senat hob das Finanzgerichtsurteil auf: „In einer der Behandlung steuerlich relevanter Tatbestände unverändert zugrunde zu legenden wirtschaftlichen Betrachtungsweise“ sei das Schuldverschreibungsdisagio zu aktivieren.

Literaturverzeichnis

Babel, Mathias:
Zur Bewertbarkeit von aktiven Rechnungsabgrenzungsposten, in: Zeitschrift für betriebswirtschaftliche Forschung (zfbf) 1998, S. 778-808.

Beisse, Heinrich:
Wandlungen der Rechnungsabgrenzung, in: Gerhart Förschle et al. (Hrsg.), Rechenschaftslegung im Wandel, Festschrift für Wolfgang Dieter Budde, München 1995, S. 67-81.

Berndt, Thomas:
Grundsätze ordnungsgemäßer passiver Rechnungsabgrenzung, Wiesbaden 1998.

Breidert, Ulrike:
Grundsätze ordnungsmäßiger Abschreibung auf abnutzbare Anlagegegenstände, Düsseldorf 1994.

Crezelius, Georg:
Kommentierung § 5 EStG, in: Paul Kirchhof (Hrsg.), EStG KompaktKommentar, Einkommensteuergesetz, 6. Auflage, Heidelberg 2006.

Duhr, Andreas:
Grundsätze ordnungsmäßiger Geschäftswertbilanzierung, Düsseldorf 2005.

Eibelshäuser, Manfred:
Immaterielle Anlagewerte in der höchstrichterlichen Finanzrechtsprechung, Wiesbaden 1983.

Eibelshäuser, Manfred:
Wirtschaftliche Betrachtungsweise im Steuerrecht – Herkunft und Bedeutung, in: Deutsches Steuerrecht (DStR) 2002, S. 1426-1432.

Ellrott, Helmut/Krämer, Andreas:
Kommentierung § 250 HGB, in: Beck'scher Bilanz-Kommentar, 6. Auflage, München 2006.

Hahne, Klaus D.:
Behandlung des Emissionsdisagios in der Handels- und Steuerbilanz des Emittenten, in: Der Betrieb (DB) 2003, S. 1397-1400.

Hartung, Werner:
Rechnungsabgrenzungsposten und richtlinienkonforme Auslegung, in: Wolfgang Ballwieser et al. (Hrsg.), Bilanzrecht und Kapitalmarkt, Festschrift zum 65. Geburtstag von Adolf Moxter, Düsseldorf 1994, S. 213-225.

Hommel, Michael:
Bilanzierung immaterieller Anlagewerte, Stuttgart 1998.

Hommel, Michael:
Neue Goodwillbilanzierung – Das FASB auf dem Weg zur entobjektivierten Bilanz?, in: Betriebs-Berater (BB) 2001, S. 1443-1449.

Kleindiek, Detlef:
Kommentierung § 250 HGB, in: Peter Ulmer (Hrsg.), HGB-Bilanzrecht, Berlin 2002.

Knobbe-Keuk, Brigitte:
Bilanz- und Unternehmenssteuerrecht, 9. Auflage, Köln 1993.

Mellwig, Winfried:
Bilanzrechtsprechung und Betriebswirtschaftslehre, Zu einigen Grundlagen der steuerlichen Bilanzrechtsprechung und ihrer betriebswirtschaftlichen Kritik, in: Betriebs-Berater (BB) 1983, S. 1613-1620.

Mellwig, Winfried:
Rechnungsabgrenzungsposten – Quelle struktureller Unstimmigkeit im Bilanzrecht, in: Thomas Spengler/Hagen Lindstädt (Hrsg.), Strukturelle Stimmigkeit in der Betriebswirtschaftslehre, Festschrift für Prof. Dr. Hugo Kossbiel, München und Mering 2005, S. 217-235.

Schmalenbach, Eugen:
Dynamische Bilanz, 13. Auflage, Köln, Opladen 1962.

Schreiber, Ulrich:
Kommentierung § 5 EStG, in: Blümich, EStG, KStG, GewStG, Loseblatt-Kommentar, München 2006.

Schulze-Osterloh, Joachim:
Kommentierung § 42 GmbHG, in: Adolf Baumbach/Alfred Hueck (Hrsg.), GmbH-Gesetz, 18. Auflage, München 2006.

Tiedchen, Susanne:
Posten der aktiven und passiven Rechnungsabgrenzung, in: Klaus von Wysocki et al. (Hrsg.), Handbuch des Jahresabschlusses (HdJ), Loseblattwerk, Abt. II/11, Köln 2006.

Weber-Grellet, Heinrich:
Kommentierung § 5 EStG, in: Ludwig Schmidt (Hrsg.), EStG – Einkommensteuergesetz, 25. Auflage, München 2006.

Rechtsprechungsverzeichnis

Gericht	Aktenzeichen	Fundstelle
BGH vom 29.03.1996	II ZR 263/94	JZ 1996, S. 856.
BFH vom 26.01.1970	IV R 144/66	BFHE 97, S. 466; BStBl II 1970, S. 264.
BFH vom 18.06.1975	I R 24/73	BFHE 116, S. 474; BStBl II 1975, S. 809.
BFH vom 17.07.1980	IV R 10/76	BFHE 133, S. 363; BStBl II 1981, S. 669-672.
BFH vom 03.11.1982	I B 23/82	BFHE 137, S. 38; BStBl II 1983, S. 132.
BFH vom 25.10.1994	VIII R 65/91	BFHE 176, S. 359; BStBl II 1995, S. 312.
BFH vom 07.08.2000	GrS 2/99	BFHE 192, S. 339; BStBl II 2000, S. 632.
BFH vom 27.06.2001	I R 45/97	BFHE 196, S. 216; BStBl II 2003, S. 121.
BFH vom 05.04.2006	I R 43/05	BStBl II 2006, S. 593.
BFH vom 29.11.2006	I R 46/05	BB 2007, S. 822.
FG Köln vom 17.05.2005	13 K 7115/00	DStRE 2005, S. 1057.

Bilanzierung von Beteiligungen an Personenhandelsgesellschaften unter besonderer Berücksichtigung von Anteilen an Private Equity-Fonds

von Dr. Dirk Rabenhorst

Wirtschaftprüfer, Steuerberater,

Partner der KPMG Deutsche Treuhand-Gesellschaft Aktiengesellschaft Wirtschaftsprüfungsgesellschaft Berlin

Inhalt

1. Einleitung

Betrachtet man das Schaffenswerk des Jubilars, findet sich eine Reihe von Themen, die sich wie ein roter Faden durch die Forschungs- und Lehrtätigkeit von *Mellwig* ziehen und auch ihren Niederschlag in zahlreichen Veröffentlichungen gefunden haben. Dazu zählen mit Sicherheit Fragen der Bilanzierung und Besteuerung im Zusammenhang mit Personengesellschaften.[1] Die Bilanzierung von Beteiligungen an Personengesellschaften in der Handelsbilanz – und dabei insbesondere die Frage der Erfolgszurechnung auf die Gesellschafter – ist eines der Themengebiete, mit denen sich *Mellwig* wiederholt beschäftigt hat.[2] Den Stellenwert der dabei herausgearbeiteten Grundsätze vermag man nur angemessen zu würdigen, wenn man diese den – aus heutiger Sicht – überholten Thesen gegenüberstellt, die andernorts vertreten wurden. So wies *Mellwig* nach, dass die „Spiegelbildmethode" als Verfahren zur Abbildung von Gewinnen und Verlusten im handelsrechtlichen Jahresabschluss der an einer Personenhandelsgesellschaft beteiligten Gesellschafter keine Berechtigung hat[3] – eine Erkenntnis, die heute in der Theorie nahezu unbestritten,[4] wenn auch in der Praxis noch nicht überall Allgemeingut ist.

Dabei haben diese Fragestellungen bis zum heutigen Tag nicht an Aktualität verloren. Der HFA des IDW hat im Jahr 2005 die Grundsätze der Bilanzierung von Anteilen an Personenhandelsgesellschaften weiterentwickelt[5] und die aus dem Jahr 1991 stammende Stellungnahme HFA 1/1991 ersetzt. Die nun deutlich ausführlichere Darstellung nimmt jüngere Entwicklungen auf, die bisher keine Berücksichtigung gefunden hatten. Dies hängt nicht zuletzt auch damit zusammen, dass die Rechtsform der Personenhandelsgesellschaft in jüngerer Zeit häufig zur Strukturierung von Private Equity-Fonds eingesetzt wird. Damit gewinnen einzelne Fragestellungen, wie beispielsweise die Qualifizierung von „Liquiditätsausschüttungen" als Gewinnanteil oder als Kapitalrückzahlung, eine zusätzliche praktische Bedeutung. Aus diesem Grund sollen nachfolgend die Grundsätze der Bilanzierung von Beteiligungen an Personenhandelsgesellschaften unter besonderer Berücksichtigung von Anteilen an Private Equity-Fonds erörtert werden.

---

[1] Vgl. *Mellwig* (Sondervergütungen, 1978), S. 1047-1052, S. 1099-1101, *ders.* (Rechnungslegungszwecke, 1979), S. 1409-1418; *ders.* (Vermögensverwaltung, 1985), S. 2066-2072, S. 2120-2123; *ders.* (Beteiligungen, 1990), S. 1162-1172; *ders.* (Gesellschafterbeiträge, 1992), S. 399-413.

[2] Vgl. *Mellwig* (Beteiligungen, 1990), S. 1162-1172; *ders.* (Gesellschafterbeiträge, 1992), S. 399-413.

[3] Vgl. *Mellwig* (Beteiligungen, 1990), S. 1163.

[4] Vgl. *Scheffler* (Finanzanlagen, 1993), Rz. 132; *Adler/Düring/Schmaltz* (Rechnungslegung, 1995), § 253 HGB Tz. 47; *Hoyos/Gutike* (Bilanz-Kommentar, 2006), § 253 HGB Anm. 405; *Karrenbauer/Döring/Buchholz* (Rechnungslegung, 2002), § 253 HGB Rn. 32; *WP-Handbuch 2006*, E Tz. 411; noch immer a.A. *Hebeler* (Verlustanteile, 1998), S. 206; *Reiß* (Bilanzierung, 1998), S. 1887.

[5] *IDW RS HFA 18.*

2. Exemplarische Strukturierung von Private Equity-Fonds

„Private Equity" wird als Oberbegriff für das von privaten und institutionellen Anlegern beschaffte Beteiligungskapital verwendet, das zur Beteiligung an Unternehmen eingesetzt wird. Die Geschäftstätigkeit von Private Equity-Gesellschaften zielt wesentlich darauf ab, durch die spätere Veräußerung von einmal erworbenen Unternehmensbeteiligungen einen Mehrwert für die beteiligten Gesellschafter zu generieren.

Daraus ergibt sich ein typischer Lebenszyklus derartiger Gesellschaften, der durch den sukzessiven Aufbau eines Beteiligungsportfolios und dem nachfolgenden „Exit" in Form der Weiterveräußerung über die Börse oder durch Verkauf an einen Investor oder an die Alt-/Mitgesellschafter geprägt ist. Private Equity-Fonds sind somit auf eine begrenzte Lebensdauer angelegt, da auch die beabsichtigte Haltedauer der erworbenen Beteiligungen grundsätzlich zeitlich begrenzt und eine Reinvestition der eingesetzten Mittel nicht vorgesehen ist. Nach Veräußerung der Beteiligungsgesellschaften werden die Veräußerungserlöse jeweils ausgekehrt, so dass am Ende des Lebenszyklus des Private Equity-Fonds eine Gesellschaft steht, die ihren Gesellschaftern das investierte Kapital – idealerweise zuzüglich einer erwirtschafteten Rendite – zurückgezahlt hat.

Positive Ergebnisse erwirtschaftet ein Private Equity-Fonds einerseits – und in der Regel zum ganz überwiegenden Teil – aus Gewinnen durch die Veräußerung der Unternehmensbeteiligungen, andererseits aus laufenden Beteiligungserträgen, wobei letztere jedoch häufig lediglich von untergeordneter Bedeutung sein werden. Auf der Grundlage gesellschaftsvertraglicher Regelungen werden Liquiditätszuflüsse aus Veräußerungserlösen auf Ebene des Private Equity-Fonds unmittelbar an die Gesellschafter weitergereicht. Dabei entsprechen diese Mittelzuflüsse aus nahe liegenden Gründen nicht den nach handelsrechtlichen Vorschriften ermittelten Gewinnen des Private Equity-Fonds: Zum einen stehen den Veräußerungserlösen die Buchwerte der Unternehmensanteile gegenüber; zum anderen fallen bei dem Private Equity-Fonds neben den Veräußerungsgewinnen ggf. Abschreibungen auf andere Unternehmensbeteiligungen sowie weitere Aufwendungen (Personalaufwendungen, Vergütung von Managementleistungen etc.) an.

Eine typische gesellschaftsrechtliche Strukturierung von Private Equity-Fonds erfolgt dergestalt, dass sich institutionelle Investoren und Privatpersonen als Kommanditisten an einer GmbH & Co. KG beteiligen und im Rahmen eines vorab festgelegten Investitionsrahmens Eigenkapital zur Verfügung stellen, das von der GmbH & Co. KG wiederum für den Erwerb von Unternehmensanteilen eingesetzt wird. Die Einlageverpflichtung entfällt meist nur zu einem geringen Teil auf den Kapitalanteil des Kommanditisten, während der weit überwiegende Teil in Form einer (Kapital-)Rücklage zugeführt wird. Regelmäßig wird das Kapital sukzessive in Abhängigkeit von den Investitionsmöglichkeiten des Private Equity-Fonds abgerufen.

3. Bilanzierungs- und Bewertungsfragen in den unterschiedlichen „Lebensphasen“ eines Private Equity-Fonds

3.1. Ansatz und Bewertung der Anteile an Private Equity-Fonds im Zugangszeitpunkt

Die Anteile an in der Rechtsform einer Personenhandelsgesellschaft verfassten Private Equity-Fonds sind in Abhängigkeit von der Anteilsquote als Beteiligungen (§ 271 Abs. 1 S. 1 HGB) oder als Anteile an verbundenen Unternehmen (§ 271 Abs. 2 HGB) auszuweisen.[6] Damit steht außer Frage, dass Gegenstand der Bilanzierung nicht ein ideeller Anteil an den Vermögensgegenständen und Schulden der Personenhandelsgesellschaft ist, sondern die Beteiligung als solche.[7] Selbst wenn die „Lebensdauer“ von Private Equity-Fonds aufgrund der Konzeption (Unternehmenszweck des Erwerbs und der Veräußerung von Beteiligungen bei nicht vorgesehener Reinvestition von Veräußerungserlösen) zeitlich begrenzt ist, folgt daraus keine Zuordnung zum Umlaufvermögen, sofern nicht eine kurzfristige Veräußerung der Anteile geplant ist.

Die Anschaffungskosten[8] der Anteile bestimmen sich nach allgemeinen Grundsätzen. Hinsichtlich der Bewertung in der Bilanz des Gesellschafters eines Private Equity-Fonds ergeben sich insoweit keine Besonderheiten im Vergleich zu einer Beteiligung an einer Personenhandelsgesellschaft mit einem anderweitigen Unternehmenszweck. Im Fall des Ersterwerbs sind in erster Linie die gesellschaftsvertraglich begründeten Einlageverpflichtungen maßgeblich.[9] Die Verteilung der Einlageverpflichtung auf Kapitalanteile und Rücklagen nach den gesellschaftsvertraglichen Regelungen ist für die Bilanzierung beim Gesellschafter unerheblich; ebenso kommt es bei der Bestimmung der Anschaffungskosten nicht auf die Höhe der Haftsumme an.[10] Zu den Anschaffungskosten in Höhe der Einlageverpflichtung treten ggf. Anschaffungsnebenkosten

---

6 Vgl. *IDW RS HFA 18*, Tz. 3 f.

7 Vgl. *Hoffmann* (Bilanzierung, 1988), S. 3; *Breuer* (Beteiligungen, 1994), S. 12 f.

8 Die Frage, ob es sich bei einem Erwerb neuer Anteile im Wege der Einlage anlässlich einer Neugründung um einen Anschaffungs- oder einen Herstellungsvorgang handelt, soll an dieser Stelle nicht weiter untersucht werden; vgl. insoweit *Hoffmann* (Bilanzierung, 1988), S. 5-8; *Mellwig* (Beteiligungen, 1990), S. 1163, Fn. 19; *Breuer* (Beteiligungen, 1994), S. 19-22; *Ellrott/Brendt* (Bilanz-Kommentar, 2006), § 255 HGB Anm. 143.

9 Vgl. *IDW RS HFA 18*, Tz. 7. Vgl. dort auch unter Tz. 10 f. zur Frage der Bestimmung der Anschaffungskosten im Fall von Sacheinlagen, die in Zusammenhang mit Anteilen an Private Equity-Gesellschaften ohne große praktische Bedeutung sein sollte.

10 Vgl. *IDW RS HFA 18*, Tz. 12, so bereits *HFA 3/1976*, zu 2.; *Mellwig* (Gesellschafterbeiträge, 1982), S. 404.

hinzu;[11] Anschaffungspreisminderungen hingegen sollten im Fall des Erwerbs von Anteilen an Private Equity-Fonds keine große praktische Relevanz aufweisen.

Aufgrund der Struktur von Private Equity-Fonds bestehen zu späteren Zeitpunkten über die originäre Einlage hinaus weitergehende Einlageverpflichtungen in Abhängigkeit von den Investitionsmöglichkeiten des Private Equity-Fonds. Hinsichtlich der Bilanzierung dieser zusätzlichen Beiträge ist zu differenzieren:[12] Soweit diese Beträge bereits eingefordert, aber noch nicht geleistet sind, führt dies zu einer Bilanzverlängerung im Jahresabschluss des Gesellschafters.[13] Dabei kommt es nicht darauf an, ob es sich um eine Verpflichtung zur Leistung einer Pflichteinlage oder zur Einzahlung in eine Rücklage handelt.

Anders verhält es sich hingegen, wenn die Beiträge noch nicht eingefordert sind, da unter dieser Voraussetzung eine Aktivierung der Anteile bei gleichzeitiger Passivierung der noch nicht erfolgten Einlage nicht in Betracht kommt.[14] Bis zur Einforderung handelt es sich um ein schwebendes Geschäft,[15] da mit dem Abschluss des Gesellschaftsvertrags lediglich eine einem Bestellobligo vergleichbare Verpflichtung vorliegt. Die Information der Abschlussadressaten der an einer Personenhandelsgesellschaft beteiligten Gesellschafter in Bezug auf mögliche Einzahlungsverpflichtungen wird durch die Angabepflicht als sonstige finanzielle Verpflichtung im Anhang gewahrt.[16]

Die Angemessenheit dieser (bilanzunwirksamen) Konzeption zeigt sich in besonderer Deutlichkeit bei der Beteiligung an einem Private Equity-Fonds: Ob bzw. wann die Beträge, zu deren Zahlung sich die Gesellschafter im Gesellschaftsvertrag grundsätzlich verpflichtet haben, eingefordert werden, ist regelmäßig offen. In Abhängigkeit von den Investitionsmöglichkeiten des Private Equity-Fonds kann durchaus der Fall eintreten, dass die zugesagten Mittel nicht in vollem Umfang abgerufen werden. Insoweit wäre ein Konzept, das eine Bilanzierung zuließe/vorschriebe, ohne dass eine Einforderung erfolgt wäre, wenig überzeugend.

Bedeutung über die Ausweisfrage (Nichterfassung in der Bilanz vs. Bilanzverlängerung) hinaus hat dies insbesondere in dem Fall, in dem die Einlage in einer Fremdwäh-

---

[11] Vgl. *Adler/Düring/Schmaltz* (Rechnungslegung, 1995), § 253 HGB Tz. 43; *Karrenbauer/Döring/Buchholz* (Rechnungslegung, 2002), § 253 HGB Rn. 28 f.; *IDW RS HFA 18*, Tz. 8; *WP-Handbuch 2006*, E Tz. 401.

[12] Zu der Frage der Erfüllung von Einlageverpflichtungen durch Gewinnthesaurierung vgl. unter 3.3.4.

[13] Vgl. *IDW RS HFA 18*, Tz. 9; *Ellrott/Brendt* (Bilanz-Kommentar, 2006), § 255 HGB Anm. 144.

[14] Vgl. *IDW RS HFA 18*, Tz. 9; *Graf Kanitz* (Bilanzierung, 2007), S. 66; a.A. *Mellwig* (Gesellschafterbeiträge, 1992), S. 405; *Breuer* (Beteiligungen, 2004), S. 22-24; *Karrenbauer/Döring/Buchholz* (Rechnungslegung, 2002), § 253 HGB Rn. 29; *WP-Handbuch 2006*, E Tz. 413.

[15] Vgl. *Graf Kanitz* (Bilanzierung, 2007), S. 66.

[16] Vgl. *IDW RS HFA 18*, Tz. 9; anders noch *IDW ERS HFA 18*, Tz. 9, *IDW HFA 1/1991*, Abschn. 1, dort jeweils Ausgestaltung als Ansatzwahlrecht.

rung zu erbringen ist und sich der Wechselkurs zwischen dem Zeitpunkt der vertraglichen Vereinbarung über die Einlageverpflichtung und der Einforderung der Einlage ändert. Da sich die Anschaffungskosten auf der Grundlage des am Tag der erstmaligen Verbuchung geltenden Wechselkurses bestimmen, ohne dass es zu einer Anpassung zum Zeitpunkt der tatsächlichen Zahlung käme,[17] wäre eine Wechselkursänderung ergebniswirksam. Da gerade bei der für Private Equity-Fonds charakteristischen Ausgestaltung zwischen der Vereinbarung über die Einlageverpflichtung und der tatsächlichen Erbringung der Einlage aufgrund des typischerweise sukzessiven Mittelabrufs ein längerer Zeitraum liegen kann, wären damit Ergebniswirkungen verbunden, obwohl nicht feststeht, ob die Einlage überhaupt eingefordert wird.[18] Wenn jedoch nicht bereits die Verpflichtung zu einer späteren Leistung von Einlagen/Dotierung von Rücklagen zu einer Bilanzverlängerung bei dem Gesellschafter führt, beschränkt sich das Wechselkursrisiko auf den deutlich kürzeren Zeitraum zwischen der Einforderung und der Einzahlung dieser Mittel.

Bei Beteiligungen an Private Equity-Fonds werden diese zusätzlichen Mittel im Rahmen der gesellschaftsvertraglichen Vereinbarungen abgerufen, um zusätzliche Investitionsmöglichkeiten wahrnehmen zu können. Damit steht außer Frage, dass es sich in diesen Fällen um nachträgliche Anschaffungskosten, die auch als Zugang im Anlagenspiegel des Gesellschafters auszuweisen sind, und nicht um aufwandswirksam zu erfassende Zuschüsse handelt. Unabhängig davon ist am darauf folgenden Abschlussstichtag zu prüfen, ob der Buchwert noch durch die Ertragskraft des Private Equity-Fonds gerechtfertigt ist. Dies ist jedoch als Maßnahme der Folgebewertung[19] strikt von der Frage der Aktivierbarkeit zu unterscheiden.

3.2. Folgebewertung der Anteile an Private Equity-Fonds

Für die Folgebewertung der Anteile an einer Personenhandelsgesellschaft kommen grundsätzlich die gleichen Grundsätze zum Tragen wie für die Bewertung von Anteilen an einer Kapitalgesellschaft. Die Auffassung, dass (steuerlich) wirksame Verlustanteile sich unmittelbar auf die handelsrechtliche Bewertung von Anteilen an Personenhandelsgesellschaften auswirken würden, ist überholt.[20] Gleiches gilt für den ebenfalls aus der steuerlichen Sichtweise abgeleiteten Grundsatz der generellen spiegelbild-

---

[17] Vgl. *Ellrott/Brendt* (Bilanz-Kommentar, 2006), § 255 HGB Anm. 55.

[18] Gerade bei Beteiligungen an Private Equity-Fonds ist die Konstellation denkbar, dass die vereinbarten Mittel nicht in vollem Umfang abgerufen werden, wenn es an geeigneten Investitionsmöglichkeiten fehlt.

[19] Vgl. dazu unter 3.2.

[20] Ganz h.M. *Hoffmann* (Bilanzierung, 1988), S. 11 ff.; *Mellwig* (Beteiligungen, 1990), S. 1167 f.; *ders.* (Niedrigere Tageswerte, 2003), Rz. 83; *Herrmann* (Realisierung, 1991), S. 506; *Breuer* (Beteiligungen, 1994), S. 90-95; anders noch *HFA 3/1976*, Ziffer 4.

lichen Bilanzierung des Kapitalkontos in der Handelsbilanz des Gesellschafters.[21] Die Zielsetzung, einen möglichst weitgehenden Gleichlauf zwischen handelsrechtlichem und steuerlichem Ergebnis zu erreichen, die der früheren Auffassung zugrunde lag, entbehrt einer gesetzlichen Grundlage.[22] Handelsrechtlich sind keine Gründe erkennbar, die eine dahingehende unterschiedliche Behandlung von Anteilen an Personenhandelsgesellschaften im Vergleich zu Anteilen an Kapitalgesellschaften rechtfertigen würden.[23]

Eine Pflicht zur Vornahme einer außerplanmäßigen Abschreibung besteht in dem Fall, wenn der niedrigere beizulegende Wert voraussichtlich von Dauer ist, während eine fakultative Abschreibung bei einer nur vorübergehenden Wertminderung vorgenommen werden kann (§ 253 Abs. 2 S. 3 HGB). Zur Ermittlung eines Wertberichtigungsbedarfs ist der beizulegende Wert in der Regel aus dem Ertragswert abzuleiten.[24]

Unter der Annahme, dass der Private Equity-Fonds über keine weiteren relevanten Ertragsquellen als die gehaltenen Unternehmensbeteiligungen verfügt, ist bei der Beurteilung eines Abschreibungsbedarfs auf die Werthaltigkeit dieser Investments insgesamt abzustellen. Somit können Wertminderungen einzelner Unternehmensbeteiligungen durch Wertsteigerungen anderer Investments im Portfolio des Private Equity-Fonds kompensiert werden. Ein Indiz für einen Wertberichtigungsbedarf können die den Gesellschaftern eines Private Equity-Fonds zur Verfügung gestellten Informationen zur Wertentwicklung der einzelnen Investments (etwa in Form einer Multiplikatorbewertung) darstellen. Selbst wenn diese Informationen nicht unbesehen der Werthaltigkeitsprüfung im handelsrechtlichen Jahresabschluss zugrunde gelegt werden können, bieten sie immerhin einen Ansatzpunkt, ob weitergehende Untersuchungen zur Werthaltigkeit der Anteile an dem Private Equity-Fonds erforderlich sind.

Besondere praktische Bedeutung gewinnt die Überprüfung der Werthaltigkeit der Anteile gegen Ende des „Lebenszyklus" des Private Equity-Fonds. In dieser Situation wird bei der Ermittlung des Ertragswertes als Maßstab für die Werthaltigkeitsprüfung besondere Sorgfalt auf die Prüfung der noch bestehenden Exit-Möglichkeiten für die verbliebenen Investments zu verwenden sein. Insbesondere ist zu hinterfragen, ob die bisher nicht erfolgte Veräußerung ein Indiz für das Fehlen einer nicht mindestens den Buchwert der Anteile deckenden Verwertungsmöglichkeit darstellt. Die Tatsache,

---

[21] Vgl. *Wrede* (Beteiligungen, 1990), S. 296-299; *Mellwig* (Beteiligungen, 1990), S. 1163; *ders.* (Niedrigere Tageswerte, 2003), Rz. 83; *Karrenbauer/Döring/Buchholz* (Rechnungslegung, 2002), § 253 HGB Rn. 32; *Hoyos/Gutike* (Bilanz-Kommentar, 2006), § 253 HGB Anm. 405; a.A. *Schulze-Osterloh* (Beteiligungen, 1979), S. 634; *Hebeler* (Verlustanteile, 1998), S. 206 f.; *Reiß* (Bilanzierung, 1998), S. 1887-1889.

[22] Vgl. *Hoffmann* (Bilanzierung, 1988), S. 13, der dieses Bestreben treffend „als eine besondere Ausprägung einer Art umgekehrten Maßgeblichkeit" bezeichnet.

[23] Vgl. *Hoyos/Gutike* (Bilanz-Kommentar, 2006), § 253 HGB Anm. 405.

[24] Vgl. *IDW RS HFA 10*, Tz. 3.

dass nach Veräußerung der von dem Private Equity-Fonds gehaltenen Unternehmensbeteiligungen die Liquidation des Private Equity-Fonds absehbar ist, wird in aller Regel – anders als bei Beteiligungen an Personenhandelsgesellschaften mit einem anderen Geschäftszweck – in der Praxis keine wesentliche Bedeutung für die Bewertung in der Bilanz des Gesellschafters haben. Der in dieser Situation erforderliche Übergang bei der Bewertung auf den Liquidationswert[25] wird keine nennenswerte Veränderung des Beteiligungsbuchwertes hervorrufen, da bereits mit Abgang der letzten Investments des Private Equity-Fonds auch die wesentlichen ertragswertbestimmenden Faktoren entfallen sind.

Im Fall, dass am Abschlussstichtag sowohl außerplanmäßige Abschreibungen erforderlich werden als auch der Beteiligungsbuchwert aufgrund von das Jahresergebnis übersteigenden Liquiditätsausschüttungen zu vermindern ist,[26] sind zunächst die ergebnisneutral zu erfassenden Minderungen des Beteiligungsbuchwertes vorzunehmen.[27] Diese Abfolge ist nicht nur aus systematischen Gründen von Bedeutung; vielmehr hängt davon ein späteres Wertaufholungspotential ab. Im Fall einer späteren Wertaufholung nach § 280 Abs. 1 HGB stellen die um nachträgliche Zugänge und Kapitalrückzahlungen korrigierten Anschaffungskosten die Obergrenze für die Wertaufholung dar.[28]

Bestehen die Gründe der auf die Anteile an einer Personenhandelsgesellschaft vorgenommenen außerplanmäßigen Abschreibung zu einem späteren Abschlussstichtag nicht mehr, ist nach § 280 Abs. 1 HGB zwingend eine Wertaufholung vorzunehmen; aufgrund der steuerlichen Irrelevanz der handelsrechtlichen Wertansätze für Anteile an Personenhandelsgesellschaften besteht kein Raum für eine auf § 280 Abs. 2 HGB gegründete Beibehaltung des niedrigeren Wertes.[29] Außer Frage sollte mittlerweile stehen, dass die Bewertung von Beteiligungen an Personenhandelsgesellschaften keiner Equity- oder Spiegelbildmethode folgt, nach der ein erzielter Gewinn zwangsläufig zu einer Wertaufholung führt.[30] Gerade im Fall einer Beteiligung an einem Private Equity-Fonds wird dies besonders offensichtlich: Ein einmalig erzielter Gewinn, der aus einer erfolgreichen Veräußerung einer Unternehmensbeteiligung resultiert, ist gerade kein zuverlässiges Indiz für die zukünftige Ertragsentwicklung. Vielmehr ist einzig und allein zu fragen, ob das Ertragspotential der verbliebenen Investments die Beibehaltung des Buchwertes auf Gesellschafterebene rechtfertigt.

---

[25] Vgl. *Mellwig* (Niedrigere Tageswerte, 2003), Rz. 81.
[26] Vgl. hierzu unter 3.3.3.
[27] Vgl. *IDW RS HFA 18*, Tz. 34.
[28] Vgl. *IDW RS HFA 18*, Tz. 35; *Graf Kanitz* (Bilanzierung, 2007), S. 65.
[29] Vgl. *IDW RS HFA 18*, Tz. 35.
[30] Vgl. *Hoffmann* (Bilanzierung, 1988), S. 15.

3.3. Gewinnvereinnahmung auf Seiten der an einem Private Equity-Fonds beteiligten Gesellschafter

3.3.1. Grundsätze der Gewinnvereinnahmung

Für die Gewinnvereinnahmung auf Seiten der an einer Personenhandelsgesellschaft beteiligten Gesellschafter gilt der Grundsatz, dass eine Gewinnrealisierung auf Ebene des Gesellschafters dann gegeben ist, wenn dem Gesellschafter „ein Anspruch zusteht, über den er individuell und losgelöst von seinem Gesellschaftsanteil verfügen kann.“[31] Bis zu diesem Zeitpunkt bleiben „Gewinne und Verluste der Personengesellschaft zunächst in der Vermögenssphäre der Gesellschaft eingeschlossen.“[32]

Zur Beurteilung der Frage, wann dieser Zeitpunkt erreicht ist, muss zunächst dahingehend differenziert werden, ob der Gesellschaftsvertrag eine von den gesetzlichen Vorschriften abweichende Regelung zur Gewinnverteilung enthält. Ohne eine solche abweichende Regelung entsteht der Anspruch bereits zum Abschlussstichtag der Personenhandelsgesellschaft, da der Gewinnanteil den Gesellschaftern ohne weiteren Gesellschafterbeschluss zusteht.[33]

Als Mindestvoraussetzung für eine Zuordnung von Gewinnanteilen und damit eines Beteiligungsertrages ist das Vorliegen eines aufgestellten Jahresabschlusses anzusehen.[34] Gerade bei Beteiligungen an Private Equity-Fonds erscheint es einsichtig, dass wesentliche ergebnisbeeinflussende Bewertungsentscheidungen, insbesondere Abschreibungen oder Wertaufholungen, erst im Rahmen der Aufstellung des Jahresabschlusses erfolgen, so dass eine Gewinnvereinnahmung auf der Basis von Zwischenabschlüssen, Gewinnmitteilungen oder Gewinnschätzungen ausscheidet.[35] Die Aufstellung des Jahresabschlusses der Personenhandelsgesellschaft stellt jedoch nur eine notwendige, nicht jedoch in allen Fällen auch hinreichende Bedingung für die Gewinnvereinnahmung auf Seiten der Gesellschafter dar. Nach einer engen Auffassung ist darüber hinaus die Feststellung des Jahresabschlusses der Personenhandelsgesellschaft vor Ablauf des Wertaufhellungszeitraums für den Jahresabschluss des Gesellschafters – oder zumindest die Möglichkeit, eine entsprechende Beschlussfassung herbeizuführen –[36] erforderlich, um eine Gewinnrealisierung vornehmen zu können.[37]

---

[31] *IDW RS HFA 18*, Tz. 13; wortgleich bereits: *IDW HFA 1/1991*, Abschn. 3.

[32] *Mellwig* (Gesellschafterbeiträge, 1992), S. 401.

[33] Vgl. *Herrmann* (Realisierung, 1991), S. 463 f.; *IDW RS HFA 18*, Tz. 14.

[34] Vgl. *Mellwig* (Beteiligungen, 1990), S. 1170; *IDW RS HFA 18*, Tz. 16; *WP-Handbuch 2006*, E Tz. 403; a.A. *Herrmann* (Realisierung, 1991), S. 469.

[35] Vgl. *WP-Handbuch 2006*, E Tz. 403.

[36] Zu den Voraussetzungen einer phasengleichen Gewinnvereinnahmung vgl. *BGH vom 12.1.1998* – II ZR 82/93, BGHZ 137, S. 378.

[37] Vgl. *Mellwig* (Beteiligungen, 1990), S. 1170; *Wrede* (Beteiligungen, 1990), S. 297; so wohl auch *Karrenbauer/Döring/Buchholz* (Rechnungslegung, 2002), § 253 HGB Rn. 33.

Dabei fallen die rechtliche Entstehung des Anspruchs auf den Gewinnanteil und die wirtschaftlich begründete Gewinnrealisierung womöglich auseinander. Während der Anspruch des Gesellschafters rechtlich erst mit der Feststellung des Jahresabschlusses entsteht, reicht für Zwecke der Bilanzierung das Vorliegen der Voraussetzungen für eine phasengleiche Gewinnvereinnahmung aus.[38]

Sofern IDW RS HFA 18 für den Fall einer gesetzlich vorgeschriebenen oder freiwilligen Prüfung des Abschlusses der Personenhandelsgesellschaft auf die „Beendigung der Prüfungshandlungen" als Voraussetzung für eine phasengleiche Gewinnvereinnahmung abstellt,[39] ist dieses Kriterium unscharf. Zwar erscheint es nachvollziehbar, dass im Fall einer Prüfung des Jahresabschlusses nicht lediglich auf die erfolgte Aufstellung Bezug genommen wird, da das Ergebnis der Prüfung einen Einfluss auf den Jahresabschluss haben kann. Konkreter wäre jedoch die Anknüpfung an den Zeitpunkt der Erteilung des Bestätigungsvermerks zu dem Jahresabschluss der Personenhandelsgesellschaft. Da die Erteilung des Bestätigungsvermerks erfolgen kann, nachdem die nach pflichtgemäßem Ermessen des Abschlussprüfers für die Beurteilung erforderliche Prüfung materiell abgeschlossen ist,[40] läge es nahe, die Erteilung des Bestätigungsvermerks als objektivierbares Datum heranzuziehen, ohne dass damit eine wesentliche Verschärfung der Voraussetzungen für die Gewinnrealisierung verbunden wäre.

Wenn der Gesellschaftsvertrag abweichend von den dispositiven gesetzlichen Vorschriften eigenständige Regelungen zur Gewinnverwendung enthält, bestimmen diese die Gewinnvereinnahmung auf Gesellschafterebene. Dies gilt insbesondere dann, wenn der Gesellschaftsvertrag einen Gewinnverwendungsbeschluss als Voraussetzung für die Gewinnverteilung oder die Dotierung von gesamthänderischen Rücklagen vorsieht.[41] Eine phasengleiche Gewinnvereinnahmung kommt unter der Voraussetzung eines Gewinnverwendungsbeschlusses nur dann in Betracht, wenn ein Gesellschafter aufgrund der ihm zustehenden Stimmrechte einen Gewinnverwendungsbeschluss herbeiführen kann. Dies wird bei der Beteiligung an einem Private Equity-Fonds mit einer meist größeren Zahl von Gesellschaftern nur im Ausnahmefall gegeben sein. Sofern durch gesellschaftsvertragliche Regelung oder Gesellschafterbeschluss aus dem Jahresüberschuss eine Rücklagendotierung erfolgt, schließt dies eine Gewinnvereinnahmung auf Gesellschafterebene aus, da der Gewinnanteil hierdurch der Verfügung durch den Gesellschafter entzogen wird.[42] Eine Gewinnrealisierung tritt hinsichtlich

[38] Vgl. *IDW RS HFA 18*, Tz. 13.
[39] Vgl. *IDW RS HFA 18*, Tz. 16.
[40] Vgl. *IDW PS 400*, Tz. 14.
[41] Vgl. *Herrmann* (Realisierung, 1991), S. 505; *IDW RS HFA 18*, Tz. 22.
[42] Vgl. *IDW RS HFA 18*, Tz. 21.

derartiger Rücklagen erst dann ein, wenn sie durch Beschlussfassung der Gesellschafter wieder in die Verfügungsgewalt der Gesellschafter gelangen.[43]

3.3.2. Behandlung von unterjährigen Liquiditätsausschüttungen im Zuflusszeitpunkt

Im Fall von unterjährigen Liquiditätsausschüttungen steht noch nicht fest, ob es sich um von dem Private Equity-Fonds erzielte Gewinne oder um Kapitalrückzahlungen handelt. Selbst wenn den Gesellschaftern des Private Equity-Fonds mitgeteilt wird, dass die Ausschüttung auf der erfolgten Veräußerung von Unternehmensanteilen beruht und somit in Höhe der Differenz zwischen erzieltem Veräußerungserlös und dem Buchwert ein Gewinn entstanden ist, kann vor Ende des Geschäftsjahres des Private Equity-Fonds nicht beurteilt werden, ob und in welcher Höhe ein Jahresüberschuss erzielt wird, der bei den Gesellschaftern zu einem Beteiligungsertrag führt. Bis dahin ist der zugeflossene Betrag erfolgsneutral zu erfassen.[44] Erst mit Vorliegen des Jahresabschlusses des Private Equity-Fonds[45] kann eine Qualifizierung dahingehend erfolgen, ob es sich aus Sicht des Gesellschafters um einen Beteiligungsertrag oder eine Kapitalrückzahlung handelt.

Die erfolgsneutrale Erfassung wird dadurch zu gewährleisten sein, dass der Zahlungsmittelzufluss durch eine sonstige Rückstellung zu neutralisieren ist. Eine unmittelbare Abstockung des Beteiligungsbuchwertes bereits im Zeitpunkt des Mittelzuflusses erscheint hingegen nicht sachgerecht: Sofern sich zum Zeitpunkt der Aufstellung des Jahresabschlusses herausstellt, dass es sich nicht um eine Kapitalrückzahlung, sondern um einen Beteiligungsertrag handelt, wären zunächst ein Abgang und nachfolgend ein Zugang zum Beteiligungsbuchwert zu zeigen, obwohl tatsächlich keine Veränderung des Beteiligungsbuchwertes vorgelegen hat.

Sofern die Gesellschafter lediglich eine Mitteilung über einen erzielten Veräußerungserlös erhalten und ihnen eine entsprechende Forderung gegen den Private Equity-Fonds eingeräumt wird, jedoch keine Zahlung erfolgt, ist ebenfalls eine Neutralisierung durch eine Rückstellung vorzunehmen. Das Entstehen der Forderung ist unabhängig davon, ob es sich um eine „gewinnrealisierende" oder „ergebnisneutrale" For-

---

[43] Vgl. *IDW RS HFA 18*, Tz. 23, wobei zu beachten ist, dass eine Gewinnrealisierung beim Gesellschafter nur dann vorzunehmen ist, wenn es sich um die Auflösung von durch Gewinne der Gesellschaft gespeiste Rücklagen handelt, die nach dem Eintritt des Gesellschafters in die Gesellschaft gebildet wurden.

[44] Vgl. *Graf Kanitz* (Bilanzierung, 2007), S. 64: „Bei Liquiditätsausschüttungen ist die Gewinnrealisierung auf Ebene des Gesellschafters lediglich aufgeschoben. Der gebildete Passivposten ist danach in dem Umfang erfolgswirksam auszubuchen, als zu späteren Zeitpunkten Gewinnansprüche des Gesellschafters entstehen, die aufgrund der erhaltenen Vorauszahlungen nicht mehr zur Auszahlung gelangen."

[45] Vgl. zu den Voraussetzungen im Einzelnen unter 3.3.1.

derung handelt; ein „vereinfachungsbedingter" Verzicht auf eine Einbuchung bis zum tatsächlichen Zahlungszeitpunkt bzw. bis zum Vorliegen des Abschlusses, aus dem hervorgeht, ob eine Kapitalrückzahlung oder ein Beteiligungsertrag vorliegt, kommt nicht in Betracht.

3.3.3. Qualifizierung von unterjährigen Liquiditätsausschüttungen nach Vorliegen des Jahresabschlusses des Private Equity-Fonds

Nach Vorliegen des Jahresabschlusses des Private Equity-Fonds sind auf Ebene der Gesellschafter die zugeflossenen Mittel dahingehend zu qualifizieren, ob es sich um Beteiligungserträge oder um Kapitalrückzahlungen handelt. Dabei kann es nicht auf die Deklaration als Kapitalrückzahlung oder Gewinnausschüttung ankommen. Nachdem regelmäßig der um die Vergütung für das Fondsmanagement verminderte Liquiditätszufluss von dem Private Equity-Fonds an die Gesellschafter weitergereicht wird, entfällt typischerweise ein Teil auf den tatsächlich erzielten Gewinn und der Rest auf das dem Private Equity-Fonds von den Gesellschaftern zur Verfügung gestellte Kapital.

Bei der Qualifizierung der bezogenen Liquiditätsausschüttungen auf der Grundlage des Jahresabschlusses des Private Equity-Fonds sind die folgenden Konstellationen zu unterscheiden:[46]

- Das Jahresergebnis des Private Equity-Fonds ist null oder negativ: Die unterjährigen Liquiditätszuflüsse mindern in vollem Umfang den bei den Gesellschaftern aktivierten Beteiligungsbuchwert. Die zum Zweck der Neutralisierung des Liquiditätszuflusses gebildete Rückstellung ist zu stornieren und in entsprechender Höhe der Beteiligungsbuchwert zu vermindern. Sofern der Beteiligungsbuchwert bereits auf null herabgesetzt ist, ist für darüber hinausgehende Kapitalrückzahlungen eine Rückzahlungsverpflichtung zu passivieren.[47] Dieser Fall kann insbesondere dann eintreten, wenn die Veräußerungserlöse auf Ebene des Private Equity-Fonds, die an die Gesellschafter weitergereicht werden, von nicht zahlungswirksamen Aufwendungen – etwa aufgrund von außerplanmäßigen Abschreibungen auf die von dem

[46] Nachfolgend wird unterstellt, dass im Gesellschaftsvertrag keine von der gesetzlichen Regelung abweichenden Vereinbarungen zur Gewinnverteilung getroffen wurden und somit der Gewinnanteil den Gesellschaftern ohne weitere Beschlussfassung der Gesellschafter unmittelbar zusteht.

[47] Vgl. *IDW RS HFA 18*, Tz. 30; *Graf Kanitz* (Bilanzierung, 2007), S. 64. Fragwürdig erscheint jedoch die in *IDW RS HFA 18*, Tz. 30 vorgeschlagene Postenbezeichnung „Erhaltene Vorschüsse auf künftig entstehende Erträge aus Personenhandelsgesellschaften". Tatsächlich handelt es sich zunächst um eine über das auf den Gesellschafter entfallende anteilige Kapital hinausgehende Entnahme, die unter sonst gleichen Umständen im Fall der Liquidation von dem Gesellschafter an den Private Equity-Fonds zurückzuführen wäre.

Private Equity-Fonds gehaltenen Unternehmensbeteiligungen – überkompensiert werden.

- Das Jahresergebnis des Private Equity-Fonds ist größer null, jedoch geringer als die unterjährigen Liquiditätszuflüsse: In Höhe des Jahresergebnisses liegt bei den Gesellschaftern ein Beteiligungsertrag vor; der übersteigende Betrag mindert den bei den Gesellschaftern aktivierten Beteiligungsbuchwert. Die unterjährig gebildete Rückstellung ist zu stornieren; in Höhe des Betrages, um den die Liquiditätsausschüttung das Jahresergebnis überstiegen hat, ist der Beteiligungsbuchwert zu vermindern.

- Das Jahresergebnis des Private Equity-Fonds entspricht den unterjährigen Liquiditätszuflüssen oder übersteigt diese (etwa durch andere Ergebnisbestandteile des Private Equity-Fonds, die nicht unterjährig ausgekehrt wurden): In Höhe des Jahresergebnisses liegt bei den Gesellschaftern ein Beteiligungsertrag vor. Die unterjährig gebildete Rückstellung ist in voller Höhe zu stornieren. Der bisher nicht zugeflossene Teil des Ergebnisses stellt eine Forderung der Gesellschafter gegen den Private Equity-Fonds dar.

- Darüber hinaus ist noch die Konstellation denkbar, dass Rücklagen aufgelöst und an die Gesellschafter ausgeschüttet werden. In diesem Fall ist danach zu differenzieren, ob die Rücklagen (nach Beteiligungserwerb) aus erzielten Gewinnen dotiert wurden, oder ob sie aus Zuzahlungen der Gesellschafter gebildet wurden. In dem Umfang, in dem es sich um eine Ausschüttung von Rücklagen handelt, die entweder bereits vor dem Zeitpunkt des Beteiligungserwerbs bestanden oder die aus Zuzahlungen der Gesellschafter resultieren, liegt eine Minderung der Anschaffungskosten der Beteiligung bei den Gesellschaftern vor.[48] Komplexer stellt sich die Situation dann dar, wenn die Rücklagen sich teilweise aus Gewinnen und teilweise aus Zuzahlungen zusammensetzen, die Rücklagen bei der Personenhandelsgesellschaft (zulässigerweise) nicht nach „Gewinn-“ und „Kapitalrücklagen“ unterschieden werden und keine Vollausschüttung der Rücklagen erfolgt. Hier wird davon auszugehen sein, dass bei fehlender Zweckbestimmung im Rahmen der Beschlussfassung über die Rücklagenauflösung zunächst ein Beteiligungsertrag vorliegt und lediglich ein darüber hinausgehender Betrag eine Kapitalrückzahlung darstellt.[49] Eine abweichende Beschlussfassung der Gesellschafter hinsichtlich des verwendeten Teils der Rücklage wird zu respektieren sein, da es bei einem getrennten Ausweis der Rücklagen ebenfalls im Ermessen der Gesellschafter stünde, welche Rücklage in welchem Umfang aufgelöst und an die Gesellschafter ausgeschüttet würde.

---

[48] Vgl. *IDW RS HFA 18*, Tz. 28.
[49] Vgl. *IDW RS HFA 18*, Tz. 27.

- Für den Fall, dass es sich bei den Liquiditätsausschüttungen um gesellschaftsrechtlich unzulässige Zahlungen handelt, ist eine Rückzahlungsverpflichtung zu passivieren.[50]

Die Aufteilung der Beträge hat sich dabei nach dem Jahresabschluss des Private Equity-Fonds zu richten. Für den Fall, dass der Gesellschafter zum Zeitpunkt der Aufstellung seines Jahresabschlusses bereits Ausschüttungen von dem Private Equity-Fonds bezogen hat, mangels eines vorliegenden Jahresabschlusses des Private Equity-Fonds jedoch nicht beurteilen kann, ob es sich um Beteiligungserträge oder Kapitalrückzahlungen handelt, werden die erhaltenen Zahlungen zu passivieren sein. Die Tatsache, dass bereits vorab Ausschüttungen vorgenommen wurden, ändert nichts an den Grundsätzen der Gewinnrealisierung von Beteiligungserträgen.

Nicht sachgerecht wäre es in diesem Fall jedoch, bei fehlender Kenntnis über das Jahresergebnis des Private Equity-Fonds die bezogene Ausschüttung als Kapitalrückzahlung mit der Folge einer Herabsetzung des Buchwertes zu behandeln. Stellte sich im Folgejahr heraus, dass es sich tatsächlich nicht um eine Kapitalrückzahlung, sondern um einen Beteiligungsertrag gehandelt hat, wäre der Beteiligungsbuchwert wiederum zu erhöhen. Eine derartige Volatilität des Beteiligungsbuchwertes spiegelt die Vermögenslage in der Bilanz des Gesellschafters jedoch nicht angemessen wider, so dass die erforderliche Neutralisierung durch eine Passivierung der erhaltenen Zahlungen bis zum Vorliegen eines Jahresabschlusses des Private Equity-Fonds zutreffender zum Ausdruck gebracht werden kann.

Die hier dargestellten Grundsätze zur Beurteilung von Zahlungsflüssen von dem Private Equity-Fonds zum Gesellschafter finden selbstredend nur Anwendung, wenn es sich um gesellschaftsrechtlich veranlasste Zahlungen handelt. Wenn auf schuldrechtlicher Basis weitere Beziehungen zwischen Gesellschaft und Gesellschafter bestehen (Darlehensverträge, Beraterverträge etc.), sind diese nach den für den jeweiligen Vertragstypus maßgeblichen Bilanzierungsgrundsätzen zu erfassen.

3.3.4. Gewinnthesaurierung und Beteiligungsbewertung

Als typische Ausprägung von Private Equity-Fonds kann die unter 3.3.3 beschriebene Konstellation angesehen werden, wonach Liquiditätszuflüsse unmittelbar den Gesellschaftern zur Verfügung gestellt werden, so dass die Thesaurierung von Gewinnen eher die Ausnahme darstellen wird. Denkbar ist dies jedoch in dem Fall, in dem die einem Gesellschafter ansonsten zufließende Liquidität zur Erfüllung einer noch bestehenden Verpflichtung zur Erbringung einer Einlage verwendet wird. Zur Beantwortung der Frage, unter welchen Umständen sich die Anschaffungskosten der Beteili-

[50] Vgl. *IDW RS HFA 18*, Tz. 29.

gung eines an einer Personenhandelsgesellschaft beteiligten Gesellschafters erhöhen, ist zunächst wiederum danach zu unterscheiden, ob die Gewinnverteilung der (dispositiven) gesetzlichen Regelung folgt oder abweichende Vereinbarungen im Gesellschaftsvertrag getroffen wurden.

Ist die gesetzliche Regelung des § 167 Abs. 2 HGB nicht abbedungen, wird die Einlageverpflichtung durch die Gewinnthesaurierung abgetragen.[51] Das Entstehen des Beteiligungsertrags auf Seiten des Gesellschafters zieht sogleich eine Erhöhung des Buchwertes der ausgewiesenen Beteiligung/Anteile an verbundenen Unternehmen nach sich.[52] Sobald ein Beteiligungsertrag entstanden ist, liegt eine Vermögensmehrung auf Seiten des Gesellschafters vor, die dann zur Erbringung der Einlageverpflichtung verwendet werden kann. Dass der Gewinnanteil nicht zunächst ausgezahlt und nachfolgend wiederum von dem Gesellschafter eingezahlt wird, kann für die bilanzielle Beurteilung (selbstverständlich) keinen Unterschied machen.

Dies gilt im Übrigen auch dann, wenn die Thesaurierung mangels anderweitiger gesellschaftsvertraglicher Regelung durch § 169 Abs. 1 HGB erzwungen wird.[53] Die gesetzliche Verpflichtung zur Thesaurierung von Gewinnen, wenn der Kapitalanteil durch Verlust unter den auf die bedungene Einlage geleisteten Betrag herabgemindert ist, könnte die Vermutung nahe legen, dass das Kapitalkonto des Gesellschafters durch Gewinngutschriften zunächst wieder auf den alten Stand gebracht werden müsste, bevor eine Aktivierung aufgrund nachfolgend erzielter Gewinne in Betracht käme. Dies hieße jedoch den Unterschied zwischen werterhöhender Einlage und der Prüfung eines Abschreibungserfordernisses zu verkennen.[54] Wenn jedoch aufgrund der Ertragsaussichten nicht nur der Buchwert *vor* Erhöhung durch Thesaurierung, sondern auch der sich *nach* Thesaurierung ergebende höhere Buchwert durch erwartete Erträge zu rechtfertigen ist, besteht kein Anlass, den werterhöhenden Beitrag auf die Beteiligung in Zweifel zu ziehen.

Werden hingegen durch gesellschaftsvertragliche Regelungen oder durch fallweise Gesellschaftervereinbarungen Gewinnanteile den gesamthänderisch gebundenen Rücklagen zugewiesen, fehlt es an einer personellen Zuordnung zum Gesellschafter

---

[51] *Mellwig* (Beteiligungen, 1990), S. 1166: „Kriterium der Leistungsbefreiung des Gesellschafters"; *ders.* (Gesellschafterbeiträge, 1992), S. 407; ähnlich wohl *IDW RS HFA 18*, Tz. 19, wobei hier die Notwendigkeit einer entsprechenden Gesellschaftervereinbarung gesehen wird.

[52] Vgl. *Karrenbauer/Döring/Buchholz* (Rechnungslegung, 2002), § 253 HGB Rn. 33.

[53] Vgl. *Herrmann* (Realisierung, 1991), S. 463; *Mellwig* (Gesellschafterbeiträge, 1992), S. 407: „Auch ein Zwangsbeitrag ist ein Beitrag und entpflichtet den Gesellschafter, wenn eine Verminderung der zuvor noch offenen Einlage eintritt." A.A. *IDW RS HFA 18*, Tz. 20, da der Gewinnanteil im Entstehungszeitpunkt aufgrund gesetzlicher Vorschriften der individuellen Verfügungsgewalt entzogen ist.

[54] Vgl. *Mellwig* (Gesellschafterbeiträge, 1992), S. 411 m.w.N.; *Karrenbauer/Döring/Buchholz* (Rechnungslegung, 2002), § 253 HGB Rn. 30; a.A. *Adler/Düring/Schmaltz* (Rechnungslegung, 1995), § 253 HGB Tz. 45.

als Voraussetzung für die Gewinnrealisierung auf Gesellschafterebene und demzufolge auch an der Möglichkeit einer Erhöhung des Beteiligungsbuchwertes.[55] Eine Erfüllung von Einlageverpflichtungen mit der Konsequenz der Realisierung eines Beteiligungsertrags und der Erhöhung des Beteiligungsbuchwertes ist unter diesen Umständen erst dann möglich, wenn dem Gesellschafter ein individuelles Verfügungsrecht über bis dahin gesamthänderisch gebundene Rücklagen eingeräumt wird.[56] Dies bedeutet indes keine Besonderheit, sondern entspricht den unter 3.3.1 dargestellten Grundlagen zur Gewinnrealisierung im Fall der Auflösung von durch Gewinne dotierten Rücklagen.

3.3.5. Sonderfragen der Gewinnvereinnahmung bei Beteiligungen an ausländischen Private Equity-Fonds

Bei der Beteiligung an einem ausländischen Private Equity-Fonds, dessen Rechnungslegung sich nach den in dem Sitzstaat geltenden Vorschriften richtet, könnte fraglich sein, ob damit Besonderheiten bei der Gewinnvereinnahmung durch die Gesellschafter verbunden sind. Dies gilt in besonderer Weise, wenn das von dem Private Equity-Fonds ausgewiesene Ergebnis von Bestandteilen geprägt ist, die unter Anwendung der deutschen handelsrechtlichen Vorschriften noch zu keinem Gewinnausweis geführt hätten. Für die Frage der Gewinnvereinnahmung auf Gesellschafterebene müssen jedoch die gleichen Grundsätze zugrunde gelegt werden, wie bei der Beteiligung an einer deutschen Personenhandelsgesellschaft: Sofern der Gewinn dem Gesellschafter unentziehbar zugewachsen ist, kommt es zu einer Gewinnrealisierung auf Gesellschafterebene. Diese „Unentziehbarkeit" ist auf der Grundlage der gesetzlichen Vorschriften des Sitzstaates und/oder der gesellschaftsvertraglichen Regelungen zu prüfen.

Unerheblich ist hingegen, ob ein deutschen Rechnungslegungsvorschriften unterliegender Private Equity-Fonds seinen Jahresabschluss als Einzelabschluss nach § 325 Abs. 2a HGB offen legt. Die Aufstellung eines solchen (zusätzlichen) Einzelabschlusses nach den in § 315a Abs. 1 HGB bezeichneten internationalen Rechnungslegungsstandards auf freiwilliger Basis hat keine Bedeutung als Ausschüttungsbemessungsgrundlage, so dass das so ermittelte Ergebnis irrelevant für die Gewinnvereinnahmung auf Gesellschafterebene ist. Alleiniger Maßstab ist der nach deutschen handelsrechtlichen Vorschriften ermittelte Gewinn des Private Equity-Fonds.

---

[55] Vgl. *Mellwig* (Beteiligungen, 1990), S. 1167; *ders.* (Gesellschafterbeiträge, 1992), S. 408 f.; *Breuer* (Beteiligungen, 1994), S. 85-89; *Karrenbauer/Döring/Buchholz* (Rechnungslegung, 2002), § 253 HGB Rn. 30, 34; *IDW RS HFA 18*, Tz. 25.

[56] Vgl. *Herrmann* (Realisierung, 1991), S. 506; *Adler/Düring/Schmaltz* (Rechnungslegung, 1995), § 253 HGB Tz. 47; *IDW RS HFA 18*, Tz. 25, weniger klar *IDW HFA 1/1991*, Abschn. 3.

3.4. Bilanzierung von Anteilsabgängen

Neben den Beteiligungsabgängen, die sich in der Folge von Liquiditätsausschüttungen ergeben können,[57] sind grundsätzlich auch andere Formen von Kapitalrückzahlungen denkbar – wenn auch bei Private Equity-Fonds nicht unbedingt häufig anzutreffen –, die den Buchwert der Anteile an Private Equity-Fonds beeinflussen.

Diese Rückzahlungen gehen mit einer erfolgsneutralen Verminderung des Beteiligungsansatzes einher, der als Abgang zu erfassen ist.[58] Ebenso wie die zusätzlichen Einlagen der Kommanditisten zu einer Erhöhung des Buchwertes der Beteiligung führen (die freilich an jedem Abschlussstichtag daraufhin zu überprüfen ist, ob nicht eine vorübergehende oder eine dauerhafte Wertminderung eingetreten ist, die eine außerplanmäßige Abschreibung zulässt bzw. erzwingt), führen die Kapitalrückzahlungen zu einer Verminderung des Beteiligungsbuchwertes. Aufgrund der klaren systematischen Trennung von Wertminderungen aufgrund eines niedrigeren beizulegenden Wertes als Voraussetzung für eine außerplanmäßige Abschreibung und von erfolgsneutralen, durch Kapitalrückzahlungen verursachten Minderungen des Beteiligungsbuchwertes ist es bei Kapitalrückzahlungen nicht ausschlaggebend, ob damit tatsächlich eine Wertminderung der Beteiligung eingetreten ist.[59]

Unter der vereinfachenden Annahme, dass ein Private Equity-Fonds über keine anderen nennenswerten Vermögensgegenstände als die erworbenen Unternehmensbeteiligungen verfügt, wird mit der Veräußerung der letzten Beteiligung auch das letzte von dem Beteiligten zur Verfügung gestellte Kapital zurückgeführt, so dass der Beteiligungsbuchwert zu diesem Zeitpunkt vollständig „abgestockt“ ist.

4. Zusammenfassung

Fragen der Bilanzierung von Anteilen an Personenhandelsgesellschaften waren im Zeitablauf immer wieder Gegenstand kontroverser Auffassungen in Literatur und Praxis. Dies ist nicht zuletzt darauf zurückzuführen, dass die gesellschaftsrechtlichen Grundlagen insbesondere in Hinblick auf die Erfassung von Gewinnen und Verlusten im Jahresabschluss der Gesellschafter nicht hinreichend konsequent beachtet wurden. Dabei mag es auch eine Rolle gespielt haben, dass in der Praxis eine Präferenz für Lösungsansätze anzutreffen ist, die einen Gleichlauf von handelsrechtlicher und steuerlicher Gewinnermittlung ermöglicht, selbst wenn dies aufgrund der unterschiedlichen Qualifikation von Anteilen an Personenhandelsgesellschaften in Handels- und Steuerrecht offensichtliche Probleme verursacht.

---

[57] Vgl. hierzu unter 3.3.2 und 3.3.3.

[58] Vgl. *IDW RS HFA 18*, Tz. 26 f.; *Graf Kanitz* (Bilanzierung, 2007), S. 61.

[59] Vgl. *Graf Kanitz* (Bilanzierung, 2007), S. 61.

Mellwig hat durch die konsequente Bezugnahme auf das Gesellschaftsrecht Grundlagen dafür gelegt, dass die Grundsätze der Bilanzierung von Anteilen an Personenhandelsgesellschaften heute als gefestigt betrachtet werden können. Die Tragfähigkeit der Thesen zur Abbildung von Beteiligungen an Personenhandelsgesellschaften im Jahresabschluss der Gesellschafter zeigt sich auch und gerade bei der Anwendung auf Beteiligungen an Private Equity-Fonds. Selbst wenn Fragestellungen wie Liquiditätsausschüttungen oder der sukzessive Abbau des Beteiligungsbestands eines Private Equity-Fonds zunächst neuartig erscheinen, erweisen sich auch hier die allgemeinen Grundsätze als geeigneter Beurteilungsmaßstab.

Literaturverzeichnis

Adler, Hans/Düring, Walter/Schmaltz, Kurt (Rechnungslegung, 1995):
Rechnungslegung und Prüfung der Unternehmen, bearb. von Karl-Heinz Forster et al., Teilband 1, 6. Aufl., Stuttgart 1995.

Breuer, Claudia (Beteiligungen, 1994):
Beteiligungen an Personengesellschaften in der Handelsbilanz, Düsseldorf 1994.

Ellrott, Helmut/Brendt, Peter (Bilanz-Kommentar, 2006):
Kommentierung zu § 255 HGB, in: Beck'scher Bilanz-Kommentar, hrsg. von Helmut Ellrott et al., 6. Aufl., München 2006.

Graf Kanitz, Friedrich (Bilanzierung, 2007):
Bilanzierung von Anteilen an Personenhandelsgesellschaften, WPg 2007, S. 57-69.

Hebeler, Christian (Verlustanteile, 1998):
Verlustanteile aus der Beteiligung an Personengesellschaften in den Bilanzen einer Kapitalgesellschaft, BB 1998, S. 206-210.

Herrmann, Horst (Realisierung, 1991):
Die Realisierung von Gewinnanteilen und die Berücksichtigung von Verlusten bei Kapitalgesellschaften aus Anteilen an Personenhandelsgesellschaften, WPg 1991, S. 461-469, S. 505-508.

HFA des IDW (IDW ERS HFA 18):
Bilanzierung von Anteilen an Personenhandelsgesellschaften (IDW ERS HFA 18, Stand: 18.10.2005), WPg 2005, S. 1228-1232.

HFA des IDW (IDW HFA 3/1976):
Stellungnahme HFA 3/1976: Zur Bilanzierung von Beteiligungen an Personenhandelsgesellschaften nach aktienrechtlichen Grundsätzen, WPg 1976, S. 591-594.

HFA des IDW (IDW HFA 1/1991):
Stellungnahme HFA 1/1991: Zur Bilanzierung von Anteilen an Personenhandelsgesellschaften im Jahresabschluss der Kapitalgesellschaft, WPg 1991, S. 334 f.

HFA des IDW (IDW PS 400):
Grundsätze für die ordnungsmäßige Erteilung von Bestätigungsvermerken bei Abschlussprüfungen (IDW PS 400, Stand: 28.10.2005), WPg 2005, S. 1382-1402.

HFA des IDW (IDW RS HFA 10):
Anwendung der Grundsätze des IDW S 1 bei der Bewertung von Beteiligungen und sonstigen Unternehmensanteilen für die Zwecke eines handelsrechtlichen Jahresabschlusses, WPg 2005, S. 1322 f.

HFA des IDW (IDW RS HFA 18):
Bilanzierung von Anteilen an Personenhandelsgesellschaften (IDW RS HFA 18, Stand: 6.9.2006), WPg 2006, S. 1302-1306.

Hoffmann, Wolf-Dieter (Bilanzierung, 1988):
Die Bilanzierung von Beteiligungen an Personenhandelsgesellschaften, BB 1988, Beilage 2, S. 1-24.

Hoyos, Martin/Gutike, Hans-Jochen (Bilanz-Kommentar, 2006):
Kommentierung zu § 253 HGB, in: Beck'scher Bilanz-Kommentar, hrsg. von Helmut Ellrott et al., 6. Aufl., München 2006.

Karrenbauer, Michael/Döring, Ulrich/Buchholz, Rainer (Rechnungslegung, 2002):
Kommentierung zu § 253 HGB, in: Handbuch der Rechnungslegung, hrsg. von Karlheinz Küting und Claus-Peter Weber, 5. Aufl., Stuttgart 2002 ff.

Mellwig, Winfried (Sondervergütungen, 1978):
Zur steuerlichen Behandlung von Sondervergütungen i.S. § 15 Abs. 1 Nr. 2 EStG an inländische Gewerbebetriebe, DB 1978, S. 1047-1052 und S. 1099-1101.

Mellwig, Winfried (Rechnungslegungszwecke, 1979):
Rechnungslegungszwecke und Kapitalkonten bei Personengesellschaften, BB 1979, S. 1409-1418.

Mellwig, Winfried (Vermögensverwaltung, 1985):
Vermögensverwaltung: Bewährungsprobe für das neue Steuerrecht der Personengesellschaft, DB 1985, S. 2066-2072 und S. 2120-2123.

Mellwig, Winfried (Beteiligungen, 1990):
Beteiligungen an Personengesellschaften in der Handelsbilanz, BB 1990, S. 1162-1172.

Mellwig, Winfried (Gesellschafterbeiträge, 1992):
Gesellschafterbeiträge und Bewertung von Beteiligungen an Personenhandelsgesellschaften in der Handelsbilanz der Kapitalgesellschaft, in: Rechnungslegung, Entwicklungen bei der Bilanzierung und Prüfung von Kapitalgesellschaften, FS für Karl-Heinz Forster, hrsg. von Adolf Moxter et al., Düsseldorf 1992, S. 399-413.

Mellwig, Winfried (Niedrigere Tageswerte, 2003):
Niedrigere Tageswerte, in: Beck'sches Handbuch der Rechnungslegung, hrsg. von Edgar Castan et al., München 1987 ff., B 164.

Reiß, Wolfram (Bilanzierung, 1998):
Bilanzierung von Beteiligungen an Personengesellschaften, DStR 1998, S. 1887-1890.

Scheffler, Eberhard (Finanzanlagen, 1993):
Finanzanlagen, in: Beck'sches Handbuch der Rechnungslegung, hrsg. von Edgar Castan et al., München 1987 ff., B 213.

Schulze-Osterloh, Joachim (Beteiligungen, 1979):
Beteiligungen an Personengesellschaften unter Berücksichtigung der Besonderheiten von Publikums-Kommanditgesellschaften, WPg 1979, S. 629-641.

WP-Handbuch (WP-Handbuch 2006):
Wirtschaftsprüfung, Rechnungslegung, Beratung, Bd. I, bearb. von Gerd Geib et al., 13. Aufl., Düsseldorf 2006.

Wrede, Friedrich (Beteiligungen, 1990):
Beteiligungen an Personenhandelsgesellschaften in der Handelsbilanz und der Steuerbilanz, FR 1990, S. 293-302.

Die Betriebswirtschaftliche Steuerlehre aus der Sicht eines Steuerrechtlers

von Dr. Arndt Raupach

Rechtsanwalt, Fachanwalt für Steuerrecht,

Honorarprofessor für Steuerrecht an der Ludwig-Maximilians-Universität München,

of Counsel von McDermott Will & Emery Rechtsanwälte Steuerberater LLP München

Inhalt

1. Vorwort

Der Verfasser war in den Jahren 1993 bis 2001 Lehrbeauftragter am Fachbereich Wirtschaftswissenschaften der Johann Wolfgang Goethe-Universität Frankfurt am Main. Er hat Vorlesungen und Kolloquien am Lehrstuhl des Jubilars gehalten, und zwar in den letzten Jahren seines Auftrags speziell über Betriebswirtschaftliche Steuerlehre. Dies ist Anlass, dem Jubilar dafür zu danken, dass er einem Steuerrechtler dies *zu*traute und ihm dieses betriebswirtschaftliche Fachgebiet *an*vertraute und damit einen „Brückenschlag" zwischen Steuerrecht und Betriebswirtschaftlicher Steuerlehre wagte, der bis heute nicht selbstverständlich ist.[1] Dieser multidisziplinäre Ansatz ist zugleich Anlass, in der Festschrift für den Jubilar der Frage nach dem Verhältnis von Betriebswirtschaftlicher Steuerlehre und Steuerrechtswissenschaft nachzugehen. Ich sehe dafür drei Ausgangsfragen:

1. Welchen Beitrag hat die Rechtswissenschaft zum Entstehen der Betriebswirtschaftlichen Steuerlehre geleistet (s.u. 2.)?

2. Was kann und sollte der Steuerrechtler zur Ausbildung auf dem Gebiet der Betriebswirtschaftlichen Steuerlehre beitragen (s.u. 3.)?

3. Welche Forderungen an das Verhältnis der beiden Steuerwissenschaften (Betriebswirtschaftliche Steuerlehre und Steuerrechtswissenschaft) ergeben sich heute aus der Globalisierung der Wirtschaft sowie aus der Internationalisierung und Komplizierung des Steuerrechts (s.u. 4.)?

Damit wird zugleich mein Lehrprogramm umschrieben: Von der Entstehung der Betriebswirtschaftlichen Steuerlehre, über eine Einführung in deren Hauptgegenstände bis hin zur Darstellung des Steuerrechts und seiner Anwendungsprobleme im Zeitalter der Globalisierung.

2. Beitrag der Rechtswissenschaft zur Entstehung der Betriebswirtschaftlichen Steuerlehre

2.1. Die Geburtsstunde der Betriebswirtschaftlichen Steuerlehre

Es gibt kaum ein Fachgebiet, für das sich die Entstehung auf einen bestimmten Zeitpunkt festlegen lässt. Bei der Betriebswirtschaftlichen Steuerlehre ist dies aber durchaus der Fall: Am 10. November 1919 veröffentlichte die Frankfurter Zeitung ein

[1] Vgl. dazu *Rill*, Die Stellung des Steuerrechts in Forschung und Lehre, in: Gassner/Lang, Besteuerung und Bilanzierung international tätiger Unternehmen – 30 Jahre Steuerrecht an der Wirtschaftsuniversität Wien, 1989, S. 65, 70.

Schreiben, das „Herr *Privatdozent Dr. F. Findeisen*“ eingesandt hatte und das mit der Überschrift „Der Steueranwalt“ versehen wurde.[2]

Das „Eingesandt“ endete mit der Aufforderung, die Hochschulen müssten die Möglichkeit dafür bieten, dass Steuersachverständige die nötige Ausbildung erhalten. Er schlägt vor, dafür eine „einfache Diplomprüfung“ zu schaffen.

Das Zitat macht deutlich, warum das „Eingesandt“ von *Findeisen* und der wenig später erschienene Aufsatz aus seiner Feder mit dem Titel „Eine Privatwirtschaftslehre der Steuern“ in der Zeitschrift für Handelswissenschaft und Handelspraxis[3] seinen Ruf als „Wegbereiter“[4] oder „Pionier“[5] der Betriebswirtschaftlichen Steuerlehre begründeten. Im Wintersemester 1919/1920 eröffnete *Findeisen* an der Universität Frankfurt am Main Vorlesungen über Steuerfragen aus betriebswirtschaftlicher Sicht.[6] Seine wenig später in Berlin 1923 erschienene Schrift „Unternehmung und Steuerbetriebslehre“ hat als „Pionierarbeit“ für die Betriebswirtschaftliche Steuerlehre Anerkennung gefunden.[7]

2.2. Die steuerliche Enthaltsamkeit der Juristen und ihre Folgen

Der Beitrag „Der Steueranwalt“ beginnt mit folgenden Sätzen:

> „Die Steuer-Deklaration bzw. -Reklamation ist für manchen Kaufmann, ganz besonders aber für die kleineren Gewerbetreibenden heute eine Quelle großer Sorgen. Sie wissen nicht, wo sie sich Rat und Auskunft holen sollen. Der Rechtsanwalt versagt oft, da er zwar das Steuergesetz kennt, aber für den privatwirtschaftlichen Betrieb der Steuerzahler nicht immer Verständnis besitzt.“

Schon in diesen einleitenden Sätzen wird deutlich, weswegen *Findeisen* die Schaffung eines neuen Berufszweiges des steuersachverständigen Beraters, den er „Steueranwalt“ nennt, für nötig hält. Der Grund ist, dass die Juristen sich dieser Aufgabe entzogen hatten. Das wiederum hat seine Ursache zum einen darin, dass die Rechtswissenschaft das Steuerrecht in Forschung und Lehre vernachlässigte, zum anderen aber auch darin,

---

2 *Findeisen*, Der Steueranwalt, Frankfurter Zeitung, Abendblatt, 64. Jg., Nr. 843 v. 10.11.1919, abgedruckt in StbJb 1969/70, S. 67.

3 *Findeisen*, Eine Privatwirtschaftslehre der Steuern, Zeitschrift für Handelswissenschaft und Handelspraxis, 1919/1920, Heft 8, S. 163/164, abgedruckt in StbJb 1969/70, S. 68-70.

4 *Hasenack*, Franz Findeisen 60 Jahre alt – Ein Wegbereiter der betriebswirtschaftlichen Steuerlehre, BFuP, 1952, S. 527.

5 *Hasenack*, Prof. Dr. Franz Findeisen, der Pionier der betriebswirtschaftlichen Steuerlehre †, BFuP, 1962, S. 454.

6 Vgl. *Pausch*, Persönlichkeiten der Steuerkultur, Franz Findeisen, Herne/Berlin, 1992, S. 70, 71.

7 *Sandig*, Prof. Dr. Franz Findeisen †, Zeitschrift für handelswissenschaftliche Forschung, NF 14, 1962, S. 591.

dass das Steuerrecht Schwierigkeiten aufweist, die eine Einarbeitung nach dem Grundsatz „learning by doing" ausschließt; fast fünfzig Jahre nach der Veröffentlichung von *Findeisen* schrieb *Tipke* noch 1967 über die Situation des Steuerrechts[8]:

> „Wäre das Steuerrecht ein Spezialstoff, den sich der Jurist aufgrund der genossenen Vorbildung in der Praxis ohne weiteres aneignen könnte, so wäre gänzlich unverständlich, warum so wenig Rechtsanwälte ihren Broterwerb auch in diesem Rechtsgebiet suchen, zumal es sich herumgesprochen haben sollte, dass sich Zeit und Mühe hier reichlich lohnen. M.E. ist einer der Hauptgründe, die den Juristen – wie ihn unsere Universitäts- und Referendarausbildung hervorbringt – abschrecken, die fehlende Ausbildung im Buchführungs- und Bilanzwesen."

Der „Beitrag" der Juristen zur Schaffung der späteren Betriebswirtschaftlichen Steuerlehre, die *Findeisen* noch „in der Nomenklatur immer eigenwillig"[9] steuerliche Betriebswirtschaftslehre nannte, bestand also darin, durch Ausklammerung des Steuerrechts und der Steuerrechtsberatung ein Vakuum geschaffen zu haben, das einen Steuersachverständigen nötig machte, der seine wissenschaftliche Ausbildung außerhalb der Rechtswissenschaften zu suchen hatte. Dabei war die Bemerkung von *Findeisen*, der Rechtsanwalt kenne zwar das Steuergesetz, besitze aber für den privatwirtschaftlichen Betrieb der Steuerzahler nicht immer Verständnis, für die Juristen noch einigermaßen schmeichelhaft. Denn wie *Tipke* in einem Beitrag noch 1967[10] gezeigt hat, räumte die Rechtswissenschaft dem Steuerrecht jahrzehntelang keinen oder nur geringen Raum ein. Sicher ist darüber hinaus die Vermutung von *Tipke* richtig, dass die mangelnden Bilanzkenntnisse des Juristen die Ursache dafür bildeten, wenn nicht gar eine allgemeine Zahlenscheu der Juristen, die freilich mit dem Satz „judex non calculat" eine falsche Deutung erhält.[11]

[8] *Tipke*, Die Situation des Steuerrechts als rechtswissenschaftliche Disziplin, NJW, 1967, S. 1885, 1888.

[9] So *Hasenack*, a.a.O. (s. Fn. 5), S. 456.

[10] Vgl. *Tipke*, a.a.O. (s. Fn. 8), S. 1885, insbes. S. 1886 f.

[11] Der aus dem Römischen Recht stammende Satz „judex non calculat" besagt nicht, dass der Jurist nicht rechnen könne, sondern dass reine Rechenarbeit im Urteil nicht in Rechtskraft erwächst (o. heute § 319 ZPO); vgl. *Liebs*, Lateinische Rechtsregeln und Rechtssprichwörter, 3. Aufl. 1983.

Hommelhoff hat schon 1988 in einem Vortrag in München zum Thema „Freiheit für die Rechtsberatung – ein Plädoyer für kombinierte Beratung in der Wirtschaft“[12] ausgeführt:

> „Wirtschaft ohne Betriebswirtschaft ist undenkbar. Für den Rechtsberater in der Wirtschaft ist das ein Gemeinplatz, eine wahre Selbstverständlichkeit, die nur deshalb immer aufs Neue wiederholt werden muss, weil manche Juristen das nicht mit der gebotenen Schärfe sehen: Universitätslehrer und Studenten, Richter und auch viele Rechtsanwälte beruhigen sich mit dem Althergebrachten judex non calcuat und verweigern damit nicht bloß das Rechnen, sondern ganz allgemein den Blick auf das Nachbarfeld der Betriebswirtschaft.“

Diese Enthaltung der Rechtsanwaltschaft von der praktischen Steuerrechtsberatung führte im Laufe der Zeit zu einer Entwicklung, die ihr auch über das Steuerrecht hinaus solche Beratungsgebiete aus der Hand nahm, die wie die Rechtsformwahl und die Unternehmensnachfolge eigentlich zum Kernbereich anwaltschaftlicher Beratung gehören sollten. Kein Wunder, dass auf der anderen Seite Steuerberater zunehmend im Bereich der Vertragsberatung und Testamentsgestaltung tätig wurden.

Zutt bemerkt in seinem Beitrag „Unmodernes, Modernes, Postmodernes – Notizen zur deutschen Advokatur“:

> „Vor allem aber das Unvermögen, sich mit steuerlichen und bilanziellen Problemen kompetent auseinanderzusetzen, führt dazu, dass die Unternehmen – zumal die kleineren und mittleren Unternehmen und Unternehmer – sich mehr und mehr auch bei Rechtsfragen in die Obhut ihrer Steuerberater und Wirtschaftsprüfer begaben.“[13]

Wie hat sich nun die Anwaltschaft in dieser Situation verhalten? Sie hat sich durch Bekämpfung des ‚Rechtsberatungsmissbrauchs' zu wehren versucht. *Zutt* bemerkt dazu mit Recht:

> „Es gehört nicht zu den glänzenden Kapiteln unseres Berufsstandes, dass die Anwaltschaft über Jahre und Jahrzehnte hinweg glaubte, dieser Entwicklung mit

---

[12] Zitiert nach *Raupach*, Die Anwaltschaft auf dem Weg vom „Organ der Rechtspflege“ zum „Anwalt 2000“, in: Crezelius/Raupach/Schmidt/Ülner (Hrsg.), Steuerrecht und Gesellschaftsrecht als Gestaltungsaufgabe, Freundesgabe für Franz Josef Haas, Herne/Berlin, 1996, S. 253, 265.

[13] *Zutt*, Unmodernes, Modernes, Postmodernes – Notizen zur deutschen Advokatur, in: FS für Heinz Rohwedder 1994, S. 607. Das manager-magazin, 1989, Heft 2, S. 74 spricht sogar vom Standesdünkel, der in den 20er Jahren Wirtschafts- und Steuerberatung als „Buchhalterkram“ abgetan hatte.

berufsrechtlichen Maßnahmen (Rechtsberatungsmissbrauch) entgegentreten zu sollen und zu können."[14]

2.3. Die Bedeutung der Erzbergischen Steuerreform 1919/1920

Verheerend war das von *Findeisen* aufgedeckte Vakuum vor allem wegen der Finanznot nach dem Ersten Weltkrieg von 1914 bis 1918, die den Staat als Steuerstaat[15] zwang, „die gewaltige Ebbe in den Steuerkassen des Reiches möglichst rasch" zu beseitigen.[16] Die Folgen waren

> „eine Vermehrung der Steuerarten, eine sprunghafte Erhöhung der Steuersätze, eine Verschärfung des Besteuerungsverfahrens sowie die Einführung des Quellenabzugs bei der Lohn- und Kapitalertragsteuer"..., „womit ganz erhebliche Mehrbelastungen der Betriebe verbunden waren".[17]

Das Gewicht der ersten Veröffentlichungen von *Findeisen* wird klar, wenn man sich das Ausmaß der steuerrechtlichen Umgestaltung der Jahre 1919/1920 vergegenwärtigt: Die „Erzbergische Steuerreform" führte allein im September 1919 zur Verkündung von acht Einzelsteuergesetzen und in der Zeit vom Dezember 1919, also kurz nach der Veröffentlichung von *Findeisen*, bis 30. März 1920 zu nochmals weiteren acht Einzelsteuergesetzen.[18] Dazu gehört auch die Reichsabgabenordnung mit 463 Paragraphen, die *Enno Becker* in einem „geistigen Kraftakt"[19] in einem halben Jahr, nämlich von Mitte November 1918 bis Mai 1919 fertig stellte. *Alfons Pausch* nennt diese Reichsabgabenordnung noch 1992 die „bisher größte Kodifikation der deutschen Steuergeschichte".[20]

Aber nicht nur im Bereich der Gesetzgebung gab es tiefgreifende Einschnitte. Vielmehr gelang es *Erzberger* auch, verfassungsrechtlich gegen den Widerstand der Länder eine reichseigene Steuerverwaltung durchzusetzen.[21] Es entsprach darüber hinaus „*Beckers* Leitidee des Interessensausgleichs zwischen Staat und Bürger, dass auf der einen Seite die Finanzbeamten für ihren Beruf besonders vorgebildet sein sollten (§ 9

---

14 *Zutt*, a.a.O. (s. Fn. 13).
15 Als Steuerstaat bezeichnet man einen Staat, der seinen Finanzbedarf im Wesentlichen durch Steuern deckt, der also von der Wirtschaft getrennt ist und selbst nicht produziert oder Produktionsentscheidungen trifft; vgl. dazu *Vogel*, Der Finanz- und Steuerstaat, in: Handbuch des Staatsrechts der BRD, Band 1, 1987, S. 1151.
16 So Erzberger vor dem Parlament, vgl. *Pausch*, Matthias Erzberger, a.a.O. (s. Fn. 6), S. 35.
17 So *Pausch*, a.a.O. (s. Fn. 6), S. 70.
18 Vgl. *Pausch*, a.a.O., Matthias Erzberger (s. Fn. 6), S. 35.
19 So *Pausch*, a.a.O., Enno Becker (s. Fn. 6), S. 47, 49.
20 *Pausch*, a.a.O. (s. Fn. 19).
21 Vgl. *Pausch*, a.a.O. (s. Fn. 6), S. 36.

AO 1919) und auf der anderen Seite die Steuerpflichtigen dritte Personen als Sachkundige beiziehen konnten, die nachweislich die ‚Fähigkeit zum geeigneten schriftlichen oder mündlichen Vortrag' besaßen (§ 88 AO 1919).“[22]

Diese Vorschrift des § 88 RAO 1919 gilt als „Keimzelle“ des Berufsstandes der Steuerberater;[23] dessen eigentliche Geburtsstunde wird man jedoch erst im Gesetz über die Zulassung von Steuerberatern vom 06. Mai 1933[24] sehen können.[25]

3. Der mögliche Beitrag des Steuerrechtlers zur Betriebswirtschaftlichen Steuerlehre

Man kann sich – wie der Verfasser bei Übernahme seiner Lehrverpflichtung am Fachbereich Wirtschaftswissenschaften an der Frankfurter Universität – fragen, welchen Beitrag der Steuerrechtler zur Betriebswirtschaftlichen Steuerlehre als „Lehre“ leisten kann. Diese Frage zwingt dazu, sich damit auseinanderzusetzen, was denn die Hauptaufgabengebiete der Betriebswirtschaftlichen Steuerlehre sind und umgekehrt, was nicht zu diesen Kernbereichen gehört.

3.1. Aufgabengebiete der Betriebswirtschaftlichen Steuerlehre

Gewöhnlich werden im deutschsprachigen Raum drei Hauptaufgaben der Betriebswirtschaftlichen Steuerlehre genannt[26]:

1. Die Steuerwirkungs- und Steuergestaltungslehre,
2. die Analyse der Zusammenhänge zwischen Besteuerung und betrieblichem Rechnungswesen und
3. die „normative betriebswirtschaftliche Steuerlehre“.

---

[22] *Pausch*, a.a.O. (s. Fn. 6), S. 51.

[23] Vgl. *Pausch*, Die steuerberatenden Berufe in der Weimarer Republik von 1919 bis 1932, StbJb 1977, S. 270.

[24] RStBl. 1933, S. 413.

[25] Vgl. *Fischer/Schneeloch/Sigloch*, Betriebswissenschaftliche Steuerlehre und Steuerberatung – Gedanken zum 60jährigen „Jubiläum“ der Betriebswirtschaftlichen Steuerlehre, DStR, 1980, S. 699, 709.

[26] Dazu statt vieler: *Rose*, Steuerberatung und Wissenschaft – Gedanken anlässlich des 50jährigen Bestehens der Betriebswirtschaftlichen Steuerlehre, StbJb 1969/70, S. 1, 36 ff.; *Fischer/Schneeloch/ Siegloch*, a.a.O. (s. Fn. 25), DStR, 1980, S. 699, 700/701; *Wöhe/Bieg*, Grundzüge der Betriebswirtschaftlichen Steuerlehre, 4. Aufl., München, 1995, S. 1-3; *Bertl,* Die Stellung der betriebswirtschaftlichen Steuerlehre in einer integrierten Lehre und Forschung aus International Taxation, in: Gassner/Lang, a.a.O. (s. Fn. 1), S. 57/58; *Haberstock/Reithecker*, Einführung in die Betriebswirtschaftliche Steuerlehre, 13. Aufl., Berlin, 2005, S. 1-3.

Zu 1.: Die *Steuerwirkungs-* und die *Steuergestaltungslehre*, die in der Realität ineinander verwoben sind, beschäftigen sich mit der Besteuerung der Produktionsfaktoren, mit den Wirkungen der Besteuerung auf die betriebliche Größe (Produktionsfaktoren, Rechtsform, Unternehmenszusammenschlüsse, Standort) sowie mit den betrieblichen Hauptfunktionen (Beschaffung, Produktion, Absatz, Finanzierung und Investition).[27] Denn:

> „Die vornehmste Aufgabe der entscheidungsorientierten betriebswirtschaftlichen Steuerlehre wird in der Erarbeitung von Kriterien und Entscheidungsregeln für rational begründbare einzelwirtschaftliche Gestaltungsmaßnahmen unter Berücksichtigung der Besteuerung gesehen."[28]

Aufgabe der steuerlichen Planung ist,

> „beim Abwägen von zur Wahl stehenden Handlungsalternativen die steuerlichen Auswirkungen dieser Alternativen in der Weise zu berücksichtigen, dass alle legalen **Steuerausweichmöglichkeiten genutzt** und unter Beachtung der steuerlichen Belastung des Betriebes die **übergeordnete unternehmerische Zielsetzung** der langfristigen (Netto-)Gewinnmaximierung **realisiert** wird."[29]

Zu 2.: Die *Untersuchung der Zusammenhänge zwischen Besteuerung und betrieblichem Rechnungswesen* verfolgt das Ziel, zu analysieren, welchen Einfluss die Besteuerung auf das betriebliche Rechnungswesen, insbesondere durch die steuerrechtlichen Buchführungs-, Bilanzierungs- und Bewertungsvorschriften ausübt.[30] Dabei stößt die Betriebswirtschaftliche Steuerlehre auch auf die Frage nach dem Verhältnis zwischen Handelsbilanz und Steuerbilanz und als Folge der Globalisierung auf die Frage nach deren Verhältnis zur Informationsbilanz nach international anerkannten Rechnungslegungsgrundsätzen, d.h. nach US-GAAP und den IAS bzw. IFRS.[31]

Zu 3.: Die *normative Betriebswirtschaftliche Steuerlehre* will aus einzelwirtschaftlicher Sicht geltendes oder geplantes Steuerrecht kritisch würdigen.[32] Wesentliche Bedeutung hat die normative Betriebswirtschaftslehre bei den Fragen der Unter-

---

[27] Vgl. *Wöhe/Bieg,* a.a.O. (s. Fn. 26), S. 1.
[28] *Fischer/Schneeloch/Sigloch,* a.a.O., (s. Fn. 25), S. 700.
[29] *Wöhe/Mohr*, Steuerliche Planung, in: Agplan-Handbuch zur Unternehmensplanung Bd. 2, Berlin, 1994, Nr. 2741, S. 7.
[30] Vgl. *Wöhe/Bieg,* a.a.O. (s. Fn. 26), S. 1.
[31] Vgl. *Raupach*, Das Verhältnis zwischen Gesellschaftsrecht und Bilanzrecht unter dem Einfluss international anerkannter Rechnungslegungsgrundsätze, in: FS für Volker Röhricht, Köln, 2005, S. 1033.
[32] Vgl. *Fischer/Schneeloch/Sigloch,* a.a.O., (s. Fn. 25), S. 700.

nehmenssteuerreform. Sie verfolgt dabei in der Regel das Ziel, eine freie Standort-, Rechtsform- und Finanzierungswahl zu ermöglichen.

Zur kritischen betriebswirtschaftlichen Analyse fordert das Steuerrecht insbesondere insoweit heraus, als es als Lenkungsrecht auftritt.[33] Das steuerliche Lenkungsrecht bietet einerseits sog. Verschonungsnormen, indem es Bewertungsfreiheiten, Sonderabschreibungen, erhöhte Absetzungen und steuerfreie Rücklagen zulässt. Es schafft andererseits für bestimmte Zwecke Sonderbelastungen, um ein bestimmtes Verhalten oder bestimmte Gestaltungen durch ihre Besteuerung zu erschweren, verfolgt dabei aber häufig gleichzeitig das Ziel dem Staat Finanzquellen zu erschließen. Dieser Zielmix findet sich insbesondere bei Umweltabgaben; *Joachim Lang*[34] spricht von verfassungsrechtlich vorgegebener Januskopfigkeit der „Ökosteuern". Zur Abgrenzung der Fiskal- von Lenkungsnormen gehört etwa auch die Frage, ob die degressive AfA betriebliche Vorgänge zutreffend abbildet oder sie steuerlich subventioniert und ob ihre Abschaffung Fiskal- oder Lenkungszwecke verfolgt.[35]

3.2. Steuernormendarstellung keine Aufgabe der Betriebswirtschaftlichen Steuerlehre

Dagegen ist die „Steuernormendarstellung" keine eigene Aufgabe der Betriebswirtschaftlichen Steuerlehre.[36] Zu Recht wird sie im Allgemeinen eher als eine propädeutische Lehraufgabe betrachtet, da gute steuerrechtliche Grundkenntnisse die Voraussetzung für Steuerwirkungsanalysen und Steuergestaltungen darstellen.[37] Der Rechtsbereich ist also eine wesentliche Grundlage, betriebswirtschaftliche Analysen aber – wenn man von der normativen Betriebswirtschaftlichen Steuerlehre absieht (s.o.) – nicht ihr Gegenstand. Steuerrecht ist *Recht* und damit Gegenstand juristischer Methodik. Damit ist klar, was der Steuerjurist in der Vermittlung der rechtlichen Grundlagen

---

[33] Vgl. *Trzaskalik/Reiner Schmidt/Juchum/Raupach*, in: Inwieweit ist die Verfolgung ökonomischer, ökologischer und anderer öff. Zwecke durch Instrumente des Abgabenrechts zu empfehlen?, 63. Deutscher Juristentag, Leipzig, 2000.

[34] Vgl. *Lang*, Verwirklichung von Umweltschutzzwecken im Steuerrecht, in: DStJG 15, Köln, 1993, S. 115, 127.

[35] Offen bleibt dies in der amtlichen Begründung zur Aufhebung von § 7 Abs. 2 und 3 EStG durch das Unternehmensteuerreformgesetz 2008, wo es heißt:

> „Die Abschaffung der degressiven AfA ist ein Element der Gegenfinanzierung der Unternehmensteuerreform. Der Wegfall der degressiven AfA passt zu der weltweit vorherrschenden Tendenz, Ausnahmen abzuschaffen und stattdessen die Steuersätze zu senken. Die degressive AfA verschafft den Unternehmen einen zusätzlichen Zinsvorteil, der nach der erheblichen Verbesserung der Besteuerung so nicht mehr erforderlich ist."

[36] Vgl. *Haberstock/Breithecker*, a.a.O. (s. Fn. 26), S. 108; aA: *Siegel*, Steuerwirkungen und Steuerpolitik in der Unternehmung, Würzburg/Wien, 1982, S. 18.

[37] Vgl. *Haberstock/Breithecker*, a.a.O., (s. Fn. 26), S. 108.

für die steuerliche Betriebswirtschaftslehre zu leisten vermag, wenn man beherzigt, was *Tipke*[38] hervorgehoben hat, es sei sicher richtig,

> „dass Steuerrecht nur verstehen und entwickeln kann, wer zuvor die erforderlich bürgerlich-rechtliche und öffentlich-rechtliche Basis gewonnen hat, auf der das Steuerrecht aufbaut“.

Tipke hat sich dabei auf meinen verehrten Lehrer *Ottmar Bühler* bezogen, den ich in meiner steuerjuristischen Ausbildung als einen begeisterten Verfechter der These kennengelernt habe, Steuerjuristen und Betriebswirte müssten zusammenwirken. Das Vorwort zu Bühlers lehrbuchmäßiger Darstellung „Bilanzen und Steuern“ betonte Bühlers Bestreben,

> „durch die Mitarbeit eines voll legitimierten Vertreters der Betriebswirtschaftslehre eine echte Kombination von Steuerrecht und betriebswirtschaftlicher Steuerlehre zu erzielen.“[39]

Diese Erkenntnis war die Grundlage für meine jahrelange berufliche Zusammenarbeit mit dem Betriebswirt *Albert J. Rädler.*[40]

3.3. Zwei Ausbildungsschwerpunkte

Für die Lehre ergeben sich aus den Aufgabengebieten der Betriebswirtschaftlichen Steuerlehre zwei Schwerpunkte[41]:

- Vermittlung steuerrechtlicher Kenntnisse und
- Einführung in die entscheidungsorientierte Betriebswirtschaftliche Steuerlehre.

Der Jurist vermag bei der Vermittlung steuerrechtlicher Kenntnisse hilfreich zu sein; *Gerd Rose* bezeichnet denn auch die Steuerrechtswissenschaft als Hilfswissenschaft für die Betriebswirtschaftliche Steuerlehre.[42] Es mag den Juristen trösten, dass *Rose*

---

[38] *Tipke*, a.a.O. (s. Fn. 8), S. 1886.
[39] *Pausch*, a.a.O. (s. Fn. 6), S. 131, der die Arbeitsteilung mit dem Betriebswirtschaftslehrer Prof. Peter Schärf, die ich noch erlebt habe, erwähnt.
[40] Vgl. dazu *Kirchhof*, in: FS für Arndt Raupach, München, 2006, S. 3, 4.
[41] Auf deren Vermittlung alle Fachvertreter der Betriebswirtschaftlichen Steuerlehre großen Wert legen, vgl. *Fischer/Schneeloch/Sigloch*, a.a.O. (s. Fn. 25), S. 701.
[42] Vgl. *Rose*, a.a.O. (s. Fn. 26), S. 55 m.w.N.

umgekehrt die Betriebswirtschaftliche Steuerlehre als Hilfswissenschaft der Rechtswissenschaft betrachtet,[43] ja, er räumt ein,

> „freilich ist das Steuerrecht für die Betriebswissenschaftliche Steuerlehre wohl in noch größerem Maße bedeutsam als umgekehrt. Denn ohne Beachtung des tatsächlich geltenden Steuerrechts kann eine Betriebswirtschaftliche Steuerlehre sinnvoll nicht betrieben werden.“

Das bringt es aber mit sich, dass es bei der „Steuernormdarstellung“ nicht nur um die Vermittlung des Inhalts steuerrechtlicher Vorschriften gehen kann, sondern auch um ihre Rangfolge im Normengefüge, um ihre Systematik und die Kenntnis von Systembrüchen, um das Verhältnis zum Zivil- und zum Öffentlichen Recht, um verfassungsrechtliche und europarechtliche Implikationen und schließlich um das Verfahrensrecht und den Rechtsschutz des Steuerpflichtigen.[44]

Auf diesem „Rechtsgrund“ kann dann die entscheidungsorientierte Betriebswirtschaftliche Steuerlehre mit Steuerwirkungs- und Gestaltungslehre aufbauen. Der Steuerjurist mag als akademischer Lehrer durchaus auch in die Aufgabengebiete der Betriebswirtschaftlichen Steuerlehre einführen, wenn er sich das für die Grenzüberschreitung erforderliche Wissen zuvor angeeignet hat. Häufiger ist sicherlich, dass beide Ausbildungsschwerpunkte von Betriebswirten übernommen werden.

---

43 Vgl. *Rose*, a.a.O. (s. Fn. 26), S. 61.

44 Zu Recht wird gelegentlich betont, dass die Steuerrechtsnormendarstellung darauf abziele, über die herrschende Lehre und Rechtsprechung einschließlich der Praxis der Steuerbehörden zu informieren; rechtsdogmatische Auseinandersetzungen mit dem Gegenstand, kritische Prüfung der herrschenden Lehrmeinung in Wissenschaft und Praxis aus rechtswissenschaftlicher Sicht gehörten nicht zur betriebswirtschaftlichen Aufgabenstellung (so *Rill*, a.a.O., s. Fn. 1, S. 65).

4. Forderungen an das Verhältnis von Betriebswirtschaftlicher Steuerlehre und Steuerrecht angesichts der Globalisierung der Wirtschaft

4.1. Drei Disziplinen der Steuerwissenschaft

Die vorstehende Untersuchung ist immer wieder auf den Umstand gestoßen, dass die Besteuerung sowohl Gegenstand rechtlicher als auch ökonomischer Betrachtung sein muss. Gemeinhin werden die Steuerwissenschaften in drei Disziplinen oder auch Sparten aufgeteilt[45]:

- Die Steuerrechtswissenschaft,
- die Finanzwissenschaft und
- die Betriebswirtschaftliche Steuerlehre.

Rose hat darauf hingewiesen,[46] dass es Problemstellungen bei der Besteuerung gibt, die jede der Steuerwissenschaften für sich zu beantworten hat: Verfassungsrechtliche Grenzen beschäftigen den Juristen, die Suche nach optimalen Investitionsentscheidungen erfordert den Betriebswirt, die Einflüsse des Steueraufkommens auf gesamtwirtschaftliche Prozesse betreffen den Finanzwissenschaftler. Zu Recht hat aber *Rose* angemerkt, dass die Grenzen zwischen den Disziplinen der Steuerwissenschaften im Allgemeinen fließend sind und weitgehend auch von denen bestimmt werden, die auf diesen Gebieten arbeiten. Die Überschreitung „traditioneller Grenzen“ durch einzelne Forscher könne sich sogar sehr fruchtbar auswirken, weil viele Besteuerungsprobleme einer Lösung nur mit den Methoden eines einzigen Fachs gar nicht zugänglich seien.[47]

4.2. Globalisierung der Wirtschaft und Internationalisierung des Steuerrechts als Herausforderung

Die Globalisierung der Wirtschaft und die Internationalisierung der Besteuerung haben

- sowohl die Notwendigkeit zur Zusammenarbeit der Steuerwissenschaften, und zwar insbesondere der Betriebswirtschaftlichen Steuerlehre und der Steuerrechtswissenschaft,

---

[45] *Tipke*, Die Steuerrechtsordnung, 2. Aufl., Köln, 2000, Bd. 1, S. 8; *Rose*, a.a.O. (s. Fn. 26), S. 54.
[46] *Rose,* a.a.O. (s. Fn. 26), S. 54.
[47] Vgl. *Rose*, a.a.O. (s. Fn. 26), S. 54/55.

- als auch die Fachgrenzen überschreitende, beide Disziplinen umfassende Bearbeitung durch einzelne Vertreter einer der Steuerwissenschaften

in außerordentlichem Maße gesteigert.

Solange die Steuer- und Fiskalhoheit der Einzelstaaten – auch im Rahmen der europäischen Union – bestehen bleibt, ergeben sich bei grenzüberschreitender Tätigkeit von Unternehmen Abgrenzungsprobleme zwischen den Steuerhoheiten der beteiligten Staaten: Ein grenzüberschreitender Leistungsverkehr, der auch nur zwei Staaten betrifft, wirft Fragen aus drei verschiedenen Rechtsordnungen auf, nämlich aus den nationalen Steuerrechtsordnungen der beiden beteiligten Staaten, dem sog. Außensteuerrecht, und, wenn ein Doppelbesteuerungsabkommen besteht, aus dem besonderen Regelungsbereich dieses völkerrechtlichen Vertrages, der ggf. dem OECD-Musterabkommen folgt.

Im Geltungsbereich des EG-Vertrages bleibt zwar die Steuerhoheit der beteiligten Staaten erhalten, es besteht auch kein Harmonisierungsauftrag für die direkten Steuern. Es treten aber zu den Vorschriften des nationalen Außensteuerrechts und zu den Doppelbesteuerungsabkommen Normen des primären und sekundären Europarechts hinzu:

Das Erfordernis der Einstimmigkeit erschwert die Verabschiedung von Richtlinien. Nach über 20jährigen Verhandlungen wurden am 23. Juli 1990 lediglich die Mutter-/Tochter-Richtlinie, die Fusionsrichtlinie und die Schiedsverfahrenskonvention verabschiedet. Ein weiteres Maßnahmenpaket zur Eindämmung des schädlichen Steuerwettbewerbs zwischen den EU-Staaten mit einem Verhaltenskodex, mit einer Richtlinie über die Besteuerung von Zinserträgen und einer Richtlinie über die Besteuerung von Zahlungen und Lizenzgebühren zwischen verbundenen Unternehmen.

Größere Wirkung als den Richtlinien als sekundäres Gemeinschaftsrecht kommt der Entwicklung der durch den EG-Vertrag gewährten Grundfreiheiten zu, die der EuGH dahingehend auslegt, dass die Besteuerung grenzüberschreitender Sachverhalte innerhalb der EG Grundfreiheiten nicht verletzen darf.[48] *Kessler/Spengel* haben in einer Übersicht ohne Anspruch auf Vollständigkeit über 100 Normen des deutschen Steuerrechts aufgeführt, die als potentiell EG-rechtswidrig eingestuft werden.[49]

---

[48] Vgl. *Pohl/Raupach*, Einwirkung des Europarechts auf das Internationale Steuerrecht, Festschrift 50 Jahre Deutsches Anwaltsinstitut, 2003, S. 489.

[49] Vgl. *Kessler/Spengel*, EG-rechtliche Vorgaben für die Neuordnung der direkten Steuern in Deutschland – Checkliste über potentiell EG-rechtswidrige Normen und Implikationen für die Rechtsanwendungspraxis und Gesetzgebung, DB, 2003, Beilage Nr. 5 (Heft 26).

Durch die aufeinander stoßenden unterschiedlichen Rechtsordnungen ergeben sich aber nicht nur rechtliche, insbesondere steuerrechtliche Fragen, sondern auch betriebswirtschaftliche Probleme: Bei grenzüberschreitendem innerkonzernlichem Leistungsaustausch bedarf es der Bestimmung angemessener Verrechnungspreise nach dem sog. „dealing-at-arm's-length"-Grundsatz; dieser wiederum macht eine Analyse und Abgrenzung betrieblicher Funktionen notwendig.[50] Auch die Rechtsform- und Standortwahl werfen keineswegs ausschließlich juristische Fragestellungen auf. Bezeichnenderweise stammt der Begriff „Steuerstandort" von *Findeisen*, dem „Begründer" der Betriebswirtschaftlichen Steuerlehre. Er versteht darunter einen vornehmlich steuerwirtschaftlich orientierten Standort, d.h. einen solchen, zu dessen Wahl in erster Linie Steuervorteile und -ersparnisse veranlasst haben.[51]

Häufig können die auftretenden Probleme bei der Beratung grenzüberschreitender Tätigkeiten von Wirtschaftsunternehmen nicht aus der Sicht einer steuerwirtschaftlichen Disziplin isoliert betrachtet werden. Die Besteuerung ausländischer Rechtsinstitute setzt z.B. für die steuerliche Qualifizierung in der Regel eine zivilrechtliche Rechtsvergleichung voraus; ein gutes Beispiel dafür ist der Typenvergleich: Entspricht z.B. ein ausländisches Rechtsgebilde mehr einer deutschen Kapitalgesellschaft oder einer Mitunternehmerschaft?[52] Die „Einheit der Rechtsordnung"[53] verdient auch im Rahmen des Steuerrechts Beachtung.

Ebenso liegt es im Bereich der Betriebswirtschaftslehre: Zahlreiche Fragen, die die Betriebswirtschaftliche Steuerlehre beschäftigen, führen zurück auf Probleme anderer betriebswirtschaftlicher Disziplinen, z.B. der Betriebswirtschaftlichen Organisationstheorie[54]. Dies gilt etwa für das Verhältnis der statutarischen (rechtlichen) zur operationalen Konzernorganisation („*legale versus virtuelle Organisation*"),[55] Ähnliches lässt sich von den Funktionen von Verrechnungspreisen aus der Sicht der betrieblichen Organisationstheorie (der Koordinations-, der Motivations- und der Orientierungsfunkti-

---

[50] Vgl. *Raupach,* Funktionsgerechte Bemessung von Verrechnungspreisen, in: Raupach (Hrsg.), Verrechnungspreise multinationaler Unternehmen, Herne/Berlin, 1999, S. 122 ff.

[51] Vgl. dazu *Hasenack*, a.a.O. (s. Fn. 4), S. 530.

[52] Vgl. dazu sog. „Venezuela-Entscheidung" des RFH v. 12.02.1930, RStBl. 1930, S. 444 und dem folgend das gesamte Schrifttum. Vgl. statt vieler *Schaumburg*, Internationales Steuerrecht, 2. Aufl., Köln, 1998, S. 312.

[53] Siehe näher *Tipke,* Steuerrechtsordnung, a.a.O. (s. Fn. 8), S. 57 ff.

[54] Siehe dazu *Michel*, Besteuerung und Organisation – Eine intra- und intersystemische Analyse, Köln, 2001.

[55] Vgl. *Raupach*, Wechselwirkungen zwischen der Organisationsstruktur und der Besteuerung multinationaler Konzernunternehmungen, in: Theisen (Hrsg.), Der Konzern im Umbruch, Stuttgart, 1998, S. 86/87.

on) sagen,[56] wenn man sie mit der Ermittlung angemessener Verrechnungspreise für Steuerzwecke bei Fehlen eines Marktbezugs (etwa innerhalb eines Konzerns) vergleicht.[57]

Nicht selten ergeben sich dabei Zielkonflikte: Das „dealing-at-arm's-length"-Prinzip steht in diametralem Gegensatz zu den prozessorientierten Reengineering-Bestrebungen[58], wonach sich Prozesse vom Beschaffungs- bis zum Absatzmarkt ohne Schnittstellen entwickeln sollen. Demgegenüber führt die Behandlung jeder Konzerngesellschaft als Steuersubjekt in Kombination mit dem „dealing-at-arm's-length"-Prinzip dazu, dass globale Waren- und Dienstleistungsflüsse zerschnitten werden, da Verrechnungspreise Marktfiktionen erzeugen, die die Segmente entkoppeln und zugleich eine Ergebniszurechnung ermöglichen.[59]

Die Globalisierung der Wirtschaft und die Internationalisierung des Steuerrechts zwingen zur interdisziplinären Zusammenarbeit auf dem Gebiet der Forschung und Lehre und ebenso auf dem Gebiet der Wirtschafts-, Rechts- und Steuerberatung.

Allerdings erscheint es praktisch unmöglich, alle Steuerfragen nur noch durch interdisziplinäre Teams bearbeiten zu lassen. Diese Erkenntnis zwingt dazu, dass jeder für sich, der Betriebswirt und der Jurist, Steuerfragen fachübergreifend – also gleichsam „transdisziplinär" – in Angriff nimmt, wobei jeweils der Schwerpunkt auf dem eigenen Fachgebiet des betreffenden Wissenschaftlers oder Praktikers liegen mag.

---

[56] Vgl. *Osterloh/Frost*, Zusammenhang zwischen Organisation und Verrechnungspreisen, in: Raupach (Hrsg.), Verrechnungspreissysteme multinationaler Unternehmen, S. 62 ff.

[57] Vgl. *Becker*, Bemessungsmethoden für Verrechnungspreise, in: Raupach (Hrsg.), Verrechnungspreissysteme multinationaler Unternehmen, a.a.O. (s. Fn. 56), S. 107 ff.

[58] Zur Restrukturierung- und Reengineering-Bewegung siehe *Raupach*, Wechselwirkungen, in: Theisen, Der Konzern im Umbruch, a.a.O. (s. Fn. 55), S. 65 ff.

[59] So *Raupach*, Wechselwirkungen, in: Theisen, Der Konzern im Umbruch, a.a.O. (s. Fn. 55), S. 119 unter Verweisung auf *Osterloh/Frost*, Prozessmanagement als Kernkompetenz, wie Sie Business-Reengineering strategisch nutzen können, Wiesbaden, 1996, S. 359.

Literaturverzeichnis

Becker, Helmut:
Bemessungsmethoden für Verrechnungspreise, in: Raupach (Hrsg.), Verrechnungspreissysteme multinationaler Unternehmen, Herne/Berlin 1999.

Bertl, Romuald:
Die Stellung der betriebswirtschaftlichen Steuerlehre in einer integrierten Lehre und Forschung aus International Taxation, in: Gassner/Lang, Besteuerung und Bilanzierung international tätiger Unternehmen – 30 Jahre Steuerrecht an der Wirtschaftsuniversität Wien, 1998.

Findeisen, Franz:
Der Steueranwalt, Frankfurter Zeitung, Abendblatt, 64. Jg., Nr. 843 v. 10.11.1919, abgedruckt in StbJb 1969/70.

Findeisen, Franz:
Eine Privatwirtschaftslehre der Steuern, Zeitschrift für Handelswissenschaft und Handelspraxis 1919/1920, Heft 8, S. 163/164, abgedruckt in StbJb 1969/70.

Fischer, Lutz/Schneeloch, Dieter/Sigloch, Jochen:
Betriebswissenschaftliche Steuerlehre und Steuerberatung – Gedanken zum 60jährigen „Jubiläum“ der Betriebswirtschaftlichen Steuerlehre, DStR 1980, S. 699, 709.

Haberstock, Lothar/Breithecker, Volker:
Einführung in die Betriebswirtschaftliche Steuerlehre, 13. Aufl., Berlin 2005.

Hasenack, Wilhelm:
Franz Findeisen 60 Jahre alt „Ein Wegbereiter der betriebswirtschaftlichen Steuerlehre“, Betriebswirtschaftliche Forschung und Praxis, 1952.

Hasenack, Wilhelm:
Prof. Dr. Franz Findeisen der Pionier der betriebswirtschaftlichen Steuerlehre †, Betriebswirtschaftliche Forschung und Praxis, 1962.

Kessler, Wolfgang/Spengel, Christoph:
EG-rechtliche Vorgaben für die Neuordnung der direkten Steuern in Deutschland – Checkliste über potentiell EG-rechtswidrige Normen und Implikationen für die Rechtsanwendungspraxis und Gesetzgebung, DB 2003, Beilage Nr. 5 (Heft 26).

Kirchhof, Paul:
in FS für Arndt Raupach, München 2006.

Lang, Joachim:
Verwirklichung von Umweltschutzzwecken im Steuerrecht, in: DStJG 15, Köln 1993.

Liebs, Detlef:
Lateinische Rechtsregeln und Rechtssprichwörter, 3. Aufl., 1983.

Michel, Sandra:
Besteuerung und Organisation – Eine intra- und intersystemische Analyse, Köln 2001.

Osterloh, Margit/Frost, Jetta:
Zusammenhang zwischen Organisation und Verrechnungspreisen, in: Raupach (Hrsg.), Verrechnungspreissysteme multinationaler Unternehmen, Herne/Berlin 1999.

Osterloh, Margit/Frost, Jetta:
Prozessmanagement als Kernkompetenz, wie Sie Business-Reengineering strategisch nutzen können, Wiesbaden 1996.

Pausch, Alfons:
Die steuerberatenden Berufe in der Weimarer Republik von 1919 bis 1932, StbJb 1977.

Pausch, Alfons:
Persönlichkeiten der Steuerkultur, Franz Findeisen, Herne/Berlin 1992.

Pohl, Dirk/Raupach, Arndt:
Einwirkung des Europarechts auf das Internationale Steuerrecht, Festschrift 50 Jahre Deutsches Anwaltsinstitut, 2003.

Raupach, Arndt:
Die Anwaltschaft auf dem Weg vom „Organ der Rechtspflege“ zum „Anwalt 2000“, in: Crezelius/Raupach/Schmidt/Ülner (Hrsg.), Steuerrecht und Gesellschaftsrecht als Gestaltungsaufgabe, Freundesgabe für Franz Josef Haas, Herne/Berlin 1996.

Raupach, Arndt:
Das Verhältnis zwischen Gesellschaftsrecht und Bilanzrecht unter dem Einfluss international anerkannter Rechnungslegungsgrundsätze in: FS für Volker Röhricht, Köln 2005.

Raupach, Arndt:
Funktionsgerechte Bemessung von Verrechnungspreisen, in: Raupach (Hrsg.), Verrechnungspreise multinationaler Unternehmen, Herne/Berlin 1999.

Raupach, Arndt:
Wechselwirkungen zwischen der Organisationsstruktur und der Besteuerung multinationaler Konzernunternehmungen, in: Theisen (Hrsg.), Der Konzern im Umbruch, Stuttgart 1998.

Rose, Gerd:
Steuerberatung und Wissenschaft – Gedanken anlässlich des 50jährigen Bestehens der Betriebswirtschaftlichen Steuerlehre, StbJb 1969/70.

Rill, Heinz Peter:
Die Stellung des Steuerrechts in Forschung und Lehre, in: Gassner/Lang, Besteuerung und Bilanzierung international tätiger Unternehmen – 30 Jahre Steuerrecht an der Wirtschaftsuniversität Wien, 1998.

Sandig, Curt:
Prof. Dr. Franz Findeisen †, Zeitschrift für handelswissenschaftliche Forschung, NF 14, 1962, S. 591.

Schaumburg, Harald:
Internationales Steuerrecht, 2. Aufl., Köln 1998.

Siegel, Theodor:
Steuerwirkungen und Steuerpolitik in der Unternehmung, Würzburg/Wien 1982.

Tipke, Klaus:
Die Situation des Steuerrechts als rechtswissenschaftliche Disziplin, NJW 1967, S. 1885.

Tipke, Klaus:
Die Steuerrechtsordnung, 2. Aufl., Köln 2000, Bd. 1.

Trzaskalik, Christoph/Schmidt, Reiner/Juchum, Gerhard/Raupach, Arndt:
in: Inwieweit ist die Verfolgung ökonomischer, ökologischer und anderer öff. Zwecke durch Instrumente des Abgabenrechts zu empfehlen? 63. Deutscher Juristentag Leipzig 2000.

Vogel, Klaus:
Der Finanz- und Steuerstaat, in: Handbuch des Staatsrechts der BRD, Band 1, 1987.

Wöhe, Günter/Bieg, Hartmut:
Grundzüge der Betriebswirtschaftlichen Steuerlehre, 4. Aufl., München 1995.

Wöhe, Günter/Mohr:
Steuerliche Planung, in: Agplan-Handbuch zur Unternehmensplanung Bd. 2, Berlin 1994, Nr. 2741.

Zutt:
Unmodernes, Modernes, Postmodernes – Notizen zur deutschen Advokatur, FS für Heinz Rohwedder 1994.

Der G-REIT – eine kritische Analyse

von Dr. Uwe Schimmelschmidt

Steuerberater,

Partner bei Clifford Chance Frankfurt am Main

Inhalt

1. Einführung[1]

Zahlreiche ausländische Rechtsordnungen ermöglichen bereits seit längerer Zeit indirekte Immobilienanlagen über steuerbegünstigte Immobilienaktiengesellschaften, sogenannte Real Estate Investment Trusts (REITs)[2]. REITs machen in diesen Ländern 2-3%, teilweise sogar über 10% des Aktienmarktes aus[3]. Die Einführung von REITs auch in Deutschland ist damit naheliegend, auch wenn in der politischen Diskussion nicht unumstritten. Dem "Entwurf eines Gesetzes zur Schaffung deutscher Immobilien-Aktiengesellschaften mit börsennotierten Anteilen" der Bundesregierung vom 12. Januar 2007 ("**Gesetzesentwurf**")[4], der das "Gesetz über deutsche Immobilien-Aktiengesellschaften mit börsennotierten Anteilen" ("**REIT-G**") beinhaltet, scheint nunmehr die gesellschafts- und steuerrechtliche Ausgestaltung der deutschen REIT-Aktiengesellschaft ("**REIT-AG**" oder "**G-REIT**") einigermaßen verlässlich zu entnehmen zu sein[5].

Der G-REIT ist eine Sonderform der börsennotierten Aktiengesellschaft, die bei Erfüllung bestimmter Voraussetzungen von der Körperschaft- und Gewerbesteuer befreit ist. Die Besteuerung erfolgt auf der Ebene der Anteilseigner unter Ausschluss des Halbeinkünfteverfahrens.

Durch die erforderliche Börsennotierung der REIT-AG sind die REIT-Aktien fungibel, ohne dass hierzu eine Liquiditätsreserve wie bei offenen Immobilienfonds gehalten werden muss. Das Investitionsverhalten der REIT-AG wird somit nicht von Mittelab- und -zuflüssen der Anleger bestimmt[6]. Die REIT-AG soll im Ergebnis eine börsennotierte Direktanlage in Immobilien abbilden.

Mit der Einführung der REIT-AG soll deutschen Unternehmen die Möglichkeit der steuerbegünstigten Freisetzung von in Immobilien gebundenem Eigenkapital ermög-

---

1 Der folgende Beitrag basiert auf dem "Entwurf eines Gesetzes zur Schaffung deutscher Immobilien-Aktiengesellschaften mit börsennotierten Anteilen" der Bundesregierung vom 12. Januar 2007 (BT-Drucksache 16/4036). Das Gesetz zur Schaffung deutscher Immobilien-Aktiengesellschaften mit börsennotierten Anteilen vom 23. März 2007 (BT-Drucksache 191/07) weist gegenüber dem Gesetzesentwurf Änderungen auf, die nach Drucklegung nicht mehr berücksichtigt werden konnten.

2 Vgl. Stoschek / Dammann, IStR 2006, S. 403 ff.

3 Vgl. Schacht / Gänsler, DStR 2006, S. 1518.

4 BT-Drucksache 16/4026.

5 Allerdings hat der Bundesrat in seiner Stellungnahme zu dem Gesetzesentwurf bereits 32 Änderungspunkte geltend gemacht (vgl. Stellungnahme des Bundesrates (Anlage 2 der BT-Drucksache 16/4026)), denen die Bundesregierung in einer Gegenäußerung vom 16. Januar 2007 bereits teilweise zugestimmt hat (BT-Drucksache 16/4036).

6 Vgl. Schacht / Gänsler, DStR 2006, S. 1518 (1519 f.); bei einem offenen Immobilienfonds führten die Mittelabflüsse in 2005 zur Kursaussetzung und einer Rücknahmesperre.

licht werden. Zu diesem Zweck soll die Einführung der REIT-AG durch eine sog. Exit Tax, d.h. eine steuerbegünstigte Aufdeckung der stillen Reserven in den Immobilien, gefördert werden. Ziel dieser Lenkungsmaßnahme ist ein volkswirtschaftlich effizienterer Kapitaleinsatz sowie im Ergebnis höhere Steuereinnahmen durch Mobilisierung der Bestandsimmobilien.

Im Folgenden sollen die Voraussetzungen der REIT-AG ebenso wie ihre Besteuerung und die ihrer Aktionäre unter Zugrundelegung des Gesetzesentwurfes dargestellt und einer kritischen Analyse unterzogen werden.

2. Strukturelle Voraussetzungen des G-REIT

2.1. Rechtsform, Sitz, Börsennotierung

Der G-REIT muss die Rechtsform einer Aktiengesellschaft mit Sitz in Deutschland haben, deren Aktien zum Handel an einem organisierten Markt in der EU oder dem EWR zugelassen sind (§ 1 Abs. 1 und § 10 REIT-G). Kapitalgesellschaften mit Sitz außerhalb Deutschlands können sich somit nicht als REIT-AG qualifizieren. Diese Einschränkung könnte ggf. europarechtlich diskriminierend sein[7]. In Anlehnung an die Regelungen zu der französischen REIT-Gesellschaft ("**SIIC**"; société d'investissements immobiliers cotées)[8] sollten daher auch Kapitalgesellschaften mit Sitz außerhalb Deutschlands als REIT-Gesellschaft zugelassen werden.

2.2. Tätigkeit der REIT-AG

Die zulässigen Tätigkeiten des G-REITs ergeben sich zunächst aus der gesetzlich angeordneten Satzungsbeschränkung (§ 1 Abs. 1 REIT-G).

G-REITs sollen ganz überwiegend immobilienverwaltend tätig sein, wobei diese Tätigkeit sowohl im In- als auch im Ausland sowie auch mittelbar über Tochtergesellschaften ausgeübt werden kann[9]. Veräußerungen von Immobilien sind in

---

[7] Vgl. Kritik des Bundesrates (BT-Drucksache 16/4026, Anlage 2, S. 54); nach der Gegenäußerung der Bundesregierung zu der Stellungnahme des Bundesrates (BT-Drucksache 16/4036, zu Ziffer 12) ist die Bundesregierung hierzu bereits im Gespräch mit der EU-Kommission.

[8] Vgl. Schimmelschmidt / Tauser / Lagarrigue, IStR 2006, S. 120 (121); dafür verlangt die Besteuerung als SIIC jedoch, dass die ausländische Kapitalgesellschaft in Frankreich börsennotiert ist. Diese Beschränkung stellt u.E. ebenfalls einen Verstoß gegen die Kapitalverkehrsfreiheit (Art. 56 ff. EG-Vertrag) dar.

[9] Unklar ist die Beschränkung des Unternehmensgegenstandes in Bezug auf Auslandsobjektgesellschaften. Während in § 1 Abs. 1 REIT-G nur der Erwerb und die Verwaltung von Immobilienpersonengesellschaften als tauglicher Unternehmensgegenstand genannt wird, ergibt sich an anderer Stelle des REIT-G, dass auch Anteile an Auslandsobjektgesellschaften von G-REITs gehalten wer-

beschränktem Umfang ebenfalls zugelassen, um das Immobilienportfolio angemessen zu gestalten. Einen Immobilienhandel (§ 14 REIT-G) darf die REIT-AG dagegen nicht betreiben. Politisch umstritten ist der Ausschluss der Bestandsmietwohnimmobilien aus dem Unternehmensgegenstand der REIT-AG[10]. Diese Beschränkung ist nicht nachvollziehbar, da Wohnimmobilien bereits heute von ausländischen REITs und Private Equity Gesellschaften erworben werden können und werden.

Verstößt die REIT-AG gegen die Vorschriften des REIT-G, die ihre Tätigkeiten betreffen, kann dies unterschiedlich sanktioniert werden. Zum einen kommt der Verlust der Steuerbefreiung in Betracht, so z.B. bei dem Betreiben von Immobilienhandel (§ 18 Abs. 2 REIT-G), zum anderen werden bei einem Verstoß gegen die Zusammensetzung des Vermögens bzw. der Bruttoerträge (§ 16 Abs. 3 und 4 REIT-G) Strafzahlungen festgesetzt, bei mehrfachem Verstoß mit der Folge des Wegfalls der Steuerbefreiung (§ 18 Abs. 5 REIT-G).

Dem liegt zugrunde, dass der Gesetzgeber nur die Immobilienverwaltung eigenen Grundbesitzes steuerlich fördern möchte[11]. Soweit die REIT-AG Dienstleistungen im Bereich sog. immobiliennaher Tätigkeiten (insbesondere technische und kaufmännische Bestandsverwaltung, Mietverwaltung, Vermittlungstätigkeit und Projektsteuerung) Dritten zur Verfügung stellen möchte, soll dieser Teil der Wertschöpfungskette im Bereich der Immobilienverwaltung nur über REIT-Dienstleistungsgesellschaften erbracht werden können (vgl. § 12 Abs. 3 REIT-G). Derartige immobiliennahe Tätigkeiten dürfen nur in beschränktem Umfang erbracht werden (Vermögen bzw. geschäftsjährlich erzielte Bruttoerträge der REIT-Dienstleistungsgesellschaft dürfen 20% des Gesamtvermögens bzw. der erzielten Gesamtbruttoerträge der REIT-AG nicht überschreiten). Hierdurch soll wiederum sichergestellt werden, dass Tätigkeitsschwerpunkt der REIT-AG die in ihrem Eigentum stehenden Immobilien sind. Verstöße gegen diese Vorgaben können zu Strafzahlungen der REIT-AG führen.

2.3. Aktionärsstruktur

Eine Investition in die REIT-AG soll nach dem gesetzgeberischen Willen auch und gerade privaten Kleinanlegern möglich sein, z.B. für die Altersvorsorge[12]. Zur Errei-

---

den dürfen. Der Bundesrat fordert hierzu, dass die Anteile an Auslandsobjektgesellschaften zumindest als Vermögensgegenstand i.S.d. REIT-G definiert werden (BT-Drucksache 16/4026, Anlage 2 Stellungnahme des Bundesrates, S. 65).

[10] Vgl. Beratung des Gesetzesentwurfes im Bundestag am 18. Januar 2007 (Plenarprotokoll 16/76, S. 7635C - 7642C).

[11] Vgl. BT-Drucksache 16/4026, S. 37.

[12] Vgl. BT-Drucksache 16/4026, S. 20.

chung dieses Zieles und der Vermeidung der Bildung von "quasi" Private REITs sind daher mindestens 15% der Aktien der REIT-AG dauerhaft im Streubesitz zu halten (§ 11 Abs. 1 REIT-G, "**Streubesitzklausel**"); zum Zeitpunkt der Börsenzulassung sollen sich 25% der Aktien im Streubesitz befinden. Der Streubesitz umfasst dabei die Aktien der Aktionäre, denen weniger als 3% der Stimmrechte an der REIT-AG zustehen. Daneben darf kein Anleger direkt 10% oder mehr der Aktien halten oder über 10% oder mehr der Stimmrechte an der REIT-AG verfügen (§ 11 Abs. 4 REIT-G, "**Höchstbeteiligungsklausel**").

Ein kurzzeitiger Verstoß gegen die Streubesitzklausel wird nicht sanktioniert. Erst wenn während dreier aufeinander folgender Wirtschaftsjahre gegen die Streubesitzklausel verstoßen wird, entfällt die Steuerbefreiung zum Ende des dritten Wirtschaftsjahres (§ 18 Abs. 3 REIT-G). Tritt dieser Fall ein, so muss die REIT-AG allen Aktionären, denen weniger als 3% der Stimmrechte zustehen, eine in der Satzung vorzusehende Entschädigung zahlen (§ 11 Abs. 3 REIT-G).

Das REIT-G sieht keine Regelungen vor, durch die direkte Maßnahmen zur Gewährleistung des Streubesitzes durch die REIT-AG getroffen werden können. Aufgrund der nach dem Wertpapierhandelsgesetz bestehenden und der durch das REIT-G erweiterten Meldepflichten der Aktionäre wird die REIT-AG über Veränderungen der Aktionärsstruktur informiert. Zu diesem Zeitpunkt haben die Anteilserwerbe jedoch bereits stattgefunden, und eine Steuerung derselben durch die REIT-AG ist nicht mehr möglich. Die in der Gesetzesbegründung genannten Möglichkeiten der Einflussnahme der REIT-AG auf ihre (zukünftigen) Aktionäre in der Form aktiver und zielgerichteter Investor Relations, Kapitalerhöhungen unter Ausschluss des Bezugsrechtes oder Road Shows bei Investoren[13] sind nicht zielführend[14]. Eine direkte Einflussnahme auf konkrete Erwerbsvorgänge ist dabei der REIT-AG nicht möglich.

Der Gesetzgeber scheint davon auszugehen, dass die Rechtsfolgen des Verstoßes gegen die Streubesitzregelung einen hinreichenden indirekten Schutz der REIT-AG begründen. Es liegt im eigenen Interesse der Aktionäre der REIT-AG, die Einhaltung der Streubesitzklausel durch geeignetes Erwerbs- oder Veräußerungsverhalten sicher zu stellen und insoweit den Wegfall der Steuerbefreiung der REIT-AG ebenso wie an die Streubesitzaktionäre zu zahlende Entschädigungen zu vermeiden. Es bleibt abzuwarten, ob der hiermit verbundene Selbstregulierungsmechanismus in der Praxis die Einhaltung der Streubesitzklausel sicherstellen wird.

---

[13] Vgl. Begr. zum Referentenentwurf, S. 21.
[14] Vgl. ebenso Klühs / Schmidtbleicher, IStR 2007, S. 16 (21).

Die Ausgestaltung der Aktien an der REIT-AG als vinkulierte Namensaktien, wie noch im Referentenentwurf des REIT-Gesetzes (August 2006) vorgesehen, ist nicht mehr erforderlich. Die Übertragung vinkulierter Namensaktien gem. § 68 Abs. 2 AktG bedarf stets der Zustimmung der Gesellschaft, die in der Regel durch den Vorstand erteilt werden kann. Die REIT-AG könnte die Einhaltung der Streubesitzklausel bei einem entsprechenden Überblick über die Aktionärsstruktur aktiv sicherstellen. Obwohl auch vinkulierte Namensaktien an der Börse handelbar sind, würde ihnen die bei den reinen Namensaktien der REIT-AG gegebene einfache Handelbarkeit fehlen. Insofern ist der Abstandnahme von der notwendigen Ausgestaltung der Aktien an der REIT-AG als vinkulierte Namensaktien zuzustimmen.

2.4. Vermögens- / Ertragszusammensetzung / Fremdfinanzierung

Die angestrebte Beschränkung der Tätigkeit der REIT-AG auf die reine Immobilienverwaltung wird durch gesetzliche Regelungen zur Vermögens- und Ertragszusammensetzung konkretisiert. Das Vermögen der REIT-AG muss nach Abzug der Ausschüttungsverpflichtung gegenüber den Anlegern sowie der erlaubten Rücklagen zu mindestens 75% aus unbeweglichem Vermögen bestehen. Unbewegliches Vermögen in diesem Sinne sind Grundstücke und grundstücksgleiche Rechte im In- und Ausland (§ 12 Abs. 1 i.V.m. § 3 Abs. 8 REIT-G). Zudem müssen mindestens 75% der Bruttoerträge der REIT-AG aus Vermietung, Leasing, Verpachtung und der Veräußerung von unbeweglichem Vermögen stammen (§ 12 Abs. 2 REIT-G).

Zur Ermittlung der o.g. Schwellenwerte hat die REIT-AG ihr Vermögen zu Marktwerten nach IFRS zu bewerten. Unklar ist, wonach sich das unbewegliche Vermögen bestimmt. Das REIT-G enthält keine Regelung dazu, ob neben der Bewertung des Vermögens auch dessen Ansatz nach IFRS erfolgt oder ob dem Ansatz der Vermögensgegenstände die HGB-Bilanz zugrunde gelegt wird. Gerade im Bereich des Leasing führt eine Bilanzierung nach HGB oder IFRS zu erheblichen Unterschieden bei der Objektzurechnung[15]. Nach IFRS hat in vielen Fällen der Leasingnehmer den Leasinggegenstand zu bilanzieren, während nach HGB noch eine Bilanzierung des Leasinggegenstandes beim Leasinggeber in Betracht käme.

Beteiligungen an Immobilienpersonengesellschaften oder Auslandsobjektgesellschaften sind nach dem Gesetzesentwurf kein unbewegliches Vermögen. Dies würde bedeuten, dass die Beteiligungen an diesen Gesellschaften nicht mehr als 25% des Vermögens der REIT-AG ausmachen dürften. Hierdurch wäre die Möglichkeit der

[15] Vgl. Mellwig / Weinstock, DB 1996, S. 2345 (2349).

Konzernbildung erheblich eingeschränkt[16]. Es sollte daher wie z.B. beim UK-REIT[17] das von den Immobilienpersonen- und Auslandsobjektgesellschaften gehaltene unbewegliche Vermögen auf die 75%-Grenze angerechnet werden können[18].

Nach § 15 REIT-G darf die Fremdfinanzierung der REIT-AG nur 60% ihres Gesellschaftsvermögens betragen, muss zu marktüblichen Konditionen aufgenommen werden und in der Satzung vorgesehen sein. Hierdurch ist zwar eine höhere Fremdfinanzierung als bei offenen Immobilienfonds nach dem InvG erlaubt, trotzdem scheint eine 60%-ige Leverage-Begrenzung für Immobilieninvestitionen immer noch sehr restriktiv. Es bleibt abzuwarten, wie der Kapitalmarkt die hiermit verbundenen Renditebegrenzungen aufnehmen wird.

Nach dem Gesetzesentwurf bezieht sich die Beschränkung des Leverage nur auf die Ebene der REIT-AG. Die Tochtergesellschaften sind hiervon nicht betroffen. Das unbewegliche Vermögen der Tochtergesellschaften könnte daher zu 100% fremdfinanziert werden. Eine hohe bzw. vollständige Fremdfinanzierung des Vermögens der Tochtergesellschaften hätte zudem den Vorteil, dass die 75%-Grenze einfacher einzuhalten wäre. Aufgrund der vollständigen Fremdfinanzierung wären die Beteiligungen der Tochtergesellschaften mit einem sehr geringen Buchwert, ggf. nur EUR 1, in die Bilanz der REIT-AG aufzunehmen. Soweit bei der REIT-AG bereits nur ein werthaltiges Grundstück bilanziert wird, besteht die Möglichkeit in erheblichem Umfang fremdfinanziertes Immobilienvermögen über Tochtergesellschaften zu halten, ohne gegen die Vermögens- und Leverage-Beschränkungen auf Ebene der REIT-AG zu verstoßen.

Konsequenterweise fordert der Bundesrat eine Erstreckung der Leverage-Beschränkung auch auf die Tochtergesellschaften des REIT. Die Einhaltung von Leverage-Beschränkungen auf Ebene jeder einzelnen Tochtergesellschaft wäre freilich mit erheblichen Inflexibilitäten verbunden. Zielführend erscheint allein eine konsolidierte Betrachtung der REIT-AG und deren Beteiligungen.

Bei einem Verstoß gegen die 75%-Grenze werden Strafzahlungen seitens der Finanzverwaltung erhoben. Soweit die Leverage-Grenze zum Ende dreier aufeinanderfolgender Wirtschaftsjahre überschritten ist, entfällt die Steuerbefreiung der REIT-AG (§ 18 Abs. 4 und 5 REIT-G).

---

[16] Vgl. Dettmeier / Gemmel / Kaiser, RIW 2006, S. 832 (835).

[17] Vgl. Fabry / Riha, RIW 2006, S. 528 (530).

[18] Ebenso Schmidt / Behnes, BB 2006, S. 2329 (2332); Dettmeier / Gemmel / Kaiser, RIW 2006, S. 832 (835).

Das REIT-G enthält keine besonderen Regelungen für den Fall, dass Vermögenswerte der REIT-AG an Marktwert verlieren und hierdurch eine Überschreitung der Leverage-Grenze droht. Grundsätzlich müsste in diesem Fall die Fremdfinanzierung entsprechend reduziert werden. Dies wird mangels liquider Mittel ggf. nicht in hinreichendem Maße möglich sein. Die REIT-AG wäre in diesem Fall zu einer Kapitalerhöhung oder zum Abverkauf von Immobilienvermögen gezwungen. Dies erscheint ordnungspolitisch nicht sinnvoll.

2.5. Ausschüttung

Die REIT-AG hat eine Ausschüttungsverpflichtung in Höhe von 90% des ausschüttungsfähigen, nach HGB ermittelten Gewinns (§ 13 Abs. 1 REIT-G). Es besteht zudem die Möglichkeit, über den handelsbilanziellen Gewinn hinaus auch Beträge aus Abschreibungen auszuschütten (§ 13 Abs. 4 REIT-G). Die Ausschüttungsverpflichtung erscheint zur Vermeidung einer alternativ möglichen steuerfreien Gewinnthesaurierung naheliegend und findet sich in ähnlicher Form auch in anderen Rechtsordnungen[19]. Letztlich ist sie die konsequente Umsetzung des Postulates der börsennotierten Immobiliendirektanlage.

Veräußerungsgewinne der REIT-AG können zu 50% in eine Rücklage eingestellt werden, die innerhalb der nächsten zwei Jahre nach Einstellung von den Anschaffungs- / Herstellungskosten neuen Grundvermögens abgezogen werden kann (§ 13 Abs. 5 REIT-G). Hierdurch wird der REIT-AG die Möglichkeit gegeben, Re-Investitionen aus steuerbefreiten Veräußerungsgewinnen zu finanzieren. Dies ist vergleichbar mit der steuerfreien Übertragung von Veräußerungsgewinnen durch Bildung einer Rücklage nach § 6b EStG.

Die Ausschüttungsverpflichtung führt dazu, dass bei der REIT-AG die Möglichkeit des eigenfinanzierten Wachstums sowie der Zurückhaltung von Liquidität für zukünftige Instandhaltungs- und Verbesserungsmaßnahmen begrenzt ist. Wachstum wird im Ergebnis nur über Kapitalerhöhungen darstellbar sein.

Verstößt die REIT-AG gegen die Ausschüttungsverpflichtung, so werden zum einen Strafzahlungen der REIT-AG fällig, zum anderen kann der REIT-AG bei dauerhaftem Verstoß gegen die Ausschüttungsverpflichtung die Steuerbefreiung entzogen werden (§ 18 Abs. 5 REIT-G).

---

[19] Mindestausschüttung z.B. beim UK-REIT 90%, bei der SIIC 85%.

3. Besteuerung des G-REITs

3.1. Grundsätzliche Besteuerung

Ziel der REIT-Modelle ist es, die Anleger im Ergebnis steuerlich wie beim Direktinvestment zu behandeln. Insofern gehört zum REIT-Konzept, dass die aus der Vermietung und Veräußerung der Immobilien erzielten Einkünfte auf Gesellschaftsebene steuerbefreit und die Gewinne statt dessen auf Ebene der Anleger besteuert werden. Das REIT-G sieht entsprechend eine Befreiung der REIT-AG von der Körperschaft- und Gewerbesteuer vor (§ 16 REIT-G). Auf die Ausschüttungen der REIT-AG an ihre Anleger ist – mangels Vorbelastung auf Ebene der REIT-AG – das Halbeinkünfteverfahren nicht anzuwenden (§ 19 Abs. 5 REIT-G), eine hälftige bzw. vollständige Steuerbefreiung der Dividenden kommt also nicht in Betracht. Von den Ausschüttungen wird grundsätzlich eine gegenüber normalen Dividenden um 5% erhöhte Kapitalertragsteuer in Höhe von 25% zzgl. Solidaritätszuschlag einbehalten (§ 20 Abs. 1 Satz 1, Abs. 2 Satz 1 REIT-G), die jedoch an steuerbefreite juristische Personen des öffentlichen Rechts und nach § 5 Abs. 1 KStG steuerbefreite Körperschaften zu 2/5, an gemeinnützige und kirchliche Körperschaften voll erstattet wird (§ 20 Abs. 2 REIT-G i.V.m. §§ 44a Abs. 4 Satz 2, Abs. 8 Satz 2, 45 EStG). Gewinne aus der Veräußerung von REIT-Anteilen werden grundsätzlich nach den allgemeinen Regeln besteuert. Das Halbeinkünfteverfahren (hälftige bzw. völlige Steuerbefreiung der Veräußerungsgewinne) findet jedoch keine Anwendung (§ 19 Abs. 5 REIT-G).

Das REIT-G sieht keine Sonderregelungen hinsichtlich der Grunderwerbsteuer vor. Der Vorschlag des Bundesrates zur Einführung besonderer Grunderwerbsteuertatbestände in den Fällen der REIT-AG wurde bisher von der Bundesregierung abgelehnt[20].

3.2. Doppelte Verstrickung der stillen Reserven bei der REIT-AG

Die Steuerbefreiung der REIT-AG tritt mit Beginn des Wirtschaftsjahres ein, in dem die REIT-AG als solche ins Handelsregister eingetragen ist. Die REIT-AG hat entsprechend § 13 Abs. 1 und Abs. 3 KStG die stillen Reserven in ihren Wirtschaftsgütern steuerbilanziell aufzudecken. Da die REIT-AG zum Zeitpunkt der Aufdeckung ggf. rückwirkend steuerbefreit ist[21], erscheint fraglich, ob der steuerbilanzielle "Aufdeckungsgewinn" tatsächlich von der REIT-AG zu versteuern ist, insofern besteht von Seiten des Gesetzgebers Klarstellungsbedarf. Der "Aufdeckungsgewinn" unterliegt

---

[20] S. Ziffer 25 der Stellungnahme des Bundesrates (BT-Drucksache 16/4026, S. 62); Gegenäußerung der Bundesregierung (BT-Drucksache 16/4036, Ziffer 25).

[21] Der Bundestag spricht sich dagegen für eine Steuerbefreiung erst zu Beginn des Wirtschaftsjahres, das der Eintragung der REIT-AG ins Handelsregister folgt, aus (s. BT-Drucksache 16/4026, S. 65).

nicht der Ausschüttungsverpflichtung, da der Ausschüttungsbetrag nach dem HGB-Einzelabschluss der REIT-AG ermittelt wird[22]. Im HGB-Abschluss wurden die stillen Reserven nicht aufgedeckt, so dass ein entsprechender Gewinn handelsbilanziell nicht vorliegt.

Die lediglich steuerbilanzielle Aufdeckung der stillen Reserven der Wirtschaftsgüter der REIT-AG hat zur Folge, dass es zu einer doppelten Verstrickung der stillen Reserven kommen kann: Bei erstmaligem Eintritt in die Steuerbefreiung deckt die REIT-AG die stillen Reserven in den Bestandsimmobilien mit steuerlicher Wirkung auf, führt in ihrer HGB-Einzelbilanz aber weiterhin den historischen Buchwert fort. Veräußert sie im Anschluss daran ein Grundstück zu dem über dem handelsbilanziellen Buchwert liegenden Marktwert, hat sie handelsbilanziell einen entsprechenden Gewinn auszuweisen, der nach Maßgabe von § 13 REIT-G auszuschütten ist. Der Ausschüttungsgewinn unterliegt auf Ebene des Anlegers der vollen Besteuerung. Insofern unterliegen die stillen Reserven des Grundstückes einer doppelten Belastung, auf Ebene der REIT-AG sowie auf Ebene des Anlegers. Diese doppelte Verstrickung erscheint unbillig, da im Fall einer Direktanlage die stillen Reserven des Grundstückes nur einmal der Besteuerung unterlegen hätten.

Die doppelte Verstrickung stiller Reserven könnte nur vermieden werden, wenn der REIT-Anleger vor der Qualifizierung der Aktiengesellschaft als REIT-AG die stillen Reserven in dem REIT-Anteil unter Anwendung des Halbeinkünfteverfahrens aufdeckt und im Fall der Ausschüttung des Veräußerungsgewinnes der REIT-AG aufwandswirksam eine Teilwertabschreibung auf den REIT-Anteil vornimmt. Die nach dem Halbeinkünfteverfahren begünstigte steuerliche Entstrickung der stillen Reserven vor der Qualifizierung der Aktiengesellschaft als REIT-AG hätte zudem den Vorteil, dass bei einer späteren Veräußerung der Aktien der REIT-AG ein geringer Veräußerungsgewinn entsteht, der der vollen Besteuerung auf Ebene des Aktionärs unterliegt.

Ohne steuerliche Entstrickungsmaßnahme kann es bei Eintritt der REIT-AG in die Steuerbefreiung zu einer doppelten Verstrickung der stillen Reserven in den Wirtschaftsgütern der REIT-AG kommen[23]. Es sollte insofern erwogen werden, den bei der REIT-AG entstehenden steuerpflichtigen Aufdeckungsgewinn anteilig als Erhöhung der Anschaffungskosten der Anteile auf Anlegerebene zu berücksichtigen.

---

[22] Vgl. BT-Drucksache 16/4026, S. 37.

[23] Vgl. ebenso Schmidt / Behnes, FR 2006, S. 1105 (S. 1111); IFD, "Einführung eines deutschen REIT, IFD, Zusammenfassung der Empfehlungen" vom 12. Dezember 2005, S. 7.

3.3. Fälle wirtschaftlicher Doppelbesteuerung von Gewinnen

Der Gesetzesentwurf erscheint nicht unproblematisch, da er bereits konzeptionell in vielen Fällen eine wirtschaftliche Doppel- bzw. Mehrfachbesteuerung von Einkünften der REIT-AG vorsieht.

Direkte / Indirekte ausländische Immobilieninvestments

Investiert eine REIT-AG in ausländische Immobilien, werden die Einkünfte aus diesen Immobilien regelmäßig im Belegenheitsstaat besteuert. Die Dividenden der REIT-AG, die auf diese Einkünfte entfallen, unterliegen auf Ebene der Anleger erneut der Besteuerung. Im Fall der Direktinvestition des Anlegers in die ausländische Immobilie wären die daraus erzielten Einkünfte nach Maßgabe der Doppelbesteuerungsabkommen in Deutschland jedoch von der Bemessungsgrundlage ausgenommen. Insoweit besteht hier Nachbesserungsbedarf[24], da ansonsten die Gefahr besteht, dass die REIT-AG lediglich im Inland Investitionen vornehmen und sich insoweit vom internationalen Markt isolieren wird[25]. Die Diskriminierung ausländischer Immobilieninvestments erscheint letztlich auch europarechtlich bedenklich. Als Lösung käme eine dem § 4 InvStG nachgebildete Regelung in Betracht. Die Dividenden, die Einkünfte aus einem ausländischen Staat beinhalten, für die Deutschland nach dem entsprechenden Doppelbesteuerungsabkommen auf das Besteuerungsrecht verzichtet hat, wären demnach von der Veranlagung zur Körperschaft- / Einkommensteuer auf Anlegerebene auszunehmen[26].

Soweit eine REIT-AG über Auslandsobjektkapitalgesellschaften mittelbar in ausländische Immobilien investiert, sind deren Ausschüttungen an die REIT-AG in der Regel mit ausländischer Quellensteuer belastet. Die Quellensteuerfreiheit aufgrund der Mutter-Tochter-Richtlinie kommt regelmäßig nicht in Betracht, da die REIT-AG als steuerbefreite Kapitalgesellschaft nicht als "Gesellschaft" im Sinne der Mutter-Tochter-Richtlinie zu qualifizieren ist (vgl. Art. 2 der Richtlinie (EWG) Nr. 90/435[27]). Im Ergebnis würden die ausländischen Dividenden der Auslandsobjektgesellschaften der dreifachen Besteuerung unterliegen: Zunächst auf Ebene der ausländischen Gesellschaft, dann bei Ausschüttung der ausländischen Gesellschaft der ausländischen Quellensteuer und dann nochmals auf Ebene des Anlegers.

---

[24] Vgl. van Kann / Krämer, DStR 2006, S. 2105 (Fn. 46).

[25] Vgl. Schmidt / Behnes, FR 2006, S. 1105 (1111); Schultz / Thießen, DB 2006, S. 2144 (2148).

[26] Vgl. Schmidt / Behnes, FR 2006, S. 1105 (1111).

[27] Richtlinie (EWG) Nr. 90/435 über das gemeinsame Steuersystem der Mutter- und Tochtergesellschaften verschiedener Mitgliedstaaten vom 23. Juli 1990 (Abl. EG Nr. L 266 S. 20) zuletzt geändert durch RL 2003/123/EG vom 22.12.2003 (Abl. EG 2004 Nr. L 7 S. 41).

Indirekte Immobilieninvestition über Immobilienpersonengesellschaften

Die Immobilienpersonengesellschaft ist für Einkommensteuerzwecke nur Gewinnermittlungs- nicht aber Besteuerungssubjekt. Zu Doppelbelastungen könnte es insoweit also nur bei ausländischen Immobilieninvestments kommen. Allerdings ist sie eigenständiges Steuersubjekt für Gewerbesteuerzwecke. Soweit die Immobilienpersonengesellschaft gewerbesteuerlich die erweiterte Kürzung geltend machen kann, ist eine gewerbesteuerliche Doppelbelastung im Zusammenhang mit der späteren Ausschüttung an die Anleger ausgeschlossen. Die Voraussetzungen für die Geltendmachung der erweiterten Kürzung werden jedoch nicht stets erfüllt sein. In diesen Fällen würde die hieraus resultierende gewerbesteuerliche Doppelbelastung das Investment in eine REIT-AG gegenüber dem Direktinvestment benachteiligen.

Erbringung immobiliennaher Leistungen über REIT-Dienstleistungsgesellschaften

Lässt die REIT-AG immobiliennahe Nebentätigkeiten von REIT-Dienstleistungsgesellschaften an Dritte erbringen, kommt es ebenfalls zu steuerlichen Mehrfachbelastungen. Die REIT-Dienstleistungsgesellschaften sind nicht steuerbefreit. Die von ihnen erzielten Gewinne unterliegen daher auf ihrer Ebene der Besteuerung. Auf Ausschüttungen inländischer REIT-Dienstleistungsgesellschaften ist zudem Kapitalertragsteuer in Höhe von 10% abgeltend einzubehalten (§ 5 Abs. 2 Nr. 1 KStG i.V.m. § 44a Abs. 8 Satz 1 EStG). Des Weiteren unterliegen die Ausschüttungen der REIT-AG, die auf die Dividenden der REIT-Dienstleistungsgesellschaften entfallen, beim Anleger in vollem Umfang der Besteuerung. Um diese Mehrfachbelastungen zu vermeiden, sollte hinsichtlich der Dividenden der REIT-AG, die auf solche bereits belasteten Einkünfte entfallen, das Halbeinkünfteverfahren auf Anlegerebene Anwendung finden. Darüber hinaus sollten Ausschüttungen der REIT-Dienstleistungsgesellschaft in vollem Umfang von der Kapitalertragsteuer entlastet werden.

Die Vermeidung der Doppelbelastung durch Begründung einer Organschaft zwischen der REIT-AG und der REIT-Dienstleistungsgesellschaft ist nicht möglich, da die REIT-AG als von der Körperschaftsteuer befreite Gesellschaft nicht Organträgerin sein kann (vgl. § 14 Abs. 1 Satz 1 Nr. 2 Satz 1 KStG)[28].

Vermeidung von Doppelbelastungen durch nur teilweise Steuerbefreiung der REIT-AG

Die oben beschriebenen Doppel- bzw. Mehrfachbelastungen könnten ggf. auch dadurch vermieden werden, dass die Einkünfte der REIT-AG auf ihrer Ebene je nach

---

[28] a.A. Dettmeier / Gemmel / Kaiser, RIW 2006, S. 837.

Herkunft steuerlich unterschiedlich zu behandeln sind. Eine Steuerbefreiung wäre für die inländischen Einkünfte aus der Vermietung und Verpachtung sowie der Veräußerung der Immobilien vorzusehen. Mit allen anderen Einkünften (also Gewinnausschüttungen der Tochtergesellschaften, Vermietungs- und Verpachtungseinkünften aus Auslandsimmobilien etc.) würde die REIT-AG der Besteuerung wie jede Aktiengesellschaft unterliegen. Auf Ebene der Anteilseigner der REIT-AG wäre das Halbeinkünfteverfahren nur hinsichtlich der Dividenden, die auf steuerfreie Einkünfte der REIT-AG entfallen, ausgeschlossen[29].

Zwar ist diese "Aufteilung" der Einkünfte auf Ebene der REIT-AG mit einem zusätzlichen Verwaltungsaufwand verbunden, allerdings wird auch in ausländischen REIT-Systemen die getrennte Behandlung der Einkünfte als gangbarer Weg angesehen werden. Um eine Steuerbegünstigung nur des Kernimmobiliengeschäftes sicherzustellen, werden z.B. beim UK-REIT die Aktivitäten entsprechend in einen begünstigen ("*ring fenced business*") und nicht begünstigten ("*non ring fenced activities*") Bereich aufgeteilt, wobei Verrechnungen von Gewinnen und Verlusten zwischen beiden Bereichen nicht möglich sein sollen. Während der UK-REIT mit den Gewinnen aus den begünstigten Aktivitäten (Kernimmobiliengeschäft) steuerbefreit ist, unterliegen die Gewinne aus den anderweitigen Aktivitäten der regulären Körperschaftsbesteuerung[30]. Auch die französische SIIC bleibt grundsätzlich körperschaftsteuerpflichtig und ist nur mit ihren begünstigten Haupttätigkeiten von der Körperschaftsteuer befreit[31].

Der deutsche Gesetzgeber wollte einen solchen Verwaltungsaufwand vermeiden und eine einfache Handhabung der REIT-AG durch die vollständige Steuerbefreiung gewährleisten. Ob jedoch eine solche einfache Handhabung steuerliche Nachteile kompensieren kann, erscheint mehr als fraglich. Zudem ist den Steuerpflichtigen die Aufteilung in steuerlich begünstigte und steuerlich nicht begünstigte Tätigkeiten bereits im Zusammenhang mit der Geltendmachung der erweiterten Kürzung bekannt. Nur der Teil des Gewerbeertrages, der aus der Verwaltung und Nutzung des eigenen Grundbesitzes stammt, ist zu kürzen. Soweit der Steuerpflichtige noch andere Tätigkeiten ausübt, die die erweiterte Kürzung zwar nicht ausschließen, deren Erträge jedoch selbst nicht zu kürzen sind, wird auch hier eine entsprechende Aufteilung der Erträge vorgenommen.

---

[29] Vgl. Harald Plewka in "Deutscher Reit ist ein Steuerflop" aus Börsen-Zeitung vom 7. Dezember 2006.

[30] Vgl. Pluskat, IStR 2006, S. 661 (662 f.); Fabry / Riha, RIW 2006, S. 528 (532).

[31] Vgl. Schimmelschmidt / Tauser / Lagarrigue, IStR 2006, S. 120 (121).

3.4. Wirksame Sicherstellung der Besteuerung der ausländischen Anleger

Der Sicherstellung der Besteuerung von Immobiliengewinnen in Deutschland bei der Beteiligung ausländischer Anleger an der REIT-AG wurde insbesondere in der politischen Diskussion zur Ausgestaltung des G-REITs besondere Bedeutung beigemessen[32]. Dem liegt zugrunde, dass Doppelbesteuerungsabkommen, auf die sich ausländische Anleger berufen können, regelmäßig das Besteuerungsrecht Deutschlands hinsichtlich inländischer Dividenden beschränken. Der reduzierte Quellensteuersatz beträgt 15%. Bei einer unmittelbaren Beteiligung des Anlegers in der Rechtsform einer Kapitalgesellschaft an der REIT-AG in Höhe von 10% oder 25% (je nach Doppelbesteuerungsabkommen) mindert sich diese Quellensteuer weiter auf 5% bzw. sogar auf 0% (Schachtelprivileg). Bei ausländischen Anteilseignern würden die Erträge aus dem G-REIT somit nur gering oder ggf. auch gar nicht besteuert werden[33].

Zur Sicherstellung der Besteuerung der ausländischen Anleger in Deutschland sollen die Gewinnausschüttungen an den ausländischen Anleger nunmehr weiterhin als Dividende qualifiziert werden. Um die Geltendmachung des doppelbesteuerungsrechtlichen Schachtelprivileges auszuschließen, darf der Anleger (direkt) nur weniger als 10% der Aktien oder der Stimmrechte an der REIT-AG halten (§ 11 Abs. 4 REIT-G). Dies entspricht der Regelung für den UK-REIT[34].

Bei einem Verstoß gegen die Höchstbeteiligungsgrenze soll der Anleger aus seiner gesamten Beteiligung nur die Rechte geltend machen können, die ihm aus einer Beteiligung von unter 10% zustehen würden. Dies gilt auch für die Anwendung der Doppelbesteuerungsabkommen (§ 16 Abs. 2 REIT-G). Ausdrücklich normiert § 20 Abs. 4 REIT-G hierzu, dass ein Anleger das doppelbesteuerungsrechtliche Schachtelprivileg gegenüber der REIT-AG nicht geltend machen kann. Einen Antrag auf Freistellung von bzw. Erstattung der Kapitalertragsteuer gem. § 50d EStG wird die Finanzverwaltung insoweit ablehnen.

---

32 IFD-Stellungnahme "Sicherstellung der deutschen Besteuerung ausländischer REIT-Aktionäre" vom 18. Mai 2005.

33 Vgl. Klühs / Schmidtbleicher, IStR 2007, S. 16 (17); Frankreich hat für den Verlust des Steueraufkommens in den Fällen des doppelbesteuerungsrechtlichen Schachtelprivileges bis 30.06.2007 keine Vorsorge getroffen mit der Folge entsprechender Steuerausfälle (vgl. Lieber / Schönfeld, IStR 2006, S. 126 (126)). Zum 01.07.2007 wurde eine 20%-ige Strafbesteuerung für Ausschüttungen an Körperschaften eingeführt (Steuerschuldner ist der REIT). Betroffen sind Körperschaften, die mit mindestens zehn Prozent am Kapital der SIIC beteiligt sind, die selbst keiner oder einer um zwei Drittel niedrigeren Körperschaftsteuer unterliegen und selbst auch keiner Weiterausschüttungsverpflichtung an Anleger unterliegen (Stoschek, Französische REIT-Gesetzgebung novelliert, www.pwc.de).

34 Vgl. Klühs / Schmidtbleicher, IStR 2007, S. 16 (17).

Durch die Höchstbeteiligungsklausel soll zudem die Anwendung der Mutter-Tochter-Richtlinie (§ 43b EStG), und die darin enthaltene Freistellung vom Quellensteuerabzug bei EU-Kapitalgesellschaften ausgeschlossen werden. Durch die Beschränkung auf unter 10% der Anteile an der REIT-AG kann die zur Anwendung des § 43b EStG erforderliche Mindestbeteiligung nicht erreicht werden. Darüber hinaus sieht § 43b Abs. 2 Satz 3 EStG vor, dass die Tochtergesellschaft eine unbeschränkt steuerpflichtige Gesellschaft sein muss. Da die REIT-AG als ausschüttende Gesellschaft von der Steuer befreit ist, ist § 43b EStG auch aus diesem Grund nicht anwendbar.

Der Gesetzgeber hat im REIT-G ausdrücklich den Schutz der Doppelbesteuerungsabkommen begrenzt. Diese Vorgehensweise stellt einen sog. "treaty override" dar, dessen Zulässigkeit fraglich ist[35]. Teilweise wird vertreten, dass ein treaty override aufgrund des Vorranges des Völkerrechts vor nationalem Recht gem. Art. 25 GG unzulässig sei[36]. Herrschende Meinung in Rechtsprechung und Literatur gehen jedoch davon aus, dass ein treaty override nicht grundsätzlich wegen Art. 25 GG und Art. 59 Abs. 2 GG unzulässig sei. Aufgrund der Umsetzung der Doppelbesteuerungsabkommen durch die Zustimmungsgesetze nach Art. 59 Abs. 2 GG in nationales Recht, soll kein grundsätzlicher Vorrang des Doppelbesteuerungsabkommens als völkerrechtlicher Vertrag bestehen[37]. Insoweit seien die allgemeinen Regelungen zur Lösung der Kollisionsprobleme anzuwenden[38]. Nach einer solchen allgemeinen Regelung geht das spätere Gesetz dem früheren vor (Grundsatz des "lex posterior")[39]. Das dem Doppelbesteuerungsabkommen widersprechende nationale Recht wäre damit grundsätzlich wirksam[40]. Zudem steht dem Steuerpflichtigen selbst kein rechtlicher Schutz zu. Lediglich der Vertragspartner des Doppelbesteuerungsabkommens kann eine Anpassung des Doppelbesteuerungsabkommens verlangen oder dasselbe kündigen[41]. Es wird davon auszugehen sein, dass der BFH den treaty override billigen wird. Es darf dennoch nicht außer Acht gelassen werden, dass der treaty override völkerrechtswidrig ist und einen bewussten Vertragsbruch Deutschlands darstellt. Darüber hinaus könnte die

---

[35] Vgl. zum treaty override Vogel, in Vogel / Lehnert, DBA, Einleitung, Rn. 193 ff.; zum treaty override bei der REIT-AG Schultz / Thießen, DB 2006, S. 2144 (2148); Klühs / Schmidtbleicher, IStR 2007, S. 16 (20).

[36] Vgl. Eckert, RIW 1992, S. 386 (387 f.).

[37] Vgl. BFH, DB 1994, S. 2531 (2531); Seer, IStR 1997, S. 481 (483).

[38] Vgl. Busching / Trompeter, IStR 2005, S. 510 (512).

[39] Vgl. z.B. Birk, in HHS, § 2 AO, Rn. 163.

[40] Vgl. Rust / Reimer, IStR 2005, S. 843 (847).

[41] Vgl. Vogel in Vogel / Lehnert, DBA, Einleitung, Rn.199.; Busching / Trompeter, IStR 2005, S. 511 (513).

Höchstbeteiligungsklausel aufgrund des Verstoßes gegen die Kapitalverkehrsfreiheit europarechtswidrig sein[42].

Im Zusammenhang mit der von dem Gesetzgeber gewählten Lösung zur Sicherstellung der Besteuerung der ausländischen Anleger, soll der REIT-AG sowie der Finanzverwaltung nach Auffassung des Gesetzgebers eine Kontrolle der Einhaltung dieser Beteiligungsgrenze aufgrund der Meldepflichten der Aktionäre nach dem WpHG sowie des REIT-G möglich sein[43]. Grundsätzlich haben die Aktionäre ein eigenes Interesse an der Erfüllung der Meldepflichten. Bei einem Verstoß gegen die Meldepflichten gemäß § 28 WpHG können sie für die Zeit des Verstoßes die Rechte aus den Aktien nicht geltend machen. Der REIT-AG wird jedoch auch bei entsprechenden Meldungen der Aktionäre eine abschließende Beurteilung, ob ein Verstoß gegen die Höchstbeteiligungsklausel vorliegt, nicht möglich sein. Der Meldepflichtige muss auch die von ihm für Dritte gehaltenen Aktien melden. Allerdings erfolgt diese Meldung ohne die Angabe, ob er die von ihm gemeldeten Anteile für sich oder einen Dritten hält. Eine effektive Kontrolle über die Beteiligungsgrenzen ist somit nicht möglich[44]. Insofern erscheint die Festsetzung des Verlustes der Steuerbefreiung bei der REIT-AG, wenn während dreier aufeinanderfolgender Wirtschaftsjahre gegen die Höchstbeteiligungsklausel verstoßen wurde, unbillig[45].

Die vom Gesetzgeber gewählte Sicherstellung der Besteuerung der ausländischen Anteilseigner ist zudem gestaltungsanfällig. Über das Modell der Wertpapierleihe könnten ausländische Anleger als Darlehensgeber die Besteuerung in Deutschland vermeiden. Bei der Wertpapierleihe werden Wertpapiere vom Darlehensgeber an den Darlehensnehmer gegen die Zahlung einer Kompensationsgebühr und eines Nutzungsentgeltes übereignet. Ausländische Darlehensgeber sind mit den Erträgen aus dem Wertpapierdarlehen in Deutschland nicht beschränkt steuerpflichtig. Wertpapierleihen liegen außerhalb des Anwendungsbereiches des § 49 EStG, so dass sie auch nicht abzugssteuerpflichtig sind. Mittels der Wertpapierleihe kann der ausländische REIT-Anleger Einkünfte aus der REIT-AG in der Form der Dividendenausgleichszahlungen ohne Kapitalertragsteuereinbehalt vereinnahmen[46].

---

42 Die Bundesregierung hat hierzu mitgeteilt, dass sie mit der Kommission in Verhandlungen steht (BT-Drucksache 14/4036, Ziffer 12).

43 Vgl. BT-Drucksache 16/4026, S. 20 f.

44 Vgl. Klühs / Schmidtbleicher, IStR 2007, S. 16 (20).

45 Vgl. Klühs / Schmidtbleicher, IStR 2007, S. 16 (22).

46 Vgl. hierzu Häuselmann, Bilanzsteuerliche Aspekte des Wertpapierhandels der Kreditinstitute, Frankfurt a. M. 2005/2006, S. 88; Mühlhäuser / Stoll, DStR 2002, S. 1597 (1601).

Die als Alternativen zur Beschränkung des Anteilsbesitzes der Anleger diskutierten Modelle waren freilich auch nicht unproblematisch. Bei dem sog. "*Einheitsmodell*"[47] sollte der Ausschüttungsanspruch als unmittelbar einklagbarer Anspruch des REIT-Aktionärs ausgestaltet werden. Dieser Anspruch sollte zu den "aus sonstigen Gesellschaftsanteilen stammenden Einkünften" gehören. Diese Einkünfte würden nur dann als Dividenden qualifiziert, wenn sie in Deutschland den Einkünften aus Aktien steuerrechtlich gleichzustellen gewesen wären. Deutschland hätte unter diesem Modell die Ausschüttungen der REIT-AG als Einkünfte aus Vermietung und Verpachtung qualifiziert. Die Einkünfte aus der REIT-AG hätten insofern den Aktien nicht gleichgestellt werden können. Statt dessen wären sie als Einkünfte aus unbeweglichem Vermögen zu qualifizieren gewesen (Art. 6 OECD-MA). Deutschland hätte das unbeschränkte Besteuerungsrecht hierauf zugestanden. Allerdings war die Wirksamkeit der Umqualifizierung der Einkünfte zweifelhaft[48]. Alternativ hierzu sah das "*Trustmodell / Trennungsmodell*" vor, dass die REIT-AG das Immobilienvermögen als Sondervermögen für die REIT-Aktionäre halten sollte[49]. Die von dem Sondervermögen erzielten Einkünfte wären den REIT-Aktionären nicht als Dividenden sondern als Ausschüttungen aus dem Sondervermögen zuzurechnen, wodurch sie abkommensrechtlich als Einkünfte aus unbeweglichem Vermögen (gem. Art. 6 OECD-MA) behandelt worden wären. Deutschland hätte insoweit das unbeschränkte Besteuerungsrecht zugestanden. Dieses Modell hätte jedoch einen erheblichen Änderungsbedarf zahlreicher Gesetze zur Folge gehabt, da es gerade nicht dem InvG und InvStG unterliegen sollte[50].

3.5. Anteilsveräußerung durch ausländische Anteilseigner

Die oben dargestellten Grundsätze der Besteuerung der Veräußerung von Anteilen an der REIT-AG (keine Anwendung des Halbeinkünfteverfahrens, volle Steuerpflicht) gelten grundsätzlich auch bei Anteilsveräußerung durch ausländische Anteilseigner. Bei diesen unterliegt der Veräußerungsgewinn nach Maßgabe von § 49 Abs. 1 Nr. 2 lit. e EStG der inländischen Besteuerung, sofern eine wesentliche Beteiligung i.S.v. § 17 EStG (Beteiligung $\geq$ 1%) vorliegt. Allerdings werden die von der Bundesrepublik Deutschland geschlossenen DBA im Regelfall das Besteuerungsrecht für Anteilsveräußerungsgewinne ins Ausland verlagern, so dass im DBA-Fall der

[47] Vgl. hierzu IFD, "Sicherstellung der deutschen Besteuerung ausländischer REIT-Aktionäre" vom 18. Mai 2005, S. 2 f.

[48] Vgl. Lieber / Schönfeld, IStR 2006, S. 126 (127).

[49] Vgl. hierzu IFD, "Sicherstellung der deutschen Besteuerung ausländischer REIT-Aktionäre" vom 18. Mai 2005, S. 5.

[50] Vgl. Lieber / Schönfeld, IStR 2006, S. 126 (127).

Veräußerungsgewinn für den ausländischen Anteilseigner regelmäßig steuerbefreit sein dürfte. Für den ausländischen Anteilseigner wird es daher oftmals steuerlich vorteilhaft sein, Gewinne des REIT im Wege der Anteilsveräußerung und nicht im Wege der Dividendenausschüttung zu vereinnahmen, da die bei Dividendenausschüttung entstehende Kapitalertragsteuer im Fall der Anteilsveräußerung vermieden werden kann. Diese im Ergebnis unterschiedliche Behandlung von Dividendenausschüttungen und Veräußerungsgewinnen macht das System der REIT-Besteuerung gestaltungsanfällig. Es erscheint naheliegend, dass ausländische Anteilseigner versuchen werden, die Kapitalertragsteuerbelastung bei Dividendenausschüttungen z.B. durch Anteilsveräußerung vor dem Dividendenbeschluss an einen Steuerinländer zu vermeiden. Dieser muss zwar die Dividendenausschüttung in vollem Umfang versteuern, kann die ausschüttungsbedingte Wertminderung bei Weiterveräußerung der Anteile aber steuermindernd geltend machen und hierdurch die Besteuerung der Ausschüttung faktisch neutralisieren.

Naheliegend erscheint es auch für inländische Anteilseigner, ihre Anteile an einem deutschen REIT über eine ausländische Gesellschaft zu halten. Wertsteigerungen des REIT könnten in diesem Fall durch Anteilsveräußerung von der ausländischen Gesellschaft steuerfrei vereinnahmt werden und an den inländischen Steuerpflichtigen nach Maßgabe von § 3 Nr. 40 EStG begünstigt nach dem Halbeinkünfteverfahren bzw. nach § 8b KStG weitergeleitet werden. Dieser Gestaltung soll freilich dadurch vorgebeugt werden, dass § 8 Abs. 1 Nr. 9 AStG in der Weise geändert wird, dass auch Gewinne aus der Veräußerung von Anteilen an einer REIT-AG durch eine ausländische Gesellschaft zu den passiven Einkünften nach § 8 AStG gehören und insoweit beim inländischen Gesellschafter im Durchgriff durch die ausländische Gesellschaft der Hinzurechnungsbesteuerung nach § 7 ff. AStG unterliegen würden.

4. Exit Tax

4.1. Zeitlich begrenzte Einführung einer Exit Tax

Die Überführung von Immobilienbeständen auf einen REIT bzw. einen Vor-REIT soll zeitlich begrenzt für Vertragsabschlüsse bis zum 01.01.2010 durch eine sogenannte Exit Tax begünstigt werden. Danach soll im Fall der Veräußerung von Betriebsimmobilien an eine REIT-AG die Hälfte des hierbei entstehenden Gewinnes von der Steuer befreit werden (§ 3 Nr. 70 EStG-E). Gleiches gilt im Fall der "Umwandlung" einer bestehenden Immobilien-AG in eine REIT-AG: Auch in diesem Fall soll der aus dem Ansatz der Immobilien mit dem Teilwert bei Übergang in die Steuerbefreiung resultierende Gewinn hälftig von der Steuer befreit werden (§ 17 Abs. 2 REIT-G). Voraussetzung der begünstigten Exit Tax ist, dass der Grund und Boden bzw. das Gebäude bereits seit mehr als 10 Jahren zum Anlagevermögen eines inländischen Betriebsvermögens des Veräußernden gehört hat. Die hälftige Steuerbefreiung entfällt rückwirkend, mit der Rechtsfolge der Haftung des G-REITs / Vor-REITs für die aus dem Wegfall der Steuerbefreiung resultierenden Steuern, wenn der G-REIT die Immobilie innerhalb von 4 Jahren seit Vertragsabschluss über den Grundstückserwerb veräußert oder der Vor-REIT nicht innerhalb dieser Frist als REIT-AG eingetragen wird.

Ziel der Exit Tax ist letztlich, eine Mobilisierung des im internationalen Vergleich hohen Immobilienbestandes deutscher Unternehmen zu erreichen. Dieser Immobilienbestand weist oftmals hohe stille Reserven auf, was eine Veräußerung der Immobilien für die Unternehmen im Regelfall steuerlich unattraktiv macht. Die Exit Tax kann in diesem Zusammenhang zu höheren Steuereinnahmen beitragen, wenn sich aufgrund der Exit Tax Unternehmen von ihrem Immobilienbestand trennen, demgegenüber ohne den Anreiz der hälftigen Steuerbefreiung davon auszugehen wäre, dass die Unternehmen weiterhin die Immobilien in ihrem Bestand halten würden und es ggf. erst zu einem späteren Zeitpunkt bzw. nie zu einer Realisierung der stillen Reserven kommen würde. Daneben könnte die Exit Tax auch zu einer verbesserten Kapitalallokation beitragen, wenn freiwerdende Mittel in den Unternehmen einer effizienteren Verwendung zugeführt, z.B. für Wachstumsinvestitionen eingesetzt würden.

4.2. Anreizwirkungen der Exit Tax

Fraglich ist, ob die Anreizwirkungen der Exit Tax stark genug sind, um (alleine) eine Mobilisierung des Immobilienbestandes zu erreichen. Die hierfür anzustellenden Überlegungen können mit folgendem vereinfachten Beispiel verdeutlicht werden:

Ein Unternehmen hat Bestandsimmobilien, die vollumfänglich abgeschrieben sind, also mit "Null" in der Steuerbilanz stehen. Das Unternehmen erzielt mit der Immobilie Erträge von jährlich 100. Der Kalkulationszinsfuss i des Unternehmens beträgt 10%, die Gesamtsteuerbelastung, der Gesamtsteuersatz für Körperschaftsteuer und Gewerbesteuer S^{Er} beträgt 40%. Der Kalkulationszinsfuss im Nachsteuerfall i^{St} beträgt somit (ohne Berücksichtigung von gewerbesteuerlichen Hinzurechnungsbelastungen auf Dauerschuldzinsen[51]):

$i^{St} = i \text{ x } (1 - S^{Er}) = 6\%.$

[51] Vgl. hierzu Mellwig, Investition und Besteuerung, Wiesbaden 1985, S. 7-9 und S. 33-35.

Sofern das Unternehmen die Immobilie behalten würde, würde es aus der Nutzung der Immobilie einen jährlichen Mietertrag E von 100 erzielen, was nach der Formel für die ewige Rente

$$\frac{E}{i} \text{ bzw. } \frac{E \times (1 - S^{Er})}{i^{St}}$$

einem Barwert von 1.000 entspricht. Bei Veräußerung der Immobilie würde der Investor ceteris paribus ebenfalls (nur) einen Mietertrag von 100 p.a. realisieren, was bei unterstelltem gleichem Kalkulationszinsfuss von 10% und gleichem Erfolgsteuersatz des Investors wiederum einem Barwert des aus der Immobilie zu erzielenden Cash Flow von 1.000 entspricht. Sofern der Investor für die Immobilie also lediglich einen Kaufpreis von 1.000 zahlt, würde sich das veräußernde Unternehmen gegenüber der Fortführungsalternative schlechter stellen, da beim Verkauf der Veräußerungserlös um die Steuer auf den Veräußerungsgewinn zu mindern wäre. Ceteris paribus würde das Unternehmen im obigen Beispiel nur dann veräußern, wenn der Veräußerungspreis den Barwert des aus der Immobilie erzielbaren Cash Flow von 1.000 mindestens in Höhe der Steuerbelastung auf den Veräußerungsgewinn übersteigt.

Ein steuerpflichtiger Erwerber würde bei der Bewertung der Immobilie in einer Nachsteuerbetrachtung stets den Barwert des Steuervorteils aus den Abschreibungen der Immobilie kaufpreiserhöhend berücksichtigen.

Der Kaufpreis KP kann damit wie folgt bestimmt werden:

$$KP = \frac{E}{i} + KP \times \text{Gebäudeanteil} \times \text{AfA-Satz} \times S^{Er} \times RBF$$

mit AfA-Satz = $^{1}/_{n}$

Gebäudeanteil = 80%

RBF = Rentenbarwertfaktor = $\frac{(1 + i^{St})^n - 1}{i^{St} \times (1 + i^{St})^n}$

n = Nutzungs- / AfA-Dauer = 33

E = jährlicher Mietertrag

Nach Umformen erhält man:

$$KP = \frac{E}{i} \times (1 - \text{Gebäudeanteil} \times \text{AfA-Satz} \times S^{Er} \times RBF)$$

Im Beispiel ergäbe sich ein Kaufpreis von 1.160 und damit eine AfA- bzw. Steuerersparnis bedingte Kaufpreiserhöhung von 160. Dem steht eine steuerliche Belastung des Veräußerers mit Exit Tax in Höhe von 1.160 x S^{Er} x 50% = 232 gegenüber. Die Veräußerung wäre mithin gegenüber der Fortführungsalternative nachteilig.

Ohne Berücksichtigung von grunderwerbsteuerlichen Auswirkungen würde die oben dargestellte Nachteilhaftigkeit der Veräußerungsalternative erst bei einem Kalkulationszinsfuss i von ca. 5% umschlagen. Die Exit Tax alleine wäre somit kaum ein ausreichender Anreiz, um eine Veräußerung von Immobilien mit stillen Reserven zu bewirken.

Die obigen Berechnungen unterstellen, dass der Investor die steuerliche Entlastungswirkung der AfA kaufpreiserhöhend berücksichtigt. Fraglich erscheint, ob eine solche Annahme bei Veräußerung an einen REIT überhaupt getroffen werden kann. Der REIT selbst ist steuerbefreit, so dass sich auf Ebene des REIT keine steuerliche Entlastungswirkung der AfA ergeben kann. Vordergründig würde sich daher aus Sicht des REIT bei einem Kalkulationszinsfuss von 10% ein Kaufpreis von 1.000 (= Barwert der ewigen Rente) ergeben. Dieses Ergebnis erscheint bei genauerer Betrachtung allerdings unzutreffend. Die Anleger in einem REIT werden im Ergebnis steuerlich wie bei einer Direktanlage in eine Immobilie gestellt. Eine Besteuerung auf Ebene des REIT erfolgt nicht. Vielmehr werden lediglich die Ausschüttungen des REIT auf Ebene der Anleger (in vollem Umfang) besteuert. Die (grundsätzlich mögliche) Ausschüttung der Abschreibungen (§ 13 Abs. 4 REIT-G) wird im Regelfall als nicht steuerbare Einlagenrückgewähr zu qualifizieren sein, so dass im Ergebnis der Cash Flow aus der AfA wie im Fall des steuerpflichtigen Investors von den Anlegern steuerfrei vereinnahmt werden kann. Es erscheint naheliegend, dass ein REIT diesen Effekt bei der Kaufpreiskalkulation (z.B. durch Ansatz eines geringeren Kalkulationszinsfusses) berücksichtigt. Andernfalls würde der von einem REIT gebotene Kaufpreis ceteris paribus unter dem von anderen institutionellen Steuerpflichtigen gebotenen Kaufpreis liegen.

Die obigen Überlegungen verdeutlichen auch, dass aus der Exit Tax keine steuerlichen Vorteile im Rahmen von Sale and Lease Back-Gestaltungen gezogen werden können, wie dies teilweise von Vertretern der Finanzbehörden befürchtet wird. Die Grenzmiete, die der Leasingnehmer / Verkäufer im Rahmen eines Sale and Lease Back-Geschäftes zahlen könnte, wäre im obigen Beispielsfall gleich dem vom Veräußerer mit der Immobilie erzielbaren Ertrag von E = 100. Zahlt der Verkäufer / Leasingnehmer eine Leasingrate von 100, gibt er im Beispiel sämtliche mit dem Grundstück erzielten Erträge über die Leasingrate an den Leasinggeber weiter. Im wirtschaftlichen Ergebnis entspricht damit das Sale and Lease Back-Geschäft der Situation des Grundstückverkaufes ohne Lease Back. Die obigen Berechnungen zeigen, dass allein aus der Exit Tax in dieser Situation für den Verkäufer keine Vorteilhaftigkeit der Veräußerung gegenüber der Fortführungsalternative generiert werden kann.

Nicht unproblematisch erscheint der faktische Wettbewerbsvorteil, den die Exit Tax dem REIT verschafft. In einer Situation, in der bei Veräußerung an einen REIT von der Exit Tax profitiert werden kann, wird der Veräußerer stets die Veräußerung an den REIT bevorzugen. In vielen Fällen wird der REIT sogar von der begünstigten Exit Tax des Veräußerers durch einen Kaufpreisabschlag partizipieren können, denn es erscheint naheliegend, dass der Veräußerer und der REIT den steuerlichen Vorteil aus der Exit Tax untereinander aufteilen. Im Ergebnis subventioniert damit die Exit Tax den vom REIT zu zahlenden Kaufpreis. Es stellt sich in diesem Zusammenhang die Frage, ob diese steuerliche Kaufpreissubvention eine Beihilfe wäre, die der Genehmigung durch die Europäische Kommission bedürfte[52]. Eine (unerlaubte) Beihilfe kann insbesondere dann vorliegen, wenn staatlicherseits bestimmte Unternehmen oder Gruppen von Unternehmen im Vergleich zu anderen Unternehmen besonders gefördert werden.

Literaturverzeichnis

Busching / Trompeter:
Der G-REIT und die Steuerpflicht ausländischer Anteilseigner; in: Internationales Steuerrecht (IStR) 2005, S. 510 ff.

Dettmeier / Gemmel / Kaiser:
Steuerliche Rahmenbedingungen für den deutschen REIT und seine Aktionäre auf Basis des ersten Referentenentwurfs eines REIT-Gesetzes; in: Recht der Internationalen Wirtschaft (RIW) 2006, S. 832 ff.

Eckert:
Rechtsschutz gegen "Treaty Overriding"; in: Recht der Internationalen Wirtschaft (RIW) 1992, S. 386 ff.

[52] Vgl. BR-Drucksache 779/06, S. 8 sowie BT-Drucksache 16/436.

Fabry / Riha:
Der Gesetzentwurf zu UK-REITs vor dem Hintergrund weltweiter REIT-Gesetzgebung; in: Recht der Internationalen Wirtschaft (RIW) 2006, S. 528 ff.

Häuselmann:
Bilanzsteuerliche Aspekte des Wertpapierhandels der Kreditinstitute, 10. Aufl., Frankfurt a. M. (2005/2006).

Hübschmann / Hepp / Spitaler:
AO-Kommentar, Stand 2006, Köln.

Kann / Just / Krämer:
Der Regierungsentwurf eines Gesetzes zur Schaffung deutscher Immobilien-Aktiengesellschaften mit börsennotierten Anteilen; in: Deutsches Steuerrecht (DStR) 2006, S. 2105 ff.

Klühs / Schmidtbleicher:
Besteuerung ausländischer Anleger nach dem Regierungsentwurf zur Einführung deutscher Reits; in: Internationales Steuerrecht (IStR) 2007, S. 16 ff.

Lieber / Schönfeld:
Sicherstellung einer angemessenen deutschen Besteuerung der ausländischen Anteilseigner eines deutschen REIT; in: Internationales Steuerrecht (IStR) 2006, S. 126 ff.

Mellwig:
Investition und Besteuerung, Wiesbaden (1985).

Mellwig / Weinstock:
Die Zurechnung von mobilen Leasingobjekten nach deutschem Handelsrecht und den Vorschriften des IASC; in: Der Betrieb (DB) 1996, S. 2345 ff.

Mühlhäuser / Stoll:
Besteuerung von Wertpapierdarlehens- und Wertpapierpensionsgeschäften; in: Deutsches Steuerrecht (DStR) 2002, S. 1597 ff.

Pluskat:
Neue Impulse für die geplante steuerbegünstigte Immobilienaktiengesellschaft (REIT) in Deutschland durch den UK-REIT; in: Internationales Steuerrecht (IStR) 2006, S. 661 ff.

Pluskat / Rogall:
Steuerbegünstigte Immobilienaktiengesellschaften (REITs) in Deutschland – Anmerkungen zu ersten Vorschlägen aus gesellschaftsrechtlicher und steuerrechtlicher Sicht; in: Recht der Internationalen Wirtschaft (RIW) 2005, S. 253 ff.

Rust / Reimer:
Treaty Override im deutschen Internationalen Steuerrecht; in: Internationales Steuerrecht (IStR) 2005, S. 843 ff.

Seer:
Grenzen der Zulässigkeit eines treaty overridings am Beispiel der Switch-over-Klausel des § 20 AStG; in: Internationales Steuerrecht (IStR) 1997, S. 481 ff.

Schacht / Gänsler:
Der deutsche Real Estate Investment Trust (REIT) als Anlageinstrument für den deutschen Immobilien- und Kapitalmarkt; in: Deutsches Steuerrecht (DStR) 2006, S. 1518 ff.

Schimmelschmidt / Tauser / Lagarrigue:
Immobilieninvestitionen deutscher Anleger in französische REITs; in: Internationales Steuerrecht (IStR) 2006, S. 120 ff.

Schmidt / Behnes:
Entwurf eines Gesetzes zur Schaffung deutscher REIT Immobiliengesellschaften; in: Betriebs-Berater (BB) 2006, S. 2329 ff.

Schmidt / Behnes:
Regierungsentwurf zur Schaffung deutscher REIT-AGs; in: Finanz-Rundschau (FR) 2006, S. 1105 ff.

Schultz / Thießen:
Der Referentenentwurf zum German Real Investment Trust (G-REIT); in: Der Betrieb (DB) 2006, S. 2144 ff.

Stoschek / Dammann:
Internationale Systeme der Besteuerung von REITs; in: Internationales Steuerrecht (IStR) 2006, S. 403 ff.

Vogel / Lehnert:
DBA – Kommentar, 4. Auflage, München (2003).

Die Einkommensteuer in der Krise

von Dr. Theodor Siegel

Professor für Betriebswirtschaftslehre, Direktor i.R. des Instituts für Rechnungswesen und Wirtschaftsprüfung an der Humboldt-Universität zu Berlin

Inhalt

1. Problemstellung

In den 1970er Jahren breitete sich das Fach Betriebswirtschaftliche Steuerlehre, seiner Bedeutung entsprechend, an den deutschen Universitäten aus. *Winfried Mellwig* gehörte zu den jungen Fachvertretern, die diese Disziplin zur Blüte führten. Dabei wurde insbesondere die Verzahnung der Besteuerung mit der betrieblichen Finanzierung herausgearbeitet; *Mellwig* trug hierzu u.a. mit seinem markanten Lehrbuch „Investition und Besteuerung“ bei.[1]

In jener Zeit stellte die Einkommensbesteuerung in Deutschland noch ein relativ systematisches Gebilde dar;[2] die Gewerbeertragsteuer war allerdings damals wie heute als Sondersteuer ein Dorn im Auge.[3] Jedenfalls war mit dem Anrechnungsverfahren gerade ein fast ideales Körperschaftsteuersystem eingeführt worden, durch welches die Gewinnbesteuerung der Kapitalgesellschaften einleuchtend mit der Einkommensbesteuerung verwoben wurde. Kennzeichnend ist, daß damals noch im wesentlichen eine synthetische Einkommensteuer vorlag, nach der alle Einkommen grundsätzlich in gleicher Weise besteuert wurden.

Inzwischen ist soviel in Bewegung geraten und weiterhin im Fluß, daß die Anwendung von „Anpassungsfähigkeit und Ungewißheitstheorie“ – so der Titel der Dissertation von *Winfried Mellwig*[4] – dem Steuerbürger nicht weiterhelfen kann. Vermutlich bedauert *Mellwig* den fortschreitenden Verlust an Systematik in gleicher Weise wie der Autor. Dieser Abbau sei zunächst in groben Zügen nachgezeichnet,[5] bevor die gegenwärtige Situation skizziert wird, in der derartig gravierende Ungleichheiten zu befürchten sind, daß m.E. von einer Krise der Einkommensteuer zu sprechen ist.

Damit die Probleme des drohenden Zustands ins Auge fallen, ist mit einer „idealen“ Einkommensteuer eine Vergleichsbasis aufzuzeigen. Allerdings kommt in Betracht, daß die Politik theoretische Lösungen, die dem Ideal gleichmäßiger Besteuerung verpflichtet sind, möglicherweise wegen faktischer Zwänge nicht umsetzen kann. Dabei

---

1 Siehe *Mellwig* (1985); vgl. auch bereits *Mellwig* (1977) und *Mellwig* (1981).

2 Daß das Einkommensteuergesetz der Bundesrepublik Deutschland seit jeher über das enthaltene subjektive Nettoprinzip und das Splittingverfahren problematische Komponenten enthält, ist methodisch kein Thema des Einkommensteuer-, sondern des Subventions- und Transferzahlungsrechts; vgl. hierzu *Theodor Siegel* in einem Diskussionsbeitrag: Steuervereinfachung; Hrsg. Peter Fischer; Veröffentlichungen der Deutschen Steuerjuristischen Gesellschaft, Band 21; Köln 1998; S. 165, mit Zustimmung von *Klaus Tipke*, S. 212.

3 Vgl. bereits *Mellwig* (1989), S. 292, zur Alternative eines kommunalen Zuschlags zur Einkommensteuer.

4 Vgl. *Mellwig* (1972).

5 Vgl. die umfassendere Kritik in: *Sachverständigenrat* (2003), Ziffern 533-557; ferner die Diskussion von Fehlentwicklungen bei *Bareis* (2006a) sowie seine „Mängelliste“ bei *Bareis* (2006b), S. 32-38; im Übrigen weit ausholend *Tipke* (2006). Beachtlich auch die Überschrift bei *Stapperfend* (2006) zu einem hier nicht behandelten Spezialproblem.

spielt eine Rolle, daß „zu hohe“ Steuersätze wohl die Leistungsbereitschaft bei den Betroffenen mindern und möglicherweise zur Auswanderung Anreiz geben.[6] So könnte sich das Problem daraus ergeben, daß die internationale Verflechtung der deutschen Wirtschaft die Senkung der Steuersätze auf ein konkurrenzfähiges Niveau verlangt, aber eine gleichheitsgerechte Entlastung aus fiskalischen oder (bei Unfähigkeit zum Abbau von Vergünstigungen) aus subventionspolitischen Gründen nicht möglich ist. Derartige gleichheitswidrige Maßnahmen setzen jedoch für ihre Akzeptanz voraus, daß Belege empirischer Forschung das Überwiegen positiver Wirkungen – gegenüber Mitnahmeeffekten – annehmen lassen.

2. Eine ideale Einkommensteuer als Soll-Lösung

2.1. Steuersystem

Nach einer andauernden jüngeren Diskussion in den Steuerwissenschaften über die Frage, ob eine Einkommensteuer oder eine Konsumsteuer („konsumorientierte Einkommensteuer“) als zentrale Steuer zu wählen ist, sollte die Einkommensteuer nicht unmittelbar als Ideal deklariert werden, auch wenn gegenwärtig keine konkreten Vorstöße zur Ersetzung durch eine Konsumbesteuerung[7] vorliegen.

Bei dieser Grundsatzentscheidung ist es besonders wichtig, darauf hinzuweisen, daß sich eine ideale Steuer nicht etwa mit vergleichbar naturwissenschaftlicher Methodik begründen läßt, sondern nur aus ethischen Grundwertungen abgeleitet werden kann. Je nach Ausgangswertung können unterschiedliche Steuersysteme präferiert werden, von denen keines „von Natur aus“ besser als das andere ist. Zu verlangen ist aber eine Transparenz der Grundwertungen[8]: Deren Offenlegung ermöglicht gesellschaftliche Zustimmung oder Ablehnung je nach Überzeugungskraft. In der wissenschaftlichen Diskussion wird nur so der Weg zum fairen Streit der Auffassungen eröffnet: Wer eine Lösung ablehnt, muß entweder argumentieren, warum er die Ausgangswertung nicht als allgemeinverbindlich anzuerkennen bereit ist, oder er muß Fehler in der Deduktion der konkreten Lösung aus der akzeptierten Ausgangswertung aufzeigen.[9]

Die geeignete (aber bestreitbare) Grundwertung besteht m.E. darin, daß die Realisierung von Reinvermögenszugängen dazu führen soll, daß der Staat an dieser Reichtumsmehrung partizipiert. Realisierter Reinvermögenszugang sei als Einkommen ver-

---

6 Vgl. bereits *Buchanan* (1984).

7 Daß neben der Einkommensteuer insbesondere mit der Umsatzsteuer eine gewichtige Konsumbesteuerung vorliegt, kann hier unbeachtet bleiben.

8 Vgl. in diesem Zusammenhang *Küpper* (2005), um S. 37.

9 Vgl. den – bisher nicht berücksichtigten – Vorschlag zu diesem Vorgehen in der Diskussion des Splittingverfahrens bei *Siegel* (2001), S. 272-274.

standen,[10] und jedes Einkommen – gleich wie es zustandegekommen ist – soll einheitlich besteuert werden. Damit ist das Leistungsfähigkeitsprinzip i.w.S. skizziert, doch müssen zu seiner Umsetzung schwierige Fragen zum Zeitpunkt der Realisation von Einkommen geklärt werden.

An dieser Stelle ist zunächst auf die Abgrenzung von einer Konsumsteuer hinzuweisen: Bei dieser würde gespartes Einkommen steuerfrei bleiben und erst bei einem späteren Entsparen der Besteuerung unterliegen. Hier würde die Wertung zugrundeliegen, daß nur konsumiertes Einkommen zur Finanzierung des Staatsbedarfs beitragen soll, während gespartes Einkommen hierfür zu verschonen sei.[11] Dies erscheint jedoch wenig plausibel: Wenn man zur Staatsfinanzierung keine Kopfsteuer propagiert, kann die Abweichung von dieser Steuer m.E. nur von dem ethischen Grundgedanken ausgehen, daß derjenige mehr geben soll, der mehr geben kann. Und dieses Können hängt nicht vom Konsum, sondern vom Einkommen ab.[12] Auch im Denkmodell des *Rawls*'schen Schleiers des Nichtwissens[13] dürften sich die Bürger in Unkenntnis ihrer späteren Situation (aber in Kenntnis ökonomischer Zusammenhänge empirischer Gesetzmäßigkeiten) wohl für eine Einkommen- und gegen eine Konsumsteuer aussprechen.[14]

Wenn jedoch modellgestützt argumentiert wird, daß Einkommen- und Konsumsteuer auf dasselbe hinauslaufen, wenn das Endvermögen im Todesfalle als letzter Konsum besteuert wird,[15] so ist bereits auf die fragwürdigen Modellprämissen gleichbleibender Zins- und insbesondere Steuersätze hinzuweisen. So läßt sich die gegenwärtige Erbschaftsteuer als Ersatz-Einkommensteuer des Erben bzw. Beschenkten verstehen, weist aber im wesentlichen deutlich günstigere Steuersätze auf. Daher könnte die Annahme mehr als eine Spekulation sein, daß für den Erbfall ein günstigerer als der allgemeine Konsumsteuersatz durchgesetzt würde.[16] Daß ein solcher politischer Druck angesichts vielfach immenser, zeitlich geballter Belastungen der Erbmasse realisti-

---

[10] Vgl. etwa *Schneider* (1997), S. 245-250. Ein Überblick über in Betracht kommende Konzeptionen findet sich bei *Ruppe* (1990), Anm. 10-32. Vor allem von Finanzwissenschaftlern wird jedoch auch die Erfassung nicht realisierter Vermögenszuwächse vorgeschlagen; vgl. z.B. *Hackmann* (1983), insbes. S. 673-677. Zur weitergehenden Ablehnung einer Nutzenbesteuerung vgl. etwa *Hundsdoerfer* (2002), S. 42-50.

[11] Zur Diskussion von eventuellen Vorteilen der Konsumbesteuerung vgl. *Siegel* (2000); *Siegel* (2005b).

[12] Die Substanzbesteuerung braucht hier wohl nicht zurückgewiesen zu werden. Vgl. hierzu etwa *Siegel / Bareis* (2004), S. 241-242.

[13] Vgl. grundlegend *Rawls* (1971), S. 75-83; ferner z.B. *Jansen* (2006), S. 126-132. Vgl. abwägend *Schneider* (2002), S. 257-260.

[14] Vgl. hierzu implizit *Sterba* (1974), S. 115.

[15] Vgl. den Hinweis bei *Wagner* (1989), S. 273.

[16] Auf dieses Problem geht auch *Tipke* (2003), S. 638-646, bei seiner mit Sympathie endenden grundsätzlichen Beurteilung der Konsumsteuersysteme nicht ein.

scherweise anzunehmen sein dürfte, wird auch durch die gegenwärtige Tendenz erbschaftsteuerlicher Erleichterungen für Betriebsvermögen[17] gestützt.

Vor allem aber laufen Einkommen- und Konsumsteuer für den Steuerbürger nicht auf dasselbe hinaus, weil ihn eine Einkommensteuer, nicht aber eine „nachgelagerte Konsumsteuer"[18] trifft, denn im zweiten Falle ist er bereits tot.

Akzeptiert man die Einkommensteuer als zentrale Steuer, so verlangt das Prinzip der Gleichmäßigkeit der Besteuerung, daß Einkommen unterschiedslos zu besteuern ist. Dieser Gleichmäßigkeitsgrundsatz dürfte als allgemein akzeptierte Wertung anzunehmen sein; im Übrigen läßt er sich aus dem Gleichheitsgrundsatz des Art. 3 Abs. 1 GG ableiten.[19] Dem entspricht die Forderung nach einer synthetischen Einkommensteuer für alle Einkommen.[20] Das Gegenstück einer Schedulensteuer, die je nach Einkommensart unterschiedliche Steuerfolgen vorsieht, ist wegen ihrer Gleichheitsverstöße zurückzuweisen. Vor allem verlangt der Gleichmäßigkeitsgrundsatz, daß die Besteuerung bei ökonomisch identischem Ergebnis nicht von rechtlichen Gestaltungen – wie der Rechtsform[21] oder Finanzierungswegen[22] – abhängen darf.

Daher kommt eine institutionale Besteuerung der „Unternehmung an sich" nicht in Betracht, weil eine Unternehmung stets nur ein Mittel zum Zweck der Einkommenserzielung durch natürliche Personen darstellt.[23] Dies schließt jedoch nicht aus, daß eine Unternehmung als Steuersubjekt zur Erhebung einer Sicherungssteuer fungieren muß, die im Thesaurierungsfalle so lange zu erheben ist, bis Einkommen beim Unternehmer verfügbar wird. Diese Funktion hat die Körperschaftsteuer im Anrechnungsverfahren übernommen.[24]

---

17 Vgl. *Bundesregierung*: Entwurf eines Gesetzes zur steuerlichen Erleichterung der Unternehmensnachfolge; http://www.bundesfinanzministerium.de/lang_de/DE/Aktuelles/Pressemitteilungen / 2006/10/20062510_PM126_Anlage,templateIAd=raw,property=publicationFile.pdf (Abruf: 28.12. 2006). Hierzu liegt eine kritische Stellungnahme von *Maiterth* et al. (2006) vor – ein beachtlicher Beleg für das Weiterleben der u.a. von *Mellwig* mitbegründeten analytisch-deduktiven Richtung in der Betriebswirtschaftlichen Steuerlehre.

18 Dieser prägnante Ausdruck ist *Peter Bareis* zu verdanken.

19 Vgl. hierzu – auch mit Hinweis auf Gegenauffassungen – *Siegel* (2007), S. 280.

20 *Gosch* (1999), S. 753, spricht von einer „überaus wichtigen demokratischen Errungenschaft".

21 Zur Forderung nach Rechtsformneutralität vgl. auch *Siegel* (2004), S. 202-205; *Siegel* (2007).

22 Vgl. etwa die Analyse von *Mellwig* (1995) zur Steuerarbitrage bei Leasingverträgen.

23 Vgl. z.B. *Elschen* (1994), S. 316; *Siegel* et al. (2000), S. 1269; *Wagner* (2006), S. 107-108.

24 Allerdings erscheint nicht die Abgrenzung nach Rechtsformen, sondern nach der Verfügbarkeit des Gewinns für den Gesellschafter zweckmäßig; vgl. *Siegel* (1999b), S. 369. Zur Alternative der Teilhabersteuer, deren Praktikabilitätsprobleme möglicherweise mit zunehmender Elektronisierung des Besteuerungsverfahrens schwinden, vgl. *Siegel* (2007), S. 277-278, mit Hinweis auf *Seer* (2005). Zur elektronischen steuerlichen Vernetzung vgl. auch *Kommission „Steuergesetzbuch"* (2006), S. 52-54.

2.2. Konkretisierung des zu versteuernden Einkommens

Auch wenn hier im Einklang mit den noch erkennbaren Prinzipien des geltenden Einkommensteuerrechts realisierter Reinvermögenszugang als Einkommen verstanden wird, nicht realisierte Vermögenszuwächse oder auch putative Einkommen ausgeklammert werden, ist die Feststellung von Einkommen angesichts seiner vielfältigen Entstehungsmöglichkeiten problematisch. Unstrittig ist das (objektive) Nettoprinzip: Einkommen ergibt sich aus der Differenz zwischen verfügbar zugegangenen Zahlungen oder Zahlungsäquivalenten und der durch die Einkommenserzielung ausgelösten Ausgaben. Doch nicht nur die zeitliche Zuordnung von Ausgaben, namentlich bei der Gewinnermittlung, bereitet Schwierigkeiten; auch die Feststellung der Verfügbarkeit von Reinvermögenszugängen zu klären, kann problematisch sein.

M.E. ist hier ein wie folgt verstandenes Realisationsprinzip anzuwenden: Erträge und Aufwendungen gelten grundsätzlich mit ihrem Zu- bzw. Abfluß als realisiert; Aufwendungen sind jedoch nur insoweit zu berücksichtigen, wie „kein realisierbarer Gegenwert oder spätere sicher erscheinende Einzahlungen gegenüberstehen“[25]. Aus pragmatischen Gründen kann statt auf Zahlungen auf die Entstehung von Forderungen bzw. Verbindlichkeiten abgestellt werden, wobei kalkulatorische Zinsen zu verrechnen sind – ohne daß es zu einer späteren steuerwirksamen Aufzinsung kommt (!).[26] Diese Vereinfachung hätte allerdings insbesondere bei erheblichen zeitlichen Differenzen zwischen tatsächlichem und erwartetem Zahlungszeitpunkt ihre Grenzen.

Bei diesem Verständnis des Realisationsprinzips stellt sich mit der Umstellung der Rentenbesteuerung nicht etwa eine nachgelagerte Besteuerung ein,[27] wenn vorausgesetzt wird, daß den Prämienzahlungen kein sicher erscheinender gegenwärtiger Zahlungsanspruch gegenübersteht; insoweit unterscheidet sich die Situation z.B. nicht von der eines Werbefeldzugs, dessen Auszahlungen mangels sicherer Kompensation sofort als Betriebsausgaben das Einkommen verringern.[28]

2.3. Einkommensteuertarif und Leistungsfähigkeitsprinzip

Aus dem Leistungsfähigkeitsprinzip wird weithin abgeleitet, daß die Einkommensteuer nach einem progressiven Tarif erhoben werden soll.[29] Jedoch läßt sich aus dem zu unterstellenden Konsens darüber, daß sich die Bürger mit zunehmendem Einkommen stärker an der Finanzierung der Staatsausgaben beteiligen sollen, nicht ableiten, ob

---

[25] *Siegel* (2004), S. 195.

[26] Vgl. hierzu z.B. *Siegel* (1999a), S. 198.

[27] Anders *Wagner* (2002b), der einen Systembruch und „einen Übergang zur Konsumbesteuerung“ erkennen will.

[28] Vgl. *Siegel* (2002b).

[29] Vgl. die breite Diskussion bei *Tipke* (2000), S. 403-416.

dies in absolut oder in relativ steigenden Steuerzahlungen zu erfolgen hat.[30] Damit ist nur fixiert, daß der Grenzsteuersatz (jenseits des Existenzminimums) positiv sein muß: $T' > 0$. Für eine logische Herleitung des Tarifverlaufs gibt es keine Deduktionsbasis. Vielmehr kann es nur einer gesonderten Wertung entspringen, ob die Steigung progressiv (2. Ableitung der Steuerfunktion $T'' > 0$), linear (insoweit proportional: $T'' = 0$) oder degressiv ($T'' < 0$) verlaufen soll. M.E. legt das Leistungsfähigkeitsprinzip am ehesten die Umsetzung in einem proportionalen Tarif nahe.[31] Diese Interpretation schließt nicht aus, dennoch eine progressive Besteuerung als wünschenswert anzusehen – doch wäre dieser Verlauf als Ausfluß eines Sozialstaatsprinzips zu verstehen.[32]

3. Von der Erosion zur Krise

Die im Anrechnungsverfahren im wesentlichen ideale Verknüpfung der Körperschaftsteuer (als Sicherungssteuer) mit der Einkommensteuer setzt voraus, daß der Thesaurierungssatz der Körperschaftsteuer dem Spitzensteuersatz der Einkommensteuer entspricht; eine im Ergebnis niedrigere Steuerbelastung der Anteilseigner läßt sich durch Ausschüttungen und ggf. mit dem Schütt-aus-hol-zurück-Verfahren erreichen.[33] Der Gleichklang der genannten Steuersätze wurde bereits bei Geltung des Anrechnungsverfahrens vernichtet, indem dem Spitzensteuersatz der Einkommensteuer von 53 % (1990 bis 1999) bzw. 51 % (2000) ein Thesaurierungs-Körperschaftsteuersatz von 50 % (1990 bis 1993) bzw. 45 % (1994 bis 1998) bzw. 40 % (1999 und 2000) gegenüberstand.

Für Kapitaleinkünfte (die nicht Betriebseinnahmen darstellen) führte § 43a Abs. 1 EStG i.d.F. des StReformG 1990 vom 25.7.1988 im 1. Halbjahr 1989 zu einer Begünstigung in Gestalt der sog. Kleinen Kapitalertragsteuer: Sie wurden mit Abgeltungswirkung in Höhe von 10 % besteuert. Dieser Bruch wurde mit dem Gesetz zur Änderung des Steuerreformgesetzes 1990 (...) vom 30.6.1989 wieder beseitigt.

Eine andere weitgehende Verwerfung des Gleichbehandlungspostulats trat mit § 32c EStG für die Jahre 1994 bis 2000 ein, wodurch die Einkommensteuer auf den gewerblichen Anteil am zu versteuernden Einkommen auf 47 % gekappt wurde. Während diese Regelung „nach beinahe einhelliger Meinung [als] verfassungswidrig“[34] angesehen wurde, vermochte das Bundesverfassungsgericht jüngst keinen Verstoß ge-

---

30 Zu möglichen Tarifverläufen vgl. *Homburg* (2007), S. 61 – 81.

31 Vgl. *Siegel* (2002a), Anm. 13.

32 Vgl. hierzu *Tipke* (2000), S. 403. Vgl. andererseits die Diskussion eines degressiven Verlaufs unten in Kapitel 5.

33 Zum möglichen Konflikt mit Managementinteressen vgl. jedoch *Wenger / Kaserer* (2005), S. 522-529.

34 *Wendt* (1996), Anm. 7 mit weiteren Hinweisen.

gen Art. 3 Abs. 1 GG zu erkennen.[35] Welche Bedeutung hat die Verfassung noch, wenn man sich mit folgendem Befund abfindet: „Steuerrechtliche Regelungen werden nicht mehr wie vor einigen Jahren vom Bundesverfassungsgericht bevorzugt aus dem Grundgesetz abgeleitet, sondern dem demokratisch legitimierten politischen Prozess überlassen."[36]?

Ein bis auf weiteres irreparabler Bruch des Prinzips der Gleichmäßigkeit der Besteuerung trat mit der Ersetzung des Anrechnungsverfahrens durch das Halbeinkünfteverfahren ab 2001 ein.[37] An die Stelle der Erkenntnis, daß eine Unternehmung als Rechtsform nur Mittel zum Zweck der Einkommenserzielung sein kann, wurde die These gesetzt, daß die Unternehmen entlastet werden müßten, aber nicht die Unternehmer.[38]

Vordergründig wurde der Systemwechsel insbesondere mit dem Verstoß des Anrechnungsverfahrens gegen Prinzipien des Europarechts begründet;[39] indessen hätte das Anrechnungsverfahren europatauglich angepaßt werden können;[40] ebenso hätten die behaupteten Nachteile der Kompliziertheit und der Mißbrauchsanfälligkeit geheilt werden können. Indessen lag der tatsächliche Grund für die Änderung in dem verständlichen Bestreben, die Gewinnsteuersätze in die Richtung auf ein international für Investoren attraktives Niveau zu senken. Doch erklärt dies noch nicht den Systemwechsel, denn Körperschaftsteuer- und Einkommensteuer-Spitzensatz hätten – möglichst unter Beseitigung der beschriebenen Spreizung – gleichermaßen gesenkt werden können.

Der tiefere Grund dürfte in der seit Jahrzehnten anhaltenden und immer noch gegebenen Unfähigkeit der Politik liegen, die Gewerbeertragsteuer abzuschaffen. Denn zum angeblichen Ausgleich für den Systemwechsel bei der Körperschaftsteuer wurde für Personenunternehmen eine pauschale Anrechnung der Gewerbesteuer nach § 35 EStG eingeführt,[41] die ihr Ziel jedoch nur zufällig erreicht und meistens mehr oder weniger stark verfehlt.[42] Vor allem kann so die mit dem Halbeinkünfteverfahren bewirkte gravierende Rechtsform-Aneutralität nicht beseitigt werden, die sich je nach Einkom-

---

[35] Vgl. *Bundesverfassungsgericht*: Beschluß 2 BvL 2/99 vom 21.6.2006; http://www.bverfg.de/entscheidungen/ls2006021_2bvl000299.html (Abruf: 28.12.2006). Immerhin gab es zwei Gegenstimmen; vgl. *Wieland* (2006), S. 575.

[36] *Wieland* (2006), S. 576.

[37] Vgl. den Aufruf zur Verteidigung des Anrechnungsverfahrens bei *Siegel* et al. (2000), der auch von *Winfried Mellwig* mitunterzeichnet wurde.

[38] Immerhin wurde diese Vorstellung von der damaligen Opposition als „wirtschaftspolitisch dümmste Aussage eines Bundeskanzlers seit der Existenz der Bundesrepublik Deutschland" gebrandmarkt: so *Hermann Otto Solms* in der Bundestagsdebatte am 18.2.2000 lt. Protokoll S. 8149.

[39] Vgl. *Fraktionen SPD* und *Bündnis 90 / Die Grünen*: Entwurf Steuersenkungsgesetz; Bundestags-Drucksache 14/2683 vom 15.2.2000, insbes. S. 93-97.

[40] Vgl. hierzu umfassend *Treisch* (2004); vgl. auch *Hey* (2005), Rz. 14.

[41] Vgl. etwa *Bareis* (2003a), S. 117.

[42] Vgl. z.B. *Siegel / Bareis* (2004), S. 131-132.

mensteuersatz und (bei der Kapitalgesellschaft) Ausschüttungsentscheidung zugunsten der einen oder der anderen Rechtsform ergibt.[43]

So führt eine Schieflage sogleich zur nächsten Schieflage, denn die (ungefähre) Anrechnung der Gewerbesteuer in einem Teil ihrer Anwendungsfälle führt diese Steuerart ad absurdum: Die Ungleichbehandlung von Einkommen stellt eine verfassungswidrige Sonderbelastung von Gewerbebetrieben dar[44] und zementiert die Rechtsformabhängigkeit der Besteuerung.

Im Übrigen glaubte sich der Gesetzgeber nur durch einen Vertrauensbruch[45] vor den Folgen des Körperschaftsteuer-Systemwechsels[46] retten zu können: Als es zur „massenhaften Mobilisierung von Altguthaben" mit der Folge eines zeitweise negativen Körperschaftsteueraufkommens kam, wurden Körperschaftsteuerminderungen für Ausschüttungen durch eine Neufassung von § 37 Abs. 2a KStG[47] zunächst verhindert; schließlich beschränkt eine neue Gesetzesänderung „innerhalb eines Auszahlungszeitraums von 2008 bis 2017 einen Anspruch auf Auszahlung des Körperschaftsteuerguthabens in zehn gleichen Jahresbeträgen"[48], und zwar unabhängig von einer Gewinnausschüttung.

Ein wunder Punkt in der faktischen Gleichbehandlung des zu versteuernden Einkommens ist die Erfassung von Kapitaleinkünften, insbesondere Zinsen. Die Gefahren der diesbezüglichen Steuerhinterziehung wurden zumindest in der Vergangenheit als relativ gering erachtet. Das offensichtliche Vollzugsdefizit veranlaßte den Gesetzgeber zu der Absicht, die betreffenden Steuerpflichtigen mit dem sog. Strafbefreiungserklärungsgesetz vom 23.12.2003 durch eine strafbefreiende Amnestie bei nachträglicher Erklärung der für die Zeit bis Ende 2003 nicht deklarierten Einkünfte bis zum 31.3.2005 und eine steuerabgeltende Zahlung von 25 %[49] – jedoch z.B. bei hinterzogener Einkommensteuer nur auf 60 % der steuerpflichtigen Einnahmen[50] – zur Steuerehrlichkeit zurückzuführen.[51] Die Amnestie sollte auch mit der Erwartung hoher

---

43 Vgl. z.B. *Schreiber* (2005), S. 298-316.

44 Vgl. z.B. *Jachmann* (2000), S. 1442.

45 Vgl. *Bareis* (2006b), S. 37; ferner *Bareis* (2006a): „faktische Enteignung".

46 Vgl. *Wagner* (2002a).

47 § 37 Abs. 2 und 2a KStG i.d.F. des „Steuervergünstigungsabbaugesetzes" (!) vom 16.5.2003.

48 § 37 Abs. 5 Satz 1 KStG i.d.F. des SEStEG vom 7.12.2006. Zu den verfassungsrechtlichen Bedenken vgl. etwa *Hey* (2005), Rz. 9 (auch das wörtliche Zitat). Dagegen hält der *Bundesfinanzhof* (Urteil vom 8.11.2006, I R 69,70/05; http://www.bundesfinanzhof.de/www/index.html) das Moratorium für 2003-2005 für verfassungsgemäß.

49 Bzw. 35 % ab 1.1.2005.

50 Vgl. § 1 Abs. 2 Nr. 1 StrBEG.

51 Zum Beratungsbedarf vgl. aufschlußreich etwa *Flick* (2004). Vgl. auch die Kritik des Gesetzes bei *Rautenberg* (2005), der darauf hinweist, daß bei der begünstigenden Steuernachzahlung keine Verzinsung (vgl. §§ 233a, 235 AO) berücksichtigt wird, so daß diese Zahlung u.U. aus „erwirtschafteten Zinsen auf den eigentlich gesetzlich geschuldeten Steuerbetrag gezahlt werden" kann (S. 540).

zusätzlicher Einnahmen gerechtfertigt werden[52] – die sich jedoch nur zum geringen Teil erfüllte.[53]

Diese Aktion zeigt das Dilemma der Politik, entweder offensichtlich gegen das verfassungsmäßige Gleichheitsgebot zu verstoßen (und dem Steuerehrlichen die Zahlung von „Dummensteuern"[54] zu bescheinigen) oder sich gegen Steuerhinterziehung insbesondere im Bereich der Kapitaleinkünfte als machtlos zu erweisen. Indessen ist das Problem hinsichtlich inländischer Einkünfte hausgemacht: Das System der Kontrollmitteilungen läßt sich ausbauen,[55] und mittelfristig empfehlen sich unmittelbare Informationen im Rahmen der elektronischen Durchführung der Besteuerung.

Das Hauptproblem des flüchtigen Kapitals läßt sich jedoch wohl nur im Zusammenhang mit der eigentlichen Verursachung der Krise der Einkommensteuer lösen: Die internationale Verzahnung der deutschen Wirtschaft ist inzwischen so intensiv, daß zwischenstaatliche Vereinbarungen über die Aufteilung von Besteuerungsgrundlagen (und deren Aufdeckung) unerläßlich erscheinen. Auch wenn dies schwierig umzusetzen sein dürfte: Die Bundesrepublik Deutschland muß ihr wirtschaftliches Gewicht einbringen. Im wesentlichen geht es letztlich um nichts anderes als um einen internationalen Finanzausgleich.

Eine früher vielleicht zu ertragende Einschränkung gleichmäßiger Besteuerung wurde mit dem „Steuerentlastungsgesetz 1999/2000/2002" gravierend: Weil das Einkommensteuerrecht derzeit eine Abschnittsbesteuerung nicht vermeiden kann, die Steuerlast jedoch nicht von der zeitlichen Zuordnung der Einkünfte abhängen darf, bedarf es eines vollständigen Verlustrücktrags. Dieser ist jedoch auf den vorangegangenen Veranlagungszeitraum sowie betragsmäßig begrenzt.[56] Nach der ab 1999 geltenden Regelung wurde der Verlustausgleich unter den Einkunftsarten in gravierender Weise eingeschränkt.[57] Derartige Begrenzungen sind zwar hinsichtlich unechter Verluste[58] begründet,[59] stellen aber in der allgemeinen Form der „Mindestbesteuerung" nach § 2 Abs. 3 EStG a.F. einen Verfassungsverstoß dar.[60] Dieser Makel wurde ab 2004 besei-

---

[52] 5 Mrd. €; vgl. *Deutsche Bundesbank*: Monatsbericht Februar 2004, S. 62 – 63.

[53] Mit 1,4 Mrd. € „nicht ganz erfüllt" (!), so *Bundesministerium der Finanzen*: Monatsbericht September 2005.

[54] Zu diesem Begriff vgl. insbesondere *Rose, G.* (1995).

[55] Vgl. *Tipke* (2001), S. 224-225; *Hey* (2001), S. 274-276. Zu Bestrebungen im internationalen Bereich vgl. die EU-Zinsbesteuerungsrichtlinie: Richtlinie 2003/48/EG des Rats der Europäischen Union vom 3.6.2003.

[56] Vgl. § 10d Abs. 1 Satz 1 EStG.

[57] Vgl. § 2 Abs. 3 Satz 3 bis 8 EStG a.F.

[58] Vgl. § 2b EStG (aufgehoben).

[59] So auch der *Bundesfinanzhof*: Beschluß vom 9.5.2001 XI B 151/00; BStBl. II 2001, S. 552.

[60] Vgl. *Stapperfend* (2001), 363-373, 381; *Lang* (2005), § 9 Rz. 66-67; *Kohlhaas* (2006); sowie Vorlagebeschluß des *Bundesfinanzhofs* vom 6.9.2006, XI R 26/04; http://www.bundesfinanzhof.de/www.index3.html (Abruf: 28.12.2006).

tigt, aber durch eine andere „Mindestbesteuerung" ersetzt, indem ein Verlustvortrag jährlich nur noch bis zu 1 Million € zuzüglich 60 % des übersteigenden Betrags ausgenutzt werden kann – ebenfalls ein nur fiskalisch erklärbarer Eingriff in das Leistungsfähigkeitsprinzip.[61]

Ein wohl noch spektakulärerer zusätzlicher Übergang von der synthetischen Einkommensteuer zu einer Schedulenbesteuerung ist inzwischen mit der Einführung der sog. Reichensteuer erfolgt. Generell erhöht sich der Grenzsteuersatz in einem Sprung von 42 % auf 45 % für zu versteuernde Einkommen ab 250.001 €. Für Gewinneinkünfte wird diese Erhöhung jedoch (vorerst) durch einen Entlastungsbetrag nach dem (neuen) § 32c EStG[62] vermieden. Im Übrigen zeigt diese Neuerung, daß die Aufnahme einer neuen unsystematischen Regelung in ein bereits mit unsystematischen Elementen durchlöchertes „System" unbeabsichtigte Wirkungen mit sich bringt,[63] was darauf schließen läßt, daß der Gesetzgeber das Zusammenwirken nicht mehr überschauen kann.

Eine weitere Subvention bestimmter Gewinne ist bei Umsetzung des vorliegenden Entwurfs zur Einführung von Real Estate Investment Trusts[64] (REITs) in das deutsche Recht zu erwarten. Er „berücksichtigt in angemessener Weise die Bedürfnisse der Immobilienwirtschaft"[65] – bringt aber weitere Turbulenzen in das Ertragsteuerrecht: Einerseits werden bei Ausschüttung von REIT-Gewinnen Körperschaftsteuer und Halbeinkünfteverfahren übersprungen, andererseits können 10 % des Gewinns steuerfrei thesauriert werden, und REIT-Veräußerungsgewinne erfahren eine begünstigte Besteuerung: m.E. ein großer Erfolg interessierter Kreise.[66]

Als Zwischenergebnis läßt sich festhalten: Eine begründbare Einkommensbesteuerung verlangt eine synthetische Einkommensteuer, d.h. die gleiche Erfassung und Besteuerung aller Einkommen. Von diesem Idealbild entfernt sich das geltende Recht immer weiter. Wenn bereits 1971 die Frage „Steuerrecht – Chaos, Konglomerat oder System?"[67] zu stellen war und die Steuerwissenschaften bereits vor der Abkehr vom Anrechnungsverfahren von Steuerchaos sprachen,[68] so fällt es inzwischen schwer, Kraft-

---

[61] Vgl. z.B. bereits *Bareis* (2003b), S. 444.
[62] I.d.F. des StÄndG 2007.
[63] Vgl. die Analyse von *Hechtner / Hundsdoerfer* (2006).
[64] Vgl. *Bundesregierung*: Entwurf eines Gesetzes zur Schaffung deutscher Immobilien-Aktiengesellschaften mit börsennotierten Anteilen vom 2.11.2006; http://www.bundesfinanzministerium.de/lang_de/DE/Aktuelles/Aktuelle__Gesetze/Gesetzentwuerfe__Arbeitsfassungen/007__a,templateId=raw, property=publicationFile.pdf (Abruf: 28.12.2006).
[65] So *Schmidt / Benes* (2006), S. 2334.
[66] Vgl. § 16 i.V.m. § 19 Abs. 1 Entwurf REIT-Gesetz bzw. § 3 Nr. 70 EStG i.d.F. dieses Entwurfs.
[67] So *Tipke* (1971).
[68] Vgl. hierzu *Lang* (2005), § 4 Rz. 1, mit zahlreichen Hinweisen.

ausdrücke für den Befund zu vermeiden. Die Einkommensteuer befindet sich in der Krise; von einer tatsächlichen Einkommensteuer kann nicht mehr gesprochen werden.

4. Reformvorschläge und neue Unternehmenssteuerreform(en)

4.1. Blick auf Steuerreformen

Die Erkenntnis, daß das Steuerrecht gründlich zu reformieren ist, ist seit langem Gemeingut des Bürgers. Regierungen versuchen sich seit Jahrzehnten mit „großen" und „kleinen" Steuerreformen – nach dem zuletzt Skizzierten muß man wohl von „Verschlimmbesserungen" sprechen. Es kann nicht Anliegen des vorliegenden Beitrags sein, die Reformvorschläge seit Bestehen der Bundesrepublik Deutschland nachzuzeichnen. Doch seien ausgewählte jüngere Ansätze – die hier nur in Grundzügen rekapituliert werden sollen – diskutiert, damit auf ihre Eignung zur Lösung der aufgezeigten Probleme eingegangen werden kann. Insbesondere sind die Vorschläge zur Einkommensteuer an der Forderung zu messen, daß das Prinzip der Gleichmäßigkeit der Besteuerung einzuhalten ist.

4.2. Karlsruher Entwurf

Zunächst sei auf den Entwurf eines Einkommensteuergesetzbuchs von *Paul Kirchhof*[69] eingegangen, der eine Fortentwicklung des Karlsruher Entwurfs[70] darstellt. Die Vorlage beabsichtigt eine grundlegende Vereinfachung des Einkommensteuerrechts, in dem „alle Lenkungs- und Durchbrechungsnormen ersatzlos entfallen"[71] sollen, wodurch ein Steuersatz von 25 % (als flat tax) erreicht werden soll. Besteuert wird das durch die Differenz von Erwerbserlösen und Erwerbskosten definierte Einkommen, ohne Differenzierung nach Einkunftsarten. Durch Abzug eines Grundfreibetrags und eines gestuften „Sozialausgleichsbetrags" ergeben sich zunächst eine Nullzone und dann Grenzsteuersätze von 15 % bzw. 20 %. Die Besteuerung von Personen- und Kapitalgesellschaften als „steuerjuristische Personen" wird unter Wegfall der Körperschaftsteuer integriert.[72] Der Wegfall der Gewerbesteuer wird wohl implizit vorausgesetzt.[73]

Es ist leicht ersichtlich, daß der Karlsruher und der *Kirchhof*-Entwurf der Leitlinie einer synthetischen Einkommensteuer folgen und insoweit dem hier vorgestellten Idealbild entsprechen. Die Einbeziehung aller Erfolge aus Beteiligungen ist weitgehend

---

[69] Vgl. *Kirchhof* (2003).
[70] Vgl. *Kirchhof* et al. (2001).
[71] *Kirchhof* (2003), S. V.
[72] Zu den Details vgl. § 2 Abs. 2, § 2 Abs. 4, §§ 6 und 7, §§ 11 und 12 des Gesetzesentwurfs bei *Kirchhof* (2003), S. 1-4, sowie die Erläuterungen ab S. 29.
[73] Vgl. aber *DIHK* (2004), S. 35.

unproblematisch, weil die Besteuerung bei der „steuerjuristischen Person" grundsätzlich mit dem identischen Steuersatz von 25 % erfolgt. Daß es nicht auf den Zufluß beim Gesellschafter ankommt, ist hier irrelevant, weil bei diesem keine Liquiditätsbelastung eintritt. Zwar ist die Besteuerung bei der Gesellschaft abschließend, doch sind bei der steuerfreien Ausschüttung Grundfreibetrag und „Sozialausgleichsbetrag" in Betracht zu ziehen. Die Aufgabe der Trennung der Einkünfte nach Einkunftsarten und die Verschlankung des Gesetzes erscheinen zumindest von erheblichem didaktischen Wert. Wenn bezweifelt wird, daß damit die behauptete erhebliche Vereinfachung erreicht werden kann,[74] zumal verschiedene „Verfahrensarten" vorgesehen sind,[75] ist doch wohl anzuerkennen, daß die Zahl der Abgrenzungsprobleme sinken würde.[76]

Paul Kirchhofs Entwurf befindet sich offenbar seit dem bekannten kurzen Auftritt seines Verfassers im Vorfeld der Bundestagswahl 2006 und dessen Abschied von politischen Ambitionen außerhalb der Diskussion. Sein Vorschlag dürfte im Kern an seiner Radikalität in der Abschaffung von Begünstigungen gescheitert sein – und der Schwierigkeit, die Möglichkeit eines Steuersatzes von 25 % „für alle" glaubhaft zu machen.

4.3. Die Duale Einkommensteuer des *Sachverständigenrats*

Der *Sachverständigenrat zur Begutachtung der gesamtwirtschaftlichen Entwicklung* schlägt ein duales System der Einkommensbesteuerung vor – mit der Differenzierung nach Kapital- und Erwerbseinkommen.[77] Kapitaleinkommen sollen mit 25 % belastet werden; eine zusätzliche Gewerbesteuer soll es nicht mehr geben. Erwerbseinkommen sollen dagegen progressiv – bei höherem Spitzensteuersatz – besteuert werden. Während Einkommen aus Kapitalgesellschaften stets als Kapitaleinkommen gelten, sollen bei Personenunternehmen die Einkünfte in Kapitaleinkommen und (für natürliche Personen) Erwerbseinkommen aufgeteilt werden. So soll Rechtsformneutralität erreicht werden. Im Übrigen nimmt der *Sachverständigenrat* in der Modifikation seines Vorschlags 2006 ein Anliegen der Vertreter der Konsumbesteuerung auf, nach dem ein bestimmter „Verzinsungsanteil" des Eigenkapitals[78] („Schutzzinsen"[79]) zu den niedriger besteuerten Einkünften aus Kapitaleinkommen zählen soll.[80]

---

[74] Vgl. *Wagner* (2003); *DIHK* (2004), S. 23, 33.

[75] Vgl. §§ 7 bis 30 des Entwurfs einer Rechtsverordnung zum Einkommensteuergesetzbuch bei *Kirchhof* (2003), S. 16-26.

[76] Vgl. *Bareis* (2002), S. 139.

[77] Vgl. *Sachverständigenrat* (2003) mit Modifikationen: *Sachverständigenrat* (2006).

[78] Zu dieser „Zinsbereinigung" vgl. bereits *Wenger* (1983), insbes. S. 227 – 230.

[79] Vgl. *Rose, M.* (2006), S. I-21. In *Roses* Modell der „Einfachsteuer" soll Kapitaleinkommen in Höhe der „Schutzzinsen" steuerfrei bleiben, da die Verzinsung aus versteuertem Einkommen erzielt werde; vgl. *Rose, M.* (2006), Tabelle I-2a, S. I-36. Der Irrtum [„unausrottbar": so *Zeitler* (1999), S. 960], daß eine Vermögens*mehrung* dann kein Einkommen sei, wenn sie aus dem Einsatz eines

Im *Sachverständigenrat* wird die synthetische Einkommensteuer wohl nicht theoretisch, aber mit der pragmatischen Begründung abgelehnt, daß eine einheitliche Steuerentlastung fiskalisch nicht in Betracht kommt.[81] Die steuerliche Begünstigung von Kapitaleinkommen wird damit gerechtfertigt, daß so die Abwanderung von Kapital und Arbeitsplätzen aus Deutschland verhindert und die Zufuhr ausländischen Kapitals gefördert werden könne.[82]

Allerdings dürfte die Besteuerung für die internationale Standortentscheidung häufig nicht der entscheidende Faktor sein. Auch ist die Interdependenz zwischen Steuerhöhe und weiteren Standortfaktoren zu beachten; so äußert jüngst *Joseph Stiglitz*: „Wer hohe Steuern erhebt und die Einnahmen in Infrastruktur steckt, in Forschung und Technologie, macht sein Land attraktiver."[83]

Im Übrigen ist fraglich, ob das Abwanderungsproblem auf Gewinn- bzw. Kapitaleinkünfte beschränkt ist. So zeigt sich die deutsche Wirtschaft nach einer Erklärung des Präsidenten des *Deutschen Industrie- und Handelskammertages* „über die anhaltende Abwanderung hoch qualifizierter Arbeitskräfte aus Deutschland besorgt", wobei insbesondere die „hohen Steuern und Sozialabgaben" als „erhebliche Standortnachteile" genannt werden[84].

Vor allem erscheint es nicht so selbstverständlich, daß die Erhöhung der Attraktivität Deutschlands für Kapitalanleger per Saldo zu einem solchen Effizienzgewinn führt, der die Gleichheitsverletzung rechtfertigen könnte, die in der verstärkten Abkehr von der synthetischen Einkommensteuer liegt. Denn auch im Vergleich mit der Situation des Halbeinkünfteverfahrens ist mit gravierenden Steuerausfällen zu rechnen, deren Kompensation durch Wachstum keineswegs gesichert ist. Nicht zu verkennen ist, daß Mitnahmeeffekte in erheblichem Ausmaß auftreten würden. Bemerkenswert erscheint,

---

versteuerten Vermögens*bestands* folgt, wird jedoch auch nach jahrzehntelanger Wiederholung nicht zur Richtigkeit: Eine „Doppelbelastung [der] Rendite des Spar- und Investitionskapitals" [so *Petersen / Rose, M.* (2005)] liegt nicht vor, sondern je eine Einfachbelastung der Rendite und deren „Zinseszinsen".

80 Vgl. *Sachverständigenrat* (2006), Ziffern 58-65.

81 Zu diesbezüglichen Äußerungen von *Wolfgang Wiegard* vgl. *Bareis / Siegel* (2006), S. 789; vgl. ferner *Sachverständigenrat* (2003), S. 326; *Sprengel / Wiegard* (2004), S. 74. Vgl. auch These 4 bei *Wiegard* (2006), S. 114: „Der Übergang zu einer flat tax ist für längere Zeit nicht absehbar."

82 Vgl. *Sachverständigenrat* (2003), u.a. Ziffer 560; ferner z.B. *Schreiber / Finkenzeller / Rüggeberg* (2004), S. 2774-2777.

83 *Joseph Stiglitz* in einem Interview in: Der Tagesspiegel, 8.1.2007, S. 16. Er fährt fort: „Wenn niedrigere Steuern nützlich wären, müsste Haiti ja ein Wirtschaftsparadies sein – ist es aber nicht."

84 So eine dpa-Meldung vom 23.10.2006, zitiert nach www.welt.de/appl/newsticker2/index.php?channel=pol&module=dpa&id=12929782 (Abruf: 23.10.2006). Vgl. hierzu eine Übersicht zu diesbezüglichen Anreizen in: manager-magazin, 36. Jg. (2006), Nr. 10, S. 192.

daß bisher aussagefähige Modellrechnungen – soweit möglich durch empirische Feststellungen untermauert – zu vermissen sind.[85]

Abgesehen davon kann die Forderung nach Berücksichtigung eines „Schutzzinses" m.E. zu einem zusätzlichen Akzeptanzproblem führen: Aus der Sicht der synthetischen Einkommensteuer erscheint die teilweise Steuerfreistellung eines Normzinses auf das Eigenkapital als Integration einer negativen Vermögensteuer in den Einkommensteuertarif! Z.B. würde aus einem zu versteuernden Gesamteinkommen Y = 200.000 €, das sich nur aus Erwerbseinkommen ergibt, ohne die genannte Besonderheit eine Steuer von[86]

$T = 0{,}42 \bullet Y - 7.914 = 0{,}42 \bullet 200.000 - 7.914 = 76.086$ €

resultieren. Wird das Erwerbseinkommen aus einem Eigenkapital V = 1.000.000 € erzielt, so folgt die Steuer über

$T = 0{,}42 \bullet (Y - 0{,}06 \bullet V) + 0{,}25 \bullet 0{,}06 \bullet V - 7.914$

$T = 0{,}42 \bullet Y - 0{,}0102 \bullet V - 7.914$

mit T = 65.886 €. Die Differenz von 10.200 € stellt materiell eine negative Vermögensteuer in Höhe von 1,02 % dar.

4.4. Das Modell der Stiftung Marktwirtschaft

Das auf dem „Kölner Entwurf eines Einkommensteuergesetzes"[87] aufbauende Modell der „*Kommission ‚Steuergesetzbuch'*"[88] unter dem Dach der *Stiftung Marktwirtschaft* erklärt, sich „für die Beibehaltung der synthetischen Einkommensteuer entschieden"[89] zu haben. Indessen läuft ihr Vorschlag weitgehend auf eine duale Einkommensteuer hinaus. Dabei werden die Einkunftsschedulen anders abgegrenzt: Nicht für Kapitaleinkünfte, sondern für „Einkünfte aus Unternehmen" gilt eine entscheidende Abweichung von der synthetischen Einkommensteuer.

Zentral ist das Konzept einer „einheitlichen Unternehmensteuer"[90], welcher die „Einkünfte aus Unternehmen" unterliegen. Hierfür wird an einen Steuersatz „in einem Korridor zwischen 25 % und 30 %" (einschließlich eines die Gewerbesteuer ersetzenden

---

[85] Zu diesem Absatz vgl. *Siegel* (2005a), S. 84-85; ferner *Bareis / Siegel* (2006), S. 749.

[86] Vgl. den Tarifvorschlag sowie den Vorschlag über die Höhe des Normzinses (6 %) bei: *Sachverständigenrat* (2006), Tabelle 26 (S. 120) bzw. Ziffer 134.

[87] Vgl. *Lang* et al. (2005).

[88] Vgl. *Kommission „Steuergesetzbuch"* (2006). Vorsitzender ist *Joachim Lang*. Es liegt eine weitgehende Identität mit den Verfassern des Kölner Entwurfs [*Lang* et al. (2005)] vor.

[89] *Kommission „Steuergesetzbuch"* (2006), S. 46.

[90] *Kommission „Steuergesetzbuch"* (2006), S. 16.

kommunalen Anteils) gedacht.[91] Für „Einkünfte aus Finanzkapital" wurde eine Abgeltungsteuer diskutiert, aber primär mit Hinweis auf das Gleichheitsprinzip verworfen.[92]

Falls eine Schedulenbesteuerung sinnvoll wäre, erschiene bei ökonomischer Betrachtung eine Differenzierung nach Kapital- und Erwerbseinkünften wie beim *Sachverständigenrat* plausibler als die Trennung nach „Einkünften aus Unternehmen" und anderen Einkünften. Mit letzterer Unterscheidung will die *Stiftung Marktwirtschaft* zwar die angestrebte Rechtsformneutralität der Besteuerung erreichen, kann dies jedoch nur formaljuristisch. Denn bei Beachtung der wirtschaftlichen Zusammenhänge ergibt sich Rechtsformneutralität nur bei Einbeziehung der Besteuerung der Unternehmer bzw. Anteilseigner, also bei Gleichbehandlung der „Einkünfte aus Finanzkapital".

Die *Kommission „Steuergesetzbuch"* charakterisiert wohl deshalb ihren Vorschlag als eine synthetische Einkommensteuer, weil Gewinnausschüttungen und Entnahmen aus Kapital- und Personengesellschaften als „Einkünfte aus Finanzkapital" zur normalen Besteuerung führen. Indessen entspricht eine Steuerbegünstigung thesaurierter Gewinne gerade nicht der synthetischen Einkommensteuer, etwa weil ein Arbeitnehmer durch Sparen keine Steuerminderung erreichen kann. Auch wenn die Steuerbegünstigung nur vorübergehend ist, liegt in Höhe des Zinsvorteils eine tatsächliche Begünstigung vor. Im Übrigen kann der Steuervorteil in vielen Fällen zeitlich beliebig ausgedehnt werden, nämlich wenn die Gewinne dauerhaft die Konsumbedürfnisse des Unternehmers übersteigen; hier tritt dasselbe Ergebnis wie bei der dualen Einkommensteuer ein.[93]

4.5. „Unternehmensteuerreform 2008"

Über zu erwartende Änderungen der Steuergesetze in einer wissenschaftlichen Abhandlung zu diskutieren, entgeht allenfalls dann der Gefahr, beim Erscheinen des Beitrags überholt zu sein, wenn ein kurzfristiger Abdruck in einer Zeitschrift erreicht werden kann. Bei einer Festschrift, die eine monatelange Vorlaufzeit benötigt, ist also Vorsicht geboten. So haben sich die am 12.7.2006 von der Bundesregierung verabschiedeten „Eckpunkte" für eine Unternehmensteuerreform[94] nach Beratungen einer Bund-Länder-Arbeitsgruppe unter der Leitung von *Roland Koch* und *Peer Steinbrück* nicht unerheblich verändert, wie sich aus einer Pressemitteilung vom 2.11.2006 er-

---

[91] *Kommission „Steuergesetzbuch"* (2006), S. 23 (Zitat) bzw. S. 17.
[92] Vgl. *Kommission „Steuergesetzbuch"* (2006), S. 49 – 50.
[93] Vgl. *Bareis / Siegel* (2006), S. 749.
[94] Vgl. z.B. *Höreth / Stelzer / Zipfel* (2006), S. 459-462.

gibt.[95] Ungeachtet der Möglichkeit weiterer Änderungen[96] seien die wichtigsten Pläne für die Unternehmensteuerreform 2008 nach dem Stand Anfang Januar 2007 skizziert[97]:

- Der Körperschaftsteuersatz wird auf 15 % gesenkt. Hierdurch soll die Steuerbelastung thesaurierter Gewinne von Kapitalgesellschaften einschließlich Gewerbesteuer auf unter 30 % gesenkt werden; damit soll Deutschland „ein attraktiver und übersichtlicher Platz für internationale Kapitalanleger" werden.[98]
- Ab 2009 soll das Halbeinkünfteverfahren durch eine Abgeltungsteuer in Höhe von 25 % (mit Veranlagungsoption) auf Gewinnausschüttungen[99] und andere private Kapitalerträge (einschließlich solcher aus Veräußerungsgewinnen) ersetzt werden.
- Thesaurierte Gewinne von Personengesellschaften werden über eine Thesaurierungsrücklage mit 28,25 % besteuert; bei späterer Entnahme werden sie – wie im Modell des *Sachverständigenrats* – nachversteuert.[100]
- Die Gewerbesteuer bleibt erhalten. Jedoch wird die Gewerbesteuermeßzahl auf (maximal) 3,5 % gesenkt; der Anrechnungsfaktor der Gewerbesteuer bei der Einkommensteuer wird auf 3,8 erhöht. Andererseits gilt die Gewerbesteuer nicht mehr als Betriebsausgabe.
- Der Abzug von Zinsen, Mieten usw. wird – unter Abschaffung von § 8a KStG – durch eine „Zinsschranke" eingeschränkt. Bei der Gewerbesteuer wird die Hinzurechnung von Zinsen ausgeweitet.

Offensichtlich würde sich diese „Reform" vom Prinzip der Gleichmäßigkeit der Besteuerung noch weiter entfernen. Nicht einmal das Ziel der Rechtsformneutralität in der Unternehmensbesteuerung wird erreicht. Der Fremdkörper der Gewerbesteuer wird nicht beseitigt; die Bemessungsgrundlagen für Körperschaft- und Gewerbesteuer entfernen sich noch weiter voneinander. Der mögliche Anreizeffekt durch die genannten Steuersenkungen kann durch die Beschränkung des Zinsabzugs zum Teil konterkariert werden.[101] Soweit die „Zinsschranke" die „Verlagerung von Steuersubstrat ins

---

95 Vgl. *Bundesministerium der Finanzen*: Pressemitteilung Nr. 133/2006 vom 2.11.2006: Wachstumsorientierte Unternehmensteuerreform für Deutschland; http://www.bundesfinanzministerium.de/lang_de/DE/Aktuelles/Pressemitteilungen/2006/11/20060211__PM133.html (Abruf: 21.12.2006).

96 So konnte bei Redaktionsschluß für das Manuskript (Anfang Januar) nicht der angekündigte Referentenentwurf abgewartet werden. Dieser liegt inzwischen vor (Stand: 5.2.2007): http://www.bundesfinanzministerium.de/lang_de/DE/Aktuelles/Aktuelle__Gesetze / Referentenentwuerfe/002__a, templateId=raw,property=publicationFile.pdf.

97 Vgl. etwa – auch zu weiteren Punkten – *Höreth / Stelzer / Welter* (2006), ab S. 2666.

98 Vgl. *Bundesministerium der Finanzen*: Pressemitteilung vom 2.11.2006 (FN 95).

99 Zum Vergleich mit der bisherigen Belastung (Minderung um etwa 4 %-Punkte) vgl. *Herzig* (2007), S. 9.

100 Vgl. den Belastungsvergleich bei *Herzig* (2007), S. 11.

101 Vgl. *Höreth / Stelzer / Zipfel* (2006), S. 462.

Ausland" durch Steuergestaltung zu verhindern sucht,[102] ist dem Ziel zuzustimmen, jedoch das Mittel als fragwürdig anzusehen. Da auch echte Aufwendungen getroffen werden können,[103] liegt eine Verletzung des Leistungsfähigkeitsprinzips vor.[104]

Gesondert sei auf die geplante Abgeltungsteuer eingegangen, die zur Diskriminierung der Eigenkapitalfinanzierung[105] sowie zu einem krassen Verstoß gegen das Gleichheitsgebot führt. Es käme zu einer Schedulenbesteuerung mit der Formel „Lohnsteuer = Einkommensteuer plus Immobilitätszuschlag"[106]. Wenn mit einer Abgeltungsteuer als Quellensteuer Steuerhinterziehung im Inland eingeschränkt werden soll, kann die Frage aufgeworfen werden, ob die Ungleichbehandlung toleriert werden darf, wenn die Steuereinnahmen dadurch erheblich gesteigert werden. Dann könnte eine Abwägung „Staatskasse versus Steuergerechtigkeit" vertretbar sein, wenn eine gleichheitsgerechte Besteuerung nicht erreicht werden kann. Der fiskalische Effekt ist jedoch bereits wegen der bislang im Inland auf Zinserträge anfallenden anrechenbaren Zinsabschlagsteuer[107] fraglich.[108] Ob die Abgeltungsteuer dagegen die im Hinblick auf ausländische Kapitalanleger erwarteten Anreize bewirken würde, bliebe abzuwarten. Hierzu ist ggf. ähnlich „Wachstum und Arbeitsplätze versus Steuergerechtigkeit" abzuwägen.

Die weiter vorliegenden und die hier ergänzten Verstöße gegen das Leistungsfähigkeitsprinzip und das Prinzip der Gleichmäßigkeit der Besteuerung lassen die alte Erkenntnis gültig bleiben: Nach der Reform ist vor der Reform.[109]

5. Degressive Einkommensteuer als Alternative?

Da die dargestellten jüngeren Reformvorschläge sowie -vorhaben keine Chance auf Realisierung besitzen (*Kirchhof*) bzw. den für erforderlich gehaltenen Kriterien nicht genügen, könnte eine Alternative in Betracht zu ziehen sein, die bisher in Deutschland kaum diskutiert worden ist: eine degressive Einkommensteuer. Offensichtlich kann diese Version die Vorgabe einer synthetischen Einkommensteuer einhalten. Jedoch ist zu prüfen, ob sie mit einer vertretbaren Interpretation des Leistungsfähigkeitsprinzips

[102] Vgl. *Höreth / Stelzer / Zipfel* (2006), S. 461.
[103] Ob dies durch die vorgesehene sog. Escape-Klausel stets vermieden werden kann, bedarf noch der Klärung; vgl. hierzu *Herzig / Bohn* (2007), S. 9, 10.
[104] Allerdings weisen *Steinbrück / Koch* (2006), S. 5, auf den bei einer „Zinsschranke" in Höhe von 1.000.000 € engen Anwendungsbereich hin und führen an, daß „ein großer deutscher Konzern gerade einmal 0,2 % !! seiner weltweiten Steuerzahlungen an den deutschen Staat entrichtete" („!!" im Original).
[105] Vgl. *Sprengel / Reister* (2006), S. 2; *Herzig* (2007), S. 14; sowie bereits *Zeitler* (1999), S. 963.
[106] *Siegel* (2003).
[107] Vgl. § 43 Abs. 1 Satz 1 Nr. 7 EStG.
[108] Vgl. im Übrigen zur Abgeltungsteuer *Siegel* (2003).
[109] Vgl. jüngst *Ackermann* (2007).

in Einklang zu bringen ist – und ob auf diese Weise ein relevanter Grenzsteuersatz zu erreichen ist, bei welchem das Steueraufkommen nicht „zu sehr" reduziert wird.

Diese Alternative wird seit einigen Jahren in der Schweiz intensiv diskutiert, als zunächst der Kanton Schaffhausen[110] und später der Kanton Obwalden[111] für hohe Einkommen einen degressiven Verlauf für ihre Einkommen(s)steuer einführten.[112]

Zunächst ist zu klären, was hier unter einer degressiven Steuer zu verstehen ist: Eine Steuer ist dann degressiv (z.T. als regressiv bezeichnet), wenn der Durchschnittssteuersatz mit zunehmender Steuerbemessungsgrundlage bereichsweise sinkt. Ein abnehmender Durchschnittssteuersatz setzt voraus, daß der Grenzsteuersatz sinkt. (Bei einem zunächst progressiven Bereich liegt der Durchschnittssteuersatz unter dem Grenzsteuersatz. Geht der Tarif dann in einen linearen Bereich über und liegt der Grenzsteuersatz – wie üblich – nicht unter demjenigen am Ende des progressiven Bereichs, dann nähert sich der steigende Durchschnittssteuersatz dem Grenzsteuersatz an. Folgt hierauf – oder direkt auf den progressiven Bereich – jedoch ein linearer Bereich mit einem Grenzsteuersatz, der kleiner ist als derjenige am Ende des letzten Bereichs, so sinkt der Durchschnittssteuersatz.) So ist es grundsätzlich möglich, im Anschluß an einen progressiven Bereich für hohe Einkommen einen anreiztauglichen niedrigen Grenzsteuersatz festzulegen.

Der Anlaß für die Überlegungen in der Schweiz ist mit dem in Deutschland vergleichbar; allerdings geht es nicht um internationalen, sondern um interkantonalen Steuerwettbewerb,[113] und die Größenordnung des Steueranreizes ist deutlich geringer.[114]

Wenngleich der degressive Tarif zweifellos mit einer synthetischen Einkommensteuer verbunden werden kann, ergeben sich zwei wesentliche Fragen: Kann damit eine für hohe Einkommen attraktive Steuerhöhe erreicht werden, ohne daß die Steuerausfälle prohibitiv sind? Zunächst aber ist zu prüfen, ob aus verfassungsrechtlicher Sicht ein Verstoß gegen das Leistungsfähigkeitsprinzip festzustellen wäre.

M.E. ist daran festzuhalten, daß dem Leistungsfähigkeitsprinzip eine proportionale Besteuerung (unter Beachtung des Existenzminimums) entspricht; allerdings ist zuzugestehen, daß diese Aussage einer Wertung entspringt.[115] So muß man m.E. auch fol-

[110] Vgl. Kanton Schaffhausen: Art. 38 Abs. 1 Gesetz über die direkten Steuern, in Kraft seit 1.1.2004.
[111] Vgl. Kanton Obwalden: Art. 38 Abs. 1 Steuergesetz i.d.F. vom 14.10.2005.
[112] Vgl. – zustimmend – *Blankart* (2005); *Borner* (2005); *Reich* (2006).
[113] Vgl. *Cagianut / Cavelti* (2006), S. 150-151.
[114] Im Obwaldener Tarif beträgt die maximale Differenz des „einfachen" Durchschnittssteuersatzes etwa 0,56 %, die allerdings mit einem „Steuerfuss" von grundsätzlich 2,95 für die Kantonssteuer und einem weiteren „Steuerfuss" für die Gemeindesteuer (in ähnlicher Höhe) zu multiplizieren ist (Art. 2 Abs. 2 und 3 des genannten Gesetzes). Zum Verlauf der Durchschnittssteuersätze vgl. *Cagianut / Cavelti* (2006), Tabelle sowie Grafik 1 auf S. 155. Hinzu kommt eine (niedrigere) Bundessteuer. Im Übrigen betrifft das Problem auch die in der Schweiz erhobene Vermögen(s)steuer.
[115] Vgl. oben, Abschnitt 2.3.

gende Argumentation für vertretbar halten, auch wenn man sich ihr nicht anschließt: Wer z.B. (das Folgende ist ein Zahlenspiel) für seine ersten 100.000 € Einkommen mit einem Durchschnittssteuersatz von 35 % belastet wird, trägt damit bereits relativ stark zu den Staatsausgaben bei, so daß seine Mitbürger damit zufrieden sein sollen, wenn er auf weitere Einkommen 28 % Steuern zahlt. Das deutsche Grundgesetz schließt einen solchen Tarif zumindest nicht ausdrücklich aus,[116] und möglicherweise würde das Bundesverfassungsgericht ihn passieren lassen,[117] was allerdings von seiner personellen Zusammensetzung abhängen mag.[118]

Dabei kann auch nicht übersehen werden, daß sich der mit dem Leistungsfähigkeitsprinzip verbundene Grundsatz der Gleichmäßigkeit mit dem Recht des Staates auf Wirtschaftsförderung reibt. Subventionen greifen letztlich immer in eine gleichmäßige Besteuerung ein.[119] Wirtschaftsförderung muß nicht deshalb per se verboten sein, wenn sie an demselben Kriterium (negativ) anknüpft wie die Einkommensteuer.

Nach dem Zwischenergebnis, daß ein degressiver Tarifverlauf möglicherweise akzeptiert werden muß,[120] ist zu erörtern, ob damit ggf. das Anreizziel für ausländische und (bislang) inländische Investoren erreicht werden kann.[121] Die relativ hohe Belastung des ersten Einkommensteils würde wohl als wenig relevant angesehen, wenn das übersteigende Einkommen einem attraktiven Grenzsteuersatz unterliegt. Dieser müßte allerdings unmittelbar greifen. In der betrachteten Situation dürften Gewinne weitgehend nicht (unbeschränkt oder beschränkt steuerpflichtigen) natürlichen Personen direkt zuzurechnen sein, so daß die Frage einer Sicherungssteuer ansteht. Dieses Problem

---

[116] Als zulässig angesehen bei *von Arnim* (1984), S. 154; *Wäckerlin* (2006), S. 81. Jedoch: „Weitgehend einig ist man sich [...] darin, daß ein degressiver Tarif gegen das Leistungsfähigkeitsprinzip verstoßen würde.“: *Birk / Barth* (1997), Rn. 479.

[117] Bisher: „linear oder progressiv“, so *Bundesverfassungsgericht*: Beschluß 2 BvR 2149/99 vom 18.1.2006; http://www.bverfg.de/entscheidungen/rs20060118_2bvr219499.html, Abs. 48 (Abruf: 28.12.2006). In der Schweiz liegt wohl eine „staatsrechtliche Beschwerde“ beim Bundesgericht vor, deren Ergebnis abzuwarten bleibt. Vgl. http://www.al-zh.ch/pdf/STEUERGESETZ-OW-BESCHWERDE-ALL.PDF.

[118] So lehnt *Paul Kirchhof* eine degressive Steuer als gleichheitswidrig ab; vgl. Interview in: Die Weltwoche, 22.12.2005; http://www.markusschneider.ch/artikel/art_einzeln.php?id=106 (Abruf: 28.12. 2006). Vgl. aber zum Schwenk des Bundesverfassungsgerichts zur Rechtsformneutralität *Lang* (2006), S. 1771.

[119] Vgl. etwa *Hinny* (2006), S. 65, 76.

[120] Relevant ist nach *Hinny* (2006), S. 66, „dass eine stark überwiegende Mehrheit von zunächst nicht begünstigten Steuerpflichtigen der steuerlichen Begünstigung einer Hand voll Steuerpflichtiger zustimmt.“

[121] Ob ein Steuervorteil ausschlaggebend für die Standortwahl ist, wird auch für Obwalden gefragt. *Cagianut / Cavelti* (2006), S. 154, halten dies für zu unsicher, um eine grundsätzlich denkbare Abweichung vom progressiven Tarif, der nach ihrer Ansicht dem Leistungsfähigkeitsprinzip entspricht, zu begründen. Für Schaffhausen die Anreizwirkung bejahend dagegen *Hinny* (2006), S. 79-81.

erscheint allerdings lösbar, indem diese Steuer genau nach dem degressiven Tarif erhoben wird.

Dagegen stellt sich das Budgetproblem wohl als kaum lösbar dar: Der Bereich des zunehmenden Durchschnittssteuersatzes darf a) nicht „zu hohe" Einkommen erreichen, damit nur der abschließende Tarifbereich für die Anreizwirkung greift, und darf b) nicht bis zu einem Durchschnittssteuersatz gehen, der „zu weit" oberhalb des Grenzsteuersatzes des letzten Bereichs liegt, denn andernfalls wird die Akzeptanz problematisch. Schließlich müßte jener Grenzsteuersatz wohl deutlich unter 30 % liegen.

6. Ergebnisse

Die Einkommensbesteuerung hat sich von einem im wesentlichen synthetischen System teils zu einem Un-System gewandelt. Auf die Rückkehr zu einer gleichheitsgemäßen Besteuerung ist gegenwärtig nicht zu hoffen. Der einzige jüngere Ansatz, der im wesentlichen dem Prinzip der horizontalen Steuergerechtigkeit genügt (*Kirchhof*), ist politisch gescheitert, wohl auch, weil er mit einem Steuersatz von 25 % fiskalisch zu ambitioniert war, so daß der vorgesehene flankierende umfassende Abbau von Steuerbegünstigungen die Betroffenen verschreckte.[122] Die Modelle des *Sachverständigenrats* und der *Stiftung Marktwirtschaft* sind vor dem Motiv zu verstehen, daß der internationale Steuerwettbewerb niedrigere Steuersätze erfordert, die jedoch fiskalisch nicht für alle möglich erscheinen. Das Anreizziel wird hier möglicherweise erreicht, es wird aber auf die Gleichmäßigkeit der Besteuerung verzichtet. Die als Alternative betrachtete degressive Besteuerung würde zwar zur synthetischen Einkommensteuer zurückführen, doch erscheint sie nicht in einer solchen fiskalisch hinreichend ergiebigen Form vorstellbar, welche einerseits die Anreizziele erfüllt und andererseits politisch durchsetzbar ist. Denn bei einer zu hohen Differenz der Durchschnittssteuersätze käme es wohl zu Akzeptanzproblemen, zumal sich eine degressive Besteuerung gegen Zweifel behaupten müßte, dem Leistungsfähigkeitsprinzip zu genügen.

So bleibt m.E. die Erkenntnis, daß eine systematische, dem Prinzip der Gleichmäßigkeit verpflichtete Besteuerung nur durch internationale Einigung zu erreichen ist. Dies würde auf einen internationalen Finanzausgleich hinauslaufen. Denkt man an die Probleme beim nationalen Finanzausgleich, so muß ein internationaler Ausgleich freilich derzeit illusionär erscheinen. So kann diese Einschätzung leider nicht anders enden als es *Winfried Mellwig* in einem Überblick zur Besteuerung im Jahre 1993 formuliert hat: „Diese umfassende Harmonisierung jedoch hat z. Zt. wohl keine Chancen."[123]

[122] Vgl. auch *Tipke* (2006), S. 168-175.
[123] *Mellwig* (1993), Sp. 152.

Literaturverzeichnis

Ackermann, Günther (2007):
Nach der Reform gleich wieder vor der Reform. In: Der Betrieb, 60. Jg. (2007), Nr. 1, S. I (Editorial).

von Arnim, Hans Herbert (1984):
Staatslehre der Bundesrepublik Deutschland; München 1984.

Bareis, Peter (2002):
Zur Kritik am „Karlsruher Entwurf zur Reform des EStG". In: Steuer und Wirtschaft, 79. Jg. (2002), S. 135-147.

Bareis, Peter (2003a):
Die Durchsetzbarkeit von Steuerreformen in der Demokratie. In: Reform der Parteiendemokratie: Beiträge der 5. Speyerer Demokratietagung vom 25. bis 26. Oktober 2001 (...); Hrsg. Hans Herbert von Arnim; Berlin 2003; S. 109-126.

Bareis, Peter (2003b):
Konfusion statt Konzeption – Die gegenwärtige Steuerpolitik. In: Steuerpolitik – Von der Theorie zur Praxis: Festschrift für Manfred Rose; Hrsg. Michael Ahlheim, Heinz-Dieter Wenzel und Wolfgang Wiegard; Berlin / Heidelberg 2003; S. 441-463.

Bareis, Peter (2006a):
Fehlentwicklungen bei der deutschen Einkommensbesteuerung. In: Anforderungen an ein modernes Steuersystem angesichts der Globalisierung; Hrsg. Gerrit Frotscher; Institut für Ausländisches und Internationales Finanz- und Steuerwesen, Universität Hamburg; 2006; S. 67-96.

Bareis, Peter (2006b):
Mängel des deutschen Steuerrechts und aktuelle Reformpläne. In: Aktuelle Entwicklungsaspekte der Unternehmensbesteuerung: Festschrift für Wilhelm H. Wacker zum 75. Geburtstag; Hrsg. Michael Hebig et al.; Berlin 2006; S. 27-48.

Bareis, Peter / Siegel, Theodor (2006):
Probleme des Einkommensteuer-Vorschlags der Stiftung Marktwirtschaft. In: Der Betrieb, 59. Jg. (2006), S. 748-752.

Birk, Dieter / Barth, Rainer (1997):
Kommentierung § 4 AO. In: Hübschmann / Hepp / Spitaler: Abgabenordnung / Finanzgerichtsordnung: Kommentar; [Hrsg. Hartmut Söhn et al.]; Köln 1951 ff.; u.a. Erg.Lfg. 153-155 (1997).

Blankart, Charles B[eat] (2005):
Demokratie auf der Anklagebank: Schwache Argumente gegen die Steuerreform Obwaldens. In: Neue Zürcher Zeitung, 24.12.2005, S. 27.

Borner, Silvio (2005):
Obwaldner Stimulus für den Fiskalwettbewerb: Zu Unrecht verteufelte degressive Einkommensteuer. In: Neue Zürcher Zeitung, 24.12.2005, S. 27.

Buchanan, James (1984):
The Ethical Limits of Taxation. In: Scandinavian Journal of Economics, Vol. 86 (1984), pp. 102-114.

Cagianut, Francis / Cavelti, Ulrich (2006):
Degressive Steuersätze: Verfassungsrechtliche Überlegungen zu den im revidierten Steuergesetz des Kantons Obwalden festgelegten neuen Steuersätzen sowie grundsätzliche Erwägungen. In: IFF Forum für Steuerrecht, [6.] Jg. (2006), S. 150-156.

DIHK=Deutscher Industrie- und Handelskammertag (2004):
Analyse verschiedener Modelle für eine große Steuerreform; Berlin 2004.

Elschen, Rainer (1994):
Institutionale oder personale Besteuerung von Unternehmensgewinnen?; 2. Auflage; Hamburg 1994.

Flick, Hans (2004):
Die Attraktivität der Amnestie wird von vielen Steuerhinterziehern unterschätzt. In: Frankfurter Allgemeine Zeitung, 3.2.2004, S. 22.

Gosch, Dietmar (1999):
Anmerkung [zu Bundesfinanzhof: Beschluß vom 24.2.1999 X R 171/96]. In: Deutsches Steuerrecht, 37. Jg. (1999), S. 753-754.

Hackmann, Johannes (1983):
Die Bestimmung des steuerrechtlichen Einkommensbegriffs aus finanzwissenschaftlicher Sicht. In: Staatsfinanzierung im Wandel; Hrsg. Karl-Heinrich Hansmeyer; Berlin 1983; S. 661-702.

Hechtner, Frank / Hundsdoerfer, Jochen (2006):
Unbeabsichtigte Reichensteuer auf Gewinneinkünfte: Belastungswirkungen und Gestaltungsspielräume. In: Betriebs-Berater, 61. Jg. (2006), S. 2123-2130.

Herzig, Norbert (2007):
Reform der Unternehmensbesteuerung. In: Die Wirtschaftsprüfung, 60. Jg. (2007), S. 7-14.

Herzig, Norbert / Bohn, Alexander (2007):
Modifizierte Zinsschranke und Unternehmensfinanzierung. In: Der Betrieb, 60. Jg. (2007), S. 1-10.

Hey, Johanna (2001):
Mitteilungspflichten oder Quellenabzug – Maßnahmen zur Sicherung von Steueransprüchen. In: Festschrift für Heinrich Wilhelm Kruse zum 70. Geburtstag; Hrsg. Walter Drenseck und Roman Seer; Köln 2001; S. 269-293.

Hey, Johanna (2005):
§ 11 Körperschaftsteuer. In: Tipke / Lang: Steuerrecht; 18. Auflage; Köln 2005; S. 387-422.

Hinny, Pascal (2006):
Fragen zum Steuertarif bei der Einkommens- und Vermögenssteuer. In: IFF Forum für Steuerrecht, [6.] Jg. (2006), S. 61-82.

Höreth, Ulrike / Stelzer, Brigitte / Welter, Christoph (2006):
Unternehmensteuerreform 2008: Die Vorschläge der Bund-Länder-Arbeitsgruppe. In: Betriebs-Berater, 61. Jg. (2006), S. 2665-2670.

Höreth, Ulrike / Stelzer, Brigitte / Zipfel, Lars (2006):
Die Unternehmenssteuerreform 2008 – oder was von der großen Idee übrig bleibt. In: Zeitschrift für Steuern und Recht, 3. Jg. (2006), S. 458-463.

Homburg, Stefan (2007):
Allgemeine Steuerlehre; 5. Auflage; München 2007.

Hundsdoerfer, Jochen (2002):
Die einkommensteuerliche Abgrenzung von Einkommenserzielung und Konsum: Eine einzelwirtschaftliche Analyse; Wiesbaden 2002.

Jachmann, Monika (2000):
Ansätze zu einer gleichheitsgerechten Ersetzung der Gewerbesteuer. In: Betriebs-Berater, 55. Jg. (2000), S. 1432-1442.

Jansen, Harald (2006):
Erbschaftsteuerliche Wirkungen bei Vermögensübertragungen: Entscheidungswirkungen und Gleichmäßigkeit der Besteuerung; Berlin 2006.

Kirchhof, Paul (2003):
Einkommensteuergesetzbuch: Ein Vorschlag zur Reform der Einkommen- und Körperschaftsteuer; Heidelberg 2003.

Kirchhof, Paul / Altehöfer, Klaus / Arndt, Hans-Wolfgang / Bareis, Peter / Eckmann, Gottfried / Freudenberg, Reinhart / Hahnemann, Meinert / Kopie, Dieter / Lang, Friedbert / Lückhardt, Josef / Schutter, Ernst (2001):
Karlsruher Entwurf zur Reform des Einkommensteuergesetzes. In: Deutsches Steuerrecht, 39. Jg. (2001), S. 917-920.

Kohlhaas, Karl-Friedrich (2006):
Die Mindestbesteuerung a.F. – sieben Jahre danach. In: Betriebs-Berater, 61. Jg. (2006), S. 2381-2387.

Kommission „Steuergesetzbuch“ in der Stiftung Marktwirtschaft (2006):
Steuerpolitisches Programm; Berlin 2006.

Küpper, Hans-Ulrich (2005):
Unternehmensethik: Hintergründe, Konzepte, Anwendungsbereiche; Stuttgart 2005.

Lang, Joachim (2005):
§ 4 Rechtsstaatliche Ordnung des Steuerrechts; § 9 Einkommensteuer. In: Tipke / Lang: Steuerrecht; 18. Auflage; Köln 2005; S. 64-130 bzw. 215-380.

Lang, Joachim (2006):
Unternehmenssteuerreform im Staatenwettbewerb. In: Betriebs-Berater, 61. Jg. (2006), S. 1769-1773.

Maiterth, Ralf / Niemann, Rainer / Blaufus, Kay / Kiesewetter, Dirk / Knirsch, Deborah / König, Rolf / Hundsdoerfer, Jochen / Müller, Heiko / Sureth, Caren / Treisch, Corinna (2006):
arqus-Stellungnahme zur faktischen Abschaffung der Erbschaftsteuer für Unternehmer. In: Der Betrieb, 59. Jg. (2006), S. 2700-2702.

Mellwig, Winfried (1972):
Anpassungsfähigkeit und Ungewißheitstheorie: Zur Berücksichtigung der Elastizität des Handelns in der Unternehmenstheorie; [Dissertation Münster 1971]; Tübingen 1972.

Mellwig, Winfried (1977):
Zum Einfluß von Inflation und Unternehmenswachstum auf die ertragsteuerliche Bemessungsgrundlage. In: Schmalenbachs Zeitschrift für betriebswirtschaftliche Forschung, 29. Jg. (1977), S. 211-233.

Mellwig, Winfried (1981):
Die Berücksichtigung der Steuern in der Investitionsplanung – Modellprämissen und Ausmaß des Steuereinflusses. In: Schmalenbachs Zeitschrift für betriebswirtschaftliche Forschung, 33. Jg. (1981), S. 53-55.

Mellwig, Winfried (1985):
Investition und Besteuerung: Ein Lehrbuch zum Einfluß der Steuern auf die Investitionsentscheidung; Wiesbaden 1985.

Mellwig, Winfried (1989):
Ersatz der Gewerbesteuer durch die Wertschöpfungsteuer? In: Der Integrationsgedanke in der Betriebswirtschaftslehre: Helmut Koch zum 70. Geburtstag; Hrsg. Werner Delfmann; Wiesbaden 1989; S. 279-294.

Mellwig, Winfried (1993):
Besteuerung. In: Handwörterbuch des Rechnungswesens; 3. Auflage; Hrsg. Klaus Chmielewicz und Marcell Schweitzer; Stuttgart 1993; Sp. 142-153.

Mellwig, Winfried (1995):
Steuerarbitrage bei Leasingverträgen. In: Unternehmenstheorie und Besteuerung; Festschrift zum 60. Geburtstag von Dieter Schneider; Hrsg. Rainer Elschen et al.; Wiesbaden 1995; S. 419-443.

Petersen, Hans-Georg / Rose, Manfred (2005):
Einfachsteuer statt dualer Einkommensteuer. In: Frankfurter Allgemeine Zeitung, 19.7.2005, S. 13.

Rautenberg, Hans Günter (2005):
Betriebswirtschaftliche Anmerkungen zum Gesetz über die strafbefreiende Erklärung. In: Kritisches zu Rechnungslegung und Unternehmensbesteuerung: Festschrift zur Vollendung des 65. Lebensjahres von Theodor Siegel; Hrsg. Dieter Schneider et al.; Berlin 2005; S. 533-550.

Rawls, John (1971):
A Theory of Justice; Cambridge, Mass., 1971.

Reich, Markus (2006):
Verfassungsrechtliche Beurteilung der partiellen Steuerdegression am Beispiel des Einkommens- und Vermögenssteuertarifs des Kantons Obwalden. In: Archiv für Schweizerisches Abgaberecht, 74. Jg. (2005/06), S. 689-736.

Rose, Gerd (1995):
Über die Entstehung von „Dummensteuern" und ihre Vermeidung. In: Die Steuerrechtsordnung in der Diskussion: Festschrift für Klaus Tipke zum 70. Geburtstag; Hrsg. Joachim Lang; Köln 1995; S. 153-164.

Rose, Manfred (2006):
Forschungsbericht zu einer grundlegenden Reform der Einkommens- und Gewinnbesteuerung in Deutschland (Stand: 15.6.2006); http:// www.einfachsteuer.de/upload/downloads/44_Konzept.pdf (Abruf: 28.12. 2006).

Ruppe, Hans Georg (1990):
Einführung zum EStG. In: Herrmann / Heuer / Raupach: Einkommensteuer- und Körperschaftsteuergesetz: Kommentar; Hrsg. Arndt Raupach et al.; Köln 1950 ff.; Lfg. 162 (1990).

Sachverständigenrat zur Begutachtung der gesamtwirtschaftlichen Entwicklung (2003):
Jahresgutachten 2003/04: Staatsfinanzen konsolidieren – Steuersystem reformieren; Wiesbaden 2003.

Sachverständigenrat zur Begutachtung der gesamtwirtschaftlichen Entwicklung in Gemeinschaft mit Max-Planck-Institut für Geistiges Eigentum, Wettbewerbs- und Steuerrecht und Zentrum für Europäische Wirtschaftsforschung (2006):
Reform der Einkommens- und Unternehmensbesteuerung durch die Duale Einkommensteuer; Wiesbaden 2006; http://www.sachverstaendigenrat-wirtschaft.de/download/publikationen/dit_gesamt.pdf (Abruf: 28.12.2006).

Schmidt, Stefan / Behnes, Stephan (2006):
Entwurf eines Gesetzes zur Schaffung deutscher REIT Immobilienaktiengesellschaften. In: Betriebs-Berater, 61. Jg. (2006), S. 2329-2334.

Schneider, Dieter (1997):
Betriebswirtschaftslehre; Band 2: Rechnungswesen; 2. Auflage; München / Wien 1997.

Schneider, Dieter (2002):
Steuerlast und Steuerwirkung: Einführung in die steuerliche Betriebswirtschaftslehre; München / Wien 2002.

Schreiber, Ulrich (2005):
Besteuerung der Unternehmen: Eine Einführung in Steuerrecht und Steuerwirkung; Berlin / Heidelberg 2005.

Schreiber, Ulrich / Finkenzeller, Martin / Rüggeberg, Claudia (2004):
Reform der Einkommensbesteuerung durch die duale Einkommensteuer?. In: Der Betrieb, 57. Jg. (2004), S. 2767-2777.

Seer, Roman (2005):
Der Vollzug der neuen Einkommensteuer. Zusammenfassung: Tagungsbericht Stiftung Marktwirtschaft, Berlin, 10.11.2005, S. 13-14: www.stiftung-marktwirtschaft.de/module/Bericht–EKST10.11.pdf; Folien: www.stiftung-marktwirtschaft.de/module/Seer.pdf (Abruf: 28.12.2006).

Siegel, Theodor (1999a):
Rückstellungen, Teilwertabschreibungen und Maßgeblichkeitsprinzip. In: Steuern und Bilanzen, [1. Jg.] (1999), S. 195-201.

Siegel, Theodor (1999b):
Steuern. In: Handbuch der Wirtschaftsethik; Hrsg. Wilhelm Korff et al.; Band 3: Ethik wirtschaftlichen Handelns; Gütersloh 1999; S. 354-398.

Siegel, Theodor (2000):
Konsum- oder einkommensorientierte Besteuerung? Aspekte quantitativer und qualitativer Argumentation. In: Schmalenbachs Zeitschrift für betriebswirtschaftliche Forschung, 52. Jg. (2000), S. 724-740.

Siegel, Theodor (2001):
Splitting – Notwendiger Effekt oder fragwürdiger Vorteil? In: Betriebswirtschaftliche Forschung und Praxis, 53. Jg. (2001), S. 271-280.

Siegel, Theodor (2002a):
Kommentierung § 32a EStG. In: Herrmann / Heuer / Raupach: Einkommensteuer- und Körperschaftsteuergesetz: Kommentar; Hrsg. Arndt Raupach et al.; Köln 1950 ff.; Lfg. 219 (2002).

Siegel, Theodor (2002b):
Vor- oder nachgelagerte Besteuerung bei Altersvorsorge – Lösung durch Anwendung eines einheitlichen Prinzips. In: Betriebs-Berater, 57. Jg. (2002), Nr. 49, S. I.

Siegel, Theodor (2003):
Lohnsteuer = Einkommensteuer + Immobilitätszuschlag?. In: Der Betrieb, 56. Jg. (2003), S. 795-796.

Siegel, Theodor (2004):
System der Einkommensteuer und Rechtsformneutralität. In: Steuern, Rechnungslegung und Kapitalmarkt: Festschrift für Franz W. Wagner zum 60. Geburtstag; Hrsg. Hans Dirrigl, Dietmar Wellisch und Ekkehard Wenger; Wiesbaden 2004; S. 193-208.

Siegel, Theodor (2005a):
Duale Einkommensteuer – Gleichmäßigkeit der Besteuerung versus Zweckmäßigkeit?. In: Zeitschrift für Steuern und Recht, 2. Jg. (2005), S. 82-86.

Siegel, Theodor (2005b):
Nutzensteigerung als Argument für die Konsumbesteuerung?. In: Steuertheorie, Steuerpolitik und Steuerpraxis: Festschrift für Peter Bareis zum 65. Geburtstag; Hrsg. Theodor Siegel et al.; Stuttgart 2005; S. 359-377.

Siegel, Theodor (2007):
Rechtsformneutralität – ein klares und begründetes Ziel. In: Rechnungslegung, Eigenkapital und Besteuerung: Entwicklungstendenzen: Hrsg. Norbert Winkeljohann, Peter Bareis und Gerrit Volk; München 2007; S. 271-290.

Siegel, Theodor / Bareis, Peter (2004):
Strukturen der Besteuerung: Betriebswirtschaftliches Arbeitsbuch Steuerrecht; 4. Auflage; München / Wien 2004.

Siegel, Theodor / Bareis, Peter / Herzig, Norbert / Schneider, Dieter / Wagner, Franz W. / Wenger, Ekkehard mit Zustimmung von 72 Fachkollegen (2000):
Verteidigt das Anrechnungsverfahren gegen unbedachte Reformen!. In: Betriebs-Berater, 55. Jg. (2000), S. 1269-1270.

Sprengel, Christoph / Reister, Timo (2006):
Unternehmenssteuerreform 2008: Überarbeiteter Entwurf senkt Belastung. In: ZEW-news, Dezember 2006, S. 1-2.

Sprengel, Christoph / Wiegard, Wolfgang (2004):
Duale Einkommensteuer: Die pragmatische Variante einer grundlegenden Steuerreform. In: Wirtschaftsdienst, 84. Jg. (2004), S. 71-76.

Stapperfend, Thomas (2001):
Verluste im Einkommensteuerrecht. In: Besteuerung von Einkommen; Hrsg. Iris Ebling; (Veröffentlichungen der Deutschen Steuerjuristischen Gesellschaft, Band 24); Köln 2001; S. 329-381.

Stapperfend, Thomas (2006):
Die Infektion im Einkommensteuerrecht – Ein Beitrag zum Krankheitsbild des Einkommensteuerrechts. In: Steuer und Wirtschaft, 83. Jg. (2006), S. 303-310.

Steinbrück, Peer / Koch, Roland (2006):
Wachstumsorientierte Unternehmensteuerreform für Deutschland; Berlin, 3. November 2006; http://www.bundesfinanzministerum.de/lang_de/DE/Aktuelles/Pressemitteilungen/ 2006/11/ 20060211_PM133. html ⇒ „Zu den Details" (Abruf: 21.12.2006).

Sterba, James P. (1974):
Justice as Desert. In: Social Theory and Practice, Vol. 3 (1974), pp. 101-116.

Tipke, Klaus (1971):
Steuerrecht – Chaos, Konglomerat oder System?. In: Steuer und Wirtschaft, 48. Jg. (1971), S. 2-17.

Tipke, Klaus (1991):
Steuerliche Ungleichbehandlung durch einkunfts- und vermögensartdifferente Bemessungsgrundlagenermittlung und Sachverhaltsverifizierung. In: Festschrift für Heinrich Wilhelm Kruse zum 70. Geburtstag; Hrsg. Walter Drenseck und Roman Seer; Köln 2001; S. 215-238.

Tipke, Klaus (2000):
Die Steuerrechtsordnung; Band I: Wissenschaftsorganisatorische, systematische und grundrechtlich-rechtsstaatliche Grundlagen; 2. Auflage; Köln 2000.

Tipke, Klaus (2003):
Die Steuerrechtsordnung; Band II: Steuerrechtfertigungstheorie, Anwendung auf alle Steuerarten, sachgerechtes Steuersystem; 2. Auflage; Köln 2003.

Tipke, Klaus (2006):
Ein Ende dem Einkommensteuerwirrwarr!?: Rechtsreform statt Stimmenfangpolitik; Köln 2006.

Treisch, Corinna (2004):
Europataugliche Ausgestaltung der Unternehmensbesteuerung: Anforderungen, Probleme und Lösungsmöglichkeiten; Wiesbaden 2004.

Wäckerlin, Urs (2006):
Betriebsausgabenabzugsbeschränkung und Halbeinkünfteverfahren; Berlin 2006.

Wagner, Franz W. (1989):
Die zeitliche Erfassung steuerlicher Leistungsfähigkeit. In: Zeitaspekte in betriebswirtschaftlicher Theorie und Praxis: 50. Wissenschaftliche Jahrestagung des Verbandes der Hochschullehrer für Betriebswirtschaft e.V., Köln, 24. – 28. Mai 1988; Hrsg. Herbert Hax, Werner Kern und Hans-Horst Schröder; Stuttgart 1989; S. 261-277.

Wagner, Franz W. (2002a):
Einbruch der Körperschaftsteuer war vorhersehbar. In: Süddeutsche Zeitung, 5.2.2002, S. 30.

Wagner, Franz W. (2002b):
Nachgelagerte Rentenbesteuerung – Bruch oder Vervollkommnung der Steuersystematik?. In: Betriebs-Berater, 57. Jg. (2002), Nr. 13, S. I.

Wagner, Franz W. (2003):
Verfassungsrecht gegen Wachstum. In: Süddeutsche Zeitung, 18.11.2003, S. 24.

Wagner, Franz W. (2006):
Was bedeutet und wozu dient Rechtsformneutralität der Unternehmensbesteuerung?. In: Steuer und Wirtschaft, 83. Jg. (2006), S. 101-114.

Wendt, Michael (1996):
Kommentierung § 32c EStG. In: Herrmann / Heuer / Raupach: Einkommensteuer- und Körperschaftsteuergesetz: Kommentar; Hrsg. Arndt Raupach et al.; Köln 1950 ff.; Lfg. 186 (1996).

Wenger, Ekkehard (1983):
Gleichmäßigkeit der Besteuerung von Arbeits- und Vermögenseinkünften. In: Finanzarchiv, Bd. 41 (1983), S. 207-252.

Wenger, Ekkehard / Kaserer, Christoph (2005):
Die Bedeutung von Anlegerinteressen für das Ausschüttungsverhalten deutscher Publikumsaktiengesellschaften: das Standortsicherungsgesetz als Testfall. In: Kritisches zu Rechnungslegung und Unternehmensbesteuerung: Festschrift zur Vollendung des 65. Lebensjahres von Theodor Siegel; Hrsg. Dieter Schneider et al.; Berlin 2005; S. 499-531.

Wiegard, Wolfgang (2006):
Internationaler Steuerwettbewerb und Reform der Unternehmensbesteuerung: 7 Fakten – 7 Thesen. In: Anforderungen an ein modernes Steuersystem angesichts der Globalisierung; Hrsg. Gerrit Frotscher; Institut für Ausländisches und Internationales Finanz- und Steuerwesen, Universität Hamburg; 2006; S. 97-128.

Wieland, Joachim (2006):
Verfassungsrechtliche Grenzen der Besteuerung. In: Die Steuerberatung, 49. Jg. (2006), S. 573-576.

Zeitler, Franz-Christoph (1999):
Kapitalmarkt und Steuergerechtigkeit: Abgeltungssteuer und europäische Steuerharmonisierung. In: Steuerrechtsprechung – Steuergesetz – Steuerreform: Festschrift für Klaus Offerhaus zum 65. Geburtstag; Hrsg. Paul Kirchhof, Wolfgang Jakob und Albert Beermann; Köln 1999; S. 955-967.

Einnahmen-Überschussrechnung als Regelkonzept der steuerlichen Gewinnermittlung - Königsweg oder Holzweg?

von Dr. Jochen Sigloch

Steuerberater,

Professor für Betriebswirtschaftslehre an der Universität Bayreuth

Inhalt

1. Einführung

Die gegenwärtige Umwälzung in der handelsrechtlichen Rechnungslegung führt auch die steuerliche Gewinnermittlung an einen Scheideweg. Die seit jeher kontrovers diskutierte Maßgeblichkeit der Handelsbilanz für die Steuerbilanz[1, 2] steht offenbar zur Disposition. Diskutiert wird die Beibehaltung der Maßgeblichkeit ebenso wie deren völlige Aufgabe. Denkmodelle für die künftige steuerliche Gewinnermittlung sind

- die Maßgeblichkeit der nach International Financial Reporting Standards aufgestellten Bilanz (IFRS-Bilanz),
- die Maßgeblichkeit einer von Wahlrechten befreiten traditionellen Bilanz nach Handelsrecht (bereinigte HGB-Bilanz),
- eine eigenständige Steuerbilanz ohne (formale) Bindung an das Handelsrecht,
- eine – wie auch immer geartete – Einnahmen-Ausgaben-Rechnung.

Die aktuelle Umbruchsituation bietet auch Chancen für Veränderungen und ist Anlass, der Frage nachzugehen, ob die Einnahmen-Überschussrechnung in der aktuellen oder einer modifizierten Form ein zukunftsfähiges allgemeines Modell der steuerlichen Gewinnermittlung sein kann. Zunächst soll die Entwicklung und der aktuelle Stand dieses Gewinnermittlungskonzepts skizziert werden. Nach der Einordnung des Modells in das Rahmenkonzept der steuerlichen Gewinnermittlung werden mögliche Probleme und Lösungsansätze diskutiert. Der Beitrag, in dem konzeptionelle Fragen und nicht die steuerrechtlichen Details im Mittelpunkt stehen, schließt mit einigen zusammenfassenden Thesen.

2. Einnahmen-Überschussrechnung als vereinfachtes Konzept der steuerlichen Gewinnermittlung

2.1. Entstehung und Entwicklung des Modells

Erfunden und eingeführt wurde die Einnahmen-Überschussrechnung in Deutschland erstmals durch das Einkommensteuergesetz 1925[3]. Danach wurde Unternehmen, bei denen das Betriebsvermögen nur unwesentlichen Schwankungen unterlag, in § 12 Abs. 1 Satz 3 EStG 1925 erlaubt, den steuerlichen Gewinn nicht auf der Grundlage einer vollständigen Bilanz, sondern einer vereinfachenden Einnahmen-Überschussrechnung zu ermitteln:

---

1 Das Maßgeblichkeitsprinzip ist in § 5 Abs. 1 Satz 1 EStG verankert und bezeichnet die „Maßgeblichkeit der handelsrechtlichen Grundsätze ordnungsmäßiger Buchführung für die steuerbilanzielle Gewinnermittlung" – häufig unzutreffend verkürzt auch als „Maßgeblichkeit der Handelsbilanz für die Steuerbilanz" bezeichnet.

2 Zur Entwicklungsgeschichte und dem gegenwärtigen Stand der Maßgeblichkeit vgl. Sigloch, Valet dem Maßgeblichkeitsprinzip (2000), S. 157 ff und ders., Steuerbilanz (2004), S. 333 ff.

3 Einkommensteuergesetz vom 10. August 1925, RGBl. 1925 S. 189.

„Bei Steuerpflichtigen, bei denen nach der Art des Betriebs das der Berufstätigkeit dienende Vermögen am Schlusse der einzelnen Steuerabschnitte wesentlichen Schwankungen nicht zu unterliegen pflegt und am Schlusse des Steuerabschnitts Waren über das übliche Maß hinaus nicht vorhanden sind, ist es zulässig, lediglich den Ueberschuß der Einnahmen über die Ausgaben zugrunde zu legen."

Diese Bedingung der unwesentlichen Betriebsvermögensschwankungen wurde zwar später gelockert, aber inhaltlich immer beibehalten: So sah das EStG 1934[4] die Möglichkeit vor, ausnahmsweise auftretende und wirtschaftlich ins Gewicht fallende Schwankungen im Betriebsvermögen durch Zu- und Abschläge zu berücksichtigen.[5] Als auch diese Regelung wegen hoher administrativer Kosten durch das Steuerneuordnungsgesetz 1954[6] wieder aufgegeben wurde, wurde die Einhaltung dieser zentralen Anwendungsbedingung der nur unwesentlichen Schwankungen im Betriebsvermögen durch eine sehr restriktive Finanzrechtsprechung zur Bildung von gewillkürtem Betriebsvermögen wahrgenommen.[7]

Erst die Freigabe der Bildung gewillkürten Betriebsvermögens auch im Rahmen der Einnahmen-Überschussrechnung nach § 4 Abs. 3 EStG durch das bemerkenswerte BFH-Urteil vom 2.10.2003[8] brach mit dieser Tradition und öffnete damit die Schleusen für private Steuergestaltungen und Steuersparmodelle vor allem in Form der sog. Wertpapierhebelfonds. In kurzer Zeit aufgelaufene und weiterhin drohende Steuerausfälle in Milliardenhöhe veranlassten den Gesetzgeber im Gesetz zur Eindämmung missbräuchlicher Gestaltungen vom 28. April 2006[9] zur jüngsten und vorläufig letzten Änderung der Einnahmen-Überschussrechnung nach § 4 Abs. 3 EStG, indem nunmehr auch Ausgaben für den Erwerb von bestimmten Wirtschaftsgütern des Umlaufvermögens nicht mehr sofort als Betriebsausgaben angesetzt werden dürfen. Mit dieser Gesetzesänderung wurde das Problem allerdings nicht grundlegend, sondern nur partiell für den Bereich modellhafter Gestaltung beseitigt, weniger marktgängige und offenkundige Wege stehen dem Kundigen nach erfolgreicher Lobbyarbeit offenbar weiterhin offen.[10]

---

4 Einkommensteuergesetz vom 16. Oktober 1934, RGBl. 1934 S. 1005.

5 Vgl. § 4 Abs. 2 EStG 1934.

6 Gesetz zur Neuordnung von Steuern vom 16. Dezember 1954, BGBl. I 1954 S. 373.

7 Vgl. hierzu Segebrecht, Einnahmen-Überschussrechnung (2005), S. 45 ff mit zahlreichen Rechtsprechungshinweisen.

8 BFH vom 2.10.2003 – IV R 13/03 –, BStBl. II 2004 S. 985.

9 Gesetz zur Eindämmung missbräuchlicher Steuergestaltungen vom 28. April 2006, BGBl. I 2006 S. 1095.

10 Die vom Bundesrat vorgeschlagene schärfere Gesetzesfassung wurde nicht ins Gesetz übernommen (vgl. Blümich/Wied, § 4 EStG (2006), S. 57).

2.2. Charakteristik der Einnahmen-Überschussrechnung nach § 4 Abs. 3 EStG

Nach § 4 Abs. 3 EStG können Steuerpflichtige, die nicht auf Grund gesetzlicher Vorschriften verpflichtet sind, Bücher zu führen und regelmäßig Abschlüsse zu machen, und die auch keine Bücher führen und keine Abschlüsse machen, als Gewinn den Überschuss der Betriebseinnahmen über die Betriebsausgaben ansetzen. Auch wenn es an einer gesetzlichen Definition der Betriebseinnahmen fehlt und dies zu Problemen führen könnte,[11] stellt sich nach der derzeitigen Handhabung die Einnahmen-Überschussrechnung nach § 4 Abs. 3 EStG vom Grundsatz als eine reine Geldstrom-Rechnung dar, bei der die Periodenzuordnung durch den Zufluss der Einzahlungen und den Abfluss der Auszahlungen bestimmt wird. Die Betriebseinnahmen und Betriebsausgaben sind grundsätzlich im Zeitpunkt des Zu- oder Abflusses der Zahlungen anzusetzen (§ 11 EStG).

Das Grundprinzip der reinen Geldrechnung wird allerdings durch zwei Ausnahmebereiche durchbrochen:
Im **Ausnahmebereich I** wird angeordnet, dass gewisse Einnahmen und Ausgaben nicht sofort erfolgswirksam, sondern – wie bei der bilanziellen Gewinnermittlung – durch temporäre Speicherung umzuperiodisieren sind. Betroffen sind folgende Transaktionen:

1. Anschaffungs- oder Herstellungskosten im Bereich des Anlagevermögens sind nicht bereits im Zeitpunkt des Abflusses der entsprechenden Ausgaben erfolgswirksam zu erfassen. Vielmehr sind Ausgaben für die Beschaffung von Anlagewerten unabhängig vom Abfluss der liquiden Mittel bei nicht abnutzbaren Gütern während der laufenden Nutzung gar nicht und bei abnutzbaren Gütern nur über den Zeitraum der Nutzung im Wege der Abschreibung anzusetzen. Erst bei einer späteren Veräußerung oder Entnahme ist den Einnahmen der (Rest-)Buchwert der jeweiligen Anlagegüter gegenzurechnen.
2. In gleicher Weise ordnet eine nach der Freigabe des gewillkürten Betriebsvermögens für erforderlich erachtete Gesetzesänderung eine Aktivierungspflicht für bestimmte Wirtschaftsgüter des Umlaufvermögens an, die nach dem 5.5.2006 angeschafft wurden: Die Anschaffungs- oder Herstellungskosten für Anteile an Kapitalgesellschaften, für Wertpapiere und vergleichbare nicht verbriefte Forderungen und Rechte, für Grund und Boden sowie Gebäude des Umlaufvermögens sind erst im Zeitpunkt des

[11] Würde man in Analogie zu § 8 Abs. 1 EStG unter Betriebseinnahmen alle Güter verstehen, die in Geld oder Geldeswert bestehen, würde sich ein Warenkauf auf Ziel im Zeitpunkt des Wareneingangs als Betriebseinnahme auswirken und der Vereinfachungsgedanke der Zahlungsrechnung wäre nicht umsetzbar.

Zuflusses des Veräußerungserlöses oder bei Entnahme im Zeitpunkt der Entnahme als Betriebsausgaben zu berücksichtigen.

3. Reine Finanzierungsvorgänge (sog. wechselbezügliche Zahlungen) in Form aktiver Kreditgewährungen oder passiver Kreditaufnahmen sind wie auch die nachfolgenden Tilgungszahlungen nicht zu berücksichtigen.
4. Betriebseinnahmen und Betriebsausgaben, die im Namen und für Rechnung eines anderen vereinnahmt und verausgabt wurden (sog. durchlaufende Posten) sind nicht zu erfassen. Gezahlte und vereinnahmte Umsatzsteuerbeträge zählen dabei nicht zu den durchlaufenden Posten und sind daher erfolgswirksam zu erfassen.
5. Abweichend vom strengen Zahlungsprinzip gelten nach § 11 EStG regelmäßig wiederkehrende Einnahmen und Ausgaben, die kurze Zeit vor Beginn oder kurze Zeit nach Beendigung des Kalenderjahres, zu dem sie wirtschaftlich gehören, zu- oder abfließen, als im Kalenderjahr der wirtschaftlichen Verursachung zu- oder abgeflossen. Als „kurzer Zeitraum" gilt eine Zeitspanne von bis zu 10 Tagen vor und nach dem Jahreswechsel.

In gleicher Weise sind Ausgaben, die für eine Nutzungsüberlassung von mehr als fünf Jahren im voraus geleistet werden, gleichmäßig auf den Zeitraum zu verteilen, für den die Vorauszahlung geleistet wird (§ 11 Abs. 2 Satz 3 EStG). Umgekehrt besteht ein entsprechendes Wahlrecht für empfangene Vorauszahlungen (§ 11 Abs. 1 Satz 3 EStG).

Im **Ausnahmebereich II** sind Regelungen getroffen, die dazu beitragen sollen, dass die Anwendung der Einnahmen-Überschussrechnung zu dem identischen Totalerfolg führt, wie er sich bei bilanzieller Gewinnermittlung ergeben würde (Grundsatz der Totalerfolgsidentität[12]). Angesprochen ist insbesondere die Erfassung der Entnahme von Sachwerten als Betriebseinnahmen und der Einlage von Sachwerten als Betriebsausgaben. Barentnahmen und Bareinlagen werden nicht erfolgswirksam erfasst.

Zur Vermeidung übermäßiger Periodisierungsdifferenzen sind auch Tauschgeschäfte zu erfassen. Tauschgeschäfte sind als doppelte Veräußerungsgeschäfte zu interpretieren. Als Transaktionspreis ist der Wert des im Wege des Tausches abgegebenen Guts anzusetzen. Ob ein Tauschgeschäft sofort Erfolgswirkungen auslöst, hängt davon ab, ob mit dem Tauschgeschäft „nicht-bilanzierungspflichtige und bilanzierungspflichtige" Güter betroffen sind.[13]

---

12 Totalerfolgsidentität ist keineswegs mit Totalsteueridentität gleichzusetzen (vgl. Kantwill, Einnahmen-Überschussrechnung (2006), S. 66).

13 Zum schwierigen Thema der Behandlung von Tauschgeschäften in der Einnahmen-Überschussrechnung vgl. Segebrecht, Einnahmen-Überschussrechnung (2005), S. 354 ff.

Der Periodenerfolg wird im Rahmen der Einnahmen-Überschussrechnung nach § 4 Abs. 3 EStG damit wie folgt ermittelt:[14]

	Betriebseinnahmen
./.	Betriebsausgaben
=	Überschuss der Betriebseinnahmen über die Betriebsausgaben
+	Ausgaben für Wirtschaftsgüter des Anlagevermögens
./.	Abschreibungen auf abnutzbare Wirtschaftsgüter des Anlagevermögens
./.	(Rest-)Buchwert veräußerter oder entnommener Wirtschaftsgüter des Anlagevermögens
+	Ausgaben für bestimmte Wirtschaftsgüter des Umlaufvermögens
./.	(Rest-)Buchwert veräußerter oder entnommener bestimmter Wirtschaftsgüter des Umlaufvermögens
=	korrigierter Einnahmen-/Ausgabenüberschuss
+	Entnahmen von Sachwerten
./.	Einlagen von Sachwerten
+	nicht abziehbare Ausgaben (§ 4 Abs. 5 EStG)
./.	steuerfreie Einnahmen (§ 3c EStG)
=	Gewinn/Verlust iSd § 4 Abs. 3 EStG

Abb. 1: Einnahmen-Überschussrechnung nach § 4 Abs. 3 EStG

Ob man angesichts der zahlreichen Ausnahmen vom Grundsatz der reinen Geldrechnung[15] überhaupt noch von einer „vereinfachten Gewinnermittlung" sprechen kann, erscheint ernstlich zweifelhaft. Dies gilt umso mehr, als die Gewinnermittlung nach § 4 Abs. 3 EStG längst nicht mehr anhand des Gesetzeswortlautes durchgeführt wird.[16]

3. Einnahmen-Überschussrechnung nach § 4 Abs. 3 EStG im Kontinuum möglicher Konzepte der Erfolgsermittlung

3.1. Zur Einordnung der Einnahmen-Überschussrechnung nach § 4 Abs. 3 EStG

Im Kern ist jede Gewinnermittlung eines Unternehmens – hier weit gefasst als wirtschaftende Erwerbseinheit – so aufgebaut, dass zu Beginn und zum Ende einer Periode eine Vermögensübersicht erstellt wird und die Differenz aus dem Reinvermögen am Ende minus dem Reinvermögen am Anfang der Periode die in der Periode eingetretene Vermögenszunahme oder -abnahme ausweist. Diese Vermögensänderung ist durch von außen induzierte Vermögensminderungen und Vermögensmehrungen, die im technischen Sprachgebrauch Entnahmen und Einlagen genannt werden, zu korrigieren.

Auf diesem gemeinsamen Fundament aufbauend sind zur Ermittlung steuerlicher Bemessungsgrundlagen für die periodische Erfolgsbesteuerung von Unternehmen

14 Vgl. auch Treisch/Müßig, Betriebsvermögensvergleich (2007), S. 25. Das amtliche Ermittlungsschema folgt einem anderen Aufbau.

15 Vgl. auch Segebrecht, Einnahmen-Überschussrechnung (2005), S. 33.

16 So Kruse, Auslegung am Gesetz vorbei (1997), S. 413 ff, hier S. 422.

höchst unterschiedliche Modelle verfügbar. Diese weisen Gemeinsamkeiten und Unterschiede auf.

Gemeinsam ist allen Modellen die Grundstruktur, dass dem Vermögensbestand am Ende der Rechnungsperiode der Vermögensbestand zu Beginn der Periode gegenübergestellt wird und während der Periode erfolgte Vermögensentnahmen und Vermögenseinlagen korrigiert werden.

Diesem Befund scheint bei einem Vergleich von bilanzieller Gewinnermittlung nach § 5 EStG und der Einnahmen-Überschussrechnung nach § 4 Abs. 3 EStG die völlige Andersartigkeit der Rechenkonzepte zu widersprechen: Während ersterem ein Vermögensvergleich zugrunde liegt, basiert letzteres auf einer Stromgrößenrechnung. Dieser Widerspruch löst sich allerdings mit der Einsicht auf, dass jeder Bestandsrechnung eine Stromrechnung und jeder Stromgrößenrechnung eine Bestandsrechnung logisch zugeordnet ist. Damit bleibt festzuhalten, dass unabhängig von der gewählten Gewinnermittlungskonzeption der Gewinn stets aufgrund eines Vermögensbestandsvergleichs ermittelt werden kann.

Unterschiede ergeben sich bei den verschiedenen Modellen nur im Hinblick auf den Umfang des einbezogenen Vermögens und dessen Bewertung. Das Spektrum der Möglichkeiten reicht vom Extrem des umfassend angelegten Gesamtvermögensvergleichs auf der Basis von Unternehmensgesamtwerten über unterschiedliche Varianten des Einzelvermögensvergleichs bis zum Extrem der reinen Kassenvergleichsrechnung. Die nachfolgende Übersicht macht den Zusammenhang deutlich:

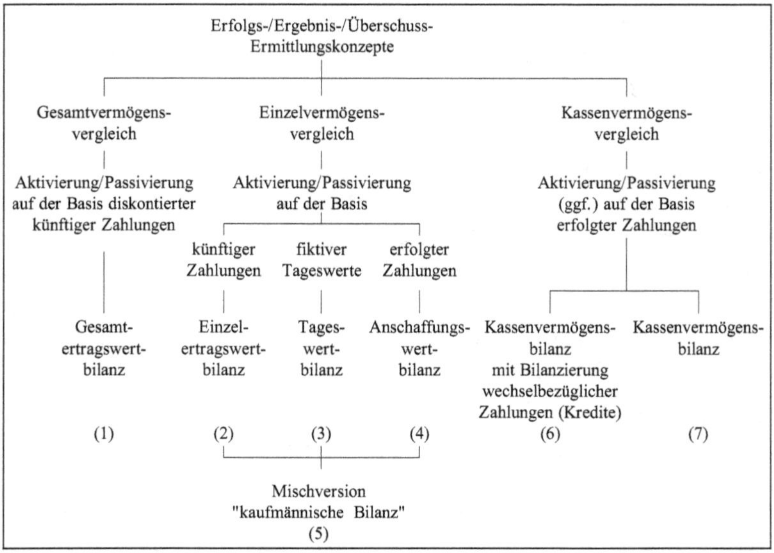

Abb. 2: Modelle der Erfolgs- oder Überschussermittlung

Die steuerliche Regelgewinnermittlungsmethode ist derzeit die Steuerbilanz, die aus der kaufmännischen Bilanz abgeleitet wird. Als Ausnahmeregelung findet die Einnahmen-Überschussrechnung nach § 4 Abs. 3 EStG Anwendung.

Theoretische Modelle	vollständige Gesamtvermögensrechnung (Unternehmenswertrechnung)	Einzelvermögensrechnungen weiter Bilanzinhalt und Zeitwert ⇔ enger Bilanzinhalt und Anschaffungswert und niedrigerer Tageswert	Kassenbestandsrechnung erweiterte Kassenrechnung ⇔ reine Kassenrechnung
Handelsrechtliche Modelle		IAS/ IFRS-Bilanz; HGB Bilanz (KapG); HGB Bilanz (PersU)	
Steuerrechtliche Modelle		Steuerbilanz § 5 EStG	Einnahmen-Ausgaben-Rechnung § 4 III EStG

Abb. 3: Gegenüberstellung der Modelle der periodischen Gewinnermittlung

Die Einnahmen-Überschussrechnung nach § 4 Abs. 3 EStG lässt sich formal auch als Bestandsrechnung mit erheblich **reduzierten** Bilanzposten verstehen. Die „geschrumpfte Bilanz" nach § 4 Abs. 3 EStG enthält nur das Anlagevermögen, die neuerdings anzusetzenden bestimmten Wirtschaftsgüter des Umlaufvermögens, die wechselbezüglichen Zahlungen (aktive und passive Gelddarlehen), durchlaufende Posten und als Residualgröße das Eigenkapital:

Bilanz zum 31.12.01	
Aktiva	Passiva
A. Anlagevermögen	**A. Eigenkapital**
I. Immaterielle Vermögensgegenstände	**- Entnahmen**
II. Sachanlagen	**+ Einlagen**
III. Finanzanlagen	**+ Jahresergebnis**
B. Umlaufvermögen	*B. Rückstellungen*
I. Vorräte	*C. Verbindlichkeiten*
II. Forderungen und sonstige Vermögensgegenstände	**1. Verbindlichkeiten gegenüber Kreditinstituten**
III. Wertpapiere	*2. Verbindlichkeiten aus Lieferungen und Leistungen*
IV. Kassenbestand, Bundesbankguthaben, Guthaben bei Kreditinstituten und Schecks	*3. Sonstige Verbindlichkeiten*
C. Rechnungsabgrenzungsposten	*D. Rechnungsabgrenzungsposten*

Abb. 4: Vollständige und verkürzte Jahresbilanz (Anmerkung: Die fett gesetzten Bilanzpositionen sind in der „verkürzten Bilanz nach § 4 Abs. 3 EStG" enthalten.)

Es fehlen das gesamte weitere Umlaufvermögen, die Rückstellungen und Lieferantenverbindlichkeiten und die sonstigen Verbindlichkeiten sowie im Regelfall alle Rechnungsabgrenzungsposten.[17]

3.2. Zum zeitlichen Erfolgsausweis von Bilanz nach § 5 EStG und Einnahmen-Überschussrechnung nach § 4 Abs. 3 EStG

Die Auswirkungen einer solchen Bilanzpostenreduzierung auf den zeitlichen Ausweis der Periodenerfolge sind nicht eindeutig zu klären. Offen ist insbesondere, ob bei einer Anwendung der Einnahmen-Überschussrechnung nach § 4 Abs. 3 EStG im Vergleich zur bilanziellen Gewinnermittlung nach § 5 EStG der steuerliche Erfolg früher oder später ausgewiesen wird. Dies hängt ganz wesentlich vom Verhältnis der gegenüber dem vollständigen Vermögensvergleich entfallenden aktiven und passiven Verrechnungszahlungen ab:

- Im **Regelfall** dürfte der Reinvermögensbestand beim vollständigen steuerbilanziellen Vermögensvergleich höher sein als bei einer Einnahmen-Überschussrechnung. Dies hätte zur Folge, dass damit der Erfolgsausweis bei bilanzieller Gewinnermittlung zeitlich früher erfolgen würde als bei der Einnahmen-Überschussrechnung nach § 4 Abs. 3 EStG.

  Unterstellt man fiktiv einen Wechsel der Gewinnermittlung vom Vermögensver-

[17] Gegebenenfalls sind die regelmäßig wiederkehrenden Zahlungen, die kurze Zeit vor dem Beginn oder kurze Zeit nach der Beendigung des Kalenderjahres geleistet werden, zusätzlich zu erfassen und unter den sonstigen Vermögensgegenständen, den sonstigen Verpflichtungen oder den transitorischen Rechnungsabgrenzungsposten auszuweisen (§ 11 EStG).

gleich nach § 5 EStG zur Einnahmen-Überschussrechnung nach § 4 Abs. 3 EStG, würde sich damit ein Verlust ergeben:

„Aktiva“				„Passiva“			
	Bilanz § 5 EStG	Δ	EÜR § 4 III EStG		Bilanz § 5 EStG	Δ	EÜR § 4 III EStG
Anlagevermögen	300	0	300	**„Eigenkapital“**	180	- 50	130
Umlaufvermögen				**Rückstellungen**	60	- 60	0
- Vorräte	100	- 100	0	**Verbindlichkeiten**			
- Lieferanten-forderungen	90	- 90	0	- Bankverbindlichkeiten	210	0	210
- Kasse	40	0	40	- Lieferanten-verbindlichkeiten	70	- 70	0
Rechnungs-abgrenzungsposten	10	- 10	0	**Rechnungs-abgrenzungsposten**	20	- 20	0
	540	- 200	340		540	-200	340

Abb. 5: Übergang von der Gewinnermittlung gemäß § 5 EStG nach § 4 Abs. 3 EStG (Verlustfall)

- Im eher seltenen **Ausnahmefall** ist indes durchaus denkbar, dass die Bilanz – so etwa bei hinreichend hohen Rückstellungen – gegenüber der Einnahmen-Überschussrechnung zu einem späteren Gewinnausweis führen kann.
  Ein einfaches Beispiel mit einem fiktiven Wechsel von der bilanziellen Gewinnermittlung nach § 5 EStG zur Einnahmen-Überschussrechnung nach § 4 Abs. 3 EStG macht dies wiederum deutlich:

„Aktiva“				„Passiva“			
	Bilanz § 5 EStG	Δ	EÜR § 4 III EStG		Bilanz § 5 EStG	Δ	EÜR § 4 III EStG
Anlagevermögen	300	0	300	**„Eigenkapital“**	180	+ 100	280
Umlaufvermögen				**Rückstellungen**	230	- 230	0
- Vorräte	100	- 100	0	**Verbindlichkeiten**			
- Lieferanten-forderungen	90	- 90	0	- Bankverbindlichkeiten	60	-	60
- Kasse	40	-	40	- Lieferanten-verbindlichkeiten	50	- 50	0
Rechnungs-abgrenzungsposten	10	- 10	0	**Rechnungs-abgrenzungsposten**	20	- 20	0
	540	- 200	340		540	-200	340

Abb. 6: Übergang von der Gewinnermittlung gemäß § 5 EStG nach § 4 Abs. 3 EStG (Gewinnfall)

Abschließend ist festzuhalten, dass die Einnahmen-Überschussrechnung nach § 4 Abs. 3 EStG ein Zwitter zwischen den Konzepten der Einkommensbesteuerung und der Konsumbesteuerung darstellt. Mit ihrer generellen Einführung wäre im Regelfall eine gewisse Abkehr von einer Einkommensbesteuerung und eine gewisse Hinwendung zu einer indirekten Konsumbesteuerung verbunden.[18]

4. Probleme einer vereinfachten Gewinnermittlung durch Einnahmen-Überschussrechnung nach § 4 Abs. 3 EStG

Vereinfachungen haben ihren Preis! Es kann daher nicht verwundern, dass die genuinen Stärken der gegenüber der Bilanz vereinfachenden Einnahmen-Überschussrechung zugleich auch Ursache für deren Schwächen sind. Solche Schwächen sind

- die noch nicht vollständig geklärten Fragen der Abgrenzung der liquiden Mittel und der Bestimmung des konkreten Zeitpunktes des Zu- und Abflusses dieser liquiden Mittel,
- die Unvollständigkeit der in den lückenhaften Vermögensvergleich einbezogenen Vermögenswerte und Schulden,
- die offene Flanke des gewillkürten Betriebsvermögens,
- die Unvermeidbarkeit von Bewertungen sowie
- der fehlende automatische Bestandsnachweis durch einen unvollständigen Vermögensvergleich.

4.1. Abgrenzungsprobleme zum Umfang der liquiden Mittel und beim Zu- und Abflusszeitpunkt

Was unter „Kasse“ im Rahmen einer „kassenmäßigen Erfolgsermittlung“ gemeint ist, ist keineswegs so eindeutig, wie dies der Begriff zunächst suggeriert. Auch die Vokabel „liquide Mittel“ hilft nicht entscheidend weiter.

Zweckmäßigerweise wird man für die Definition von „Kasse“ davon ausgehen, dass neben dem Bestand an Barmitteln auch Guthaben bei Kreditinstituten eingeschlossen sind. Nicht ohne Probleme ist hingegen die Einbeziehung von Schecks und Wechseln, da diese nur „Zahlungen erfüllungshalber“ darstellen. Als allgemeine Abgrenzung für „Kasse“ könnten „Nominalwertgüter ohne Kursrisiko“ angesehen werden. Wertpapiere und Beteiligungen würden demnach als Nicht-Kasse eingestuft.

Eine reine Einzahlungs-Auszahlungs-Rechnung basiert auf dem Zufluss und dem Abfluss von Geldzahlungen. Abbildungsprobleme treten nicht auf. Schwierigkeiten können sich jedoch bei der Festlegung des Zeitpunktes von Zufluss und Abfluss ergeben. Im Rahmen der Einnahmen-Überschussrechnung nach § 4 Abs. 3 EStG

[18] Mit der Einführung einer reinen Cash-flow-Steuer wäre der Systemwechsel zur (indirekten) Konsumbesteuerung konsequent vollzogen.

werden der Zu- oder Abfluss im Zeitpunkt der Erlangung oder des Verlustes der wirtschaftlichen Verfügungsmacht über liquide Mittel angenommen.

Im Falle der Barzahlung wirft die Festlegung dieses Zeitpunktes keine Probleme auf. Im Augenblick der Übergabe des Geldes tritt der Wechsel in der Verfügungsmacht ein. Probleme ergeben sich aber beim unbaren Zahlungsverkehr und bei Zahlungen erfüllungshalber durch Scheck oder Wechsel. Im geltenden Recht sind diese Fragen wie folgt gelöst:

- Beim *unbaren Zahlungsverkehr* wird Zufluss bei Bankgutschrift (Wertstellungstag) unterstellt. Der Abflusszeitpunkt ist nicht eindeutig geklärt; in der Regel wird er im Zeitpunkt der Lastschrift angenommen.
- Bei Zahlung durch *Scheck* gilt nicht die Entgegennahme, sondern erst die Einlösung oder Weitergabe als Zuflusszeitpunkt; der Abfluss tritt hingegen bereits bei Hingabe des Schecks ein.
- Bei Zahlung durch *Wechsel* erfolgt Zufluss in der Regel erst bei Diskontierung. Die Bestimmung des Abflusszeitpunktes beim Wechselgeber ist umstritten; in der Regel wird der Abfluss schon bei Hingabe des Wechsels angenommen.

Die Ausführungen machen deutlich, dass im Falle des unbaren Zahlungsverkehrs mit Überweisungen Zufluss- und korrespondierender Abflusszeitpunkt wertstellungsbedingt zeitlich differieren können und in der Regel wegen der Verweildauer der Zahlungsmittel im Bankensystem tatsächlich auch auseinanderfallen. Hierdurch wird ein gewisser Gestaltungsspielraum für Verlagerungsmöglichkeiten eröffnet, der in planbaren Sonderfällen durchaus erheblich sein kann.[19]

Zugleich wird auch erkennbar, dass bei Zahlungen durch Scheck oder Wechsel eine erhebliche zeitliche Differenz zwischen Verlust und Erlangung der wirtschaftlichen Verfügungsmacht herbeigeführt werden kann. Der hierdurch bewirkte Gestaltungsspielraum ist erheblich. Will man diesen Dispositionsspielraum im Rahmen der Zahlungen erfüllungshalber durch Scheck oder Wechsel begrenzen, so erscheint folgende Lösung mit dem Grundgedanken einer Einzahlungs-Auszahlungs-Rechnung vereinbar:

- Bei Zahlung durch Scheck oder Wechsel gilt die Hingabe des Wertpapiers als Abfluss.
- Der Zufluss wird in dem Zeitpunkt angesetzt, in dem nach Entgegennahme und (fiktiver) unverzüglicher Bankeinreichung oder Diskontierung[20] eine Gutschrift oder eine Barauszahlung erfolgt.

---

[19] Nach eigenen Erfahrungen differiert die Wertstellung bei Überweisungen zwischen verschiedenen Banken am selben Ort mindestens um einen Arbeitstag. Beim Jahreswechsel ist es durchaus erreichbar, dass die Belastung noch im alten Jahr erfolgt, die Gutschrift aber erst mehrere Tage später im neuen Jahr erfolgt. § 11 EStG ordnet nur regelmäßig wiederkehrende Zahlungen dem Jahr der wirtschaftlichen Zugehörigkeit zu.

[20] Die Regelung setzt damit das Vorliegen diskontierungsfähiger Wechsel voraus.

Es wird nicht verkannt, dass diese Regelung im Falle ungedeckter Schecks oder nicht eingelöster Wechsel zu Härten führen kann. Dennoch erscheint sie notwendig und mit dem System einer Einzahlungs-Auszahlungs-Rechnung vereinbar. Gegen die Regelung könnte insbesondere im Falle der Wechselgeschäfte eingewandt werden, dass die Zuflussfiktion eine Gewinnrealisierung herbeiführen und insoweit zum Zwecke der Steuerzahlung möglicherweise eine vorzeitige Diskontierung des Wechsels erforderlich sein könne, die – je nach vertraglicher Abmachung – dem Wechselnehmer nicht ersetzte Kosten (Diskontspesen) verursache. Dies aber widerspreche der Anschauung, dass gewinnmindernde Dispositionen, die allein zum Zwecke der Steuerzahlung vorgenommen werden, nicht mit dem Zweck einer Erfolgsbesteuerung vereinbar sind. Bei näherer Prüfung erweist sich dieser Einwand als unbegründet: Das Wechselgeschäft stellt isoliert betrachtet ein unter Mitwirkung des Wechselnehmers zustandegekommenes Kreditgeschäft dar, das primär zwischen einem gedachten Geldinstitut und dem Wechselgeber besteht.[21] Kreditgeschäfte aber finden bei einer Einzahlungs-Auszahlungs-Rechnung keine Berücksichtigung. Soweit dem Wechselnehmer indirekt die Kreditkosten (Diskontspesen) aufgebürdet werden, sind diese bei ihm als Erlösminderung zu behandeln.

Damit kann für die Lösung des Zu- und Abflussproblems festgehalten werden: Bei barem und unbarem Zahlungsverkehr kann auf die bisherigen Kriterien der Erlangung und des Verlustes der wirtschaftlichen Verfügungsmacht zurückgegriffen werden. Bei Zahlungen erfüllungshalber durch Scheck oder Wechsel ist mit der gegenwärtigen Regelung ein Abfluss bei Hingabe der Wertpapiere, ein Zufluss aber – abweichend vom bisherigen Recht – in dem Zeitpunkt anzunehmen, in dem bei unverzüglicher Einlösung eine Gutschrift erfolgen würde.

4.2. Problem der mangelnden Vollständigkeit des Vermögensvergleichs nach § 4 Abs. 3 EStG in Bezug auf Vermögenswerte und Schulden

Unvollständige Vermögensvergleiche weisen naturgemäß den Nachteil auf, dass Ausgaben für nicht bilanzierbares Vermögen nicht erfolgsneutral behandelt, sondern sofort als Erfolgsminderung behandelt werden. Umgekehrt bedeutet das Fehlen von langfristigen Verpflichtungsrückstellungen, dass für heute bereits verursachte, aber erst nach vielen Jahren zur Auszahlung anstehende Lasten steuerlich keine erfolgswirksamen Ansparvorgänge getätigt werden können.

---

[21] Soweit man dieser Argumentation nicht folgt, sondern primär ein (Wechsel-)Kreditgeschäft zwischen Wechselnehmer und Wechselgeber unterstellt, würde eine Berücksichtigung der aus dem Wechselgeschäft fließenden Zahlungen völlig entfallen. Erst bei Einlösung des Wechsels am Verfalltage wäre beim Wechselgeber ein Abfluss, beim Wechselnehmer ein Zufluss zu verzeichnen. Eine vorzeitige Diskontierung würde damit – entgegen der gegenwärtigen Rechtsauffassung – beim Wechselnehmer, da er zunächst nur eine Krediteinzahlung erhält, keinen endgültigen und somit steuerwirksamen Zufluss auslösen.

Beide Regelungen – das Fehlen von Aktivierungsmöglichkeiten und das Fehlen von Passivierungsmöglichkeiten – führen zu unerwünschten Verzerrungen des jährlichen Reinvermögens- und Erfolgsausweises und einer höheren Volatilität des Erfolgsausweises mit negativen steuerlichen Folgen, wenn ein progressiver Tarifverlauf und/oder ein unvollständiger Verlustausgleich gegeben ist.[22] Wird mit Blick auf die derzeitige Besteuerungswirklichkeit mit ihrer

- progressiven Tarifgestaltung und
- beschränkten Verlustkompensation

die Glättung dieser volatilen Zahlungssalden für erforderlich erachtet, kann dies durch die bekannte bilanzielle Speicherung vergangener und künftiger Zahlungen erreicht werden. In letzter Konsequenz führt dieses Prozedere wieder zur vollständigen Steuerbilanz. Ob man hier eine formale und/oder inhaltliche Anbindung an eine geläuterte Handelsbilanz oder an die IAS/IFRS-Bilanz anstreben sollte, wird kontrovers beurteilt.[23]

4.3. Problem der erfolgswirksamen Bildung gewillkürten Betriebsvermögens

Mit einer Einnahmen-Überschussrechnung besteht die Möglichkeit, durch eine gezielte Ausweitung des Unternehmensvermögens eine Ergebnisbesteuerung temporär und bei laufender Wiederholung auch dauerhaft hinauszuschieben. Dies eröffnet die Möglichkeit, auf Unternehmensebene eine „steuerfreie Vermögensbildung" durchzuführen und Nettozinseffekte zu realisieren.

Diese Möglichkeit ist zweifelsohne gegeben, allerdings stellt sich die Frage, ob dies als negativ angesehen werden muss, solange die Kapitalbildung gesamtwirtschaftlich vorteilhaft ist. Unabhängig davon stehen der ständigen Ausweitung des Unternehmensvermögens natürliche Grenzen entgegen und es können auch künstliche Begrenzungen eingeführt werden.

Natürliche Grenzen ergeben sich daraus, dass eine Erweiterung des Unternehmensvermögens nur durch Konsumverzicht zu erreichen ist und eine fremdfinanzierte Erweiterung auf Grenzen stößt. Ein Unternehmer-Investor muss sich darüber im Klaren sein, dass eine Ausweitung des Unternehmensvermögens nach Steuern – jenseits von Nettozinseffekten – nur vorteilhaft sein kann, wenn die Investition selbst vorteilhaft ist, unvernünftige (nur steuerausweichende) Investitionen sind damit eigentlich ausgeschlossen. Dies gilt mit zwei Einschränkungen:

---

[22] Vgl. auch Herzig, IAS/IFRS und steuerliche Gewinnermittlung (2004), S. 334 ff und Herzig/Hausen, Steuerliche Gewinnermittlung (2004), S. 1 ff., insbesondere S. 4 ff.

[23] Statt vieler vgl. Oestereicher/Spengel, Maßgeblichkeit (1999), S. 35 f; Kahle, Internationale Rechnungslegung (2002), bes. S. 263 ff; Herzig, IAS/IFRS und steuerliche Gewinnermittlung (2004), bes. S. 28 ff; Schön, Steuerliche Maßgeblichkeit (2005), bes. S. 697 und Fülbier, Systemtauglichkeit (2006), S. 228 ff.

- Können generelle Steuersatzsenkungen oder bei progressivem Tarifverlauf Steuersatzminderungen erwartet werden oder besteht nur ein unvollständiger Verlustausgleich, ist auch bei ungünstigen Grundgeschäften durch intertemporale Verlagerung von Steuerbemessungsgrundlagen eine Verbesserung der (Netto-)Vermögensposition erreichbar.
- Besteht wegen der Lückenhaftigkeit des Vermögensvergleichs die Gefahr, dass das steuerfreie Unternehmenssparen durch unerkannte Sachentnahmen steuerfrei aufgelöst werden kann, ergeben sich hier Steuerschlupflöcher. Das hier angesprochene „Hinterziehungsproblem“ mit erhöhtem Volumen stellt hohe Anforderungen an das mengenmäßig zu führende Inventarverzeichnis.

Eine künstliche Begrenzung für unerwünschte Ausweitungen des Unternehmensvermögens wäre auf unterschiedlichen Wegen erreichbar: In einer gleichsam „abschreckenden“ Form könnte erwogen werden, für „passive“ Vermögensanlagen, wie sie teilweise in Finanzanlagen, Beteiligungen, Vorratsgrundstücken und ähnlichem gesehen werden, diskriminierende Verrechnungszahlungen (Aktivierungen) einzuführen. Auch wäre möglich, durch eine einschränkende Handhabung des zulässigen „gewillkürten Betriebsvermögens“ Umfang und Ausweitung des steuerlichen Betriebsvermögens zu begrenzen.

4.4. Problem der Unvermeidbarkeit von Bewertungen

Zahlungsbasierte Erfolgsermittlungsmodelle weisen den unschätzbaren Vorteil auf, die angesichts unsicherer Zukunftserwartungen immer schwierigen Ansatz- und Bewertungsfragen nicht lösen zu müssen. Doch können auch in diesen zahlungsorientierten Rechnungskonzepten Bewertungen nicht vollständig vermieden werden. Bewertungsfragen treten auf bei (verdeckten) Entnahmen und Einlagen von Sachwerten sowie bei unbaren Tauschgeschäften.

Entnahmen sind alle Sachwerte (Bargeld, Waren, Erzeugnisse inklusive Nutzungen und Leistungen), die der Steuerpflichtige dem Unternehmensbereich für private oder andere betriebsfremde Zwecke entnimmt. Unter Einlagen sind Sachwerte zu verstehen, die dem Unternehmensbereich aufgrund persönlicher oder anderer betriebsfremder Beziehungen zugeführt werden. Entnahmen und Einlagen sind analog zu behandeln.

In einer zahlungsorientierten Rechnung wirken sich grundsätzlich nur Zahlungsvorgänge erfolgswirksam aus: Dies würde dazu führen, dass Entnahmen (Einlagen) von Sachgütern, Leistungen und Nutzungen beim Übergang zwischen betrieblicher und privater Sphäre nicht erfasst würden. Bei Sachentnahmen würde damit die zu erwartende spätere Einzahlung wegfallen, der Gewinn würde zu gering ausgewiesen. Bei Sacheinlagen würden sich die „Anschaffungskosten“ nicht gewinnmindernd auswirken; der Gewinn würde bei der späteren Geldwerdung der Sacheinlage zu hoch ausgewiesen.

Um willkürliche Verlagerungen von stillen Reserven aus dem Unternehmensbereich heraus oder in den Unternehmensbereich hinein zu verhindern, sind entnommene und eingelegte Wirtschaftsgüter (inklusive Nutzungen)[24] so zu behandeln, wie wenn sie an einen fremden Dritten veräußert oder von diesem erworben worden wären. Maßgeblicher Wertansatz wäre damit der gemeine Wert im Sinne des Einzelveräußerungspreises.[25] Der nach dem geltenden Recht[26] im Regelfalle anzusetzende Teilwert[27], der als anteiliger Betriebswert konzipiert ist, erscheint in diesem Zusammenhang verfehlt.

Eine den Entnahmen und Einlagen vergleichbare Problematik ergibt sich bei Vertragsgestaltungen zwischen Gesellschaft und ihren Gesellschaftern, soweit sie steuerrechtlich dem Grunde nach anerkannt werden,[28] aber zu unangemessenen Konditionen vereinbart werden. Bei solchen, als verdeckte Gewinnausschüttungen oder verdeckte Einlagen bezeichneten Transaktionen entsteht eine besondere Problematik der Gewinnverlagerung insoweit, als bei Geschäften zwischen Gesellschaft und Gesellschaftern Geschäftsbedingungen vereinbart werden, die unter fremden Dritten unüblich sind. Den hieraus resultierenden Gewinnverlagerungen versucht man nach geltendem Recht durch die Rechtsinstitute der „verdeckten Gewinnausschüttung“ und der „verdeckten Einlage“ zu begegnen.

Im Rahmen einer Einzahlungs-Auszahlungs-Rechnung würde folgende Behandlung verdeckter Ausschüttungen und verdeckter Einlagen die Erreichung der Besteuerungsziele sicherstellen:

- Bei **verdeckten Gewinnausschüttungen** (z.B. unentgeltliche oder verbilligte Sach- oder Nutzungsüberlassungen an den Gesellschafter) wird in der Höhe der offen gelegten verdeckten Ausschüttungen bei der Gesellschaft eine Einzahlung unterstellt. Die Höhe des verdeckten Vorteils ermittelt sich durch den Vergleich des tat-

---

[24] Durchaus strittig ist dabei, ob Nutzungen als Wirtschaftsgüter anzusehen sind (vgl. Wildner, Nutzungsrechte (2003), S. 38 ff).

[25] „Der gemeine Wert wird durch den Preis bestimmt, der im gewöhnlichen Geschäftsverkehr nach der Beschaffenheit des Wirtschaftsguts bei einer Veräußerung zu erzielen wäre. Dabei sind alle Umstände, die den Preis beeinflussen, zu berücksichtigen. Ungewöhnliche oder persönliche Verhältnisse sind nicht zu berücksichtigen.“ (§ 9 Abs. 2 BewG).

[26] Vgl. § 6 Abs. 1 Ziff. 5-7 EStG

[27] „Teilwert ist der Betrag, den der Erwerber des ganzen Betriebs im Rahmen des Gesamtkaufpreises für das einzelne Wirtschaftsgut ansetzen würde; dabei ist davon auszugehen, dass der Erwerber den Betrieb fortführt.“ (§ 6 Abs. 1 Ziff. 1 Satz 3 EStG).

[28] Rechtsgeschäfte zwischen der Personengesellschaft und ihren Gesellschaftern werden einkommensteuerlich in der Regel nicht anerkannt, sondern nach der Entnahme- und Einlageregelung behandelt. Demgegenüber sind Rechtsgeschäfte zwischen der Kapitalgesellschaft und ihren Gesellschaftern, die als getrennte Steuersubjekte angesehen werden, mit steuerlicher Wirkung möglich.

sächlichen mit dem fiktiven Geschäft, wie es unter fremden Dritten üblicherweise zustande gekommen wäre. Als maßgeblicher Wert ist der gemeine Wert anzusehen.
- Bei **verdeckten Einlagen** (z.B. unentgeltliche oder verbilligte Sach- oder Nutzungsüberlassungen an die Gesellschaft) ist entsprechend zu verfahren. In Höhe des aufgedeckten Vorteils wird bei der Gesellschaft eine Auszahlung angenommen. Im Gegensatz zum geltenden Recht, bei dem eine verdeckte Einlage in Form der unentgeltlichen oder verbilligten Nutzungsüberlassung nur unter bestimmten Voraussetzungen steuerlich korrigiert wird, besteht nach der hier vertretenen Auffassung für eine unterschiedliche Behandlung von verdeckten Sach- und verdeckten Nutzungszuwendungen kein begründeter Anlass. Beide Formen werden daher unterschiedslos behandelt.

Die dargestellte steuerliche Behandlung verdeckter Gewinnausschüttungen und Einlagen im Rahmen einer Einzahlungs-Auszahlungs-Rechnung bietet Gewähr dafür, dass alle, aber auch nur die von der Unternehmung erwirtschafteten Erfolgsbestandteile der Besteuerung unterliegen.

Tauschgeschäfte sind schließlich dadurch gekennzeichnet, dass Sachgüter des Unternehmensbereichs gegen andere betriebliche Sachgüter getauscht werden. In der Regel besteht Wertgleichheit der getauschten Güter oder es werden Ausgleichszahlungen geleistet, doch ist auch denkbar, dass Wertdifferenzen nicht ausgeglichen werden. Für die steuerliche Behandlung von Tauschfällen bieten sich grundsätzlich zwei Möglichkeiten an:
- Tauschvorgänge bleiben unberücksichtigt, da sie nicht zu tatsächlichen Einzahlungen/Auszahlungen führen, oder
- Tauschgeschäfte werden in ein (fiktives) Veräußerungsgeschäft und ein (fiktives) Beschaffungsgeschäft zerlegt.

Beide Methoden der Tauschbehandlung führen bei Wertgleichheit oder Ausgleich der Wertdifferenzen durch Zuzahlungen im Rahmen der reinen Einzahlungs-Auszahlungs-Rechnung zum gleichen Ergebnis:[29] Der Wert des hingetauschten Gutes bildet eine fiktive Einzahlung, die für die Beschaffung des anderen Gutes sofort wieder verausgabt wird.

Die aufgezeigten Konsequenzen gelten allerdings nur in der reinen Einzahlungs-Auszahlungs-Rechnung. Sofern „Aktivierungen" vorgenommen werden, können Tauschvorgänge nur nach der zweitgenannten Methode behandelt werden, da sonst durch das Eintauschen aktivierungspflichtiger Wirtschaftsgüter gegen Hingabe nicht aktivierungspflichtiger Wirtschaftsgüter eine Umgehung der Aktivierungspflicht

---

[29] Evtl. Ausgleichszahlungen werden als Ein- oder Auszahlungen erfasst, nicht ausgeglichene Wertdifferenzen sind wie unentgeltliche Vermögensübertragungen zu behandeln.

erreicht werden kann und damit erhebliche Möglichkeiten interperiodischer Steuerverlagerungen eröffnet werden.[30]

4.5. Problem des Fehlens einer automatischen Bestandskontrolle

Eine Zahlungsrechnung zeichnet nur Zahlungsvorgänge auf und hat deshalb kein „Gedächtnis" jenseits der Kassenbestände. Sie weist in ihrer „Bilanz" nur Kassenvermögen aus, Nicht-Kassenbestände werden nicht aufgelistet. Damit ergeben sich Dokumentationslücken mit der Gefahr, dass Nichtkassen-Güter bei ihrer nicht zahlungswirksamen Entnahme nicht erfasst werden. Daraus leitet sich für zahlungsorientierte Rechnungen die verstärkte Notwendigkeit ab, ergänzend zur Kassenrechnung ein vollständiges mengenmäßiges Inventarverzeichnis zu führen.[31]

5. Abschließende Thesen

Die Ergebnisse lassen sich unter dem Primat einer Einkommensbesteuerung wie folgt thesenförmig zusammenfassen:

1. Die Einnahmen-Überschussrechnung ist als Zwitter zwischen den Welten der Einkommen- und Konsumbesteuerung nicht in der Lage, eines der Konzepte konsequent umzusetzen.
2. Als vereinfachendes Gewinnermittlungsmodell kann sie unter der engen Anwendungsvoraussetzung eines nur unwesentlich schwankenden Betriebsvermögens für die Einkommensermittlung kleiner Unternehmen eingesetzt werden – dies würde auch für Freiberufler gelten! – und kann hier als Königsweg die Gewinnermittlung nachhaltig vereinfachen.
3. Ohne wirksame Sicherung der erforderlichen Anwendungsvoraussetzungen durch flankierende Maßnahmen zum Zu- und Abflussprinzip und zur Einschränkung der freien Bildung von (gewillkürtem) Betriebsvermögen kann sich die Einnahmen-Überschussrechnung zu einem mächtigen Instrument der individuellen Steuergestaltung entwickeln.
4. Die Erweiterung der Einnahmen-Überschussrechnung bis hin zum vollständigen Vermögensvergleich ist mit dem Verlust der einmal intendierten Vereinfachung der Gewinnermittlung verbunden und führt in letzter Konsequenz schließlich zu einer vollständigen Steuerbilanz mit Vorratsaktivierung, Rückstellungsbildung und Teilwertabschreibung und ist daher als Holzweg abzulehnen.

---

[30] Zur besonderen Problematik der schwierigen Erfassung von Tauschtransaktionen vgl. Segebrecht, Einnahmen-Überschussrechnung (2005), S. 354 ff.

[31] So auch Schneider, Folgt die Tugend gewinnsteuerlicher Bemessungsgrundlagen den Zahlungsströmen? (2004), S. 293 ff, hier S. 302.

5. Sofern eine Modernisierung des deutschen Handelsbilanzrechts nicht als der zukunftsfähige Sonderweg innerhalb einer europäischen Gemeinschaft gesehen wird, die auch gleiche Wettbewerbsbedingungen für die Unternehmen in den verschiedenen Mitgliedstaaten anstrebt, muss eine Anbindung an eine (modifizierte) IFRS-Bilanz erfolgen.
6. Die Anbindung an eine IFRS-Bilanz setzt wegen des Zwangscharakters von gewinnabhängigen Steuerzahlungen und wegen der dringend zu vermeidenden Besteuerung unrealisierter Gewinne voraus, dass bei der weiteren Entwicklung der IFRS-Rechnungslegung Sorge dafür zu tragen ist, dass auch weiterhin eine Trennung von realisierten und unrealisierten Gewinnen möglich ist.
7. Ob man im Falle einer trennfähigen IFRS-Bilanz zur Ermittlung des steuerlichen Erfolgs das Ergänzungsmodell oder das Reduktionsmodell[32] wählt, erscheint eher zweitrangig.

Literaturverzeichnis

Blümich, Walter/Wied, Edgar (2006):
§ 4 EStG, in: Blümich, EStG-KStG-GewStG. Kommentar, München 2006, S. 1-356.

Fülbier, Rolf Uwe (2006):
Systemtauglichkeit der International Financial Reporting Standards für Zwecke der steuerlichen Gewinnermittlung, in: StuW 2006, S. 228-242.

Herzig, Norbert (2004):
IAS/IFRS und steuerliche Gewinnermittlung – Eigenständige Steuerbilanz und modifizierte Überschussrechnung – Gutachten für das Bundesfinanzministerium, Düsseldorf 2004.

Herzig, Norbert (2006):
Steuerliche Gewinnermittlung und handelsrechtliche Rechnungslegung, in: IStR 2006, S. 557-560.

Herzig, Norbert/Hausen, Guido (2004):
Steuerliche Gewinnermittlung durch modifizierte Einnahmenüberschussrechnung – Konzeption nach Aufgabe des Maßgeblichkeitsprinzips, in: DB 2004, S. 1-10.

[32] Zur Terminologie vgl. Sigloch, Rechnungslegung (2007), S. 56.

Kahle, Holger (2002):
Internationale Rechnungslegung und ihre Auswirkungen auf Handels- und Steuerbilanz, Wiesbaden 2002.

Kantwill, Werner (2006):
Die Einnahmen-Überschussrechnung nach § 4 Abs. 3 EStG, in: Steuer & Studium 2006, S. 65-80.

Kruse, Heinrich Wilhelm (1997):
Auslegung am Gesetz vorbei. Über den heutigen Umgang mit dem Einkommensteuergesetz, in: FS Wolfgang Ritter, Steuerrecht, Steuer- und Rechtspolitik, Wirtschaftsrecht und Unternehmensverfassung, Umweltrecht, hrsg. von Kley, Max Dietrich, Köln 1997, S. 413-425.

Oestreicher, Andreas/Spengel, Christoph (1999):
Maßgeblichkeit der International Accounting Standards für die steuerliche Gewinnermittlung?, Baden-Baden 1999.

Schneider, Dieter (2004):
Folgt die Tugend gewinnsteuerlicher Bemessungsgrundlagen den Zahlungsströmen? Jochen Sigloch zur Vollendung des 60. Lebensjahres, in: StuW 2004, S. 293-304.

Schön, Wolfgang (2005):
Steuerliche Maßgeblichkeit in Deutschland und Europa, Köln 2005.

Segebrecht, Helmut (2005):
Die Einnahmen-Überschussrechnung nach § 4 Abs. 3 EStG, 11. Aufl, Herne/ Berlin 2005.

Sigloch, Jochen (2000):
Ein Valet dem Maßgeblichkeitsprinzip?, in: BFuP 2000, S. 157-182.

Sigloch, Jochen (2004):
Steuerbilanz und Rechnungslegung nach internationalen Standards – Chancen für eine Neue Maßgeblichkeit, in: Unternehmensrechnung. Konzeptionen und praktische Umsetzung: Festschrift zum 68. Geburtstag von Gerhard Scherrer; Hrsg. Göbel, Stefan und Heni, Bernhard, München 2004, S. 331-353.

Sigloch, Jochen (2007):
Rechnungslegung. Jahresabschluss nach Handels- und Steuerrecht und internationalen Standards, 5. Aufl., Bayreuth 2007.

Treisch, Corinna/Müßig, Anke (2007):
Betriebsvermögensvergleich und Einnahmen-Ausgaben-Rechnung – Unterschiede und Gemeinsamkeiten, in: Steuer & Studium 2007, S. 21-26.

Wildner, Stephan (2004):
Nutzungsrechte in Handels- und Steuerbilanz, Aachen 2004.

Steuerbelastung, Steuerwirkung und Steuergestaltung im Lichte der internationalen Steuerplanung

von Dr. Tobias Taetzner

Wirtschaftsprüfer, Steuerberater,

Partner der PricewaterhouseCoopers AG Frankfurt am Main

Inhalt

1. Einleitung

Deutschland befindet sich weltweit und speziell in Europa seit der Osterweiterung der Europäischen Union in einem Standortwettbewerb, der sich durch den wirtschaftlichen Aufstieg asiatischer Länder, allen voran Chinas und Indiens, noch weiter verschärfen wird. Für die Standortwahl und Investitionsentscheidung ist neben einer großen Zahl anderer Faktoren vor allem die Steuerbelastung entscheidend.[1] Der Sachverständigenrat zur Begutachtung der gesamtwirtschaftlichen Situation kommt in seinem Jahresgutachten 2005/2006 zu dem Schluss, dass die tarifliche und effektive Steuerbelastung in Deutschland bei einem Vergleich innerhalb von zwölf EU-Staaten „eine Spitzenposition einnimmt"[2]. Um eine Produktions- und Tätigkeitsverlagerung ins Ausland zu verhindern, scheint eine Senkung der Unternehmenssteuern und damit einhergehend auch eine Absenkung der effektiven Steuerbelastung zwingend notwendig. Ob mit den von der Bund-Länder-Arbeitsgruppe erarbeiteten Eckpunkten zur Unternehmenssteuerreform dieses Ziel erreicht werden kann, wird in der Literatur stark angezweifelt.[3] Dies soll hier jedoch nicht weiter erörtert werden. Vielmehr soll untersucht werden, welche fundamentalen Möglichkeiten der steuerlichen Optimierung betriebswirtschaftlichen Handelns denkbar sind und von in Deutschland ansässigen Unternehmen auch genutzt werden können. Dazu soll in diesem Beitrag die Belastung von Unternehmen in Deutschland mit Ertragsteuern untersucht und mit anderen Ländern verglichen werden. Im Anschluss daran werden die Steuerwirkungen und gängige Maßnahmen zur Steuergestaltung durch Verrechnungspreise und internationale Steuergestaltungsmodelle exemplarisch untersucht. Im Fokus dieses Beitrags stehen primär Unternehmensgruppen, die durch Kapitalgesellschaften geprägt sind. Diesen Konzernen steht regelmäßig das gesamte internationale Steuerplanungsinstrumentarium zur Verfügung. Aufgrund der großen Bedeutung von Personenunternehmen in Deutschland besitzt auch die Einkommensteuer den Charakter einer Unternehmensteuer.[4]

2. Deutsche Unternehmenssteuern im Vergleich

2.1. Belastung auf Gesellschafts- und Gesellschafterebene

Für die Standortwahl und Investitionsentscheidung eines Unternehmers ist zwar die effektive Durchschnittssteuerbelastung entscheidend, im Hinblick auf den internationalen Steuerwettbewerb haben aber nominale Steuersätze eine starke

[1] Vgl. Kinkel (2004), S. 15.
[2] Sachverständigenrat (2005), S. 263.
[3] Vgl. Spengel/Reister (2006), S. 1741.
[4] Vgl. Herzig/Bohn (2006), S. 2.

Signalwirkung. Diese tarifliche Belastung soll nachfolgend für verschiedene Rechtsformen beispielhaft dargestellt werden.

Zurzeit unterliegen thesaurierte Gewinne einer in Deutschland ansässigen Kapitalgesellschaft einem Körperschaftsteuertarif von 25 % (§ 23 Abs. 1 KStG). Zusätzlich zur Körperschaftsteuer wird der Solidaritätszuschlag erhoben (§ 1 SolZG). Die Bemessungsgrundlage für den Solidaritätszuschlag bildet die festgesetzte Körperschaftsteuer, auf die ein Steuersatz von 5,5 % angewendet wird (§ 3 und § 4 SolZG).

Darüber hinaus unterliegen Kapitalgesellschaften unabhängig von der Art ihrer Betätigung aufgrund von § 2 Abs. 2 GewStG (Gewerbebetrieb kraft Rechtsform) der Gewerbesteuer.[5] Dabei ist zu berücksichtigen, dass aufgrund des Betriebsausgabenabzugs der Gewerbesteuer diese ihre eigene Bemessungsgrundlage und die der Körperschaftsteuer mindert. Im Rahmen der Unternehmensteuerreform 2008 ist derzeit geplant, diese Abzugsfähigkeit der Gewerbesteuer von ihrer eigenen Bemessungsgrundlage zu streichen. Die Gewerbesteuer wäre dann nicht mehr als Betriebsausgabe steuerlich abzugsfähig.

Insgesamt unterliegt somit eine Kapitalgesellschaft in Deutschland einer gesamten tariflichen Steuerbelastung von

$$S_{Kap} = S_G + (1 - S_G) \times S_{KSt} \times (1 + S_{SolZ}) = 38{,}67\ \%$$

mit S_G als effektiver Gewerbesteuersatz

$$S_G = \frac{m \times h}{1 + m \times h}$$

und einem unterstellten gewerbesteuerlichen Hebesatz von 400 % mit $m^6 = 5$ %. Die Eckpunkte zur Unternehmensteuerreform 2008 sehen zudem eine Absenkung der Gewerbesteuer-Messzahl von 5 % auf 3,5 % vor.

---

[5] Gewerbebetriebe unterliegen der Gewerbesteuer nur, soweit sie im Inland betrieben werden. Dies trifft gemäß § 2 Abs. 1 S. 3 GewStG zu, wenn sie in Deutschland eine Betriebsstätte unterhalten. Es soll hier die Annahme gelten, dass eine Betriebsstätte im Inland unterhalten wird.

[6] m = Steuermesszahl, § 11 Abs. 2 Nr. 2 GewStG.

Aus Sicht des Gesellschafters einer Kapitalgesellschaft unterliegen die von der Kapitalgesellschaft erwirtschafteten und voll ausgeschütteten Gewinne bei Anwendung des Halbeinkünfteverfahrens (§ 3 Nr. 40 S. 1 lit. d EStG) einem gesamten Steuersatz in Höhe von

$$S_{Kap}^{Ges} = S_{Kap} + \frac{1}{2} \times (1 - S_{Kap}) \times S_{ESt} \times (1 + S_{SolZ}) = 52{,}26\ \%.$$

Aus Sicht des Gesellschafters einer Personengesellschaft unterliegen die erwirtschafteten Gewinne einem gesamten Steuersatz von

$$S_{Pers}^{Ges} = S_G + (1 - S_G) \times (S_{Est} - A \times m) \times (1 + S_{SolZ}) = 45{,}7\ \%$$

mit A als Anrechnungsfaktor gemäß § 35 Abs. 1 S. 1 EStG in Höhe von 1,8[7] und unter Berücksichtigung eines Einkommensteuer-Spitzensatzes von 42 % zzgl. Solidaritätszuschlag und ohne Berücksichtigung der sog. Reichensteuer (§ 32a Abs. 1 S. 2 Nr. 5 EStG ab VZ 2007). Der Sparer-Freibetrag sowie der Werbungskosten-Pauschbetrag bei den Einkünften aus Kapitalvermögen sei ebenfalls vernachlässigt.

Belastungsvergleich:

Personengesellschaften	
Gewinn	100,00
- GewSt (400 %)	16,67
= Gewinn n. GewSt	83,33
- ESt (42 %)	35,00
+ GewSt-Anr. (180 %)	7,50
- SolZ	1,51
= Gewinn n. Steuern	54,32

Kapitalgesellschaften Thesaurierung	
Gewinn	100,00
- GewSt (400 %)	16,67
= Gewinn n. GewSt	83,33
- KSt (25 %)	20,83
- SolZ	1,15
= Gewinn n. Steuern	61,35

Kapitalgesellschaften Vollausschüttung	
Gewinn	100,00
- GewSt (400 %)	16,67
= Gewinn n. GewSt	83,33
- KSt (25 %)	20,83
- SolZ	1,15
= Ausschüttung	61,35

Ausschüttung	61,35
- ESt (21 %)	12,88
- SolZ	0,71
= Einkünfte n. Steuern	47,76

7 Freibetrag und Staffelung nach § 11 GewStG werden vereinfachungsbedingt nicht berücksichtigt.

2.2. Vergleichsmethoden

Für den Vergleich der Unternehmensteuerbelastung im internationalen Rahmen existiert eine Mehrzahl unterschiedlicher Methoden. Hier sollen nur einige ausgewählte und von der Literatur allgemein anerkannte Methoden vorgestellt werden, die geeignet sind, eine verlässliche Basis für einen internationalen Vergleich zu ermöglichen.[8]

In der Diskussion um die tatsächliche Belastung deutscher Unternehmen mit Steuern wird häufig auf die von der EU-Kommission ermittelte „Implicit Tax Rate auf das Kapital" verwiesen.[9] Anhand solcher Untersuchungen soll belegt werden, dass Deutschland ein Niedrigsteuerland sei. Solche Belastungsvergleiche, die auf Basis mikro- und makroökonomischer Datenerhebung beruhen, haben sich aber als nicht geeignet erwiesen. Bei der „Implicit Tax Rate auf das Kapital" werden unterschiedliche Größen miteinander verglichen, da in die Zählergröße auch Substanz- und Verkehrsteuern einfließen. Es werden nämlich die Steuereinnahmen aus Kapitaleinkommen, -transfer und -vermögen eines Jahres auf das gesamtwirtschaftliche Kapitaleinkommen desselben Jahres bezogen,[10] kurz gesprochen, das Verhältnis der tatsächlich gezahlten Steuern zur tatsächlichen Bemessungsgrundlage. D. h. Zähler und Nenner passen nicht zusammen. Darüber hinaus werden keine gesonderten Daten für Steuern auf das Einkommen von Kapitalgesellschaften ausgewiesen, sondern nur Daten, die das gesamte Kapitaleinkommen, einschließlich das der privaten Haushalte, umfassen.

Im Ergebnis hat ein Vergleich der Steuerbelastung von Unternehmen im europäischen Rahmen auf Basis der „Implicit Tax Rate auf das Kapital" nur einen begrenzten Aussagegehalt. Diesen und sämtlichen anderen empirischen Vergleichsansätzen wie beispielsweise dem impliziten Steuersatz für Kapitalgesellschaften und für Personengesellschaften oder dem Vergleich von Konzernsteuerquoten ist gleich, dass sie sich nur für vergangene Zeiträume ermitteln lassen. Um jedoch entscheidungsrelevante Informationen im Hinblick auf die steuerliche Vorteilhaftigkeit eines Standorts zu erhalten, bedarf es eines Vergleichs der zukünftigen effektiven Steuerbelastung einer Investition in den verschiedenen Ländern.[11] Solche künftigen Belastungsvergleiche lassen sich durch Modellrechnungen erzielen, die auf theoretischer Basis beruhen.

---

[8] Für eine ausführliche Darstellung, siehe Broer/Schneider (2005), S. 1419.
[9] Vgl. Europäische Kommission/EuroStat (2006), S. 53.
[10] Vgl. Spengel/Wiegard (2005), S. 517.
[11] Vgl. Spengel/Wiegard (2005), S. 517.

Die herrschende Meinung in der Literatur geht demnach auch davon aus, dass ein Vergleich der effektiven Steuerbelastung methodisch deutlich bessere Ergebnisse liefert, um Aussagen über die Steuerbelastung von Unternehmen im europäischen Kontext zu treffen.[12] In diesen theoretischen Modellen ist es möglich, nationale Unterschiede der Körperschaftsteuersysteme, unterschiedliche Bemessungsgrundlagen und verschiedene Steuersätze zu berücksichtigen. Die beiden am weitesten verbreiteten Modelle zur Ermittlung der effektiven Grenz- und Durchschnittssteuerbelastung sind zum einen das Modell von Devereux und Griffith[13], welches eine Weiterentwicklung des King-Fullerton-Modells[14] ist, und zum anderen der European Tax Analyzer[15], der in Zusammenarbeit zwischen der Universität Mannheim und dem Zentrum für Europäische Wirtschaftsforschung (ZEW) entwickelt wurde. Die effektive Durchschnittssteuerbelastung (effective average tax rate, EATR) sagt aus, um welchen Prozentsatz sich die Rendite einer Investition durch die Besteuerung verringert. Die EATR ist ein gewichtetes Mittel aus dem nominellen Steuersatz und dem effektiven Grenzsteuersatz, der die steuerlichen Kosten einer Investition beschreibt, die nach Steuern gerade die Mindestverzinsung (i.d.R der Kapitalmarktzins) erzielt.

Der European Tax Analyzer ist dem Devereux/Griffith-Modell jedoch aus dem Grund überlegen, dass hier noch detaillierter belastungsrelevante Faktoren, speziell Möglichkeiten zur intertemporalen Verlustverrechnung, berücksichtigt werden können.

2.3. Internationaler Vergleich

Internationale Belastungsvergleiche können einen Eindruck vermitteln über die relative Position eines Landes im europäischen und internationalen Vergleich. Wie schon oben beschrieben, ist die Aussagefähigkeit nominaler Steuersätze zwar nur begrenzt, da Regelungen zur Ermittlung der Bemessungsgrundlage keinen Einfluss auf die Vergleichsrechnungen haben, ihre Signalwirkung ist dafür jedoch umso größer.

Bei einer isolierten Betrachtung auf Ebene einer Kapitalgesellschaft findet sich Deutschland im internationalen Vergleich sowohl bei der nominalen Steuerbelastung als auch bei der effektiven Durchschnittssteuerbelastung nahezu immer auf den hinteren Rängen wieder. Laut einer Studie des Sachverständigenrats zur Begutachtung

---

[12] Vgl. Jacobs (2002), S. 141.
[13] Vgl. Devereux/Griffith (1999), S. 14 - 15.
[14] Vgl. King/Fullerton (1984), S. 24 - 25.
[15] Vgl. Jacobs/Spengel (1996).

der gesamtwirtschaftlichen Entwicklung und des ZEW (Rechtslage im Jahr 2005) weist für Deutschland nach den Vereinigten Staaten den höchsten Gewinnsteuersatz für Kapitalgesellschaften innerhalb der betrachteten Staaten aus.[16] Dieser liegt laut o.g. Gutachten bei 39,35 % und wird nur noch von den Vereinigten Staaten mit einem Gewinnsteuersatz von 40,75 % und Japan mit 40,9 % übertroffen.[17]

Entscheidungsrelevantere Informationen zur Beurteilung der steuerlichen Attraktivität eines Standorts ergeben sich aus der Betrachtung der effektiven Durchschnittssteuerbelastung, die anhand des European Tax Analyzer[18] ermittelt wurde. Demnach beträgt die effektive Durchschnittssteuerbelastung in Deutschland für Kapitalgesellschaften 36,8 %, wodurch Deutschland bei 13 betrachteten Staaten den 12. Platz belegt.[19]

Auch eine Analyse des steuerlichen Standort-Rankings für Investitionen ausländischer Kapitalgesellschaften in unterschiedlichen Ländern (Inbound-Investitionen) zeigt, dass Deutschland aus steuerlichem Gesichtspunkt einer der unattraktivsten Unternehmensstandorte in Europa ist.[20]

Erst bei Betrachtung der Gesamtsteuerbelastung sowohl von Kapital- und Personengesellschaften unter Einbeziehung der Anteilseigner verbessert sich Deutschland innerhalb der internationalen Rangfolge und liegt im unteren Mittelfeld. Demnach belegen Kapitalgesellschaften Rang 9 und Personengesellschaften Rang 7 innerhalb 12 betrachteter Länder.[21]

Anhand dieser Belastungsvergleiche lässt sich zeigen, dass der Standort Deutschland im europäischen Kontext in steuerlicher Hinsicht kaum konkurrenzfähig ist. Welche Auswirkungen demnach eine Senkung des Körperschaftsteuersatzes oder ein Systemwechsel hin zu einer Dualen Einkommensteuer haben, wird in den o.g. Studien ebenfalls erläutert, soll hier aber nicht weiter verfolgt werden.[22]

---

[16] Vgl. Sachverständigenrat/ZEW (2006), S. 161.
[17] Vgl. BMF (2006a), S. 38.
[18] Es ist zu berücksichtigen, dass der ETA intertemporale Verlustverrechnungsmöglichkeiten zwar berücksichtigt, den Berechnungen aber nur rentable Investitionen zu Grunde liegen, sodass die Möglichkeit von Verlustvorträgen und Verlustrückträgen keinen Einfluss hat.
[19] Vgl. Sachverständigenrat/ZEW (2006), S. 163.
[20] Vgl. Sachverständigenrat/ZEW (2006), S. 45.
[21] Vgl. Sachverständigenrat/ZEW (2006), S. 49.
[22] Für weitere Meinungen zur Wirkung der Unternehmensteuerreform, vgl. Haarmann (2006), S. 20 oder Spengel/Reister (2006), S. 1741.

3. Steuerwirkung

Die Konsequenz aus den verschiedenen Steuerbelastungsvergleichen ist klar: Aus betriebswirtschaftlicher Sicht sind Steuern nichts anderes als Kosten und diese gilt es zu minimieren. Hierfür bedarf es noch nicht einmal des Grundgedankens des Shareholder Value-Ansatzes.

Steuerminimierung und damit Kostenminimierung ist grundsätzlich legal, sofern sich die Steuerpflichtigen an das internationale Regelwerk halten, um ihre subjektiven Vorstellungen von steuerminimierender Steuergestaltung in die Praxis umzusetzen. Die Existenz von Graubereichen im Grenzgebiet zwischen Steuergestaltung und Steuerhinterziehung kann nicht geleugnet werden und macht die Aufgabe des gewissenhaften Konzernsteuerplaners aus, wobei zugleich seine Existenzberechtigung formuliert wird.

Insbesondere vor dem Hintergrund neuerer Entwicklungen zu Corporate Governance und Corporate Social Responsibility sind zum einen das Management von Steuerrisiken und die öffentlichkeitswirksame Darstellung der gesellschaftlichen Verantwortung von Unternehmen stärker in den Vordergrund gerückt. Die internationalen Regulatoren - allen voran die SEC - haben mit Vorschriften zur Schaffung und Dokumentation interner Kontrollsysteme dazu beigetragen, dass insbesondere Schwachstellen im Bereich der steuerlichen Prozesse und Kontrollen ins Zentrum der öffentlichen Diskussion geraten sind. Die Erfahrungen mit Sec. 404 des Sarbanes-Oxley Acts haben gezeigt, dass Schwachstellen im Steuerbereich regelrecht unterschätzt wurden und für eine Vielzahl von material weaknesses disclosures verantwortlich sind. [23]

Das Management von Steuerrisiken hat dadurch an Bedeutung gewonnen und ist im Lichte der Corporate Governance zum integralen Pflichtbestandteil der Unternehmensführung gewachsen. Die Anstrengungen der Konzerne in Sachen Steuerplanung zwecks Steueroptimierung müssen im Ergebnis ganzheitlich gewürdigt werden und machen nur Sinn, wenn sie Teil einer unternehmensweiten Steuerrisikostrategie sind. Die Konzerne müssen bei all dem nachweisen können, dass sie in der Lage sind, den Überblick über die mit Steuerplanungsmodellen zwangsläufig einhergehenden Steuerrisiken zu behalten.

---

[23] Vgl. Büssow/Taetzner (2005), S. 2437; Johnston (2006), S. 24.

Fazit: Durch die aktive Umsetzung von Steuerplanungsideen können Unternehmen echten Mehrwert für ihre Gesellschafter generieren. Diesen zu erhalten und nicht durch immanente und unkontrollierbare Steuerrisiken zu verlieren ist Aufgabe der Unternehmensleitung, die durch die Implementierung einer Steuerrisikostrategie in ihre Unternehmensziele dem Rechnung trägt.

4. Steuergestaltung

Investitionen im Ausland finden zumeist über rechtlich selbständige Tochtergesellschaften statt. Dadurch bietet sich Konzernen, die in verschiedenen Ländern Standorte unterhalten, zur Optimierung der Konzernsteuerquote[24] eine Vielzahl von Möglichkeiten an. Bei grenzüberschreitenden Investitionen besteht die Möglichkeit, durch den Einsatz verschiedener Steuerplanungsinstrumente die effektive Durchschnittssteuerbelastung signifikant zu reduzieren.[25] Im Folgenden soll anhand von fünf verschiedenen Beispielen gezeigt werden, welche gängigen Möglichkeiten zur Reduzierung der Steuerbelastung durch die gezielte Nutzung von Konzernstrukturen in Verbindung mit ausländischen Steuerregimes bestehen. Sämtlichen Beispielen ist jedoch gemein, dass die Realisation und Anerkennung dieser Konstrukte in den betroffenen Staaten nur zu erreichen ist, wenn die gesetzlichen Regelungen, sowohl steuerlich und zivilrechtlich, und deren Änderungen ständig im Auge behalten werden. Herzig spricht in diesem Kontext von einer "Steuerplanung am Hochreck"[26], bei der eine latente Absturzgefahr droht, da die betroffenen Länder ständig darum bemüht sind, solche Gestaltungsmöglichkeiten zu verhindern.

4.1. Hybride Finanzierungsmodelle - French ORA

Bei diesem Modell werden die Vorteile einer reinen Eigenkapitalfinanzierung mit den Vorteilen einer reinen Fremdkapitalfinanzierung kombiniert. Ausgangspunkt ist die Finanzierung bzw. Umschuldung einer französischen Tochtergesellschaft durch eine Wandelanleihe. Im Zuge der Gewinnermittlung qualifiziert der Sitzstaat der französischen Tochtergesellschaft das Finanzinstrument als Fremdkapital und ermöglicht dadurch im Ausland einen Zinsabzug, während nach deutschem Steuerrecht Dividendeneinkünfte vorliegen sollen.

Dabei begibt die französische Holding Company (F HoldCo) eine sog. "Obligation Remboursable en Action" (ORA).

---

[24] Vgl. u.a. Müller (2002), S. 1684; Hannemann/Peffermann (2003), S. 727.
[25] Vgl. Jacobs (2004), S. 35; Spengel (2003).
[26] Herzig (2003), S. 86.

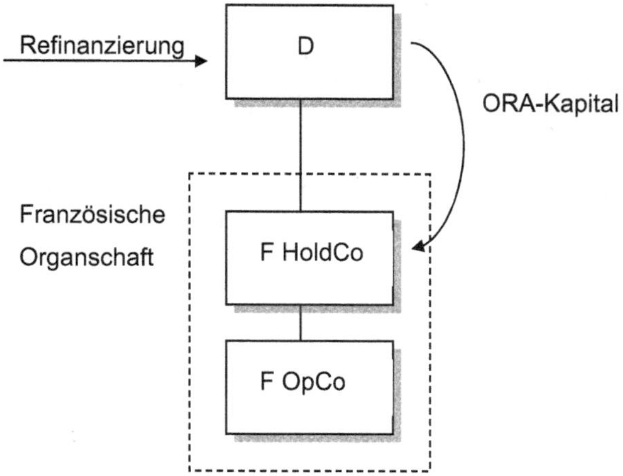

Bei der ORA handelt es sich um eine Wandelanleihe, die zwangsweise in Anteile der Emittentin umzuwandeln ist und deren Wandlungsverhältnis bereits bei Emission festzulegen ist. Um die geplanten Steuerfolgen zu erreichen, muss gelten, dass vor Wandlung nur Zinsen gezahlt werden, wenn die Emittentin ansonsten einen Jahresüberschuss ausweisen würde. Darüber hinaus ist eine Beteiligung der deutschen Gläubigerin von mindestens 10 % an der Emittentin notwendig.

Im Ergebnis bewirkt solch eine Konstellation, dass Zinsen, die die F HoldCo bis zur Wandlung schuldet, in Frankreich abzugsfähig sind. In Deutschland sollten die Zahlungen auf das ORA-Kapital im Ergebnis zu 95 % steuerfrei sein (§ 8b Abs. 1 KStG i.V.m. § 8b Abs. 5 KStG). Der Refinanzierungsaufwand der deutschen Mutterkapitalgesellschaft bleibt gemäß § 8b Abs. 5 KStG abzugsfähig.

Dem hier beschriebenen Sachverhalt liegt zugrunde, dass das betreffende Finanzierungsinstrument von zwei Staaten unterschiedlich qualifiziert wird (sachlicher Qualifikationskonflikt) verbunden mit einem doppelten Steuervorteil (double-dip).[27]

4.2. Generierung von Abschreibungsvolumen

Ein interessantes Instrument zur internationalen Steuergestaltung ist die Errichtung von Holding-Strukturen,[28] mit deren Hilfe Abschreibungsmöglichkeiten genutzt werden können. Anhand des Modells der spanischen Holdinggesellschaft (Entidad de

---

[27] Vgl. Jacobs (2002), S. 1253.
[28] Vgl. Jacobs (2002), S. 816.

Tenencia de Valores Extranjeras, im folgenden ETVE)[29] soll gezeigt werden, wie die Steuerbelastung durch den Aufbau von Holdingstrukturen im Rahmen einer Umstrukturierung gesenkt werden kann. Die ETVE ist deshalb von Interesse, weil in Spanien seit dem 1. Januar 2002 eine steuerliche Anerkennung eines Goodwill-Impairment auf Beteiligungen an ausländischen Tochtergesellschaften möglich ist.[30]
Im Sachverhalt bringt die D AG ihre bisher nicht in Spanien domizilierende Auslandsgesellschaft sowie die spanische OpCo in eine spanische ETVE-Holding ein.

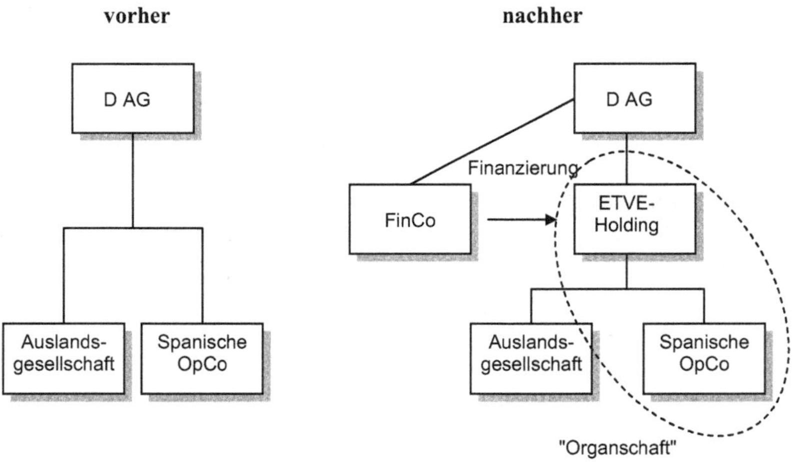

Die Finanzierung der ETVE erfolgt über ein Darlehen der FinCo. Im Ergebnis kann der im Beteiligungsbuchwert der Auslandsgesellschaft enthaltene "Financial Goodwill" planmäßig über 20 Jahre abgeschrieben werden (deduction shopping). Jedoch ist zu beachten, dass bei einer Veräußerung eine Wertaufholung mit Nachversteuerung erfolgt. Wird bei Verkauf einer Beteiligung, bei der vorher eine Teilwertabschreibung erfolgte, ein Gewinn erzielt, ist nur der Teil des Veräußerungsgewinns von der spanischen Körperschaftsteuer befreit, der den Abschreibungsbetrag übersteigt (Art. 20 bis Abs. 2b LIS). Der Finanzierungsaufwand der ETVE-Holding ist abzugsfähig. Die Abschreibungen auf den Goodwill und der Finanzierungsaufwand können aufgrund einer der deutschen Organschaft ver-

---

29 Zu den Voraussetzungen für den ETVE-Status, vgl. Jimenez (2003), S. 285.

30 Ley 46/2002 del 18 de diciembre 2002. Art. 20 bis ff. Ley de Impuesto sobre Sociedades, im Weiteren LIS (spanisches Körperschaftsteuergesetz); vgl. auch del Val (2002), S. 518.

gleichbaren Struktur mit dem Gewinn der operativen spanischen Tochtergesellschaft verrechnet werden.

4.3. Grenzüberschreitende Verlustnutzung

Der Ausgangspunkt dieses Beispiels sind die Änderungen zur österreichischen Gruppenbesteuerung vom Mai 2005.[31] Demnach ist eine isolierte Berücksichtigung von Verlusten der ausländischen Gruppenmitglieder beim österreichischen Gruppenträger möglich.[32] Gemäß § 9 Abs. 2 öKStG (österreichisches Körperschaftsteuergesetz) können u.a. auch nicht unbeschränkt steuerpflichtige ausländische Körperschaften, die mit einer inländischen (österreichischen) Kapitalgesellschaft vergleichbar sind und ausschließlich mit unbeschränkt steuerpflichtigen Gruppenmitgliedern oder dem Gruppenträger finanziell verbunden sind, Gruppenmitglied werden. Dabei muss das Eigentum der inländischen Gruppenmitglieder oder des Gruppenträgers an der ausländischen Körperschaft nicht volle 100 % betragen.[33] Darüber hinaus muss für die Anwendung der Gruppenbesteuerung eine finanzielle Verbindung[34] zwischen dem Gruppenträger und dem jeweiligen Gruppenmitglied bestehen. Das Ergebnis dieser Gruppenbesteuerung ist ähnlich dem der deutschen Organschaftsregelung - es findet eine Saldierung der Gewinne und Verluste der einzelnen Gruppenmitglieder mit dem Ergebnis des Gruppenträgers statt. Zu beachten ist jedoch, dass es zu einer Nachversteuerung der Verluste der ausländischen Gruppenmitglieder kommt, sobald eine Verlustnutzung im Ausland möglich wird oder die Nutzung möglich gewesen wäre (§ 9 Abs. 6 Nr. 6 öKStG).

---

[31] BGBl. I Nr. 57/2004, S. 7 ff. (Österreichisches Steuerreformgesetz 2005).
[32] Vgl. Herzig/Wagner (2006), S. 11.
[33] Vgl. Hirschler/Schindler (2004), S. 509.
[34] Für eine ausführliche Definition des Begriffs "Finanzielle Verbindung", vgl. Hirschler/Schindler (2004), S. 510.

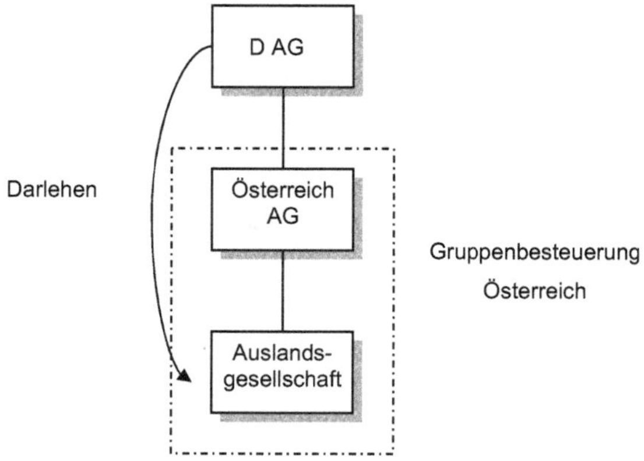

Im Beispielsachverhalt plant die D AG die Errichtung einer Auslandsgesellschaft, aus der Anlaufverluste erwartet werden. Die österreichische Kapitalgesellschaft hingegen erwirtschaftet Erträge. Um die Möglichkeit der grenzüberschreitenden Verlustnutzung in Anspruch nehmen zu können, muss die D AG die Auslandsgesellschaft als Tochter der österreichischen Gesellschaft errichten. In einem weiteren Schritt optiert die Österreich AG für die Anwendung der Gruppenbesteuerung und Einbeziehung der Auslandsgesellschaft. Zu beachten ist, dass die Gruppe für einen Zeitraum von mindestens 3 Jahren besteht, da ansonsten die Besteuerungswirkungen für die ausscheidenden Gesellschaften rückwirkend wegfallen (§ 9 Abs. 10 öKStG). Im Resultat sind Anlaufverluste der Auslandsgesellschaft gegen Erträge der österreichischen Gesellschaft verrechenbar. Die Verluste von im Ausland ansässigen Tochtergesellschaften sind jedoch nur im Verhältnis der Beteiligungsquote verrechenbar. Der Verlustnutzungseffekt kann mit Hilfe einer Finanzierung der Auslandsgesellschaft durch ein Darlehen der D AG weiter erhöht werden.

4.4. Verrechnungspreise

Neben den strukturorientierten Steuergestaltungsmodellen stehen die Verrechnungspreise international operierender Unternehmen im Zentrum der Steuerplanung. Wie kein anderes Steuerrechtsgebiet folgen die steuerlich akzeptablen Verrechnungspreise der betriebswirtschaftlichen Wirklichkeit eines Konzerns, Lieferungs- und Leistungsbeziehungen und deren Abgeltung basieren auf den Wertschöpfungsbeiträgen und der Verteilung von Funktionen und Risiken unter den Vertragspartnern.

Daher bieten die Verrechnungspreise und deren gezielte Gestaltung ein breites Spektrum der Steueroptimierung im legalen Rahmen. Und dabei sind sich alle einig, dass es den absolut richtigen Verrechnungspreis nie geben wird; zulässige Verrechnungspreise sind immer nur in einer Bandbreite möglich, und innerhalb dieser Bandbreite dürfen sich die Unternehmen getrost bewegen. Selbstverständlich sind diese Bandbreiten auch nicht frei von Zweifeln: Die Bemühungen der internationalen Steuerbehörden zur Beweislastumkehr und konsequenterweise die international wachsende Tendenz zur adäquaten Dokumentation der Verrechnungspreise belegen das Bestreben, diese Bandbreite weiter einzuengen und den objektiven Gestaltungsspielraum zu begrenzen.

Das heftig kritisierte BMF-Schreiben zu dem Verwaltungsgrundsätze-Verfahren[35] fasst bereits 76 Seiten und es wird ihm nachgesagt, mehr Fragen aufzuwerfen als zu beantworten. Mit einem weiteren BMF-Schreiben[36] zu den steuerlichen Konsequenzen von Funktionsverlagerungen will die Finanzverwaltung die steueroptimalen Verlagerung von Funktionen und Risiken ins Ausland weiter eindämmen, indem strenge Anforderungen an Bewertung und Dokumentation solcher Maßnahmen festgelegt werden sollen. Interessant ist in diesem Zusammenhang das Ziel dieses geplanten BMF-Schreibens: Laut gemeinschaftlicher Erklärung von Peer Steinbrück und Roland Koch vom 03.11.2006[37] wird dies als eine der Maßnahmen zur Gegenfinanzierung der auf den 01.01.2008 geplanten Unternehmensteuerreform angesehen. Plakativ heißt es in diesem Papier: "Über so genannte Funktionsverlagerungen können international tätige Konzerne ihre angemessene Besteuerung in Deutschland vermeiden. Hier können gesetzliche Maßnahmen (...) eine angemessene Besteuerung sicherstellen ...". Der Aspekt, dass Funktionsverlagerungen betriebswirtschaftlich sinnvoll und gerechtfertigt sein können, und die steuerlichen Verrechnungspreise sich nun einmal an der betriebswirtschaftlichen Realität orientieren müssen, scheint dabei prima facie übersehen zu werden. Es bleibt zu befürchten, dass das hier von der Regierung Gewollte wieder einmal in einer Regulierungs- und Dokumentationsflut mündet, was den Steuerstandort Deutschland entgegen den Zielen der Unternehmensteuerreform weniger attraktiv machen könnte.

Es bleibt festzuhalten, dass das betriebswirtschaftliche Planungsinstrumentarium zur Verrechnungspreisgestaltung eines der größten steuerplanerischen Vehikel bleibt, um den Konsequenzen der Steuerbelastung des Standorts Deutschland durch schlaue Gestaltung zu entgegnen.

---

[35] Vgl. BMF (2005).
[36] Derzeitige Überlegungen des Bundesfinanzministeriums unter www.bundesfinanzministerium.de.
[37] Vgl. BMF (2006b).

Literaturverzeichnis

BGBl. I Nr. 57/2004:
Bundesgesetzblatt für die Republik Österreich 57/2004 vom 04.06.2004: Bundesgesetz, mit dem das Einkommensteuergesetz 1988, das Körperschaftsteuergesetz 1988, das Mineralölsteuergesetz 1995, das Schaumweinsteuergesetz 1995, das Biersteuergesetz 1995, das Finanzstrafgesetz und die Bundesabgabenordnung geändert werden (Steuerreformgesetz - StReformG), S. 1 - 14.

BMF (2005):
Grundsätze für die Prüfung der Einkunftsabgrenzung zwischen nahestehenden Personen mit grenzüberschreitenden Geschäftsbeziehungen in Bezug auf Ermittlungs- und Mitwirkungspflichten, Berichtigungen sowie auf Verständigungs- und EU-Schiedsverfahren (Verwaltungsgrundsätze-Verfahren) IV B 4 - S 1341 - 1/05 vom 12.04.2005, BStBl. II 2005, S. 570 - 599.

BMF (2006a):
Monatsbericht des BMF, Januar 2006, Internet: http://www.bundesfinanzministerium.de/lang_de/nn_1928/nsc_true/DE/Aktuelles/Monatsbericht__des__BMF/2006/01/060125agmb001,templateId=renderPrint.html, Stand: 27.01.2006, Abfrage: 18.10.2006, 10.00 Uhr, S. 1 - 124.

BMF (2006b):
Pressemitteilung Nr. 88/2006, Internet: http://www.bundesfinanzministerium.de/cln_01/nn_86/DE/Aktuelles/Pressemitteilungen/2006/07/20060712__PM0088.html, Stand: 12.07.2006, Abfrage: 18.10.2006, 9.00 Uhr.

Broer, Michael/Schneider, Jürgen (2005):
Unternehmensteuerbelastung im internationalen Vergleich, in: Betriebs-Berater (2005), Heft 26, S. 1419 - 1427.

Büssow, Thomas/Taetzner, Tobias (2005):
Sarbanes-Oxley Act Section 404: Internes Kontrollsystem zur Sicherstellung einer effektiven Finanzberichterstattung im Steuerbereich von Unternehmen - Pflicht oder Kür, in: Betriebs-Berater (2005), Heft 45, S. 2437 - 2444.

Del Val, Ignacio (2002):
Die Steuervorschriften Spaniens für Auslandsbeteiligungsholdings, in: Internationales Steuerrecht (2002), Heft 15, S. 518 - 521.

Devereux, Michael/Griffith, Rachel (1999):
The Taxation of Discrete Investment Choices, Revision 2, London 1999.

Europäische Kommission/EuroStat (2006):
Structures of the Taxation System in the European Union, Directorate General Taxation and Customs Union, Tax Policy, Economic Aspects of Taxation, Doc. TAXUD E4/2006/DOC/3201, Brüssel.

Fantini, Marco (2006):
Structures of the taxation systems in the European Union: 1995 - 2004, Europäische Kommission, Internet: http://www.eds-destatis.de/downloads/publ/en2_structure_tax.pdf, Stand: 17.05.2006, Abfrage: 18.10.2006, 10.00 Uhr, S. 1 - 417.

Haarmann, Wilhelm (2006):
Vorschläge des IDW zur Unternehmenssteuerreform, in: Die Wirtschaftsprüfung (2006), Sonderheft, S. 20 - 35.

Hannemann, Susanne/Peffermann, Petra (2003):
IAS-Konzernsteuerquote: Begrenzte Aussagekraft für die steuerliche Performance eines Konzerns, in: Betriebs-Berater (2003), Heft 14, S. 727 - 733.

Herzig, Norbert (2003):
Gestaltung der Konzernsteuerquote - eine neue Herausforderung für die Steuerberatung?, in: Die Wirtschaftsprüfung (2003), Sonderheft, S. 80 - 92.

Herzig, Norbert/Bohn, Alexander (2006):
Reform der Unternehmensbesteuerung - Zwischenbericht zum Konzept der Stiftung Marktwirtschaft, in: Der Betrieb (2006), Heft 1, S.1 - 7.

Herzig, Norbert/Wagner, Thomas (2006):
EuGH-Urteil "Marks & Spencer" - Begrenzter Zwang zur Öffnung nationaler Gruppenbesteuerungssysteme für grenzüberschreitende Sachverhalte, in: Deutsches Steuerrecht (2006), Heft 1 - 2, S. 1 - 12.

Hirschler, Klaus/Schindler, Clemens Philipp (2004):
Die österreichische Gruppenbesteuerung als Vorbild für Europa?, in: Internationales Steuerrecht (2004), Heft 15, S 505 - 512.

Jacobs, Otto H. (2002):
Internationale Unternehmensbesteuerung, 5. Aufl., München 2002.

Jacobs, Otto H./Spengel, C. (1996):
European Tax Analyzer. EDV-gestützter Vergleich der Steuerbelastung von Kapitalgesellschaften in Deutschland, Frankreich und Großbritannien, Schriftenreihe des ZEW, Baden-Baden 1996.

Jacobs, Otto H. u.a. (2004):
Company Taxation in the New EU Member States, in: ZEW/Ernst & Young (Hrsg.), 2. Auflage 2004, Internet: ftp://ftp.zew.de/pub/zew-docs/gutachten/Studie_ZEW_E&Y_2004.pdf, Stand: Juli 2004, Abfrage: 18.10.2006, 10.00 Uhr, S.1 - 51.

Jimenez, Natalie J. (2003):
Die spanische Holdinggesellschaft (ETVE) - Ein attraktives Instrument zur internationalen Steuergestaltung, in: Internationale Wirtschaftsbriefe (2003), Heft 15, S. 717 - 722.

Johnston, Angus (2006):
The explosion of tax risk, in: International Tax Review 2006, November 2006, S. 24 - 26.

King, M. A./Fullerton, D. (1984):
The Taxation of Income from Capital. A Comparative Study of the United States, the United Kingdom, Sweden and West Germany, Chicago 1984.

Kinkel, Steffen/Lay, Gunter (2004):
Produktionsverlagerungen ins Ausland und Rückverlagerungen, Internet: http://www.isi.fhg.de/publ/downloads/isi04b66/Produktionsverlagerungen-Rueckverlagerungen.pdf, Stand: Oktober 2004, Abfrage: 18.10.2006, 9.00 Uhr, S. 1 - 71.

Müller, Rolf (2002):
Die Konzernsteuerquote - Modephänomen oder ernst zu nehmende neue Kennziffer, in: Deutsches Steuerrecht (2002), Heft 39, S. 1684 - 1688.

Sachverständigenrat (2005):
Jahresgutachten 2005/2006 "Die Chancen nutzen - Reformen mutig voranbringen", Internet: http://www.sachverstaendigenrat-wirtschaft.de/gutacht/ga-content.php?gaid=45, Stand: 09.11.2005, Abfrage: 18.10.2006, 9.00 Uhr, S. 235 - 329.

Sachverständigenrat/ZEW (2006):
Reform der Einkommens- und Unternehmensbesteuerung durch die Duale Einkommensteuer, Stand: 03.04.2006, Internet: http://www.sachverstaendigenrat-wirtschaft.de/download/press/dit_gesamt.pdf, Abfrage: 18.10.2006, 10.00 Uhr, S. 1 - 307.

Spengel, Christoph (2003):
Internationale Unternehmensbesteuerung in der Europäischen Union, Düsseldorf 2003.

Spengel, Christoph/Reister, Timo (2006):
Die Pläne zur Unternehmenssteuerreform 2008 drohen ihr Ziel zu verfehlen, in: Der Betrieb (2006), Heft 33, S. 1741 - 1748.

Spengel, Christoph/Wiegard, Wolfgang:
Deutschland ist ein Hochsteuerland für Unternehmen, in: Der Betrieb (2005), Heft 10, S. 516 - 520.

Investitionsrechnung bei Geldentwertung und Ertragsbesteuerung – Einfluss auf das Kapitalwertkriterium zur Beurteilung der Vorteilhaftigkeit von Investitionsvorhaben

von Dr. Michael Wehrheim

Steuerberater,

Professor für Betriebswirtschaftslehre an der Philipps-Universität Marburg

und

Dr. Haiko Krause

Steuerberater,

Mitarbeiter der Ernst & Young AG WPG StBG Eschborn im Taunus

Inhalt

1. Einleitung

Die Beurteilung der Vorteilhaftigkeit von Investitionen bildet aufgrund der im Regelfall betragsmäßig hohen Kapitalbindung über einen längeren Zeitraum und den damit verbundenen Auswirkungen auf die Vermögens-, Finanz- und Ertragslage von Unternehmen einen zentralen Aufgabenbereich betriebswirtschaftlicher Forschung und Praxis. Der Jubilar hat schon frühzeitig grundlegende Beiträge zum Einfluss der Besteuerung auf Investitionen geleistet.[1]

Eines der wichtigsten Investitionsrechenverfahren ist die im Mittelpunkt dieser Untersuchung stehende Kapitalwertmethode. Bei der Ermittlung des Kapitalwerts von Investitionsprojekten wird häufig von mehr oder weniger restriktiven Annahmen ausgegangen, um die Komplexität der individuellen Bewertungssituation zu vermindern. Auf der einen Seite erleichtert diese Komplexitätsreduktion die praktische Anwendung des Bewertungsverfahrens – umgekehrt kann es zu erheblichen Abweichungen vom „theoretisch richtigen" Ergebnis kommen, wenn Modellprämissen wertbeeinflussende Umweltzustände des Investitionsobjekts nur ungenügend repräsentieren.[2] In zahlreichen Literaturbeiträgen zur Investitionsrechnung werden die Wirkungen ein oder mehrerer Einflussfaktoren entweder partialanalytisch oder zum Teil auch integriert diskutiert.[3] Die folgende Untersuchung richtet den Fokus auf die Größen Geldentwertung und Ertragsbesteuerung.

Angesichts der momentan sehr niedrigen Inflationsrate von 1,7%[4] in Deutschland und der vergleichsweise geringen Zahl von Publikationen zum Einfluss von Geldentwertung auf Investitionsentscheidungen erscheint die Auseinandersetzung mit diesem Thema auf den ersten Blick vernachlässigbar. Der Schein trügt jedoch in mehrerlei Hinsicht, gibt es doch bereits sehr bedeutende Tendenzen, die Anlass zur Vermutung geben, dass zukünftig mit steigender Geldentwertung zu rechnen sein wird. Hierzu gehören zum Beispiel die Verletzungen des europäischen Stabilitätspakts durch eine nichtdisziplinäre Fiskalpolitik[5] oder auch die Diskussion um die Herabstufung des Ziels der Preisstabilität im Entwurf für eine Europäische Verfassung.[6] Solche Entwicklungen wären ohne Bedeutung für die Investitionsrechnung, wenn Inflation entschei-

---

[1] Vgl. *Mellwig* (1977); *Mellwig* (1980); *Mellwig* (1981); *Mellwig* (1982); *Mellwig* (1985); *Mellwig* (1989a); *Mellwig* (1989b).

[2] Ausführlich zum Thema der Komplexitätsreduktion *Ballwieser* (1990).

[3] Vgl. zum Beispiel *Moxter* (1983); *Schneider* (1992); *Krag/Kasperzak* (2000); *Drukarczyk* (2003); *Franke/Hax* (2004).

[4] Vgl. *Statistisches Bundesamt Deutschland* (2007b).

[5] Vgl. dazu *o.V.* (2003a).

[6] Vgl. dazu *o.V.* (2003b); *o.V.* (2004).

dungsneutral wirken würde. Allerdings zeigt das bisherige Meinungsbild hinsichtlich des Einbezugs von Geldentwertung in die Investitionsrechnung ein breites Spektrum, ob und gegebenenfalls wie dies zu geschehen hat,[7] so dass diese Fragestellung vor dem Hintergrund tendenziell steigender Inflationsraten in der nahen Zukunft einer genaueren Erörterung bedarf.

Demgegenüber ist der Einfluss der Ertragsbesteuerung auf Investitionsprojekte eine klassische Thematik, die sich einer intensiven Auseinandersetzung in Wissenschaft und Praxis erfreut.[8] Diese Frage dürfte sich allerdings unter wohlfahrtstheoretischen Gesichtspunkten gar nicht stellen, denn Steuern sollten auf einzelwirtschaftliche Entscheidungen neutral wirken.[9] Dass empirische Steuersysteme diesem Fundamentalprinzip wohl nicht oder nur in ganz bestimmten Konstellationen genügen, zeigen die vielfältigen „steueroptimalen" Gestaltungen auf privater oder betrieblicher Ebene.[10] Diese Gestaltungen können sich nicht zuletzt in möglichen Anwendungsfällen von § 42 AO niederschlagen.[11] Deshalb ist eine Analyse, wann es zu steuerinduzierten Verzerrungen von Investitionsentscheidungen kommt und was deren eigentliche Ursachen sind, notwendig.

Ziel des vorliegenden Beitrages ist es, den gleichzeitigen Einfluss von Geldentwertung und Ertragsbesteuerung auf Investitionsentscheidungen zu untersuchen. Aus diesem Grund erfolgt zunächst eine getrennte Betrachtung der Wirkung beider Größen auf das Kapitalwertkriterium, wobei detailliert verschiedene Konstellationen bei Inflation gewürdigt werden, während für grundlegende steuerliche Aspekte eine Konzentration auf das so genannte Standardmodell ausreichend erscheint. Stichwörter wie „kalte Progression" oder „inflationsneutrale Steuersysteme" verdeutlichen jedoch, dass die bisher gewonnenen Erkenntnisse nur die notwendige Vorarbeit darstellen können. Im anschließenden Abschnitt werden deshalb zuerst die ökonomischen Zusammenhänge zwischen beiden Faktoren verdeutlicht, um dann den gleichzeitigen Einfluss von Inflation und Steuern auf Investitionsentscheidungen herauszuarbeiten.

---

7 Vgl. beispielsweise die Übersicht bei *Däumler* (1996), S. 140 sowie *Bieg* (2000), S. 197 ff.
8 Umfassend zu diesem Thema *Mellwig* (1985); *Wehrheim* (1997).
9 Vgl. *Reding/Müller* (1999), S. 175 ff.; *Homburg* (2007), S. 141 ff.
10 Vgl. Krause (2006), S. 143 ff., der steuerliche Gestaltungen am Beispiel von hybriden Finanzinstrumenten aufzeigt.
11 Zur neueren Missbrauchsrechtsprechung des BFH *Rose/Glorius-Rose* (2003).

2. Kapitalwertbeeinflussung durch Geldentwertung und Besteuerung – methodische Vorüberlegungen

Wenn in eine bestimmte Rechnung eine zusätzliche Komponente integriert wird, kann das Ergebnis dieser Rechnung entweder steigen, konstant bleiben oder fallen. So verhält es sich auch in der Investitionsrechnung auf Basis der Kapitalwertmethode, wenn Geldentwertung und Besteuerung berücksichtigt werden sollen. Aus methodischer Sicht sind hierbei drei Konstellationen zu unterscheiden: der isolierte Einfluss von Geldentwertung, der isolierte Einfluss von Steuern und der gleichzeitige Einfluss von Geldentwertung und Steuern, also einschließlich der Wirkung möglicher Interdependenzen zwischen beiden Faktoren. Folgende Tabelle fasst die theoretisch vorstellbaren Ergebnisse zusammen:

Tabelle 1: Einfluss von Inflation, Steuern und Inflation/Steuern auf den Kapitalwert

bei Inflation (p)	bei Steuern (s)	bei Inflation/Steuern (ps)	
$K_0 < K_0^p$	$K_0 < K_0^s$	$K_0 < K_0^{ps}$	wenn Einfluss p^+ und s^+ wenn Einfluss $p^+ > s^-$ wenn Einfluss $p^- < s^+$ wenn Einfluss p^+ und $s^{=0}$ wenn Einfluss $p^{=0}$ und s^+
$K_0 = K_0^p$	$K_0 = K_0^s$	$K_0 = K_0^{ps}$	wenn Einfluss $p^{=0}$ und $s^{=0}$ wenn Einfluss $p^+ = s^-$ wenn Einfluss $p^- = s^+$
$K_0 > K_0^p$	$K_0 > K_0^s$	$K_0 > K_0^{ps}$	wenn Einfluss p^- und s^- wenn Einfluss $p^+ < s^-$ wenn Einfluss $p^- > s^+$ wenn Einfluss p^- und $s^{=0}$ wenn Einfluss $p^{=0}$ und s^-

Ob die in der rechten Spalte nach den Regeln der Kombinatorik angedeuteten kompensatorischen Effekte tatsächlich so einfach zu beziffern sind, hängt in entscheidendem Maß von der Neutralität des Steuersystems hinsichtlich inflatorischer Tendenzen ab, deren Klärung Gegenstand des fünften Abschnittes ist. Wenn infolge der Berücksichtigung von Geldentwertung und Besteuerung Kapitalwerterhöhungen oder -verminderungen aus theoretischer Sicht möglich sind, wirft dies die Frage auf, inwieweit dadurch bisherige Ergebnisse der Investitionsrechnung in Bezug auf die im

Mittelpunkt dieser Untersuchung stehenden „Ja-Nein"- und Auswahlentscheidungen[12] tangiert werden. Hierzu sind weitere Überlegungen notwendig, die auf den allgemein bekannten Entscheidungsregeln auf der Grundlage des Kapitalwertkriteriums[13] aufbauen.

Inflationsneutralität besteht, wenn die Rangfolge aus mehreren dem Unternehmen zur Verfügung stehenden Investitionsalternativen durch den inflatorischen Einfluss nicht geändert wird und eine Investition mit einem Kapitalwert von null vor Inflation auch nach Inflation indifferent ist. Gleiches gilt für die Steuerneutralität und den Fall von Neutralität hinsichtlich Inflation und Steuern. Rangfolgeerhalt und Vorzeichenerhalt beziehungsweise Erhalt des Investitionsumfangs können dann jeweils wie folgt ausgedrückt werden:[14]

bei Inflation $K_{0A} > K_{0B} \rightarrow K_{0A}^{p} > K_{0B}^{p}$ und $K_{0} = 0 \rightarrow K_{0}^{p} = 0$;

bei Steuern $K_{0A} > K_{0B} \rightarrow K_{0A}^{s} > K_{0B}^{s}$ und $K_{0} = 0 \rightarrow K_{0}^{s} = 0$;

bei Inflation/Steuern $K_{0A} > K_{0B} \rightarrow K_{0A}^{ps} > K_{0B}^{ps}$ und $K_{0} = 0 \rightarrow K_{0}^{ps} = 0$.

Diese Anforderungen sind unwidersprochen dann erfüllt, wenn Identität der Kapitalwerte vor und nach Inflation, Steuern oder Inflation/Steuern gegeben ist. In diesem Fall liegt Niveauinvarianz vor und es gilt:

bei Inflation $K_{0} = K_{0}^{p}$;

bei Steuern $K_{0} = K_{0}^{s}$;

bei Inflation/Steuern $K_{0} = K_{0}^{ps}$.

Niveauinvarianz stellt eine hinreichende, aber keine notwendige Bedingung für Neutralität dar. Entscheidungsneutralität liegt ebenfalls vor, wenn die Einflussgrößen zu einer proportionalen Veränderung der jeweiligen Kapitalwerte führen. Abhängig von der individuellen Bewertungssituation sind über Niveauinvarianz und proportionale

---

[12] Zu einem Überblick der verschiedenen Typen von Investitionsentscheidungen *Wehrheim* (2000), S. 27.

[13] Vgl. zu den Vorteilhaftigkeitsregeln ohne Inflation und Steuern *Schneider* (1992), S. 77 ff.

[14] Zur Entscheidungsneutralität in Bezug auf Steuern *Schwinger* (1992), S. 24 ff.; *Wagner/ Wissel* (1995), S. 67.

Kapitalwertänderung hinaus Konstellationen vorstellbar, in denen Rangfolge und Vorzeichen erhalten bleiben können, aber nicht zwingend müssen. Dies ist dann der Fall, wenn die Vorteilhaftigkeitskriterien der Investitionsprojekte durch Inflation, Steuern oder Inflation/Steuern zwar unterschiedlich tangiert werden, es jedoch zum Beispiel nur zu einer Verringerung der Kapitalwertdifferenz zwischen erstbester und zweitbester Alternative kommt.

3. Investitionsrechnung unter Berücksichtigung von Geldentwertung

3.1. Volkswirtschaftliche Aspekte und statistische Grundlagen

Am gebräuchlichsten für den Begriff der Inflation ist die Definition, dass es sich hierbei um einen Prozess anhaltender Preisniveausteigerungen handelt, im Laufe dessen der Wert des Geldes und damit die Kaufkraft sinkt.[15] Preisniveau und Geldwert verhalten sich umgekehrt proportional. Verläuft die Preisentwicklung ständig in entgegengesetzter Richtung, wird dies als Deflation bezeichnet. Hiervon ist die Disinflation zu unterscheiden, bei der die Inflationsrate über einen bestimmten Zeitraum zwar deutlich sinkt, aber das Preisniveau nach wie vor steigt.[16] Preisniveauänderungen werden durch den intertemporalen Vergleich von Preisindizes gemessen. Als geeigneter Maßstab für die allgemeine nationale Inflationsentwicklung wird im Regelfall der Verbraucherpreisindex angesehen.[17] Die zeitliche Entwicklung und Zusammensetzung dieser Größe stellt sich für den Zeitraum von 1991-2005 wie folgt dar:

---

[15] Vgl. *Cassel* (2003), S. 333.
[16] Vgl. *Issing* (2007), S. 216.
[17] Vgl. *Issing* (2007), S. 199 ff.; *Woll* (2007), S. 518; *Statistisches Bundesamt Deutschland* (2007a).

Tabelle 2: Verbraucherpreisindex für Deutschland (2000=100)

Zeit-raum	Insgesamt	Nahrungsmittel und alkohol-freie Getränke	Alkoholische Getränke, Tabakwaren	Bekleidung und Schuhe	Wohnung, Wasser, Strom, Gas und andere Brennstoffe	Einrichtungsgegenstände für den Haushalt	Gesundheitspflege	Verkehr	Nachrichtenübermittlung	Freizeit, Unterhaltung und Kultur	Bildungswesen	Beherbergungs- und Gaststätten-dienstleistungen	Andere Waren und Dienst-leistungen
Gewicht	1000	103,4	36,7	55,1	302,7	68,5	35,5	138,7	25,2	110,9	6,7	46,6	70,2
1991	81,9	94,0	83,8	90,9	71,7	90,7	81,1	75,9	122,5	88,6	61,2	82,0	77,5
1992	86,1	95,9	88,0	93,4	78,0	93,0	84,0	80,1	125,5	92,0	66,3	86,0	81,4
1993	89,9	96,4	91,4	96,0	84,4	95,3	86,3	83,8	127,0	94,3	73,2	90,7	86,7
1994	92,3	98,0	92,4	97,4	87,9	96,9	89,2	86,8	127,9	95,4	80,5	93,0	90,4
1995	93,9	99,0	92,9	98,1	90,5	97,9	90,2	88,3	127,5	96,3	83,8	94,3	93,4
1996	95,3	99,6	93,7	98,8	92,7	98,6	91,6	90,4	128,7	96,7	86,8	95,3	93,9
1997	97,1	101,0	95,4	99,2	95,2	99,0	98,1	92,2	124,8	98,8	90,3	96,3	95,6
1998	98,0	102,0	97,2	99,6	96,0	99,7	103,2	92,5	124,1	99,3	94,6	97,7	96,0
1999	98,6	100,7	98,5	99,9	97,2	100,0	99,8	95,0	112,4	99,6	98,4	98,9	97,6
2000	100,0	100,0	100,0	100,0	100,0	100,0	100,0	100,0	100,0	100,0	100,0	100,0	100,0
2001	102,0	104,5	101,7	100,8	102,4	100,9	101,3	102,5	94,1	100,6	101,3	101,9	103,0
2002	103,4	105,3	105,8	101,5	103,4	101,9	101,9	104,5	95,7	101,3	104,0	105,6	105,0
2003	104,5	105,2	111,4	100,7	104,9	102,2	102,4	106,7	96,4	100,7	106,2	106,5	106,8
2004	106,2	104,8	119,1	100,0	106,5	102,0	122,1	109,3	95,6	99,7	109,7	107,3	108,3
2005	108,3	105,3	129,2	98,1	109,5	101,8	124,4	113,9	94,3	99,8	112,1	108,4	109,3

Quelle: In Anlehnung an Sachverständigenrat zur Begutachtung der gesamtwirtschaftlichen Entwicklung (2006), S. 568

Der Verbraucherpreisindex insgesamt hat für den betreffenden Zeitraum stetig zugenommen, allerdings mit jährlich unterschiedlichen Steigerungsraten. Dieser Index spiegelt die durchschnittliche Preisänderung von etwa 750 von privaten Haushalten nachgefragten Waren/Dienstleistungen wider, die in obiger Tabelle zu zwölf Abteilungen zusammengefasst wurden. Interessant ist die Betrachtung der einzelnen Abteilungen: Hier fällt eine äußerst uneinheitliche Entwicklung einzelner Gütergruppen auf. Während zum Beispiel die Preise im Bereich Bildungswesen für den Gesamtzeitraum um 83,1% stiegen und damit wesentlich stärker als die Verbraucherpreise insgesamt mit 32,2%, sind die Preise im Bereich der Nachrichtenübermittlung um 23,0% gesunken.

Neben der aufgezeigten produktgruppenspezifischen Preisentwicklung ist von besonderer Bedeutung, welchen Verlauf die Inflationsraten innerhalb eines bestimmten Zeitabschnitts aufweisen. In der Investitionsrechnung wird sich im einfachsten Fall einer über die Dauer des Investitionsvorhabens konstant bleibenden Rate der Preisniveauänderung bedient. Dies scheint mit Blick auf die mit Unsicherheiten verbundene

Vorhersage inflationistischer Tendenzen begründbar und stellt eine unter Umständen sehr weitreichende Form der Komplexitätsreduktion dar. Wie indirekt aus *Tabelle 2* ersichtlich, schwankt die tatsächliche Inflationsrate im Zeitablauf: Sie steigt, bleibt annähernd konstant oder fällt. Bezogen auf das Ausmaß und die Richtung dieser Änderungen können prinzipiell Phasen so genannter akzelerierter, stabilisierter und dezelerierter Inflation unterschieden werden:

Abbildung 1: Phasenschema der Inflation

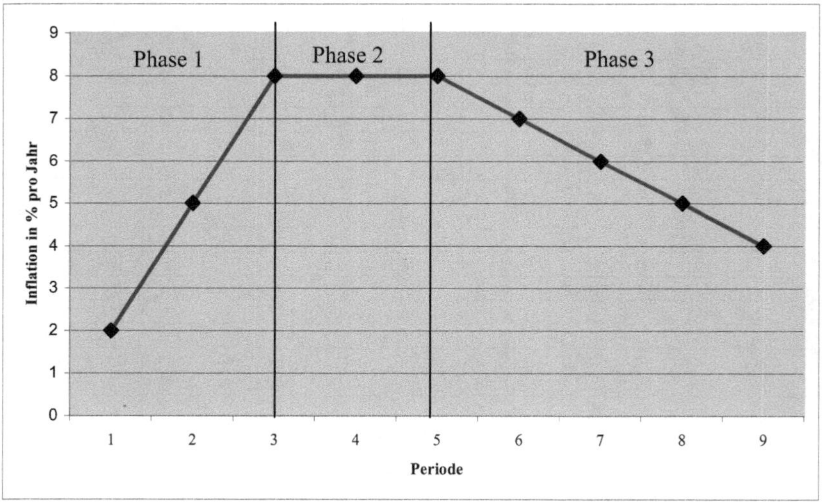

Quelle: In Anlehnung an Cassel (2003), S. 341

In der Phase der akzelerierten Inflation steigt die Inflationsrate kontinuierlich an. Kennzeichnend für die Phase der stabilisierten Inflation ist eine Verstetigung der Inflationsrate, dies bedeutet jedoch, dass die Preise oder besser das Preisniveau nach wie vor um eben diesen Faktor steigt. Sinken die Inflationsraten, liegt eine Phase der dezelerierten Inflation vor. Dieses vereinfachte Schema verdeutlicht einen typischen Verlauf der Inflationsraten, es ersetzt allerdings nicht die notwendige Analyse, in einer realen Bewertungssituation zu klären, in welcher Phase man sich überhaupt befindet, wie stark und wie lang der Anstieg oder das Abschwächen der Inflationsrate ausfallen wird. Diese Prognosen nehmen für weiter in der Zukunft liegende Perioden an Schwierigkeit zu, so dass insoweit für unmittelbar dem Entscheidungszeitpunkt folgende Jahre periodenspezifische und danach vereinfacht konstante Inflationsraten unterstellt werden können.[18]

3.2. Nominal- versus Realwertrechnung

Erwartungen bezüglich der Inflation weisen einen bestimmten Einfluss auf die Zinsen am Kapitalmarkt auf. Haben alle Marktteilnehmer gleiche Vorstellungen über den Umfang der Geldentwertung der nächsten Periode, schlagen sich Änderungen der erwarteten Inflationsrate in vollem Umfang auf den nominalen Zinssatz nieder. Dieser als Preiserwartungseffekt oder auch als Fisher-Effekt[19] bekannt gewordene Zusammenhang zwischen Realzins (i_R), Nominalzins (i_N) und erwarteter Inflationsrate (p) gilt bei zeitlich konstanter Inflationsrate und stellt sich formal wie folgt dar:

$$(1+i_N)=(1+i_R)\times(1+p).$$

Umgestellt nach i_N ergibt sich, dass der Nominalzins der Summe aus gefordertem Realzins, erwarteter Inflationsrate und dem Produkt von Realzins und Inflationsrate entspricht, wobei letzter Summand bei geringer Inflation betragsmäßig sehr klein ist und deshalb meist vernachlässigt wird.

$i_N=i_R+p+i_R\times p$, wobei näherungsweise gilt: $i_N=i_R+p$.

Für den Realzins folgt nach Umformung der vollständigen Formel:

$$i_R=\frac{1+i_N}{1+p}-1.$$

Grundsätzlich wirken Preisniveauänderungen sowohl auf die Zahlungsströme der Sachinvestition im Zähler der Kapitalwertformel als auch – wie eben dargestellt – auf die Kapitalmarktanlage im Nenner. Alternative Handlungsmöglichkeiten können nur dann sinnvoll verglichen werden, wenn das Prinzip der Kaufkraftäquivalenz gewahrt ist und entweder ausschließlich mit nominalen oder realen Größen gerechnet wird.[20] Die Lösung durch Nominalwertrechnung erfordert nominale Größen in Zähler und Nenner der Kapitalwertformel, so dass die realen Einzahlungsüberschüsse der Perio-

---

[18] Dieses so genannte Phasenmodell verdeutlicht die Unsicherheitsdimension der Inflationsentwicklung, auf die in dieser Untersuchung nicht weiter eingegangen wird. Vgl. zum Thema der unsicheren Geldentwertung *Ballwieser* (1988).

[19] Vgl. *Fisher* (1930); kritisch dazu *Wagner* (1983), S. 114 ff., der theoretische Überlegungen und empirische Untersuchungen gegen die Gültigkeit der Fisher-These anführt. Insoweit würde Inflation über die Erwartungsbildung zu einem gewissen Teil nominalzinserhöhend und realzinssenkend wirken.

[20] Die Kaufkraftäquivalenz wird auch als Homogenitätsprinzip bezeichnet, vgl. *Moxter* (1983), S. 185 ff.

den noch angepasst werden müssen. Die Preisänderungsbetrachtung ist mithin als Zwei-Stufen-Modell zu sehen, welches sich aus einer Aufzinsung der realen Einzahlungsüberschüsse mit der Inflationsrate und einer anschließenden Abzinsung mit dem nominalen Kalkulationszinssatz zusammensetzt.[21] Bei der Realwertrechnung werden reale Zahlungsströme im Zähler mit dem realen Zins diskontiert. Die Formeln dafür lauten:

$$K_{0N}^{p} = \sum_{t=1}^{n} \frac{d_t \times (1+p)^t}{(1+i_N)^t} - A_0 \text{ und } K_{0R}^{p} = \sum_{t=1}^{n} \frac{d_t}{(1+i_R)^t} - A_0 .$$

Nominal- und Realwertrechnung führen wegen des Fisher-Effekts zu gleichen Ergebnissen.

Aus $(1+i_N) = (1+i_R) \times (1+p)$ folgt $K_{0N}^{p} = K_{0R}^{p}$.

Prinzipiell könnten damit beide Verfahren angewendet werden, jedoch wird häufig der Nominalwertrechnung aus mehreren Gründen der Vorzug gegeben: Zum einen basieren ertragsteuerliche Bemessungsgrundlagen auf nominalen Größen, so dass bei Berücksichtigung einer aneutralen Ertragsbesteuerung jede Realwertrechnung arbeitsaufwendig durch einen auf Nominalgrößen basierenden steuerlichen Teil zu ergänzen wäre.[22] Außerdem ist dieser Rechenweg – speziell bei unterschiedlichen Änderungsraten bestimmter Ein- und Auszahlungskomponenten im Zähler – wesentlich transparenter.[23] Dementgegen werden Vorteile einer Realwertrechnung bei im Zeitablauf schwankenden Inflationsraten und deren Auswirkungen auf den Kalkulationszins gesehen.[24]

3.3. Konstellation ohne entscheidungsbeeinflussende Wirkung von Preisniveauänderungen

Inflation wirkt entscheidungsneutral, wenn Rangfolge- und Vorzeichenerhalt der jeweiligen Kapitalwerte unabhängig von Ausmaß und Schwankung dieser Größe gewahrt bleiben. Welche Bedingungen sind hierfür hinsichtlich der verschiedenen Ent-

---

[21] Ein typischer Fehler in der praktischen Anwendung der Kapitalwertmethode ist das Rechnen mit auf Basis des aktuellen Preisniveaus prognostizierten Zahlungsströmen im Zähler und deren Diskontierung mit einem Nominalzins im Nenner. Konsequenz davon könnte bei Inflation eine tendenzielle Unterschätzung der Vorteilhaftigkeit von Investitionsprojekten im Rahmen von Ja-Nein-Entscheidungen oder eine geänderte Rangfolge bei Auswahlentscheidungen sein.

[22] Vgl. *Drukarczyk* (2003), S. 502.

[23] Vgl. *Mandl/Rabel* (1997), S. 209.

[24] Vgl. *Busse von Colbe/Laßmann* (1990), S. 84; *Blohm/Lüder/Schaefer* (2006), S. 121.

scheidungstypen notwendig, ohne dass es zu Änderungen in Bezug auf die Vorteilhaftigkeit einer einzelnen oder mehrerer alternativer Investitionen kommt?

Für eine neutrale Wirkung im Rahmen von „Ja-Nein"-Entscheidungstypen ist es notwendig, dass Investitionsobjekt und Kapitalmarktanlage in gleichem Maße von Preisniveauänderungen mit der Rate (p) betroffen sind. Dies geht über das einheitliche Rechnen mit nominalen oder realen Größen hinaus und erfordert, dass die Einzahlungsüberschüsse im Zähler der gleichen Preisänderungsrate unterliegen, wie die implizit im Nominalzinssatz auf dem Kapitalmarkt enthaltene Abgeltung der Geldentwertung. Darüber hinaus ist eine bis Investitionsende gleiche Rate anzunehmen – p_t = konstant, für alle t = 1, …, n. Die Gültigkeit dieser Prämissen unterstellt, ist eine explizite Berücksichtigung der Geldentwertung im Kapitalwertverfahren nicht erforderlich.[25] Formal ergibt sich unter Berücksichtigung von Inflation vereinfacht ein Kapitalwert von:

$$K_0^p = \sum_{t=1}^{n} \frac{d_t \times (1+p)^t}{(1+i)^t \times (1+p)^t} - A_0 .$$

Durch Herauskürzen des Faktors $(1+p)^t$ gleicht diese wieder der „normalen" Kapitalwertformel:

$$K_0 = \sum_{t=1}^{n} \frac{d_t}{(1+i)^t} - A_0 .$$

Bei mehreren Investitionsvorhaben sollte zu den bei „Ja-Nein"-Entscheidungen geltenden Voraussetzungen angemerkt werden, dass die Zahlungsströme aller zu beurteilenden Investitionen der gleichen Inflationsrate unterliegen müssen, damit Inflationsneutralität gegeben ist.

3.4. Konstellationen mit entscheidungsbeeinflussender Wirkung von Preisniveauänderungen

Wird eine der im vorhergehenden Abschnitt genannten Bedingungen nicht erfüllt, sind Veränderungen der dadurch nicht mehr zwangsläufig identischen Nominal- und Realkapitalwerte möglich, die sich in einer geänderten Vorteilhaftigkeit der Investitionsprojekte niederschlagen können. Nachfolgend werden die für eine mögliche Revidierung der Investitionsentscheidung verantwortlichen Faktoren jeweils in „Reinform"

---

[25] Vgl. *Busse von Colbe/Laßmann* (1990), S. 82 f.; *Schneider* (1992), S. 390; *Franke/Hax* (2004), S. 217.

dargestellt, um einzelne Ursache-Wirkungszusammenhänge aufzuzeigen. Ferner erscheint es bei differenzierten Zähler-Nenner-Preisänderungsraten angebracht, einen unternehmensunabhängigen und einen unternehmensabhängigen Bereich zu unterscheiden.

3.4.1. Erfolgskomponenten-, branchen- oder territoriumsdifferenzierte Inflation

In diesem Abschnitt soll die unternehmensindividuelle Fähigkeit der Überwälzung ausgeblendet werden. Es geht vielmehr darum, „rein statistische" Überlegungen anzustellen, welchem Einfluss von Preisänderungen hinsichtlich einzelner Erfolgskomponenten ein „durchschnittliches" Unternehmen unterliegt und wie sich dieses auf den Kapitalwert von Investitionsvorhaben auswirkt.

Wenn es um den Einbezug von Geldentwertung in die Investitionsrechnung geht, ist zunächst die grundsätzliche Frage zu klären, welcher Index gewählt werden soll. Das preisstatistische System der Bundesrepublik Deutschland umfasst eine Vielzahl von Indizes für die verschiedenen Märkte beziehungsweise Stufen im Wirtschaftskreislauf. Wie bereits erwähnt, wird für die allgemeine nationale Inflationsentwicklung der Verbraucherpreisindex für Deutschland als der beste Indikator angesehen. Folgt man dieser Auffassung, dann kommt – modelltheoretisch betrachtet – dessen Wert auch als Geldwertänderungsprämie in dem am Kapitalmarkt herrschenden Nominalzins für die alternative Finanzinvestition zum Ausdruck.[26] Im Unterschied zu dieser nominalen Größe im Nenner stellt sich das Problem, wie zu – für die Nominalwertrechnung unabdingbaren – ebenfalls nominalen Größen für die Realinvestition im Zähler gelangt werden soll. Wie *Tabelle 2* für bestimmte Gütergruppen gezeigt hat, gibt es produktgruppenspezifische Preisentwicklungen, so dass es abwegig erscheint, für alle mit der Investition verbundenen Zahlungsströme ein identisches Wachstum mit der allgemeinen Inflationsrate des Verbraucherindex zu unterstellen.[27] Geeigneter wäre, für einzelne Erfolgskomponenten differenzierte Preisniveauentwicklungen zu berücksichtigen. Obwohl durchgängig nominal gerechnet wird, kommt es unweigerlich zu Kapitalwertänderungen, weil die Anpassung in Zähler und Nenner auf unterschiedlichen Preisänderungsraten basiert. Werden diese Größen als im Zeitablauf konstant angesehen, ergibt sich der Kapitalwert aus:

$$K_0^p = \sum_{t=1}^{n} \frac{e_t \times (1+p_e)^t - a_t \times (1+p_a)^t}{(1+i_N)^t} - A_0 .$$

---

[26] Anderer Auffassung *Blohm/Lüder/Schaefer* (2006), S. 119, die eine Orientierung am Index der Erzeugerpreise gewerblicher Produkte für sinnvoll erachten.

Entsprechend der Formel ist folgende Grundaussage möglich: Wenn die aus der Gewichtung der Einzahlungs- und Auszahlungskomponenten resultierende inflationsbedingte Zunahme der periodischen Einzahlungsüberschüsse die allgemeine Inflationsrate ceteris paribus übersteigt (unterschreitet), steigt (sinkt) auch der Kapitalwert.

Beispiel 1:

Ein Investitionsvorhaben zur Herstellung von bestimmten Metallerzeugnissen weist die nachstehende vereinfachte Zahlungsstruktur auf. Sowohl um den Einfluss von differenzierten Preisänderungsraten auf das Vorteilhaftigkeitskriterium speziell, als auch den der Inflation im Allgemeinen aufzuzeigen, stellt sich die Frage, was ist die Vergleichsbasis? Ein so genannter Basiskapitalwert, der sich für eine Situation ohne Inflation ergeben würde, ist hierzu umstritten.[28] An dieser Stelle wird der Vergleich durchgeführt, indem einmal im Zähler die Zahlungsströme mit differenzierten Raten[29] und einmal mit der allgemeinen Inflationsrate von 4% angepasst werden. Der Nominalzins beträgt konstant 8%.

Tabelle 3: Ausgangsdaten für Beispiel 1

Periode	**0**	**1**	**2**	**3**
Zahlungsströme ohne Preisniveauänderungen				
Einzahlung		190,00	240,00	215,00
Auszahlung Rohstoff		60,00	70,00	70,00
Auszahlung Personal		60,00	80,00	85,00
Anschaffungskosten	190,00			
Cash Flow	-190,00	70,00	90,00	60,00
Erwartete spezifische Preisniveauänderungen gegenüber der Vorperiode in %				
Einzahlung		2	2	2
Auszahlung Rohstoff		1	1	1
Auszahlung Personal		6	6	6
Zahlungsströme nach spezifischer Preisniveauanpassung				
Einzahlung		193,80	249,70	228,16
Auszahlung Rohstoff		60,60	71,41	72,12
Auszahlung Personal		63,60	89,89	101,24
Anschaffungskosten	190,00			
Cash Flow	-190,00	69,60	88,40	54,80
Zahlungsströme nach allgemeiner Preisniveauanpassung 4%				
Cash Flow	-190,00	72,80	97,34	67,49

[27] Vgl. *Siepe* (1984), S. 1690.

[28] Vgl. *Blohm/Lüder/Schaefer* (2006), S. 123, weil der Basiskapitalwert einen nicht realisierbaren Wert darstellt.

[29] Hinsichtlich der erwarteten Preisniveauänderungen könnte für die Einzahlungen auf den Index der Erzeugerpreise für gewerbliche Produkte/Metallerzeugnisse, für die Rohstoffauszahlungen auf einen entsprechenden Preisindex dieses Rohstoffs und für die Personalkosten etwa auf den Tarifindex der Arbeiter/-innen im verarbeitenden Gewerbe zurückgegriffen werden.

Bei Anpassung mit spezifischen Preisänderungsraten beträgt der Kapitalwert: $K_0^p = -6,26$.

Bei Anpassung mit der allgemeinen Inflationsrate beträgt der Kapitalwert: $K_0^p = 14,44$.

Wie der Vergleich der beiden Kapitalwerte zeigt, haben differenzierte Preisänderungsraten eine entscheidungsbeeinflussende Wirkung. Bedingt durch die dominierende auszahlungsseitige Preissteigerung für Personal sollte die Investition nicht mehr durchgeführt werden.

Neben diesem sehr vereinfachten Beispiel können ohne Weiteres noch zusätzliche Aspekte hinzutreten. So ist es auch bei allgemeiner Geldwertstabilität denkbar, dass Veränderungen der Vorteilhaftigkeit wegen differenzierter Preisänderungen bei einzelnen Erfolgskomponenten eintreten.[30] Wenn es sich um ein diversifiziertes Unternehmen handelt, dem Investitionsprojekte in unterschiedlichen Branchen zur Auswahl stehen, wachsen die Erträge der abgesetzten Produkte eben mit branchenspezifischen Raten, so dass auch in diesem Fall eine entscheidende Wirkung von Geldentwertung ausgehen wird. Gleiches ist bei der Bewertung von inländischen und ausländischen Investitionen möglich, wenn zum Beispiel im gemeinsamen Währungsraum des Euro länderspezifische Inflationsraten zu beachten sind, deren Wirkungen auf den Kapitalwert mit denen bei branchenspezifischen Änderungsraten vergleichbar sind.

Die in diesem Abschnitt vorgetragenen „rein statistischen" Überlegungen dürfen in keinem Fall losgelöst von der nachfolgend dargestellten unternehmensindividuellen Überwälzbarkeit beziehungsweise Reaktionsfähigkeit in Bezug auf Inflation betrachtet werden. Dennoch zeigt das Beispiel, dass die Wirkung erfolgskomponenten-, branchen- oder territoriumsdifferenzierter Preissteigerungsraten in der Investitionsrechnung zu bedenken ist.

3.4.2. Unternehmensspezifische Reaktionsfähigkeit auf Geldwertänderungen

Bisher wurde davon ausgegangen, dass es Unternehmen gelingt, Preisniveausteigerungen in vollem Umfang an die Abnehmer weiterzugeben. Ob die Einzahlungsüberschüsse aus einem Projekt tatsächlich proportional mit der allgemeinen Inflationsrate wachsen, hängt von vielfältigen unternehmensindividuellen Faktoren ab. Welche Marktstellung hat ein Unternehmen? Können Kunden- und/oder Lieferantenbeziehun-

---

[30] Vgl. *Poensgen/Straub* (1974), S. 789; *Matschke* (1986), S. 551.

gen dominiert werden? Existieren längerfristige tarifliche Bindungen, die zu steigenden Personalkosten führen? Diese Aufzählung lässt sich beliebig fortsetzen.

Um die unternehmensindividuelle Fähigkeit der Überwälzung beziehungsweise des inflationsbedingten Wachstums der Zahlungsströme formal auszudrücken, wird üblicherweise eine absolute Wachstumsrate (w) oder ein allgemeiner Überwälzungsfaktor (α)[31] angegeben. Prinzipiell können dann drei verschiedene Bereiche von Intensitäten der Überwälzung und damit für das Wachstum der Einzahlungsüberschüsse des Investitionsprojekts unterschieden werden:[32] Inflationsüberproportionales Wachstum ($w>p$ oder $\alpha>1$) ist gegeben, wenn es gelingt, die Einzahlungsüberschüsse mit einem über der allgemeinen Inflationsrate liegenden Faktor zu steigern; auszahlungsseitige Preissteigerungen werden damit überkompensiert. Inflationsproportionales Wachstum ($w=p$ oder $\alpha=1$) liegt bei voller Überwälzung von Preissteigerungen an die Abnehmer vor. Inflationsunterproportionales Wachstum ($w<p$ oder $\alpha<1$) bedeutet, dass die Einzahlungsüberschüsse in geringerem Umfang als die allgemeine Inflationsrate wachsen. Hierbei sind bezogen auf den Umfang der real sinkenden Beträge nominal geringfügig steigende, nominal gleich bleibende[33] und nominal sinkende Konstellationen denkbar.[34]

Mit Blick auf die in Abschnitt 3.4.1. vorgestellten „rein statistischen" Anpassungen weist die Faktorvariante im Sinne eines ganzheitlichen Lösungsansatzes zwar Vorteile auf, dennoch bedarf es unseres Erachtens einiger nicht unwesentlicher Verfeinerungen. Wenn nicht mehr ein aggregierter Einzahlungsüberschuss unterstellt wird, sondern differenzierte Preissteigerungsraten einzelner Erfolgskomponenten, sind für den Inflationsfall folgende Überlegungen angebracht:

- Werden mehrere Einzahlungskomponenten – sei es für eine Investition oder bei Alternativenvergleich – unterschieden, kann es entsprechend der Position des Un-

---

[31] Unabhängig davon, ob Geldentwertung zu gesamtwirtschaftlichen Wohlfahrtseinbußen führt oder nicht, gibt es durch Umverteilungs- und Wettbewerbswirkungen immer einzelne Inflationsgewinner und -verlierer. Für ein Unternehmen in einer durchschnittlichen Marktposition sollte $\alpha=1$ sein, so dass der in der Rechnung anzusetzende Faktor entsprechend der unternehmensindividuellen Marktposition um diesen Betrag schwanken wird.

[32] Vgl. *Mandl/Rabel* (1997), S. 191 ff.; *Drukarczyk* (2003), S. 502 ff.

[33] *Drukarczyk* (2003), S. 503, bezeichnet den Fall nominal gleich bleibender Einzahlungsüberschüsse für den Bereich der Unternehmensbewertung als „entnahmeneutrale Überwälzbarkeit".

[34] Eine Konstellation nominal gleich bleibender oder sogar nominal sinkender Einzahlungsüberschüsse entsteht zum Beispiel, wenn per Vertrag langfristig Absatzpreise festgeschrieben werden, die eine Inflationsüberwälzung nicht oder nur unvollkommen ermöglichen. Damit kommt unter dem Gesichtspunkt der Geldentwertung der Indexierung von Zahlungen oder der Antizipation zukünftiger Inflationsraten eine nicht unerhebliche Bedeutung zu, die im Rahmen der individuellen Vertragsgestaltung Beachtung finden sollte.

ternehmens im jeweiligen Markt verschiedene Überwälzungsmöglichkeiten geben – $\alpha_{e1} \neq \alpha_{e2} \neq \alpha_{e3}$. Inhaltlich bliebe es bei der bekannten Interpretation von α.

- Erfolgt eine Differenzierung der Auszahlungskomponenten und existieren wiederum keine einheitlichen Preisanpassungsmöglichkeiten, folgt daraus $\alpha_{a1} \neq \alpha_{a2} \neq \alpha_{a3}$. Ein α>1 bedeutet dann allerdings, dass die investierende Unternehmung eine schlechte Position in Bezug auf inflationsbedingte Preissteigerungen hat, während umgekehrt ein α<1 sich ceteris paribus positiv auf den Kapitalwert auswirken wird, weil auszahlungsseitige, im vorigen Abschnitt genannte „rein statistische" Preissteigerungsraten zu einem gewissen Teil vermieden werden können.
- Für den Kapitalmarktzins wird weiterhin unterstellt, dass dieser einheitlich ist. Unternehmen, egal welche Marktposition sie besitzen, haben keine Einflussmöglichkeit auf diesen Zins.

Werden diese Verfeinerungen in die Investitionsrechnung integriert, verschiebt sich die Bedeutung von α von einem allgemeinen Überwälzungsfaktor bisher, zu einem die Position des Unternehmens in den verschiedenen Märkten widerspiegelnden Faktor, der die differenzierte Reaktionsfähigkeit auf Preisniveauänderungen – auch auf der Auszahlungsseite – ausdrückt.

Unter Berücksichtigung der Konstantheit der verschiedenen α-Faktoren im Zeitablauf und ebenfalls konstanten Preisänderungsraten, also $p_e=p_a=p$,[35] ergibt sich der Kapitalwert aus:

$$K_0^p = \sum_{t=1}^{n} \frac{e_t \times (1+p\times\alpha_e)^t - a_t \times (1+p\times\alpha_a)^t}{(1+i_N)^t} - A_0 .$$

Damit wird die Sensitivität des Kapitalwertkriteriums in Bezug auf die individuelle Fähigkeit der Reaktionsfähigkeit auf Preissteigerungen deutlich: Umso besser (schlechter) ceteris paribus die Reaktionsfähigkeit – α_e>1; α_a<1 (α_e<1; α_a>1) – ausfällt, desto stärker steigt (fällt) der Kapitalwert.

Beispiel 2:

Die Vorteilhaftigkeit einer Investition soll für verschiedene Grade der Reaktionsfähigkeit auf Preissteigerungen beurteilt werden. Der über den Investitionszeitraum konstante Nominalzins beträgt 10%, die einheitliche allgemeine Inflationsrate 6%. Die folgende Tabelle beinhaltet

---

[35] Diese Annahme erlaubt, den isolierten Einfluss einer differenzierten Reaktionsfähigkeit auf Preisänderungen zu verdeutlichen.

die Ausgangsdaten und die gemäß der unterstellten Reaktionsfähigkeit angepassten Zahlungsströme.

Tabelle 4: Ausgangsdaten für Beispiel 2

Periode	**0**	**1**	**2**	**3**
Zahlungsströme ohne Preisniveauänderungen				
Einzahlung		130,00	160,00	170,00
Auszahlung		80,00	90,00	110,00
Anschaffungskosten	160,00			
Cash Flow	-160,00	50,00	70,00	60,00
Durchschnittsszenario: Anpassung mit α_e=α_a=1				
Einzahlung		137,80	179,78	202,47
Auszahlung		84,80	101,12	131,01
Anschaffungskosten	160,00			
Cash Flow	-160,00	53,00	78,65	71,46
Gewinnerszenario: Anpassung mit α_e=1,3; α_a=0,9				
Einzahlung		140,14	185,93	212,96
Auszahlung		84,32	99,98	128,80
Anschaffungskosten	160,00			
Cash Flow	-160,00	55,82	85,95	84,16
Verliererszenario: Anpassung mit α_e=0,8; α_a=1,1				
Einzahlung		136,24	175,73	195,67
Auszahlung		85,28	102,27	133,25
Anschaffungskosten	160,00			
Cash Flow	-160,00	50,96	73,46	62,42

Die Kapitalwerte betragen:

für α_e=α_a=1 $K_0^p = 6{,}87$;

für α_e=1,3; α_a=0,9 $K_0^p = 25{,}01$;

für α_e=0,8; α_a=1,1 $K_0^p = -6{,}06$.

Der Umfang der spezifischen Reaktionsfähigkeit auf Preissteigerungen hat einen entscheidenden Einfluss auf die Vorteilhaftigkeit. Gegenüber einer Situation mit durchschnittlicher Reaktionsfähigkeit und einem Kapitalwert von 6,87 steigt dieser bei einer überdurchschnittlichen Reaktionsfähigkeit auf 25,01, während bei einer unterdurchschnittlichen Reaktionsfähigkeit die Investition mit einem Wert von -6,06 unvorteilhaft wird.

3.4.3. Im Zeitablauf schwankende Inflationsraten

In den beiden vorhergehenden Abschnitten wurden sämtliche Preisniveauänderungsraten konstant gehalten. Als Ursache der entscheidungsbeeinflussenden Wirkung sollen an dieser Stelle über den Investitionszeitraum schwankende Inflationsraten thematisiert werden. Das Verlaufsschema einer Inflation in *Abbildung 1* liefert zu Ausmaß und Richtung der Änderungen methodische Grundlagen. Hinsichtlich der Wirkung der zeitlichen Änderungen sind zwei verschiedene Fälle denkbar: Zum einen könnten Preisniveauänderungsraten lediglich in spezifischen Bereichen zeitlich schwanken und damit nur Zählergrößen betreffen, während die allgemeine Geldentwertung konstant oder zumindest annähernd konstant fortschreitet. Dadurch würde weiterhin ein für alle Perioden gleicher Kalkulationszins zur Anwendung gelangen. Unzweifelhaft kann andererseits auch die allgemeine Inflationsrate von den zeitlichen Schwankungen betroffen sein.

Für die erstgenannte einfache Konstellation ergibt sich der Kapitalwert aus:[36]

$$K_0^p = \sum_{t=1}^{n} \frac{\prod_{\tau=1}^{t} d_t \times (1 + p_{d\tau})}{(1 + i_N)^t} - A_0 .$$

Im Fall der zeitlichen Schwankung spezieller und allgemeiner Raten führen Nominal- und Realwertrechnung zu unterschiedlichen Ergebnissen. Aus diesem Grund wäre eine richtige Rechnung nur auf Basis von realen Werten möglich.[37] Die Formel dafür lautet:[38]

$$K_{0R}^p = \sum_{t=1}^{n} \frac{\prod_{\tau=1}^{t} d_t \times (1 + p_{d\tau})}{\prod_{\tau=1}^{t} (1 + p_\tau) \times (1 + i_R)^t} - A_0 .$$

Damit wird der Einfluss auf den Vorteilhaftigkeitsvergleich durch im Zeitablauf schwankende Inflation deutlich. Modelltheoretisch argumentiert, ist die eigentliche Ursache dafür allerdings nicht die Schwankung der Inflation in der Zeit an sich, sondern das unterschiedliche Ausmaß dieser in Zähler und Nenner, wie im scheinbar stark vereinfachten ersten Fall, bei dem die Inflation im Nenner konstant gehalten wurde. Dies wird deutlich bei $p_{d\tau} = p_\tau$, denn dann könnten die beiden Terme $\prod_{\tau=1}^{t}(1+p_\tau)$ in

---

[36] In Anlehnung an *Cooley/Roenfeldt/Chew* (1975), S. 21 ff.; *Busse von Colbe/Laßmann* (1990), S. 83.
[37] Vgl. *Blohm/Lüder/Schaefer* (2006), S. 121.
[38] In Anlehnung an *Cooley/Roenfeldt/Chew* (1975), S. 21 ff.; *Busse von Colbe/Laßmann* (1990), S. 83.

Zähler und Nenner gekürzt werden. In dieser Konstellation geht von Inflation kein Einfluss auf Entscheidungen aus.

Wird unterstellt, dass bei einem gegebenen Realzins schwankende Inflationsraten sich ausschließlich im damit periodenspezifisch werdenden Nominalzins niederschlagen, folgt daraus, dass die fundamentale Wiederanlageprämisse des Kapitalwertverfahrens ausgehebelt wird. Auch wenn auf Basis der Nominalwertrechnung nur eine Näherungslösung über eine Durchschnittsbildung der periodenspezifischen Preisänderungsraten möglich ist,[39] überwiegen unseres Erachtens die bereits an anderer Stelle angeführten Vorteile,[40] das Nominalwertverfahren anzuwenden.

Beispiel 3:

Es stehen die Investitionsprojekte A, B und C zur Auswahl, deren Vorteilhaftigkeit für unterschiedliche Inflationsszenarien der Untersuchung zugrunde liegt. Hierzu werden die Phasen der akzelerierten und dezelerierten Inflation unterschieden. Im entsprechenden Investitionszeitraum beträgt der nominale Kapitalmarktzins für den einfachen Fall konstant 9,2%. Zur Verdeutlichung des Effekts bei Schwankung einer für Zähler und Nenner identischen Geldentwertungsrate soll der Realzins 5% sein. Die folgende Tabelle beinhaltet die Ausgangsdaten und die inflationsbedingt angepassten Einzahlungsüberschüsse.

---

[39] Formel: $p = \frac{1}{n} \times \sum_{t=1}^{n} p_t$. Bei geringerer Volatilität von p_t ist auch die Differenz zum Realkapitalwert niedrig.

[40] Vgl. Abschnitt 3.2.

Tabelle 5: Ausgangsdaten für Beispiel 3

Periode	0	1	2	3
Zahlungsströme ohne spezifische Preisniveauänderungen				
Investition A	-200,00	70,00	90,00	65,00
Investition B	-200,00	160,00	40,00	15,00
Investition C	-200,00	10,00	10,00	210,00
Erwartete Preisniveauänderungen gegenüber der Vorperiode in %				
akzelerierte Phase		2	4	6
dezelerierte Phase		6	4	2
Zahlungsströme nach Preisniveauanpassung in akzelerierter Phase				
Investition A	-200,00	71,40	95,47	73,09
Investition B	-200,00	163,20	42,43	16,87
Investition C	-200,00	10,20	10,61	236,13
Zahlungsströme nach Preisniveauanpassung in dezelerierter Phase				
Investition A	-200,00	74,20	99,22	73,09
Investition B	-200,00	169,60	44,10	16,87
Investition C	-200,00	10,60	11,02	236,13

Für den Fall einer konstanten Geldentwertung im Nenner und Diskontierung mit dem Nominalzins betragen die Kapitalwerte der drei Investitionen bei akzelerierter Inflation:

$K^{p}_{0A} = 1{,}58$, $K^{p}_{0B} = -2{,}01$ und $K^{p}_{0C} = -0{,}42$;

bei dezelerierter Inflation:

$K^{p}_{0A} = 7{,}28$, $K^{p}_{0B} = 5{,}24$ und $K^{p}_{0C} = 0{,}29$.

Die Rangfolge der ermittelten Kapitalwerte für die Investitionsprojekte ist abhängig vom Inflationsverlauf. Mit Blick auf den Vorzeichenwechsel der Kapitalwerte von Investition B und C gilt Gleiches für „Ja-Nein"-Entscheidungen. Im Zeitablauf variable Inflationsraten haben somit einen entscheidenden Einfluss in Bezug auf die Vorteilhaftigkeit von Investitionsprojekten, so dass in derartigen Konstellationen ein Einbezug von Geldentwertung in die Investitionsrechnung unabdingbar ist.

Bei zeitlich differierender, aber in Zähler und Nenner gleicher Inflationsschwankung führt die Realwertrechnung zu identischen Ergebnissen bei akzelerierter und dezelerierter Inflation:

$K^{p}_{0A} = 4{,}45$, $K^{p}_{0B} = 1{,}62$ und $K^{p}_{0C} = 0$.

In diesem Fall kommt der Geldentwertung keine entscheidungsrelevante Rolle zu. Wenn es sich bei Investition C um eine indexierte Anleihe handelt, wird deutlich, dass diese mit einem Kapitalwert von null „richtig“ berechnet sein muss, wohingegen bei Nominalwertrechnung im einfachen Fall die Kapitalwerte von C geringfügig um diesen Betrag schwanken.

4. Investitionsrechnung unter Berücksichtigung von Ertragsteuern

4.1. Notwendigkeit eines neutralen Steuersystems

Aus ökonomischer Sicht stellen neutrale, die einzelwirtschaftlichen Entscheidungen, und damit aggregiert betrachtet, die Wohlfahrtsposition einer Volkswirtschaft möglichst wenig verzerrende Steuern eine Grundbedingung für ein gerechtes Steuersystem dar. Dies setzt die Befürwortung einer marktwirtschaftlichen Ordnung und damit der zentralen Grundwertung voraus, dass die Lenkung knapper Ressourcen über den freien Markt durch den Koordinationsmechanismus Preissystem auf Basis der Eucken'schen Ordnungsprinzipien zu einem höheren ökonomischen Wohlstand für eine Volkswirtschaft führt, als die zentrale staatliche Lenkung.[41] Neben dem Verweis auf die finanzwissenschaftliche Forderung nach effizienter Allokation erlangt Steuerneutralität den Charakter einer normativen Anforderung auch aus betriebswirtschaftlicher Sicht. Die Begründung dafür liefert der Ansatz zur Minimierung von Steuerplanungskosten.[42]

Ausnahmen vom Neutralitätspostulat können gerechtfertigt sein, wenn marktliche Prozesse zu suboptimalen Ergebnissen führen und einer Korrektur durch steuerliche Lenkung bedürfen, wie dies bei der Bereitstellung öffentlicher Güter der Fall ist.[43] Zunächst entspricht jedoch Entscheidungsneutralität immer dem Nullpunkt für die Analyse von Steuerwirkungen durch die Betriebswirtschaftliche Steuerlehre.[44]

---

[41] Zur wohlfahrtstheoretischen Begründung siehe *Reding/Müller* (1999), S. 175 ff.

[42] Vgl. *Wagner* (1989), S. 263 ff. Danach versucht der Steuerpflichtige in einem aneutralen Steuersystem seine Zahllast durch Ausweichgestaltungen zu verringern, solange die damit verbundenen Steuerplanungs- und Steuerdeklarationskosten abgedeckt werden. Ist dem Steuerpflichtigen ex ante bekannt, dass vom Steuersystem kein Einfluss auf wirtschaftliche Entscheidungen ausgeht, sind Steuerplanung und damit verbundene Kosten bei rationalem Verhalten unnötig.

[43] Vgl. *Zimmermann/Henke* (2005), S. 47 ff. und S. 469 ff. Dieses Argument teilweise ausnutzend, wirken gut organisierte Interessengruppen auf die am Gesetzgebungsprozess beteiligten Personen ein. Ergebnis ist die Einführung oder der Erhalt aneutraler steuerlicher Regelungen.

[44] Vgl. *Schneider* (1992), S. 202.

4.2. Konstellationen ohne entscheidungsbeeinflussende Wirkung der Besteuerung

Aus systematischer Sicht kann eine entscheidungsneutrale Besteuerung als entscheidungsfixe Besteuerung oder als Zielgrößenbesteuerung konzipiert werden.[45] Nach dem ersten Ansatz hängt die Besteuerung von keiner der wählbaren Handlungsalternativen ab, so dass auch die Wahlentscheidung des Steuerpflichtigen unabhängig von der Besteuerung ist. Eine solche Steuer ist zum Beispiel die Kopfsteuer. Unter Gerechtigkeitsaspekten ist eine derartige Besteuerung trotz ihrer erstrebenswerten Neutralitätseigenschaft nicht umsetzbar,[46] so dass nur eine Zielgrößenbesteuerung in Frage kommt. Die Zielgrößenbesteuerung erfasst und besteuert die Zielbeiträge der verschiedenen Handlungsalternativen, mit der Folge, dass eine derartige Steuer nur umgangen werden kann, wenn auf das Ziel selbst verzichtet wird. Eine entscheidungsneutrale Zielgrößenbesteuerung kann theoretisch durch drei alternative Konzepte verwirklicht werden:[47]

- Besteuerung des ökonomischen Gewinns;
- Cash-Flow-Besteuerung;
- zinsbereinigte Einkommensteuer.

Der ökonomische Gewinn stellt die periodische Verzinsung auf den Ertragswert einer Unternehmung oder bestimmten Einkunftsquelle dar und ist damit der Betrag, der ohne Schmälerung des Ertragswerts entnommen werden kann. Bei einer so genannten Johansson-Samuelson-Steuer[48] auf den ökonomischen Gewinn heben sich die steuerbedingte Verminderung der periodisierten Zahlungsüberschüsse und die entgegengesetzt wirkende Verringerung des Diskontierungsfaktors auf. Eine ökonomische Gewinnsteuer ist im Ergebnis intersektoral neutral; dies gilt auch im Fall nicht konstanter Steuersätze. Durch die dem Konzept zugrunde liegende Besteuerung der Verzinsung wird intertemporale Neutralität allerdings verfehlt und Entscheidungen zwischen Konsum und Sparen entsprechend der Präferenz des Steuerpflichtigen werden verzerrt.

Eine Cash-Flow-Steuer, im einfachsten Fall als Brown-Steuer[49] ausgestaltet, setzt am „Pfad betriebswirtschaftlicher Tugend“[50] an und besteuert leicht feststellbare Zahlungsgrößen. Die strikte Orientierung an Ein- und Auszahlungen führt zur Sofortabschreibung des Investitionsobjekts und damit zur Steuererstattung in der Periode null.

---

[45] Vgl. *Elschen* (1991), S. 104 f.
[46] Vgl. *Tipke/Lang* (2005), S. 85.
[47] Vgl. *Wagner/Wissel* (1995), S. 67 ff.; *Homburg* (2007), S. 243 ff.
[48] Vgl. Homburg (2007), S. 243 ff.
[49] Vgl. Homburg (2007), S. 247 ff.
[50] *Schneider* (1992), S. 712.

Finanztransaktionen bleiben – je nach Konzept der Cash-Flow-Steuer – steuerfrei, so dass spätere Zahlungsüberschüsse mit einem steuerfreien Kalkulationszins diskontiert werden. Dadurch vermindern sich die Kapitalwerte verschiedener Alternativen um einen konstanten Faktor, der Rangfolgeerhalt und damit intersektorale Neutralität sichert; dies allerdings nur bei konstantem Steuersatz. Diese Steuer sichert durch die Steuerfreistellung von Zinsen die Gleichbehandlung von heutigem und zukünftigem Konsum, ist also intertemporal neutral.

Das Konzept der Zinsbereinigung führt zu gleichen Ergebnissen hinsichtlich der Investitions-Neutralität wie die Cash-Flow-Steuer. Ausgangspunkt für die Ermittlung der Bemessungsgrundlage ist bei Unternehmen der Vermögensvergleich. Im Unterschied zum ökonomischen Gewinn werden davon noch so genannte „Schutzzinsen" für das ausgewiesene Eigenkapital abgezogen. Bei nicht unternehmerisch tätigen natürlichen Personen werden Kapitaleinkünfte auf privater Ebene ebenfalls in Höhe eines bestimmten „Schutzzinses" von der Besteuerung ausgenommen oder es kann vereinfacht auf die Besteuerung von Kapitalanlagen verzichtet werden.

Die Erkenntnisse der verschiedenen Konzepte sind bedeutsam, wenn es um anstehende Steuerrechtsänderungen geht.[51] Hinsichtlich intersektoraler Neutralität bestehen wegen der Unabhängigkeit des Ergebnisses bei verschiedenen Steuersätzen Vorteile zugunsten der ökonomischen Gewinnbesteuerung. In Hinblick auf die Entscheidung über die investive oder konsumptive Verwendung wird diese nicht durch konsumorientierte Steuersysteme verzerrt, die von einer Besteuerung der Zinsen absehen. Das angestrebte Ideal einer vollständig entscheidungsneutralen Besteuerung ist in der Realität nicht umsetzbar, so dass die Ertragsbesteuerung in der Investitionsrechnung berücksichtigt werden sollte. Zu welchen steuerbedingten Wirkungen es kommen kann und was die Ursachen dafür sind, zeigt der folgende Abschnitt.

---

[51] Dass die hier vorgestellten Neutralitätskonzepte nicht nur rein theoretischer Natur sind und deren Umsetzungschancen sowie Fortbestehensdauer letztlich vom Willen der beteiligten Parteien abhängen, hat die Einführung einer zinsbereinigten Einkommensteuer als Leitlinie für die Neuordnung des Steuersystems in Kroatien 1993/1994 gezeigt. Diese hat in den folgenden Jahren weitgehend intersektorale und intertemporale Neutralität gesichert (vgl. hierzu *Wagner/Wenger* (1996)), wurde allerdings im weiteren Zeitablauf stark „aufgeweicht" bzw. abgeschafft.

4.3. Konstellationen mit entscheidungsbeeinflussender Wirkung der Besteuerung

4.3.1. Standardmodell

Das Spektrum einer möglichen Berücksichtigung von Steuern im Investitionskalkül reicht von der komplexen, Realitätsnähe anstrebenden Erfassung bis zu leicht verständlichen Modellen. Mit einer größeren Detailliertheit müssen nicht zwangsläufig realistischere Ergebnisse verbunden sein.

Während einzelne oder mehrere Investitionen meist nur einen Teil der gesamtunternehmerischen Tätigkeit darstellen und deshalb – wie auch hier – auf Basis von Partialmodellen beurteilt werden, hängen Ertragsteuerzahlungen vom gesamten unternehmerischen Gewinn ab. Partialmodelle sind folglich nur dann sinnvoll anwendbar, wenn die Gesamtsteuerbelastung des Unternehmens gleich der Summe der Steuerbelastungen sämtlicher Partialmodelle ist.[52] Eine Verfeinerung steuerlicher Modellannahmen wird in Hinblick auf diese Additivitätsbedingung im Regelfall kontraproduktiv wirken, so dass ein Aufzeigen möglicher steuerbedingter Effekte auf Basis des Standardmodells durchaus begründet erscheint.

Das Standardmodell basiert auf folgenden Annahmen:[53]

- Periodenerfolg als einheitlich definierte Bemessungsgrundlage, der sich jeweils aus den Einzahlungsüberschüssen erhöht um Anschaffungsausgaben und vermindert um steuerliche Abschreibungen ergibt. Außer bei Abschreibungen werden Zeitpunkt der Zahlung und der Erfolgswirksamkeit gleichgesetzt. Freibeträge oder -grenzen existieren nicht. Auf einen Restwert am Ende der Nutzungsdauer oder eine vorzeitige Veräußerung wird vereinfachungshalber verzichtet.
- Proportionaler und im Zeitablauf konstanter Steuersatz, der für alle Erfolgskomponenten gleich hoch ist und auch zu einer Kürzung des Kalkulationszinssatzes führt.[54] Der Steuersatz ist damit unabhängig von der Höhe der Bemessungsgrundlage; von etwaigen Tarifbesonderheiten, wie Grundfreibetrag oder Progression, wird abstrahiert.
- Sofortige Besteuerung aller Periodenerfolge: Gewinne führen im Jahr der Entstehung zu Steuerzahlungen. Verluste können unmittelbar mit anderen positiven Einkünften des Unternehmens vollständig verrechnet werden und lösen so eine Steuerminderung aus.

---

[52] Vgl. *Adam* (1998), S. 349.
[53] In Anlehnung an *Blohm/Lüder/Schaefer* (2006), S. 108 ff.; *Kruschwitz* (2005), S. 142 ff.
[54] In diesem Fall wird von einem steuersatzabhängigen Kalkulationszinssatz gesprochen.

– Unabhängigkeit der Investitionszahlungsreihen von der Besteuerung in der Hinsicht, dass eine veränderte Steuerbelastung nicht an die Abnehmer überwälzt werden kann.

Die Kapitalwertformel unter Berücksichtigung von Ertragsteuern im Standardmodell lautet dann:

$$K_0^s = \sum_{t=1}^{n} \frac{d_t - s \times (d_t - AfA_t)}{[1 + i \times (1 - s)]^t} - A_0 .$$

Wenn die Investitionen von einem gewerblichen Einzelunternehmer oder einer Personengesellschaft durchgeführt werden, ergibt sich – bei Einbezug von Einkommen-, Kirchen- und Gewerbesteuer sowie dem Solidaritätszuschlag und den hierzwischen bestehenden Interdependenzen[55] – der Ertragsteuersatz im dann rechtsformspezifischen Standardmodell aus:[56]

$$s = \frac{s_{est} \times (1 + s_{kist} + s_{solz})}{1 + s_{est} \times s_{kist}} + s_{gewst} - \frac{s_{est} \times (1 + s_{kist} + s_{solz})}{1 + s_{est} \times s_{kist}} \times s_{gewst} - 1{,}8 \times \frac{s_{gewst}}{H} \times (1 + s_{solz}), \text{ wobei}$$

$$s_{gewst} = \frac{m \times H}{1 + m \times H}.$$

Für die zur Zeit möglichen Werte (abgesehen von der sog. Reichensteuer) von $s_{est} = 42\%$, $s_{kist} = 9\%$, $s_{solz} = 5{,}5\%$, $s_{gewst} = 16{,}67\%$ (Hebesatz 400%) beträgt der allgemeine Ertragsteuersatz rund 47%.

Die Integration von Ertragsteuern bewirkt durch die Steuerzahllast eine Verminderung der jährlichen Einzahlungsüberschüsse im Zähler sowie eine Reduktion des Kalkulationszinssatzes im Nenner. Negativer Zahlungs- und positiver Zinseffekt überlagern sich. In welchem Umfang es zu Kapitalwertänderungen kommt, hängt unter anderem von den nachfolgend dargestellten Faktoren ab.

[55] Die wichtigsten Beziehungen sind: Abzugsfähigkeit der Gewerbesteuer von der eigenen Bemessungsgrundlage; Abzugsfähigkeit der Gewerbesteuer als Betriebsausgabe bei der Einkommensteuer; Steuerermäßigung nach § 35 EStG in Höhe des 1,8-fachen des (anteiligen) Gewerbesteuermessbetrags bei der Einkommensteuer; Abzugsfähigkeit der Kirchensteuer als Sonderausgabe bei der Einkommensteuer.

[56] Ausführlich zur Herleitung *Scheffler* (2006), S. 294 ff. Der Ertragsteuersatz ist wegen der Unterschiede bei Einkommen- und Körperschaftsteuer rechtsformspezifisch, so dass hiermit ein praxisnaher Fall von Beispiel 5 gegeben ist.

4.3.2. Unterschiedliche Abschreibungen

Der theoretische Gestaltungsspielraum bei der zeitlichen Verteilung der Anschaffungs- oder Herstellungskosten auf die Nutzungsdauer reicht von der im geltenden deutschen Steuerrecht nur für geringwertige Wirtschaftsgüter möglichen Sofortabschreibung gemäß § 6 Abs. 2 Satz 1 EStG bis zur linearen Abschreibung über Zeiträume von 50 Jahren für bestimmte Gebäude gemäß § 7 Abs. 4 Satz 1 Nr. 2a EStG. Unterschiedliche Abschreibungen können in zweierlei Hinsicht von Bedeutung sein: Erstens gibt es mehrere steuerlich zulässige Abschreibungsmethoden für ein und dasselbe Wirtschaftsgut; für bewegliche Wirtschaftsgüter des Anlagevermögens ist gemäß § 7 Absatz 1 und 2 EStG eine lineare, geometrisch-degressive oder gegebenenfalls auch eine leistungsabhängige Abschreibung möglich. Insofern ergibt sich eine Verzerrung der Entscheidung, weil gegen intertemporale Neutralität verstoßen wird. Zweitens wäre es zusätzlich denkbar, dass im Rahmen von Auswahlentscheidungen der Gesetzgeber in Abhängigkeit vom Investitionsprojekt nur sich unterscheidende spezifische Abschreibungsverfahren zulässt.[57] Dies bedeutet einen Verstoß gegen intersektorale Neutralität. Die Grundaussage in diesem Zusammenhang ist: Je früher (später) die Abschreibungsbeträge ceteris paribus die steuerliche Bemessungsgrundlage mindern, desto stärker steigt (fällt) der Kapitalwert als Folge der dadurch ausgelösten Zinseffekte.

Beispiel 4:

Ein Investitionsobjekt mit der in der folgenden Tabelle enthaltenen Zahlungsreihe kann entweder linear über die Nutzungsdauer oder sofort in voller Höhe abgeschrieben werden.[58] Der Kalkulationszins ohne Steuern beträgt 8% und der Ertragsteuersatz 50%.

---

[57] Beispielsweise besteht die Auswahl zwischen der Investition in Gebäude A oder B, wobei gemäß § 7 Abs. 5 EStG jeweils unterschiedliche Staffelsatzabschreibungen für Gebäude A und B bestehen oder nur für A bestimmte Sonderabschreibungen gewährt werden.

[58] Die Sofortabschreibung wird – multipliziert mit dem Ertragsteuersatz – zum Investitionszeitpunkt als Steuererstattung berücksichtigt; alternativ wäre eine Verrechnung mit Gewinnen des ersten Jahres möglich, wie dies der Fall ist bei *Busse von Colbe/Laßmann* (1990), S. 69.

Tabelle 6: Ausgangsdaten für Beispiel 4

Periode	**0**	**1**	**2**	**3**
Zahlungsströme vor Steuern				
Cash Flow	-150,00	50,00	50,00	70,00
bei linearer Abschreibung				
AfA		50,00	50,00	50,00
Steuern		0,00	0,00	10,00
Cash Flow	-150,00	50,00	50,00	60,00
bei Sofortabschreibung				
AfA	150,00	0,00	0,00	0,00
Steuern (- =Erstattung)	-75,00	25,00	25,00	35,00
Cash Flow	-75,00	25,00	25,00	35,00

Der Kapitalwert beträgt bei linearer Abschreibung $K_0^s = -2{,}36$, bei Sofortabschreibung $K_0^s = 3{,}27$. Die unterschiedlichen Kapitalwerte verdeutlichen damit die Abhängigkeit der Vorteilhaftigkeit vom jeweiligen Abschreibungsverfahren.

4.3.3. Ertragsteuersatz

Die Abhängigkeit der Vorteilhaftigkeit von Investitionsprojekten von der Höhe der steuerlichen Belastung spielt in der öffentlichen Diskussion unter Stichwörtern wie „Steuerwettbewerb" oder „Niedrigsteuerländer" eine bedeutende Rolle. Bei einem Vergleich von Realinvestition im Zähler und Finanzinvestition im Nenner mit jeweils gleicher Besteuerung werden die damit verbundenen Erwartungen für durchweg positive steuerliche Bemessungsgrundlagen auch erfüllt.[59] Es gilt in diesem Fall der Grundsatz: Je höher der Ertragsteuersatz, desto niedriger fällt ceteris paribus der Kapitalwert aus. Treten in einzelnen Perioden steuerliche Verluste auf, ist allerdings diese Aussage in ihrer Absolutheit nicht mehr gültig. Dann kann es bei steigendem Steuersatz zu ebenfalls steigenden Kapitalwerten kommen und der so genannte Fall des Steuerparadoxons liegt vor.[60]

---

[59] Neben der Beurteilung von Investitionen bei gleicher Besteuerung ist auch die Bewertung von Alternativen mit unterschiedlichen Besteuerungssätzen denkbar, die zum Beispiel der Problematik internationaler Standortwahl unter Beachtung der Doppelbesteuerungsabkommen entspricht.

[60] Ausführlich zum Steuerparadoxon *Schneider* (1992), S. 246 ff.

Beispiel 5:
Ein Investitionsobjekt mit der in der folgenden Tabelle enthaltenen Zahlungsreihe wird linear über die Nutzungsdauer abgeschrieben. Der Kalkulationszins vor Steuern beträgt 5% und der Ertragsteuersatz alternativ 0%, 25% oder 50%.

Tabelle 7: Ausgangsdaten für Beispiel 5

Periode	**0**	**1**	**2**	**3**
Zahlungsströme vor Steuern				
Cash Flow	-150,00	50,00	50,00	70,00
AfA		50,00	50,00	50,00
bei s=0%				
Steuern		0,00	0,00	0,00
Cash Flow	-150,00	50,00	50,00	70,00
bei s=25%				
Steuern		0,00	0,00	5,00
Cash Flow	-150,00	50,00	50,00	65,00
bei s=50%				
Steuern		0,00	0,00	10,00
Cash Flow	-150,00	50,00	50,00	60,00

Bei einem Steuersatz von 0% ist $K_0^s = 3{,}44$; bei 25% ist $K_0^s = 2{,}85$ und bei 50% ist $K_0^s = 2{,}09$. Die unterschiedlichen Kapitalwerte verdeutlichen die Abhängigkeit der Vorteilhaftigkeit eines Investitionsprojekts vom jeweiligen Ertragsteuersatz.

5. Investitionsrechnung unter Berücksichtigung von Geldentwertung und Ertragsteuern

5.1. Konstellation ohne entscheidungsbeeinflussende Wirkung von Inflation und Besteuerung

Fundamental für eine neutrale Wirkung beider Größen auf Investitionsentscheidungen ist zunächst, dass die bei isolierter Betrachtung benannten notwendigen Bedingungen für Inflations- und Steuerneutralität kumulativ erfüllt sein müssen.[61] Von gleicher Bedeutung erweist sich darüber hinaus die Frage, wie in Steuersysteme Aspekte der Geldentwertung einfließen. Weitgehend unstrittig ist, dass eine dem Leistungsfähigkeitsprinzip verpflichtete Besteuerung am Realwertprinzip anknüpfen sollte[62] und es insoweit zu keinem Einfluss käme. Da jedoch im gegenwärtigen kapitalorientierten

[61] Zu den jeweiligen Bedingungen vgl. Abschnitte 3.3. und 4.2.
[62] Vgl. *Reding/Müller* (1999), S. 55; *Tipke/Lang* (2005), S. 91.

Ertragsteuerrecht das Nominalwertprinzip tief verankert ist und ertragsteuerliche Bemessungsgrundlagen entsprechend definiert sind, unterliegen der Besteuerung inflationär aufgeblähte Einkünfte. Um unter diesen Prämissen Entscheidungsneutralität zu wahren, muss der bekannte Fisher-Effekt an die steuerliche Situation angepasst werden.[63]

Gemäß dem Fisher-Effekt ohne Besteuerung[64] schlägt sich Inflation ausschließlich im Nominalzinsfuß nieder und es gilt folgender formaler Zusammenhang:

$$i_N = i_R + p + i_R \times p \, .$$

Nach dem Fisher-Effekt ohne Steuern führt eine Inflation von 5% bei einem Realzins von 4% zu einem Nominalzins von 9,2%. Bei einem aktuell möglichen Ertragsteuersatz von rund 50%[65] bliebe einem Investor lediglich die Nachsteuerrendite von 4,6%. Diese deckt nicht den Kaufkraftverlust von 5% ab, so dass der Investor real eine Negativverzinsung erwirtschaftet hätte. Wenn die Besteuerung integriert wird und einem Investor weiterhin die konstante Realverzinsung nach Steuern von 2% verbleiben soll, ist es notwendig, dass der Nominalzins stärker steigt, als dies im einfachen Fisher-Effekt der Fall wäre. Damit der reale Zins nach Steuern unabhängig von der Inflationsrate ist, bedarf es eines Nominalzinses von:

$$i_N = i_R + i_R \times p + \frac{p}{1-s} \, .$$

Bei Gültigkeit dieser Beziehung müssen die nominalen Zinssätze am Kapitalmarkt um den Betrag $i_R + \frac{1}{1-s}$ je einprozentige Inflationserhöhung wachsen. Wie hoch die Zunahme in Abhängigkeit der Preisniveauänderungsraten absolut gesehen und auch im Vergleich zum einfachen Fisher-Effekt ausfällt, zeigt folgende Tabelle auf Basis des obigen Falls:

Tabelle 8: Nominalzinssteigerung bei einfachem und modifiziertem Fisher-Effekt

p in %	0	1	2	3	4	5	6	7	8	9	10
i_N in % einf. Fisher-Effekt	4,00	5,04	6,08	7,12	8,16	9,20	10,24	11,28	12,32	13,36	14,40
i_N in % mod. Fisher-Effekt	4,00	6,04	8,08	10,12	12,16	14,20	16,24	18,28	20,32	22,36	24,40

---

[63] Ausführlich zum modifizierten Fisher-Effekt *Schneider* (1992), S. 393 ff.; *Franke/Hax* (2004), S. 217 ff.

[64] Vgl. Abschnitt 3.2.

Im Vergleich zu den am Kapitalmarkt tatsächlich zu beobachtenden Zinsänderungen in Abhängigkeit der Inflation sind derartig starke Anstiege als unrealistisch zu bezeichnen. Die Anleger werden meist nicht einmal gemäß dem einfachen Fisher-Effekt für Geldentwertung entschädigt.[66] Insofern werden Situationen mit entscheidungsbeeinflussender Wirkung von Geldentwertung und Ertragsbesteuerung den Regelfall darstellen.

5.2. Konstellationen mit entscheidungsbeeinflussender Wirkung von Inflation und Besteuerung

Wenn für Zwecke einer gleichzeitigen Berücksichtigung beider Komponenten in der Investitionsrechnung die gewonnenen Erkenntnisse im Bereich der Inflationsberücksichtigung – differenzierte und zeitlich variierende Preisänderungsraten, unternehmensindividuelle und zeitlich konstante Reaktionsfähigkeit auf diese sowie eine im Zeitablauf konstante allgemeine Inflationsrate – mit denen des steuerlichen Teils – verschiedene Abschreibungsverfahren, jeweils einheitlicher und zeitlich konstanter Ertragsteuersatz – zusammengeführt werden, ergibt sich der Kapitalwert aus:

$$K_0^{ps} = \sum_{t=1}^{n} \frac{[\prod_{\tau=1}^{t} e_t \times (1 + p_{e\tau} \times \alpha_e) - \prod_{\tau=1}^{t} a_t \times (1 + p_{a\tau} \times \alpha_a)] \times (1-s) + s \times AfA_t}{[1 + i_N (1-s)]^t} - A_0 .$$

Um die daraus resultierenden Effekte zu veranschaulichen, werden die aus dem dritten Abschnitt bekannten Beispiele 1-3 jeweils durch Variation der Abschreibungsverfahren – lineare, sofortige – und der Ertragsteuersätze (0%, 25%, 50%) um steuerliche Aspekte ergänzt. Bei Anwendung obiger Formel entstehen für die verschiedenen Konstellationen folgende Kapitalwertänderungen:

---

[65] Vgl. Abschnitt 4.3.1.

[66] Vgl. *Wagner* (1983), S. 114 ff.; *Franke/Hax* (2004), S. 219.

Tabelle 9: Kapitalwertänderungen durch einzelne inflationsbedingte und steuerliche Effekte

					Ertragsbesteuerung					
					lineare Abschreibung			Sofortabschreibung		
					s=0%	s=25%	s=50%	s=0%	s=25%	s=50%
Geldentwertung	differenzierte Inflationsraten Abschnitt 3.4.1	$p_e \neq p_a \neq p$		-6,26	-6,26	-4,91	-3,44	-6,26	0,26	3,69
		$p_e = p_a = p$		14,44	14,44	11,31	7,88	14,44	16,49	15,00
	individuelle Reaktionsfähigkeit Abschnitt 3.4.2	$\alpha_e = \alpha_a = 1$		6,87	6,87	5,84	4,39	6,87	11,16	11,77
		$\alpha_e = 1{,}3$; $\alpha_a = 0{,}9$		25,01	25,01	20,21	14,53	25,01	25,54	21,91
		$\alpha_e = 0{,}8$; $\alpha_a = 1{,}1$		-6,06	-6,06	-4,41	-2,84	-6,06	0,91	4,54
	zeitlich schwankende Inflationsraten Abschnitt 3.4.3	akzelerierte Phase	A	1,58	1,58	1,44	1,15	1,58	7,62	9,69
			B	-2,01	-2,01	-3,48	-3,77	-2,01	2,70	4,77
			C	-0,42	-0,42	2,91	4,35	-0,42	9,09	12,89
		dezelerierte Phase	A	7,28	7,28	5,87	4,20	7,28	12,05	12,74
			B	5,24	5,24	2,10	0,05	5,24	8,29	8,59
			C	0,29	0,29	3,46	4,73	0,29	9,64	13,27

Grundsätzlich können nachfolgende Einflüsse festgestellt werden:

- Durch den Einbezug der Besteuerung in die Inflationsbeispiele haben sich in Abhängigkeit von Abschreibungsmethode und Steuersatz (s > 0%) immer Kapitalwerterhöhungen oder -minderungen ergeben. Konsequenz davon sind zahlreiche Veränderungen der Rangfolge bei Auswahlentscheidungen sowie mehrere Vorzeichenwechsel bei „Ja-Nein"-Entscheidungen.
- Die Sofortabschreibung führt in allen Konstellationen zu höheren Kapitalwerten als die lineare Abschreibung. Zwar ist die Summe der Steuerzahlungen jeweils betragsmäßig gleich, jedoch liegen die Steuerbarwerte bei Sofortabschreibung durch den positiven Zinseffekt niedriger.
- Ein steigender Ertragsteuersatz führt bei linearer Abschreibung in sieben von elf Fällen zu durchweg sinkender Vorteilhaftigkeit, während bei Sofortabschreibung keine Konstellation ein solches einheitliches Bild aufweist. Insgesamt überwiegen Situationen, in denen es zum Steuerparadoxon kommt. Dies ist speziell bei Sofortabschreibung zu beobachten, die das Maximum an „Steuergestaltungspotenzial" im vorgestellten Standardmodell darstellt.
- Wie hoch die angedeuteten Kapitalwertdifferenzen letztendlich ausfallen, hängt auch mit von den individuellen inflationsbedingten Anpassungen der Zahlungsströme und Zinssätze ab. Speziell für den Bereich der linearen Abschreibung fällt auf, dass die eine negative Wirkung aufweisenden Inflationsszenarien ($p_e \neq p_a \neq p$ und $\alpha_e = 0{,}8$; $\alpha_a = 1{,}1$) positiv durch steuerliche Effekte beeinflusst werden, wäh-

rend die Konstellationen mit neutraler oder positiver Inflationswirkung zu den steuerlichen „Verlierern“ zählen.

6. Zusammenfassung

In dem vorliegenden Beitrag wurde die Frage analysiert, ob und gegebenenfalls wie Preisniveauänderungen und Ertragsbesteuerung in einer auf dem Kapitalwertverfahren basierenden Investitionsrechnung für „Ja-Nein“- und Auswahlentscheidungstypen zu berücksichtigen sind. Hierbei war zunächst der isolierte und anschließend der gleichzeitige Einfluss der beiden Größen auf den Vorteilhaftigkeitsvergleich Gegenstand der Untersuchung.

Methodisch betrachtet, kommt es zu keinen Auswirkungen auf die Investitionsentscheidung, wenn die Rangfolge beziehungsweise das Vorzeichen der Kapitalwerte erhalten bleiben, wie dies unzweifelhaft bei Niveauinvarianz oder proportionaler Kapitalwertänderung der Fall ist. Folgende Konstellationen wurden identifiziert, in denen Geldwertänderungen und Besteuerung jeweils eine entscheidungsneutrale oder -beeinflussende Wirkung aufweisen:

Zur isolierten Wirkung von Inflation besteht die verbreitete Ansicht, dass es bei Beachtung des Kaufkraftäquivalenzprinzips generell zu keinem Einfluss auf Investitionsentscheidungen kommen kann. Dies ist allerdings an zwei wichtige Bedingungen geknüpft: Einerseits müssen Investitionsobjekte und Kapitalmarktanlage von Preisniveauänderungen in gleichem Maße betroffen sein, und ferner darf die Inflationsrate im Zeitablauf nicht schwanken. Umgekehrt folgen daraus im Wesentlichen drei Konstellationen, in denen es zu einer entscheidungsbeeinflussenden Wirkung von Geldentwertung kommen kann.

Der erste Bereich ist abstrahiert von Unternehmensspezifika und rückt „rein statistisch“ beobachtbare branchen-, erfolgskomponenten- oder territoriumsspezifische Preisänderungsraten in den Mittelpunkt, die zu Kapitalwertminderungen oder -erhöhungen führen können.

In der zweiten Situation ist die Ursache eine unternehmensindividuelle Fähigkeit, auf Preissteigerungen in den verschiedenen Märkten zu reagieren. Erfolgen diese Anpassungen nicht inflationsproportional, resultieren daraus ebenfalls entsprechende Kapitalwertänderungen. Die ersten beiden Konstellationen verdeutlichen, dass auch in der eingangs erwähnten Situation vollständiger Geldwertstabilität Investitionsentscheidungen unter Berücksichtigung dieser Größe getroffen werden sollten.

Die dritte Ursache von sich durch den Inflationseinfluss ändernden Werten liegt in im Zeitablauf verschiedenen Inflationsraten begründet, deren Schwankungen unterschiedlich für Zähler- und Nennergrößen ausfallen.

Eine Beurteilung zur isolierten Einflussnahme von Ertragsteuern auf Investitionsvorhaben sollte mit der Steuerneutralität beginnen, die den Nullpunkt für die Analyse von Steuerwirkungen darstellt. Mit der finanzwissenschaftlichen Forderung nach möglichst effizienter Allokation und dem betriebswirtschaftlich geprägten Ansatz zur Minimierung von Steuerplanungskosten erlangt Neutralität darüber hinaus den Charakter einer normativen Anforderung an ein gerechtes Steuersystem. Ein weitgehend entscheidungsneutrales, auf Zielgrößen basierendes Steuersystem kann alternativ als ökonomische Gewinnbesteuerung, als Cash-Flow-Steuer oder als zinsbereinigte Einkommensteuer ausgestaltet sein. Im Ergebnis bestehen hinsichtlich der verschiedenen Neutralitätsaspekte Vorteile für die beiden konsumorientierten Einkommensteuermodelle. Cash-Flow-Steuer und zinsbereinigte Einkommensteuer sind innerhalb der Prämissen des Modells sowohl intersektoral als auch intertemporal steuerneutral, allerdings nur bei konstanten Steuersätzen. Dementgegen sichert eine Steuer auf den ökonomischen Gewinn lediglich intersektorale Neutralität, während Entscheidungen über investive oder konsumtive Verwendung steuerbedingt verzerrt werden. Da eine vollständige Umsetzung von entscheidungsneutralen Steuern in der Realität weder möglich, noch von bestimmten Interessengruppen als wünschenswert erachtet wird, ist die Ertragsbesteuerung in die Investitionsrechnung zu integrieren. Auf Basis des Standardmodells wurde vereinfacht gezeigt, dass durch unterschiedliche Abschreibungen und eine Variation von Steuersätzen Kapitalwertminderungen und -erhöhungen eintreten können, die zu Verschiebungen der Vorteilhaftigkeit führen können.

Zur Wahrung von Investitionsneutralität bei gleichzeitiger Berücksichtigung von Preisniveauänderungen und kapitalorientierter Besteuerung ist der Fisher-Effekt zu modifizieren. Ursache dafür ist, dass in Nominalgrößen definierte Bemessungsgrundlagen der Steuer unterliegen und es insoweit auch zur Besteuerung inflationsbedingter Scheingewinne kommt. Gemäß dem modifizierten Fisher-Effekt müsste der Anlagezins auf dem Kapitalmarkt gegenüber einer Situation ohne Steuern allerdings in einem Umfang steigen, der mit Blick auf die tatsächliche Beziehung zwischen Kapitalmarktzins und Inflationsrate als unrealistisch einzuschätzen ist. Wirkt weder die Besteuerung inflationsneutral, noch liegen nicht die Bedingungen für Inflations- und Steuerneutralität isoliert betrachtet vor, bedeutet dies, dass im Regelfall von einer (erheblichen) entscheidungsbeeinflussenden Wirkung beider Größen auszugehen ist.

Literaturverzeichnis

Adam, Dietrich (1998):
Ertragsteuern, ein für betriebswirtschaftliche Entscheidungen relevantes Thema?, in: Meffert, Heribert/Krawitz, Norbert (Hrsg.), Unternehmensrechnung und -besteuerung: Grundfragen und Entwicklungen – Festschrift zum 65. Geburtstag von Dietrich Börner, S. 347-388.

Ballwieser, Wolfgang (1988):
Unternehmensbewertung bei unsicherer Geldentwertung, in: ZfbF, S. 798-812.

Ballwieser, Wolfgang (1990):
Unternehmensbewertung und Komplexitätsreduktion, 3. Aufl.

Bieg, Hartmut (2000):
Investitions- und Finanzierungsmanagement – Band 1: Investition.

Blohm, Hans/Lüder, Klaus/Schaefer, Christina (2006):
Investition, 9. Aufl.

Busse von Colbe, Walther/Laßmann, Gert (1990):
Betriebswirtschaftstheorie – Band 3: Investitionstheorie, 3. Aufl.

Cassel, Dieter (2003):
Inflation, in: Bender, Dieter et al. (Hrsg.), Vahlens Kompendium der Wirtschaftstheorie und Wirtschaftspolitik – Band 1, 8. Aufl., S. 331-395.

Cooley, Philip L./Roenfeldt, Rodney L./Chew, It-Keong (1975):
Capital Budgeting Procedures under Inflation, in: Financial Management, S. 18-27.

Däumler, Klaus-Dieter (1996):
Anwendung von Investitionsrechenverfahren in der Praxis, 4. Aufl.

Drukarczyk, Jochen (2003):
Unternehmensbewertung, 4. Aufl.

Elschen, Rainer (1991):
Entscheidungsneutralität, Allokationseffizienz und Besteuerung nach der Leistungsfähigkeit, in: StuW, S. 99-115.

Fisher, Irving (1930):
The Theory of Interest.

Franke, Günter/Hax, Herbert (2004):
Finanzwirtschaft des Unternehmens und Kapitalmarkt, 5. Aufl.

Homburg, Stefan (2006):
Allgemeine Steuerlehre, 5. Aufl.

Issing, Otmar (2007):
Einführung in die Geldtheorie, 14. Aufl.

Krag, Joachim/Kasperzak, Rainer (2000):
Grundzüge der Unternehmensbewertung.

Krause, Haiko (2006):
Die Besteuerung hybrider Finanzinstrumente.

Kruschwitz, Lutz (2005):
Investitionsrechnung, 10. Aufl.

Mandl, Gerwald/Rabel, Klaus (1997):
Unternehmensbewertung.

Matschke, Manfred J. (1986):
Geldentwertung und Unternehmensbewertung, in: WPg, S. 549-555.

Mellwig, Winfried (1977):
Zum Einfluß von Inflation und Unternehmenswachstum auf die ertragsteuerliche Bemessungsgrundlage, in: ZfbF, S. 211-233.

Mellwig, Winfried (1980):
Sensitivitätsanalyse des Steuereinflusses in der Investitionsplanung – Überlegungen zur praktischen Relevanz einer Berücksichtigung der Steuern bei der Investitionsentscheidung, in: ZfbF, S. 16-39.

Mellwig, Winfried (1981):
Die Berücksichtigung der Steuern in der Investitionsplanung – Modellprämissen und Ausmaß des Steuereinflusses, in: ZfbF, S. 53-55.

Mellwig, Winfried (1982):
Wirken Substanzsteuern investitionshemmend?, in: DB, S. 501-507 und 553-556.

Mellwig, Winfried (1985):
Investition und Besteuerung. Ein Lehrbuch zum Einfluß der Steuern auf die Investitionsentscheidung.

Mellwig, Winfried (1989a):
Die Erfassung der Steuern in der Investitionsrechnung – Grundprobleme und Modellvarianten, in: WISU, S. 35-41.

Mellwig, Winfried (1989b):
Besteuerung und Investitionsentscheidung – Steuerlast und Vorteilhaftigkeit von Investitionen, in: WISU, S. 231-235.

Moxter, Adolf (1983):
Grundsätze ordnungsmäßiger Unternehmensbewertung, 2. Aufl.

o.V. (2003a):
Deutschland und Frankreich bringen die anderen Euro-Staaten gegen sich auf, in: Frankfurter Allgemeine Zeitung vom 11.11.2003, S. 15.

o.V. (2003b):
Die EU-Verfassung vereinfacht Eingriffe in die EZB-Satzung, in: Frankfurter Allgemeine Zeitung vom 17.11.2003, S. 11.

o.V. (2004):
Preisstabilität erhält Verfassungsrang, in: Frankfurter Allgemeine Zeitung vom 15.05.2004, S. 13.

Poensgen, Otto H./Straub, Hubert (1974):
Inflation und Investitionsentscheidung, in: ZfB, S. 785-810.

Reding, Kurt/Müller, Walter (1999):
Einführung in die Allgemeine Steuerlehre.

Rose, Gerd/Glorius-Rose, Cornelia (2003):
Bemerkungen zur aktuellen Missbrauchs-Rechtsprechung (§ 42 AO) des BFH, in: DB, S. 409-413.

Sachverständigenrat zur Begutachtung der gesamtwirtschaftlichen Entwicklung (2006):
Jahresgutachten 2006/2007.

Scheffler, Wolfram (2006):
Besteuerung von Unternehmen – Band 1: Ertrag-, Substanz- und Verkehrsteuern, 9. Aufl.

Schneider, Dieter (1992):
Investition, Finanzierung und Besteuerung, 7. Aufl.

Schwinger, Reiner (1992):
Einkommens- und konsumorientierte Steuersysteme.

Siepe, Günter (1984):
Die Bemessung des Kapitalisierungszinsfußes bei der Unternehmensbewertung in Zeiten fortschreitender Geldentwertung (Teil I und Teil II), in: DB, S. 1689-1695 und S. 1737-1741.

Statistisches Bundesamt Deutschland (2007a):
Preise, Abruf am 05.02.2007 unter: http://www.destatis.de/themen/d/thm_preise.htm.

Statistisches Bundesamt Deutschland (2007b):
Verbraucherpreise 2006: +1,7% gegenüber 2005, Pressemitteilung vom 17. Januar 2007, Abruf am 05.02.2007 unter: http://www.destatis.de/presse/deutsch/pm2007/p0250051.htm.

Tipke, Klaus/Lang, Joachim (2005):
Steuerrecht, 18. Aufl.

Wagner, Franz W. (1989):
Die zeitliche Erfassung steuerlicher Leistungsfähigkeit, in: Hax, Herbert et al. (Hrsg.), Zeitaspekte in betriebswirtschaftlicher Theorie und Praxis, S. 261-277.

Wagner, Franz W./Wenger, Ekkehard (1996):
Theoretische Konzeption und legislative Transformation eines marktwirtschaftlichen Steuersystems in der Republik Kroatien, in: Sadowski, Dieter et al. (Hrsg.), Regulierung und Unternehmenspolitik – Methoden und Ergebnisse der betriebswirtschaftlichen Rechtsanalyse, S. 399-415.

Wagner, Franz W./Wissel, Harald (1995):
Entscheidungsneutralität der Besteuerung als Leitlinie einer Reform der Einkommensteuer, in: WiSt, S. 65-70.

Wagner, Helmut (1983):
Inflation und Wirtschaftswachstum.

Wehrheim, Michael (1997):
Liquiditäts- bzw. Rentabilitätseffekte aufgrund der Inanspruchnahme steuerlicher Finanzierungshilfen, in: ZfB, S. 151-178.

Wehrheim, Michael (2000):
Investitionscontrolling, 2. Aufl.

Woll, Artur (2007):
Volkswirtschaftslehre, 15. Aufl.

Zimmermann, Horst/Henke, Klaus-Dirk (2005):
Finanzwissenschaft, 9. Aufl.

Symbolverzeichnis

A_0	Anschaffungsauszahlung in Periode 0
a_t	Auszahlungen in Periode t
d_t	Einzahlungs-(Auszahlungs-)überschuss in Periode t
e_t	Einzahlungen in Periode t
g	Wachstumsrate der Einzahlungsüberschüsse
H	Gewerbesteuerhebesatz

i	Kalkulationszinssatz
i_N	Kalkulationszinssatz nominal
i_R	Kalkulationszinssatz real
K_0	Kapitalwert in Periode 0
K_0^p	Kapitalwert in Periode 0 unter Berücksichtigung von Preisniveauänderungen
K_0^s	Kapitalwert in Periode 0 unter Berücksichtigung von Ertragsteuern
K_0^{ps}	Kapitalwert in Periode 0 unter Berücksichtigung von Preisniveauänderungen und Ertragsteuern
m	Gewerbesteuermesszahl
n	Anzahl von Perioden
N	Index für Nominalwerte
p	erwartete allgemeine Preisniveauänderungsrate, als Index: Einfluss von Preisniveauänderungen
p_a	erwartete Preisniveauänderungsrate der Auszahlungen
p_d	erwartete Preisniveauänderungsrate der Einzahlungsüberschüsse
p_e	erwartete Preisniveauänderungsrate der Einzahlungen
R	Index für Realwerte
s	Ertragsteuersatz allgemein, als Index: Einfluss von Ertragsteuern
s_{est}	Einkommensteuersatz
s_{gewst}	Gewerbesteuersatz
s_{kist}	Kirchensteuersatz
s_{solz}	Solidaritätszuschlag

t	Zeitindex allgemein
w	Wachstumsrate
α	Faktor individuelle Reaktionsfähigkeit auf allgemeine Preissteigerungen
α_a	Faktor individuelle Reaktionsfähigkeit auf auszahlungsseitige Preissteigerungen
α_e	Faktor individuelle Reaktionsfähigkeit auf einzahlungsseitige Preissteigerungen
τ	Zeitindex für periodenspezifische Preisniveauänderungsraten

Wider das Steuerchaos: Transparenz, Konsequenz und Reduktion als Kriterien gerechter Besteuerung

von Dr. Peter Wesner

Wirtschaftsprüfer, Steuerberater,

Honorarprofessor für Betriebswirtschaftslehre an der Johann Wolfgang Goethe-Universität Frankfurt am Main,

Mitglied des Vorstands der KPMG Deutsche Treuhand-Gesellschaft Aktiengesellschaft Wirtschaftsprüfungsgesellschaft Frankfurt am Main

Inhalt

1. Einführung

„In this world nothing can be said to be certain, except death and taxes", bemerkte Benjamin Franklin im Jahr 1789. Daran hat sich bis heute eigentlich nichts Grundlegendes geändert, wird einmal von dem Umstand abgesehen, dass die gegenwärtigen Steuersysteme wesentlich komplexer sind als das amerikanische vor mehr als 200 Jahren. Insbesondere das deutsche Steuersystem bildet hierbei keine Ausnahme, sondern das Gegenteil ist eher der Fall: Ein Indikator für die Komplexität des deutschen Steuerrechts ist z.B., dass ca. 60% der weltweit veröffentlichten Literatur zum Steuerrecht in Deutschland erscheint.

Wachsende Staatsausgaben und eine damit einhergehende steigende Staatsverschuldung haben in der Vergangenheit zu einer immer höheren Steuerbelastung in Deutschland geführt.[1] Geschuldet wird diese höhere Steuerbelastung maßgeblich einer über die vergangenen Jahre hinweg entstandenen Vielzahl von neuen Steuern, denen eine nicht weniger große Anzahl von (unsystematischen) Ausnahmeregelungen und politischen Lenkungswünschen gegenübersteht. Im Endeffekt stellt das deutsche Steuerrecht heutzutage einen Paragraphendschungel dar (oder wird zumindest von vielen Steuerzahlern als solcher empfunden), der in hohem Maße willkürlich ist und dessen Ausmaße (selbst für Experten) so gut wie nicht mehr zu überblicken sind. Obwohl Steuergerechtigkeit eigentlich im Vordergrund des deutschen Steuersystems steht bzw. stehen sollte, führt es aufgrund von Ausnahmen, Schlupflöchern und Komplexität eher zu einer ungerechten Steuerbelastung.

Nicht minder problematisch ist jedoch, dass die derzeitige Ausgestaltung des Steuersystems zu einer Ungleichbehandlung von Investitionen und Sparen auf der einen Seite und dem Konsum auf der anderen Seite führt. Aufgrund der aktuellen Doppelbesteuerung von investiertem und angelegtem Kapital, werden tendenziell geringe Investitionsanreize gesetzt und das Wirtschaftswachstum damit eher gehemmt anstatt gefördert. Der Frage, welchen Einfluss Steuern auf Investitions- und Finanzierungsentscheidungen haben können, hat der Jubilar vor dem Hintergrund realitätsnaher modelltheoretischer Überlegungen große Aufmerksamkeit gewidmet.[2] Dabei hat er das Hauptaugenmerk darauf gerichtet, inwiefern durch Steuern eine Änderung der Vorteilhaftigkeitsbeurteilung von (Investitions-)Entscheidungen eintritt und welche Möglichkeiten bestehen, die herausgearbeiteten steuerlichen Gestaltungsempfehlungen tatsächlich auch in die Realität umsetzen zu können.

---

[1] Jüngsten Steuerschätzungen zufolge besteht jedoch aufgrund der angesprungenen Konjunktur immerhin noch in diesem Jahrzehnt die Möglichkeit eines ausgeglichenen Haushalts, dem ersten seit 1969.

[2] Vgl. *Mellwig* (1985), *Mellwig* (1989) und *Mellwig* (1995).

Vor dem Hintergrund eines wachstumshemmenden und komplizierten Steuersystems besteht in der Literatur heute weitgehend Einigkeit darüber, dass das deutsche Steuersystem grundlegend umgestaltet werden sollte. Damit das Steuersystem vernünftige Investitionsanreize bietet, sollte es möglichst entscheidungsneutral sein und im Hinblick auf eine gerechtere Besteuerung erheblich vereinfacht werden. Dementsprechend ist das Ziel des vorliegenden Beitrags, die damit verbundenen Forderungen nach Transparenz, Konsequenz und Reduktion als Kriterien gerechter Besteuerung herauszuarbeiten. Hierzu werden in Abschnitt 2. zunächst das Einkommen und der Konsum als Maßstäbe wirtschaftlicher Leistungsfähigkeit betrachtet. Anschließend wird in Abschnitt 3. – nur der Sache verpflichtend – diskutiert, inwieweit eine reine Konsumausgabensteuer gewissermaßen als Referenzpunkt im Hinblick auf die genannten Kriterien zu einer gerechteren Besteuerung beitragen kann. Der Beitrag schließt im vierten Abschnitt mit einer thesenförmigen Zusammenfassung.

2. Messung wirtschaftlicher Leistungsfähigkeit

2.1. Einkommen als Maßstab

Die Hauptsäulen des deutschen Steuersystems sind zum einen die Einkommensteuer und zum anderen die den Konsum belastende Mehrwertsteuer. Der Einkommensteuer liegt als steuerliche Bemessungsgrundlage bei Privatpersonen die Summe aller Markteinkommen und bei Unternehmen der erwirtschaftete Bilanzgewinn zu Grunde; dies gilt in beiden Fällen unabhängig davon, ob das Kapital bzw. Einkommen für investive oder konsumtive Zwecke verwendet wird.[3] Charakteristisch für die Einkommensteuer ist, dass der Anteil des Staates möglichst früh (d.h. vor dem Konsum) und damit bereits während der Phase des Wertschöpfungsprozesses bzw. der Einkommensentstehung abgeschöpft wird. Dabei gilt im Sinne des Einkommensteuerrechts derjenige als wirtschaftlich um so leistungsfähiger, je besser er in der Lage ist (hohe) Einkommen zu erzielen; desto stärker fällt entsprechend die Steuerbelastung aus. Die Einkommensteuer folgt damit der so genannten „Opfertheorie“, die von jedem Bürger das nach dem Maß seiner Leistungsfähigkeit gleiche Opfer für den Staat erwartet. Dies glaubt man durch eine direkte Besteuerung des Einkommens zu realisieren. Da die alleinige Einkommensteuer aber nicht ausreicht, um die Staatsausgaben (auch nur annähernd) zu decken, wird auch auf die indirekte Besteuerung des Konsums mittels der Mehrwertsteuer zurückgegriffen; damit werden direkte und indirekte Steuern miteinander vermischt.

---

[3] Vgl. *Rose* (1998), S. 254. Zur Analyse des Einkommens als steuerliche Bemessungsgrundlage vgl. des weiteren *Mitschke* (1976), S. 86-93.

Wie hinlänglich bekannt ist, ist das deutsche Einkommensteuerrecht jedoch in vielerlei Hinsicht problembehaftet. Zum einen ist das heutige Einkommensteuerrecht aufgrund eines nahezu unüberschaubaren Regelungswirrwarrs insgesamt unsystematisch, in sich widersprüchlich, unverständlich und damit ungerecht. „Der hierdurch bewirkte Verlust an Transparenz veranlasst den betroffenen Bürger dazu, den staatlichen Steueranspruch immer weniger zu akzeptieren und die sich ihm mehr und mehr bietenden Wege der Steuervermeidung zu nutzen.“[4] So eröffnen sich insbesondere für diejenigen Steuerpflichtigen, die sich einen guten Steuerberater leisten können, durch die Intransparenz des Systems steuerlich begünstigte Gestaltungsspielräume, die dazu führen können, dass sie letzten Endes nur geringe oder bisweilen auch gar keine Steuern mehr zahlen. Zum anderen liegt dem deutschen Steuerrecht ein systemimmanenter „Fehler“ zu Grunde, indem Unternehmensgewinne im Zeitablauf nicht nur einmal, sondern mehrfach mit Steuern belastet werden. Das Gleiche gilt für Privatpersonen, die bei der Anlage von bereits versteuertem Einkommen später noch einmal Steuern auf die Zinsen zahlen müssen.[5]

Die Mehrfachbesteuerung bewirkt maßgeblich, dass sich das Entscheidungsverhalten von Unternehmen wie auch Privatpersonen (nachteilig) verändert, da Sparen und Investieren im Vergleich zum Konsum steuerlich diskriminiert werden. Infolge dessen wird das dringend für die Beseitigung der Arbeitslosigkeit benötigte Wirtschaftswachstum gehemmt. Diese Missstände des Steuerrechts sind seit langem bekannt und die Notwendigkeit eines Systemwechsels sowie eine damit einhergehende Vereinfachung und gerechtere Besteuerung werden in zahlreichen Beiträgen diskutiert. Dabei wird häufig vorgeschlagen, das Steuerrecht so grundlegend zu verändern, dass es im Hinblick auf Investitions-, Finanzierungs- und Rechtsformentscheidungen neutral ist; das Steuersystem sollte also niemanden veranlassen unter Berücksichtigung von Steuern sein Entscheidungsverhalten zu ändern. Der Grundgedanke ist, dass Entscheidungen, die ohne Steuern ökonomisch sinnvoll sind, es auch in einer Welt mit Steuern bleiben sollten (ohne deren Rangfolge zu ändern).

Ein Instrument, das in diesem Zusammenhang intensiv in der Literatur diskutiert wird, ist die so genannte zinsbereinigte Einkommen- bzw. Gewinnsteuer. Diese sieht vor, dass zur Vermeidung von Doppelbesteuerungen die Kosten des eingesetzten (Eigen-) Kapitals nicht besteuert werden. Der (Schutz-)Zinssatz zur Berechnung der Kapitalkosten soll dabei der risikofreien Verzinsung auf dem Kapitalmarkt entsprechen.[6] Ein

---

[4] *Rose* (1994), S. 234.

[5] Vgl. *Rose* (1994), S. 236-246.

[6] Zum Konzept der zinsbereinigten Gewinnsteuer vgl. grundlegend *Boadway/Bruce* (1984). Zur Integration der zinsbereinigten Gewinnsteuer in ein modernes Konzept der wertorientierten Unternehmensführung vgl. *Velthuis/Wesner* (2005), S. 118-125.

alternativer Vorschlag sieht vor, nicht mehr den Gewinn, sondern nur noch die Ausschüttungen zu besteuern. Investiertes Kapital auf Unternehmensebene wie auch im privaten Bereich soll dann so lange unversteuert gelassen werden, bis es verbraucht bzw. für Konsumzwecke eingesetzt wird.[7]

Die diskutierten Vorschläge sehen zwar nicht die generelle Abschaffung der Einkommensteuer vor, haben aber maßgeblich eine konsumorientierte Neuordnung des Steuersystems zum Ziel. So stellt jede Besteuerung – auch die Besteuerung von Unternehmensgewinnen – aus Sicht der Eigentümer eine Einschränkung des privaten Verbrauchs dar.[8] In letzter Konsequenz bedeutet also jede Steuer einen staatlich erzwungenen Konsumverzicht und damit einen Nutzenverlust. Insofern wäre es nur konsequent den Konsum – und nur diesen – direkt mit der Steuer zu belasten. Die Mehrwertsteuer kann damit im Grunde als eine „Angleichung des Steuerrechts an die Steuerwirklichkeit"[9] angesehen werden.

Mit einer reinen Konsumausgabensteuer würde die angesprochene unerwünschte Doppelbesteuerung von Einkommen vermieden. Der Wertschöpfungsprozess und mithin die Kapitalbildung würde dann nicht durch Steuern belastet werden, sondern erst die Leistungsentnahme in Form des Konsums. Eine solche Neuordnung des Steuerrechts könnte dazu beitragen, Investitionen und Sparen zu fördern und Arbeitsplätze zu schaffen, indem die investitions- und beschäftigungsfeindlichen Wirkungen des zurzeit geltenden Einkommensteuerrechts abgeschafft werden.[10]

2.2. Konsum als Maßstab

Neben dem Einkommen ist der Konsum die zweite Säule zur Messung der wirtschaftlichen Leistungsfähigkeit. So zählt die Mehrwertsteuer mit einem Steueraufkommen von ca. 138 Mrd. € im Jahr 2004[11] nach der Einkommensteuer zur zweitwichtigsten Steuerquelle in Deutschland. Für die Besteuerung des Konsums sind in der Vergangenheit zahlreiche Argumente angeführt worden, wie z.B. „dass das Steuersystem nicht zum Zeitpunkt der Wertschöpfung und Einkommensentstehung greifen soll, sondern erst dann, wenn man sich ein Stück vom gesamtwirtschaftlichen Güter-Kuchen abschneidet. Jeder wird dann nach seiner Leistungsentnahme belastet, also nach dem, was er aus dem Produktionstopf der Volkswirtschaft für den eigenen Konsum ent-

---

[7] Durch Besteuerung der Ausschüttungen würde z.B. das gesamte Bilanzsteuerrecht obsolet. Vgl. hierzu ausführlich *Mitschke* (2004).

[8] Vgl. *Hardorp* (1985), S. 2 und *Wagner/Wenger* (1996), S. 402.

[9] *Hardorp* (1985), S. 2.

[10] Zu einem Beispiel vgl. ausführlich *Mitschke* (2004), S. 9-14.

[11] Vgl. *Statistisches Bundesamt* (2006), S. 19.

nimmt und anderen somit nicht mehr zur Verfügung steht."[12] Im Gegensatz zur Besteuerung von Einkommen, greift eine konsumbasierte Steuer nicht in den Wertschöpfungsprozess bzw. in die Einkommensentstehung ein, da die Besteuerung investiv verwendeter Einkommensbestandteile bis zur Transformation in Konsumausgaben aufgeschoben wird. Die Besteuerung zielt auf die Einkommensverwendung ab, um die Kaufkraft abzuschöpfen, ohne dabei jedoch die Antriebskräfte der Marktwirtschaft zu schädigen; dementsprechend erfolgt die Besteuerung auch erst relativ spät, nämlich zum Zeitpunkt des Konsums.

Die Einkommensverwendung bzw. den Konsum als Maßstab für die wirtschaftliche Leistungsfähigkeit und damit als steuerliche Bemessungsgrundlage heranzuziehen, impliziert, den individuellen Nutzen aus der Bedürfnisbefriedigung – der im Endeffekt nur durch Konsum möglich ist – mit Steuern zu belasten. Die Konsumleistungsfähigkeit spiegelt damit die in persönlichen Lebensbedürfnissen zum Ausdruck kommende wirtschaftliche Leistungsfähigkeit wider. Je höher die wirtschaftliche Leistungsfähigkeit ist, desto größer sind auch die Konsummöglichkeiten und der damit verbundene Nutzen. Dementsprechend hoch ist bei einer reinen Konsumausgabensteuer auch die steuerliche Belastung. Einer reinen Konsumausgabensteuer wird jedoch oftmals entgegengesetzt, dass sie aufgrund ihres unpersönlichen Charakters das individuelle Konsumexistenzminimum nicht schützt und damit nicht zu (vertikaler) Steuergerechtigkeit führt.[13]

Dennoch weist eine reine Konsumausgabensteuer aus theoretischer Sicht verschiedene beachtenswerte Vorzüge auf. So kann zunächst hervorgehoben werden, dass sie *entscheidungsneutral* ist: Durch die Besteuerung des Konsums wird nicht in den Wertschöpfungsprozess eingegriffen und es werden darüber hinaus Doppelbesteuerungen vermieden. Insbesondere wird die Entscheidung darüber, ob Privatpersonen und Unternehmen sofort konsumieren oder erst sparen und investieren, nicht beeinflusst. Es ergeben sich durch eine Konsumausgabensteuer also keine Auswirkungen auf die Transformation von gegenwärtigem in zukünftigen Konsum mittels Ersparnisbildung; das Prinzip der intertemporalen Neutralität bleibt gewahrt.[14]

Im Folgenden wird eine grundlegende Änderung des Steuerrechts in der Art diskutiert, dass eine reine Konsumausgabensteuer als Ausgangspunkt bzw. als Referenzpunkt der Überlegungen herangezogen wird. Hierbei wird ganz bewusst auf eine regelmäßig gewählte Vermischung von Einkommen- und Konsumsteuer verzichtet, um die wesentli-

---

[12] *Rose* (1994), S. 234. Zur Konsumausgabensteuer als Orientierungspunkt der Steuerpolitik vgl. des weiteren *Hardorp* (1984), S. 640-645.

[13] Vgl. zu dieser Argumentation insbesondere *Rose* (1994), S. 236.

[14] Vgl. hierzu *Wagner/Wenger* (1996), S. 402-403.

chen Argumente für eine gerechtere Besteuerung vor dem Hintergrund der Kriterien Transparenz, Konsequenz und Reduktion besser herausarbeiten zu können.

3. Konsumausgabensteuer

3.1. Transparenz

Im Folgenden wird diskutiert, welche Vorzüge eine derartig grundlegende Änderung des Steuerrechts bieten kann, die vorsieht, dass alle Steuerarten mit Ausnahme der Konsumausgabensteuer wegfallen. Wie bereits erläutert worden ist, wahrt eine Konsumausgabensteuer das Neutralitätsprinzip. Aufgrund des Wegfalls sämtlicher Unternehmenssteuern kann eine Konsumausgabensteuer auf Unternehmensebene zu verstärkten Investitionsanreizen und Wachstumsimpulsen in Deutschland führen. Da nur dasjenige Kapital, das nicht im Unternehmen produktiv verbleibt, sondern für Konsumzwecke ausgegeben wird, besteuert wird, können realisierte Unternehmensgewinne ohne Rücksicht auf die Besteuerung reinvestiert werden.[15] Sie tragen damit zur Stärkung der Eigenkapitalbasis der Unternehmen bei und können eine beschäftigungsfördernde Erneuerung des Produktionsapparates bewirken.[16] Hierzu können auch die dann wegfallenden Lohnnebenkosten beitragen. Damit kann tendenziell eine höhere internationale Wettbewerbsfähigkeit deutscher Unternehmen erreicht werden; ferner können Anreize zur Verlagerung von Arbeitsplätzen in Niedriglohnländer abgemildert werden. Darüber hinaus würde Deutschland für ausländische Unternehmen einen steuerlichen Standortvorteil bieten; mit dem Wegfall von Unternehmenssteuern wäre es für ausländische Unternehmen wesentlich attraktiver in Deutschland zu investieren und Arbeitsplätze zu schaffen.

Eine reine Konsumausgabensteuer trägt neben verbesserten Investitionsanreizen und ihren beschäftigungsfördernden Wirkungen auch maßgeblich zu einer erhöhten Transparenz des Steuerrechts bei. So entfiele beispielsweise auf Unternehmensebene das ohnehin komplizierte Bilanzsteuerrecht. Steuerliche Motive würden dann bei der Jahresabschlusserstellung keine Rolle mehr spielen, da die Unternehmen nur noch die vereinnahmte Mehrwertsteuer an den Staat abführen müssten. Damit ist bei – bekannter Höhe des Steuersatzes – unmittelbar erkennbar, welchen Anteil der Staat für sich in Anspruch nimmt. Eine taggenaue und vollständige Vereinnahmung der Steuer ist nun im Gegensatz zu den heute anfallenden Einkommensteuern, die erst mit Zeitverzug

---

[15] Das Analoge gilt für Privatpersonen: Da Sparentscheidungen nicht von Steuern beeinflusst werden, kommt es nicht zu einer Verzerrung von Gegenwartskonsum im Vergleich zu Zukunftskonsum.

[16] Vgl. hierzu ausführlich *Mitschke* (2004). Es kann sich zudem der wünschenswerte Nebeneffekt ergeben, dass Unternehmen mit einer größeren Eigenkapitalbasis tendenziell weniger anfällig in Krisenzeiten sind und mithin Arbeitnehmer dann auch weniger um ihren Arbeitsplatz fürchten müssen.

wirken, möglich. Die Vereinfachung der Steuererhebung und die Transparenz des Steuerrechts[17] kommt jedoch nicht nur Unternehmen, sondern auch Privatpersonen zu Gute: Sobald konsumiert wird, weiß jeder bei bekannter Höhe des Steuersatzes unmittelbar wie hoch seine persönliche (absolute) Abgabenlast ist.

Gegner einer Ausweitung der Konsumausgabensteuer mögen nun einwenden, dass – selbst bei einer drastischen Erhöhung des Mehrwertsteuersatzes, die zu einer Finanzierung des Wegfalls der übrigen Steuerarten notwendig wäre – dieser wahrscheinlich immer noch unter dem Grenzsteuersatz von Spitzenverdienern liegen dürfte; diese Bevölkerungsschicht könnte damit ein verstärktes Interesse an einer solchen Steueränderung haben, da sie tendenziell zu den Gewinnern gehörte. Dem kann entgegengehalten werden, dass das aktuelle Steuersystem vor allem Spitzenverdiener aufgrund der bestehenden Intransparenz begünstigt bzw. schützt. Diese zahlen durch die Ausnutzung zahlreicher (willkürlicher) Ausnahmeregelungen und Steuerschlupflöcher bei entsprechender Steuergestaltung meist nur wenig und im Extremfall gar keine Steuern, so dass ihr Grenzsteuersatz faktisch relativ niedrig ist. Das weitaus gewichtigere Argument gegen eine reine Konsumausgabensteuer könnte jedoch darin bestehen, dass die hinreichende Bedingung für ihre nachhaltige Implementierbarkeit eine ausreichend große Volkswirtschaft oder ein ausreichend großer Wirtschaftsraum, wie z.B. die EU, ist.[18] Ansonsten würden Anreize zum Steuertourismus in Länder mit vergleichsweise niedriger Konsumsteuer gesetzt. Eine solche Entwicklung könnte auch maßgeblich durch den Handel im Internet begünstigt werden. Zudem könnten konkurrierende Wirtschaftsräume auf den Wegfall von Unternehmenssteuern in Deutschland und auf die aus ihrer Sicht hierzulande entstehende Steueroase beispielsweise mit Importzöllen reagieren, um ihr eigenes Steuerrecht zu schützen.

3.2. Konsequenz

Das Kriterium der Konsequenz zielt darauf ab, inwieweit ein rein konsumbasiertes Steuersystem zur Erhöhung der Steuergerechtigkeit beitragen kann. Bei alleiniger Existenz einer Konsumausgabensteuer wird jedem Einzelnen die Verantwortung für seinen Wohlstand bzw. seinen individuellen Nutzen zugewiesen. Je höher das Einkommen eines Einzelnen ist, desto größer sind seine Konsummöglichkeiten und mithin der Nutzen, der daraus gezogen werden kann. Insofern spiegelt sich die wirtschaftliche Leistungsfähigkeit in den persönlichen Konsummöglichkeiten wider. Da jeder Konsument für die gleiche Ware einen identischen Preis (inklusive identischer Steuer-

[17] Zu den Argumenten der Vereinfachung der Steuererhebung und der Transparenz des Steuerrechts bei Verwendung einer Konsumausgabensteuer vgl. *Hardorp* (1985), S. 8.

[18] Grundgedanken zur Harmonisierung der Mehrwertsteuer im gemeinsamen europäischen Markt finden sich bereits 1967 bei *Hardorp*. Vgl. *Hardorp* (1967), S. 173-176.

abgaben, die von den Unternehmen an die Finanzbehörden abgeführt werden müssen) zu entrichten hat, besteht bei einer reinen Konsumausgabensteuer *horizontale* Steuergerechtigkeit, d.h. gleiche Leistungsfähigkeit führt zu einer gleichen Steuerbelastung. Bei einem einheitlichen Mehrwertsteuersatz ist allerdings der Grundsatz der *vertikalen* Steuergerechtigkeit, der eine stärkere Steuerbelastung höherer Leistungsfähigkeit verlangt, nicht selbstverständlicherweise erfüllt: So tragen leistungsstärkere Individuen nur bei höheren Konsumausgaben auch eine höhere Steuerlast.

Bei der Konsumausgabensteuer besteht jedoch die Möglichkeit die Mehrwertsteuersätze zu differenzieren. Hierdurch lässt sich ebenfalls – sofern es politisch gewünscht ist – eine Progressionswirkung, wie sie bei der heute vorherrschenden Einkommensteuer existiert, erzielen. So könnten beispielsweise Güter zur Abdeckung des Grundbedarfs mit gar keiner oder mit sehr niedrigen Mehrwertsteuersätzen belegt werden; analog könnte der Konsum von gehobenen Gütern bzw. Luxusgütern mit einem entsprechend höheren Mehrwertsteuersatz belastet werden.[19] Zur weiteren Absicherung des Existenzminimums ist es darüber hinaus denkbar, die Konsumausgabensteuer mit einem garantierten Grundeinkommen zu verbinden, das jedem in einer bestimmten Höhe zusteht und dessen Zahlung für einen sozialen Ausgleich sorgen soll.[20]

Ein weiteres Problem bei einer Umstellung auf eine reine Konsumausgabensteuer könnte darin liegen, dass es aufgrund von Konsumvorsicht und Kapitalbildung durch verstärktes Sparen temporär zu Steuerausfällen kommen kann. Diese dürften sich jedoch – sofern es überhaupt dazu kommt – auf die Phase des Anpassungsprozesses an ein rein konsumbasiertes Steuersystem beschränken. Da die einzige Alternative zum Sparen im Konsum liegt und eine Konsumausgabensteuer das intertemporale Neutralitätsprinzip erfüllt, kann davon ausgegangen werden, dass sich der Effekt im Zeitablauf auflöst. Im Hinblick auf die Besteuerung von Kapital, das zu Lebzeiten nicht durch Konsum aufgebraucht wird, könnte dieser Effekt durch die Einführung einer Erbschaftsteuer abgemildert werden.

Ferner können sich bezüglich der Rentenproblematik sogar positive Effekte ergeben: Da das Sparen und mithin die Kapitalbildung für jeden Einzelnen nicht mehr benachteiligt, sondern gefördert wird, bestehen jetzt verstärkte Anreize zur privaten Alters-

---

[19] Vgl. *Hardorp* (1985), S. 3. Des weiteren können bestimmte Lenkungsteuern, wie beispielsweise die Mineralöl-, Tabak- oder Branntweinsteuer, durch Verwendung differenzierter (höherer) Mehrwertsteuersätze problemlos in das Konzept integriert werden, um ein umwelt- oder gesundheitsbewusstes Verhalten zu fördern.

[20] Im Rahmen seines Entwurfs zur Erneuerung des deutschen Einkommensteuerrechts schlägt *Mitschke* z.B. ein Bürgergeld vor, das die Wirkung einer negativen Einkommensteuer besitzt. Vgl. *Mitschke* (2004), S. 124-145.

vorsorge; auf diese Weise kann ein Beitrag zur Entlastung der zukünftigen Rentenproblematik geleistet werden.

3.3. Reduktion

Ein weiterer wesentlicher Vorzug einer reinen Konsumausgabensteuer liegt in ihrer Einfachheit und Verständlichkeit. Ihr liegt der Grundsatz zu Grunde, dass nur ein einfaches, verständliches Steuersystem zugleich auch ein gerechtes sein kann. Je einfacher und durchschaubarer ein Steuersystem ist, desto weniger Möglichkeiten der Steuergestaltung, der Verschleierung und der Steuerhinterziehung eröffnet es.

Bei einer reinen Konsumausgabensteuer ist die Veranlagung und Überwachung in der Tat sehr einfach durchzuführen: Zum einen wird der Verwaltungsaufwand der derzeit etwa 250.000 Mitarbeiter der Finanzverwaltung von Bund, Ländern und Gemeinden schon dadurch erheblich vermindert, dass keine komplizierte Differenzierung verschiedener Einkunftsarten im Steuerrecht mehr erforderlich ist. Entsprechend können auch die Steuerbefolgungskosten, d.h. die Kosten einer korrekten Deklarierung der Bemessungsgrundlage gesenkt werden. Ferner verringern sich die Kosten für die Steuerberatung oder für firmeninterne Steuerabteilungen auf ein Minimum. Zum anderen vereinfachen sich die Ermittlung und die Erfassung der Steuern aufgrund des Umstands, dass der Konsument bei der Leistungsentnahme unmittelbar und ohne Zwischenschritte mit der Mehrwertsteuer belastet wird. Im Gegensatz zum heutigen Steuersystem steht die Höhe der Steuerlast unmittelbar und zweifelsfrei zum Zeitpunkt des Konsums fest und muss nicht erst im Nachhinein durch Ausfüllen mehr oder weniger unverständlicher Steuererklärungen ermittelt werden. Im Umkehrschluss bedeutet dies darüber hinaus, dass das Steuersparen keiner komplizierten Regelungen mehr bedarf: Jeder kann seine persönliche Steuerlast einfach durch Konsumverzicht reduzieren.[21]

4. Thesen

(1) Das aktuelle deutsche Steuersystem ist komplex und setzt Investitions- und Leistungsanreize, die Wachstum und Wohlstand eher hemmen als fördern. Demgegenüber sollte es Ziel des Staates sein, konsumfördernde Rahmenbedingungen zu schaffen, damit den Wohlstand zu erhöhen und mehr Steuereinnahmen zu erzielen.

(2) Die steuerliche Bemessungsgrundlage sollte sich an der wirtschaftlichen Leistungsfähigkeit eines Individuums orientieren. Diese spiegelt sich am ehesten im

---

[21] Vgl. *Hardorp* (1985), S. 2.

Konsum eines Individuums wider, der daher auch als steuerliche Bemessungsgrundlage dienen sollte.

(3) Das Konsumsteuerprinzip beeinflusst weder explizit noch implizit Konsum-, Spar- sowie Investitionsentscheidungen und somit wird das Neutralitätsprinzip gewahrt.

(4) Eine Erhöhung der Spar- und Investitionsanreize resultiert letztlich in einem doppelten positiven Wohlfahrtseffekt, und zwar direkt durch eine Erhöhung persönlicher Konsummöglichkeiten und indirekt durch verbesserte Staatsleistungen. Eine Konsumsteuer führt zu einer Steigerung der Verwendungsalternativen individuellen Einkommens.

(5) Das Konsumsteuerprinzip vermeidet eine Mehrfachbesteuerung von Kapitaleinkommen über die Lebenszeit eines Individuums. Konsumorientierte Steuersysteme fördern zudem die private Altersvorsorge und entlasten damit die Rentenproblematik.

(6) Eine radikale Vereinfachung des Steuersystems vermeidet Kosten aufgrund systembedingter Effizienzverluste. Transparenz, Konsequenz und Reduktion als Kriterien eines rein konsumbasierten Steuersystems können damit zu einer gerechteren Besteuerung beitragen und die Gesamtwohlfahrt steigern.

(7) "Alles ist einfacher, als man denken kann, zugleich verschränkter, als zu begreifen ist." Goethe, Maximen und Reflektionen

Literaturverzeichnis

Boadway, Robin/Bruce, Neil (1984):
A General Proposition on the Design of a Neutral Business Tax. In: Journal of Public Economics, Vol. 24, S. 231-239.

Hardorp, Benediktus (1967):
Mehrwertsteuer und Steuerharmonisierung im Gemeinsamen Markt. In: Betriebs-Berater, S. 173-177.

Hardorp, Benediktus (1984):
Verbrauchsbesteuerung als Orientierungspunkt der Steuerpolitik. In: Die Wirtschaftsprüfung, S. 639-645.

Hardorp, Benediktus (1985):
Systemwandel im Steuerrecht? Umsatzsteuer und Gesellschaft. In: Betriebs-Berater, Beilage 13/1985 zu Heft 30/1985.

Mellwig, Winfried (1985):
Investition und Besteuerung, Wiesbaden.

Mellwig, Winfried (1989):
Besteuerung und Investitionsentscheidung. In: WISU, S. 231-235.

Mellwig, Winfried (1995):
Steuerarbitrage bei Leasingverträgen. In: Elschen, R./Siegel, T./Wagner, F., Unternehmenstheorie und Besteuerung: Festschrift zum 60. Geburtstag von Dieter Schneider, Wiesbaden, S. 419-443.

Mitschke, Joachim (1976):
Über die Eignung von Einkommen, Konsum und Vermögen als Bemessungsgrundlagen der direkten Besteuerung. In: Broermann, J. (Hrsg.): Volkswirtschaftliche Schriften, Heft 244, Berlin.

Mitschke, Joachim (2004):
Erneuerung des deutschen Einkommensteuerrechts: Gesetzesentwurf und Begründung, Köln.

Rose, Manfred (1994):
Eine konsumorientierte Neuordnung des Steuersystems für mehr Entscheidungsneutralität, Fairneß und Transparenz. In: Bühler, W. (Hrsg.): Steuervereinfachung: Festschrift für Dietrich Meyding zum 65. Geburtstag, Heidelberg, S. 233-251.

Rose, Manfred (1998):
Konsumorientierung des Steuersystems – theoretische Konzepte im Lichte empirischer Erfahrungen. In: Krause-Junk, G. (Hrsg.): Steuersysteme der Zukunft, Berlin, S. 247-278.

Statistisches Bundesamt (2006):
Finanzen und Steuern – Umsatzsteuer 2004, Fachserie 14, Reihe 8, Wiesbaden.

Velthuis, Louis John/Wesner, Peter (2005):
Value Based Management – Planung, Performancemessung und Managemententlohnung mit ERIC, Stuttgart.

Wagner, Franz/Wenger, Ekkehard (1996):
Theoretische Konzeption und legislative Transformation eines marktwirtschaftlichen Steuersystems in der Republik Kroatien. In: Sadowski, D./Czap, H./Wächter, H. (Hrsg.): Regulierung und Unternehmenspolitik: Methoden und Ergebnisse der betriebswirtschaftlichen Rechtsanalyse, Wiesbaden, S. 399-415.

Steuerplanung im internationalen Konzern

von Hans Zehnder

Wirtschaftsprüfer, Steuerberater,

Mitglied des Vorstands der KPMG Deutsche Treuhand-Gesellschaft Aktiengesellschaft Wirtschaftsprüfungsgesellschaft Berlin

Inhalt

1. Einführung

Untrennbar verbunden mit dem Namen des Jubilars ist seine Monographie „Investition und Besteuerung", die er im Jahre 1985 veröffentlichte.[1] Gegenstand des Werkes ist der Einfluss der Steuern auf Investitionsentscheidungen. Hierbei stellt *Mellwig* zunächst Investitionsmodelle unter Einschluss von Steuern vor, um im nächsten Schritt zu untersuchen, welchen Einfluss Steuern auf die Vorteilhaftigkeit von Investitionen haben. Letzteres ist verständlicherweise nicht nur von theoretischem Interesse, sondern auch von erheblicher praktischer Relevanz, so auch beispielsweise für die Steuerberatungspraxis, die sich mit Steuerplanung beschäftigt. Insgesamt ist festzuhalten, dass diese Monographie richtungsweisend war: Der Autor lieferte nicht nur erstmals eine geschlossene Darstellung des Steuereinflusses auf unternehmerische Investitionsentscheidungen, sondern bot auch ein praktikables Modell zur Beurteilung von Investitionsprojekten. Dadurch wies sich *Mellwig* als ein „Verbinder" zwischen Theorie und Praxis aus,[2] wie auch zahlreiche seiner übrigen Werke verdeutlichen.[3] Zu Recht bezeichnete *Rose* das Buch seinerzeit als zu den wertvollsten Neuerscheinungen in der Betriebswirtschaftlichen Steuerlehre in den letzten zehn Jahren gehörend.[4] Die Bedeutung des Werks geht daher deutlich über die von *Mellwig* gewählte Bezeichnung als „Lehrbuch" hinaus.

Trotz der hohen Änderungsgeschwindigkeit im Steuerrecht hat der von *Mellwig* beschrittene Weg, den Einfluss von Steuern auf unternehmerische Entscheidungen im Rahmen von Investitionsmodellen zu bestimmen und die vorteilhafteste Gestaltungsalternative unter Berücksichtigung steuerlicher und nichtsteuerlicher Einflussfaktoren zu ermitteln, nicht an Aktualität und Relevanz verloren. Vielmehr kann dieser Weg als tragende Säule der sog. Steuerplanung bezeichnet werden.

Zu Ehren des Jubilars soll im Rahmen dieses Beitrags die Steuerplanung im internationalen Konzern näher beleuchtet werden. Dabei werden – nach einer kurzen Einführung zum Begriff und den Zielen der Steuerplanung – beispielhaft herausgegriffene Aspekte betrachtet.[5]

---

1 *Mellwig*, Investition und Besteuerung, 1985.

2 Vgl. *Rose*, StuW 1986, S. 74.

3 Vgl. z. B. *Mellwig*, Betriebswirtschaft, Kompendium für das Examen zum vBP/WP, seit 1995 als Loseblattausgabe; *Mellwig/Hastedt*, Leasing, Rechtliche und ökonomische Grundlagen, 1998.

4 Vgl. *Rose*, StuW 1986, S. 74.

5 Mögliche Änderungen durch die Unternehmensteuerreform 2008 werden nicht berücksichtigt.

2. Begriff und Ziele der Steuerplanung

Steuerplanung kann als Optimierung des unternehmerischen Geschehensablaufs in Bezug auf die zugrunde liegenden steuerrechtlichen Gegebenheiten bezeichnet werden.[6] Anders ausgedrückt werden mit Steuerplanung Maßnahmen umschrieben, die darauf ausgerichtet sind ein bestimmtes Vorhaben mit der Nebenbedingung der relativen Steuerminimierung zu erreichen. Es geht also darum, den Einfluss von Steuern auf unternehmerische Entscheidungen zu bestimmen und die vorteilhafteste Gestaltungsalternative zu ermitteln.

Aufgabe der Steuerplanung ist es, die Steuerkosten für eine Unternehmensgruppe zu minimieren. Im internationalen Konzern, nicht anders als bei einem einzelnen Steuerpflichtigen, steht dabei die relative Minimierung der (Konzern)Steuerzahlungen bzw. die Maximierung des Kapitalwerts der (Konzern)Erträge nach Steuern im Vordergrund.

In jüngster Zeit gerät mit der Konzernsteuerquote eine Kennziffer in den Fokus der internationalen Steuerplanung, die nicht nur die tatsächliche, sondern auch latente Steuern in die Betrachtung einbezieht.[7] Bei der an Zahlungsströmen ausgerichteten Steuerplanung haben Maßnahmen, die zu einer zeitlichen Verschiebung der Steuerzahlung führen, aufgrund der Korrektur über latente Steuern typischerweise keinen Einfluss auf die Konzernsteuerquote. Umgekehrt kann allerdings eine ausschließliche Orientierung an der Konzernsteuerquote zu Fehlanreizen führen, da jede tatsächliche Steuerzahlung den Gewinn mindert und daher für Investitions- oder Ausschüttungszwecke nicht mehr zur Verfügung steht.

3. Ausgewählte Aspekte

3.1. Internationales Steuergefälle

3.1.1. Bedeutung für die internationale Steuerplanung

Aus dem Souveränitätsprinzip folgt, dass jedem Staat das Recht zusteht, sein Steuersystem nach seinen Vorstellungen auszugestalten. Auch die EU verfügt über kein harmonisiertes Steuersystem im Bereich der Ertragsteuern, wenngleich es Bestrebungen zur Schaffung einer gemeinsamen konsolidierten Körperschaftsteuer-

---

[6] Vgl. z. B. *Jacobs*, Internationale Unternehmensbesteuerung, 2002, S. 707 m.w.N.

[7] Vgl. dazu *Herzig/Dempfle*, DB 2002, S. 1; *Müller*, DStR 2002, S. 1684; *Hannemann/Pfeffermann*, BB 2003, S. 730.

Bemessungsgrundlage für grenzüberschreitende Unternehmenstätigkeiten gibt.[8] Folge dieser unterschiedlichen Steuersysteme ist ein internationales Steuergefälle, wobei Deutschland im internationalen Vergleich ein Hochsteuerland für Unternehmen darstellt.[9]

Einer der wichtigsten Ausgangspunkte der Steuergestaltung eines international tätigen Konzerns ist das internationale Steuergefälle.[10] Das internationale Steuergefälle beeinflusst nicht nur die Standortwahl und die Konzernstruktur. Im Vordergrund steht die Bestrebung positive Einkünfte einem möglichst niedrigen Steuersatz zu unterwerfen, während negative Einkünfte aus steuerlicher Sicht möglichst in einer hoch besteuernden Jurisdiktion anfallen sollten.

3.2. Instrumente und Problemfelder

Eine Möglichkeit, niedrigere Steuersätze im Ausland zu nutzen, besteht im Unterhalten einer dort belegenen Betriebsstätte. Ob letztlich eine Minderung der Konzernsteuerbelastung gelingt, determiniert maßgeblich die anzuwendende Methode zur Vermeidung der Doppelbesteuerung. Soweit die Anrechnungsmethode anzuwenden ist, wird die niedrige ausländische Steuerbelastung bei dem inländischen Stammhaus auf das höhere inländische Steuerniveau geschleust. Zielführend ist i.S. einer steueroptimierenden Ausnutzung des internationalen Steuergefälles, wenn die ausländischen Betriebsstätteneinkünfte im Inland freizustellen sind. Bei Geltung der Freistellungsmethode geht das niedrigere ausländische Steuerniveau unverändert in die Gesamtsteuerbelastung des Konzerns ein.

Eine weitere Möglichkeit eines Auslandsengagements besteht in der Beteiligung an ausländischen Kapitalgesellschaften. Durch die Abschirmwirkung von Kapitalgesellschaften sind die im (niedrig besteuerten) Ausland erzielten Einkünfte grundsätzlich nicht als Einkünfte der inländischen Muttergesellschaft zu qualifizieren. Bei Gewinnausschüttungen an die inländische Kapitalgesellschaft ist gemäß § 8b Abs. 1 KStG die Freistellungsmethode anzuwenden. Allerdings gelten nach § 8b Abs. 5 KStG 5 % der Dividende als nicht abzugsfähige Betriebsausgaben, die die Gesamtsteuerbelastung erhöhen.

Sofern in der Beteiligung an der ausländischen Gesellschaft jedoch ein Missbrauch von rechtlichen Gestaltungsmöglichkeiten i.S.v. § 42 AO zu sehen ist, werden die ausländischen Einkünfte direkt dem Anteilseigner zugerechnet und als solche im Inland

[8] Common Consolidated Corporate Tax Base (CCCTB); weitere Informationen abrufbar unter: http://ec.europa.eu/taxation_customs/taxation/index_de.htm.
[9] Vgl. KPMG´s Corporate Tax Rate Survey 2006.
[10] Vgl. *Jacobs*, Internationale Unternehmensbesteuerung, 2002, S. 708.

besteuert. Dies ist z. B. bei sog. funktionslosen Briefkasten- oder Basisgesellschaften der Fall, die typischerweise über keine oder nur eine geringe sachliche und personelle Geschäftsausstattung verfügen („Substanz“) und selbst nicht am allgemeinen wirtschaftlichen Verkehr teilnehmen. Die gestellten Anforderungen bezüglich der „Substanz“ hat der BFH insbesondere in den sog. Dublin-Docks-Entscheidungen deutlich verringert.[11] Danach liegt kein Missbrauch i.S.d. § 42 AO vor, wenn die ausländische Kapitalgesellschaft unabhängig vom Gesellschafter Entscheidungen treffen kann und nicht nur treuhänderisch für diesen, sondern in eigenem Namen, auf eigene Rechnung und Gefahr (eigenwirtschaftlich) tätig wird.[12] Ein übliches Outsourcing von Managementfunktionen und fehlende sachliche und personelle Ausstattung wird in diesem Kontext als unschädlich angesehen. Innerhalb der EU lässt sich im Übrigen die Zwischenschaltung einer Kapitalgesellschaft kaum als Missbrauch rechtfertigen, wenn eine in einem EU-Staat gegründete Kapitalgesellschaft in einem anderen Mitgliedstaat gegenüber den dort ansässigen Kapitalgesellschaften benachteiligt wird.[13]

Nicht nur § 42 AO, sondern auch die sog. Hinzurechnungsbesteuerung nach §§ 7-14 AStG kann der steuermindernden Einschaltung von ausländischen Kapitalgesellschaften entgegenstehen. Danach sind sog. passive Einkünfte einer niedrig besteuerten ausländischen Kapitalgesellschaft, unabhängig von einer tatsächlichen Ausschüttung, den mehrheitlich beteiligten inländischen Gesellschaftern entsprechend der Beteiligungsquoten zuzurechnen. Damit wird die Abschirmwirkung der ausländischen Kapitalgesellschaft durchbrochen.[14] § 8b KStG ist auf diese fiktive Dividende nicht anwendbar, so dass der Hinzurechnungsbetrag der ungemilderten inländischen Besteuerung unterliegt. Schüttet die ausländische Kapitalgesellschaft später tatsächlich aus, ist das Halbeinkünfteverfahren anwendbar. Im Gegensatz zu § 42 AO verhindert ein erforderliches Mindestmaß an sachlicher und personeller Ausstattung der ausländischen Gesellschaft nach dem Gesetzeswortlaut nicht die Hinzurechnungsbesteuerung. Vielmehr sind davon unabhängig alle Tätigkeiten passiv, die nicht im Katalog der aktiven Tätigkeiten in § 8 AStG aufgeführt sind. Die im Außensteuerrecht als grundsätzlich aktiv eingestuften Tätigkeiten werden jedoch oftmals als passiv qualifiziert, wenn eine schädliche Mitwirkungshandlung eines inländischen Gesellschafters oder einer ihm nahe stehenden Person vorliegt und die ausländische Gesellschaft nicht mit einem in kaufmännischer Weise eingerichteten Geschäftsbetrieb am allgemeinen wirtschaftlichen Verkehr teilnimmt.

---

[11] BFH, Urteil v. 19.1.2000, I R 94/97, BStBl. II 2001, S. 222; BFH, Urteil v. 19.1.2000, I R 117/97, BFH/NV 2000, S. 824; BFH, Urteil v. 25.2.2004, I R 42/02, BStBl. II 2005, S. 14.

[12] BFH, Urteil v. 19.1.2000, I R 94/97, BStBl. II 2001, S. 222.

[13] BFH, Urteil v. 25.2.2004, I R 42/02, BStBl. II 2005, S. 14.

[14] Vgl. *Wassermeyer* in: Flick/Wassermeyer/Baumhoff, Außensteuerrecht, Vor §§ 7-14 AStG Rn. 1ff.

Bei der (potenziellen) Anwendung der deutschen Hinzurechnungsbesteuerung ist das EuGH-Urteil in der Rechtssache *Cadbury Schweppes* zu beachten.[15] In dem zugrunde liegenden Sachverhalt zur britischen Hinzurechnungsbesteuerung stellt der EuGH zunächst fest, dass die Gründung einer Gesellschaft mit dem Ziel in den Genuss von vorteilhaften Rechtsnormen zu kommen, für sich alleine nicht ausreicht, um von einem Missbrauch der Grundfreiheiten auszugehen.[16] Wenn durch die Hinzurechnung die ansässige Gesellschaft mit Gewinnen einer anderen (ausländischen) juristischen Person zur Besteuerung herangezogen wird, liegt eine Schlechterstellung gegenüber einer inländischen Tochtergesellschaft und damit eine Verletzung der Niederlassungsfreiheit vor.[17] Eine Rechtfertigung derartiger Normen ist laut EuGH nur dann gegeben, wenn diese sich nur auf rein künstliche Gestaltungen beziehen, die nur darauf ausgerichtet sind, der nationalen Besteuerung zu entgehen.[18] Eine rein künstliche Gestaltung liegt nicht vor, wenn die Gesellschaft sich in dem Mitgliedstaat tatsächlich ansiedelt zu dem Zweck, in dem Staat einer wirtschaftlichen Tätigkeit nachzugehen.[19] Da das deutsche AStG mit der Kategorisierung zwischen passiven und aktiven Einkünften deutlich über rein künstliche Gestaltungen hinausgeht, ist von einer Europarechtswidrigkeit der derzeitigen Normen auszugehen.[20]

Im Blickpunkt der Steuerplanung im Zusammenhang mit dem internationalen Steuergefälle stehen auch Verrechnungspreise für konzerninterne Lieferungs- und Leistungsbeziehungen.[21] Zwischen konzernangehörigen Unternehmen ist trotz wirtschaftlicher Einheit des Konzerns ein Leistungsaustausch wie zwischen fremden Dritten möglich und wird auch steuerlich anerkannt. Die für solche internen Leistungsbeziehungen vereinbarten Preise werden als Verrechnungspreise bezeichnet.[22] Dabei sind steuerliche Korrekturvorschriften zu beachten, soweit der Fremdvergleichsgrundsatz (arm's length principle) als Maßstab der Gewinnabgrenzung nicht eingehalten wird. In Deutschland findet sich neben der verdeckten Gewinnausschüttung und der verdeckten Einlage eine Korrekturvorschrift für grenzüberschreitende Sachverhalte in § 1 AStG. Nach § 1 AStG werden Geschäftsbeziehungen zwischen Nahestehenden zu den Bedingungen angesetzt, die zwischen fremden Dritten vereinbart worden wären, wenn die tatsächlich vereinbarten Bedingungen diesen nicht entsprechen und dadurch eine Minderung der Einkünfte eingetreten ist. Vorrangig sind jedoch die Vorschriften über

---

[15] EuGH, Urteil v. 12.9.2006, C-196/04, IStR 2006, S. 670. Vgl. hierzu z. B. *Wassermeyer,* GmbHR 2006, S. 1065.
[16] EuGH, a.a.O., Rn. 37.
[17] EuGH, a.a.O., Rn. 45f.
[18] EuGH, a.a.O., Rn. 51.
[19] EuGH, a.a.O., Rn. 66.
[20] Vgl. *Körner*, IStR 2006, S. 675; *Hahn*, IStR 2006, S. 669.
[21] Vgl. *Vögele* u.a., Handbuch der Verrechnungspreise, 2004, VII.
[22] Vgl. *Borstell* in: Grotherr, Handbuch der internationalen Steuerplanung, 2003, S. 324.

die Zurechnung von Wirtschaftsgütern und Einkünften (§§ 39, 42 AO) und die Regeln über verdeckte Einlagen und verdeckte Gewinnausschüttungen anzuwenden. Folge einer Korrektur nach § 1 AStG ist, dass die Einkünfte wieder der inländischen Besteuerung unterliegen. Allerdings ist zu beachten, dass bei der Bestimmung des Verrechnungspreises ein Ermessensspielraum des gedachten ordentlichen und gewissenhaften Geschäftsführers besteht. Insofern gibt es keinen exakten Verrechnungspreis, sondern dieser bewegt sich vielmehr in einer Bandbreite.[23]

3.3. Reduktion von Quellensteuer

3.3.1. Bedeutung für die internationale Steuerplanung

Investiert eine im Ausland ansässige Kapitalgesellschaft im Inland (sog. Inbound-Fall), ist aus steuerplanerischer Sicht neben der steuerlichen Belastung des Investitionsvehikels (z. B. Kapitalgesellschaft) selbst, auch die potenzielle Quellensteuerbelastung zu beachten, die auf Zahlungsströme vom Inland in das Ausland anfällt. Eklatant wird diese Thematik, wenn der beschränkt Steuerpflichtige nicht über inländisches Betriebsvermögen verfügt und die einbehaltene Quellensteuer daher definitiv wird (§ 32 Abs. 1 Nr. 2 KStG, § 50 Abs. 5 EStG). Quellensteuer wird typischerweise auf Dividenden oder Lizenzen, aber auch auf Zinsen erhoben. Eine Reduktion von Quellensteuer kommt zum einen auf Basis von EU-Richtlinien, z. B. für Dividenden zwischen verbundenen Unternehmen nach der Mutter-Tochter-Richtlinie[24], und auf Basis von Doppelbesteuerungsabkommen in Betracht.

Bei der Konzernstrukturierung kann daher aus steuerlichen Gründen entscheidend sein, an welches Konzernunternehmen die Zahlungen geleistet werden. Erfolgt eine Zwischenschaltung einer ausländischen Gesellschaft allein aus Gründen der Quellensteuerreduktion, um in den Anwendungsbereich eines günstigen DBA oder einer EU-Richtlinie zu gelangen, spricht man vom treaty- bzw. directive-shopping.[25] Treaty- und directive-shopping verhindert § 50d Abs. 3 EStG (eingeführt 1994 durch das StMBG[26] als § 50d Abs. 1a EStG), der durch das Jahressteuergesetz 2007 deutlich verschärft wurde.

---

[23] Vgl. *Borstell* in: Grotherr, Handbuch der internationalen Steuerplanung, 2003, S. 326.

[24] Richtlinie 90/435/EWG des Rates v. 23.7.1990 (ABl. EG Nr. L 225, S. 6; Nr. L 266, S. 20; 1997 Nr. L 16, S. 98), zuletzt geändert durch die Richtlinie 2003/123/EG des Rates v. 22.12.2003 (ABl. EU 2004 Nr. L 7, S. 41).

[25] Vgl. *Hierstetter* in Erle/Sauter, § 50d EStG Rn. 51.

[26] Gesetz zur Bekämpfung des Mißbrauchs und zur Bereinigung des Steuerrechts, BGBl. I 1993, S. 2310.

3.3.2. BFH-Entscheidung „Hilversum II“

Nach der bisherigen Regelung des § 50d Abs. 3 EStG hat eine ausländische Gesellschaft keinen Anspruch auf Entlastung von der Kapitalertragsteuer, soweit den an ihr beteiligten Gesellschaftern die Entlastung nicht zustünde, wenn sie die Einkünfte unmittelbar erzielten (persönliche Voraussetzungen) **und** für die Einschaltung der ausländischen Gesellschaft wirtschaftliche oder sonstige beachtliche Gründe fehlen **und** sie keine eigene Wirtschaftstätigkeit entfaltet (sachliche Voraussetzungen). Nach dem Gesetzeswortlaut müssen die Voraussetzungen kumulativ vorliegen, um eine Entlastung zu versagen.[27]

Anlass für die Änderung des § 50d Abs. 3 EStG war die sog. „Hilversum II“-Entscheidung des BFH vom 31.5.2005.[28] Im Streitfall war die Kapitalertragsteuerentlastung bei Zwischenschaltung zweier niederländischer Holdinggesellschaften fraglich, die Bestandteil eines international tätigen niederländischen Konzerns waren. Die Holdinggesellschaften besaßen weder eigene Geschäftsräume, eigene Telefon- und Faxanschlüsse noch Personal. Der BFH versagte in Änderung der Rechtsprechung[29] die Quellensteuerreduktion nicht, da es sich nach Auffassung des BFH bei den niederländischen Holdinggesellschaften nicht um funktionslose Briefkastengesellschaften handelte. Entscheidend war für den BFH das konzerninterne Struktur- und Strategiekonzept, nach dem die als solche passiven Beteiligungsaktivitäten innerhalb des Konzerns durchgängig und langfristig und somit nicht allein zur Erlangung von Erstattungsvorteilen auf Holdinggesellschaften ausgegliedert worden waren. Zudem waren die Gesellschaften im selben Staat ansässig, in dem sich das aktive Kerngeschäft des Konzerns konzentrierte. Auf Grund dessen bejahte der BFH wirtschaftliche oder sonst beachtliche Gründe für die Einschaltung der ausländischen Holdinggesellschaften. Darüber hinaus könnte gemäß BFH sogar eine eigene Wirtschaftstätigkeit der Gesellschaften gegeben sein, da sie nicht nur eine sondern mehrere Beteiligungen hielten.

3.3.3. § 50d Abs. 3 EStG in der Fassung des Jahressteuergesetzes 2007

Nachdem die Finanzverwaltung auf das „Hilversum II“-Urteil zunächst mit einem Nichtanwendungserlass reagierte,[30] nahm der Gesetzgeber die geänderte Rechtsprechung zum Anlass § 50d Abs. 3 EStG im Rahmen des Jahressteuergesetzes 2007[31] im

---

[27] Vgl. BFH, Urteil v. 31.5.2005, I R 74, 88/04, BStBl. II 2006, S. 118; ebenso FG Köln, Urteile v. 16.3.2006, 2 K 2916 (rkr.), DStRE 2006, S. 1062 und 2 K 1139/02 (Rev. eingelegt), IStR 2006, S. 425.

[28] I R 74, 88/04, BStBl. II 2006, S. 118.

[29] Vgl. zuletzt „Hilversum I“, BFH, Urteil v. 20.3.2002, I R 38/00, BStBl. II 2002, S. 819.

[30] Vgl. BMF-Schreiben v. 30.1.2006, BStBl. I 2006, S. 166.

[31] BGBl. I 2006, S. 2878.

Sinne der Verwaltungsauffassung zu überarbeiten. Nach § 50d Abs. 3 EStG haben ausländische Gesellschaften keinen Anspruch auf Quellensteuerermäßigungen, soweit Personen an der Gesellschaft beteiligt sind, denen bei unmittelbarer Einkünfteerzielung die Quellensteuerentlastung nicht zustünde, und

- für die Einschaltung der ausländischen Gesellschaft wirtschaftliche und sonst beachtliche Gründe fehlen (§ 50d Abs. 3 Satz 1 Nr. 1 EStG) oder
- die ausländische Gesellschaft nicht mehr als 10 % ihrer gesamten Bruttoerträge aus eigener Wirtschaftstätigkeit erzielt (§ 50d Abs. 3 Satz 1 Nr. 2 EStG) oder
- die ausländische Gesellschaft nicht mit einem für diesen Zweck eingerichteten Geschäftsbetrieb am allgemeinen wirtschaftlichen Verkehr teilnimmt (§ 50d Abs. 3 Satz 1 Nr. 3 EStG).[32]

Nach dem neuen Gesetzeswortlaut ist eine Quellensteuerreduktion bereits dann zu versagen, wenn eine der sachlichen Voraussetzungen nicht erfüllt ist. Dies entspricht ganz eindeutig nicht der vom Gesetzgeber propagierten „Klarstellung"[33] der bisherigen gesetzlichen Regelung, sondern ist als deutliche Verschärfung zu werten.

Der Gesetzgeber hat nunmehr – entgegen der Rechtsprechung des BFH[34] – ausdrücklich festgeschrieben, dass es für diese Beurteilung der vorgenannten Voraussetzungen ausschließlich auf die Verhältnisse der ausländischen Gesellschaft ankommt. Organisatorische, wirtschaftliche oder sonst beachtliche Merkmale von Unternehmen, die der ausländischen Gesellschaft im Sinne des § 1 Abs. 2 AStG nahe stehen, bleiben außer Betracht.

An einer eigenen wirtschaftlichen Tätigkeit fehlt es gemäß § 50d Abs. 3 Satz 3 EStG, soweit die ausländische Gesellschaft ihre Bruttoerträge aus der Verwaltung von Wirtschaftsgütern erzielt oder ihre wesentlichen Geschäftstätigkeiten auf Dritte überträgt. Holdinggesellschaften, die lediglich Beteiligungen an anderen Gesellschaften halten, wird damit per Definition die notwendige eigene Wirtschaftstätigkeit abgesprochen.[35] Gemäß Gesetzesbegründung liegt eine eigene Wirtschaftstätigkeit vor, soweit die Holdinggesellschaft geschäftsleitende Funktionen ausübt (z. B. tatsächliche Managementtätigkeit).[36] Aber auch wenn damit eine eigene Wirtschaftstätigkeit bejaht werden kann, ist die notwendige Aktivitätsgrenze von 10 % der gesamten Bruttoerträge aus

---

[32] Nicht anzuwenden ist § 50d Abs. 3 EStG unabhängig von den übrigen Voraussetzungen, wenn mit der Hauptgattung der Aktien der ausländischen Gesellschaft ein wesentlicher und regelmäßiger Handel an einer anerkannten Börse stattfindet oder für die ausländische Gesellschaft die Vorschriften des InvStG anwendbar sind (§ 50d Abs. 3 Satz 4 EStG).

[33] Vgl. Gesetzesbegründung zum JStG 2007 zu Nr. 38 (§ 50d EStG), BR-Drs. 622/06, S. 100.

[34] BFH vom 31.5.2005, I R 74, 88/04, BStBl. II 2006, S. 118.

[35] Vgl. BR-Drs. 622/06, S. 101.

[36] Vgl. BR-Drs. 622/06, S. 101.

eigener Wirtschaftstätigkeit bei realistischer Betrachtungsweise kaum möglich.[37] Je mehr Beteiligungen auf eine Holding übertragen werden, desto eher wird die 10 %-Grenze unterschritten, soweit man Dividendeneinkünfte als passiv und damit schädlich ansieht.[38] Für die Einordnung von Dividendeneinkünften als passive Einkünfte spricht der Wortlaut des Gesetzes, nach dem Erträge aus dem Halten von Beteiligungen und damit aus der Verwaltung von Wirtschaftsgütern nicht zu einer eigenen Wirtschaftstätigkeit gehören.[39]

Dennoch lassen sich gewichtige Argumente für eine Einbeziehung von vereinnahmten Dividenden als Einkünfte aus eigener Wirtschaftstätigkeit anführen: Im Außensteuerrecht werden Gewinnausschüttungen von Kapitalgesellschaften nach § 8 Abs. 1 Nr. 8 AStG als aktive, nicht als passive Einkünfte qualifiziert. Die Auslegung der Aktivitätsgrenze i.S. des AStG unterstützt die Gesetzesbegründung, nach der die Aktivitätsgrenze in Anlehnung an § 9 AStG geschaffen wurde.[40]

Des Weiteren war für die bisherige gesetzliche Regelung auf Grundlage der Basisrechtsprechung des BFH zur geschäftsleitenden Holdinggesellschaft[41] anerkannt, dass die geschäftsleitende Holding nicht unter § 50d Abs. 3 EStG fällt.[42] Nach der Gesetzesbegründung bezweckt die gesetzliche Regelung lediglich eine Klarstellung und soll sich an die langjährige Rechtsprechung des BFH anlehnen, wie sie zuletzt in „Hilversum I“[43] zum Ausdruck kam.[44]

Zudem ist zu bedenken, dass die Einschaltung von Holdinggesellschaften eine Vielzahl verschiedener Gründe haben kann,[45] die nicht auf die Erlangung von Erstattungsansprüchen gerichtet sind, sondern von außersteuerlichen Motiven geleitet werden und demnach wirtschaftliche oder sonst beachtliche Gründe darstellen. Liegen solche Gründe vor, kann die Einschaltung einer Holdinggesellschaft nicht per se missbräuchlich sein oder ihre steuerliche Anerkennung von weiteren Erfordernissen abhängig gemacht werden. Darüber hinaus ist die Regelung insgesamt bzw. die starre 10 %-

---

[37] Ebenso: *Kessler/Eicke*, IStR 2006, S. 577, S. 579.
[38] Vgl. IDW-Stellungnahme v. 12.10.2006, S. 4.
[39] Vgl. *Bünning/Mühle*, BB 2006, S. 2159, S. 2163.
[40] Vgl. BR-Drs. 622/06, S. 101.
[41] Vgl. BFH, Urteile v. 29.7.1976, VIII R 41/74, BStBl. II 1977, S. 261 und VIII R 116/72, BStBl. II 1977, S. 268; BFH, Urteil v. 9.12.1980, VIII R 11/77, BStBl. II 1981, S. 399; BFH, Urteil v. 2.6.1992, VIII R 8/89, BFH/NV 1993, S. 416; ebenso FG Köln, Urteil v. 16.3.2006, 2 K 1139/02 (Rev. eingelegt), IStR 2006, S. 427 mit Überblick über die Rspr.
[42] Vgl. *Gosch* in Kirchhof, EStG, § 50d Rn. 43; *Heinicke* in: Schmidt, EStG, § 50d Rn. 46; *Sieker*, IStR 1996, S. 57; *Kessler/Eicke*, IStR 2006, S. 577, S. 579.
[43] Vgl. BFH, Urteil v. 20.3.2002, I R 38/00, BStBl. II 2002, S. 819.
[44] Vgl. BR-Drs. 622/06, S. 100.
[45] Vgl. z. B. *Lutter*, Holding-Handbuch, 2004, S. 2ff.

Grenze im Besonderen m.E. nicht mit den EU-rechtlichen Grundfreiheiten vereinbar, da der grenzüberschreitende Fall im Vergleich zum reinen Inlandsfall eindeutig schlechter gestellt wird.[46]

3.3.4. Konsequenzen für die Steuerplanung

Um die Quellensteuerreduktion zu gewährleisten, müssen zunächst wirtschaftliche oder sonst beachtliche Gründe für die Zwischenschaltung der ausländischen Gesellschaft vorliegen. Nach der Gesetzesbegründung werden weder eine Konzernstrategie oder -konzept noch die Gestaltung einer Erbfolge noch die Sicherung von inländischem Grundvermögen als wirtschaftliche Gründe anerkannt.[47] In Betracht kommen demgegenüber rechtliche Gründe, wie z. B. die Verhinderung einer Durchgriffshaftung,[48] sowie politische und religiöse Gründe.

Weiterhin muss eine eigene Wirtschaftstätigkeit ausgeübt werden, d.h. im Falle einer Holding die Übernahme von geschäftsleitenden Funktionen im Zusammenhang mit den gehaltenen Beteiligungen. Die Holdinggesellschaft muss außerdem die wesentlichen Geschäftstätigkeiten selbst ausführen und darf sie nunmehr ausdrücklich nicht auf Dritte, wie z. B. Anwaltskanzleien, übertragen. Die Einkünfte aus dieser eigenen Wirtschaftstätigkeit müssen 10 % der Bruttoerträge betragen. Dieses Erfordernis muss jedoch nur in dem betreffenden Wirtschaftsjahr der Dividendenausschüttung erfüllt sein, so dass eine entsprechende Dividendenpolitik erfolgen sollte.

Zuletzt ist darauf zu achten, dass die ausländische Gesellschaft mit einem zu diesem Geschäftszweck angemessenen Geschäftsbetrieb ausgestattet ist, also über hinreichende sachliche und personelle Ausstattung verfügt. Dies bedeutet, dass die Gesellschaft z. B. über eigene Geschäftsräume, einen eigenen Telefon- und Faxanschluss und über weiteres, über einen Geschäftsführer hinausgehendes Personal verfügen sollte. Im Zweifel besteht die Möglichkeit, Substanz in Form von Geschäftsausstattung mit geringen stillen Reserven oder Personal aus der im Inland ansässigen Gesellschaft auf die ausländische Gesellschaft zu verlagern.[49]

---

[46] Vgl. auch IDW-Stellungnahme v. 12.10.2006, S. 4; *Wiese/Süß*, GmbHR 2006, S. 974; *Kessler/Eicke*, IStR 2006, S. 577, S. 580ff.; *Bünning/Mühle*, BB 2006, S. 2159, S. 2162.

[47] Vgl. Gesetzesbegründung zum JStG 2007 zu Nr. 38 (§ 50d EStG), BR-Drs. 622/06, S. 100.

[48] So auch *Kessler/Eicke*, IStR 2006, S. 577, S. 579.

[49] Vgl. *Bünning/Mühle*, BB 2006, S. 2159, S. 2165.

3.4. Finanzierung im internationalen Konzern

3.4.1. Bedeutung für die internationale Steuerplanung

Zur Realisierung von Investitionsvorhaben müssen Konzerngesellschaften mit dem erforderlichen Kapital ausgestattet werden, sofern der Mittelbedarf nicht durch Innenfinanzierungen gedeckt werden kann. In Betracht kommen Eigen- oder Fremdfinanzierung. Wenngleich Finanzierungsentscheidungen vordringlich betriebswirtschaftlicher Natur sind, ist ein deutlicher Einfluss der Finanzierungsform auf die Höhe der Unternehmenssteuerbelastung zu verzeichnen. Die Unternehmensfinanzierung ist daher ein zentraler Bestandteil der internationalen Steuerplanung.

Hinsichtlich der Steuerplanung bei Finanzierungsentscheidungen sind folgende zentrale Aspekte zu beachten: Im nationalen Steuerrecht besteht keine Finanzierungsneutralität; vielmehr werden Eigen- und Fremdfinanzierung grundlegend unterschiedlich behandelt. Im internationalen Konzern ist das Steuergefälle zu beachten, dem aus steuerplanerischer Sicht der Anreiz immanent ist, Unternehmensteile in Hochsteuerländern mit Fremdkapital und Unternehmensteile in Niedrigsteuerländern mit Eigenkapital auszustatten.[50] Letztendlich kann im grenzüberschreitenden Fall die Einordnung als Eigen- bzw. Fremdkapital mit entsprechenden steuerlichen Folgen zwischen den beteiligten Steuerhoheiten voneinander abweichen.

3.4.2. Eigenkapital

Vergütungen für die Gewährung von Eigenkapital mindern im Unterschied zu Fremdkapitalvergütungen nicht die steuerliche Bemessungsgrundlage. Insofern wird Eigenkapital im deutschen Steuerrecht gegenüber Fremdkapital auf Ebene der Gesellschaft grundsätzlich diskriminiert.

Nach ausländischem Steuerrecht wird in manchen Staaten eine fiktive Eigenkapitalverzinsung („notional interest deduction") gewährt. Die durch Anwendung eines vorgegebenen Zinsfaktors auf das Eigenkapital ermittelte Eigenkapitalverzinsung wird als Betriebsausgabe zum Abzug zugelassen. Damit wird im Ausland nicht nur die Besteuerung inflationärer Scheingewinne vermieden, sondern auch eine größere Neutralität der Besteuerung gewährleistet.[51]

Auf Ebene der Anteilseigner ist das Halbeinkünfteverfahren auf ausgeschüttete Gewinne anwendbar, d.h. bei Körperschaften sind Dividenden im wirtschaftlichen Er-

[50] Vgl. *Jacobs*, Internationale Unternehmensbesteuerung, 2002, S. 763.
[51] Vgl. *Jacobs*, Internationale Unternehmensbesteuerung, 2002, S. 1250.

gebnis zu 95 % körperschaftsteuerfrei (§ 8b Abs. 1 i.V.m. Abs. 5 KStG). Eventuelle Refinanzierungskosten des Anteilseigners sind als Betriebsausgaben grundsätzlich abzugsfähig. Um eine gewerbesteuerliche Freistellung der Dividende zu erreichen, müssen an inländischen Körperschaften mindestens 10 % am Nenn- oder Stammkapital seit Beginn des Erhebungszeitraums gehalten werden (§ 9 Nr. 2a GewStG). Bei Dividenden von ausländischen Gesellschaften, die nicht in den Anwendungsbereich der Mutter-Tochter-Richtlinie fallen, müssen die Einkünfte zudem als aktive Einkünfte i.S. des § 8 Abs. 1 Nr. 1 bis 6 AStG zu qualifizieren sein (§ 9 Nr. 7 GewStG).

3.4.3. Fremdkapital

Vergütungen für die Gewährung von Fremdkapital sind beim Darlehensnehmer steuerlich grundsätzlich als Betriebsausgabe abzugsfähig. Gewerbesteuerlich ist bei sog. Dauerschuldzinsen i.S. des § 8 Nr. 1 GewStG eine 50 %ige Hinzurechnung der Vergütungen zu beachten. Auf Ebene des Darlehensgebers sind Zinserträge grundsätzlich in voller Höhe zu versteuern.

Aufgrund des in Deutschland im internationalen Vergleich hohen Steuersatzniveaus, ist es aus steuerplanerischer Sicht häufig vorteilhaft, inländische Unternehmen vorrangig mit Fremdkapital auszustatten. Gewährt ein Konzernunternehmen das Darlehen fallen die korrespondierenden Zinserträge im niedriger besteuernden Ausland an.

Im Rahmen von innerkonzernlichen Fremdfinanzierungen sind jedoch die Vorschriften zur Gesellschafterfremdfinanzierung nach § 8a KStG (sog. „thin-capitalization-rules") zu beachten. Unterfallen die Vergütungen für die Fremdfinanzierung § 8a KStG, sind diese bei der darlehensvereinnahmenden Kapitalgesellschaft als verdeckte Gewinnausschüttungen (vGA) zu behandeln, die das Einkommen nicht mindern dürfen. Auf Ebene des Anteilseigners ist das Halbeinkünfteverfahren auf vGA anzuwenden, soweit die vGA das Einkommen der Kapitalgesellschaft nicht gemindert hat (sog. Korrespondenzprinzip). Eine Möglichkeit, nicht in den Anwendungsbereich des § 8a KStG zu gelangen und somit den Betriebsausgabenabzug zu sichern, besteht in einer Sachkapitalüberlassung an Stelle eines Gelddarlehens.[52]

3.4.4. Hybride Finanzierung

Die unterschiedliche Behandlung von Fremd- und Eigenkapital kann in der internationalen Steuerplanung durch sog. Qualifikationskonflikte genutzt werden. Bedingt durch die unterschiedlichen Steuersysteme kann es zur unterschiedlichen Behandlung identi-

---

[52] Vgl. BMF-Schreiben vom 15.12.1994, BStBl. I 1994, S. 25, S. 176, Tz. 44; *Köplin/Koch* in Erle/Sauter, § 8a KStG Rn. 78.

scher Sachverhalte durch verschiedene Staaten kommen, welche eine Besteuerung in beiden betroffenen Staaten vermeiden kann (sog. „weiße Einkünfte"), allerdings auch die Gefahr einer Doppelbesteuerung birgt.[53] Neben hybriden Gesellschaften, unterschiedlichen Zuordnungen von Wirtschaftsgütern (z. B. beim Leasing) bestehen mögliche Strukturen in der unterschiedlichen Qualifikation von hybriden Finanzierungsformen, die sowohl Eigen- als auch Fremdkapitalattribute aufweisen.[54] Zu den typischen hybriden Instrumenten gehören z. B. Gewinnobligationen, Genussrechte, Wandel- und Optionsanleihen, partiarische Darlehen, stille Gesellschaften, Rangrücktritts- und Besserungsvereinbarungen.[55]

Hybride Finanzierungen können z. B. dergestalt eingesetzt werden, dass bei der finanzierenden inländischen Mutterkapitalgesellschaft das hybride Finanzinstrument als Eigenkapital angesehen wird, während aus Sicht der finanzierten ausländischen Tochterkapitalgesellschaft Fremdkapital vorliegt (Outbound-Fall). In dieser Konstellation können die Vergütungen für die (Fremd)Kapitalüberlassung im Ausland typischerweise als Betriebsausgabe steuermindernd berücksichtigt werden, während aus inländischer Sicht eine nach § 8b Abs. 1 i.V.m. Abs. 5 KStG zu 95 % steuerfreie Dividende vorliegt. Im umgekehrten Fall, d.h. wenn der ausländische Fiskus eine Eigenkapitalüberlassung annimmt und aus inländischer Sicht Zinserträge vereinnahmt werden, droht hingegen eine Doppelbesteuerung.

4. Thesenförmige Zusammenfassung

- Der von *Mellwig* in der Monographie „Investition und Besteuerung" erläuterte Einfluss von Steuern auf unternehmerische Entscheidungen hat nicht an Aktualität und Relevanz verloren, sondern ist vielmehr als tragende Säule der Steuerplanung zu bezeichnen.
- Einer der wichtigsten Ausgangspunkte für die Steuerplanung im internationalen Konzern ist das internationale Steuergefälle. Dabei steht im Vordergrund positive Einkünfte einem niedrig besteuernden Staat und negative Einkünfte einem hoch besteuernden Staat zuzuordnen. Für ein Auslandsengagement eines inländischen Konzerns ist dabei i.S. einer relativen Steuerminimierung die Freistellungsmethode gegenüber der Anrechnungsmethode von Vorteil.
- Bei sog. Inbound-Fällen sind aus steuerplanerischer Sicht Quellensteuern zu berücksichtigen. Hinsichtlich der Missbrauchsvorschrift des § 50d Abs. 3 EStG stellt insbesondere für Holdinggesellschaften die 10 %-Regel eine hohe Hürde

[53] Vgl. *Jacobs*, Internationale Unternehmensbesteuerung, 2002, S. 1240.
[54] Vgl. z. B. *Jänisch/Moran/Waibel*, DB 2002, S. 2451.
[55] Vgl. Übersicht bei *Jacobs*, Internationale Unternehmensbesteuerung, 2002, S. 1250f.

dar. Allerdings kann mit guten Gründen argumentiert werden, dass vereinnahmte Dividenden zumindest in Fällen von geschäftsleitenden Holdinggesellschaften als der eigenen wirtschaftlichen Tätigkeit zugehörig einzustufen sind.

- Aufgrund des hohen Einflusses von Finanzierungsformen auf die steuerliche Belastung von Unternehmen, sind Finanzierungsentscheidungen ein zentraler Bestandteil der internationalen Steuerplanung. Im internationalen Konzern ist es aus steuerlicher Sicht häufig vorteilhaft, Fremdkapital in Hochsteuerländern und Eigenkapital in Niedrigsteuerländern zu investieren. Zudem können durch den Einsatz hybrider Finanzierungsformen, die sowohl Eigen- als auch Fremdkapitalattribute aufweisen, Qualifikationskonflikte ausgenutzt werden.

Literaturverzeichnis

Borstell, Thomas:
in: Grotherr (Hrsg.): Handbuch der internationalen Steuerplanung, 2. Auflage, Herne / Berlin: NWB, 2003.

Bünning, Martin / Mühle, Sabine Anja:
Jahressteuergesetz 2007: Der Regierungsentwurf zur Änderung des § 50d Abs. 3 EStG Rechtsentwicklung von Hilversum I und II über den Nichtanwendungserlass zur vorgesehenen Rechtsänderung, in: BB, 2006, Heft 40, S. 2159-2165.

Gosch, Dietmar:
EStG § 50d, in: Kirchhof, Paul / Söhn, Hartmut / Mellinghoff, Rudolf: Einkommensteuergesetz, Kommentar, Heidelberg: C. F. Müller, Stand: 172. Ergänzungslieferung, Februar 2007.

Hahn, Hartmut:
Bemerkungen zum EuGH-Urteil „Cadburry Schweppes", in: IstR, 2006, Heft 19, S. 667-670.

Hannemann, Susanne / Peffermann, Petra:
IAS-Konzernsteuerquote: Begrenzte Aussagekraft für die steuerliche Performance eines Konzerns, in: BB, 2003, Heft 14, S. 727-733.

Heinicke, Wolfgang:
EStG, § 50d, in: Schmidt, Ludwig: Einkommensteuergesetz, Kommentar, 25. Auflage, München: Beck, 2006.

Herzig, Norbert / Dempfle, Urs:
Konzernsteuerquote, betriebliche Steuerpolitik und Steuerwettbewerb, in: DB, 2002, Heft 1, Seite 1-8.

Hierstetter, Felix:
§ 50d EStG, in: Erle, Bernd / Sauter, Thomas (Hrsg.): Körperschaftsteuergesetz, Die Besteuerung der Kapitalgesellschaft und ihrer Anteilseigner, 2. Auflage, Heidelberg: C. F. Müller, 2003.

Jacobs, Otto:
Internationale Unternehmensbesteuerung, 5. Auflage, München: Beck, 2002.

Jänisch, Christian / Moran, Kevin / Waibel, Nicole:
Mezzanine-Finanzierung – Intelligentes Fremdkapital und deutsches Steuerrecht, in: DB, 2002, Heft 47, S. 2451-2456.

Kessler, Wolfgang / Eicke, Rolf:
Treaty-Shopping – Quo vadis? Kritische Anmerkung zu § 50d Abs. 3 EStG-E, in: IStR, 2006, Heft 17, S. 577-582.

Köplin, Manfred / Koch, Claudia:
§ 8a KStG, in: Erle, Bernd / Sauter, Thomas: Körperschaftsteuer, Die Besteuerung der Kapitalgesellschaft und ihrer Anteilseigner, 2. Auflage, Heidelberg: C. F. Müller, 2003.

Körner, Andreas:
Einbeziehung der Gewinne beherrschter ausländischer Gesellschaften in die Steuerbemessungsgrundlage der Muttergesellschaft, in: IStR, 2006, Heft 19, S. 670-675.

KPMG:
KPMG´s Corporate Tax Rate Survey 2006.

Lutter, Marcus:
Holding-Handbuch, 4. Auflage, Köln: Otto Schmidt, 2004.

Mellwig, Winfried:
Investition und Besteuerung, Wiesbaden: Gabler, 1985.

Mellwig, Winfried:
Betriebswirtschaft, Kompendium für das Examen zum vBP/WP, Band 2, Hamburg 1988; 2. Auflage 1994, seit 1995 als Loseblattausgabe.

Mellwig, Winfried / Hastedt, Uwe:
Leasing. Rechtliche und ökonomische Grundlagen, 1. Auflage, Heidelberg: Recht und Wirtschaft, 1998.

Müller, Rolf:
Die Konzernsteuerquote – Modephänomen oder ernst zu nehmende neue Kennziffer?, in: DStR, 2002, Heft 39, S. 1684-1688.

Rose, Gerd:
Rezensionen: Investition und Besteuerung, in: StuW, 1986, Heft 1, S. 73-74.

Sieker, Klaus:
Geschäftsleitende Holding als Ausweg aus dem Dilemma des § 50d Abs. 1a EStG?, in: IStR, 1996, Heft 2, S. 57-59.

Vögele, Alexander / Borstell, Thomas / Kotschenreuther, Heiko:
Handbuch der Verrechnungspreise, 2. Auflage, München: Beck, 2004.

Wassermeyer, Franz:
Kommentierung zu §§ 7-14 AStG, in: Flick, Hans / Wassermeyer, Franz / Baumhoff, Hubertus: Außensteuerrecht, Kommentar, Köln: Otto Schmidt, Stand: 59. Ergänzungslieferung, September 2006.

Wassermeyer, Franz / Schönfeld, Jens:
Die EuGH-Entscheidung in der Rechtssache "Cadbury Schweppes" und deren Auswirkungen auf die deutsche Hinzurechnungsbesteuerung, in: GmbHR, 2006, Heft 20, S. 1065-1073.

Wiese, Götz T. / Süß, Stefan:
Verschärfung bei Kapitalertragsteuer-Entlastung für zwischengeschaltete ausländische Kapitalgesellschaften, in: GmbHR, 2006, Heft 18, S. 972-976.

Rechtsprechungsverzeichnis

Gericht	Aktenzeichen	Fundstelle
EuGH vom 12.09.2006	C-196/04	IStR 2006, S. 670.
BFH vom 29.07.1976	VIII R 41/74	BStBl. II 1977, S. 261.
BFH vom 29.07.1976	VIII R 116/72	BStBl. II 1977, S. 268.
BFH vom 09.12.1980	VIII R 11/77	BStBl. II 1981, S. 399.
BFH vom 02.06.1992	VIII R 8/89	BFH/NV 1993, S. 416.
BFH vom 19.01.2000	I R 94/97	BStBl. II 2001, S. 222.
BFH vom 19.01.2000	I R 117/97	BFH/NV 2000, S. 824.
BFH vom 20.03.2002	I R 38/00	BStBl. II 2002, S. 819.
BFH vom 25.02.2004	I R 42/02	BStBl. II 2005, S. 14.
BFH vom 31.05.2005	I R 74, 88/04	BStBl. II 2006, S. 118.
FG Köln vom 16.03.2006	2 K 1139/02 (Rev. eingelegt)	IStR 2006, S. 425-427.
FG Köln vom 16.03.2006	2 K 2916 (rechtskräftig)	DStRE 2006, S. 1062.

Verwaltungsanweisungen (BMF)

Datum	Fundstelle
15.12.1994	BStBl. I 1994, S. 25, S. 176.
30.01.2006	BStBl. I 2006, S. 166.

Verzeichnis der Schriften von Winfried Mellwig

I. Bücher/Monographien

- Anpassungsfähigkeit und Ungewißheitstheorie, Zur Berücksichtigung der Elastizität des Handelns in der Unternehmenstheorie, Diss., Tübingen 1972.
- Betriebswirtschaftliche Wachstumstheorie, Grundlagen und Modellansätze einer betriebswirtschaftlichen Theorie einzelwirtschaftlichen Wachstums (Habilitationsschrift, Münster 1975, unveröffentlicht).
- Investition und Besteuerung, Ein Lehrbuch zum Einfluß der Steuern auf die Investitionsentscheidung, Wiesbaden 1985.
- Betriebswirtschaft, Kompendium für das Examen zum vBP/WP, Band 2, Hamburg 1988; 2. Aufl. 1994, seit 1995 als Loseblattausgabe.
- Leasing. Rechtliche und ökonomische Grundlagen, Heidelberg 1998 (zusammen mit Uwe-Peter Hastedt).

II. Aufsätze/Beiträge in Sammelwerken

- Flexibilität als Aspekt unternehmerischen Handelns, in: ZfbF, 24. Jg. (1972), S. 724-744.
- Gewinnsicherung und Auswahlkriterium bei Ungewißheit, in: ZfbF, 25. Jg. (1973), S. 792-804.
- Zum Einfluß von Inflation und Unternehmenswachstum auf die ertragsteuerliche Bemessungsgrundlage, in: ZfbF, 29. Jg. (1977), S. 211-233.
- Handlungstheorie, in: Handwörterbuch der Wirtschaftswissenschaften (HdWW), 4. Bd., 1978, S. 20 26.
- Zur steuerlichen Behandlung von Sondervergütungen i.S. § 15 Abs. 1 Nr. 2 EStG an inländische Gewerbebetriebe - Ein Beitrag zur Diskussion um die These von der subsidiären Bedeutung des § 15 Abs. 1 Nr. 2 EStG - in: DB, 31. Jg. (1978), S. 1047-1052 und S. 1099-1101.
- Integrierte Unternehmensplanung und betriebswirtschaftliche Modellanalyse, Eine Untersuchung unter besonderer Berücksichtigung der "betriebswirtschaftlichen Steuerplanung", in: Unternehmenstheorie und Unternehmensplanung, Helmut Koch zum 60. Geburtstag, hrsg. von Winfried Mellwig, Wiesbaden 1979, S. 147-179.
- Rechnungslegungszwecke und Kapitalkonten bei Personengesellschaften, Handelsrechtliche Grundfragen der Erfolgszurechnung und steuerrechtliche Folgerungen, in: BB, 34. Jg. (1979), S. 1409-1418.

- Sensitivitätsanalyse des Steuereinflusses in der Investitionsplanung - Überlegungen zur praktischen Relevanz einer Berücksichtigung der Steuern bei der Investitionsentscheidung - in: ZfbF, 32. Jg. (1980), S. 16-39.
- Finanzplanung und Leasing, in: ZfB, 50. Jg. (1980), S. 1042-1064.
- Die Berücksichtigung der Steuern in der Investitionsplanung - Modellprämissen und Ausmaß des Steuereinflusses, in: ZfbF, 33. Jg. (1981), S. 53-55.
- Steuerliche Bemessungsgrundlagen als Gegenstand der betriebswirtschaftlichen Steuerlehre, in: DBW, 41. Jg. (1981), S. 113-126, zusammen mit Reinhold Heibel.
- Erfolgsteuerliche Aktivierungsprobleme bei Mobilien-Leasingverträgen, in: BB, 36. Jg. (1981), S. 1808-1815.
- Wirken Substanzsteuern investitionshemmend? in: DB, 35. Jg. (1982), S. 501-507 und S. 553-556.
- Leasing als Handlungsalternative in der Investitions- und Finanzierungsentscheidung, in: Der Bankkaufmann, 1982, S. 163-166 und S. 275-280.
- Besteuerung und Kauf/Leasing-Entscheidung, in: ZfbF, 35. Jg. (1983), S. 782-800.
- Bilanzrechtsprechung und Betriebswirtschaftslehre, Zu einigen Grundlagen der steuerlichen Bilanzrechtsprechung und ihrer betriebswirtschaftlichen Kritik, in: BB, 38. Jg. (1983), S. 1613-1620.
- Vorteilhafte Leasingverträge - ein Rechenfehler? in: DB, 36. Jg. (1983), S. 2261-2266.
- Vermögensverwaltung: Bewährungsprobe für das neue Steuerrecht der Personengesellschaft, in: DB, 38. Jg. (1985), S. 2066-2072 und S. 2120-2123.
- Zur Ermittlung der Anschaffungskosten von Aktien und Bezugsrechten, in: DB, 39. Jg. (1986), S. 1417-1425.
- Rechtsformwahl aus betriebswirtschaftlicher und steuerlicher Sicht, in: Steuerberaterkongreß-Report 1986, S. 291-302.
- Anforderungen und Chancen qualifizierter betriebswirtschaftlich-steuerlicher Beratung Eine Bestandsaufnahme nach dem Bilanzrichtlinien-Gesetz - in: Harzburger Protokolle '87, 26. Fachtagung 1987 des Steuerberaterverbandes Niedersachsen, S. 29-55.
- Der Mitunternehmergewinn als Gewinn einer wirtschaftlichen Einheit, in: Handelsrecht und Steuerrecht, Festschrift für Georg Döllerer, hrsg. von Brigitte Knobbe-Keuk et al., Düsseldorf 1988, S. 411-427.
- Die Erfassung der Steuern in der Investitionsrechnung - Grundprobleme und Modellvarianten, in: WISU 1989, S. 35-41.
- Besteuerung und Investitionsentscheidung – Steuerlast und Vorteilhaftigkeit von Investitionen, in: WISU 1989, S. 231-235.

- Wechselbeziehungen zwischen Handels- und Steuerbilanz - zur Problematik des Maßgeblichkeitsprinzips, Diskussionsbeitrag, in: BFuP, 41. Jg. (1989), S. 159-174.
- Ersatz der Gewerbesteuer durch die Wertschöpfungsteuer? Zur Integration einzelwirtschaftlicher Wirkungsanalyse in die Steuerreformdiskussion, in: Der Integrationsgedanke in der Betriebswirtschaftslehre, Helmut Koch zum 70. Geburtstag, hrsg. von Werner Delfmann, Wiesbaden 1989, S. 279-294.
- Leasing, in: Handbook of German Business Management (GBM), Vol. 2 (1990), Sp. 1316 1322.
- Betriebswirtschaftliche Beratung mittelständischer Unternehmen - Eine Herausforderung für den Steuerberater - in: DB, 43. Jg. (1990), S. 53-62.
- Beteiligungen an Personengesellschaften in der Handelsbilanz, in: BB, 45. Jg. (1990), S. 1162-1172.
- Erfolgs- und Finanz-Controlling in mittelständischen Unternehmen, in: Betriebswirtschaftliche Steuerlehre und Steuerberatung, Gerd Rose zum 65. Geburtstag, hrsg. von Norbert Herzig, Wiesbaden 1991, S. 73-90.
- Ausschüttungs- und Entnahmepolitik im mittelständischen Unternehmen, in: Recht und Besteuerung der Familienunternehmen, hrsg. von: Deutsches wissenschaftliches Steuerinstitut der Steuerberater und Steuerbevollmächtigten e.V., Bonn 1992, S. 125-173.
- Gesellschafterbeiträge und Bewertung von Beteiligungen an Personenhandelsgesellschaften in der Handelsbilanz der Kapitalgesellschaft, in: Rechnungslegung, Entwicklungen bei der Bilanzierung und Prüfung von Kapitalgesellschaften, Festschrift für Karl-Heinz Forster, hrsg. von Adolf Moxter et al., Düsseldorf 1992, S. 399-413.
- Gewinnrealisation bei Unbestimmbarkeit der Gegenleistung dargestellt am Beispiel des Wärmelieferungsvertrages, in: DB, 45. Jg. (1992), S. 1589-1592 (zusammen mit Uwe-Peter Hastedt).
- Besteuerung, in: Handwörterbuch des Rechnungswesens, hrsg. von Klaus Chmielewicz und Marcell Schweitzer, Stuttgart 1993, Sp. 142-153.
- Handlungstheorie, in: Handwörterbuch der Betriebswirtschaft, Teilband 1, hrsg. von Waldemar Wittmann et al., Stuttgart 1993, Sp. 1603-1615.
- Leasing: in: Handwörterbuch des Rechnungswesens, hrsg. von Klaus Chmielewicz und Marcell Schweitzer, Stuttgart 1993, Sp. 1347-11353.
- Beteiligung, in: Lexikon des Rechnungswesens, hrsg. von Walther Busse von Colbe, 3. Aufl., München, Wien 1994, S. 63-66.
- Für ein bilanzzweckadäquates Teilwertverständnis, in: Bilanzrecht und Kapitalmarkt, Festschrift für Adolf Moxter, hrsg. von Wolfgang Ballwieser et al., Düsseldorf 1994, S. 1069-1088.

- Herstellungskosten und Realisationsprinzip, in: Rechenschaftslegung im Wandel, Festschrift für Wolfgang Dieter Budde, hrsg. von Gerhart Förschle et al., München 1995, S. 397-417.
- Steuerarbitrage bei Leasingverträgen, in: Unternehmenstheorie und Besteuerung, Festschrift für Dieter Schneider, Wiesbaden 1995, S. 419-443.
- Niedrigere Tageswerte, in: Beck´sches Handbuch der Rechnungslegung, B 164, (1995).
- Die Zurechnung von mobilen Leasingobjekten nach deutschem Handelsrecht und den Vorschriften des IASC, in: DB, 49. Jg. (1996), S. 2345-2352 (zusammen mit Marc Weinstock).
- Die konzeptionellen Probleme mit dem "New Aproach", Vortragsmanuskript für das Leaseurope Working Meeting, Budapest 1997 (unveröffentlicht).
- Welcher Vorschlag wird sich durchsetzen?, in: FAZ v. 9.10.1998 (Leasing-Beilage).
- Die bilanzielle Darstellung von Leasingverträgen nach den Grundsätzen des IASC, in: DB, 51. Jg. (1998), Beilage 12/98.
- Neuausrichtung von Leasinggesellschaften - Wettbewerbsvorteile durch Erfolgsteuerung, in: BB, 54. Jg. (1999), Beilage 6 (Leasing-Berater), S. 13-18 (zusammen mit Uwe-Peter Hastedt).
- Leasing im nationalen und internationalen Handelsrecht, in: Leasinghandbuch für die betriebliche Praxis, hrsg. von Wolfram Eckstein und Klaus Feinen, 7. Aufl., Frankfurt am Main 2000, S. 67-97.
- Die Konsolidierung von Leasingobjektgesellschaften im Konzernabschluss, in: BB, 55. Jg. (2000), Beilage 5 (Leasing-Berater), S. 25-28.
- Leasing im handelsrechtlichen Jahresabschluss, in: ZfgK, 54. Jg. (2001), S. 303-307.
- Leasing, in: Handwörterbuch der Rechnungslegung und Prüfung, hrsg. von Wolfgang Ballwieser et al., 3. Aufl., Stuttgart 2002, Sp. 1478-1495.
- Steuern in der Unternehmensrechnung, in: Handwörterbuch Unternehmensrechnung und Controlling, hrsg. von Hans-Ulrich Küpper et al., 4. Aufl., Stuttgart 2002, Sp. 1828-1837.
- Niedrigere Tageswerte, in: Beck´sches Handbuch der Rechnungslegung, B 164, (Überarbeitung 2003).
- Der Grundsatz der Nichtbilanzierung schwebender Geschäfte unter den IAS/IFRS, in: Der Konzern, 3. Jg. (2005), S. 357-370 (zusammen mit Elmar Sabel).
- Rechnungsabgrenzungsposten – Quelle struktureller Unstimmigkeiten im Bilanzrecht, in: Strukturelle Stimmigkeit in der Betriebswirtschaftslehre, Festschrift für Prof. Dr. Hugo Kossbiel, hrsg. von Thomas Spengler u. Hagen Lindstädt, München u. Mering 2005, S. 217-235.

- Vorauszahlung von Nutzungsentgelten: Einfalltor für die Entwicklung von „Steuersparmodellen"?, in: Unternehmenssteuerung, Ökonomie, Controlling, Rechnungslegung und Recht, Festschrift für Professor Dr. Hans G. Bartels zum 65. Geburtstag, hrsg. von Yvette Bellavite-Hövermann/Burkhardt Liebich/Jochen Wolf, Stuttgart 2006, S. 89-103.

III. Herausgeberschaften

- Unternehmenstheorie und Unternehmensplanung, Helmut Koch zum 60. Geburtstag, Wiesbaden 1979.
- Einzelabschluß und Konzernabschluß, Beiträge zum neuen Bilanzrecht, Band 1, Wiesbaden 1988 (zusammen mit Adolf Moxter und Dieter Ordelheide).
- Handelsbilanz und Steuerbilanz, Beiträge zum neuen Bilanzrecht, Band 2, Wiesbaden 1989 (zusammen mit Adolf Moxter und Dieter Ordelheide).
- Der Integrationsgedanke in der Betriebswirtschaftslehre, Helmut Koch zum 70. Geburtstag, Wiesbaden 1989 (Mitherausgeber).
- Unternehmensführung und Controlling, Wiesbaden 1990 (zusammen mit Hans-Ulrich Küpper, Adolf Moxter und Dieter Ordelheide).
- Steuerreform und Steuerharmonisierung, Wiesbaden 1991 (zusammen mit Adolf Moxter und Dieter Ordelheide).

SPRINGER NATURE

GPSR Compliance

The European Union's (EU) General Product Safety Regulation (GPSR) is a set of rules that requires consumer products to be safe and our obligations to ensure this.

If you have any concerns about our products, you can contact us on ProductSafety@springernature.com

In case Publisher is established outside the EU, the EU authorized representative is:

Springer Nature Customer Service Center GmbH
Europaplatz 3
69115 Heidelberg, Germany

FSC
www.fsc.org
MIX
Papier | Fördert
gute Waldnutzung
FSC® C083411

Kolibri 360 GmbH
Ferdinand-Jühlke-Straße 7
99095 Erfurt, Deutschland
produktsicherheit@kolibri360.de